日本登山大系［普及版］

1

北海道・東北の山

柏瀬祐之　岩崎元郎　小泉 弘　編

白水社

日本登山大系〔普及版〕

1　北海道・東北の山

図版作成　阿河祐子
清水達也
田中恵子
水谷純子

はじめに

　北海道の山の魅力は、いったい何なのだろうか。北海道の山を語ろうとする人たちは、よく大島亮吉の文章を引用し、「原始の匂い」「荒々しい未開の自然」「人の歩いた跡さえ稀れなこと」等を必ず列挙する。それらの最大公約数を考えてみると、北海道の魅力とは、中央から遠く離れて独立していること、本州では実感できない広さを有していること、にはならないだろうか。

　ブラキストン線は単に津軽海峡による動物分布境界線というだけでなく、この地の独立を明示するラインのように思われる。年間平均気温ひとつ取り上げてみても、東京と鹿児島の差が約二度しかないのに対し、札幌と東京のひらきは約七度もあって、本州以南との相違を明らかにしている。札幌と標高一〇〇〇mの軽井沢との気候、年間平均気温が近似していることから、北海道の一〇〇〇m級、二〇〇〇m級の山はそれぞれ本州中部の二〇〇〇m級、三〇〇〇m級の山に相当する気象条件にあるといわれている。

　広さは日本全土の約五分の一、七八五万ヘクタールあり、五万分の一地形図で揃えるとなれば二六八枚必要となる。東北六県と新潟県を合わせたくらいの広がりが「北海道」なのである。

　全道の約七〇%は森林である。そのほとんどは国有林か道有林であり、入山に際しては所管の営林署あるいは林務署で入林許可証の交付を受けておくべきだ。登山口に交付所のある有名山域を除いては、事前に手紙等で依頼しておく必要がある。入林許可申請をすれば、現地の状況を教えてもらえるメリットもある。

北海道の山というと、まず頭に浮かぶのはどこだろうか。全道が載っている地図をちょっとひらいてみよう。

原始性のイメージの強い知床半島の山、北の海に浮かぶ利尻山、天塩川をはさんでピッシリ山を最高峰とする天塩山地と、天塩岳を主峰とする北見山地がある。道内最高峰の旭岳をはじめ、二〇〇〇m級の山々が譚集する大雪、十勝連峰。日本国中の岳人が熱い視線をむける日高山脈は舌をかみそうな山の名前が独特な世界を想像させる。芦別岳の西、峠《きりぎし》山の岩峰に想いを馳せるのも楽しいし、増毛山地の雨竜沼にはロマンチックな夢をみる。札幌周辺の山にだって夏径のないものも多いし、積丹山塊や道南の山々も日高に劣らず奥深く魅力的だ。

北海道の山を訪れようとする者は、目ざす山が有名、無名にかかわらず、一般登山道が極端に少ないことに注意しなければいけない。開発は急ピッチで、大島亮吉の頃の雰囲気は希薄になってしまったとはいえ、大雪山のような有名山域を除いては、山小屋等の施設も不十分で、観光登山の対象にはならない。

猛烈なやぶこぎを覚悟して、夏ならば沢から頂を目ざす。冬ならば白一色の世界、雪崩の危険が回避できれば、どこから登ってもいい。果てしなく続くラッセルを強いられる山行もあるだろう。自分の持てる体力と精神力のすべてを投入してもなお、はるかに及ばない大自然、それが北海道の山のすばらしさであり、そこにこそ山行のターゲットがある。

本書では北海道と併せて、東北の山を収録してある。北海道が津軽海峡の向こうに独立して存在する感があり、また、かの地の開拓の歴史からも近代的なイメージを抱かせるのに対し、東北にキラキラした想像を抱くことはできない。日高だ利尻だ、槍だ穂高だ、というように華やいで指を折る山はない。敢えて指折るとすれば、飯豊、朝日であるが、それすら随分と地味な山である。

青森、岩手、秋田、宮城、山形、福島六県を縫うように高く低く連なる東北の山をざっと眺めてみよう。

まず下北半島の恐山山地。恐山は死霊を呼ぶ山として有名であり、登攀的興味としては特異な岩山、縫道石山がある。ただ世界的珍種のイワタケが岩場に自生しており、無闇に登るわけにはいかない。継手の位置に下北丘陵があり、太平洋の防波堤のように早池峰山を盟主とする北上高地と、ぐっと南下して阿武隈高地がある。早池峰山はウスユキ草が咲く山としてのみ名を知られているが、山稜に突き上げる沢は小さいながらも明るく、楽しい山旅が期待できるところだ。

日本海側には津軽山地、岩木山、青森と秋田の県境に白神山地がある。白神山地は広大な無人地帯を有し、最近になって記録や案内を散見するようになったが、未知の魅力は絶大なものだ。下って森吉山、太平山地、笹森丘陵が根を張り、秋田・山形県境に鳥海山、丁岳《ひのと》が在る。

太平山は秋田市近郊にあって地元岳人に愛されている山だ。手軽に日帰りできる山であり、よき沢登りのルートに恵まれていることが人気のある理由であろう。そして鳥海山、その北面は夏には魅力ないガレ場にすぎないが、積雪期にはクライマーの目を見はらせるバリエーション・ルートと化す。

山形県に入ると月山から朝日山地、山形・新潟・福島三県の県境に飯豊山地が昂然と連なっている。豊かに残る雪渓や山稜を彩どる高山植物の華やかさは歩いているだけでも充実感があり、エキスパートのみに許される深い渓谷の存在は、一般に朝日連峰、飯豊連峰と呼ばれている二つの山域が東北の山の代表と目される所以である。

さて青森県に目を戻して陸奥湾を眺めると、ほぼ中央につき出て夏泊崎がある。ここから南へ下ってゆくと、雪中行軍で名高い八甲田山、十和田湖の西を走って岩手・秋田県境の八幡平、秋田駒、和賀岳、焼石、栗駒山、宮城・山形県境の船形、大東、蔵王、山形・福島県境の吾妻山から福島県に入って安達太良山へと、太平洋と日本海の分水嶺、奥羽脊梁山脈は連なっている。

主稜からちょっとはずれた岩手山と八幡平、秋田駒を頂点とする三角形に囲まれた山域は、豊かに恵まれた麓の温泉目当ての観光開発が進んでいるので、上手に計画すれば東北の静寂を手際よく味わうことができる。逆に、南につながる和賀岳周辺は開発の手が伸びていないだけに入下山の苦労は大きいが、未知の魅力も大きい。焼石岳の麓のダム湖畔に、東北には数少ないすっきりとした岩場のひとつ、猿岩がある。

栗駒、虎毛、神室山周辺の沢は高度が低い割には沢床が磨き上げられて楽しめる沢が多く、さらに南下して船形、大東、蔵王の山域は、宮城・山形両県の岳人を育む貴重な教室である。船形山域には、谷川、穂高には比すべくもないが、東北では代表的な岩場、黒伏山南壁がある。スキーヤーのメッカ蔵王は、観光登山の対象としてのみ考えられており、変化に富んだ沢に恵まれていることを知っている岳人は少ない。

吾妻連峰・安達太良山まで南下すると東京からも近く、夜行日帰り山行も計画できる山域となる。高村光太郎を引用するまでもなく、登山者ばかりか一般の人々にもよく知られた山々だが、バリエーション・ルートとなると意外と知られていないようだ。登攀価値を勘案するエキスパートは近接する朝日、飯豊連峰へと入ってしまうのだろうが、吾妻や安達太良でガイドブックにないルートから山頂を目ざすという計画は魅力あるものである。

これら東北の山、東北のバリエーション・ルートはいつ、誰の手によって拓かれていったのだろうか。こういった問題になると、この地は不明な点が多い。というのも、木地師やマタギの生活の場であった山が、近代登山の対象へと平行移動したからで、槍や穂高、利尻や日高のように華やかな登山史では飾れない山域である。それだけに生活のぬくもりや、思いがけない明るさが漂うのが東北の山々なのである。

本巻が豊かな山行を探り当てる一助になれば、編者としての喜びはこれにまさるものはない。

編　者

目次

凡例

一　ルート解説
各ルート名の後ろ（ルート解説の冒頭）には、以下の事項が順に記載されている。
A　岩場ルートの場合
「最高ピッチグレード」――そのルート中最も高いフリー及び人工のグレード。なお、グレード体系はRCCⅡのそれに準拠した。

「登攀距離」――ピッチの長さの総和（コンティニュアスの部分は除く）。

「標準所要時間」――二人パーティで、取付きから終了点までに要する時間。なお、これは派生ルートの場合も、その壁の取付きから終了までの所要時間とした。

「初登日時」、「初登攀者氏名」

「主要記録掲載誌」――夏・冬を問わず、原則として初登記録が載った山岳雑誌。初登記録が不明な場合は、参考になる詳しい記録が載ったもの。なお雑誌名は以下のように略記した。「山と渓谷」→「山」、「岳人」→「岳」、「岩と雪」→「岩」、「山と仲間」→「仲」、「北の山脈」→「北」
B　沢ルートの場合
「標準所要時間」――主に遡行に要する時間で、その沢の出合いから稜線や登山道に出て、遡行が終了するまでを考慮している。出合いまで本流等を遡行する場合でも、特記のない限りその時間は入っていない。

「主要記録掲載誌」――岩場ルートに同じ
C　積雪期の尾根ルートの場合
沢ルートに準ずる。

二　ルート図
1　ルート図はできるだけ具体的に岩場の形状や沢の状況を表わすように努めたが、やむを得ないときは、後に挙げる記号を使用した。
2　岩場の図中のグレードは原則として核心部（最難部分）のポイントに付してある。

三　参考文献
各山域の特集や地域研究などの掲載された雑誌、単行本は各概説の末尾に付したが、本巻（第1巻）を通じての参考文献には以下のようなものがある。
『北海道の山と谷』大内倫文、堀井克之編　北海道撮影社
アルパインガイド23『北海道の山』俵浩三・今村朋信編　山と渓谷社

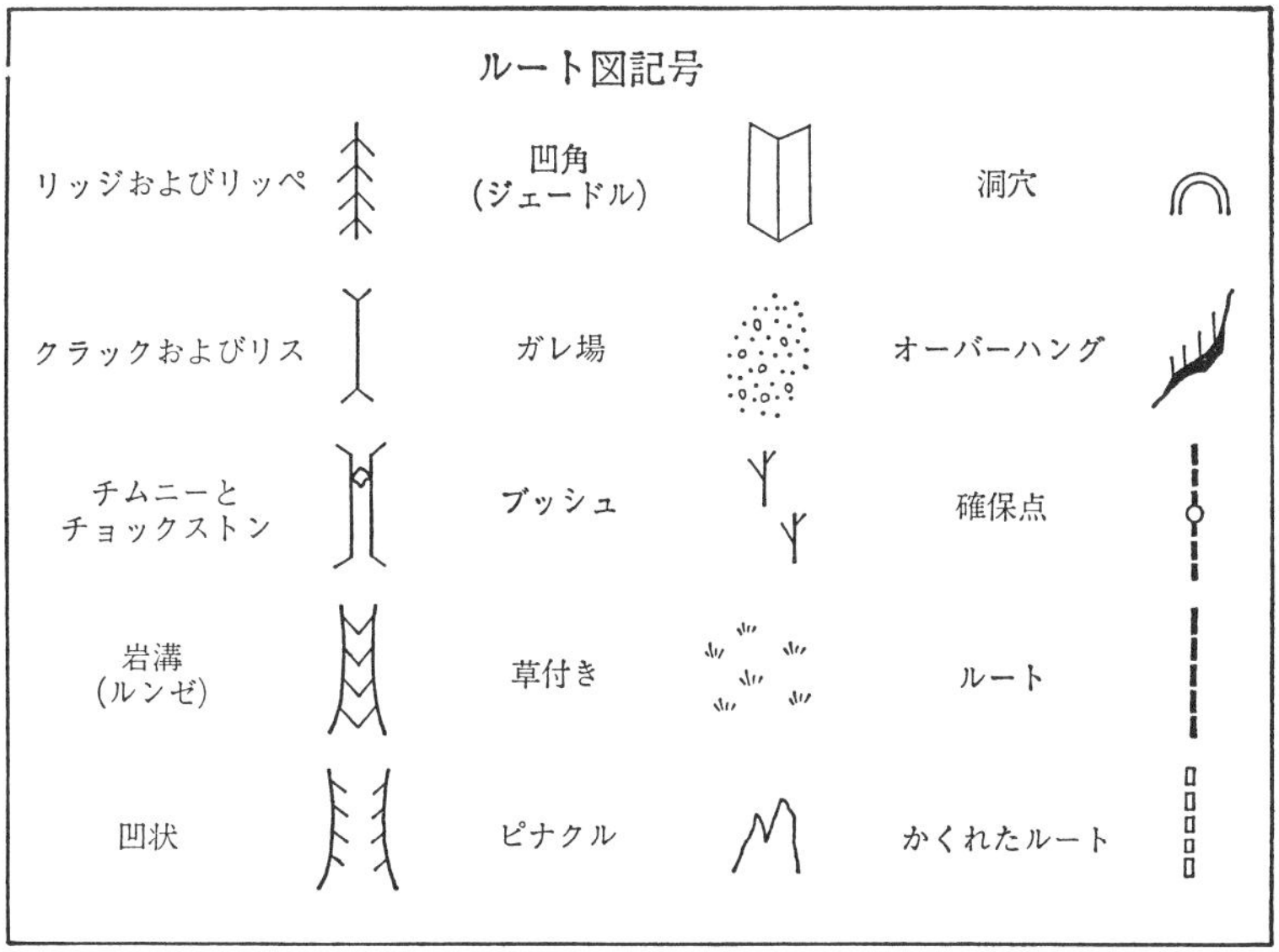
ルート図記号
リッジおよびリッペ
凹角
(ジェードル)
洞穴
クラックおよびリス
ガレ場
オーバーハング
チムニーと
チョックストン
ブッシュ
確保点
岩溝
(ルンゼ)
草付き
ルート
凹状
ピナクル
かくれたルート

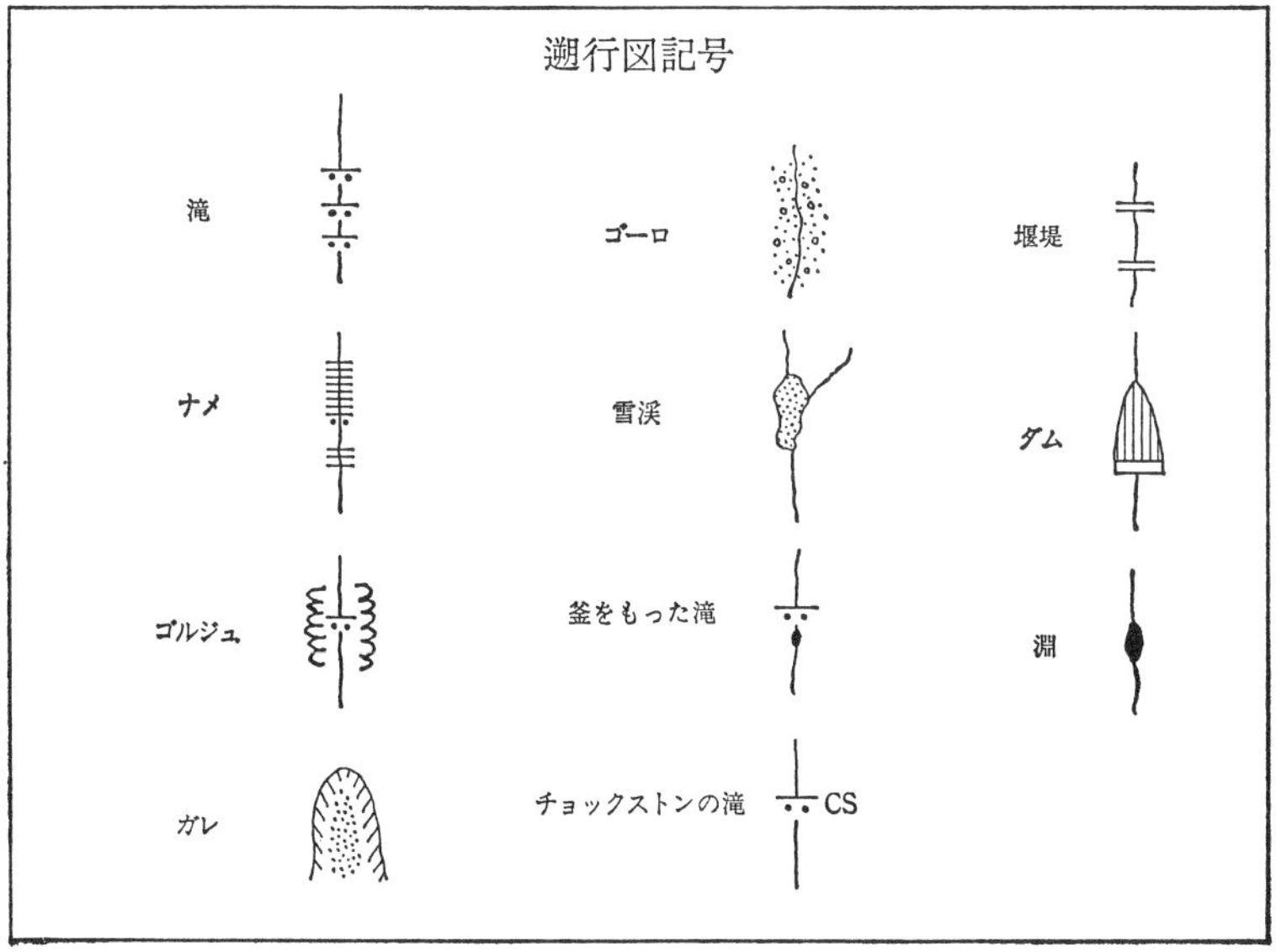
遡行図記号
滝
ゴーロ
堰堤
ナメ
雪渓
ダム
ゴルジュ
釜をもった滝
淵
ガレ
チョックストンの滝
CS

〔巻頭エセー〕

芦別岳回想

原　真

蒸気機関車の煙が、月光を攪き乱して中天に舞う。列車は、ゆるく弧を描きながら、山峡へと入った。右手に夕張の山々が、左手に十勝の連山が迫ってくる。寒村の山部《やまべ》駅におりたったのは午前二時であった。

街並を抜けて、踏切を渡ると一直線の道が四キロ、芦別岳のふもとまで続いている。二キロほど歩いた頃、夜がしらんできて、天空の一角からヒバリの声が落ちてきた。

登山口近くの粗末な堀立小屋で一服する頃には夜が明けた。どうやら曇天の気配であった。四月の終わりだというのに、取付きから、すでに残雪が現われた。一人で登るには、ちょっと気遅れしたが、絶対に登るんだと、自分に言い聞かせた。登りながら昨日の臨床講義を思い出した。薄暗い木造の診察室に中年の男が座っていた。教授は手なれた様子で腫瘍の診察をすませ、患者が去ると、

「これは、マリグネース（悪性）なものかもしれません」と言った。それでは、根こそぎ切断ということになるのか。……医者になるのも楽じゃない、と痛感した。札幌の日射しはだいぶ傾いていた。

「俺は今夜から山へ行く」私は隣の友人にささやいた。「つづきは聞いておいてくれ」。

白樺の林を登っているときには、まだちょっとした、うしろめたさがあった。熊の沼の台地まで登って、深い雪に踏み込んだとき、やっと気持がすっきりした。右手のガスの切れ目から、ぞっとするような岩壁が顔をのぞかせていた。やがて視界が利かなくなり、霧雨がヤッケの表面に水玉をつくりはじめた。雪は深まり、登りは急になっ

た。ピッケルをさし込み、ひたすらに登り続けた。一体この登りはどこまで続くんだ。ついに視界はゼロとなった。芦別という名前にひかれて、私は衝動的にこの山へきたが、予備知識はなかった。初めての山だったのだ。

吹雪の尾根も風やみて　春の日射しの訪れに
沢の雪崩もしずまって　雪解の沢の歌たのし
いざゆこうわが友よ　暑寒の山に芦別に
北の山のザラメの尾根をとばそうよ

芦別岳に関する知識は、あったとしても、この歌詞の一節だけだった。

十一時頃、前方にぼんやりと黒い岩影が見えてきた。それが頂上だった。反対側の谷は、風が吹き上げ、足がすくむほど切れおちていた。これが名にし負うユーフレ沢であることは、あとで知った。

六年間、十勝、大雪、日高、利尻と、北海道の山を登り続けた。すべての山が、四季をつうじてすばらしかった。北の山の野趣は、前掲の北大山岳部部歌に歌われているとおりだ。「山の四季」と題されたこの歌の詩を、私は四番まで全詩そらんじていた。

芦別岳は、その後、私たちのホームグラウンドとなり、登った回数はこの山がいちばん多い。二、三人の小パーティでも行ったし、大所帯の合宿もやった。ただ、夏に登った記憶がない。夏は多分、日数のかかる日高山脈へ行ったからだろう。

卒業の冬、野心的な計画をもって最後の芦別岳へ向かった。三人で冬の第一尾根をかたづけようとして見事失敗した。テントももたず、軽装の一撃という考えがあまかった。

あれから十七年たつ。北海道の山も変わったことだろう。私個人が、昔のままの山を望んでいてもそうはゆくまい。蒸気機関車が消えたのはやむを得ぬとしても、五月になったら、あの芦別岳の山麓に、ちゃんとリンゴの花が咲いていてほしいのである。

北海道の山

北海道の山
本巻収録山域一覧図

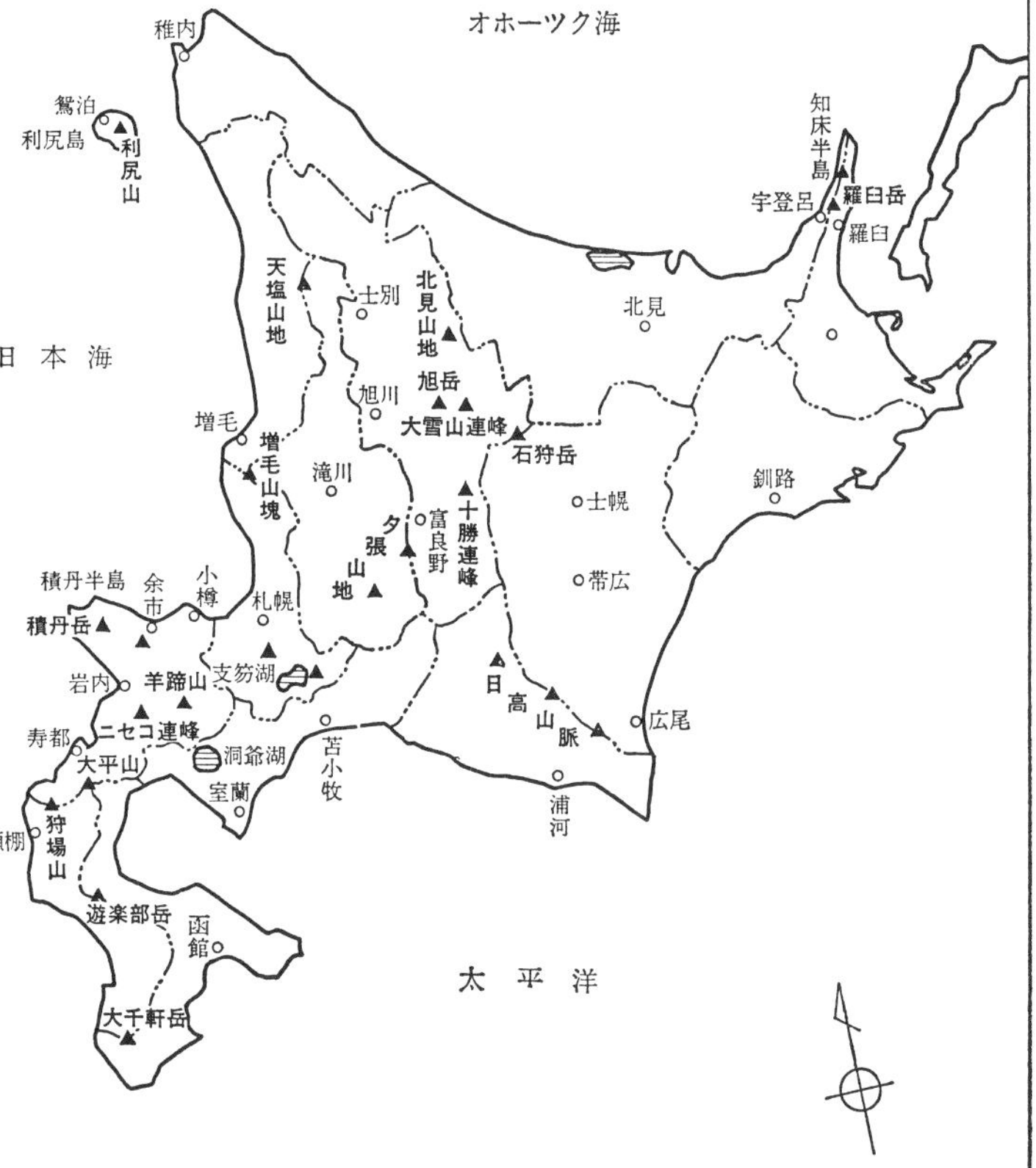

利尻山

室蘭RCC

日本の最北端に、島全体が山を形造っている「遠くてよき山」、一七一九mの利尻山がある。島の中央に山頂を突きあげ、北峰、本峰、南峰の三つのピークを持つこの山は、六つの稜および六つの沢で形成されている。また東面のヤムナイ沢の奥には東壁、西面の西大空沢《にしおおから》の奥には西壁がそそり立っている。山頂付近の稜線は細く鋭く、沢は深く切れこんでおり、浸食の激しい特異な景観は利尻ならではのものがある。また、利尻山に吹きこむ風は、「北海の荒法師」の異名を冠せられ、気象条件の悪さと地形の悪さは安易に人を近づけない。こうした条件下での登山は、スリルを求める者に限りない征服感を与えてくれよう。

一般の登山コースとしては、北稜の鴛泊《おしどまり》コース、西稜の沓形《くつがた》コース、東稜の鬼脇コースがあるが、鴛泊コースが最もポピュラーである。バリエーション・ルートとしての人気は、南稜、仙法志稜に集中するが、細く、長いこのルートは道内外でも珍しく、ヒマラヤにも通じる何かがある。利尻山の岩質は脆く、夏はブッシュも多く登攀に向かない。登攀は天候の安定した四月頃がよく、残雪は堅く、脆い岩も凍りついている。また五月といっても雪は降るし、寒さも厳しい。これから述べるルート解説も、二、三を除いて四―五月を対象として記した。

利尻山の登攀史は南稜から始まる。登歩渓流会が最初に挑み、三〇日を要したが悪天候のためP２までで断念せざるを得なかった。しかし、同会の川上晃良氏が、一一日を要して東稜からの登頂に単独で成功し、「利尻山ここにあり」と中央で話題になった。かくして「遠くてよき山」は生まれた。一九五一年二月のことである。

一九五五年四月、北穂会がかつて本州で経験したことのない辛苦を味わいながら南稜に成功した。次は仙法志稜に目がつけられ、昭和山岳会が初トレースに成功した。一九五九年、法政大学山岳部は東北稜の初登を含めた各稜線のトレースをして大学山岳部の力強さを示した。

各稜線が本州勢によって攻められていたこの一九五九年、札幌山岳会はまだ手のつけられていない西大空沢へ深く入り、西壁へ近づいた。翌一九六〇年に西壁左リッジに成功。この西壁の一角が崩れると、その二日後、昭和山岳会が中央リッジを落とし、あっという間に二本のルートができあがった。この成功に気をよくした札幌山岳会は、一九六三年、当時絶望視されていた厳冬の西壁へ三人が取付き、見事成功させた。しかし、BCに下っての睡眠中、雪崩に襲われ二人が死亡したのは、成功後の事故だけに本当に残念なことであった。その後西壁は若いクライマーのバリエーション開拓競争へと続き、右俣奥壁、青い岩壁、Bフェース正面が室蘭RCCによって、P2リッジが札幌山岳会によって、Aフェースが北海岳友会によって拓かれた。

一方、高度差七〇〇mの東壁は、西壁が競って登られていた一九六九年、室蘭RCCによって中央リッジが登られた。翌年には、大滝下部をも含め、左リッジが精鋭集団えぞ山岳会によって拓かれた。その後、新しい記録が生まれずにいた利尻山も、南稜大槍リッジ、ヤムナイ沢リッジが室蘭RCCによって登られた。また久しく遠ざかっていた厳冬期の登攀も、室蘭岳連隊が仙法志第一稜の往復に、室蘭RCCが東壁中央リッジに成功した。新しい厳冬期のルートは、猛烈な積雪と風による悪条件のため、まだまだ残されている。

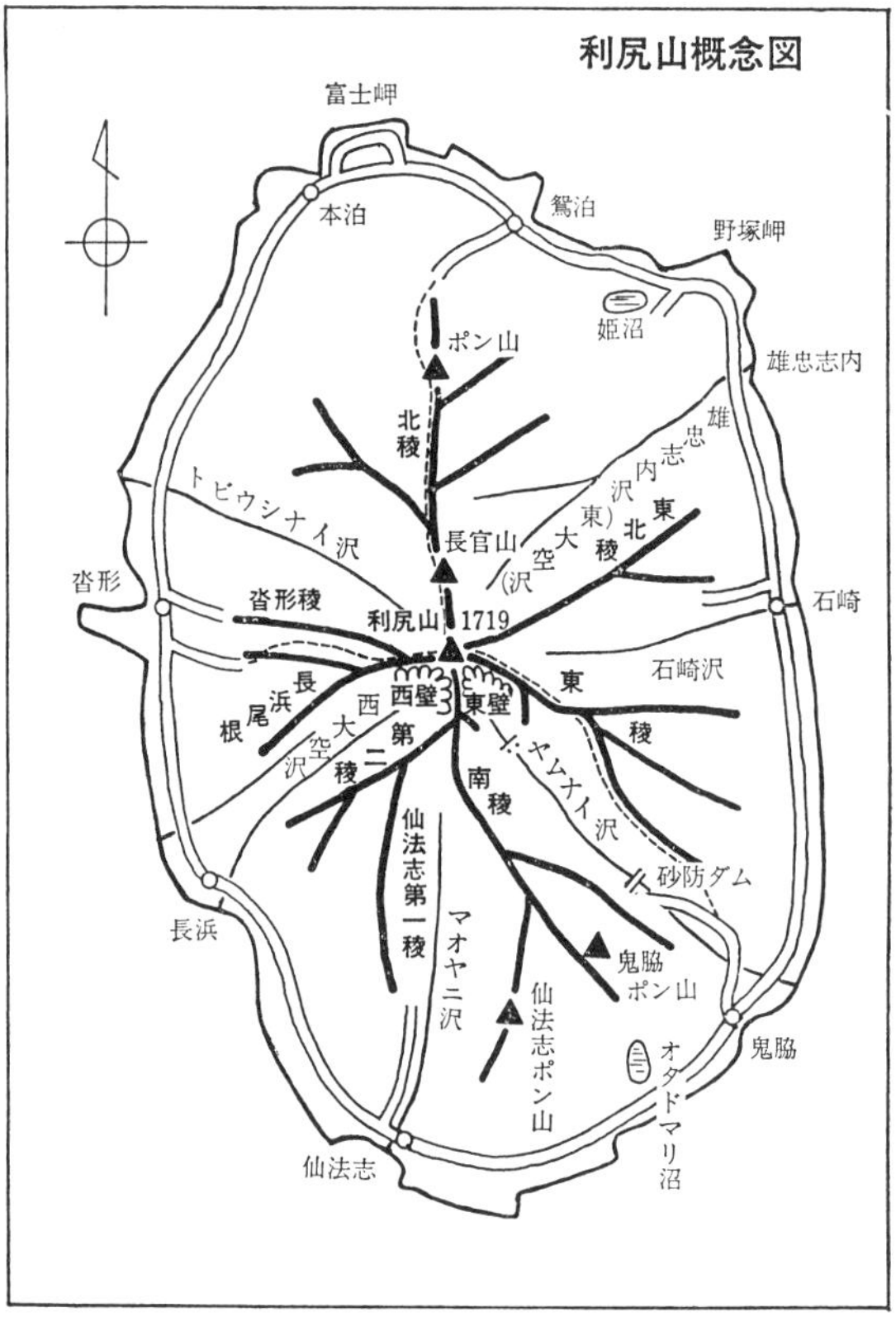

利尻山概念図

利尻山の厳冬期の登攀は、どのルートをとっても非常な困難がつきまとう。すでに述べたように、日本海の独立峰のため、30m／秒の風も珍しいことではなく、積雪においても、特に東稜、南稜、ヤムナイ沢にはふわふわした雪が一mも積もり、登りは大変なアルバイトが待っていると思わねばならない。さらに天候によっては、一二〇〇m—一五〇〇m付近は地吹雪などで極端に悪い状態となる。冬期には稜線が比較的取付きやすく、沢を利用しての岩壁登攀は極度に困難である。

アプローチについては、まず稚内から利尻島へ渡ることが第一で、冬期は三日も四日も欠航することがある。島はほぼ円形で、海岸沿いにバス道路が一周している。各ルートへのアプローチは以下のとおりである。

《南稜、大槍リッジ、ヤムナイ沢中央稜、東壁》――鬼脇の町からヤムナイ沢の林道を行き、約八kmで大曲りの地名で呼ばれる砂防ダムに突きあたる。ここの台地をベース・キャンプにする。南稜以外のルートはベースよりヤムナイ沢を約三kmつめる。上部に大滝が現われるが、一般には右のルンゼをつめ、ヤムナイ沢中央稜を乗越して本流に戻る。ここより正面が東壁、左が大槍リッジである。大滝は高度差二五〇m。氷瀑を直登して上に出ることもできるが、多人数の場合等は前者のルートのほうが安全性が高い（ヤムナイ沢のベースより三時間）

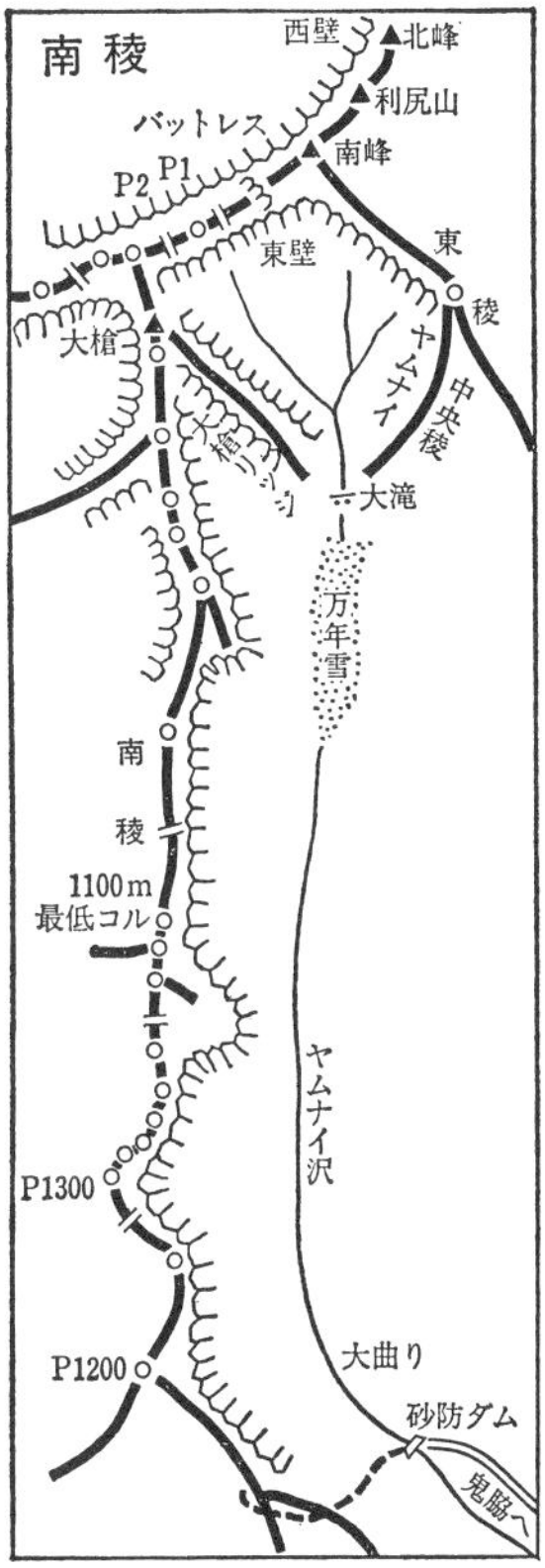

《仙法志第二稜、西壁》――長浜坂上のバス停から仙法志側に五〇〇m下ると「しおり橋」があり、そこから西大空沢を歩く（三時間）。やがて高度差五〇〇mの西壁が正面に見える。そこをベース・キャンプとしたい。そこより上部は雪崩の危険が伴う。仙法志第二稜は右のリッジの末端から取付くか、西大空沢をさらにつめ、掌《てのひら》岩手前からも一気に取付ける。西大空沢は掌岩から右俣、左俣と分かれるが、青い岩壁、右俣奥壁、P2リッジは右俣を行き、左リッジ、ローソク岩、中央リッジ等のルートは左俣を行く。

《仙法志第一稜、仙法志ローソク岩》――仙法志の町から長浜の方へ歩き、「青柳橋」よりマオヤニ沢の林道に入る。約一時間半で林道は終わる。林道からさらに雪原の沢を登るとゴルジュ状となり、左手のルンゼを登ると第一稜へ続く。ローソク岩はさらにマオヤニ沢をつめるが、雪崩の危険が多いので、夏期以外は仙法志稜を登ってローソク岩に達し、マオヤニ沢に下降するのがよい。

各沢のベース・キャンプは標高五〇〇―七〇〇mの間で、積雪期の雪崩には充分注意を払いたい。

最後になるが、利尻山に来て一番うれしいのは、北海道の他の山に比べると、ここには羆も蛇もいないことである。また登山者も少なく、存分に登攀を楽しめるのもありがたい。

〔五万図〕利尻島

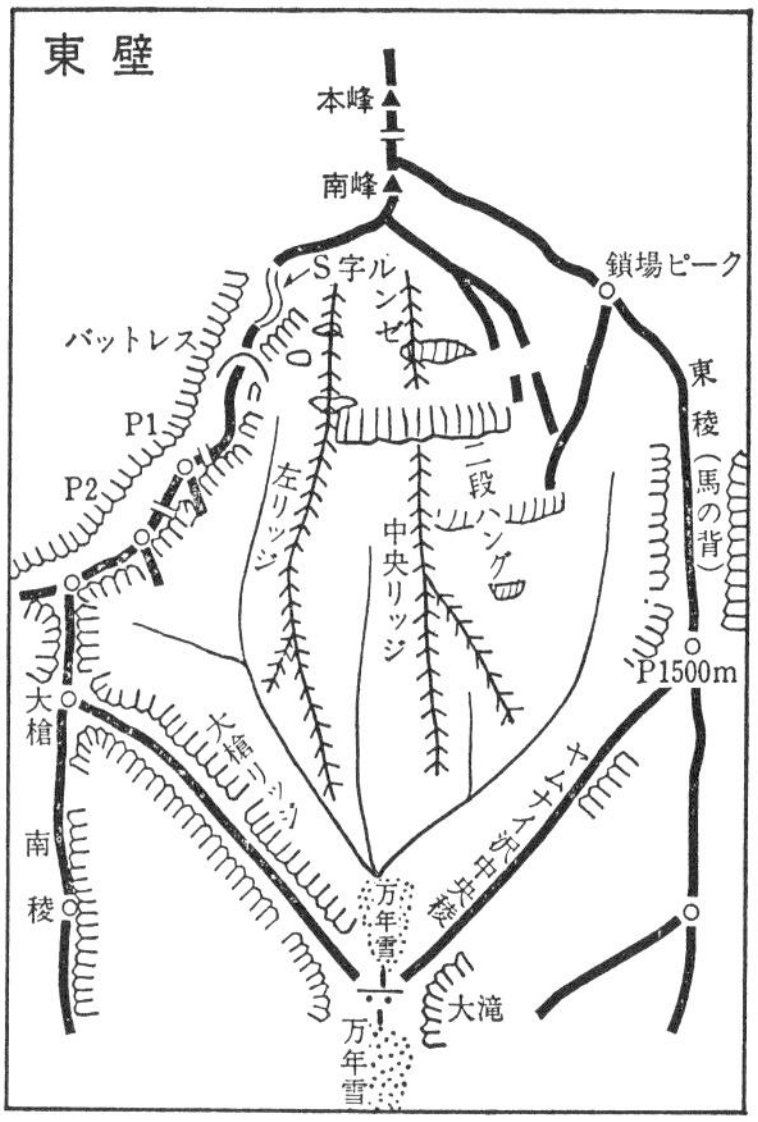

〔参考文献〕「岩と雪」60号、「岳人」277号、「山と溪谷」429号

〔当該地域の営林署〕稚内営林署　稚内市中央一丁目

1　南稜

Ⅳ・A1　一〇―一五時間　一九五五年四月三日　小山義治他　「岳」88号、「北」28号、「岩」76号

鬼脇の町から眺めて一番美しい男性的な稜線で、最も登攀者が多い。大槍上部で仙法志稜を合わせ、P2、P1、バットレスと越えて頂上に立つ。

大曲りのベースから急斜面を登り尾根に出る。一二〇〇mのピークまでは一気に登高する。一三〇〇mのピークから数回の懸垂で最低コルへ。大槍までは雪庇に注意する。大槍は登路を見失いがちだが、右手のルンゼを二〇m登り、中段をトラバースして五〇m行くとP2の下部に出る。正面の雪面を二〇m登ってP2の頂へ。そこから見るP1、バットレスの違容には驚かされる。P2からは二度の懸垂でコルに降りるが、風に注意しながら慎重に。P1はルンゼを一〇m登り、バンドをトラバースしてバットレスとの間のコルへ出る。バットレスは左と右に二ルートあり、どちらもハーケンが打ってある。一部人工となってピッチ終了。そこからは小灌木の埋まった雪のリッジとS字状のルンゼを五ピッチ登り、南峰のコルに出る。

2　南稜大槍リッジ（ヤムナイ沢側）

Ⅳ　三五〇m　五時間　一九七四年四月三十日　菅野三知博、津山一憲　「北」15号

傾斜のきつい雪稜登りのルートである。

大曲りのベースからヤムナイ沢をつめ、登竜門の大滝を越え、さらに左手三五度の雪面を登って取付く。小灌木を手がかりに、アイゼンのツァッケをきかして七〇度の雪面を直上してリッジに出る。ピナクルを右に巻き、さらにスノーリッジの登りが続く。その上は三つの岩峰群で、岩と岩の間は割れている。下り気味の一・五mのスノー・ブリッジになっていて、滑り台のように降りると大きなテラスに出る。あとは最後のZ状の雪壁をブッシュにつかまりながら登り、大槍ピークに立ち、南稜ルートに合流する。

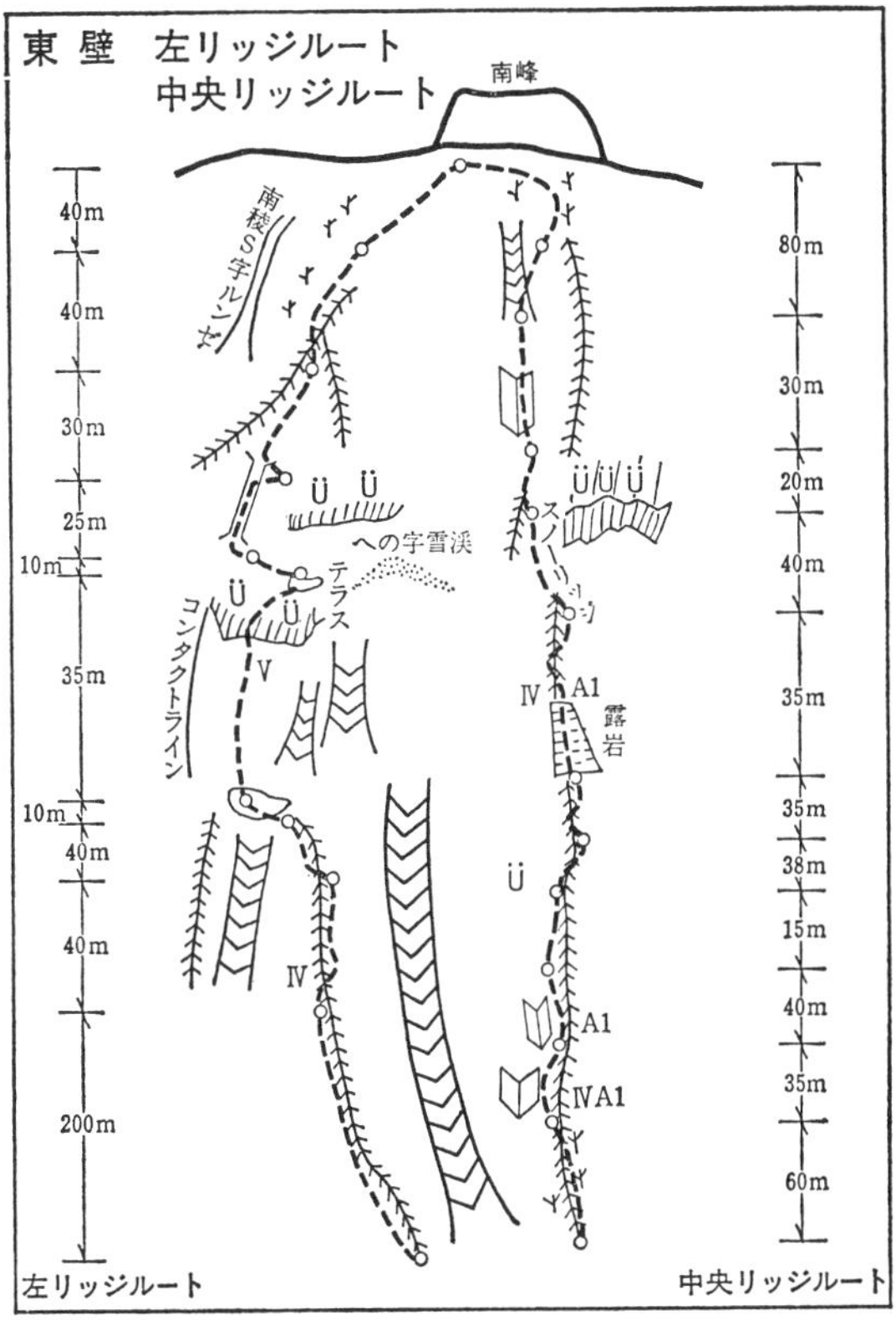

3　ヤムナイ沢中央稜

Ⅳ　二五〇m　二—三時間　一九六七年五月　富士宮山岳会

東稜だけではもの足りない人や、東壁を見て短時間で頂上に立ちたい時に利用するとよい。

大滝手前の右のルンゼに入り、右手のリッジがヤムナイ沢中央稜である。幅広い雪稜が東稜まで続く。さほどむずかしくはないが雪崩に注意する。出口に雪庇が張り出し、乗越しが悪い。

4　東壁・中央リッジ

Ⅳ・A1　四三〇m　七時間　一九六九年十月十二日

贄田克昭、飯沢徳雄、神原正紀「北」5号、「岳」285号

大滝をさけ、ヤムナイ沢中央稜を回りこんで中央リッジに取付く。灌木を手がかりにアイゼンをブッシュにけりこむ変なクライミングで登る。凹角をアブミで乗越し、雪稜を五ピッチ登り、露岩下に着く。八mほどの垂壁をアブミで越し、フェース下を左にトラバース。やさしい岩のつまったルンゼを登り、あとはブッシュと雪のつまった雪壁を五ピッチで南峰の肩に出る。

5　東壁・左リッジ

Ⅴ　四七〇m　一〇時間　一九七〇年四月三十日　中村喜吉、宮下弘「北」5号、「岳」285号

長いルートで、フリークライミングでは手強い部分もあり、おもしろい登攀ができる。

大滝上から取付き、雪壁を二〇〇m

コンティニュアスとスタッカットを混じえて登る。灌木の垂壁を八〇m登り、外傾したテラスに立つ。左へ悪いトラバースをすると、バットレスとのコンタクトラインに出る。右の草付きから上部ハングした部分を越え、左へ五mでコンタクトライン上にあるテラスへ。さらに悪い部分は続き、小さなルンゼを回りこみ二五m登るが、スレート状で不安定だ。左のルンゼから垂壁を回りこみ、ハイマツのリッジを登るとS字状ルンゼの右のリッジで、さらに八〇mで南峰の肩に出る。

6　仙法志第一稜

V　二〇時間　一九五八年五月　森田格、川崎吉光他

南稜についでトレースされた稜線だが、核心部が第二稜との合流点の上にあるため、それほど登られていない。

マオヤニ沢のゴルジュ状より左のルンゼをつめ、稜線に取付く。なだらかな雪稜を一気に登り、右稜との一〇八〇m峰へ。そのままリッジに沿って登ると第二稜と合流する。あとは第二稜の項を参照。

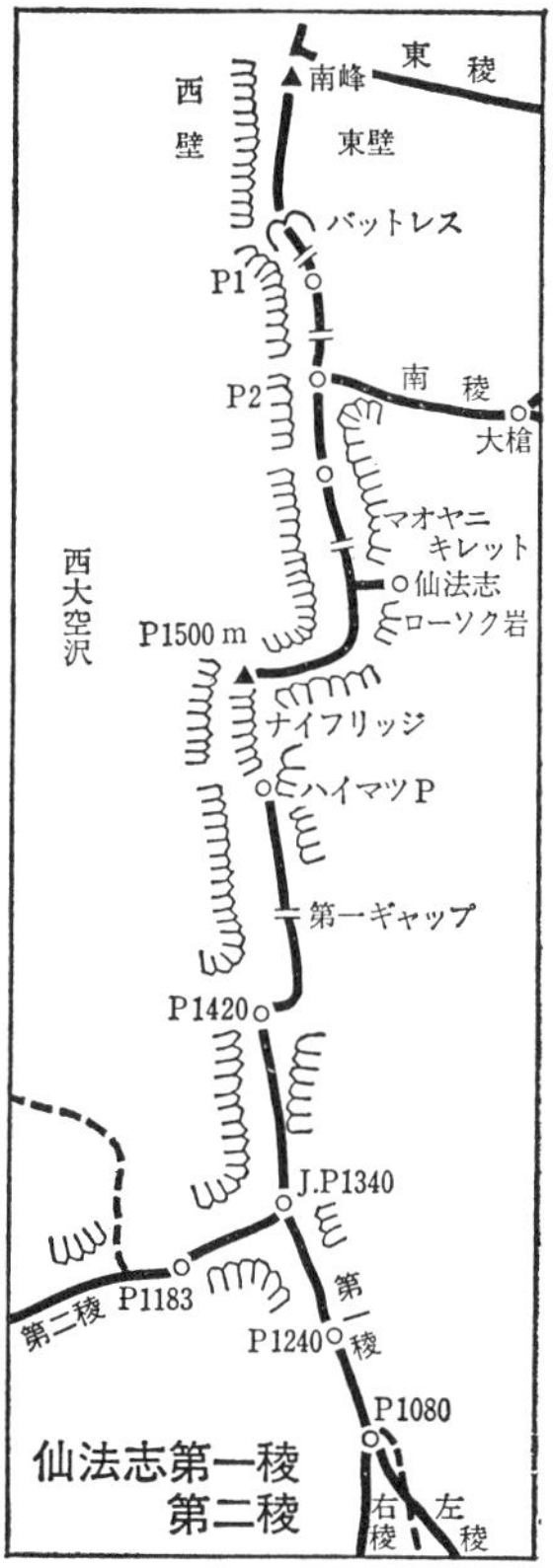

仙法志第一稜
第二稜

7　仙法志第二稜

V　一八時間（南峰まで）一九六一年三月　菅塚、川越明夫、松崎弘之「岩」76号

西大空沢沿いに長浜部落に続く稜線で、アプローチ等の関係上、前項の第一稜より登山者は多い。

稜線基部から取付いてもよいが、西大空沢の掌岩右手のエスケープルンゼから取付く人が多い。コルからリッジ下の雪壁をトラバースしてリッジに出ると、まもなく第一稜と合流する。一四二〇mのピークに立つと、西壁から南稜までのパノラマがすばらしい。ルートは核心部に入り、第一ギャップの八〇m、ナイフエッジ、ピナクルと続く。小屏風を手こずって乗越すと、仙法志ローソク岩が目に入る。ローソク渡しを懸垂で降りると、あとはP2への雪面となり、南稜ルートと合流する。

8　仙法志ローソク岩

V^+・A2　一三五m　七時間　一九六五年七月二十日　石井重胤、伊佐忠義「岳」224号

仙法志稜の上部からマオヤニ沢に張り出した短いナイフエッジの先にそそり立つ岩峰である。岩質は脆いが登りがいのあるルートで、なまはんかな気持で取付くと痛い目を見る。特に下

部はきわめて脆い。

東面のハング下より取付く。大きなバンドまで登り、南東面のカンテの小ピナクルまで。ここまでは岩も脆く非常に悪い。さらに西面に回りこみ、スラブをアブミと微妙なバランスで小レッジへ。レッジより左にへつり、西北面のクラックに入り草付きに出る。さらに右に回りこんでハング下のレッジに出る。ハングをアブミで越し、頂上まで。下降は仙法志稜とのコルまで何度かの懸垂で下り、さらに仙法志側へ寄ってリッジの海側を回りこんで、草付きから仙法志稜上へ出る。

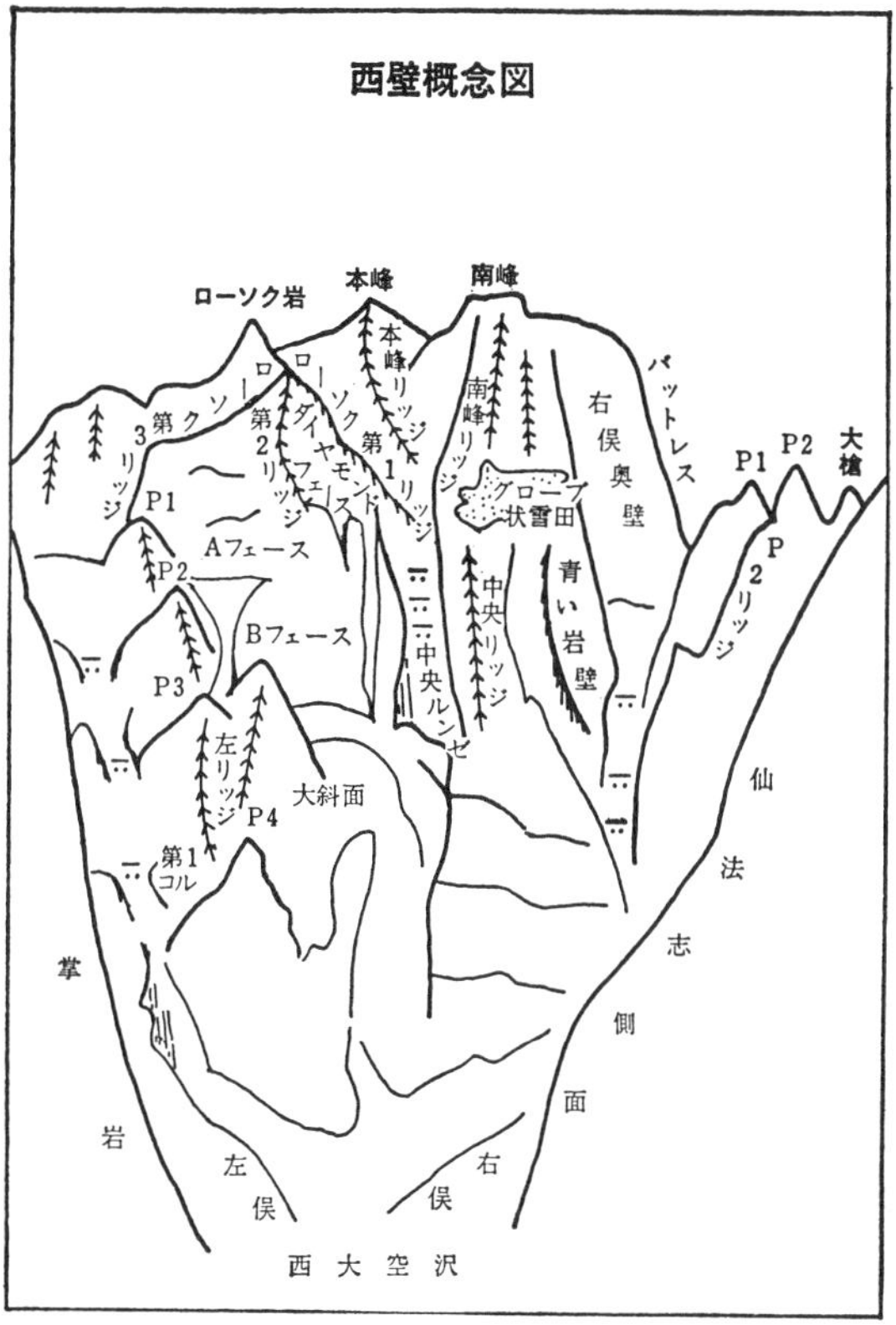

9 沓形第三稜（長浜尾根）

III+ 七時間

西大空沢右岸の尾根で、西大空沢にベース・キャンプを設営した時、利尻山の概念を知るため、新人訓練、そして登攀終了後の下降ルートとして利用される。下降の場合、北峰より北稜と同じところを下るが、その分岐を間違いやすいので注意。取付きは雪の状態によって滝が出るが、西大空沢の八〇〇m以下から尾根に出るとよいだろう。

10 西壁・左リッジ

IV 八時間 一九六〇年五月
清水一行、漆畑穣、菅塚「岳」219号

頂上横の西壁ローソク岩から段状となって西大空沢左俣に落ちるリッジで、西壁では最初に拓かれたルートである。

西大空沢のベースから左俣を行き、第一コルに出て取付く（ベースより二時間）。左手のスノーリッジからP4、

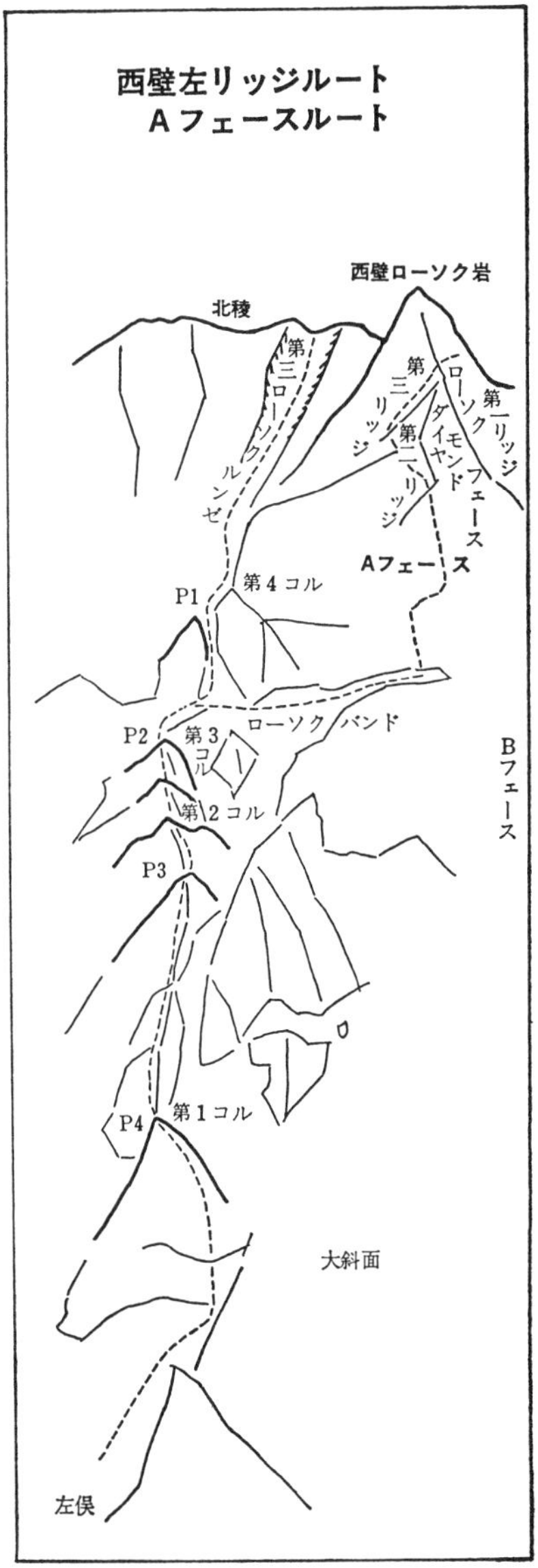

P３を回りこんで第二コルへ出る。第二コルからは右手の第二ローソクルンゼへ出て直上するか、ボロボロのリッジを登って第三コルへ出る。第三コルからはルンゼへ降りて、ローソクバンドまで急斜面を直登し、左側の壁を登って第四コルへ出る。さらに第三ローソクルンゼへ少し降りて、トラバース気味にローソク岩を見ながら稜線へ直登する。

11　西壁・Aフェース

V　二五〇m　五時間　一九七一年五月　京極紘一、野村信昭

左リッジルートのローソクバンドから、Aフェース、ローソク岩第二リッジを登るルートである。

ローソクバンド右端から快適なフェースを登り、ルンゼから凹角に入る。次から悪くなり、わりばしみたいな灌木の垂壁登攀で三ピッチ。第二リッジに取付く。ナイフエッジをすぎ、ローソクルンゼに抜けるところで終了。

12　西壁・Bフェースローソク岩正面ルート

V・A1　四三〇m　一〇時間　一九六六年八月六日

贄田克昭、飯沢徳雄「岳」265号

大斜面からBフェースの正面をダイヤモンドフェースに突きあげるルンゼ状のルートで、下部は非常に脆く、ハーケンもあまりきかない。

ベースより左俣を行き、大斜面の雪渓をトラバースし、さら

に直上してBフェースのルンゼ基部の取付点へ（ベースより二―二・五時間）、ルンゼに入り直上し、五mほど左へトラバースし、三m直上してテラスに出る。テラスへの抜け口が悪い。テラスから一段下がってトラバースしてルンゼに戻る。ルンゼ内は五段の滝状となっていて、岩質は比較的堅いが、浮石が多い。途中小さな脆いハングがあり、人工をまじえた最悪のピッチとなる。ルンゼの上はダイヤモンドフェースでわりと容易に抜けられ、ローソク岩第二リッジへ出て、さらにジャンクションからローソク岩第一リッジを約八〇m登り、ローソク岩のピークで終了。

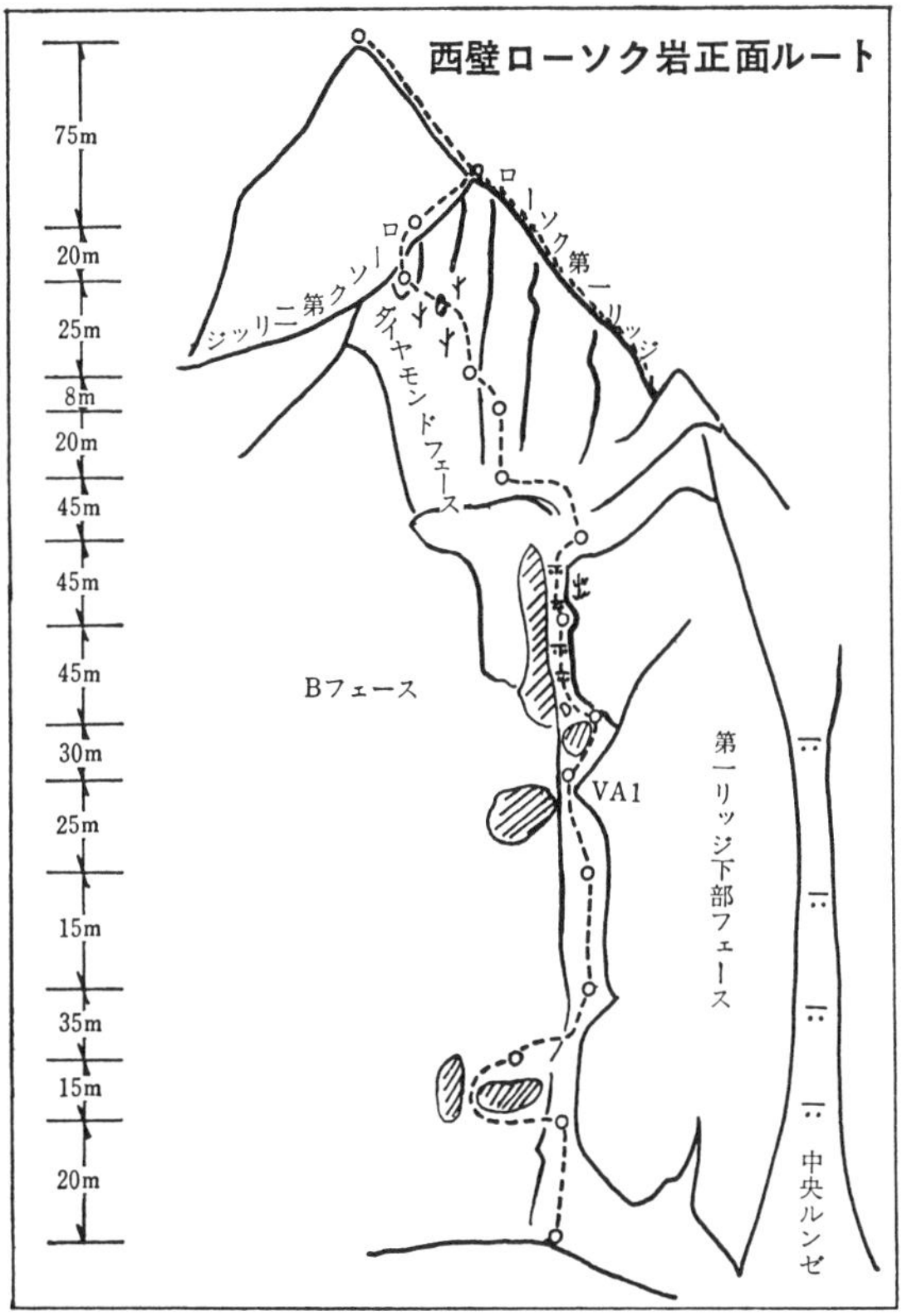

13　西壁・ローソク岩第一リッジ

IV　二〇〇m　四時間　一九六五年七月　山口耀久、伊藤敏夫、伊佐忠義、石井重胤「岳」224号

仙法志ローソク岩とともに、利尻山の二つあるローソク岩の頂へ登るルートである。

本峰より中央ルンゼを下降する。西壁へ落ちている右のリッジですぐ取付くことができる。馬乗りになれそうなリッジを小灌木につかまりながら四ピッチで第二リッジのジャンクションに出る。左より前項の正面ルートを合流させ、約八〇mで頂に出る。

14　西壁・中央リッジ

IV+　八―九時間（本峰ないし南峰まで）一九六〇年五月　年森靖、森田格「岳」219号

西壁では最も親しまれているルートで登攀者も多い。

左俣を行き、第一コルから大斜面を

トラバースし、灌木のはえた突き当たりの雪壁の基部へ（ベースより二―二・五時間）。取付きから下は西大空沢右俣に切れ落ち、最初から高度感がある。灌木を利用しての雪壁、ナイフエッジ、露岩と続く。露岩にはハーケンが打ってある。さらに非常に高度感のあるナイフエッジが続くが、四ピッチでグローブ状雪田に着く。四五度の雪田の左端上部へ登りつめる。ここからルートは分かれ、南峰リッジルート、本峰リッジルートを経て南峰ないし本峰に達する。

15　西壁・南峰リッジ

Ⅳ$^{-}$　一六〇m　二時間　一九六一年五月　独標登高会

グローブ状雪田から南峰頂上へ突きあげるリッジのルート。グローブ状雪田の左端の岩の基部より雪壁を登り、取付き点へ。スノーリッジにアイゼンをきかして登高する。さらにルンゼ、アイスフォールと続く。最後のスノーリッジからルンゼを登りつめると南峰の頂に出る。

16　西壁・本峰リッジ

Ⅳ　一六〇m　二時間　一九六二年五月　川越明夫、松崎弘之

本峰へ突きあげる唯一のリッジで、中央ルンゼの左俣と右俣の中間にあり、じつにはっきりしたルートである。

中央ルンゼを登るか、グローブ状雪田をトラバースし、さらに中央ルンゼへ。核心部のピナクルは巻きこみ、ワリバシのよ

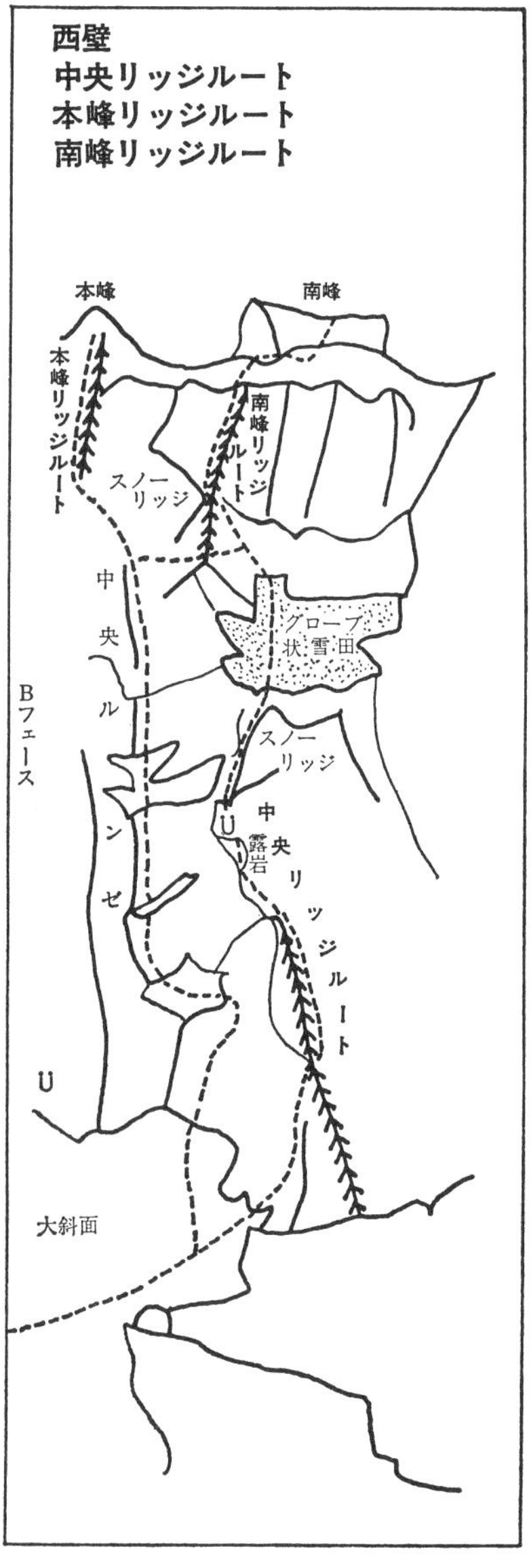

うな灌木をホールドに登る。

17　西壁・青い岩壁（青壁リッジ）

V・A2　二〇五m　九時間　一九六九年八月八日　菅野三知博、吉田宏「北」34号

右俣大滝の左手からグローブ状雪田に抜けている灰色をした壁で、利尻で一番すっきりしたルートだが、非常に手強い。

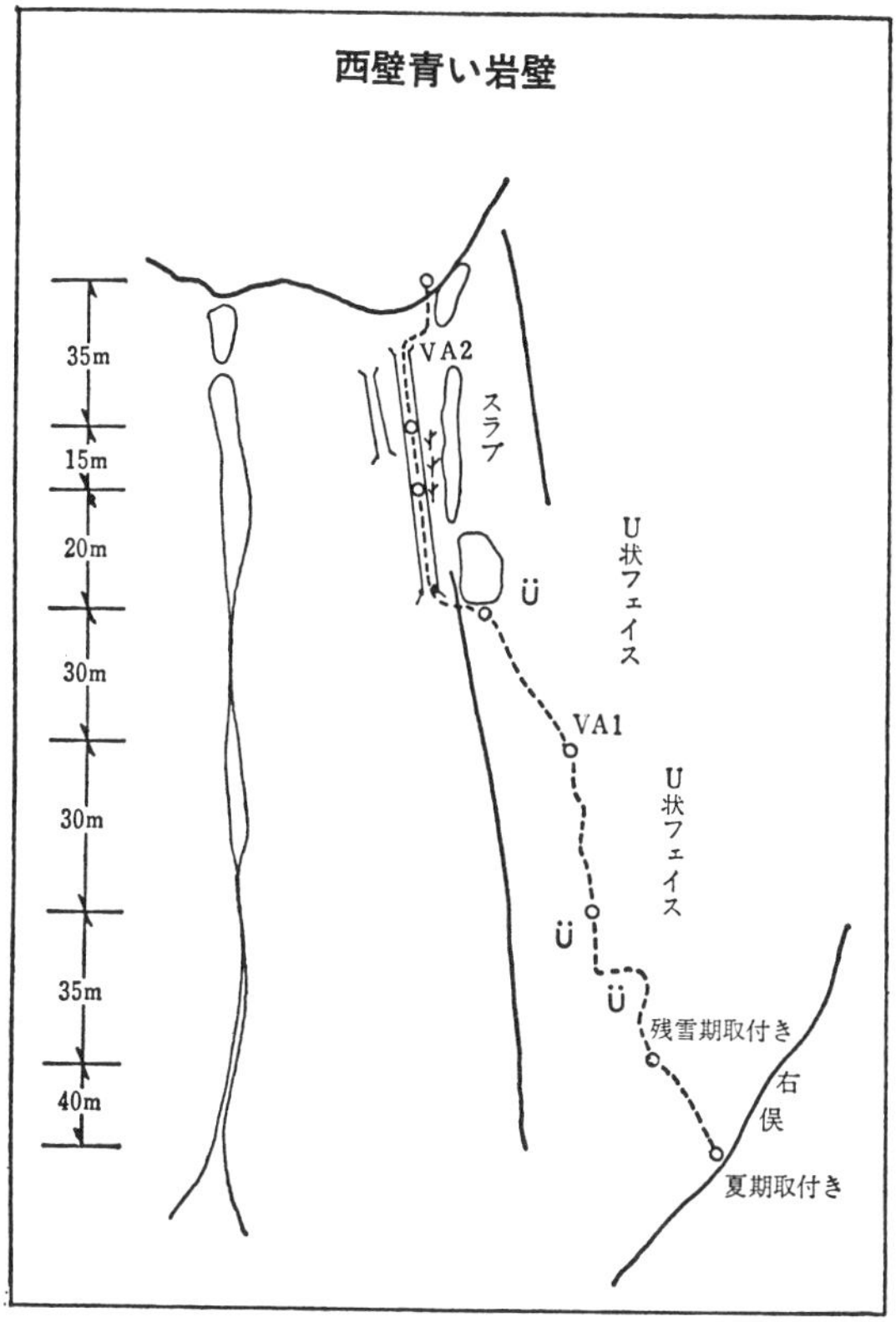

西大空沢右俣から大滝を抜ける。この大滝は、夏期には左手の垂直のブッシュ帯を四〇m三ピッチで抜け、冬期は約五〇mの大滝を抜ける。取付きは、大まかな岩と脆そうな岩の接線近く（ベースより四時間）。約四〇m左上し、U状フェースを直上。小さなハングを越えると小さなスタンスが待っている。さらにボロボロと崩れそうなフェースを一部人工を使って登る。次はオポジションを使った快適な登攀で大テラスへ。左へ横断して次のテラスへ。次から核心部で、落石の積みあがった岩棚から濡れたルンゼを登り、外傾テラスへ出る。グローブへ抜ける脆いハーケンも効かないいやなピッチを思い切って登るとコンクリートに石がはまったような所となり、グローブ状雪田に出る。

18　西壁・右俣奥壁

V・A2　一九〇m　六時間

一九六九年五月一日　贄田克昭、菅野三知博、吉田宏、大場尚史

右俣大滝の上、南峰にそそり立つ赤茶けた壁で、右ルンゼを登り、バットレスの下へ出るルートである。

青い岩壁と同様右俣を行き、青い岩壁下の傾斜した雪面（約二〇度）をスタカットで取付きへ（ベースより四時

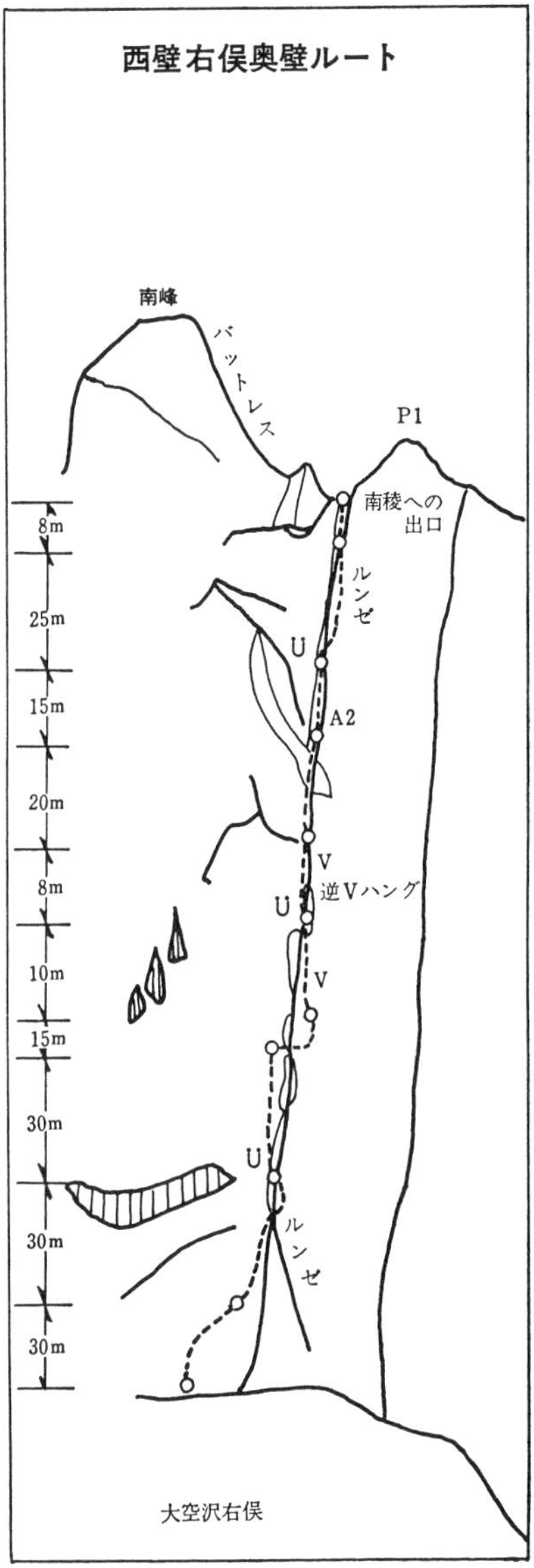

間)。ルンゼより左の大まかな岩から二〇m登り、右へトラバースしてルンゼに入る。容易なルンゼが続き、岩は脆くなりハングとなる。左を巻いてテラスへ。脆いルンゼとなり、逆Vハングを越し、ルンゼから右のカンテに出る。カンテからルンゼに戻り、脆いルンゼ、ハングを背につかえる荷物と登ると、南稜バットレスが目に入る。このあたりは非常に苦しい。ルンゼから南稜にとび出し、バットレスを目ざす。このルートは技術的にはそれほどむずかしくはないが、岩が脆い。

19　西壁・P2リッジ

V・A1　二一〇m　六時間　一九七〇年五月一日　富田勲、能久静夫

仙法志稜と南稜のジャンクションの鋭い岩峰がP2で、そのとなりの小岩峰から西大空沢右俣の大滝へのびる明瞭なリッジである。

大滝上部の右手の脆いナイフエッジから取付く(ベースより三・五時間)。ハングした一枚岩を越え、灌木のリッジを登る。P2と無名峰の間のルンゼに入り、脆さに打ち勝って登る。コルに出て南稜ルートと合流する。

20　東大空沢直登ルート

III+　五時間　一九七三年五月十六日　川越昭夫、山中司、能久静夫、斎藤力、星秀敏

沢全体が雪壁という感じで、頂上までピッケル、アイゼンワ

ークで登頂できる。確保点に注意し、落石、雪崩に合わないよう注意する。新人のトレーニングに適している。また、北稜の長官山の下あたりは滝が連続していて、夏期もおもしろい。北稜の一四〇〇mから沢に入り、朝早く一気に登って東北稜の窓の下のテラスに出、残り二〇〇mを登り切って北峰に達する。

21 東北稜

頂上より東北東に落ちる尾根で、バリエーションとしては、

IV^{-} 八時間 一九五九年三月 法政大学山学部

比較的容易である。

石崎の町から石崎沢の林道を行き途中で沢に入る。標高四〇〇m付近から尾根に取付く。幅広い尾根が一一〇〇m付近まで続き、小ピーク、ナイフエッジ、窓などがこのルートの核心部。あとは頂上まで雪壁を登る。

〔執筆者〕菅野三知博

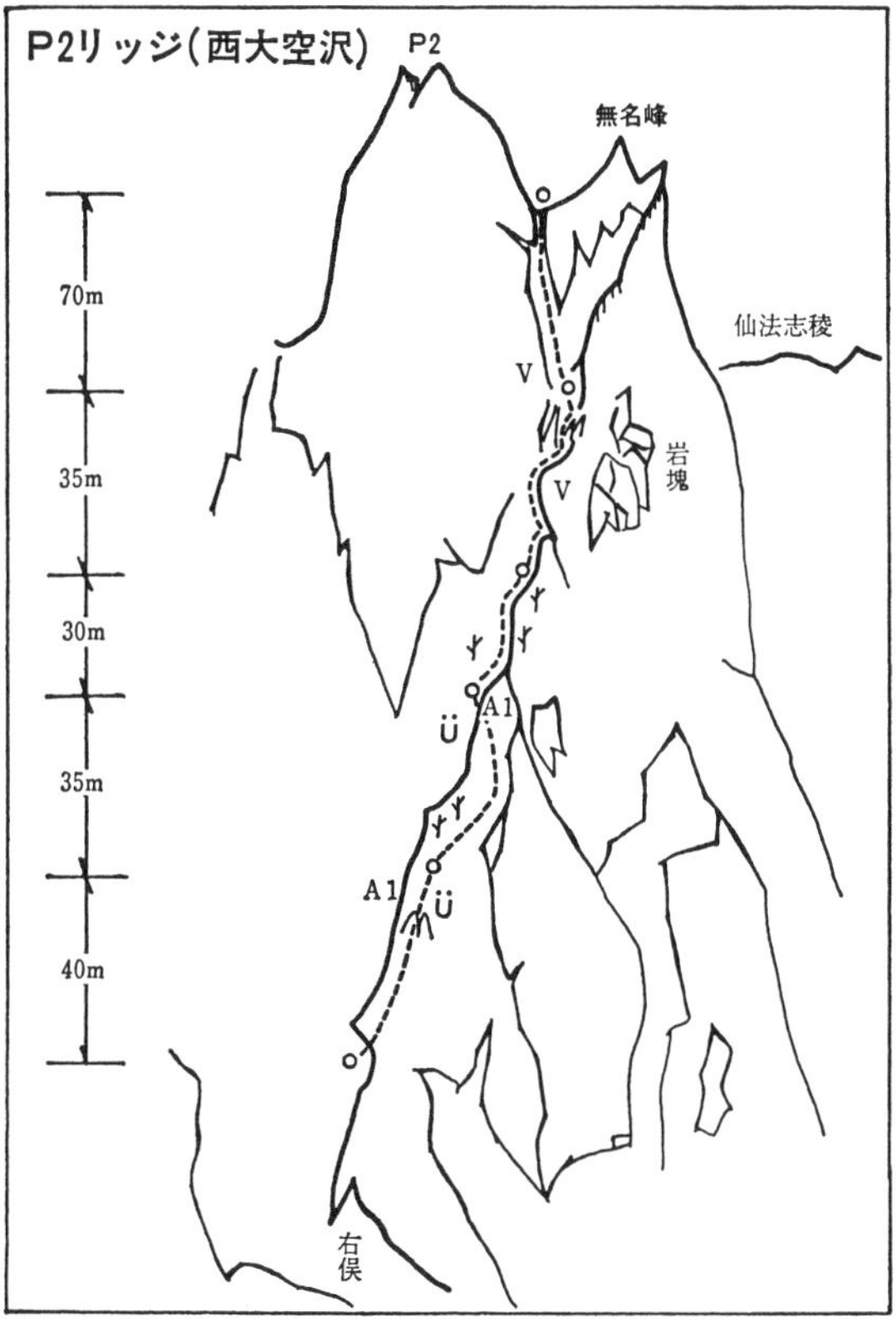

北見・天塩山地

北大WV部OB会

大雪山の北に標高一〇〇〇mから一五〇〇mの山々が連なっている。北見山地、天塩《てしお》山地である。北見山地には、天塩岳（一五五八m）を筆頭に、チトカニウシ山（一四四六m）、渚滑《しょこう》岳（一三四五m）、ウェンシリ岳（一四四二m）などの山々が、天塩山地には、三頭《さんとう》山（一〇六九m）、ピッシリ山（一〇三二m）などの山々がある。天塩岳を除く山々は、いずれも一五〇〇mに満たない低山であるが、奥深い原生林の中にそびえ、極寒・豪雪地帯にあるため、四季を通じて多くの岳人を魅了する山々になっている。しかし交通の便の悪さ、アプローチの長さのため訪れる人々は少なく、一部の愛好者あるいは地元の岳人にしか登られていない。

近年、チトカニウシ山、ウェンシリ岳に突きあげる急峻かつ険悪な沢が、多くの岳人に注目されつつある。

〔五万図〕　上川、白滝、西興部、蕗之台、添牛内、天塩有明

〔当該地域の営林署〕

朝日営林署（天塩岳）上川郡朝日町大通3

上川営林署（チトカニウシ山の上川側）上川郡上川町新町

白滝営林署（チトカニウシ山の北見側）紋別郡白滝町西区

興部林務署（ウェンシリ岳）紋別郡興部町旭町

幌加内営林署（ピッシリ山）雨竜郡幌加内町字清月

天塩岳の沢

道北最高峰の天塩岳は、日本第二の長流天塩川の源頭部にそびえ、西天塩岳を従えたその姿は雄大である。登山道も完備されており、道北では最も著名で、最も登山者の多い山である。沢ルートとしては渚滑川一ノ沢の他はみるべきものはない。

〔五万図〕　上川

1　渚滑川本流一ノ沢　五時間

天塩岳本峰に突きあげる沢の中で最も沢らしい沢であるが、どちらかといえば変化に乏しい。

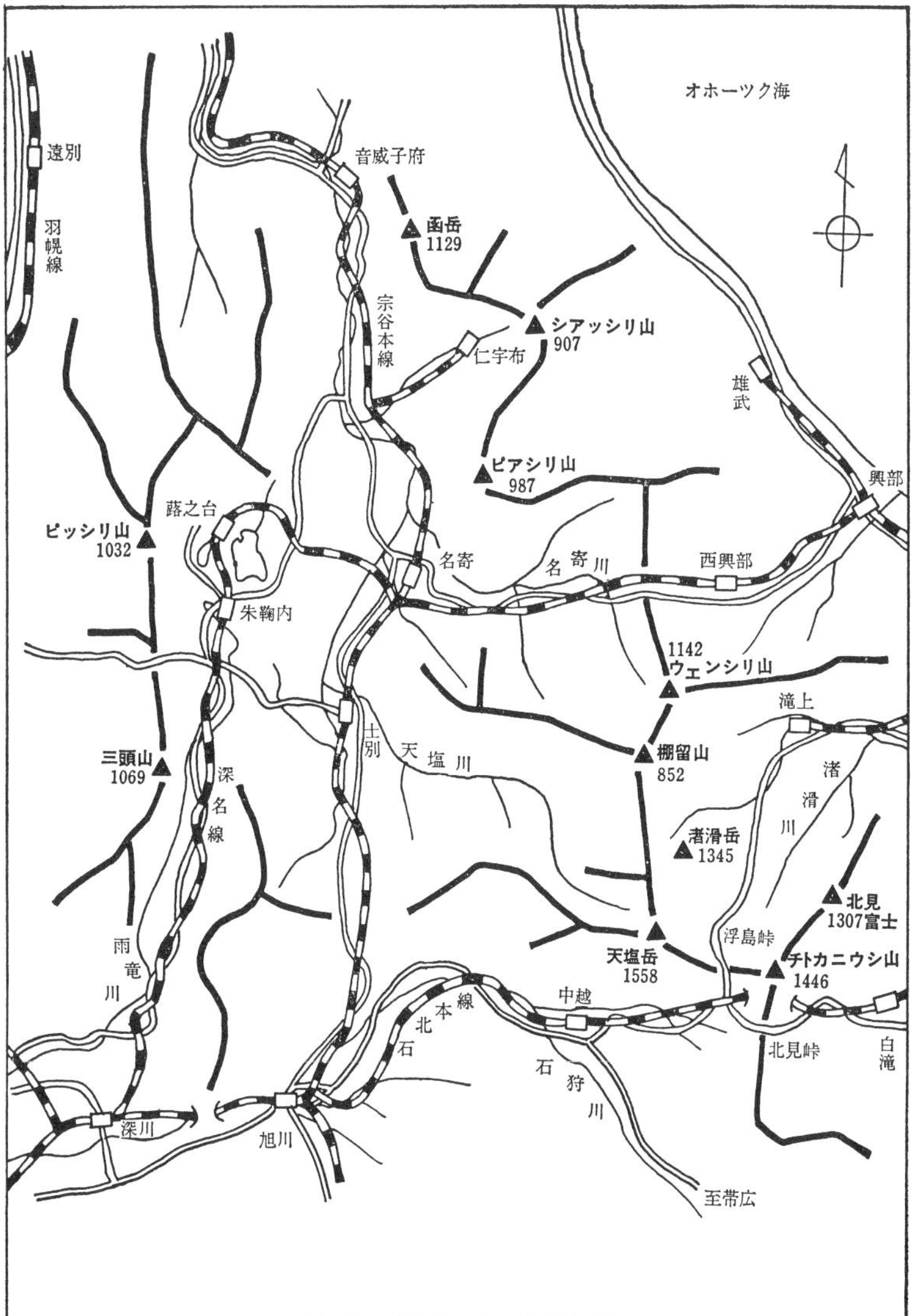
オホーツク海
遠別
羽幌線
音威子府
函岳
1129
宗谷本線
シアッシリ山
907
仁宇布
雄武
ピアシリ山
987
興部
蕗之台
ピッシリ山
1032
名寄
名寄川
西興部
朱鞠内
1142
ウェンシリ山
滝上
士別
天塩川
三頭山
1069
棚留山
852
渚滑川
深名線
渚滑岳
1345
北見富士
1307
浮島峠
雨竜川
天塩岳
1558
チトカニウシ山
1446
中越
石北本線
北見峠
白滝
石狩川
深川
旭川
至帯広

北見・天塩山地概念図

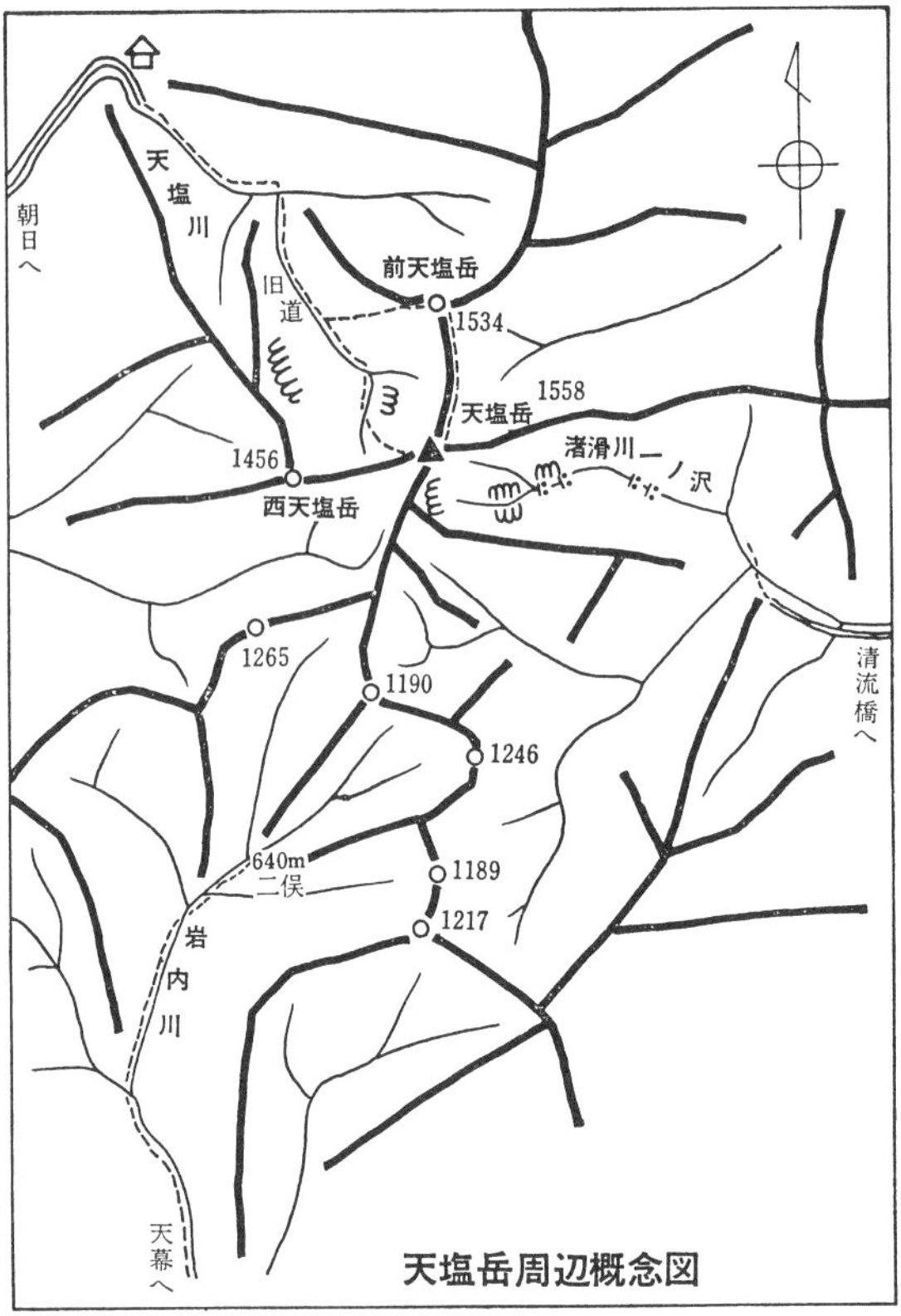

天塩岳周辺概念図

石北本線中越駅から浮島峠を越え滝ノ上町に通じる道路を一五kmほど進むと渚滑川本流にかかる「清流橋」に着く。ここより林道が奥へ入っているが一五分ほど歩くと終点となり、そのあとは途切れがちの昔の歩道がついていて、いずれ沢にぶつかる。沢に入り単調な河原をしばらく進むと大きな二俣となる。右沢をとり遡って行くと、やがて小滝が次から次へと現われ沢相が変化してくる。これらの小滝はほとんど直登できる。沢に入って二時間ほどで、沢は小さくなり九七〇mの二俣に着く。どちらの沢をとっても頂上へ抜け出るが、右沢をつめるほうが無難だ。水が切れ、ガレ場が出てきたらいよいよハイマツこぎとなり一汗流すと稜線上の登山道に出る。

チトカニウシ山の沢

かつてはスキーツアーの山として知られていたチトカニウシ山も、ゲレンデスキーの興隆とともに訪れる人が少なくなっている。以前あった登山道も廃道となってしまった。しかしながら、記録の少ない深く急峻な沢は近年注目の的となってきている。

〔五万図〕 白滝、上川

2 オシラネップ川　七―八時間

チトカニウシ山北面の沢であるが、アプローチの長さと直接頂上へ出ないのが難点である。

渚滑線濁川から拓雄まで行き、オシラネップ川沿いの道路、そして林道を一時間半ほど進むと四二〇mの二俣となる。ここより沢に入り、しばらく進むと水が切れ伏流となるが、じきに水が現われる。このあたりから両岸が狭まってきて滝が順次現われてくる。ほとんどが直登でき、快適な遡行である。途中にある函も難なく通過でき、つめはナメ床が続き、稜線へと導いてくれるが、頂上までは背丈を越すネマガリダケが密生しているので覚悟したほうがよい。

3　留《ル》辺《ベ》志《シ》部《ベ》川・チトカニウシ山北西面直登沢　七—八時間

こじんまりとした沢であるが、清冽な流れとナメ床、函、そして微妙なへつりがあり、美しく楽しい遡行が期待できる。ただ、本流から分かれる直登沢は変化に乏しい小沢である。

石北線上越駅から線路沿いにトンネル側へ少し歩き沢に入る。標高七〇〇mの屈曲点付近までは単調な河原歩き。次第に変化を見せはじめ等高線のこみ入った七六〇m付近には左岸が高く切り立った函がある。屈曲した函の中には滝がかかっているが、立木を利用して右岸を大きく高巻くより、函の中を通過するほうが興味ある。函を過ぎたあともナメ床、小滝が連なり、楽しいへつりを楽しませてくれる。八五〇m二俣の直登沢は水量が少なく見逃しやすいので注意。直登沢は途中に直登不可能な大滝が一つあるだけで、あとは岩屑のつまった変化に乏しい沢である。つめは沢筋を伝ってブッシュをこいで頂上へ。本流をそのまま遡行し、北面からブッシュをこいで頂上へ登るほうが興味はある。

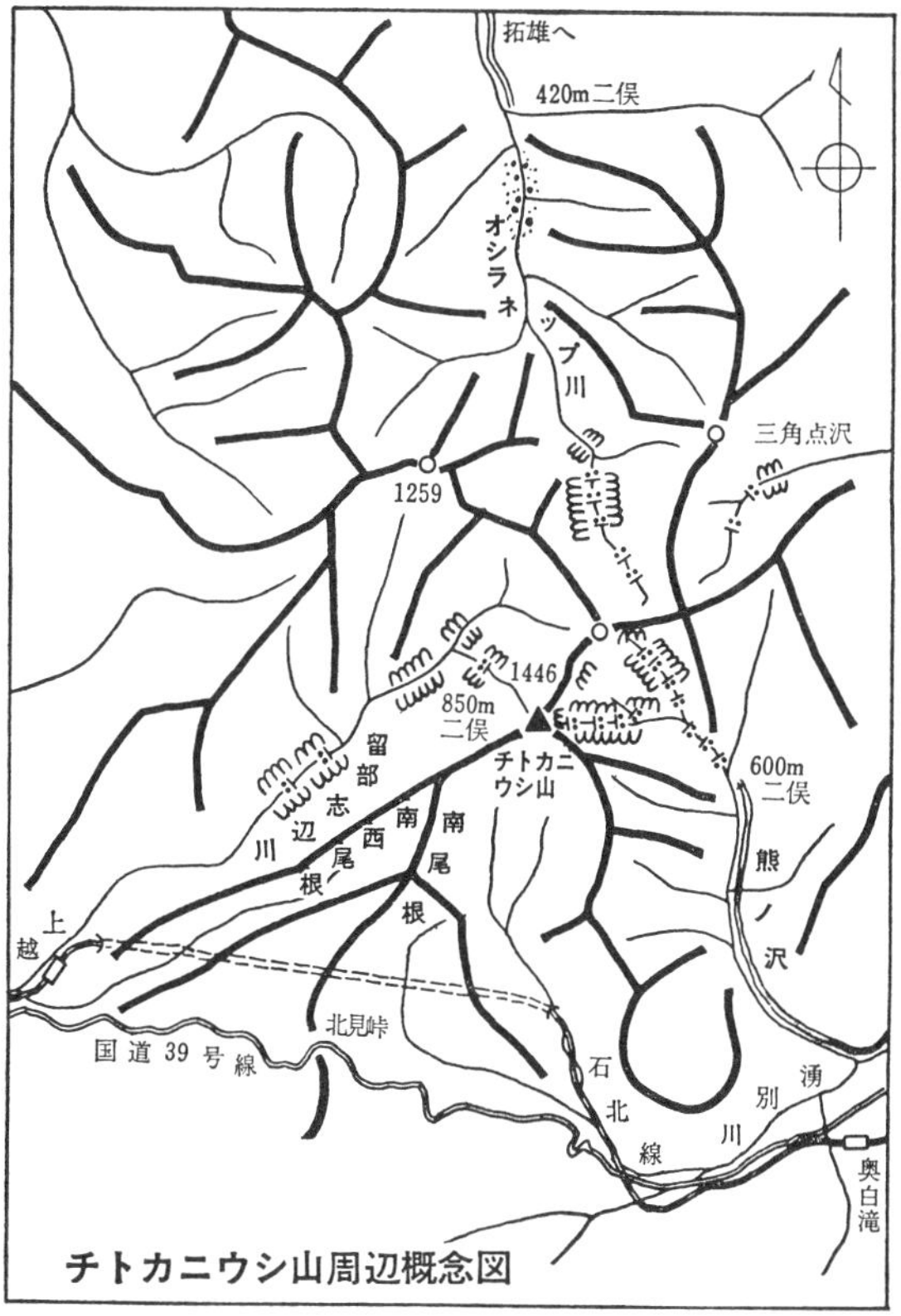

チトカニウシ山周辺概念図

4　湧別川・チトカニウシ山東面直登沢（熊ノ沢）七—一〇時間

上部は白糸状の滝が連なり、頂上へ

突きあげる沢では最も困難であり、高度な技術が要求される。ただ、岩自体は黒く苔むしているので滑りやすく、快適な遡行とはいいがたい。

石北本線奥白滝駅から熊ノ沢左岸沿いの林道を奥へ進む。林道は六〇〇m二俣のすぐ手前まで入っている。七〇〇m二俣(直登沢出合い)までは川床が苔むしていて陰気な沢で、五m前後の滝が数個あるがヌルヌルしているので巻くほうが無難だ。七〇〇m二俣の左俣が直登沢で、しばらくは流木と堆石のつまった傾斜のきついガレ沢である。沢の両岸は立っており、左岸から入る沢はいずれも白糸状の滝となって落下している。やがて約五〇mの水量の少ない滝が現われ行く手をさえぎり行き止りのような感じとなる。この滝の上部は急傾斜の漏斗状となったナメ滝で一〇〇mくらい続いているので、直登するには大変な努力が必要であろう。高巻くには左岸の垂壁に近い泥壁を立木を利用して登り、ナメ滝の上部に出る。高巻き後は平凡な沢となり水量も減じ源頭部へ導いてくれる。なるべく右寄りに行くようにするとよい。ブッシュこぎは避けられない。

この沢の遡行記録は非常に少なく、記録も未発表である。本当の直登沢は五〇mの滝の手前で左岸から落下する滝のいずれかと思われるが解明されていない。いずれにせよ、東面から突きあげる沢は急峻で険悪なものばかりであり、いまだ遡行されていない部分もあると思われる。

ウェンシリ岳の沢

ウェンシリとはアイヌ語で「悪い崖」という意味である。名の示すとおり、この山の頂上に突きあげる沢はいずれも急峻かつ険悪である。この山域の他の沢と同様、遡行記録は少なく、チトカニウシ山の沢とともに、近年多くの岳人に注目されつつある。

〔五万図〕 西興部

5 藻興部川・ウェンシリ岳東面直登沢(氷のトンネル沢)

七―八時間 「北」6号

道北の沢では最も著名で、「氷のトンネル沢」として知られる。記録は少なく、上部の大雪渓下に埋もれている滝群の全容は明らかにされていない。

名寄本線西興部《おこつぺ》駅からバスで上奥藻興部まで行く。そこから登山口までは約九キロの道のりである。登山口までは小型車なら入れる。登山口から林道を少し行き、砂防ダムの上流で登山道と分かれて沢に入る。入口の雪渓(氷のトンネル)をくぐると沢は屈曲した函状となり、釜を持つ五―七mの滝が連続して現われてくる。工夫を凝らして直登したり、へつったり、高巻いたりしながら遡ると、一時間半ほどで右岸から注ぐ小沢との出合いに着く。そのあとも、薄暗い感じの函、溝状の滝などを乗り越えてゆくと、幅二mほどのゴルジュの中にかかる滝にぶ

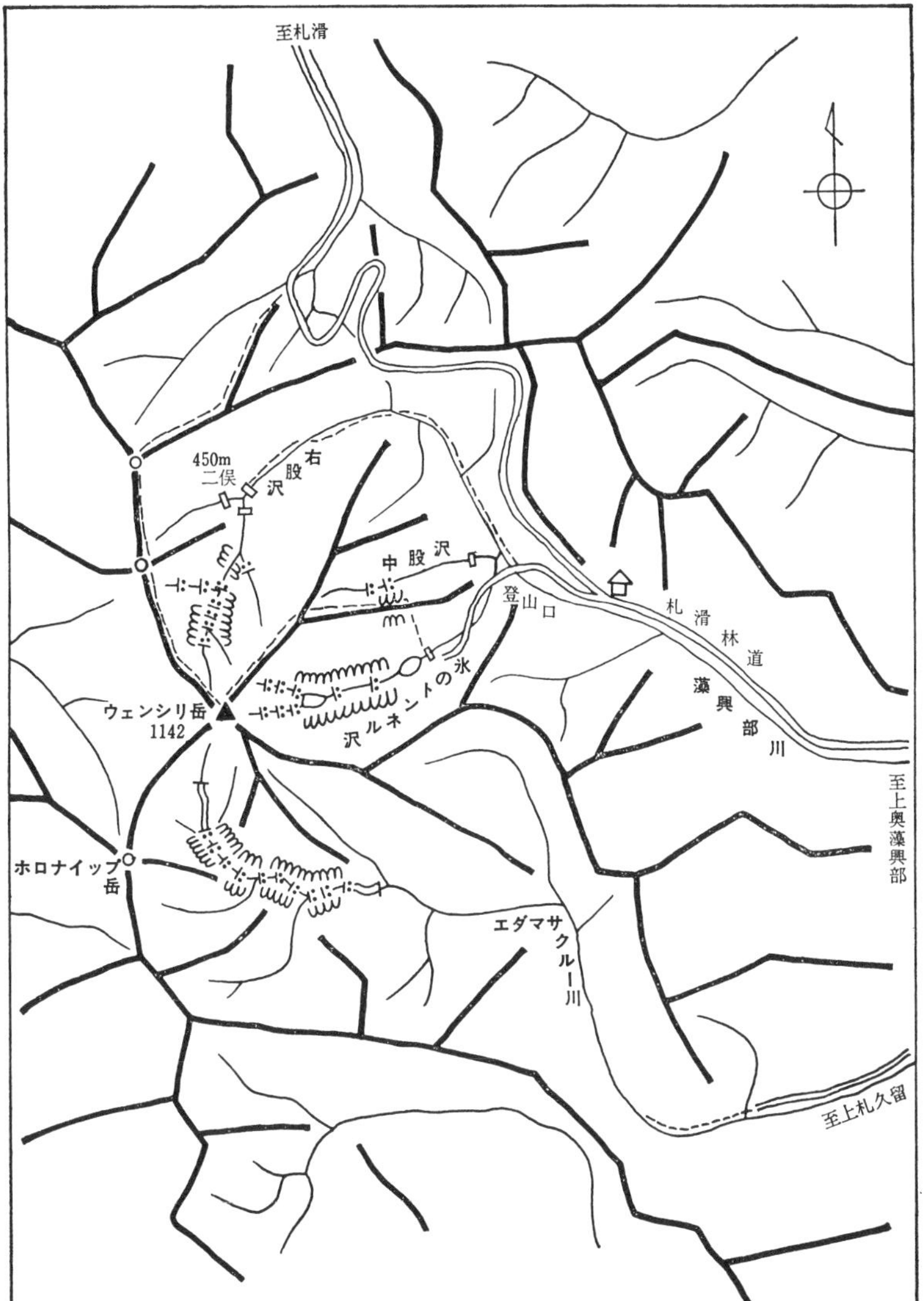

ウェンシリ岳周辺概念図

つかる。右岸を高巻いて上部に出るとまたもや小滝の連続となる。さらにチムニー状のゴルジュとなり、中に三mほどの滝が二つかかっているので、チムニー登りの要領で通過する。六―八mの滝を越えると厚い大雪渓が口を開けて現われ、入口には一〇mの滝が見えるが奥はわからない。左岸を大きく高巻き、しばらくすると二俣になる。正面は一〇mほどの滝がいくつか連続して上部へ突きあげている。登ろうとする右手の沢は雪の上に二〇m、雪の下に三〇m、合わせて五〇―八〇mのスラブ状の大滝となっている。その上は滝が連続している。これらの滝群は直登はむずかしく、大きく高巻く。その後も滝壺を持った一〇m前後の滝が段状に立ちはだかってくる。やがて小さな二俣となり、両沢とも滝となっている。どちらをとっても頂上へ出ることができる。

6　藻興部川右股沢・ウェンシリ岳北面直登沢　七―八時間

「北」30号

水流の少ない沢でデブリ、流木、泥のため美しい沢とはいえないが、東面直登沢、エダマサクルー沢とともに険悪な沢である。滝の登攀がポイント。この沢の記録も少ない。

ウェンシリ岳登山口の手前から四五〇m二俣までは右股沢左岸の荒れた林道を進む。五〇〇m二俣は右の本流を行く。ゴルジュを過ぎやがて五四〇m二俣に着く。右沢は尾根に突きあげる枝沢で、二段の滝となっている。さて本流はいよいよ核心部で、ゴルジュの通過と滝の登攀の連続となる。両岸の草付きは灌木もなく、高巻けるほど甘くない。中を直登して行くのがこの沢を早く登ることになる。一〇―一五mの滝が現われ、さらに五mほどの小滝がそれらをつないでいるが、どれも手強い。六六〇m二俣は小さなハングした滝。右から斜上する。さらに小滝が続くが、ホールドは少ない。やがて大チムニーが現われ、大の字になって通過する。しばらくナメと小滝が続く。七八〇m三俣は左の一五mの滝が本流である。滝の上は草のおおった急なルンゼとなり、笹をこいで頂上へ出る。

7　エダマサクルー川・ウェンシリ岳南面直登沢　一〇―一二時間

この沢もまた記録が非常に少なく、いまだ一、二パーティしか入っていないものと思われる。原始の匂いのプンプンする沢である。

渚滑線・滝ノ上駅からバスで上札久留《かみさつくる》まで行き、エダマサクルー川沿いの林道に入る。林道から荒れた踏跡をたどって約一時間半ほど歩くと標高二九〇mの大きな屈曲点に着く。三六〇m二俣付近までは単調な広い河原歩きだが、次第に沢は狭くなり、沢相が険悪になってくる。ナメ床を遡ったり、ゴルジュをへつったりしているうちに、両岸が急に狭まり一〇m級の滝が順次現われる。直登、高巻きをくり返すうちに四〇〇m二俣となる。本流は四段となった五〇mの大滝で凄味がある。一段、二段は直登し、三段目から高巻く。函状の中の滝をいくつか越え、三段となった滝も越えると七八〇m二俣である。ここまでが核心部で、あとは頂上直下のお花畑までトヨ状のナメ滝、ナメ床が続き、楽しい遡行となる。

冬期の北見・天塩山地

日本で最北に位置するこの山域は、冬ともなれば厳しい寒さと、豪雪におおわれる。冬期に入山する場合はこの厳しい寒さと雪に打ち勝たねばならず、一度荒れると苛酷な条件に見舞われ、身動きできなくなる。この山域のツアー・コースとして代表的なものを取りあげてみる。

8　岩内川から天塩岳　一日半　「五万図」上川

天塩岳に登る最短コース。沢の中の行動が長く、上流部では雪崩に注意がいる。

石北本線天幕駅から国道を一五分ほど歩き、岩内川沿いの林道に入る。六四〇m二俣まで古い林道が入っているので利用すると楽であるが、五二〇m二俣から先は両岸が狭まり雪崩の危険がある。六四〇m二俣から一一九〇m峰への派生尾根に取付く。この尾根は地図の上で見るよりも広く、疎林の間をスキー登高で台地状の稜線に出ることができる。稜線は広く斜面も緩い。雪質も風のためある程度締まってきて歩きやすくなる。西天塩岳を仰ぎ見ながら登高し、一三〇〇m付近から雪はクラスト気味になり、ハイマツも顔を出してくる。条件がよければ頂上までスキーが可能である。稜線が広いので視界の悪い時は標識旗を用意したほうがよい。概念図は三四頁参照。

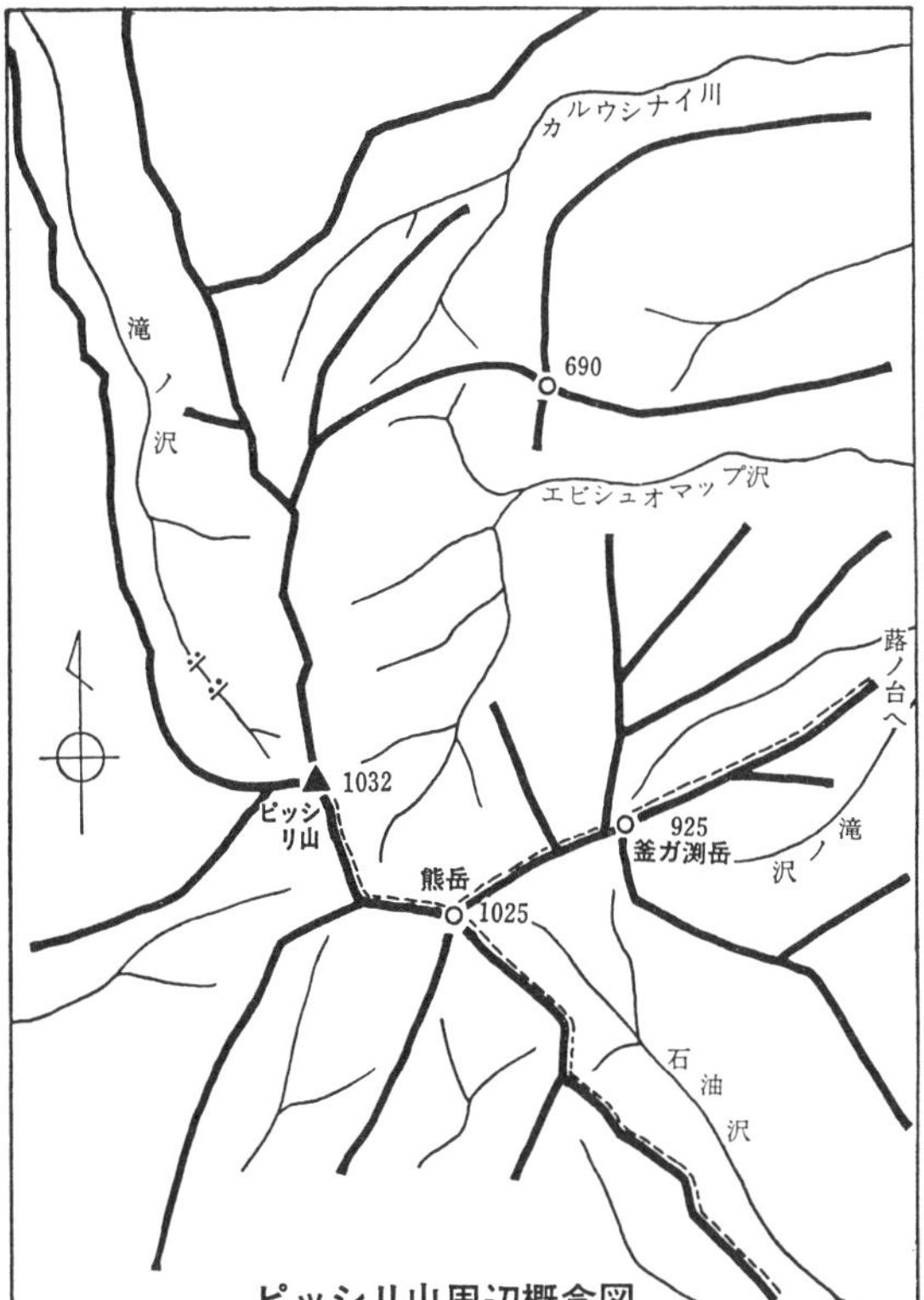

ピッシリ山周辺概念図

〔執筆者〕　大内倫文

9　チトカニウシ山・南西尾根ルート　三—四時間　「五万図」

白滝、上川

昔からスキーツアーのコースとして親しまれていた尾根で、疎林の中をのんびり歩くことができる。頂上付近では東面に大きな雪庇が張り出している。

上越駅から石北トンネルの上に出て尾根に取付く。単調な尾根を忠実にたどる。標高八八〇mのコブあたりまではやや急斜面が続く。雪質はよく、ラッセルははかどる。コブを過ぎると平坦な尾根となり樹木も少なくなる。頂上付近は雪も締まり、周囲にはタンネの疎林も見える。下りは沢に入らないように忠実に尾根を下る。また、国道三九号線の北見峠からの南尾根ルートもよく使われ、頂上まで二—三時間である。概念図は三五頁参照。

10　ピッシリ山・蕗之台ルート

一日半—二日　「五万図」蕗之台、添牛内、天塩有明

ピッシリ山は夏より、積雪期の登山に魅力を感ずる山である。沢はいたるところが雪崩の巣と思ったほうがよく、入らないようにしたい。

北海道ではまれなことではないが、深名線蕗《ふき》ノ台《だい》駅のホームからすぐにスキーをつける。滝ノ沢に沿って進み、標高五〇〇m付近で釜ケ渕岳からの尾根に取付く。頂上まで尾根伝いの行動となるが、熊岳からはしばらくやせ尾根が続き、大きな雪庇が出ている。頂上付近にくると雪も締まってくるが、頂上までスキーで登高できる。

知床半島の山

北大WV部OB会

「知床」とは、アイヌ語の「シレトク」（地の涯ての意）に由来しているように、一昔前まではオホーツク海に突き出る前人未踏の秘境であった。昭和三十年代末に国立公園に指定され、四十年代の観光ブーム以来、多くの観光客が訪れるようになった。観光開発の波のため、原始的な知床の自然も、しだいにその姿を変えつつある。宇登呂《うとろ》側には知床スーパー林道が通り、宇登呂と羅臼《らうす》を結ぶ知床横断道路も完成した。このように秘境のイメージから程遠くなった感のある知床だが、ひとたび山に入ると、まだまだその原始性に浸ることができる。

知床の山々は千島火山帯に属し、半島基部から先端へ、海別《うなべつ》岳、遠音別《おんねべつ》岳、知西別《ちりしべつ》岳、羅臼《らうす》岳、オッカバケ岳、知円別《ちねんべつ》岳、ルシャ山、知床岳と連なる。一般登山道の整備された山は少なく、わずか硫黄山、羅臼岳、海別岳にあるにすぎない。羅臼岳周辺の賑やかさをちょっとでもはずれると、まったく静寂な世界が広がる。稜線は一部を除いて二m以上のハイマツにおおわれ、羆やその他の動物の天下である。沢は草木が繁茂して暗く、以前より少なくなったとはいえ、イワナ（オショロコマ）が群をなす。

別項でも触れるが、知床の冬について一言しておこう。知床の冬は、強風と急激な天候の変化で、夏とはうって変わった非情な世界となる。一月下旬頃から宇登呂側の海岸線は流氷に閉ざされ、オホーツク海は白い氷原と化す。夏の間に賑わった海岸線の番屋には、キツネが散歩する程度で人影はまったく見られない。稜線を見ると強風が吹き荒れ、雪煙をあげる知床連山の姿がその厳しさをうかがわせる。こうした厳冬期の状況下における登山史をひもとくと、一九五三年の京都大学隊、一九五四年の札幌山岳会隊が最初に目につく。また岬から海別岳までの全山縦走は一九六三年に北海道学芸大学隊が行なっている。ちなみにハイマツのひどい夏の全山縦走は、一九六八年、早稲田大学隊が行なっている。また、残雪期五月頃の記録では、知床岳、硫黄山、羅臼岳は、昭和の初期にすでに登頂されている。近年、単独での全山縦走の記録も目にするようになった。

最後に、北海道の山は大部分そうだが、冬期を除くと羆の対策は考えておく必要がある。また、今ではほとんど耳にすることはないが、知床（道北）の風土病としてキツネやイヌを媒介とするエヒノコックスという恐ろしい寄生虫病がある。溜水は

知床半島概念図

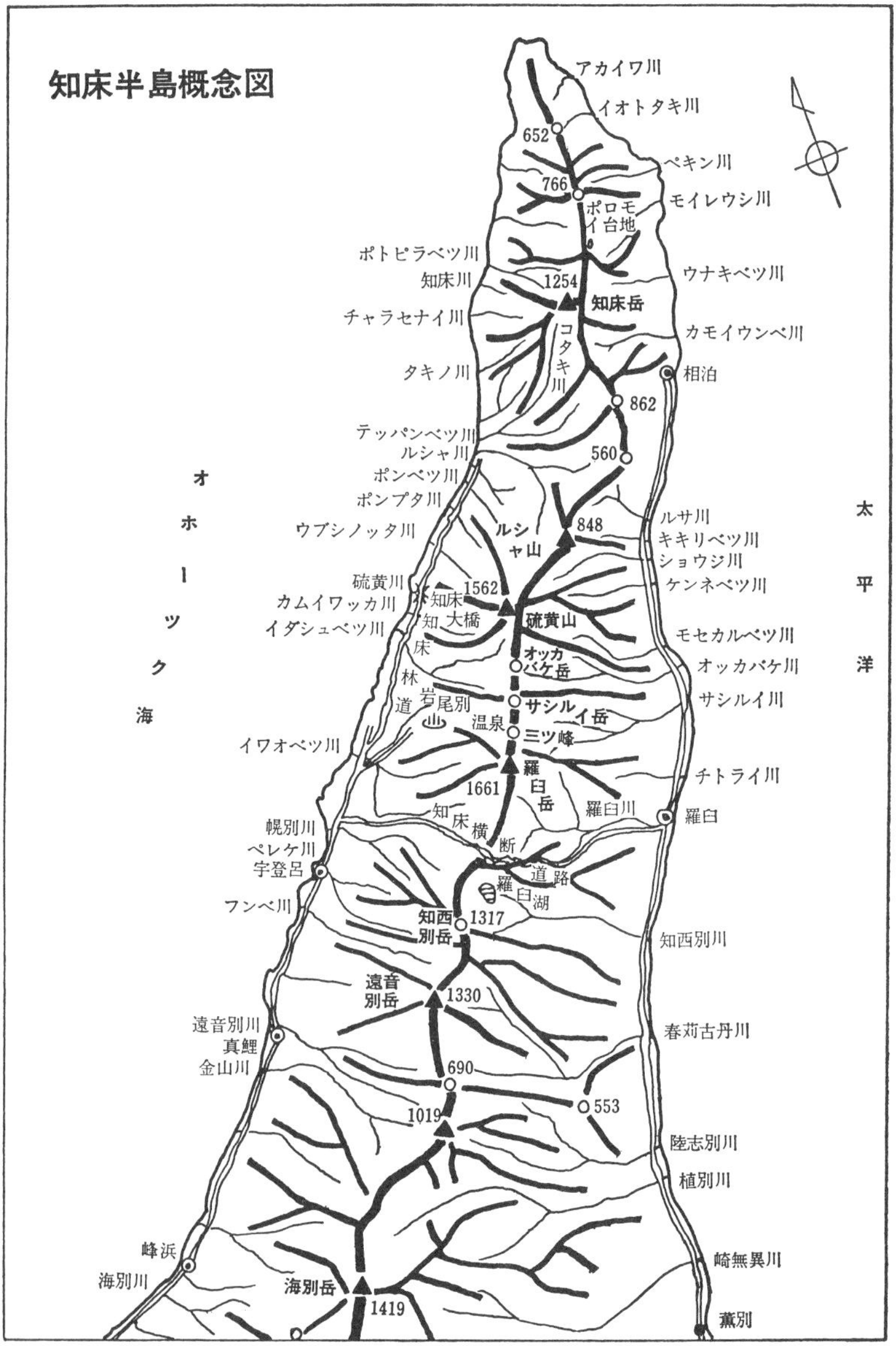
アカイワ川
イオトタキ川
652
ペキン川
766
モイレウシ川
ポロモイ台地
ポトピラベツ川
ウナキベツ川
知床川
1254
知床岳
チャラセナイ川
カモイウンベ川
コタキ川
タキノ川
相泊
862
テッパンベツ川
ルシャ川
560
ポンベツ川
ポンプタ川
ウブシノッタ川
ルシャ山
848
ルサ川
キキリベツ川
ショウジ川
ケンネベツ川
硫黄川
カムイワッカ川
イダシュベツ川
1562
知床大橋
硫黄山
モセカルベツ川
知床林道
オッカバケ岳
オッカバケ川
岩尾別温泉
サシルイ岳
サシルイ川
三ツ峰
イワオベツ川
羅臼岳
1661
チトライ川
羅臼川
羅臼
知床横断道路
幌別川
ペレケ川
宇登呂
羅臼湖
フンベ川
知西別岳
1317
知西別川
遠音別岳
1330
遠音別川
春苅古丹川
真鯉
金山川
690
553
1019
陸志別川
植別川
峰浜
崎無異川
海別川
海別岳
1419
薫別
オホーツク海
太平洋

煮沸して飲めば安全である。

〔五万図〕 知床岬、ルシャ川、羅臼、岬、宇登呂、八木浜、峰浜

〔参考文献〕「北の山脈」7、12、13、18、21、36号

〔当該地域の営林署〕 斜里営林署 斜里郡斜里町本町15
標津営林署 標津郡標津町字本町

知床の沢

国土地理院発行の二万五千分の一地形図に表われている知床の沢は、羅臼側、宇登呂側とそれぞれ四〇本程度である。これらの沢は、羅臼と宇登呂を結ぶ線とルサ川とルシャ川を結ぶ線によって、半島の基部の方から、基部、中部、先端部の三地域に大きく区分けされる。基部の沢は長いわりには面白味に乏しく、ほとんど遡行されていない。主体は中部の沢である。先端部の沢は、一般に海岸線近くに中規模の滝を有し、上流部は何もないことが多い。ここでは、主に中部の沢を紹介することにしよう。

知床の沢の大きな特徴は、オホーツク海に六〇㎞以上突き出た細長い半島上にあるため、主稜線を分水嶺として短く、河口から一本づめとなり、ほとんどが一日行程であることである。そのため、これらの沢を結んで稜線や海岸線をも含めたおもしろい沢旅が期待できる。

他の特徴としては以下のようなことがあげられよう。日高の沢などと比較すると、規模はかなり小さく、函らしい函はなく、また、沢内は暗く、苔が多く滑りやすい。河原はほとんどなく、岩肌もきれいとは言いがたい。さらに、硫黄を含んだ沢が時々見られ、イワナやヤマベの宝庫で、たまにサケやマスさえ見られることがある。そして、遡行する人が非常に少なく、記録もあまり表に出てこない。現在でも、最も人気のある沢で一シーズンに一〇パーティ程度のものと思われる。

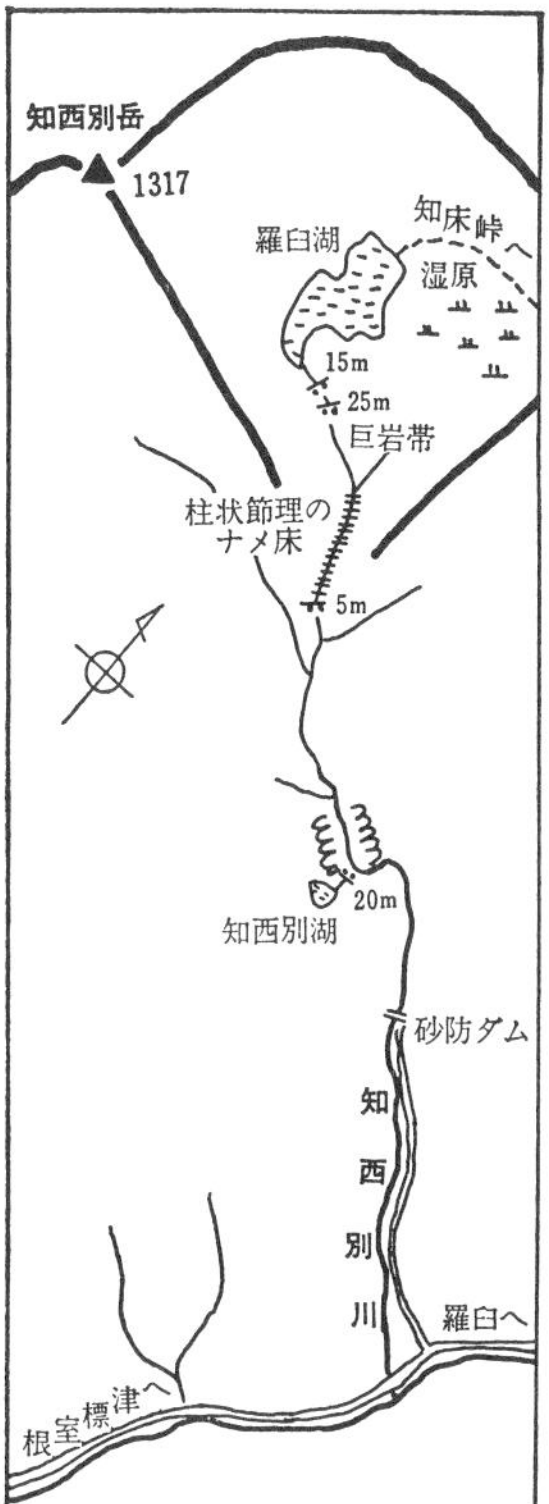

知西別川

沢への取付きはほとんど河口からか、少し林道を入った所からである。羅臼側は相泊《あいどまり》まで、宇登呂側は知床大橋まで車で入れる。先端部の沢へ行くには海岸線を歩くしかないが、羅臼側は海岸線に立ち並んだ番屋に人が入って結構な賑わいとなっている。宇登呂

側は番屋もほとんどなく、場所によっては泳ぐ必要も出てくる。知床横断道路の完成によって、羅臼と宇登呂間の移動が楽になり、以前のように斜里か根室標津《しべつ》まで戻って、根北峠《こんぱく》を越えなくてもよくなった。

なお、先端部の沢や支流にはいまだ前人未踏の沢が残されていると思われ、冬期の遡行記録はほとんどない。

1　知西別川《チリシベツ》　七—八時間

短いわりに、滝、小さなゴルジュ、柱状節理のナメ床、巨岩帯と変化に富み、源頭が羅臼湖のため水量も多い。

羅臼町より車で一〇分ほど手前に河口がある。河口からやや離れた所に林道入口があり、四〇分ほど歩いた第三砂防ダムを越えて沢に降りる。ここまでは車で入ることもできる。二mほどのナメ床の段差を越えると、標高一二〇mまでは単調。右岸より知西別湖からの二〇mの滝が合流しており、本流はゴルジュの中にヌルヌルした傾斜のゆるい小滝となっている。これをへつると小規模のゴルジュが少し続くが、再び単調になる。標高二四〇m二俣を過ぎ、二七〇m地点の五mのナメ滝を越すと、四—五〇〇mにわたって小さなナメ滝、ナメ床が連続する。左岸は美しい柱状節理で快適そのものである。この後は急傾斜の巨岩帯となり、高度をかせぐ。標高六五〇m付近に二段二五m、さらに一五mの滝が現われ、左岸を大きく高巻いて越える。沢から離れやすいので気をつけ、再び沢に戻ると羅臼湖は近い。羅臼湖は遠浅の湖で、岸に沿ってザフザブとその中を渡る。湖の東側の湿原を楽しみ、知床横断道路に出て、羅臼側か宇登呂側に下る。

2　サシルイ川　一二—一五時間

知床中部の沢では最も長く、水量も比較的多い代表的な沢である。中流部より大滝の連続となり、源頭は羅臼平のお花畑で、沢のよさを充分楽しめよう。

羅臼町から河口まで車で一五分。河口のすぐ上に砂防ダムがあり、右岸を大きく巻いて沢に入る。標高三〇〇mまでは、知床特有の暗いだらだらした沢で、時間のわりには標高がかせげない。標高三〇〇mを過ぎてナメ滝が現われると、まもなく両岸が迫って左岸より三段構成の七、八〇mの滝が落ちている。しぶきを浴びながら右岸を通過する。このあたりから核心部に入る。二〇mの滝を二つ、その他小さな滝を越すと、六〇〇mの二俣となる。左俣は四〇mのナメ滝、右俣は三段五〇mの滝で圧巻だ。二段目上部まで中央を行き、左岸に渡って最上段を巻くのが適当だろう。小滝を越えてゆくと七〇〇m二俣で、さらに八五〇mの二俣までは二〇mの滝が二つある。右俣をつめるが、一〇m弱の滝を越えると両岸よりブッシュが迫り沢筋は狭くなる。そのうえ、ナメ床には苔がこびりつき、ワラジでも滑りやすく快適とはいえない。下降の際は苦労する。水流が切れ雪渓が現われると、一時間半でお花畑より羅臼平に出る。一日行程としてはかなり厳しいが、はるかに国後島《くなしり》を望む羅臼平直下の雪渓でテントを張りたい。羅臼岳に登り、夏道を羅臼町か岩尾別温泉へ下る。

3　オッカバケ川　一〇—一二時間

このあたりの沢としては、不思議に滝の少ない沢である。河口までは羅臼町より車で二〇分弱だが、河口を見落としやすいので注意(海岸の天狗岩を目印にする)。沢内の河原は巨岩が多く歩きずらい。ところどころゴルジュ状の中に小滝が現われるが困難ではない。緩い傾斜の三段の滝を越すと標高三七〇m二俣である。右俣は南岳へ、左俣は二ツ池、オッカバケ岳に出る。これといった大きな滝もなく七〇〇m二俣となり、源頭は脆い垂直状の岩壁となる。残雪が多いと問題はないが、ベルクシュルントが開いて取付きに苦労することもある。草付きの斜面を越えて、灌木とハイマツのブッシュこぎで縦走路に出る。二ツ池にテントを張るとよいだろう。

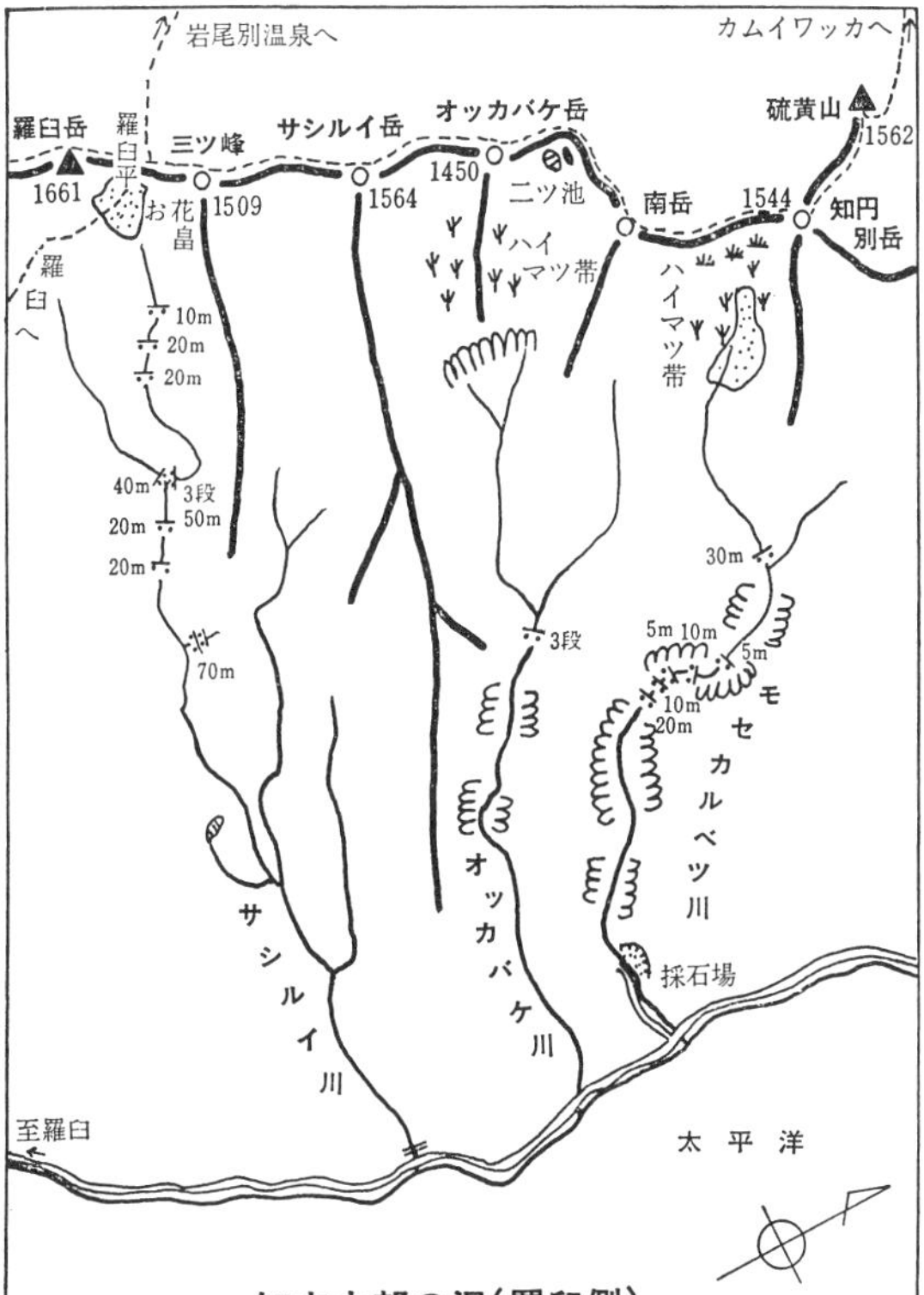

知床中部の沢(羅臼側)

4　モセカルベツ川　七—一〇時間

硫黄山への便利なルートで、水量は少なく、中規模の滝が多い沢である。滝はほとんど直登可能である。

河口までは羅臼町から車で約二〇分。林道が一・五㎞ほど奥まで入っており、終点は採石場となっている。沢に入るとすぐ小滝とナメ床の連続となるが、暗く滑りやすい。両側の迫ったゴルジュの中は巨岩がつまっており、標高はかせげる。標高四〇〇mの二〇mの滝は左側を楽に直登できる。さらに、一〇m、五mの滝が続き、東への屈曲部に一〇m、北への屈曲部に五m、その後も小滝、ナメ床と連続する。このあたりまでは霧でもかかっていると薄暗く、いかにも熊の出そうな雰囲気である。六九〇mの平坦な二俣で急に開け、左俣を少し行くと三〇m

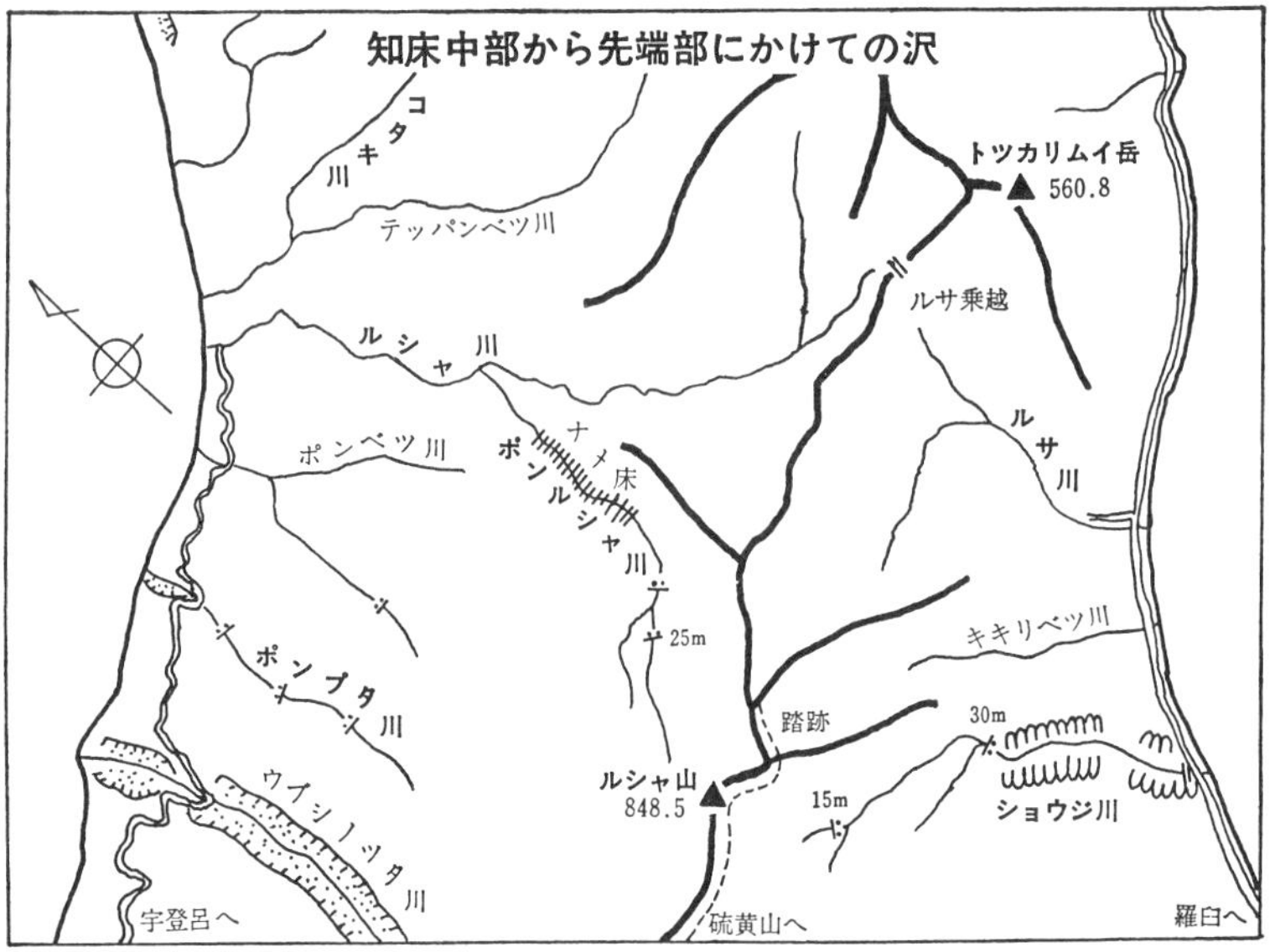

知床中部から先端部にかけての沢

の岩盤状のナメ滝となる。上部は数ｍほど垂直に落ちている。あとは巨岩の中を高度をかせぎ、お花畑の中、雪渓と涸沢を忠実にたどる。ハイマツを一〇分ほどこぐと知円別岳下の縦走路に出る。硫黄山の南下の雪渓かお花畑、二ツ池にテントを張ることになろう。

5　ショウジ川　七時間

三〇ｍの大滝がポイントだが、他はわりと単調な沢である。

羅臼町から車で三〇分ほどでショウジ川の河口である。河口から一〇〇ｍの所に砂防ダムがあり、高くはないが、河口からのゴルジュの中にあるため、河口から高巻く。暗いゴルジュの単調な沢を一時間半で二段三〇ｍの大滝に出る。両岸とも岩壁のため苦労させられる。これを越すと明るくなる。四一〇ｍ二俣は右俣に入り、一五ｍの涸滝を簡単に越す。やがて傾斜がきつくなり、苔むした石の上を滑らないように進み、源頭のブッシュをこいで稜線に出る。硫黄山に向かい夏道を下る。

6　イダシュベツ川　六—八時間

宇登呂側より半島中央部の主稜線に突きあげる沢で、比較的水量が多い。源頭のブッシュこぎはない。

宇登呂より知床林道を車で約四〇分行くと、イダシュベツ川にかかる橋に着く。沢に入るとまもなく二俣となる。右俣の奥は、地形図上、滝の連続となっている。左俣に入り、水量の多い二段一五ｍの滝となる。これは右岸を高巻く。すぐ無名沼からの沢が滝となって流れこんでいる。標高五〇〇ｍの二俣では

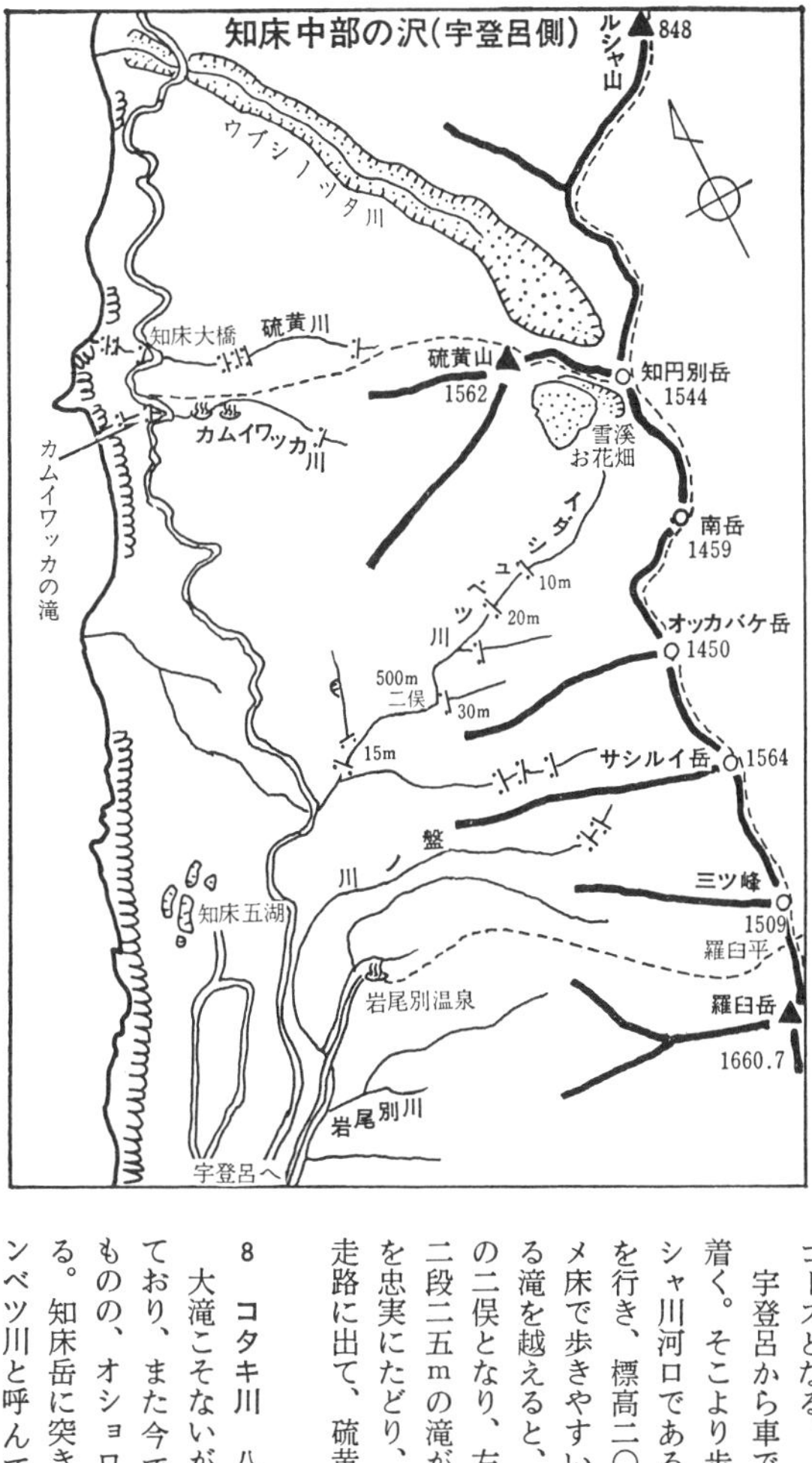

右俣に三〇m近いナメ滝が見えるが、本流は六六〇m二俣まで何もない。この右俣の奥にも大きな岩盤帯と滝が見える。左俣を行き、やがて二〇mの滝が現われ、簡単に越える。以後は巨岩地帯となって標高をかせぐ。標高八五〇mの最後の涸滝は直登も可能だが、普通は左岸を巻く。涸れたナメ床、砂礫地帯を過ぎ、だだっ広いすり鉢状の平坦部に出る。南の二ツ池の方に上がれば縦走路だが、北に回りこんで雪渓の残ったお花畑にテントを張ると気持がよい。硫黄山よりカムイワッカへの登山道を下ることになる。

7　ルシャ川　七時間

ルシャ川本流は平凡な沢で、ルサ乗越よりルサ川に下り、羅臼側に出るために利用する。七〇mの二俣の右俣であるポンルシャ川は、ルシャ山西方に突きあげ、知床岳側から硫黄山へのコースとなる。

宇登呂から車で一時間で知床大橋に着く。そこより歩いて三時間弱でルシャ川河口である。七〇m二俣の右俣を行き、標高二〇〇mくらいまではナメ床で歩きやすい。標高三〇〇mにある滝を越えると、やがて標高三五〇mの二俣となり、左俣を行く。まもなく二段二五mの滝が現われる。あとは沢を忠実にたどり、ブッシュをこいで縦走路に出て、硫黄山へ向かう。

8　コタキ川　八―一〇時間

大滝こそないが、函と小滝が連続しており、また今でこそ少なくなったものの、オショロコマの豊庫でもある。知床岳に突きあげる本流をテッパンベツ川と呼んでいたが、国土地理

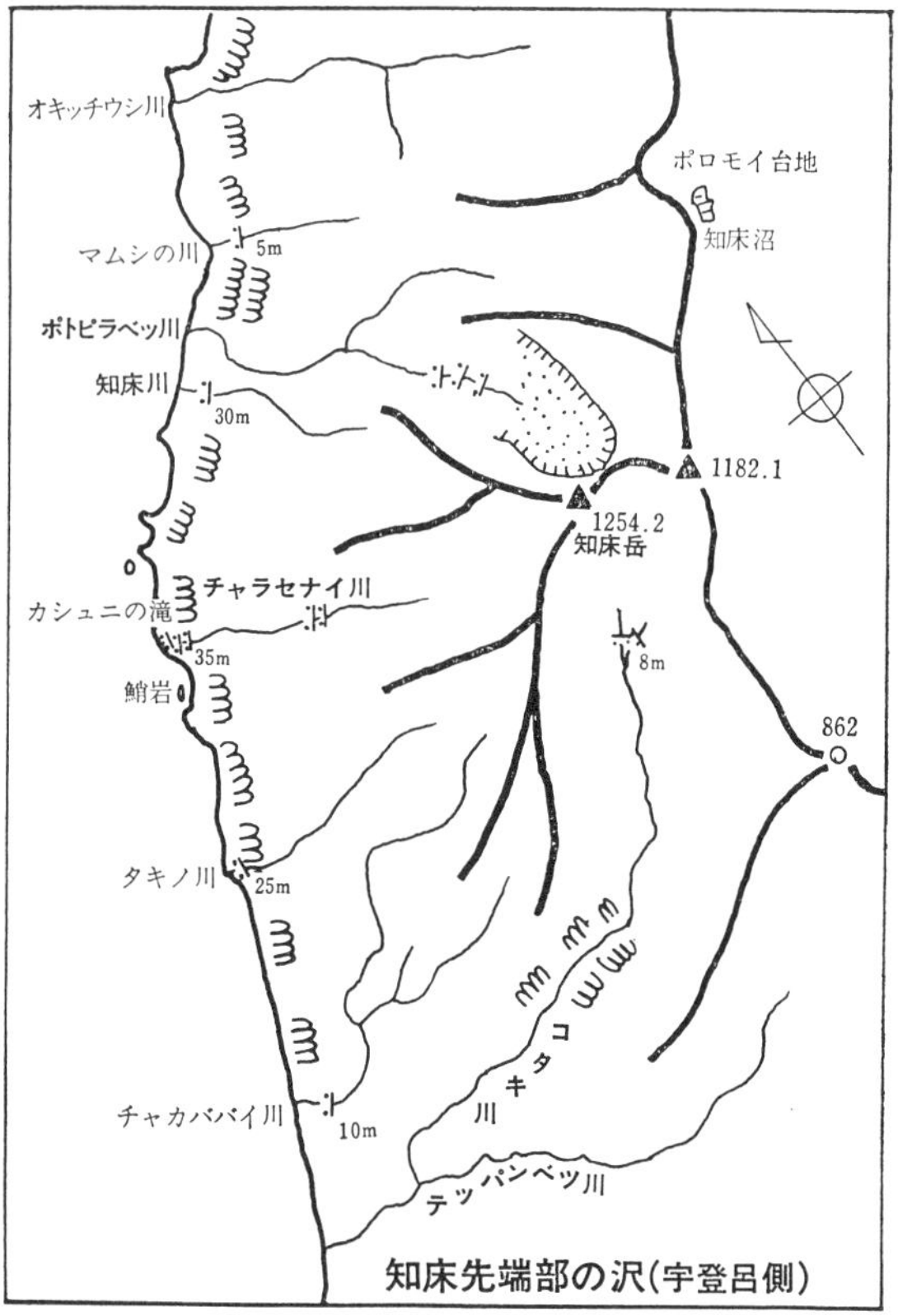

知床先端部の沢(宇登呂側)

院二万五千分の一地形図ではコタキ川としているのでそれに従う。

宇登呂より車で知床大橋へ、さらに徒歩約三時間でテッパンベツ川河口である。河口からすぐの二俣を左に行く。標高六〇mくらいまで林道がある。やがて函や小滝が現われ始め、標高二三〇―四〇〇mまでの間は小規模の函と小滝の連続となる。函の中を行ってもよいし、高巻いて上を行くのもよい。この間によい幕営地が、標高二四〇m、三五〇m地点にある。沢は単調となり、七〇〇m二俣である。両方から七、八mの滝が落ちている。ここから先は、最もハイマツをこがないですみそうなルートをとって知床岳を目ざす。ポロモイ台地の知床沼によい幕営地がある。モイレウシ川か、夏道となっているウナキベツ川を下る。

9　**中部のその他の沢**（羅臼側）

羅臼川　本流上流部に滝が期待できそう。支流の沢にも登山道からナメ滝が見える。

ケンネベツ川　モセカルベツ川とショウジ川の中間に位置し、上流部に中規模、ないしは大きな滝が期待できる。

10　**中部のその他の沢**（宇登呂側）

岩尾別川　昭和の初期にすでに遡行されており、岩尾別温泉の先に小滝がある。また、支流の盤ノ川の上流には滝が期待できる。

カムイワッカ川　海岸近くに「カムイワッカの滝」があり、知床林道から生暖かいナメ床を二〇分行くと、小さな滝壺を利用した温泉があり、気分のよい所である。

硫黄川　知床大橋のかかる沢で、脆く、急峻。標高六〇〇mまでは滝の連続である。

ポンプタ川　いくつかの滝が期待できる。カムイワッカ川からここまでの沢は、どれも海岸近くに必ずいくつかの滝を持っている。

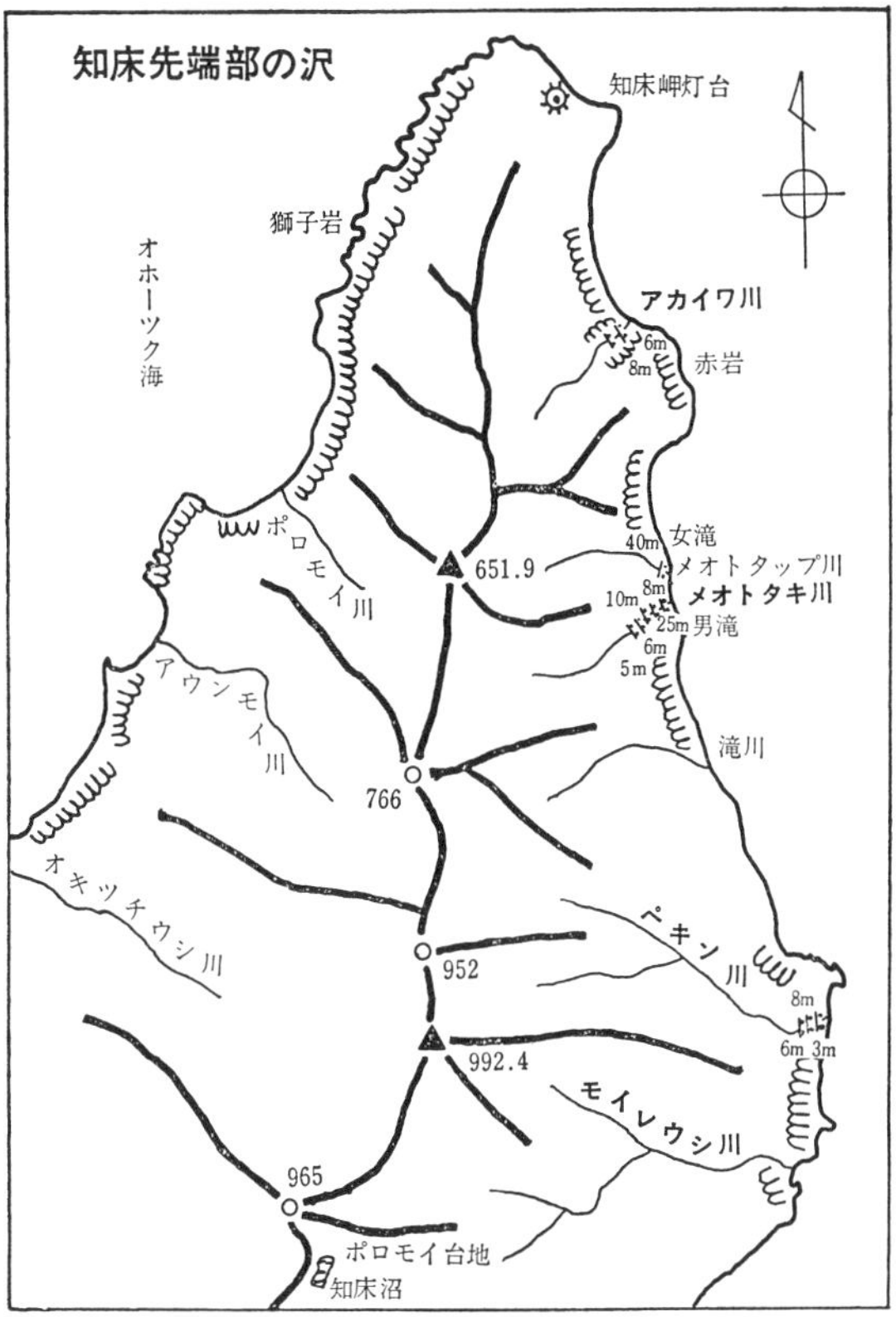

11　先端部の沢（羅臼側）

アカイワ川　下流は小規模なゴルジュ。中に六m、八mの滝がある。脆い岩で落石に注意がいる。上流は何もない。

メオトタキ川　二五mの夫婦の滝の男滝がある。さらに滝が続くが、すべて高巻く。上流は何もない。

ペキン川　海岸近くに、三m、八m、六mの滝。あとは単調。

モイレウシ川　羅臼側より知床岳のルートとして使う。

ウナキベツ川　沢というより知床岳の夏道として使う。

ルサ川　標高四〇〇mのルサ乗越しを越して、ルシャ川に下り、宇登呂川に出るために使う。

12　先端部の沢（宇登呂側）

ポトピラベツ川　知床岳北側のガレ場を源頭とする険悪な沢。崩壊が激しい。大滝がいくつかあるが、大きく高巻いているため規模はわからない。沢は短いが時間は充分とる必要がある。

知床川　河口から四〇〇m入った所に、釜を従えた垂直の三〇mの大滝があり圧巻。源頭部も滝が期待できそう。

チャラセナイ川　海岸線に五段三五mのナメ滝があり、最下段はカシュニの滝と呼ばれる一〇mの垂直の滝が直接海に落ちている。上流にもまだ期待できそうである。

冬の知床

概説でも多少ふれたが、冬の知床で最も注意しなければならないことは、強風と急激な気象変化である。主稜線およびコル、あるいは沢への吹きあげ、吹きおろしは、想像以上の風が吹き荒れる。ブロックが飛ばされ、テントが破かれることもあり、雪が飛ばされて雪洞が消滅した例もある。幕営地は、確実に風が避けられる地形を選ぶか、高度を下げる必要がある。標高八〇〇m以下ならば一応安全かと思われるが、羅臼町あたりでも人家に被害が出ることもあり、充分な配慮は怠るべきではない。二ツ玉低気圧の通過する春先は、ドカ雪を伴うことが多く、テントをつぶされる危険性もあるので、エスケープ・ルートは考慮しておく。

一方、半島性気候の特徴である局地的気象がしばしば発生し、その変化は激しい。天気図上に現われないオホーツク海に発生する小低気圧によって、急激に天候が変わるので、行動中は晴天であっても気はゆるめられない。

気象にくらべると、地形は岩稜や細い稜線が少なく、それほど問題はない。稜線上での雪崩はほとんどなく、大きな雪庇も張らない。また、夏には二m以上のハイマツ帯の稜線も、クラストした雪におおわれ歩きやすい。もともと北海道の冬山はスキー利用を基本とするが、知床も例外ではない。しかし、雪の少ない一月などは、ハイマツ、ブッシュが顔を出していて、苦労することも多い。

アプローチとしては、羅臼側はルサ川まで、宇登呂側は宇登呂まで除雪が入っている。早ければ三月下旬には、もう少し先まで除雪はのびる。

入山ルートとしては、一般的に、羅臼側は岬町小学校から硫黄山、ルサ川から硫黄山方面、知床岳方面、カモイウンベ川から知床岳などがあり、宇登呂側は峰浜スキー場から海別岳、遠音別川沿いの林道から遠音別岳、知床峠から羅臼岳、知西別岳、岩尾別温泉から羅臼岳などがある。知床峠より羅臼岳西ルンゼを通過するルート以外は、冬山の技術を身につけていれば技術的に問題はない。パーティにより、地形図から適当な尾根を選んで取付いている。

知床に入るパーティの大部分は、以上のルートからの縦走形態をとることが多い。縦走で問題になる区間は、硫黄山と羅臼岳の間で、一日ぎりぎりの一五〇〇m近い稜線行動である。風に耐え得る適当な幕営地がなく、この間の気象変化には充分気を配る必要がある。岩稜があるのは、羅臼岳周辺、硫黄山付近、先端部の稜線の一部のみである。

眼下に広がる流氷原、遠く富士山に似た国後島のチャチャヌプリなど、冬の知床稜線からの眺めは、他の山域では見られない独特の景観を備えている。気象に充分注意して、心ゆくまで味わってみたいものである。

〔執筆者〕 鈴木波男

大雪山連峰

旭川山岳会
新得山岳会

北海道北部中央高地二三万一九〇〇ヘクタールの山岳地帯を占める大雪山国立公園は、その広大さと原始性、豊かな高山植物群と高層湿地帯、残雪にいろどられた夏山のおおらかさと苛酷で厳しい冬山の魅力にあふれている。千島火山脈の西端に位置し、二〇〇〇m前後のなだらかな広い尾根を持つ火山の集まりで、変化に富む地形と複雑な構造をもつ。噴火の記録はないが、各所に火口跡があり、今でも噴気口から噴煙や有毒ガスを噴出させており、豊富な温泉も湧出している。一〇〇〇mあたりで広大な熔結凝灰岩によって構成される台地をつくり、森林帯の基盤となってその上に主峰旭岳をはじめとする十数座の火山がのっている。熔岩生成過程でつくられた大函・小函付近の見事な柱状節理やクワウンナイ川に見られるすばらしいナメ滝、懸崖にかかる銀河、流星、羽衣の滝など得がたい景観を呈している。豊かな雪は遅くまで残り、場所によっては万年雪のごとくになって、高層湿地帯を点在させ、高山植物群の豊庫となる。植物群はわずか一ケ月の間に花を咲かせ結実する。

大雪山の森林限界は標高一四〇〇m前後で、エゾマツ、トドマツの大木からダケカンバへと高くなり、ハイマツ帯の高山帯へと続く。そのなかに、天然記念物のナキウサギや、ウスバキチョウ、ダイセツタカネヒカゲ、アサヒチョウモンなどの蝶類や、シマリス、キタキツネ、エゾジカ等の動物を見ることができる。しかし登山者にとって忘れてはならないのは羆の存在だ。羆は夜行性で、人間に対しても警戒しており、たとえ縄張りを通過したとしても、羆は停滞することなく行動しており、それも早朝より日没後に限られる。そんなところから被害は少ないものの、どの山域でも羆の捿息を認めて行動しなければならない。

大雪山の開拓は蝦夷地と呼ばれていた当時、今から一八〇年前間宮林蔵が石狩川を遡行して調査に入ったものが最初で、その後松田市太郎、松浦武四郎等が調査に入った。北海道とその名を改められた頃から、そのヴェールを少しずつはがされ、探検的調査的登山や沢の遡行が行なわれた。いずれもアイヌや山なれた和人の案内人が行を共にしている。大町桂月が大雪山の広大さを紹介したのち、かなりの人々が入山するようになった。現在では一般登山道も整備され、四季を通じて多くの登山者で賑わっている。しかし冬期は気温も低く、尾根では烈風が吹きすさび、行動できる日が極端に少なくなる。また視界のきかないときは、広大な山容のためルートを見失いがちとなり、充分な用意が必要となる。

また、高山植物の咲き始まる頃から夏山シーズンとなり、尾根歩きはもちろん、沢歩きも始まる。清冽な融雪水が地下水となり、伏流水から水線となっている沢と直接融雪水が入りこんでいる沢があり、それぞれ水温が異なる。しびれる冷たさの水から涼しくて手ごろな水温になるまで待てないのが大雪の沢づめである。残雪の量により沢づめの難易が異なるのである。また、沢をつめたあとは、高山植物保護のため一般登山道に入るよう注意する。

登山口としては天人峡温泉、勇駒別温泉、愛山渓温泉、層雲峡温泉、大雪高原温泉が主たるもので、それぞれ旭川からバスが直通もしくは乗り継ぎで入っている。昭和二十九年の台風で原始林が被害を受け、風倒木処理のため林道が発達した。そのため登山にはずいぶんと便利になり、場所によっては車で乗り入れられるところもあるが、高山植物や山火事防止などのため定期バス路線以外は車輛で入林できないようにゲートを施錠しているので、所轄の営林署に入山届を出し鍵を受けとることになる。また冬期は雪のため閉鎖される道路もあるので関係の町役場観光課に問い合わせるとよい。

大雪山の中央部と平行に走る東側の山々を東大雪、また石北峠を境にして北に「く」の字形に連なる山々を北大雪と呼んでいる。先蹤者大島亮吉はその紀行「石狩岳から石狩川に沿って」のなかで、東大雪の主峰石狩岳を語りながら、この連峰の特色をあますところなく語っている。大雪山が火山性であるのに対し、この連峰は非火山性であり、深々とした森林に囲まれ、原始の姿をそのまま残している。登山者はまれにしか見かけず、静かな山旅を心ゆくまで味わうことができる。東大雪へは国鉄士幌線「十勝三股」「糠平《ぬかびら》」、北大雪は石狩川上流の層雲峡からが近い。ただ、現在では国鉄士幌線は糠平までしか運行されておらず、十勝三股まではバスが糠平から代替運行されている。いずれもアプローチは長く、小屋も音更《おとふけ》川林道の二十一の沢に一個所あるだけである。入山時には担当の営林署の説明を充分に受けるとよいだろう。

〔五万図〕大雪山、旭岳、十勝川上流、石狩岳、糠平、志比内、上支湧別

〔当該地域の営林署〕

大雪営林署（石狩川上流、黒岳周辺）上川郡上川町川端

旭川営林署（旭岳周辺）旭川市七条一〇丁目

神楽営林署（トムラウシ山）旭川市神楽町

新得営林署（十勝川上流）上川郡新得町屈足緑町2

上士幌営林署（音更川流域）河東郡上士幌町

上川営林署（ニセイカウシュッペ山）上川郡上川町新町

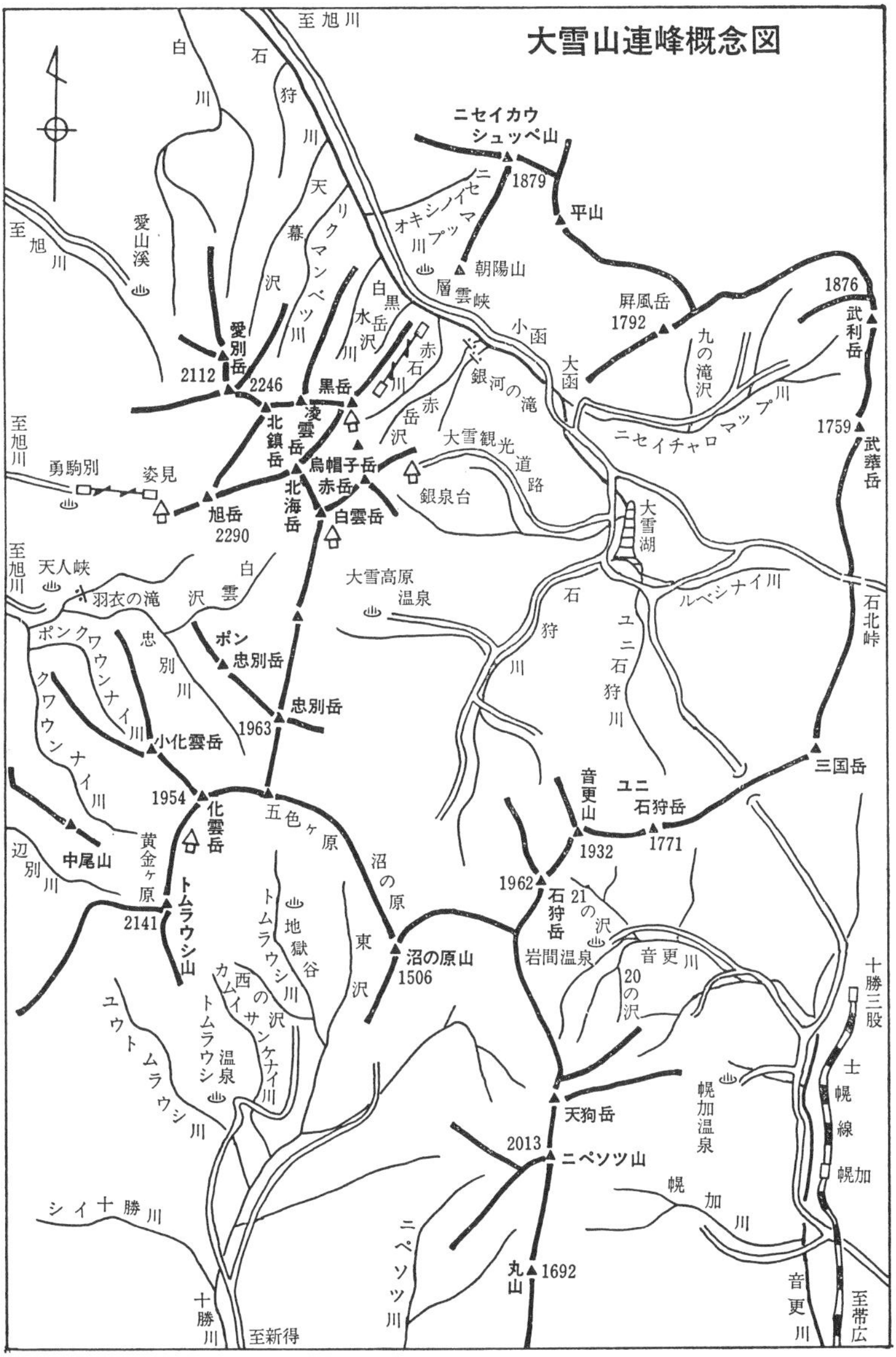
大雪山連峰概念図
至旭川
ニセイカウシュッペ山
1879
平山
朝陽山
層雲峡
屏風岳
1792
1876
武利岳
1759
武華岳
愛別岳
2112
2246
黒岳
北鎮岳
凌雲岳
烏帽子岳
赤岳
北海岳
白雲岳
旭岳
2290
勇駒別
姿見
天人峡
羽衣の滝
銀河の滝
大雪観光道路
銀泉台
大雪湖
大雪高原温泉
ニセイチャロマップ川
ルベシナイ川
石北峠
ポン忠別岳
忠別岳
1963
小化雲岳
1954
化雲岳
五色ヶ原
沼の原
沼の原山
1506
中尾山
トムラウシ山
2141
黄金ヶ原
音更山
ユニ石狩岳
1932
1771
三国岳
1962
石狩岳
岩間温泉
天狗岳
2013
ニペソツ山
丸山
1692
幌加温泉
十勝三股
士幌線
幌加
至帯広
至新得
トムラウシ温泉
シイ十勝川
十勝川
音更川
幌加川
ニペソツ川
ユウトムラウシ川
地獄谷
石狩川
ユニ石狩川

層雲峡周辺の沢

大雪山の表玄関の一つである層雲峡は、多くの渓谷美に囲まれ、四季を通じて観光客、登山者で賑わいをみせている。石狩川に注ぐ各沢は、日帰り可能な沢もあり、初級者から上級者まで楽しめる。旭川、上川よりバスの便があり、アプローチが他の山域に較べると非常に短く、大雪の山を楽しむには絶好であろう。

〔五万図〕　大雪山、上支湧別
〔参考文献〕「岳人」386号

1　赤岳沢　九時間　「北」8号

両岸が柱状節理の岩壁となっており、遡行可能な滝が多く、充分楽しめる中・上級者向きの沢である。

石狩川を徒渉し出合いに入る。なるべく流星の滝の直下に出て右岸小ルンゼを登り、やぶを一時間こいで下降。最後は懸垂で流れに戻る。小滝、瀞、函が連続するがさして困難ではない。両岸はすばらしい柱状節理が続く。やがて酉長岩が左手に見える。このあたりで函は終わり、沢も明るく開けてくる。次々と小滝が現われ快適な登りが続く。やがて三〇mほどの滝が現われる。これは右岸を高巻き気味に登る。次に一五m、一〇mの滝が連続して顔を出す。このあたりからハイマツが現われ、しばらくはナメ滝、小滝の続く気持のよい遡行である。ほどなく二〇mの滝が現われ、シャワークライムで越す。さらに二〇mほどの最後の滝が現われる。左岸の泥と脆い岩のミックスした壁を用心深く登る。これを越えると水量も減る。ゴロゴロした大石を登り、広い雪渓を過ぎると烏帽子岳と赤岳との花の沢である。ここから銀泉台までは二時間、黒岳までは近いようで五時間はかかる。

2　赤石川　八時間　「北」2号

お鉢平に源を発し、紅葉谷をへて石狩川に注ぐ約六㎞の沢。函の高巻きがポイントの中級程度の沢である。

紅葉谷遊歩道奥にある二段の滝から沢に入るが、いきなり滝の手前から左岸を高巻く。約一時間のやぶこぎで函の終了点に下降。滝の上は函が続いているが、これも高巻く。ここでワラジをつける。沢は小滝が続き、徒渉、へつりをくり返しながら進むと、しだいに開けてくる。二時間ほどで、前方が急に狭くなり、六段からなるヤスヤスの滝に出る。手前右岸のルンゼを登り、対岸に糸状の滝が見えるところで沢に下る。このあと一〇m前後の滝が続き快適だ。やがて沢は雪渓となり、視界も広くなる。約一時間半で飛竜の滝。右岸のハイマツをこいで上部に抜けると両岸は開け、沢もおだやかとなる。そのまま沢を進むと黒岳への縦走路に出る。函、滝の直登も行なわれているが、ハーケン連打によるクライミングでかなりきびしい。

3　黒岳沢　五―六時間

黒岳へ直接上がる沢で距離は短いが、中・上級者向きのルー

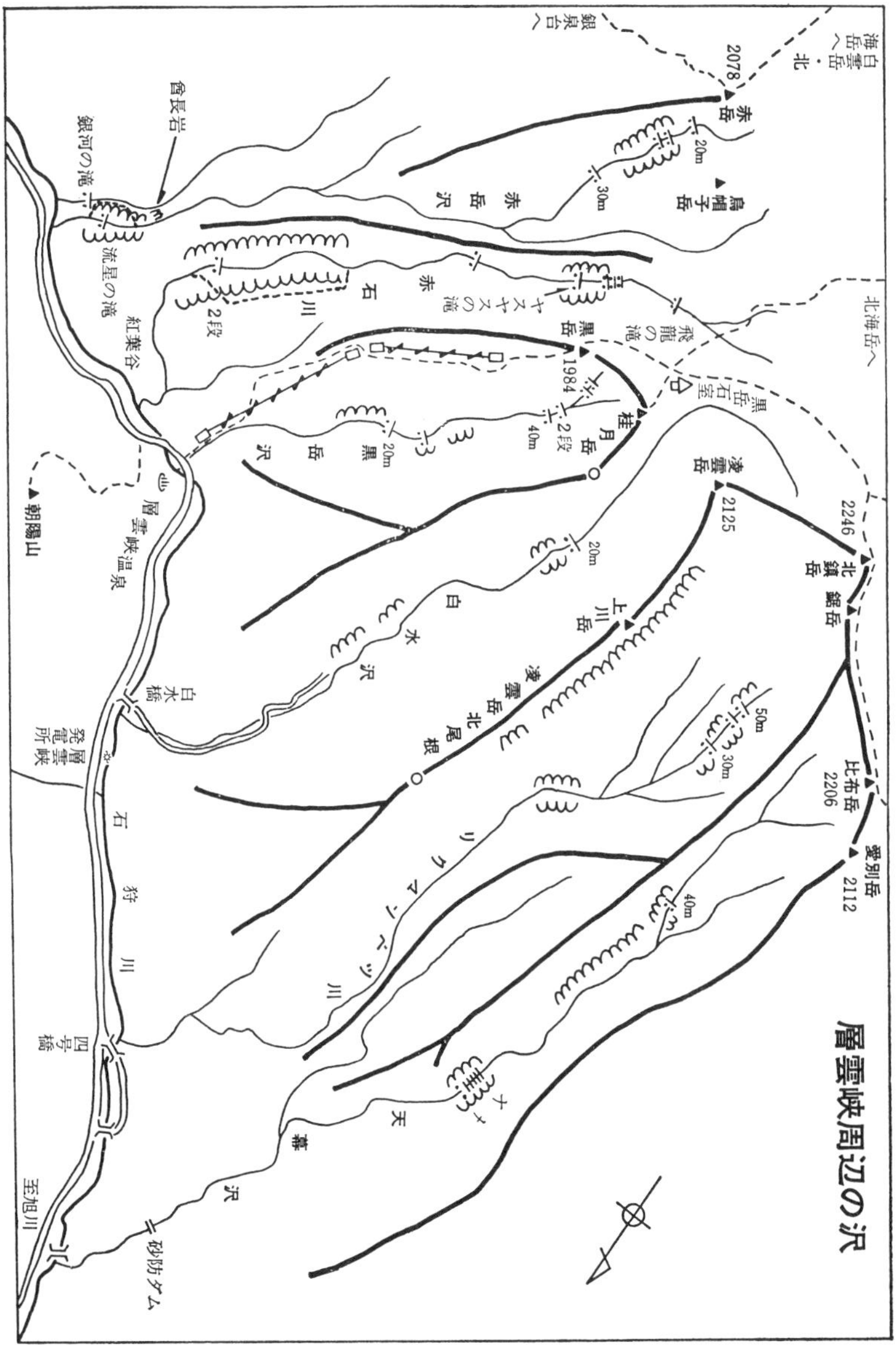
層雲峡周辺の沢
北
白雲岳・海岳へ
銀泉台へ
赤岳
2078
20m
30m
烏帽子岳
赤岳沢
倉長岩
銀河の滝
流星の滝
紅葉谷
2段
石川
赤
ヤスヤスの滝
飛龍の滝
北海岳へ
黒岳
1984
黒岳石室
桂月岳
2段
40m
20m
黒岳沢
凌雲岳
2125
2246
北鎮岳
20m
白水沢
上川岳
凌雲岳北尾根
鋸岳
50m
30m
比布岳
2206
リクマンベツ川
愛別岳
2112
40m
ナメ
天幕沢
砂防ダム
層雲峡温泉
朝陽山
白水橋
層雲発電所峡
石狩川
四号橋
至旭川

トであり、日帰りが可能だ。

黒岳ロープウェイ駅の横を通り、層雲峡登山事務所を過ぎ、ほどなく沢に入る。砂防ダムをいくつか越えるとやがて広い河原に出、ここでワラジをつける。小さな高巻き、へつりをくり返すうちに約二〇ｍの滝が現われる。左岸を高巻き、小尾根を乗越して沢に戻る。やがて沢は急に高度を増しはじめ、頭上高く黒岳を望むあたりで大きな滝にぶつかる。これを巻いて、土をかぶった雪渓を行くと二俣に出る。左俣は大滝の壁でなかなか手強そうだ。右俣はいきなり黒岳石室に続く泥壁で、ここを慎重に高度をかせぎブッシュを抜けて終了する。左俣は上級者向き。

4　白水沢　三—四時間　「北」27号

桂月岳と凌雲岳の鞍部に直上するルートで、いささか単調なきらいはあるが、初心者向きの沢として楽しめる。

石狩川にかかる白水橋を渡り三㎞ほどで林道は終わる。ここから沢に入る。下部は川幅も広く平常は水量も少ない。小滝を数か所越え、凌雲岳の見える地点に出る。上部はゴルジュとなり大滝を左に高巻く。小滝を登り高山植物の歓迎を受けて鞍部に出る。下降は黒岳の登山コースが安全だろう。この沢の水は硫黄が多いので、飲用には適さない。

5　リクマンベツ川　六—七時間　「北」27号

鋸岳へ直接上がるルート。距離が長く、核心部はゴルジュや階段上の滝が続く。残雪状況により遡行時間が変わる。ピッケルは必携である。

石狩川にかかる四号橋を渡り、一㎞ほどで遡行を開始する。下部は川幅が広く単調だが、沢が入り組んでいる。大滝三〇ｍを登り、ゴルジュの核心部に入る。階段状の滝が続き、シャワークライムをよぎなくされ、上部は高巻きする場所が少ないので残雪状態を見て早目に左岸を巻く。この高巻きは両岸の岩ともに苔がついており、高度感もあり、何度かヒヤヒヤさせられる。最後の五〇ｍ大滝は左岸を巻き上部へ。あとは快適に遡行して縦走路へ出る。

6　天幕沢　一三—一四時間　「北」2号、27号

下部は平凡な沢で楽しみが少ないが、四〇ｍの大滝は迫力充分だ。下降路が長いため沢のはじめで一泊するとよい。

層雲峡線天幕沢のバス停近くの吊り橋を渡り林道を進む。砂防ダムよりワラジをつけ遡行を開始する。流れは平坦で深みもなく距離がのびる。約二時間で小滝を越え、廊下のような函を左岸バンド伝いに巻く。約三時間で前方の尾根が急に狭くなり滝となる。ナメ滝を一つ、連続して四つの滝を直登、高巻きで乗越す。やがて二俣。左俣に四〇ｍの大滝が見える。ナメ滝で水量が多く直登はむりなので右のルンゼ状からブッシュ帯へと高巻く。上部はゆるやかなナメ滝となり、小滝も続く。上部二俣は、右俣を行けば愛別岳の吊り尾根に出る。左俣の雪渓を登り、泥壁を登りきると縦走路に出る。黒岳石室までは二時間だ。

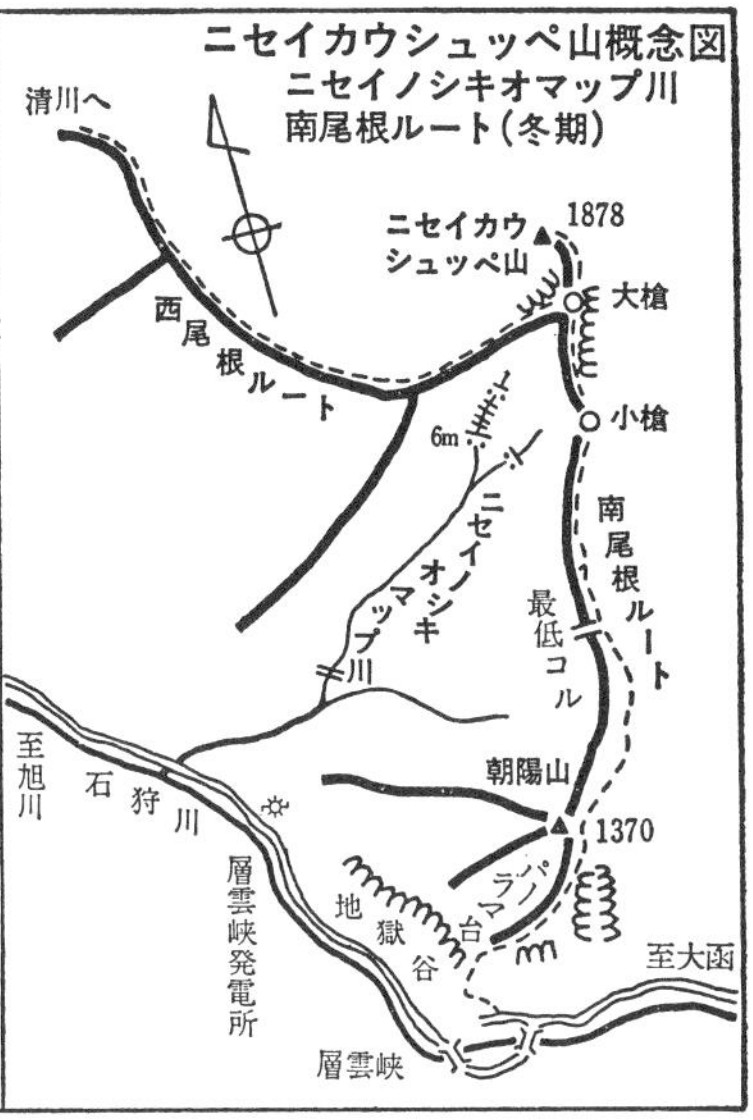

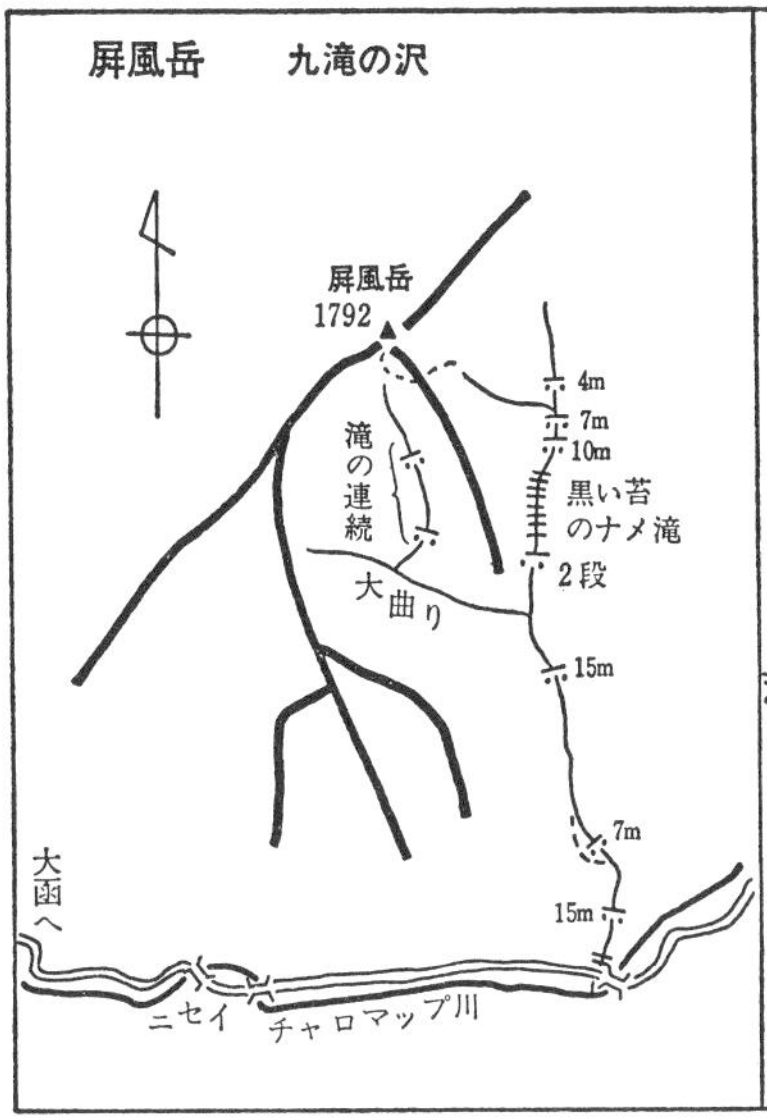

7　ニセイノシキオマップ川　六時間

ニセイカウシュッペ大槍から石狩川に注ぐ沢で、滝は低いが変化に富み、直登で行ける初心者向きの楽しい沢である。

層雲峡発電所のある高山が沢の入口。左岸の道路を一km行くと二俣で、左俣の砂防ダムへ。水量の少ない坦々とした沢がしばらく続く。約二時間で二俣。左俣が本流で、右沢はガレ沢で下降に使うとよい。やがて両岸が狭まり核心部となる。スノーブリッジ、六mのナメ滝、階段状の滝などを約二時間楽しみながら登る。やがて急斜面となった所からハイマツ帯に逃げ、大槍南側の登山道へ出て終了。登山道を層雲峡側へ下り、一六五〇mの小槍手前のコルよりルンゼを降り、前記右俣を下る。

8　屏風岳・九滝の沢　六―七時間

登山道のない屏風岳へ登る手ごろな沢で、スケールこそあまり大きくないが楽しめる。

層雲峡の大函からニセイチャロマップ川沿いの林道に入り、進むこと六km、四つめの橋直前に見える砂防ダムが九滝の沢の入口である。ワラジをつけ沢に入る。水量も少なくあまりむずかしい所もなく、直登、へつりで進むが、二つめの滝だけは右岸を高巻く。一時間で丸太橋のかかった一五mの滝に出る。左岸をへつり上部に抜けると、沢は徐々に狭くなる。二段の滝を過ぎ、小滝を越えると、黒い苔の滑りやすいナメ滝が三〇〇mほど続く。そのあとは、一〇m、七mの滝で核心部は終わる。左俣の枝沢に入り、ブッシュを二時間こいで頂上へ出る。帰路は頂上南西尾根から南の枝沢を下る。大小七、八か所の連続した滝を下り、大曲りを経て九滝の沢に合流する。こちらの沢から頂上へ出てもよく、上部の斜度も緩く、ブッシュも薄い。

天人峡周辺の沢

層雲峡周辺の沢と並んで大雪の代表的な沢が白雲岳、忠別岳、化雲岳などの山々に突きあげている。いずれも長い沢で、特に忠別川は降雨時のエスケープには注意がいる。クワウンナイ川のナメの美しさは有名で、一度は遡行したい沢である。旭川より天人峡までバスの便があり、アプローチも短い。

〔五万図〕 旭岳

〔参考文献〕「岳人」386号

9 忠別川 一六—一八時間

水量が多く冷たい沢で降雨時のエスケープには充分な注意が必要。白雲沢出合いの高巻きが苦しい。

旭川から天人峡まで行く。天人峡から左岸沿いに大曲りまでは何度か高巻きがある。大曲りを過ぎたあたりから滝が顔を出す。三〇mほどの滝は右岸を越える。さらに三〇分ほど行くと徒渉地点に出る。狭い所をとび越すか泳ぐかする。さして困難なところもなく大二俣に至る。大二俣の眺めは圧巻だ。スパッと切れ落ちた断崖は一〇〇mはあろう。合流点は完全な函になり、白雲沢が滝となって注ぎこんでいる。本流は手前左岸のガレを登る。途中からいやらしい泥壁をむりやり登り切る。やぶが密生して相当のアルバイトを強いられるが、約二時間で下降地点の小さなルンゼに出る。ここから懸垂で本流へ降りるが、この下降地点が一日目の幕営地になろう。幕営地から一時間で三〇mの滝に出る。右岸を高巻き、三〇分で終了。それ以後は平坦な河原歩きとなる。約一時間で広い河原に出るが、化雲岳から忠別岳に至る一大パノラマが展開する。ここが忠別岳からの沢と五色岳からの沢の合流点だが、どちらの沢を行っても少少のやぶこぎがあるだけで大差ない。忠別岳のピークから白雲小屋までは四—五時間。

10 白雲沢 一一—一二時間

地図には融雪沢と書かれているほどで、水の非常に冷たい沢である。大二俣の高巻きと下降地点の選択、次々と現われる滝をいかにムダなく高巻くかがポイントである。変化に富んだ沢で柱状節理の大岩壁の眺めも大いに楽しみである。

大二俣までは忠別川と同じ。大二俣手前の右岸の泥壁を登る。高度感もあり、斜度もきつく、充分注意して登る。登り切ると密生したネマガリダケのやぶこぎで体力を使わせられる。二時間ほどで地図上の崖記号の切れ目に出るが、ここから懸垂下降で沢に下る。このあたりが幕営地となろう。幕営地から少し行くと右岸に岩ツバメの飛び交うすばらしい大岩壁が現われる。二〇〇mはあろう。ハング気味に続くこの岩壁には圧倒される。流れは直角に曲がり、険悪な函となり、いよいよ滝が現われはじめる。はじめの二つを高巻き、三つ目は左岸を一気に高巻く。下からは二つの滝しか見えないが、連続して三つの滝

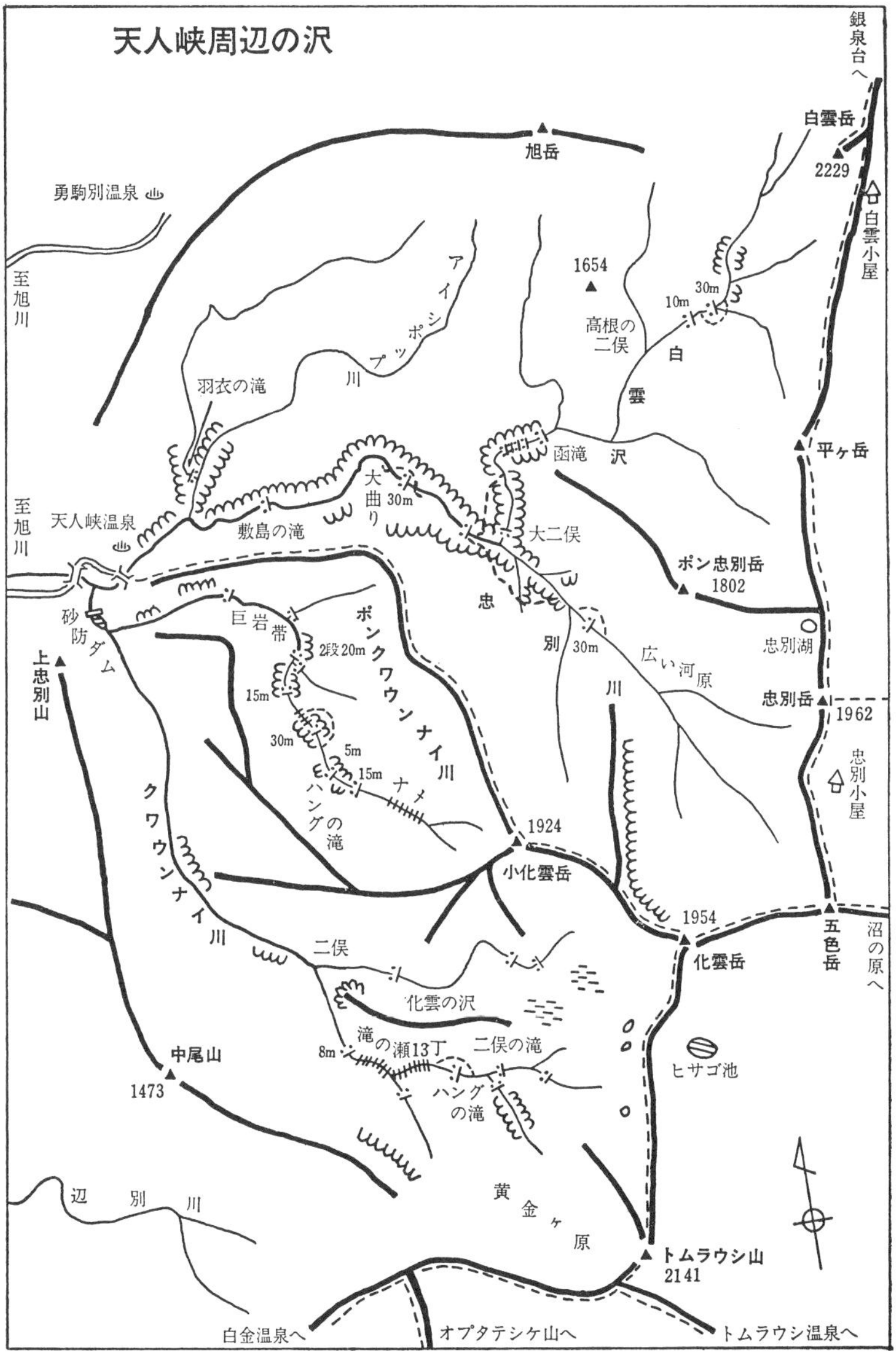
天人峡周辺の沢
銀泉台へ
白雲岳
2229
白雲小屋
旭岳
勇駒別温泉
至旭川
1654
アイシポップ川
10m
30m
高根の二俣
白雲沢
羽衣の滝
平ヶ岳
函滝
大曲り
30m
至旭川
天人峡温泉
敷島の滝
大二俣
ポン忠別岳
1802
忠別川
砂防ダム
巨岩帯
ポンクワウンナイ川
2段20m
30m
広い河原
忠別湖
上忠別山
15m
忠別岳
1962
30m
5m
15m
忠別小屋
ナメ
ハングの滝
クワウンナイ川
1924
小化雲岳
1954
化雲岳
五色岳
沼の原へ
二俣
化雲の沢
中尾山
1473
滝の瀬13丁
8m
二俣の滝
ハングの滝
ヒサゴ池
黄金ヶ原
辺別川
トムラウシ山
2141
白金温泉へ
オプタテシケ山へ
トムラウシ温泉へ

になっている。滝の上から見ると幅一―二mの函になっていてじつに見事な眺めである。下降には充分気をつける。まもなく広い河原に出て二俣を過ぎると平凡な沢となる。高根の二俣を過ぎると、まもなく苔のついた気持のよい滝が現われる。続く滝は左岸を高巻く。これ以後は滝もなく大雪特有の源頭のお花畑が広がる。花に頭を下げながら歩くとほどなく稜線の縦走路に出る。白雲小屋まで一時間、さらに高原温泉までは二時間である。

11　クワウンナイ川　一〇―一三時間　「北」2号、34号

ナメのきれいな美しい沢である。一度行ったら忘れられなくなるような気持のよい遡行が楽しめる。

　天人峡から旭川側へ一五分ほど戻ると砂防ダムの見える沢の出合いに着く。右岸を巻き幅広くなった流れを横目に河原に下る。二〇〇mほど行くとポンクワウンナイ川の出合いである。一五分ほどで函に当たり、右岸に巻いて道がある。時おり大雪山に特有の柱状節理岩を目にする。出合いより約五時間、距離にして約八km歩くと二俣に着く。二俣から約二〇分で八mの滝にぶつかる。左岸を巻くといよいよクワウンナイ「滝の瀬十三丁」が始まる。このナメ滝の静かな水の流れと水につかったワラジの感触は忘れられない。約一時間半でナメは終わるが、その間一枚岩の廊下を過ぎ、左岸に黄金ケ原から落ちこむ沢が幾段にもなっている。次に傾斜のきついナメが現われ、注意して過ぎる。やがて放物線を描く「ハングの滝」にぶつかる。右岸の巻き道を登りしばらく行くと二俣に出る。両俣ともに大きな滝になっている。中央の急なガレを登る。いよいよつめに近づくが、まだ階段状の小滝が現われる。ここを越すと水量も減り、沢筋に踏跡が現われる。トムラウシの源頭である。高山植物に恵まれ、遅くまで雪渓も残り絶好の幕営地である。ここから縦走路までは沢筋ぞいに約一時間半である。この沢の増水はすさまじく、充分注意すること。

12　ポンクワウンナイ川　一〇―一二時間

クワウンナイ川の支流で、スケールは小さいが滝も多く上級者向きのおもしろい沢だ。滑りやすいので注意。

　ワラジは最初からつける。出合いより平坦な沢が続く。やがて右岸上方に小さな壁が見えてくる。ナメ床や小滝を過ぎると大きな石が目につく。やがて二段の滝にぶつかり、バンドトラバースか直登して抜ける。すぐ上に右岸から垂直の滝が落ちている。次にゴルジュが現われ、その奥の一五mの滝は直登して越える。この滝を過ぎると沢は単調になり、気がつくと前方に本沢最大の滝にぶつかる。少し下流の右岸を巻き上部に抜ける。しばらくすると壁全体がハングし、奥がかぶり気味になった五mの滝があらわれるが、ショルダーか流木を利用して抜ける。あとはいくつかの滝に会うがそうむずかしくない。やがて階段状のナメ床が一kmほど続き二俣となる。左俣をつめるとお花畑となり、天人峡からの登山道に出る。

トムラウシ川の沢

トムラウシ川一帯は大雪山の南東面に位置し、特に上流は地獄谷を扇の要として、ワセダ沢、ヒサゴ沢、カクレ沢、化雲沢、五色沢等が広がり、すべてトムラウシ山から五色ヶ原へ至る広大な台地からの清流である。いまだ原始境地であり、探検気分を存分に楽しむことができる。また、トムラウシ川の支流として、ユウトムラウシ川とカムイサンケナイ川が黄金ヶ原の分水界とトムラウシ山へ突きあげている。いずれの沢を遡行するにしても、まず新得駅からバスか車でトムラウシ温泉へ入らねばならない（車で一時間三〇分）。

地獄谷を中心とする上流の沢は、バラエティに富んでおり、地獄谷をベースにすると、一日行程で一つの沢を遡行して別の沢を下ってくることもできる。地獄谷までのアプローチは次のとおり。

トムラウシ温泉から林道をトムラウシ本流に向けて車で約二〇分奥へ入ると、西沢手前三〇〇mの所で土砂崩れのため車はストップする（ただし、現在林道は使用されておらず、風水害等でアプローチが長くなることも考えられるので要注意）。ここから林道を約一時間歩き、トムラウシ川本流（標高九〇〇m地点）に出る。あとは本流を遡行するが、川岸も広く単調な沢で、若干のブッシュこぎを覚悟すれば徒渉回数もかなり減らすことができる。約三時間で上流方向から硫黄の臭いが漂ってくる。地獄谷の近づいたことが分かり、今まで森林に阻まれていた視界も広くなる。標高一〇三〇m地点で右に曲がると、前方五〇〇m地点の川岸に白煙が上がっているのが見える。これが秘境地獄谷の一部である（本流出合いより三—四時間）。左岸の噴煙を巻いて台地状の岸に上がると、さらに五〇m奥に湯煙りがもうもうと上がっている。ここは直径三〇m余りのボッケ状の湯壺で、各所にそれぞれ清湯あり、赤湯あり、灰色の湯あり、さらには、ねりあん状に煮えたぎった湯など、まさに五色の湯である。岸辺の台地でテントを張ると、地熱のためどんなに冷えこむ朝夕でもぐっすりと安め、疲れをいやすことができる。岸辺では各所に野天風呂が作れよう。

〔五万図〕　旭岳、十勝川上流

13　ユウトムラウシ川　一五時間

黄金ケ原の分水界からトムラウシ温泉を経てトムラウシ川に合流する沢で、高巻きの少ない沢歩きができる。末端部で枝沢が多く、稜線へ抜けるルートがポイント。途中一泊する必要がある。

トムラウシ温泉からしばらくは右岸の旧林道を利用する。道が荒れてきた所で河原に懸垂下降し、ワラジをつける。単調な沢を五時間行く。大きくS字状に曲がって、やがて顕著な二俣に出る。ここは右俣を行く。このあたりから両岸も狭まり、沢らしさが増してくる。約一時間三〇分で四角い巨岩を積んだ城壁のような上下二段の二〇mの滝に出る。下部は左岸から取付き、バンドを左上し中央近くに出て、小さな階段状の所をシャ

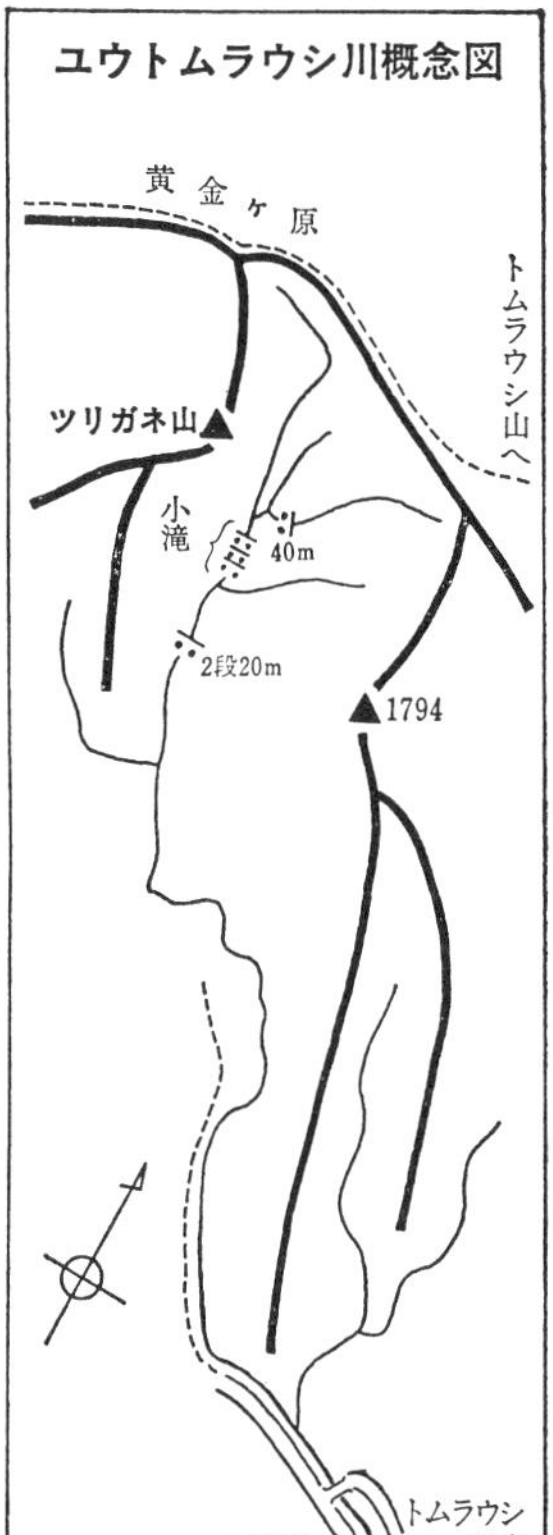

ユウトムラウシ川概念図

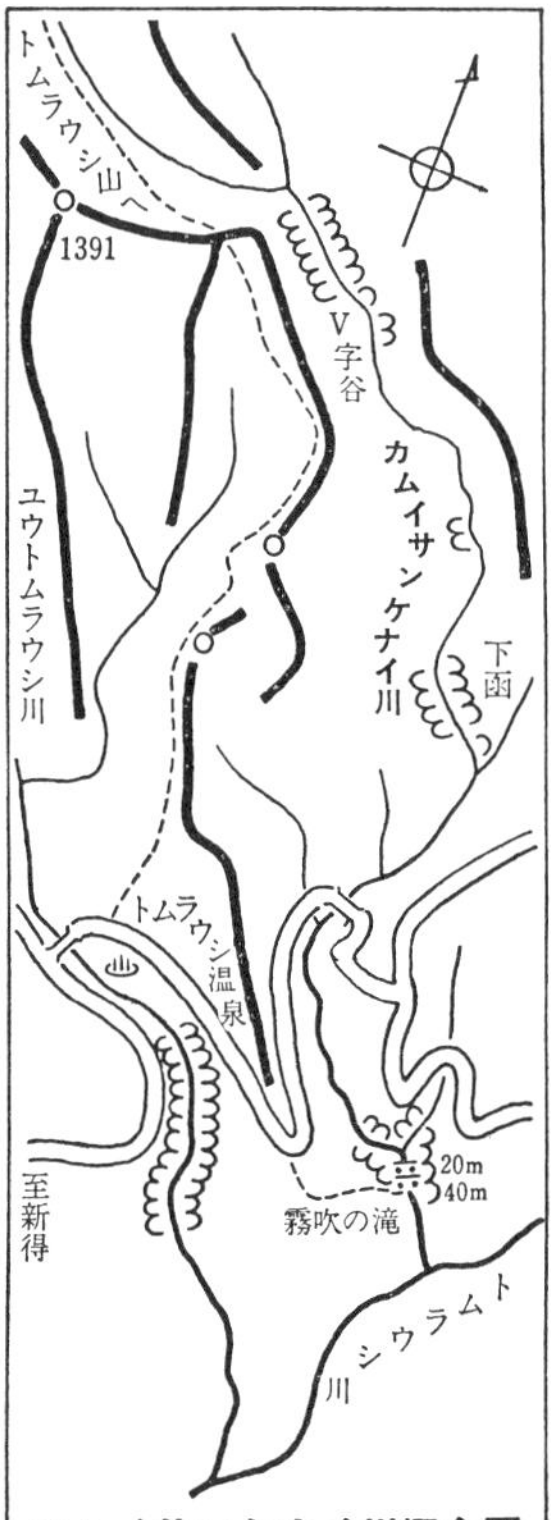

カムイサンケナイ川概念図

ワークライムで抜ける。上部は右岸のクラック状を乗越す。あとは小滝が続き、直登、へつりを楽しみながら約一時間で二俣に出る。ここで本流と分かれ、赤土の右俣に入る。高度をかせぎながら二〇分行くと、四〇mの大滝が現われる。下部は霧に煙り、直登は不可能。左岸泥付きのルンゼからブッシュ帯へ高巻く(四〇分)。沢はいよいよ狭くなり、次の二俣を左に進むと雪渓となる。源頭は間近かで、一時間のやぶこぎで南にのびる稜線に出る。眼前にトムラウシ山がそびえ立ち、縦走路までは二〇分である。

14　カムイサンケナイ川　五―八時間

下流部にこのあたりで最大の規模をもつ霧吹の滝(四〇m)を有する沢だが、上流部の遡行興味は薄い。

トムラウシ温泉より車で地獄谷へのアプローチとなる林道を約一三分ほど行くと、カムイサンケナイ川にかかる「神威橋」に着く。ここから遡行がはじまる。単調な沢を一km進むと小沢の出合いとなり左に折れる。二〇〇mほどで函に出るが、高巻きすることなく中を抜ける。またも単調な沢歩きで二km。標高一〇〇〇m地点でV字状の粘土のぬるぬるした壁が二〇〇m奥まで続く。水の流れは狭く、時には胸まで水につかって進む。アイゼンがあったら壁を伝ったほうが早いくらいである。あとは難所はない。前トムラウシ山からの流れを右に見ながら、切れこんだ狭い沢すじへと入る。沢はガレ沢となり、再び清流を目にし、トムラウシ山への登山道と合流する。登山道は四、五〇分沢中を進んでいる。本流は上部がハイマツとブッシュの苦労

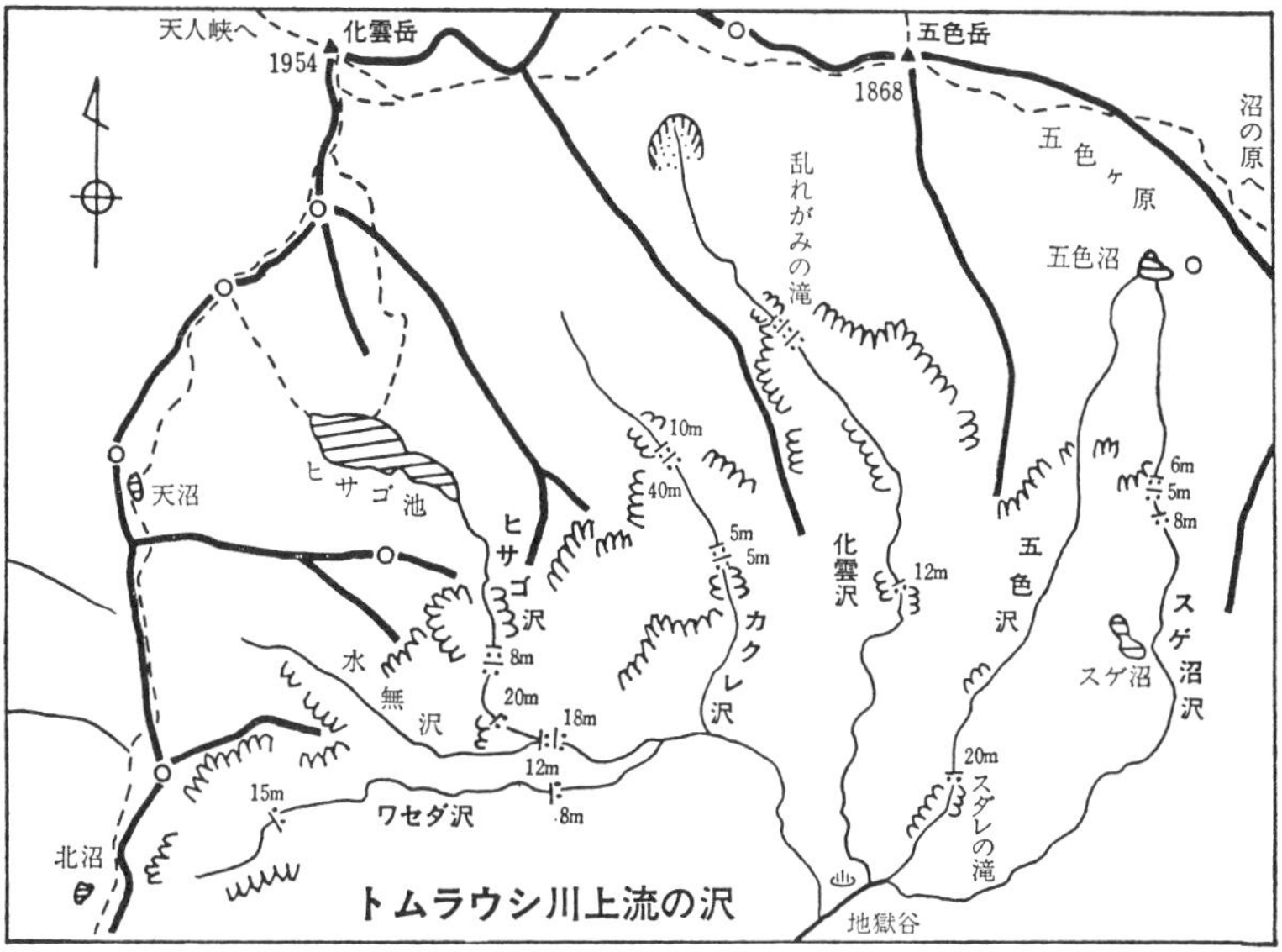

トムラウシ川上流の沢

が待っているだけである。登山道をトムラウシ山まで登っても、トムラウシ温泉に下っても四時間ほどである。

15　地獄谷からワセダ沢　六時間

トムラウシ山への最短ルートで本峰直下の北沼に直上する。上流の沢では一番安全な沢で、ナメ滝、小滝の多い快適な沢だ。地獄谷から本流を二〇〇m下ると、右から一本の沢が注いでいる。これがワセダ沢、ヒサゴ沢、カクレ沢の流水を集めた沢である。出合いから一時間強でカクレ沢の出合いである。両岸に灌木が密生しているため、大きな石を渡り歩く。やがて二俣で、右はヒサゴ沢で、左がワセダ沢だ。荒れた沢を両岸から垂れた灌木の枝を払いながら遡ると八mの滝に出合う。左右両岸とも難なく登れる。さらに灌木の枝にじゃまされながら進むと、一六五〇m地点で一五mの滝に出る。やがてカール状の地形となりお花畑である。あとは雪渓を一時間ほど汗を流し、トムラウシ山直下の北沼に出る。

16　地獄谷からヒサゴ沢　六―七時間

上流の沢では、滝の一番美しい沢である。

前項のワセダ沢と分かれて右俣に入る。やがて美しくきれいに流れ落ちる二つの滝が重なって見えてくる。左手にはワセダ沢の八mの滝も目に入る。右岸を巻いて二つの滝の上に出る。周囲も高山植物の美しい所だ。すぐ二〇mの滝で右岸を巻く。草付きと浮き石で注意深く進む。一五〇〇m地点の八mの滝は両岸が急に狭まり、右岸を慎重に登る。上部は階段状になっており、水の中を歩く。標高一五五〇m地点から上流は氷河の末端ではないかと思わせるような四―五mの高さの雪壁が口を開けておおいかぶさり、真夏の暑さの中でも震えあがるようなブルーアイスが顔をのぞかせている。中を通って雪渓に出る。標高一六五〇m地点でゆるやかな台地の水流の中、両岸のハイマツ、ナナカマドを分けて進むとヒサゴ沼の末端にたどり着く。

17 地獄谷からカクレ沢 六―七時間

ヒサゴ沢の途中、ガレた広い川原の右手から流れ出る沢で、その名の示すとおり、うっかりすると感違いして見逃してしまいそうなのと、台地からの下り口も見にくい。地獄谷からまっすぐ落下して見える四〇mの大滝に圧倒される。

水量のあまり多くない、大きな石がゴロゴロした沢を、ぐんぐん高度を上げる。標高一三〇〇m地点で急に細くなり、チョックストンというにはあまりにも巨大なトラック大の大石がはさまっている。その下を抜けて上に出る。やがて標高一三八〇mほどで行手が広がり、前方に小さな滝が二段となって見えてくる。この滝上流で左に曲がると、再び狭く函状に四〇mの大滝がおおいかぶさるように落下しているのが見える。この大滝は、右岸を七m登り、テラス状の滝水の落下点を横切って左岸へと逃げ、さらにブッシュ帯を大きく高巻いて滝上に出る。右岸は垂直に近い壁で取付き点が三mほどのハング状となり、上部はところどころ適確なホールドとスタンスがある。確保用ハーケンを三個所ほど打って二ピッチで上に抜けることができる（Ⅳ級程度）。次の一〇mの滝は難なく直登できる。あとは急に高度差がなくなり台地に出たことを知る。約一時間で縦走路に出る。

18 地獄谷から化雲沢 六時間

上部、下部ともに単調な沢である。大雪渓の下に乱れがみの滝が左右ばらばらに何段となく続いている。

地獄谷上流のすぐ左の沢に入る。単調な沢を二時間三〇分でやっとミニ函状の中に一二mの滝に出合う。右岸に階段をつけたように規則的な歩幅が上まで続いている。再び単調となり高度を上げると乱れがみの滝である。滝の上部は四〇〇mほどの大雪渓で、周囲は四季を通じてその模様は美しい。雪渓を過ぎると急に狭い沢すじとなり、ミニカール状へと吸いこまれていく。四〇分ほどハイマツの切れた所をぬって縦走路へ出る。

19 地獄谷から五色沢 五―六時間

地獄谷上流の右の沢に入るとまもなく二俣となる。両方とも同程度の水量で、また五色ヶ原の五色沼に水源を持っている。この二俣の右俣はスゲ沼沢で、左俣が五色沢である。スゲ沼沢もポピュラーな沢である。

地獄谷から約一時間で両側が粘土状の壁となり、スダレを垂れ下げたように涼しげな二〇mの滝に出る。右岸を巻いてはい上がる。再び単調となるが一時間で硫黄の臭いとともに左岸から湯を含んだ水が流れ出ている。上がってみると、原始林の中に広がる湯源が現われる。これが新岳温泉と称する泉源地帯である。エゾシカの集会所と思われるほど、足跡、フンの山、そしてケモノ道も縦横に走っている。沢は水量も少なくなり、やがて傾斜がきつくなり、滝の登りを二〇分で台地に抜ける。あとは小灌木をかきわけて三〇分で五色沼に出る。さらに縦走路までは二〇分ほどだ。

冬期の大雪山連峰

高山植物が咲き乱れ、清冽な水がほとばしり流れる夏とは打って変わり、冬の大雪山は烈風の吹きすさぶ厳しい姿となる。樹林のない広大な台地上の地形が多いため、晴天か視界のきく日以外は行動ができない。それは登山技術以前の問題で、最悪の条件となる。六月下旬でも吹雪に見舞われ、咲き揃ったキバナシャクナゲの花が凍死する例もあり、九月中旬頃には初雪が見られる。初冬期から一月までは不安定な天候が続く。二月は気温が最も低くなり、雪も落ちついて、厳冬期の峻烈な醍醐味を経験する時期となる。西高東低の気圧配置のなかで、北西の風が小雪まじりに少し吹いている時は、視界もまずまず良好なほうで行動日となる。何時でも退避できるように標識旗を使用するのは常道だが、不時露営の用意は欠かせない。大雪山の雪質の良さは言うまでもないが、行動にはスキー利用が有効である。冬山の魅力の中に深雪の大斜面を豪快に滑降する楽しみも大きく、腰を没するラッセルにも、つぼ足やワカンより有効なことを体験的に知っているのが北海道の岳人であろう。

旭岳、黒岳へは山麓に山岳スキー場があるため入山は楽だ。しかし他の山々へは深い積雪のため入山には苦労する。特に東大雪へのアプローチは林道もスキーで歩くことになり一日必要となる。ここではスキー登山の代表的なコースをいくつか挙げてみた。

20 旭岳周辺の山

姿見の池のそばにある石室をベースにして、日帰りで大雪山らしい各種のルートがとれる。冬期の訓練に最適である。

旭川からバスで勇駒別温泉へ行き、ロープウェイで姿見まで。数々の遭難事故が発生しているので、スキーヤーがつぼのままスキーを担いで登っているのにつられて、安易な行動は避けるべきである。旭岳の夏道コース沿いは金庫岩の手前で火口側に入りこんだほうがよい場合もある。火口内地獄谷をつめる時は、金庫岩に出るようにするか、氷雪を少しカッティングして直登することもできる。北側の尾根も上部で雪庇状の一個所を乗り越えるとよい。北側大斜面中腹は徐々に高度を上げながら左から巻いて旭岳頂上に至る。これはスキーを持参して帰りを楽しむ。旭岳からは後旭岳への往復、あるいは熊岳への尾根コースを取ることができる。スキーを持参するかどうかは、尾根コースが往復を占める場合はアイゼン、ピッケルを、帰りにスキーを使えるなら持っていけばよい。いずれにしても標識旗は必要である。なお、御鉢平側に雪庇ができていると考えて、視界不良の時は注意する。また地吹雪のさいは頂上が見えていても身辺の判断には留意する必要がある。

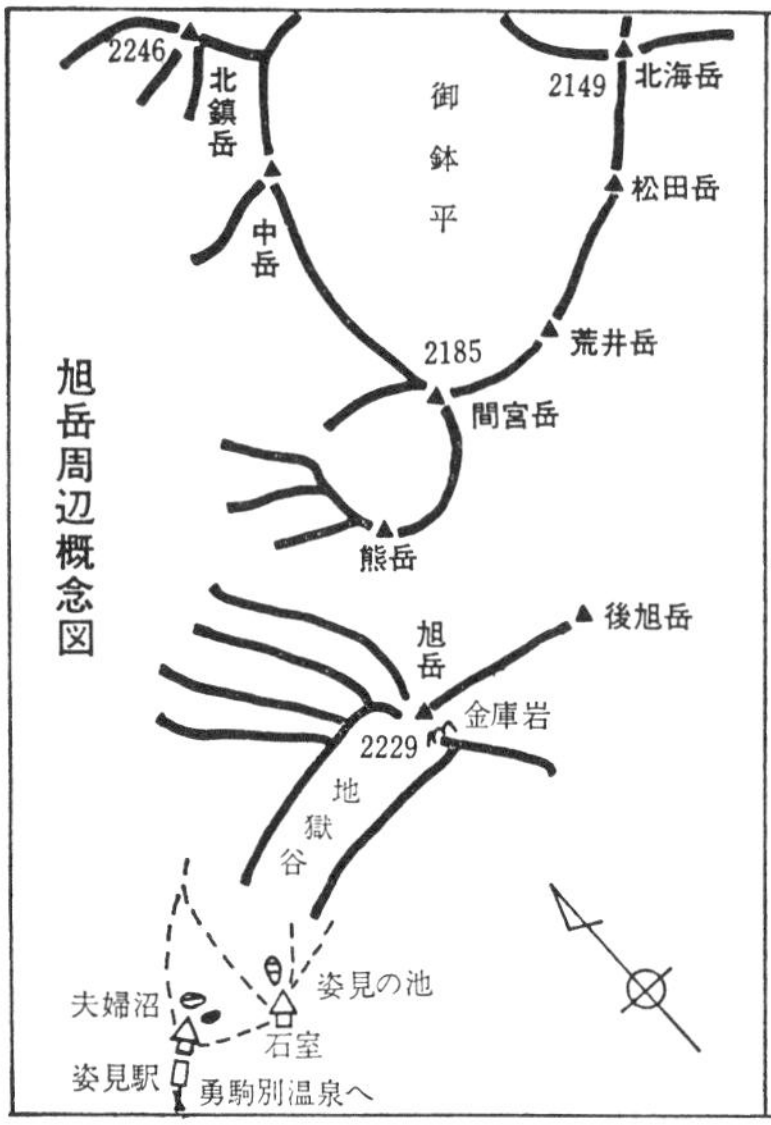

旭岳周辺概念図

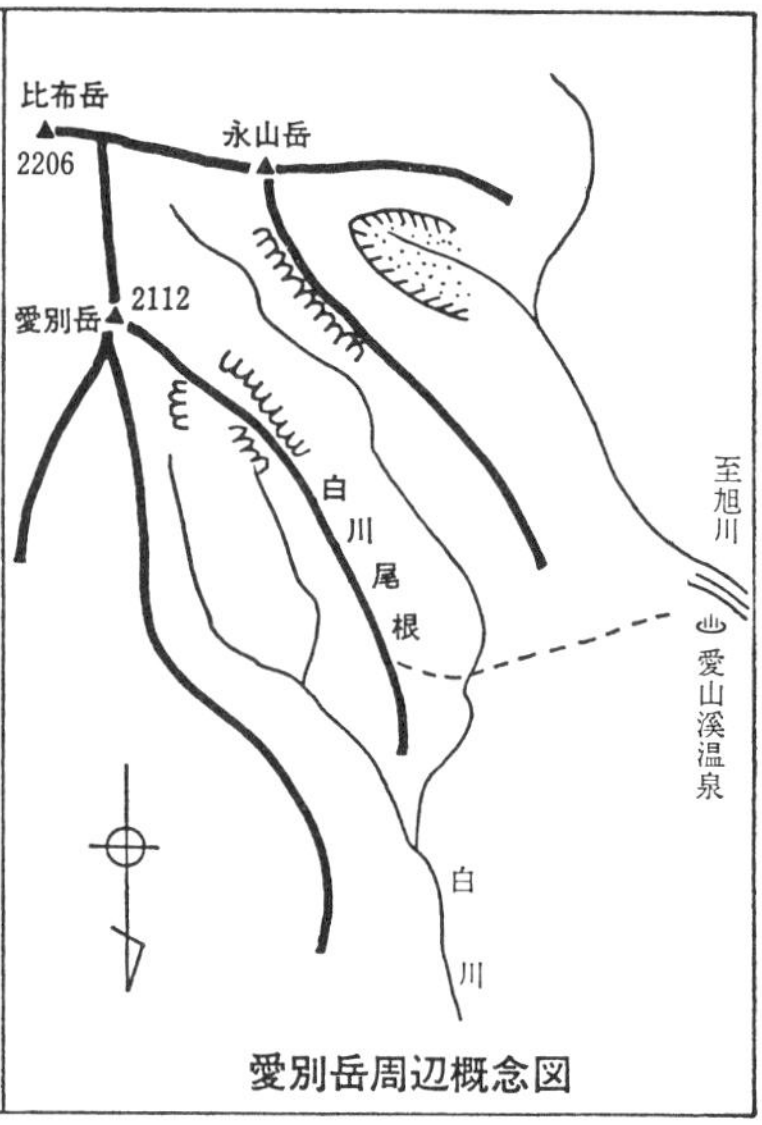

愛別岳周辺概念図

21　愛別岳・白川尾根　四—五時間

慎重に行動すればそれほどむずかしいコースではなく、初心者の訓練として入る尾根としてよい。

旭川からバスで愛山渓温泉まで行く。愛山渓温泉を出発して、北東へ緩斜面を三〇分ほど進んで平坦な樹林帯に出る。さらに樹林帯を縫うように進み、愛別岳と永山岳の中間の沢に出る。沢をこして一五分で白川尾根基部へ。スキーでジグを切りながら森林限界まで登る。ここでスキーをデポしアイゼンに履替えて頂上まで。直下で斜度がややきつくなるが、そうむずかしくない。比布岳へは時間があれば一時間で往復できる。

22　凌雲岳・北尾根　一〇—一二時間

長い尾根で、核心部は標高一四〇〇m付近の岩稜帯である。

旭川から層雲峡行のバスに乗る。石狩川にかかる四号橋を渡り、リクマンベツ川出合いより二kmほど沢をつめ、少しずつ沢の開けるあたりから右岸沿いに尾根へと進む。尾根といっても尾根の感じのない緩斜面で、ほぼ真南に登る。約五時間、ダケカンバが現われ、斜面もやや急になる。一三〇〇m付近から上は雪洞となるような格好の場所が少なく、テントを携帯したほうがよい（出合いより六時間）。一四〇〇m付近より一時間で北尾根の核心部の岩稜地帯に着く。ここまでスキーが使える。一〇—一五mの高さの岩稜が標高一六〇〇—一九〇〇m付近まで続く。一般的には白水川側に回りこんで登るが、直登しても、一ピッチ内で登攀できるピークが四つほど続くだけである。基礎的な技術で通過できる。あとはいったんコルへ下り、約三〇

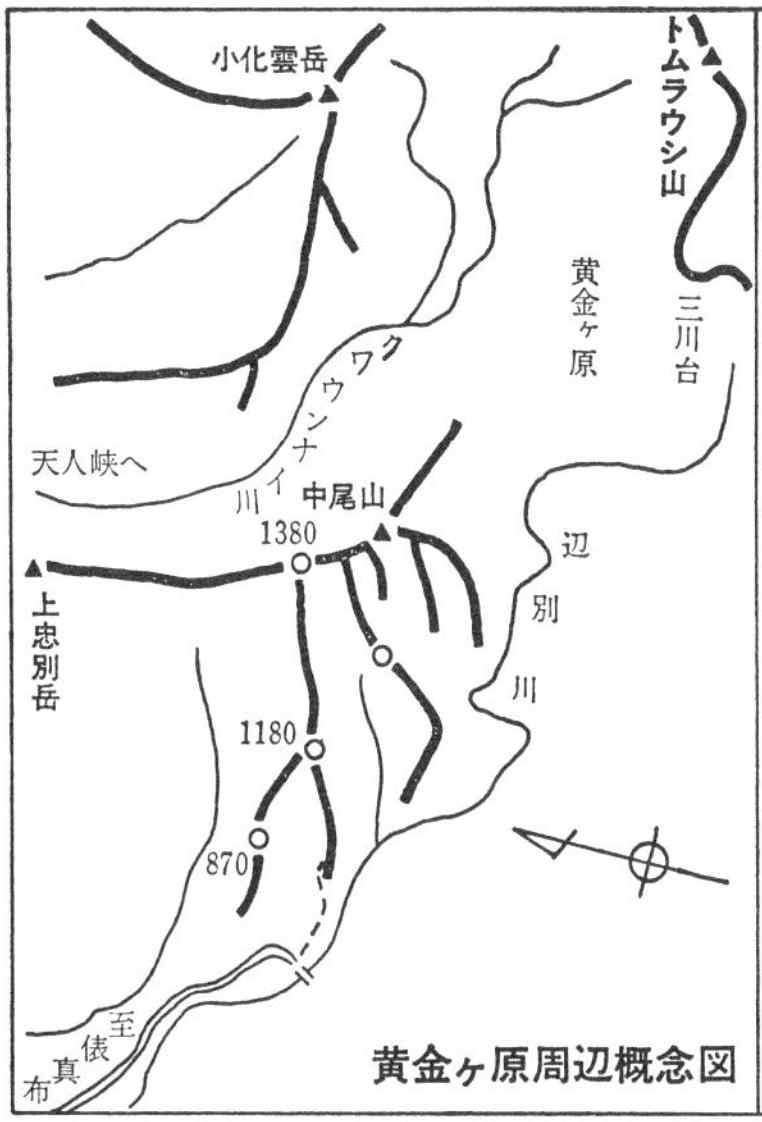

黄金ヶ原周辺概念図

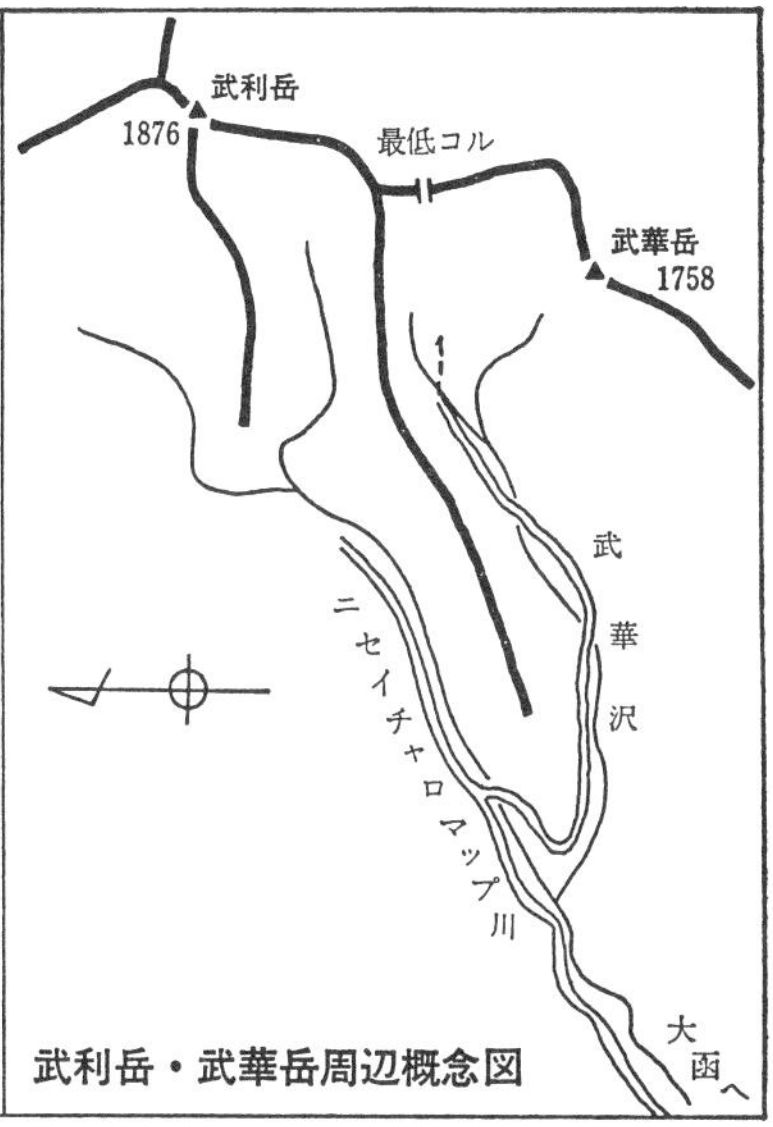

武利岳・武華岳周辺概念図

分で頂上に着く（四―五時間）。概念図は五五頁を参照。

23　ニセイカウシュッペ山・南尾根ルート　九―一〇時間

朝陽山夏道コースを行くルートで、小槍、大槍の通過に注意がいる。

層雲峡の公園から登ること二時間でパノラマ台に着く。右の樹林の尾根を登りつめ朝陽山に出る。ゆるやかな下りを最低コルまで、急な登りを登り切った岩峰付近で雪洞に最適な場所となる。ここから頂上まで日帰りで充分余裕がある。キャンプ地より稜線はやせている。小槍は左を回りこみ大槍への登りとなる。大槍は夏道沿いのトラバースは危険で、直下で右に回りこんで急なルンゼを直登する（ザイル確保）が、雪崩に注意がいる。大槍からは特にむずかしくはない。また、ニセイカウシュッペ山へのルートとして、清川から入る西尾根ルートがあるが、こちらのほうがスキー利用が多いだけ有利であろう。概念図は五七頁を参照。

24　トムラウシ山・俵真布ルート　四日

このルートは中尾山までの尾根筋ははっきりしており、視界不良時でも行動が可能であるが、黄金ヶ原上部は吹きさらしで、トムラウシまでは天候が鍵となる。

美瑛からの国鉄バスは俵真布《たわらまっぷ》中央までのため、車で辺別川沿いの道路を進み、除雪終点からスキーで行動を開始する。八七〇m標点の南の尾根に取付く。林道を利用しながら登ること四時間で一一八〇m峰に着く。約一〇〇m下り、一三八〇m峰へ向かう。ピーク手前の松林が一日目のキャンプによい（八時間）。

一三八〇m峰からは一気に展望が開ける。クワウンナイ川側には雪庇が張り出している。中尾山からは雪庇の張り出した側の尾根を行くが、頂上に立って確認しないと分かりづらく、ニセ尾根へ行きやすいので注意。黄金ヶ原末端近く、一四六〇m峰近くがベースとして最適である（五時間）。

ベースからトムラウシ往復は黄金ヶ原横断四kmのため、標識旗一〇〇本は必要となろう。吹きさらしのためスキーもうまらず快適に進み、二時間で標点一七四九m近くに着く。あとはシュカブラの上を進み、南沼でスキーをデポし、アイゼンを着け、突風に注意しながら登る。帰路は標識旗を頼りにベースまで（七時間）。ベースからも、標識旗がわりの布テープを頼りに来たコースを山スキーを楽しみながらの下山である（六時間）。

25 武利岳・ニセイチャロマップ川武華沢林道ルート 四時間

石北峠の北に武華岳、武利岳がある。夏も登山者の少ない静かな山である。積雪期もほぼ夏道沿いに登るが、層雲峡大函からニセイチャロマップ川沿いの林道は除雪されておらず、ラッセルのアプローチは長く、丸一日を要す。（林道終点まで一三km）。

大函から林道を行き、林道終点から沢を渡り、ブル道沿いに最低コルを目ざす。最低コルが大函から一日目の行動範囲となろう。最低コルから右に行くと武華岳で、高差三〇〇mのきつい登りである。尾根筋は雪庇が出ているので、右手の広い雪面をつめる。さて、武利岳へはやはり急な斜面を行くが、雪がクラストしてきたらスキーをデポし、アイゼンに履替える。前方の大斜面を登ると頂上はすぐである。標識旗の用意はやはり必要である。

26 石狩岳・シュナイダーコース 七時間

ほぼ登山道沿いに登るコースで、地元岳友会の人達によって石狩岳のエスケープルートとして拓かれた。東大雪の代表的コースである。

音更川の枝沢である二十一の沢に入る。出合いに昔使用された小屋があり一〇名程度が泊れる。ここから一日で往復できる。平坦な沢に入ると三、四〇分で目前に三角形の尾根の末端が見え、沢が二つに分かれる。登山道は直接尾根を登るが、傾斜が強いうえ、灌木が多いので、右の沢を一時間ほどつめ、沢が大きく右に曲がるあたりで尾根中間部（一三〇〇m）に出るほうがよい。このあたりでスキーをデポする。一時間ほどで核心部の「かくれんぼ岩」が行手を阻む。崩れそうな右の小ルンゼに回りこんで上部に抜けると稜線へは三〇分ほどで着く。稜線を右にとれば音更山（五〇分）、左にとれば石狩岳（一時間）である。石狩岳からの大雪・十勝連峰の展望はすばらしい。

27 ニペソツ山・杉沢ルート 八時間

このコースも登山道沿いに登るが、杉沢出合いまでのアプローチが長く、十勝三股駅から十六の沢沿いの林道をスキーで約五時間かかる。

尾根に取付き上に出ると、小天狗岳までは緩い登りである。幕営地は樹林限界の天狗のコルになろう。ここまでくると雪も多くなり雪洞も可能だ。幕営地からニペソツ山往復となるが、スキーは前天狗岳中腹まで使え、上はアイゼンがよく効く。ニペソツ山へはほぼ登山道沿いとなるが、頂上直下のトラバースは慎重にしたい。ニペソツ山へは他に、幌加温泉から前天狗岳東尾根をやはり登山道沿いに行くルートがあるが、杉沢ルートと合流する最後はやせ尾根が続き、春に雪庇が発達した時は注意がいる。ベースになる台地状からニペソツ山までは四―五時間、幌加温泉から台地状までは五―六時間である。

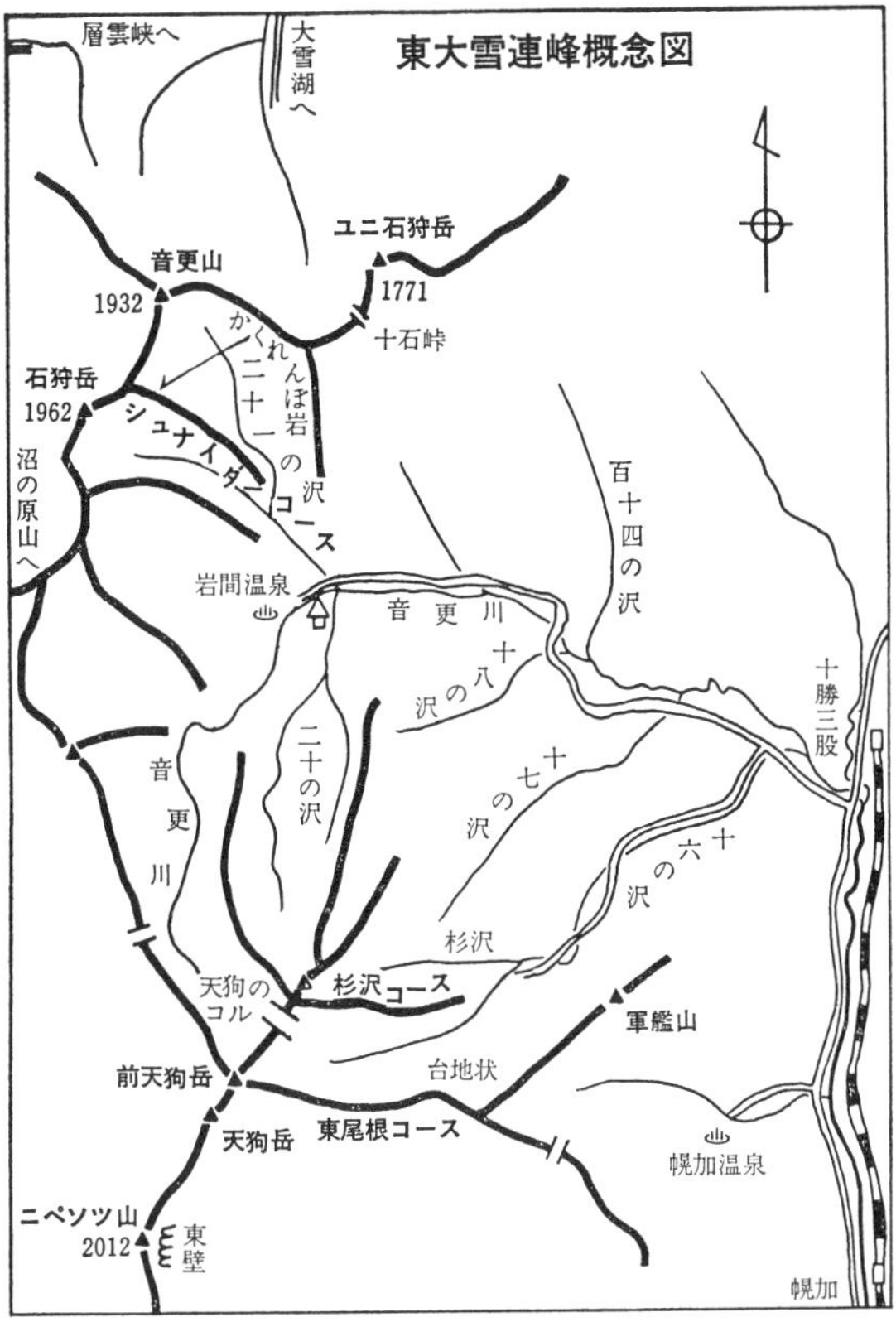

28　大雪・十勝連峰の厳冬期縦走　「北」28号、「岳」366号

表大雪山系の黒岳から白雲岳、高根ヶ原、化雲岳、トムラウシ山、オプタテシケ山を経て十勝連峰の南端、富良野岳に至る約六〇km、標高一八〇〇―二〇〇〇mの縦走である。夏期ならばポピュラーなコースとして五日程度で可能だ。厳冬期十二―一月頃を対象にすると、停滞を含めて、一〇―一二日は必要となる。尾根は広く、障害物は少なく、荒れるとまったくの吹きさらしの状態となり、視界は閉ざされ迷いやすい。地形を正確にとらえ目的地を失わないことがポイントとなる。縦走コースは上川地方と十勝地方の境界の稜線であるが、荒天時に十勝側へ下降すると、広大な原生林の中に入りこむことになり、充分注意してほしい。

　コースの起点は上富良野町の十勝岳温泉から富良野岳をへて北上する場合と、層雲峡の黒岳から南下する場合が考えられる。前者の場合は、十勝岳温泉凌雲閣から沢を一つ越えた尾根から取付き、三峰山の横腹をへて富良野岳頂上に向かうか、温泉へ行く途中の砂防ダムから北尾根をへて富良野岳頂上に向かう（十勝連峰の章を参照）。また層雲峡からの場合は、黒岳七合目までリフトの便があり、スキーコースを利用して比較的楽に頂上に達することができる。山小屋は、黒岳直下の石室、白雲岳の白雲小屋、他に忠別小屋、美瑛富士避難小屋があるが、小屋らしく利用できるのは前二者で、あとは入口の除雪、小屋の中の除雪とアルバイトを強いられる。

全コースほとんどスキーを使用するが雪面はアイスバーン、クラスト、時にはガレキの上もスキーで歩行することになるので、シールの痛みが激しく、予備品、修理用具は必携である。設営可能な地点は多いが、風に対して意外と安全なのは山頂付近である。丸い頂が多く適当な吹きだまりを利用すると雪洞も可能だ。標高や現在位置の確認、また無線などの通信連絡にも有利である。

天候は小周期として三日に一日の行動が可能と考える。概略であるが、シベリア高気圧が優勢な年は寒気が厳しい（零下二〇度くらい）が、冬型は安定している。注意したいのは暖冬の年で、尾根上での風速は倍加し、行動は非常に困難になる。好天の利用方法として、石狩湾、秋田沖に低気圧が発生した直後、冬型はゆるみ、半日―一日の単位で十分な行動が期待できる。

〔執筆者〕阿地政美、近藤三郎、新井孝、土屋勲、田島よう子、大方隆、那須野辰夫、大槻順一、本多隆、林千里夫、皆木勇（以上、旭川山岳会）、「トムラウシ川の沢」太田紘文（新得山岳会）

十勝連峰

同人アルファ

現在も白い噴煙を上げて活動を続ける十勝岳を主峰とするこの連峰は、大雪山国立公園の西南部を占めている。大雪山からトムラウシ山を径て、オプタテシケ山から始まり、美瑛富士、美瑛岳、十勝岳、上ホロカメットク山、富良野岳と、二〇〇〇m級の山々が連なっている。なかでも十勝岳は四季を通じて多くの登山者で賑わいをみせており、山麓には古くから温泉が開かれている。白金温泉、十勝岳温泉、吹上温泉（白銀荘）があり、冬期も除雪され、定期バスが運行されている。白金温泉へは旭川駅または美瑛駅から国鉄バスが、十勝岳温泉へは上富良野駅から町営バスが通っている。吹上温泉へは十勝岳温泉手前の翁温泉で下車して、徒歩二〇分である。

夏の連峰は山容のせいか、一般登山者向きのコースばかりで、バリエーションとしての沢登りも対象となる沢は見られず、美瑛岳のポンピ沢と富良野岳のカラ川くらいのものだ。カラ川は自衛隊演習林から入らねばならず記録は見当たらない。この連峰を充分に味わうためには積雪期登山が最適である。それ故、ここでは積雪期のルートのみをとりあげた。火山性のボロボロの岩も堅く凍結し、烈風の吹く稜線はみごとなアイスバーンとなり、樹林帯はアスピリンスノーにおおわれる。この粉雪を舞い上げながらの山スキーは十勝岳ならではのものがある。しかし、いったん吹き荒れると顕著な目標物に欠ける火山性の複雑な地形が判断を迷わせる。

十勝岳温泉からは富良野岳、上ホロカメットク山、三峰山へ、吹上温泉からは、三段山を径て十勝岳、OP尾根をたどって十勝岳へ、白金温泉からは望岳台を径て前十勝岳から十勝岳、ポンピ渓谷西尾根を径て美瑛岳、涸沢川を径て美瑛岳へ向かうことができる。また連峰の城塞ともいうべき威容を誇るオプタテシケ山へも白金温泉が基地になるが、冬期は大雪青年の家までしか除雪されておらず、アプローチが大変長くなり、美瑛川の徒渉点まで一日を要するので計画的に考慮する必要がある。以上、主なルートを挙げてみたが、各基地を利用して放射状登山が可能なのもこの山域の特色であろう。

また、この連峰を縦走するには、オプタテシケ山、富良野岳のどちらから入ってもよいが、いずれも地形の判断で左右されるので、力のそろったパーティでないと完走はむずかしい。厳冬期の成功例が少ないのもその現われだろう。十勝岳から大雪山への縦走も成功例は少なく、エスケープルートが天人峡と勇駒別くらいしかなく、広大な尾根は吹雪かれると身動きが取れなくなるほどで、綿密な計画を必要とする。

〔五万図〕　十勝岳、十勝川上流

〔参考文献〕「岳人」152号、366号

〔当該地域の営林署〕

美瑛営林署（十勝岳、オプタテシケ山）　上川郡美瑛町新町八

富良野営林署（富良野岳）　富良野市東七条西五丁目

新得営林署（十勝連峰東面）　上川郡新得町屈足緑町二

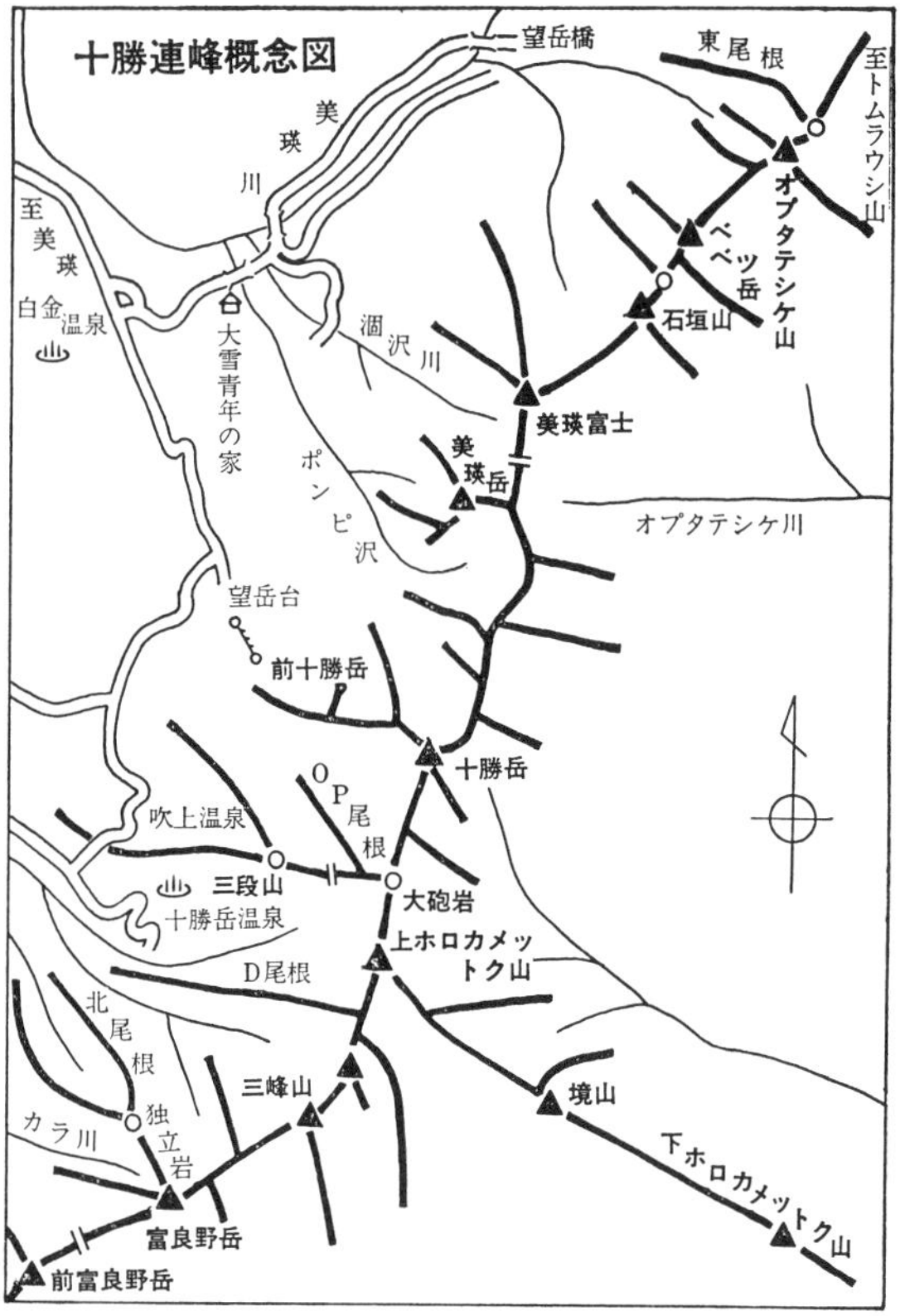

1　前十勝岳から十勝岳　三―四時間

十勝岳本峰へ登る最短ルート。前十勝岳から上部は目標物がなく、吹雪かれると危険なため往復する時は標識旗を用意する。

望岳台からリフトに乗り、リフトを降りると避難小屋まではすぐ着いてしまう。小屋から上は少々傾斜があるができるだけ上までスキーで登ると下りが楽しめる。新噴火口に突きあげる沢をまっすぐ登る。前十勝岳の上部に近くなるにつれてシュカブラが多くなりクラストしてくるので適当な所でスキーをデポする。前十勝岳から上は広い雪面となっている。スキーに自信のある人は頂上まであげて滑降すると楽しいが、雪の少ない時は下に岩がかくれていて危険なので注意のこと。

2　OP尾根から十勝岳　五―六時間

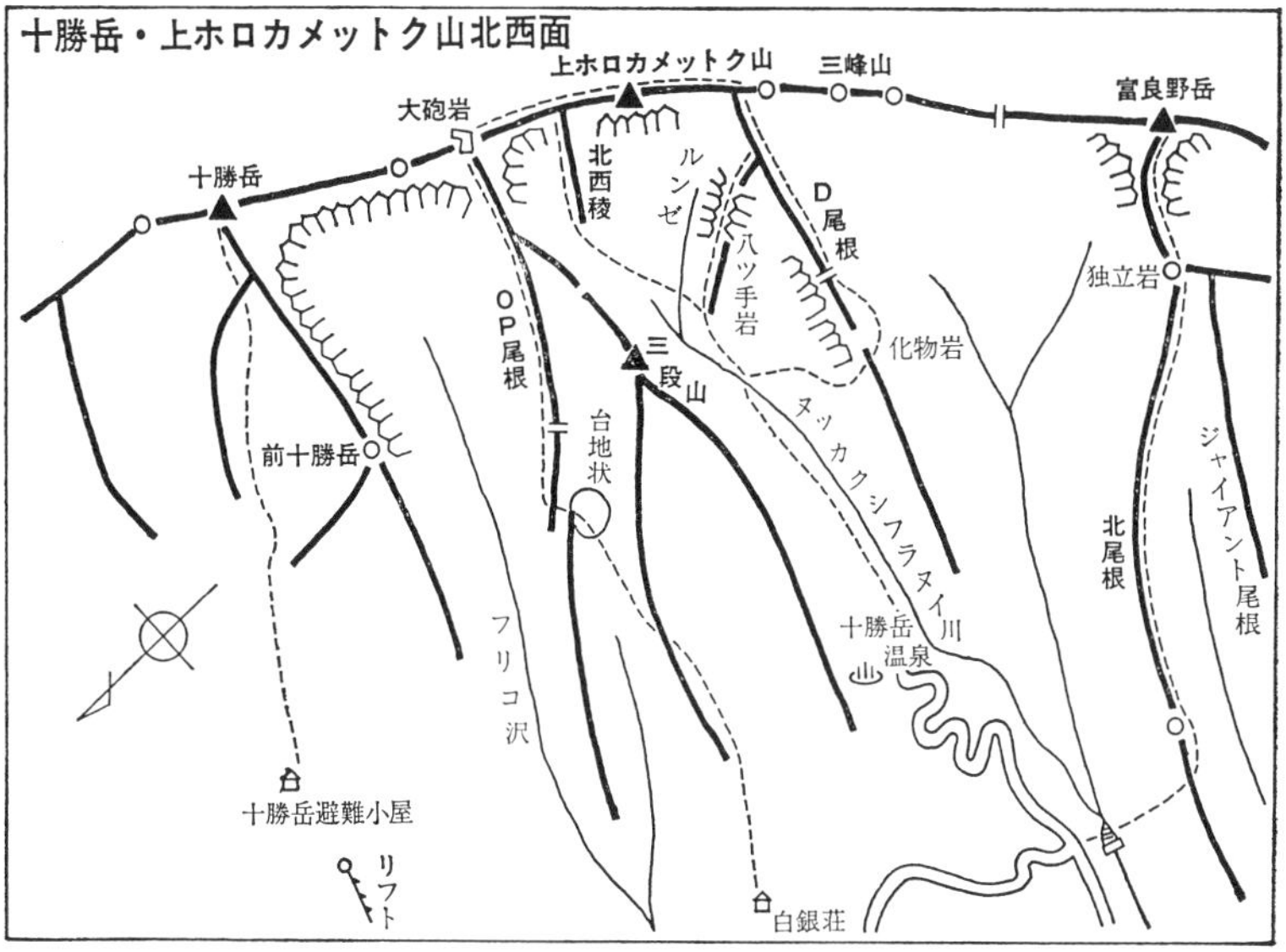

冬の十勝のバリエーション・ルートとしては変化があり、新人・中級者のトレーニングに利用できる良さがある。旧噴火口の噴煙の影響を受けることがあるので注意。普通は三段山を経てOP尾根上部に出るルートがとられているが、ここではOP尾根末端からのルートを紹介する。

白銀荘よりスキーツアー・コースを登る。右に曲がるあたりからそのまま等高線沿いにまっすぐ登り、一三〇〇m付近から左の沢に入るように行く。傾斜のきつい斜面をトラバースして小さな沢の源頭を目ざす。正面の稜線上に大砲の形をした大砲岩が見えるが、OP尾根はこの大砲岩に上がっている。フリコ沢の途中の台地状からOP尾根末端に取付く。最初は雪も堅くなく苦労する。最初のギャップはクライム・ダウンする。そこからは斜度も出てきて雪面も堅くなり、アイゼンもよく効く。岩峰を巻いたり、ルンゼを登ったりしていくとナイフエッジになる。状態によってアンザイレンする。あとは慎重に尾根をたどり、大砲岩に着く。そこからは馬の背を歩き、広い斜面を北東方向に行くと十勝岳の頂上に出る。この斜面も広いので天候の悪い時は注意する。

3 D尾根から上ホロカメットク山　七—八時間

十勝岳温泉から登山道沿いに登るルート。晴れている時は右手に富良野岳北壁が、D尾根に入ると八ツ手岩と上ホロカメットク山北西壁がアルプス的景観を見せて楽しい。

終点の稜雲閣前でバスを下車。すぐスキーをつけて登山道沿いに、ヌッカクシフラヌイ川の右岸沿いに登る。視界の悪い時

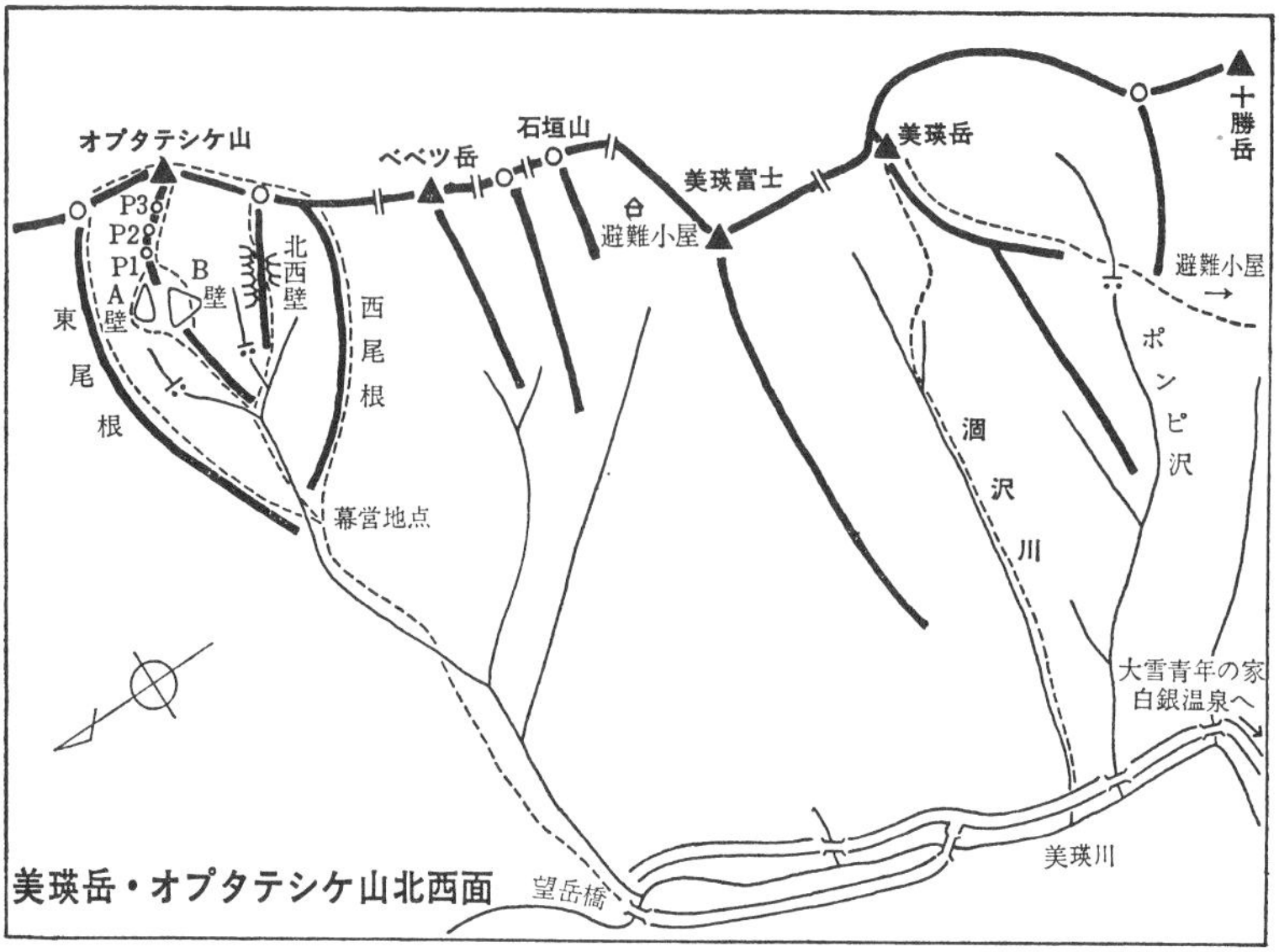

美瑛岳・オプタテシケ山北西面

は迷いやすい。川を横切って左岸の化物岩の下の斜面を左上する。尾根に出ると化物岩を富良野岳寄りに回りこむように広い斜面を登り、八ツ手岩手前のコルに出る。ここまではスキーを利用する。これよりは雪面も堅くなる。尾根の左側は切れ落ちているので注意してルートをとる。やがて稜線に出て左にたどると上ホロカメットク山の頂上だ。

4 **北尾根から富良野岳**（**独立岩ルート**） 五―六時間

昔からスキーツアーのコースとして親しまれている。

上富良野駅から十勝岳温泉行のバスに乗り、途中白銀荘へ向かう道路の分岐点で下車する。ヌッカクシフラヌイ川の大きな砂防ダムの上流を渡り、対岸の尾根に取付く。取付き点には標識旗をつけておく。一一四二m峰までは傾斜もきつく巻くように行く。このルートは白銀荘から日帰りも可能だが、標高一二五〇m付近で雪庇を利用して雪洞を掘っての一泊二日行程がよい。森林限界をすぎる頃から雪はクラストしてくるが、まだスキーは利用できる。この付近から標識旗を用意する。特に独立岩付近は迷いやすい。独立岩をすぎると南に向かって尾根を進み、最後のナイフエッジを慎重に登り頂上に着く。

5 **上ホロカメットク山北西稜** 五―六時間

十勝岳温泉から上ホロカメットク北西壁を見ると、左側に長い顕著なリッジが見える。これが北西稜だ。技術的な困難さはないが楽しい冬の登攀を味わえる。

旧噴火口を目ざしてヌッカクシフラヌイ川沿いに登る。D尾根へ向かう徒渉地点から左岸をそのまま進む。八ツ手岩からの尾根を越えて、主稜線とD尾根の略奪点から落ちているルンゼを横切ると北西稜の末端に出る。そこから登攀を開始。雪の斜面を登っていくが、シュカブラのついた岩が出てくるとザイルをつける。リッジ、ルンゼと登っていく。最後は広いルンゼを登って主稜線に出る。上ホロカメットクの山頂はすぐ目の前にある。下りは前述のルンゼがよいが、雪崩に注意する。

6　八ツ手岩から上ホロカメットク山　五―六時間

特徴のある八ツ手岩を登り、冬のクライミングを楽しむ中級者向きのルートで、初冬のトレーニングによい。

前項のコースをとって八ツ手岩の左基部に取付く。基部でアンザイレンして左側に回りこむ。ルンゼを登り、途中適当なところでリッジにトラバースしてそのまま直上すると肩に出る。雪のつき方によっては状態がかなり変化する。そこから八ツ手岩の基部をトラバースして右側の肩に出る。D尾根に合流する手前はギャップになっているので懸垂下降かクライム・ダウンする。あとは急斜面を登るとD尾根と合流する。

7　美瑛岳・涸沢川ルート　五―六時間

美瑛川左岸の道路を白金温泉から進み、大雪青年の家をすぎ、さらにポンピ沢にかかる橋を渡るとまもなく次の沢にぶつかる。これが涸沢川である。目立たない沢なので注意する。スキーをつけ登高を開始し沢の中を進む。沢は深くなり両岸が急になってくる。さらに三〇分行くと右岸上部が崖になっている。沢はさらに深く狭くなり函状になる。降雪時等は雪崩に注意する。やがて沢は左に曲がりはじめ、幅広くなり明るく開けてくる。左岸に注意しながら進むと前方に小さな枝沢があらわれ、この枝沢の右岸を登り高度をかせぐ、やがて森林限界に出て美瑛岳の大斜面が眼前に広がる。雪面はクラストしてくるができるだけ上までスキーを上げ、適当なところでデポする。夏コースの一七〇〇m付近を目ざして傾斜のきつくなった斜面をポンピ渓谷に気をつけて登ると頂上に出る。この斜面も広いので天候によっては標識旗を用意する。

オプタテシケ山北西壁

オプタテシケ山北西面に急峻な壁とリッジがひときわ群を抜いてそそり立っている。夏期はブッシュ等におおわれて登攀の妙味は少ないが、積雪期は雪壁、雪稜となり、多くの岳人を魅了する。アプローチは長く、白金温泉からベース・キャンプまでは一日行程である。大雪青年の家でバスを降り、美瑛川沿いの林道を行く。砲台橋の手前で道が分かれているがそのまま橋を渡る。今度は右岸沿いの道を進む。二、三時間で望岳橋に着く。望岳橋を渡り、すぐ小尾根に取付き、東に向かって森林の中を時にはひざを越すラッセルで進む。ベース地は西尾根の末端一二〇〇m付近がよいだろう。

8　西尾根ルート　三―四時間

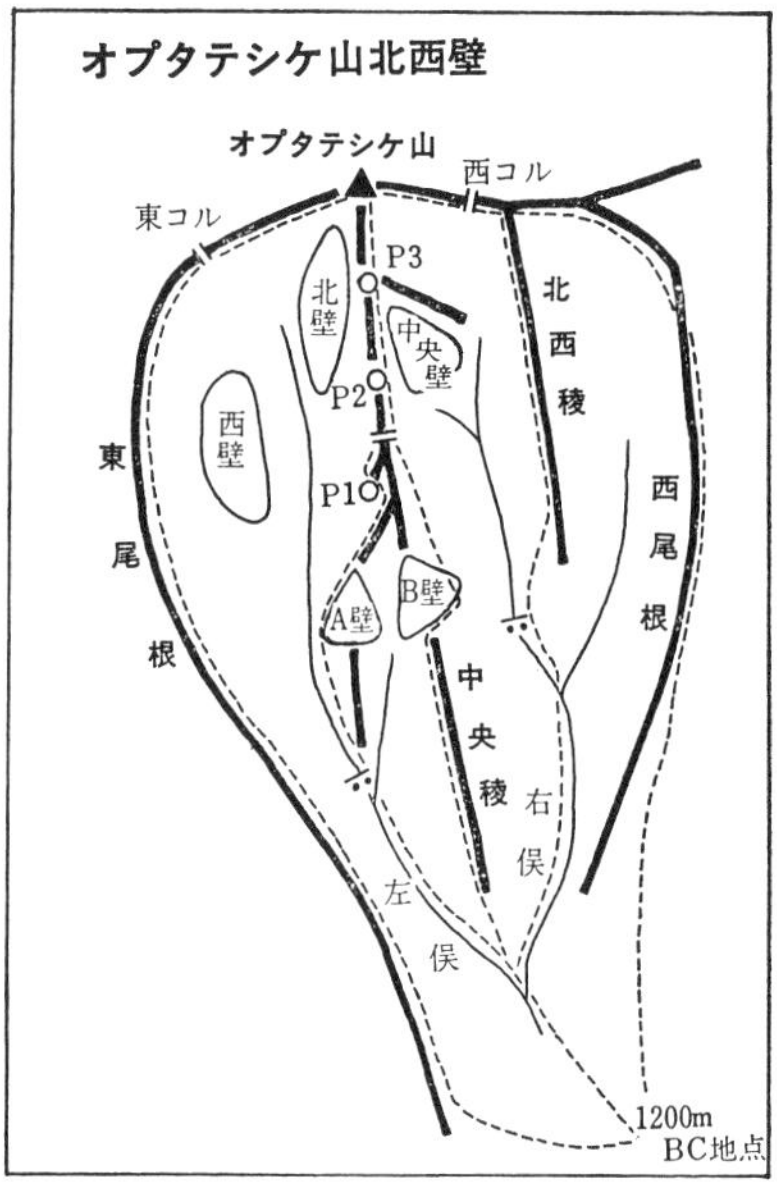

オプタテシケ山頂に登る一番短く比較的楽なルートだ。北西稜と中央稜の豪快な山稜を左手に見ながら登る。西尾根末端の斜面をジグをきりながら登るが雪の多い時はラッセルが深くなる。しかし下りの滑降のさいの深雪のすばらしさもまた格別なものとなる。この尾根も上までスキーを上げたい。樹林が切れてくるとクラストしてくる。適当な所でスキーをデポする。ぐんぐん高度をかせいでいくと主稜線とぶつかり、左に折れて頂上を目ざす。下山のための標識旗の用意はもちろん必要だ。

9　東尾根ルート　三—四時間

オプタテシケ山の尾根では一番長い。西尾根と同じベースから登行を開始する。取付きは傾斜もきつく、ブッシュも多い。尾根に出ても斜面はゆるくならない。樹林帯が切れるころからクラストしてくるので西尾根同様スキーはデポする。主稜線に近づくにつれて雪庇も張り出してくるので注意する。

10　北西稜ルート　五—七時間

この稜は中央稜より高度こそ低いが技術的には変わらない。雪の付着が不安定なため春に登攀したほうがよい。

中央稜末端の二俣から右俣に入る。デブリの中をつめていくと二俣になり、そこから末端に取付くが、春は右俣を回りこんで一段目の壁の下に取付く。一段目、二段目の壁は苦労せず登れる。ここでアンザイレンし、三段目の壁は正面のクラックの左側を巻いて上に出る。傾斜の落ちた雪稜を四段目の壁の基部まで登る。少し登ってコル状のところに降り立つが、この上の小さなスラブには手こずらされる。五段目の壁は雪がつまって氷化したクラックをホールドを掘り出して登る。あとは雪稜となりコンティニュアスで登る。

11　中央稜B壁ルート　五時間

オプタテシケ西壁の真ん中を登るルートで、技術的困難度はさほどではないが登攀距離が長い。

中央稜の末端から取付く。最初はブッシュが多くて気になるが長くは続かない。次第に傾斜を増して雪面も堅くなる。スキーをデポしてもよいが、どうせならかついだまま登攀し、西尾根をスキーで下るほうが楽しい。B壁の下でアンザイレンする。トラバースして右側に出て少し登ると壁は簡単に抜けられる。

あとは雪の斜面をリッジ目ざして登ると、Ｐ１とＰ２のコルに出る。さらに、Ｐ２、Ｐ３を乗越してやせた雪稜を慎重に登ると頂上に出る。

12　**中央稜左カンテ（Ａ壁）ルート**　五―六時間

このルートも北西稜と同じく雪の安定した春に登るのがよい。中央稜末端の二俣から左俣に入る。大滝を越えてしばらく行くと左側から顕著にのびる雪稜がある。この雪稜を登ってＡ壁へ取付くが、基部まではノーザイルでアイゼンがよく効く。基部でアンザイレンする。カンテを左に回りこむようにして斜上し、傾斜のゆるい雪壁を登って大テラスに出る。そこから正面にある数メートルのスラブを右に回りこんで凹角沿いに左上する。さらにカンテの上に直上してゆくが快適に登れる。あとはそのままスノーリッジを登りＡ壁の頭に出る。リッジを登ってＰ１基部へ出る。Ｐ１へは真ん中のコル状を目ざして直上するがそれほどむずかしくない。Ｐ１の頭からは稜上を登り、やがてＢ壁ルートと合流する。

13　**十勝連峰の縦走**　三―五日

概説で述べたように冬期の連峰の縦走は天候、地形等の判断を要し、力のそろったパーティでないと完走はむずかしい。南の富良野岳から入っても、北のオプタテシケ山から入ってもよいが、十勝岳温泉を拠点にして富良野岳からオプタテシケへ向かう場合、三―五日の行程となる。富良野岳へは前述した独立岩ルートをとるか、凌雲閣の下の沢を越えて対岸の尾根に取付き、三峰山の山腹を横切って鞍部へ出て頂上に出る。このあたりでは、富良野岳頂上から三峰山方向にやや下ったところに良い幕営地がある。十勝岳山頂付近は昭和火口の噴煙のため雪面は黄色に染まっていて幕営には適さない。上ホロカメットク山頂付近と美瑛岳と鋸岳の間に良い幕営地がある。美瑛富士は直接登らず登山道どおりに十勝側に回りこみ避難小屋へ入り、そこから山頂を往復すると楽だ。小屋はかなりいたんでおり、吹きこみが激しく除雪に時間を要す。十勝岳と美瑛岳間は思いのほか広く感ずるところで天候の悪い時は十勝川上流へ入らぬよう充分注意がいる。オプタテシケ山は西尾根か東尾根が下降路となるが、スキー使用の場合は西尾根が楽だ。

南から北へ、北から南へのコースどちらにしても計画は綿密に立て慎重に行動したい。なお、大雪山連峰への縦走については、「大雪山連峰」の項を参照のこと。

〔執筆者〕　三和裕佶、「十勝連峰の縦走」皆木勇（旭川山岳会）

夕張山地

札幌山岳会

石狩平野の東に南北に連なる夕張山地がある。大雪山や十勝連峰と遠からぬ位置にあるが、火山ではなく、約一億年の昔、日高山脈とほぼ同じ頃に海底が隆起してできた山脈である。普通、登山の対象となっているのは、南北両端の低山を抜かして、富良野市西側の北の峰から、南は南富良野町西南の屛風山に至る区間である。この区間のほぼ中央部に芦別岳が、南部に夕張岳が、山脈の主峰として鎮座している。そして、登山者に人気があり、登山道も整備されているのもこの両主峰である。しかし、芦別岳と夕張岳の特色はまるっきり異なる。

芦別岳は、彫りの深い男性的容貌で、北海道にあって稀少価値ともいえる岩稜、岩壁も多い。加えて北海道のほぼ中央に位置し、交通の便もよく、登山者は四季を通じて絶えることがない。特にクライマーにとっては好個の活躍舞台である。一般登山道も根室本線山部駅から入る新道、旧道の二本がある。バリエーション・ルートの入山もほとんどこの二本の道が利用される。旧新道をつなぐ覚太郎コースと称する道もあるが、利用者は多くない。冬期入山にはこの他に十八線川、冬尾根がよく利用される。また登山口の付近には「憧峰小屋」、ユーフレ沢と熊の沼沢の出合いに「ユーフレ小屋」がある。ともに無人で格別な設備もないが「ユーフレ小屋」はユーフレ沢周辺の各ルートへの格好の基地となる。幕営地としてはユーフレ小屋周辺、熊の沼付近、頂上お花畑一帯などが適している。

一方、夕張岳はどっしりした大きい山容で、面白味あるバリエーション・ルートは乏しい。この山の魅力は頂上部に展開する広大なお花畑にあり、この山だけに見られる植物も多い。登山道は東の金山、西の夕張の両方からついているが、主として夕張側から登られている。夕張側登山口にはヒュッテがある。

山脈中には他に、富良野西岳、布部岳、中天狗岳、御茶々岳、中岳、ポントナシベツ岳、シューパロ岳、幾春別岳、夕張西岳、一四一五m無名峰など多くの支峰があり、それぞれ魅力に富んでいる。大部分は登山道はなく、沢づめか積雪期を選んで登らねばならない。最近、しだいに注目されているのが山脈西側に特異な岩峰を連ねる蛭《きりぎし》山で、岩場としても特異の植物相からしても興味のもてる山である。

山脈全体に共通していえることは、岩場といっても草付きやブッシュが多く、浮石も多い。リスは概して浅く、割れやすい。

総じてガッチリと快適な岩場とはいいがたく、ハーケンが歌うことはまずないし、古いものは信用できない。こういった諸点に注意しながら、変化に富んだこれらの山々を楽しんでほしい。

〔五万図〕　山部、幾春別岳、石狩金山、石狩鹿島

〔参考文献〕「北の山脈」3号、29号、「岳人」224号、324号、267号、「岩と雪」60号

〔当該地域の営林署〕

富良野営林署（芦別岳）　富良野市東七条西五丁目

大夕張営林署（夕張岳）　夕張市鹿島1

金山営林署（夕張岳）　空知郡南富良野町

ユーフレ沢本谷（地獄谷）周辺の岩場と沢

アプローチも短く、最も人気のある山域である。本谷右岸には数本のブッシュまじりの岩稜がはい上がっており、上から一—五稜と呼称されている。どれも残雪期から秋までよく登られている。冬期の登攀記録もある。岩稜間のルンゼは上からA—Dルンゼと呼ばれている。一方、本谷左岸は、本谷ゴルジュのすぐ上から三本のルンゼが夫婦岩周辺にのび、下からα、β、γルンゼと呼ばれている。登攀価値の高いのはγルンゼで、その左俣にはγルンゼ左俣奥壁がそびえている。

アプローチは、山部駅から十九線道路を進み旧道をたどる。旧道はやがて夫婦岩北側へ回りこむ支流（夫婦沢）に入ってゆくが、ユーフレ小屋への道に入る。ユーフレ小屋まではすぐだ

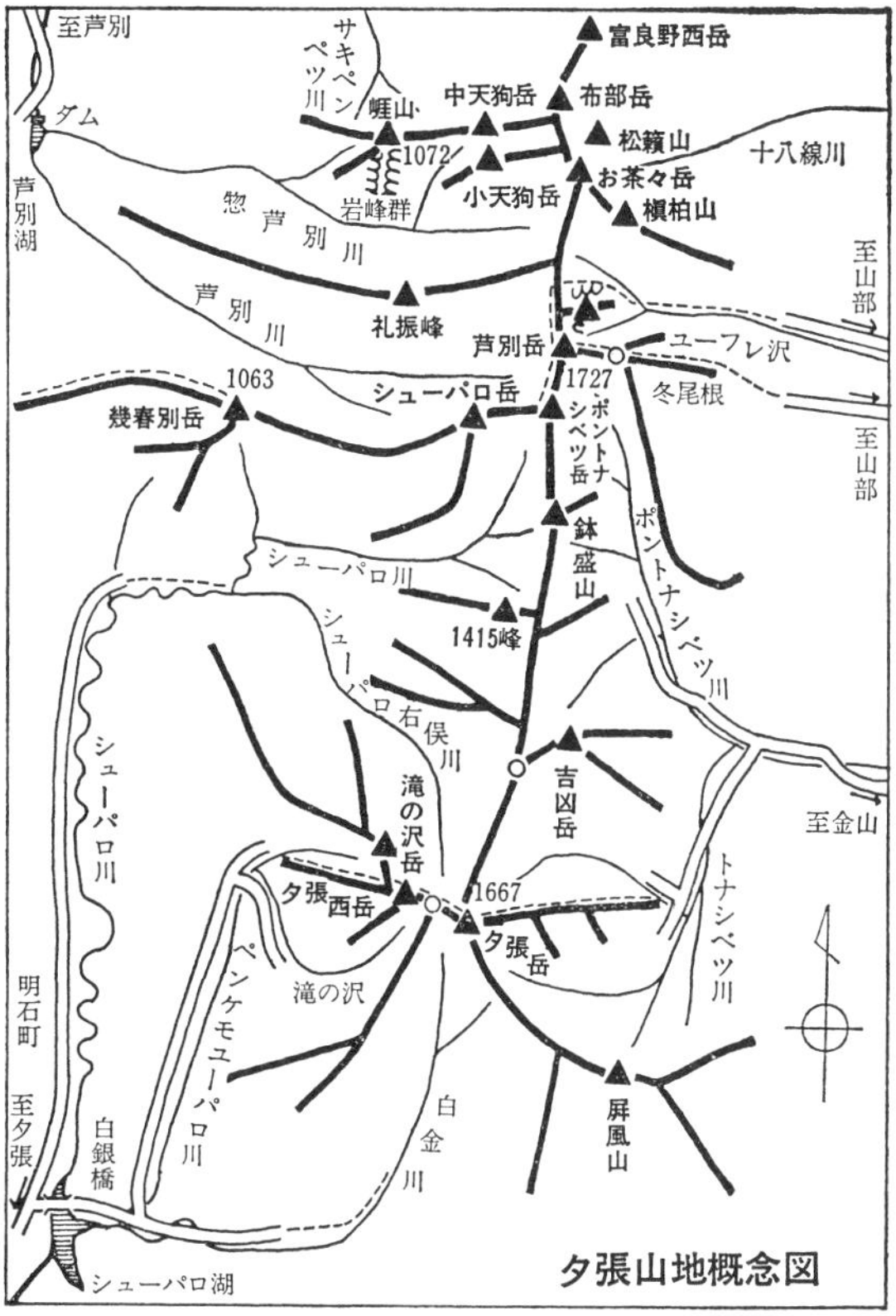

夕張山地概念図

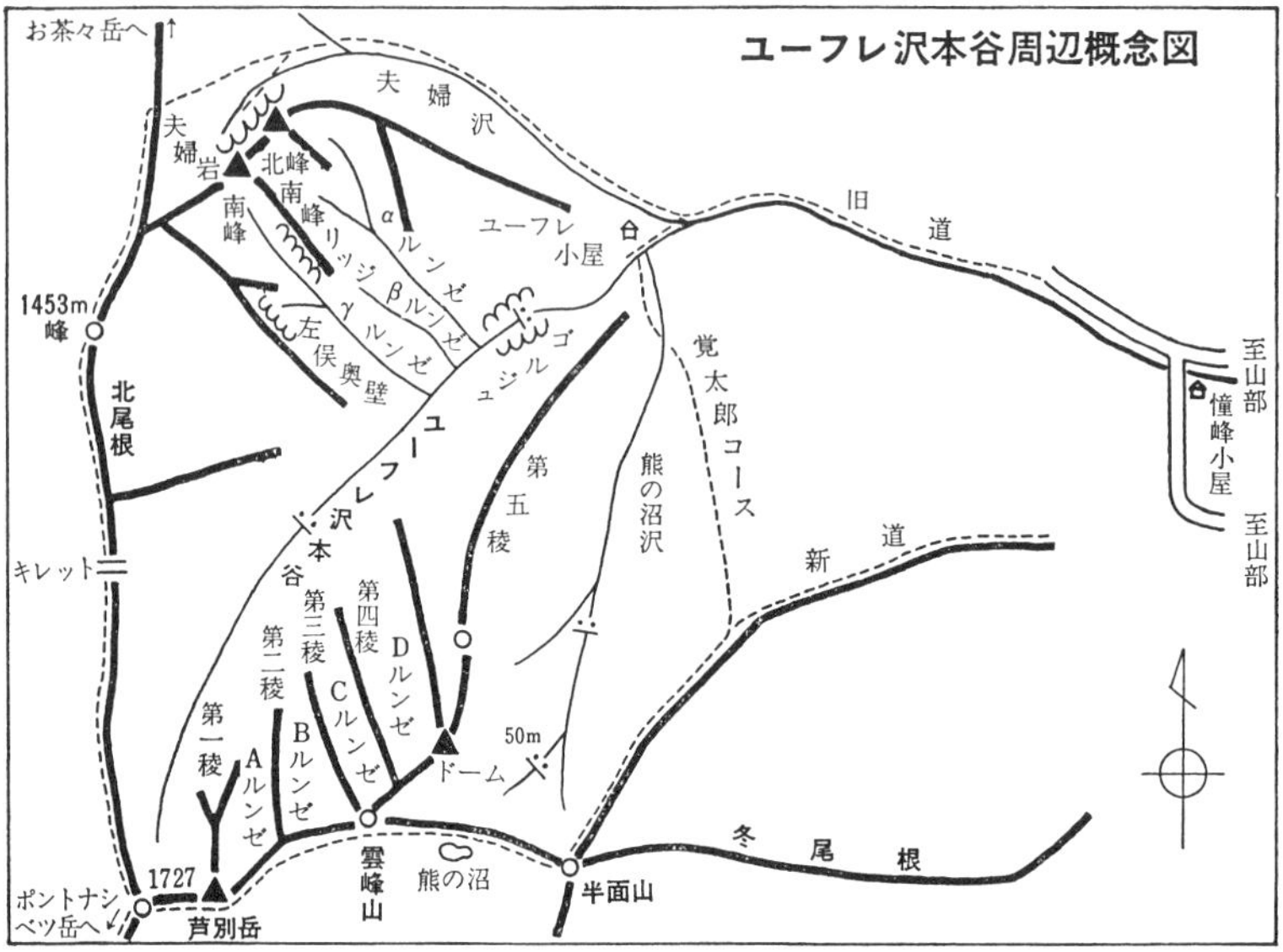

（登山口から二時間）。ユーフレ小屋は各ルートの基地として絶好である。

〔五万図〕　山部

1　ユーフレ沢本谷（地獄谷）　五時間

芦別岳のバリエーションの入門コース。残雪の豊富な五―六月頃に登る人が多い。

ユーフレ小屋から本谷の川原を進む。地下足袋、ワラジといった沢登りスタイルになる必要はない。一時間余で本谷唯一の難関であるゴルジュ（「地獄の門」と呼ぶ向きもある）に着く。両岸は狭まり、水は奔流となって流れ、奥は滝になっている。左岸に巻き道がついているが、初級者のいる場合はザイルが必要だ。ゴルジュを過ぎるとあとはたいしたところはない。四稜末端部に五mの滝がある。この付近から九月まで残る残雪が現われる。沢自体の切れこみは深いが滝は乏しくガレ沢の感じとなる。一稜末端部に三―五mの小滝が三つほど続く。あとは頂上のお花畑まで一直線のガレ場である。残雪期の登高者は夏期よりも多い。ゴルジュの口が開くのは普通六月中旬で、それまではデブリに埋まっている。四月中は天候次第で底雪崩が出るし、五月上旬にも稜線の雪庇の崩壊でブロックが落ちる。行動はスピーディにしたい。また右岸岩稜の登攀者からの落石にも注意がいる。

2　第一稜とその側壁　IV^-　二―三時間

頂上に直接はい上がるリッジで標高が高くブッシュが少な

く、すっきりした登攀ができる。

ユーフレ沢本谷をつめ、本谷が狭まり急角度で二度ほど屈曲したあたりのブッシュのある壁に取付く。踏跡もあり、ほとんどザイルの要もなく高度を上げる。高山植物も出現して楽しい。二〇mのナイフエッジがあり快適に通過すると、あとはハイマツの壁とリッジが続き、頂上に達する。

もう一つの取付き点はAルンゼの出合いであり、前記ルートを右稜、こちらを左稜と呼ぶ人もある。リッジの長さは左稜のほうが長いが、本谷と平行したブッシュだらけの尾根を進むことになる。このリッジは約四〇mの草付きの壁に突きあたって終わる。壁を登るとナイフエッジ手前で右稜に合する。

第一稜の西面は岩壁となっていて、登攀距離は長いところで二ピッチ程度。特に明確にルートとして定着したところはなく自由に楽しめる。技術的にはIII—IV級程度である。

3 **第二稜**　三時間
一稜とともにわりと楽しめるルートである。Aルンゼの末端から取付く。下部はブッシュクライム。途中草付きをまじえたチムニーがある。中間部から二個所短いナイフエッジを過ぎる。最後は勾配の緩いやや堅いフェースを登って新道にとび出す。

4 **第三稜**　三時間
ナンバーが多くなるにつれ標高は下がりブッシュが多くなる。Bルンゼ側から取付く。中間にナイフエッジがあるが技術的に問題はない。ブッシュの壁を登って雲峰山の頭に出る。

5 **第四稜**　四—五時間
本谷から見上げると「地蔵岩」と称される小岩峰が明遼に望まれる。Dルンゼ側末端から取付く。ほとんどブッシュクライムに終始する。

6 **第五稜**　六—八時間
長大なやぶ尾根で、積雪期の登攀がよい。末端はユーフレ小屋対岸だが、熊の沼沢を半分ほどつめて右から支流に入って取付くとよい。上部に数個の岩峰があるが巻いてもよいし、直登も可能だ。最後はドームと通称する岩峰に快適なチムニーを登って終わる。新道まではブッシュをこぐ。

7 **A—Dルンゼ**
A・Bルンゼは単なるガレと草付きで登攀価値は乏しい。残雪期を選んで登る（一・五—二時間）。Cルンゼは上部が錯綜していてルートの取り方によってはおもしろい登攀ができよう（三—四時間）。Dルンゼは出合いからすぐそれとわかる水量の乏しい大きな滝がある。左側を人工をまじえて巻き気味に登られたこともあるが陰湿で快適とはいえない。DルンゼはIII—IV⁻級のルートグレードだ。

8 **熊の沼沢**　四時間
ユーフレ小屋の対岸が出合いとなって、新道の熊の沼または半面山に突きあげる沢で、五—七mの小滝が連続し、沢登りとしてのおもしろさは本谷にまさる。

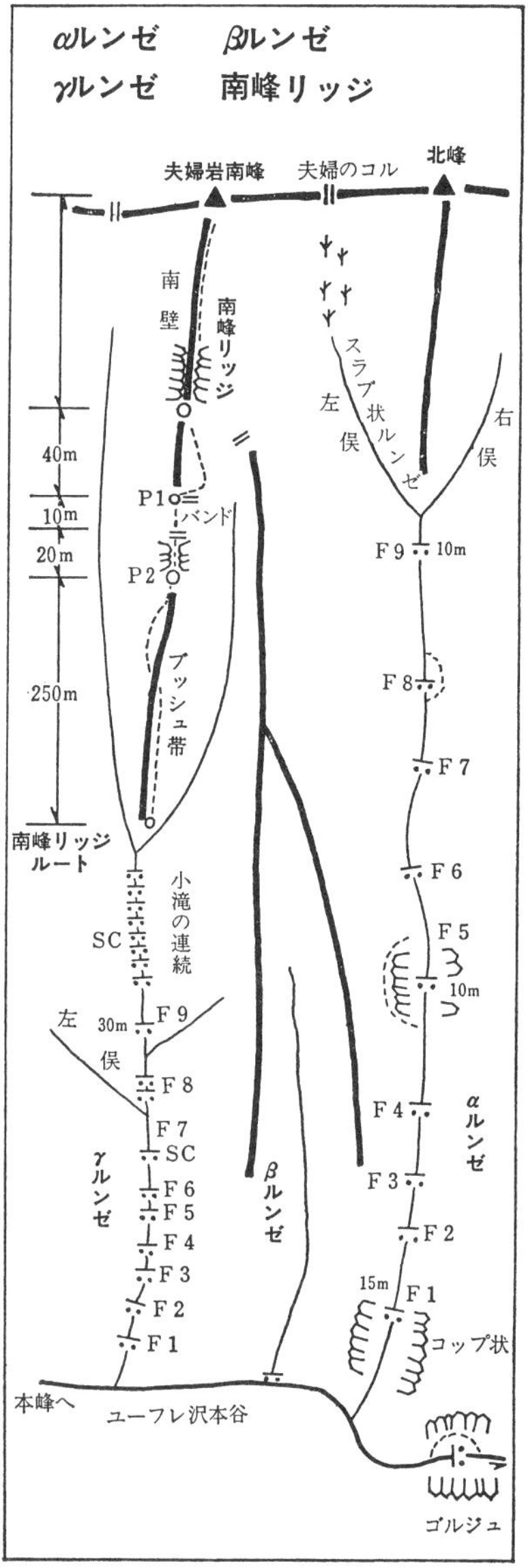

五稜中間部へのびる小沢が分岐した地点の先にある滝は左岸を巻く。この上はガレ状のゆるい沢となり、本流は半面山にそのままのびている。右に分かれる沢に五〇ｍの大滝があり、快適な登攀でこれを登ると新道の熊の沼付近に出る。

9　**αルンゼ**　六―八時間

本谷ゴルジュを越えて最初に左岸に合流する顕著なルンゼで、両岸とも脆い垂壁から成り、左手に大きく曲がりながらのびている。上部で二俣となり、右俣は夫婦岩北峰の東の肩に達し、ブッシュクライムでその頂上に出る。左俣は夫婦のコルに達する。滝は脆い岩から成り、F8はハングしており、左岸を高巻く。右俣のほうが一見本流状である。

10　**βルンゼ**　一時間

αルンゼ出合いのすぐ上流で五ｍの滝で本谷に合流している。小滝の連続する沢だが短い。三〇分も登ると水量は極端に減り、傾斜のややゆるい岩壁帯に消えてしまう。この岩壁下部をトラバースするとγルンゼF6上部へ、岩壁上部をトラバースするとF7上部へ達する。

11　**γルンゼ**　六―七時間

三つのルンゼ中では独立した登攀の対象として最も登られている。またルンゼ上部の南峰リッジや南峰南壁との継続登攀、F7上部の左俣奥にそびえるγルンゼ左俣奥壁へのアプローチとして広く使われている。滝は大きくはないが九本あり、すべて直登できるが、技術的にはF7とF9が問題である。F9上部はむずかしいところはなく、上部二俣に達する。右俣はαルンゼ上部に入って夫婦のコルへ、左俣は夫婦岩南峰の西の肩に出る。

12 夫婦岩南峰リッジ　二―三時間

標高差二八〇mの灌木の多い岩稜で、末端はγルンゼの上部二俣である。取付きからハング気味のブッシュ登りを強いられる。ブッシュを抜けるとナイフエッジとなり、左側は南峰南壁となって切れ落ち高度感がある。上部は高度差二五m、一〇m、一〇mの三つの岩峰がある。残置ハーケンがあり、一個所かぶり気味のところがあるが問題はない。

13 夫婦岩南峰南壁　四―六時間「北」23号

浮石が多く、岩質の脆い岩壁だが、わりと快適な登攀のできるところもあり、スケールを考えるともっと登られていい壁だ。現在ルートは二、三あるが、まだ定着しておらず、今後の開拓が待たれるところである。

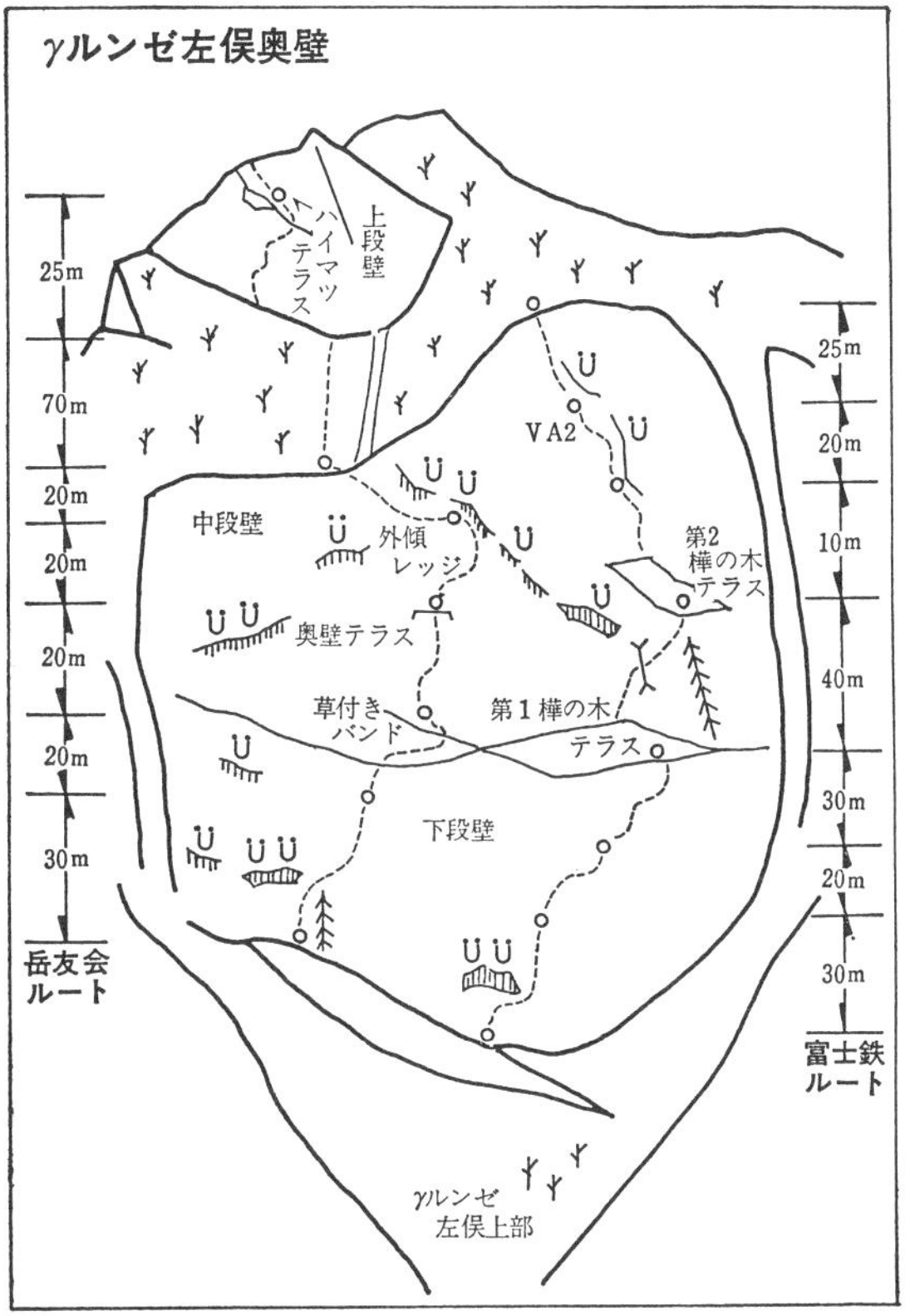

14 γルンゼ左俣奥壁・北海岳友会ルート

V・A2　二〇五m　六―七時間　京極紘一、野村信昭　一九六七年九月十五―十七日「山」352号、「北」4号

γルンゼ左俣奥壁は高度差二一〇m。高度な登攀のできる二本のルートがあり、ともに冬期も登られている。バランスクライムを基調に、人工登攀をミックスした道内屈指のルートと

いっても過言ではない。

γルンゼの左俣を行き、岩壁基部中央から二〇mほど左手の五mのジェードルから取付く。ジェードル二つと草付きまじりのスラブの右斜上で一ピッチ。スラブを三m直上し、右へトラバースしたのち、直上して第一榫の木テラスにつづく草付きバンドに出る。潅木を手がかりに小さな垂壁を越し凹角を直上。ハング気味のジェードルを右に回りこみ、人工登攀で奥壁テラスへ。ついで堅いジェードルの右側を人工で登り、右へ回りこみ三m直上。岩は脆くハーケンはきいていない。ハング下の凹角を四mトラバースするがむずかしい。右斜上し、ホールドのこまかいスラブを登り外傾レッジに達する。アブミで一・五m降りて、ハングの下を人工でトラバース。ハングの切れたところを乗越し潅木帯に入る。これで下・中段壁を終えて潅木帯を登り上段壁へ。左寄りのスラブを人工で登り、さらにバランスで直上。右へトラバースして草付きをハイマツテラスへ。岩はきわめて脆い。直上五mで終了点へ。

15　γルンゼ左俣奥壁・富士鉄ルート

V・A2　一七五m　五―六時間　一九六九年七月二十四日　神原正紀、薄田達夫「北」4号

北海岳友会ルートにつづいて拓かれた右側フェースのルートである。岳友会ルート取付き点の右手約五〇mのハング下から取付く。最初から人工登攀で五m直上、バンド下を右斜上し再び人工で直上。凹角を左に回りこみ小テラスに出る。ついで人工で右斜上、垂直な凹角を越しボルトで確保。左へトラバースし、小カンテの右側を登る。さらに大きく右へ。バンドの切れたところから凹角を直上し、垂直な草付きを越え第一榫の木テラスへ。ついでカンテ状に張り出した岩の左側から取付く。すぐ左の凹角にハーケンが続くが行止りなので注意。三m直上し、カンテに出て真上にのびるクラックを登り、右へ大きくトラバースする。草付きと潅木を頼りに第二榫の木テラスへ。浮石の多い草まじりのスラブを直上。ハング下のバンドを左斜上。ハングに押し出されそうになる。バンド切れ目の草付きの壁を潅木の根にアブミをかけて乗越す。このピッチは非常にむずかしい。同様のバンドが続き、二mの垂壁をアブミで乗越す。出口の垂壁は草付きがおおいかぶさって最悪の部分。潅木をつかんで突破し、潅木帯を抜けて終了。

夫婦岩西―北面の岩壁帯

芦別岳北尾根の一四五三m地点から北東にのびる尾根にある双耳の岩峰を夫婦岩と呼び、北尾根寄りを南峰、やや低いほうを北峰と呼び、双峰間のコルを夫婦のコルと呼んでいる。現在のところ登攀の対象となっているのが、前項で述べた本谷側の南面の部分と、以下に述べる北峰の西―北面である。南峰の西―北面はスケールが小さいうえに脆そうで、まだ記録は聞かない。北峰の西―北面は既成のルートの他にも可能性があり興味深い。高度差は二〇〇―二五〇mで、ブッシュ帯が介在している。岩質も堅いとはいえないが既成ルートでの落石はあまりな

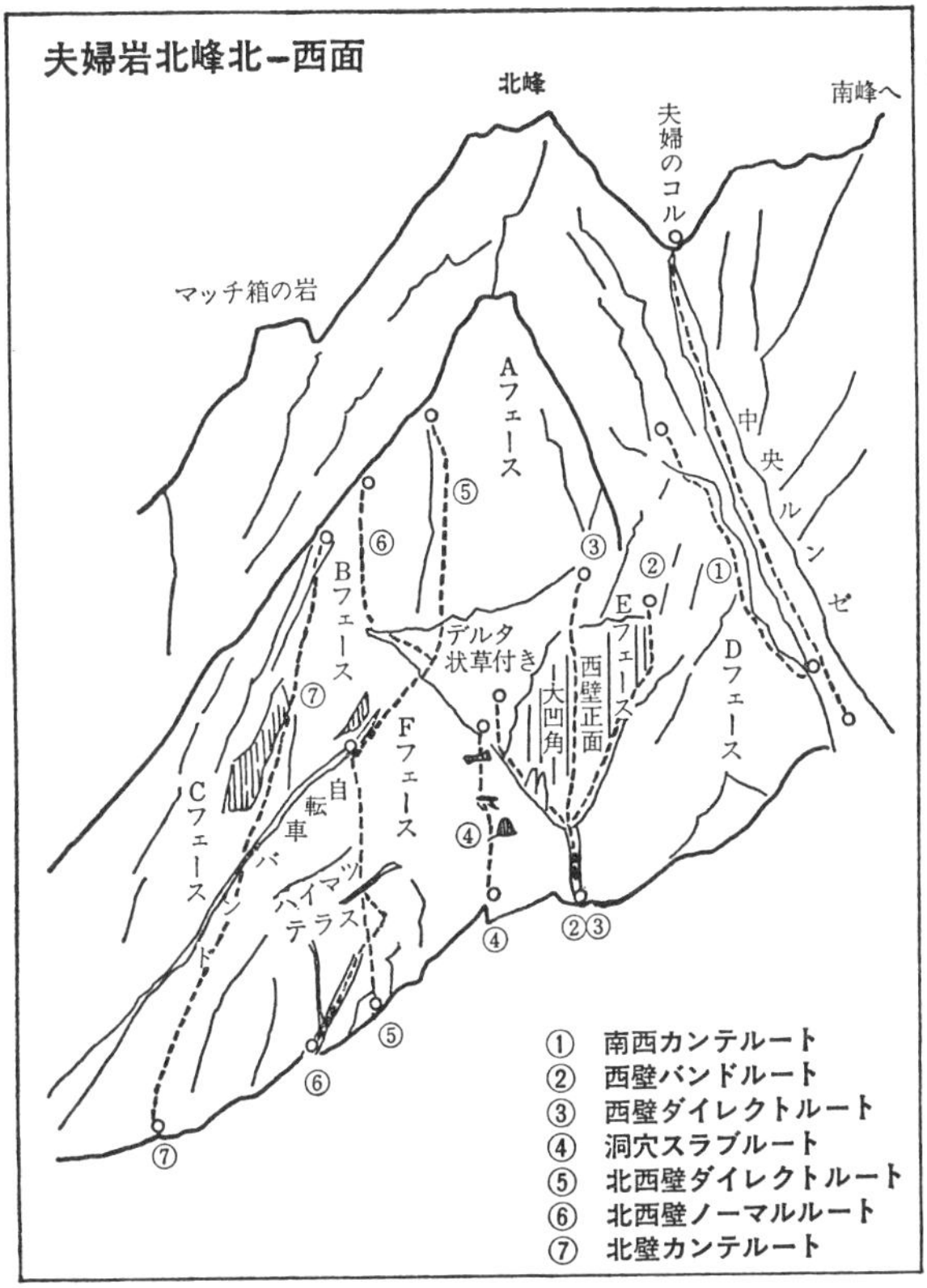

い。既成ルートは三―六ピッチ程度のルートばかりで二―四時間で北峰の頭に出られる。この岩壁にはコの字型や長めのハーケン、大きめのナッツが有効である。残置ハーケンは必ず確認する必要がある。

山部から登山口まで入り、旧道をアプローチとする。西壁を正面に見るあたりから二〇―三〇分ブッシュをこいで基部に達する。六月初旬までならブッシュは雪の下だ。基部は広く開けて幕営地としてもよい。冬は十八線川が安全なアプローチとなる。

16　**中央ルンゼ**　一時間

夫婦のコルへ突きあげるガレ状のルンゼ。主に下降に利用される。上部に小滝状のところがあるが問題ない。落石には注意する。コルから南峰、北峰はリッジ通しにすぐだ。

17　**南西カンテルート**

Ⅲ⁺　九五m　一・五時間

中央ルンゼ右岸のカンテライン。ルンゼに面した末端部のチムニー状から取付く。三ピッチで終了してブッシュ帯に入る。

18　**西壁バンドルート**

Ⅳ⁻　七〇m　一・五時間

西壁中で最も顕著な凹角から取付く。二〇mで正面壁（Eフェース）に突き当たる。ここから左へ斜上する草付きバンドを一ピッチでデルタ状草付きに達する。またEフェース下から右へ斜上するバンドも容易で一ピッチで終了。

19　**西壁ダイレクトルート**

V　一七〇m　二・五時間
Eフェース下部よりバンドに入らず直上するルートである。フェース上部がこまかいブッシュまじりのデリケートな岩場となり、慎重なバランスクライミングを必要とする。最後はブッシュ帯からチムニー状を抜けてデルタ状草付きに達する。

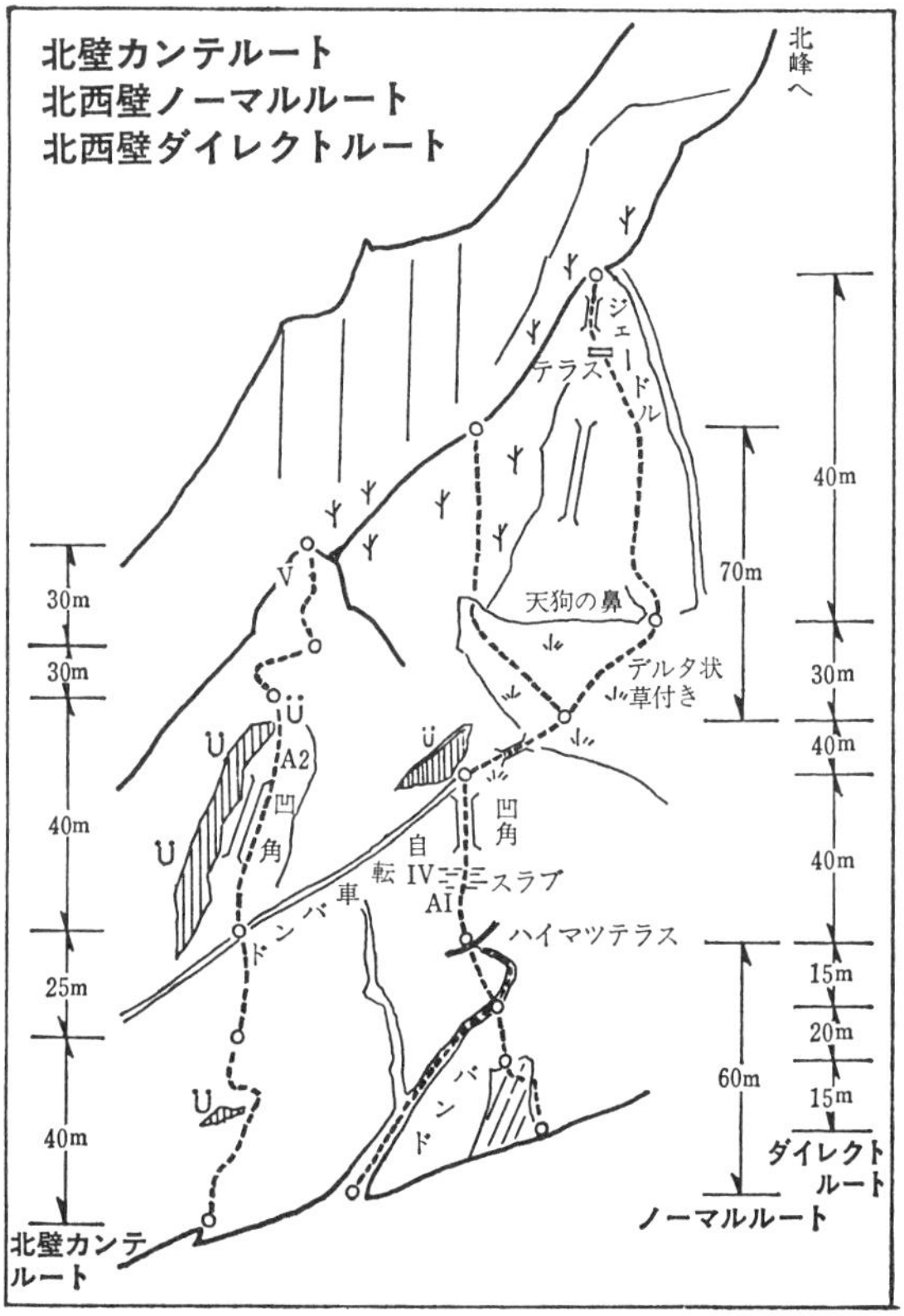

20　洞穴スラブルート

IV^{+}・A2　六五m　二時間　一九六七年　渡辺鉄夫、柴田儀宰

バンドルート取付きの凹角より少し北の凹角のやや北寄りから垂直に近いスラブを洞穴に向かって二〇m直上する。微妙な登攀だ。洞穴から左に回りこみ人工登攀をまじえて二ピッチは脆い岩、垂直なスラブ、ハングと越える。そこから左上してデルタ状草付きへ出る。

21　北西壁ダイレクトルート

V・A1　一八五m　三時間　一九七八年五月十九日　奈良憲司、川向啓二

取付き点は西側を向いた一五mほどのジェードル状に出っ張ったところで、木製のくさびが打ちこんである。左手のクラックから取付き、草付きまじりの垂壁を登り、ハイマツのあるバンドに出るが微妙だ。このバンドはノーマルルートであり、さらに直上するとバンド上七mのハイマツテラスに出る。ここから核心部でノーマルルートと共通である。スラブを人工の連続で抜け、脆く悪い凹角を登り、自転車バンド上端の草付きに出る。右へ斜上しデルタ状草付きに出る。ノーマルルートと分かれ、上部岩壁の下の「天狗の鼻」と呼ぶ顕著なカ

ンテまで登り、右から取付く。カンテを越し左上し、最後はジェードル状を抜けて終了する。

22 **北西壁ノーマルルート**
Ⅳ・A1　一八〇m　三時間　一九六四年八月二十九日
川越昭夫、宿院昌宏、小林剛
前項のダイレクトルートと核心部を共通させているが、拓かれたのはノーマルルートが先である。ダイレクトルートの取付き点の北側のバンドから取付く。ハイマツテラスまではこのバンドを行く。デルタ状草付き伝いに左上し終わる。

23 **北壁カンテルート**
V・A2　一六五m　三―四時間　一九六九年　氏家英紀他一名
北西壁ノーマルルートの取付きよりさらに北側のハング下から取付く。脆いハングを右から乗越し、左にトラバースし草付きの凹角を登る。垂直なスラブを直上して自転車バンドに出る。大きい凹角状のスラブを人工で登り、困難なハングを越す。左斜上し、すっきりしたカンテに出る。上部は脆い岩とハング気味の草付きで悪い。最後はブッシュ帯となり終了。

ポントナシベツ川

芦別岳で沢登りを楽しもうというならポントナシベツ川だ。本流以外にも滝の連続する支流群があり、それぞれ変化があっておもしろい。全体的にみると水量も少なく、それほどむずかしくはないが、行動は慎重にしたい。アプローチは根室本線金山駅から夕張岳登山口へ向かう車道を行き、途中ポントナシベツ川沿いの林道に入る。林道は滝の沢に沿っているので林道と分かれて沢に入る。車は滝の沢出合いまで入れる。
〔五万図〕　山部
〔参考文献〕「北の山脈」3号、「岳人」267号

24 **ポントナシベツ川本流**　一二―一三時間
直登沢出合いをすぎて現われる五〇mの大滝が核心部だ。単調な沢は標高七〇〇m付近で様相を変え、小滝、淵が続く楽しい沢となる。九月でも大量の残雪を見ることがある。爽快な遡行でポントナシベツ岳直登沢との出合いに着く。本流は右俣で鋭く右折している。すぐ五〇mの大滝が立ちはだかる。左側を直登した例もあるが、右のガリーを登って草付きを巻くのが一般的であろう。さらに数段の大滝を登ると二俣になり、右俣は熊の沼へ、左俣は本峰西側へと達する。金山から徒歩の場合、本流大滝あたりが一日の限界だろう。よい幕営地に乏しい沢なので増水の際の退路を考える必要がある。

25 **ポントナシベツ岳直登沢**　五時間
直登沢出合いからすぐ五〇mの大滝があり圧巻である。両岸とも巻けるが左岸が楽。次の滝はハング帯を有し、岩質も脆い。右岸を巻く。さらに数本の滝を突破し、ガレ沢を登ってポ

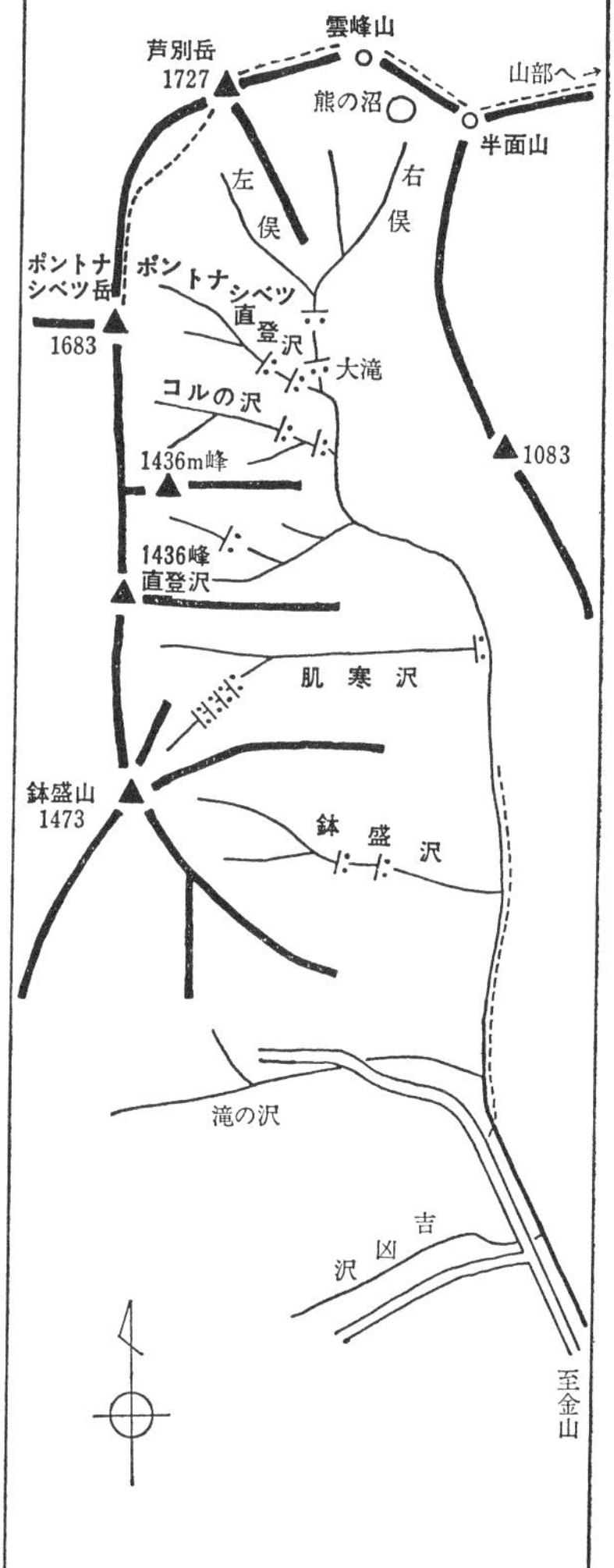

ポントナシベツ川概念図

ントナシベツ岳頂上に出る。

26　**一四三六m峰直登沢から「コルの沢」**　四時間

滝の多い登りごたえのある沢である。出合いから小滝が続く。錯綜した二俣を選びつつ高度を上げる。やがてナメ滝の奥に六〇mの大滝が現われる。左岸を巻くが直登も可能だろう。さらに一〇本ほどの滝が現われるがすべて快適なシャワークライムで越す。最後はカール状の小平地にとび出す。ブッシュをこいで頂上へ。頂上からは北側の沢（「コルの沢」）へ下る。数本の小滝を懸垂やクライムダウンで下降。本流手前で四本の滝が連続する。本流には約四〇mの美しい滝で合流する。

27　**鉢盛沢から肌寒沢**　五―六時間

鉢盛山に東側からダイレクトに突きあげる沢が鉢盛沢だ。出合いはやぶに隠れてパッとしないが、小滝が続く快適な沢である。最大の滝でも一五mほどである。つめは少々ブッシュをこいでお花畑に出る。下山は肌寒沢に下るが、この沢も滝が連続しておもしろい。上部は懸垂で下るほどのものが四つほどある。

夕張山地のその他の沢

夕張岳の周辺と、芦別岳から夕張岳に至る稜線の西側に、単調だが長大な沢が流れている。どれも人里遠く、アプローチに

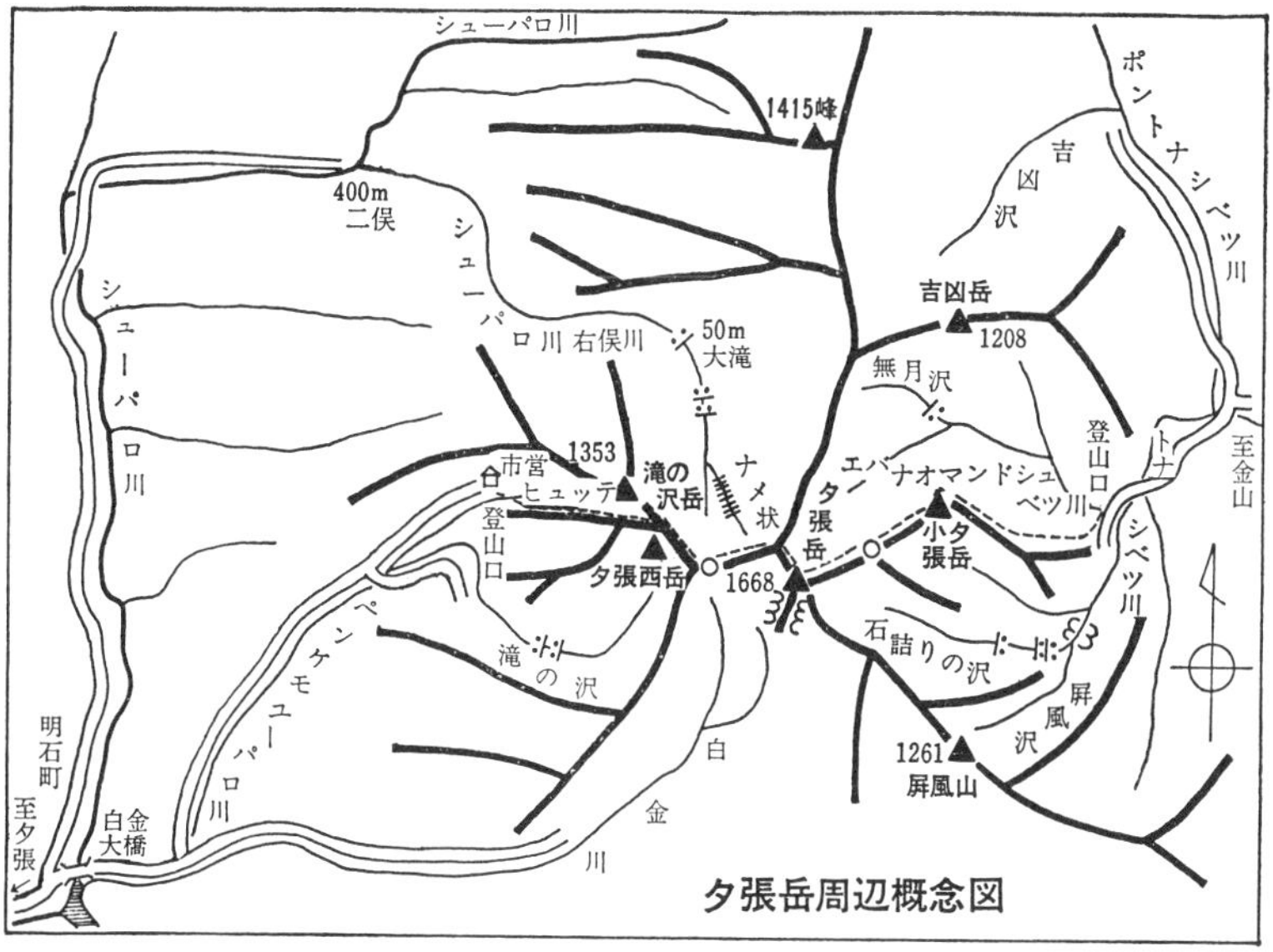

夕張岳周辺概念図

は時間がかかる。原始的な沢旅が期待できるが、沢登りの面白味には欠ける。トナシベツ川流域の夕張岳に突きあげる沢へは金山駅から夕張岳の登山口まで行く（登山口までは車を利用するとよい。）。また白金《しろきん》川本流とシューパロ川へは夕張から入り（札幌からは大夕張行のバスの便がある）、それぞれ白金川沿いの林道、シューパロ川沿いの林道をたどる。また芦別川と惣芦別川へは芦別湖からアプローチするが、芦別湖のダムまでは芦別市から車を利用しなければならない。

〔参考文献〕「岳人」267号

28　トナシベツ川本流（石詰りの沢）　六時間

夕張岳の金山登山口からトナシベツ川沿いに歩く。沢は広く乾いている。途中三mほどの川幅いっぱいの滝がある。やがて本流は一〇〇mほどの函となり、右岸のバンドをトラバースして左岸に移る。函が終わると二俣で本流は荒々しい右俣だ。小滝が数個あり、七〇〇m付近に数段の大滝がある。源頭はブッシュをこいで登山道に出る。

29　エバナオマンドシュベツ川　三時間

本流は滝もなく、石がごろごろしていて歩きにくい。上流右俣の無月沢が滝も豪快で沢らしい。金山登山口から右の林道を行き沢に入る。最後の無月沢の出合いから夕張岳までは三時間。

30　白金川本流　九時間

滝や函はないが、旧ヒュッテ付近の景観に魅力のある沢で初心者向きだ。札幌から大夕張行のバスで「明石」で下車し、シューパロ川にかかる白金大橋を渡り林道を行き沢に入る。上部は沢が綜錯しているが、ガマ岩を目ざしてルートをとる。

31　滝の沢　四時間

小滝の多い沢だがやさしく、初心者向きの楽しい沢歩きができる。明石からペンケモユーパロ川の道を行き夕張岳への登山口（ヒュッテがある）の手前から滝の沢沿いの林道に入る。源頭部はヌルヌルしており、ガマ岩西側の湿原地帯で登山道に出る。

32　シューパロ川右俣川　七時間

札幌から大夕張行のバスで終点で下車。シューパロ川沿いの林道を四〇〇ｍ二俣へ。二俣の林道を右にとって右俣川に入る。下流部はうねうねと単調な沢。標高七〇〇ｍ付近と九〇〇ｍ付近に大きな滝とさらに四、五本の滝がある。上流はナメ滝といった感じの小滝が四〇個近く続く。

33　芦別川、惣芦別川、シューパロ川本流　二―三日

一言でいえばどれも人里遠い、単調で長大な沢。原始的な山旅ができるが、遡行には二、三日要す。芦別川と惣芦別川は、ともに古く造林の軌道があり、ところどころにその痕跡を見る。シューパロ川は四〇〇ｍ二俣までは右俣川と同様。上部は地図上ではゴルジュ記号になっているが見かけだおしの感がある。

崕山の岩場

芦別岳の北西に、深い原始林に包まれた石灰岩の岩峰群が細長く連なっているのが目をひく。これが崕《きりぎし》山で、アプローチの遠さから訪れる人のまれな山域であった。この山の全貌が登山者に知られるようになったのはせいぜいここ十年の間である。北海道の岩場としては珍しい石灰岩で成り立ち、クライマーにとって興味ある対象である。岩は堅いが脆く、崩落した大北の岩があちこちの基部に見られる。東西に厚みがなく、南きなリッジはみなナイフエッジで、リッジ上には浮石が多い。ピーク間はつながっているというより、皿を並べて立てたような感じで、間は草付きや灌木帯になっている。またチムニー状の割れ目が多く見られるが、よいルートになるものは乏しい。リス、クラックは全体的に少なく、ハーケンは打ってもあまり頼りにならない。ハーケン、ナッツ類は大小各種を持参すべきだが、埋込みボルトの領域が大半である。

アプローチは三つある。一つは芦別湖から惣芦別川をさかのぼるか、芦別岳旧道から惣芦別川源流に下って崕山に向かう。二つめは、中天狗岳を経由するもので、十八線川から御茶々岳に達し、極楽平から尾根伝いに中天狗岳を越え、崕山北端に至る。このアプローチは積雪期に限る。山部から十時間。三つめは最近最も利用されているコースで、サキペンペツ川白面沢から惣芦別川左俣源頭に乗越すものである。芦別市から芦別湖へ

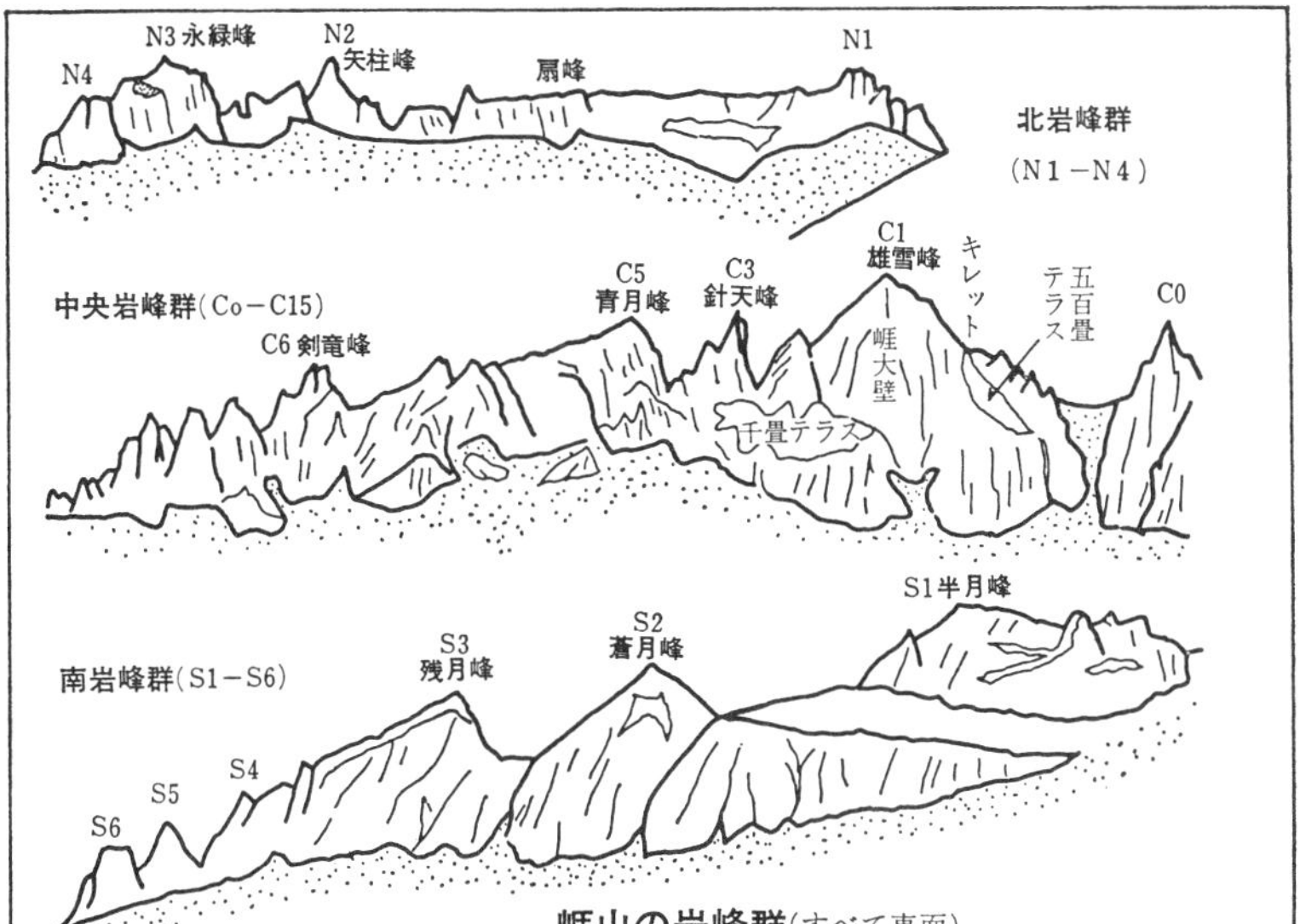

崕山の岩峰群(すべて東面)

の林道を行き、サキペンペツ川沿いの道に入る。出合いから一六kmの標高五〇〇m地点まで車が入れるが、上芦別営林署（芦別市上芦別町一八三）の許可を得なければならない。惣芦別川左俣への乗越しは小沢が複雑でルートファインディングがポイント。林道終点から二―三時間である。

またこの崕山は植物相も特異で、その面で興味のある地域である。この植物群が自然のままでいつまでも咲き乱れるように祈りたい。この山域は記録も少なく今後の課題だろう。

34　北岩峰群（N記号）

西面は絶壁だが東面はほぼ上部まで灌木が生えている。顕著なピークが4峰（N4）。3峰（N3）の西壁は一〇〇mの絶壁になっている。南からリッジ伝いに登られた。

35　中央岩峰群（C記号）

崕山を代表するのが中央岩峰群だ。大まかに数えても一五の岩峰がある。1峰（C1）東面には崕大壁と呼ぶ岩壁があり、中央の急な草付き帯から登られている。C3峰はどこから見ても完全な針峰で、東北側から登られている。C5峰も南リッジから登られている。C6―C15の各峰はC12峰以外はいずれもトレースされている。

36　南岩峰群（S記号）

六つの峰があり、北岩峰群とは反対に東面が壁、西面はブッシュとなっている。S1、S2、S3に魅力がある。

積雪期の夕張山地

五万図四枚に及ぶこの広大な山域は、冬は人気《ひとけ》もなく静まりかえっている。積雪期といっても十二月から五月まで山はその様相を変える。登山時期、対象の山や岩場によって、充分下調べして入山したい。

芦別岳頂上へは新道の尾根か、一本南の通称冬尾根をたどるのが一般的である。時間的にも差はなく（七―八時間）、どちらもスキーで登下降できる。しかし本峰直下ではアイゼンが必要となる。スキー滑降は冬尾根がまさる。

夫婦岩、北尾根、ユーフレ沢本谷へは十二―一月の間はスキーでの入山は無理だ。ワカンがよい。三月に入るとスキーでユーフレ小屋に入ることができよう。途中雪崩の落ちそうなところが数個所ある。夫婦沢から北尾根へも雪崩の可能性は充分考慮に入れること。雪崩を回避するのに利用されるのが十八線川である。旧道へ至る十八線道路の北の十九線道路をたどる。沢の左岸に車道がある。沢が狭まりゴルジュ状になったところで、左の二本の小沢にはさまれた斜面を登ってゆくと、槙柏山と御茶々岳の鞍部にとび出す。山部から五時間である。

厳冬期のユーフレ沢本谷周辺の諸ルートの登攀記録はあるが、登攀者はまれである。最大のルート、γルンゼ左俣奥壁の二ルートも冬期の記録が記されている。最大の敵はいうまでもなく雪崩である。本谷のゴルジュを過ぎたら逃げ場所はない。降雪中、降雪後の入谷は危険きわまりなく、天候悪化には充分留意する。本谷から各リッジへは、技術的困難はあまりないが、どれも一ビバークを見込みたい。雪崩を回避するため北尾根や上部のリッジを下降する手段がとられる。γルンゼ左俣奥壁・富士鉄ルートも北尾根から下降して取付くことによって冬期初登がなされた。

また縦走路のないこの山域もスキーを利用しての縦走が可能である。以下この山域の縦走コースを二つ紹介する。

37 **北の峰から芦別岳**　二―三日

北の峰スキー場からリフトを利用して稜線に出る。北の峰から露岩の出た富良野西岳を越し、広い針葉樹の尾根を南下する。布部岳は登らず東側の緩い山腹を巻くこともできる。小ピラミッドの松籟山を左に御茶々岳北方の「極楽平」の平地を進む。針葉樹の疎林が美しい。夫婦岩付近から尾根はぐっと狭くなるが、スキーは一五七九m峰までは使える。「キレット」から見る芦別岳は針峰となって圧倒される。見た目ほどむずかしくはなく、アイゼンで北尾根の小岩峰をぬって登る。頂上西側は広く、視界の悪い時は苦労する。下山は新道コースか冬尾根を下る。

38 **芦別岳から夕張岳へ**　三日

魅力的な縦走コースだが、過去に二度ほど大きな遭難があった。どちらも夕張岳から芦別岳に向かったパーティであったのは暗示的である。中退路のない芦別岳―鉢盛山間を早期に通過してしまうのが有利で、鉢盛山以南でなら、ポントナシベツ川の各支流にさほどの困難なく逃げることができる。ポントナシベツ岳の頂上部で少しスキーをぬぐが、その南斜面からはスキーのフル利用となる。ポントナシベツ岳の南方に岩稜の部分があるが、西面をスキーで容易に巻ける。状況により雪崩には注意する。鉢盛山を越すと尾根はぐっと広くなる。主稜線をはずれた一四一五m峰は魅力的な岩峰で、余裕があったら登りたい。一二六二m地点から二―三時間で往復できる。一三〇三m地点以南からはエバナオマンドシュベツ川にどこからでも下れる。適当な地点に荷をデポして、軽装で夕張岳へ向かう。頂上西側のお花畑の平地には標識旗を充分に残したい。頂上への登りはアイゼンがよく効く。金山に出るならエバナオマンドシュベツ川を下る。大夕張に出るならガマ岩から白金川への尾根を下り旧ヒュッテ跡に出るか、夕張西岳の東側から北側に回りこみ、ヒュッテのある二俣につづく小尾根を下る。大夕張への下山は一日を要する。

〔執筆者〕　安田成男、内藤彰、小宮全、高木晴光、浜田義之

日高山脈

北大山の会
北大WV部OB会

日高山脈は北海道の背骨にあたる褶曲山脈であり、その山域は北の狩勝峠から南の襟裳岬までの約一二〇㎞の間とされている。主峰の幌尻岳が二〇五二・四mと標高こそ低いが、数度にわたる氷河期を経ているため、九〇内外の氷蝕地形や大小二〇以上にも及ぶカール（圏谷）状地形を有し、急峻な山稜を形成している。また本州の山岳地帯とは異なり、一部の山を除いて登山道がなく、広大な原始林と高緯度の厳しい気象を特徴としている。

北海道の山野は、狩猟を目的とした先住民族のアイヌたちによって縦横に歩き回られており、日高山脈も列外ではなく、奥深く足跡を印せられていた。彼らは自分たちの歩いた川や沢、また山々にも名を冠しており、現在でも国土地理院の地形図に数多く残されている。

日高山脈の純粋な登山は一九二三年七月、北大の松川五郎氏らの芽《め》室《むろ》岳の登頂に始まる。ついで一九二五年七月、同じく北大の伊藤秀五郎氏らは、美生《ピパイロ》川を遡行してピパイロ岳に登頂し、稜線を伝って戸蔦《トッタ》別《ベツ》岳へ至り、さらに主峰幌尻岳の初登頂に成功し、戸蔦別川を下っている。主稜線上の山々は、今大戦前にほぼ登りつくされている。一方、冬の日高山脈も、北大山岳部によって拓かれた。一九二八年四月には西川桜、須藤宣之助の両氏によるピパイロ岳の積雪期初登頂があり、翌一九二九年一月、早くも幌尻岳が登頂された。夏の初登以来わずか三年半でなされた快挙であった。その後、主な山々は次々と登られてゆくが、ペテガリ岳だけが残った。初めて冬のペテガリ岳を目ざしたのは、一九三二年三月の坂本直行、相川修の両氏で、中の川からのルートをさぐった。それから一一年後の一九四三年一月、北大の今村昌耕氏らによってやっと初登頂されている。この間、一九三九年十二月、コイカクシュ札内川のベース・キャンプから沢を登っていた葛西晴雄氏らのパーティ九名が雪崩に呑みこまれ、八名の命が失われるというアクシデントがあった。ペテガリ岳で、もう一つの大きな記録は、物資の乏しい一九四七年暮から翌年一月にかけての、早大山岳部が行なった東尾根からの登頂である。小島六郎氏等一六名のパーティは東尾根末端から忠実にたどり、極地法を用いて成功に導いた。

戦前・戦後を通じての日高山脈登山の主流は大学山岳部であったが、社会人として最初に足を印したのは札幌市の楡金幸三氏で、一九三〇年二月、芽室川の最奥人家から日帰りで芽室岳に登頂している。次いで、小樽市の一原有徳氏が、一九三六年十一月、芽室川から芽室岳、さらにパンケヌシ岳まで足をのばしている。一九四八年頃から、社会人登山家たちの行動も、春、夏、冬と、目立ってくる。

日高山脈で登山道のある山は、北から、芽室川からの芽室岳、千露呂川からの戸蔦別岳経由の幌尻岳、同じく額平《ヌカビラ》川からの幌尻岳（数回徒渉）、ペテガリ川からのペテガリ岳（西尾根コース）、同じくポンヤオロマップ川からのペテガリ岳（東尾根コース）（橋が数個所落ちている）、ニシュオマナイ川からの神威岳（数kmは川の遡行）、メナシュンベツ川からの楽古岳（数回徒渉）と数えるほどしかない。山稜の踏跡も、ピパイロ岳から幌尻岳、エサオマントッタベツ岳からカムイエクウチカウシ山、コイカクシュ札内岳からペテガリ岳までの各間にあるのみで、いずれも一部ブッシュこぎがある。したがって沢をつめて山頂に登り、再び沢を下るという形態をとることが多くなる。

北日高の沢は概して河原の発達した穏やかな沢が多く、その源頭部はカール地形を抱いている。そのため日高の入門コースとなっている。中部から南部にかけての沢は、中流部に険悪な函を持ち、上流部は連続する滝となって頂上部へ突きあげており、中・上級者向きの沢となる。これらの沢にかんして詳しい遡行図というものは公表されておらず、函のへつり、高巻き、滝の直登などのルートは登攀者自らが選定しなければならない。現在、林道が奥までのばされてはいるものの、入山、下山に日数を要することや、水量の増加（沢通しのルートをとれない）に伴うルート選定などのことを考慮に入れ、充分な日程とエスケープルート、幕営地の検討が必要となってくる。

一九六〇年代の後半から困難な直登沢の登攀が行なわれるようになり、現在頂上に至る未遡行の沢は数えるほどになってしまった。中の川やソエマツ沢など、主稜線に突きあげる沢には未踏のものが残されており、今後の日高の沢の課題となっている。

積雪期登山については別項にゆずるが、アプローチ、気象条件、積雪状況などは、十二月から五月連休にいたる各時期よってかなり変化があり、また北部と南部でも異なってくる。正月と五月の連休には入山者も多いが、他の時期はほとんど人に会わず、静かな原始的山行を楽しめよう。

最後になるが、山小屋は四個所の無人小屋がある。額平川の幌尻山荘、戸蔦別川の戸蔦別ヒュッテ、札内川の札内ヒュッテ、ペテガリ岳のペテガリ山荘である。幌尻山荘を除く三つの小屋へは無雪期なら一応車で入ることができる。また各河川には電源開発や森林開発のための車道がつくられ、最終人家から数kmあるいは数十kmとのびている所もあるが、前記登山道のある川（ニシュオマナイ川からの神威岳は除く）と、二、三の車道以外は最終人家のすぐ先にゲートがあり、鎖で止められている。春、夏、冬のいずれの季節も、山麓の交通事情や積雪・除雪状況によってアプローチに大幅な違いが生ずるので、地元の営林署等への事前の問合せは、ぜひ行なってほしい。

充分な準備をほどこしたうえで、原始的で野生味あふれる日

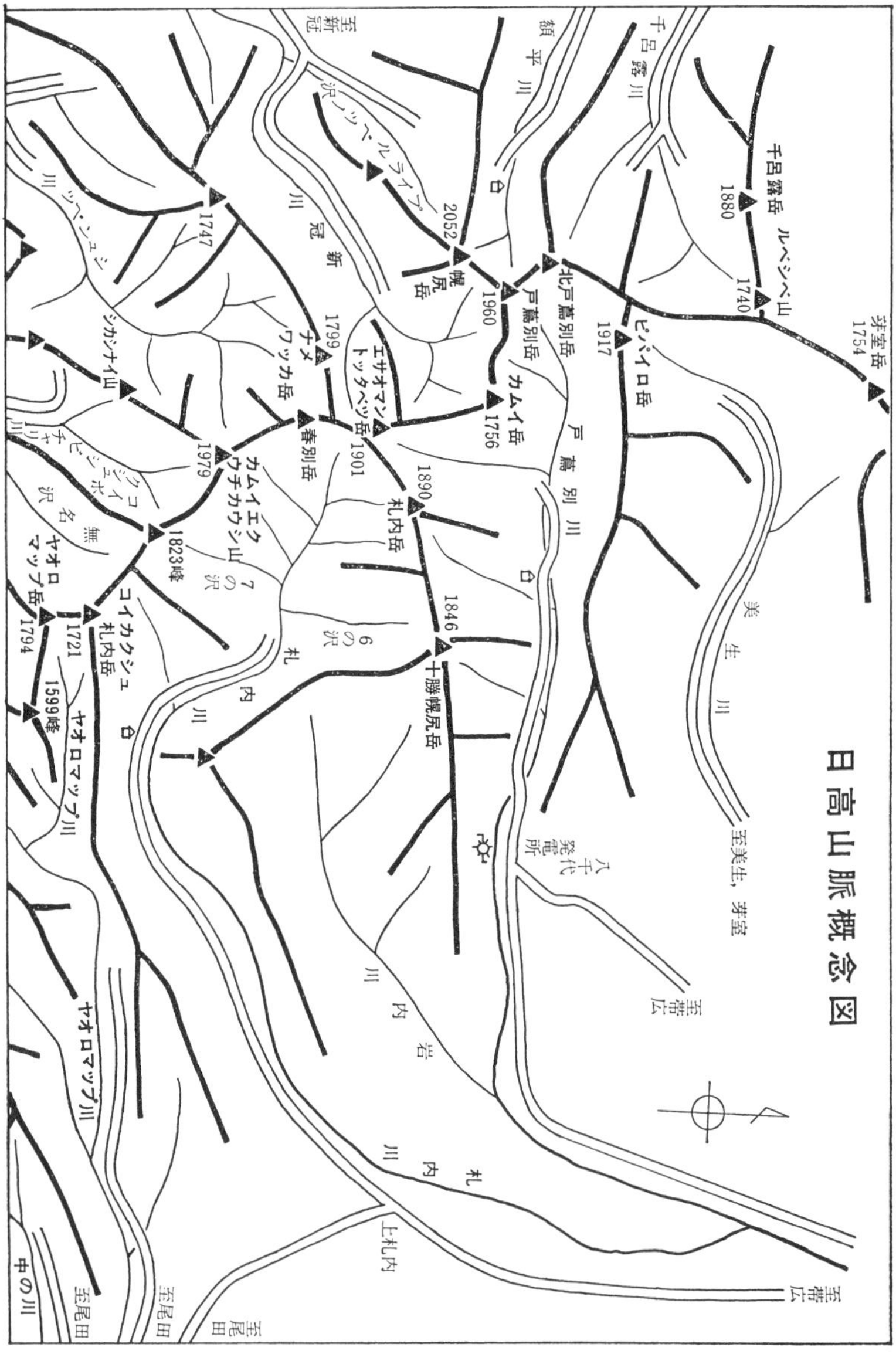
日高山脈概念図
芽室岳
1754
ルベシベ山
1740
千呂露岳
1880
千呂露川
ピパイロ岳
1917
北戸蔦別岳
戸蔦別岳
1960
幌尻岳
2052
額平川
至新冠
新冠川
カムイ岳
1756
エサオマントッタベツ岳
1901
1799
ナメワッカ岳
1747
春別岳
カムイエクウチカウシ山
1979
札内岳
1890
1823峰
7の沢
6の沢
無名沢
ヤオロマップ岳
1794
コイカクシュ札内岳
1721
1599峰
ヤオロマップ川
1846
十勝幌尻岳
札内川
戸蔦別川
美生川
至美生，芽室
八千代発電所
至帯広
岩内川
上札内
中の川
至尾田

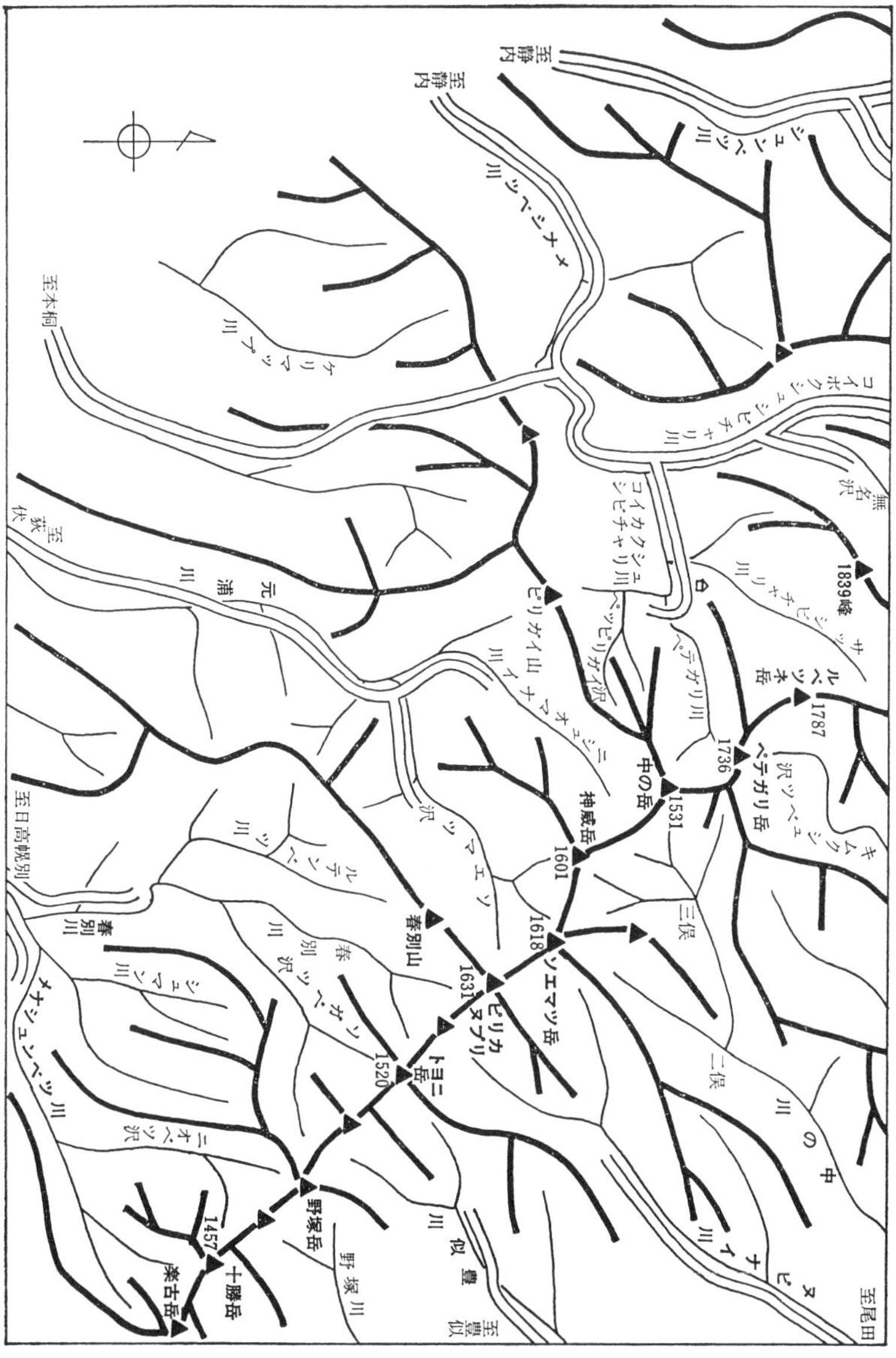
至静内
至静内
メナシュンベツ川
シュンベツ川
至本桐
ケリマップ川
コイボクシュシビチャリ川
コイカクシュシビチャリ川
無名沢
1839峰
サッシビチャリ川
ルベツネ岳
1787
ペテガリ岳
1736
ペテガリ川
中の岳
1531
神威岳
1601
ソエマツ岳
1618
ピリカヌプリ
1631
春別山
トヨニ岳
1520
野塚岳
十勝岳
1457
楽古岳
至荻伏
元浦川
至日高幌別
春別川
中の川
二俣
三俣
豊似川
至豊似
野塚川
至尾田

高の大自然を味わってほしいものである。

〔五万図〕　御影、幌尻岳、札内岳、札内川上流、イドンナップ岳、神威岳、上豊似、上札内、楽古岳、西舎

〔参考文献〕『日高山脈』（茗渓堂）「岩と雪」60号

〔当該地域の営林署〕

帯広営林署（戸蔦別川、札内川）　帯広市東十条西八丁目

新冠営林署（新冠川）　新冠郡新冠町新冠

大樹営林署（歴舟川、中の川、ヌピナイ川）　広尾郡大樹町東本通

浦河林務所（メナシュンベツ川）　浦河郡浦河町常盤町

浦河営林署（元浦川、春別川）　浦河郡浦河町旭町

静内営林署（シュンベツ川、メナシベツ川）　静内郡静内町御幸町

広尾営林署（豊似川）　広尾郡広尾町

戸蔦別川とその支流

戸蔦別《トッタベツ》川は戸蔦別岳の東方に存在するA、B、C各カールから流れ出る川で、その周囲にはピパイロ岳、カムイ岳、エサオマントッタベツ岳、札内岳、十勝幌尻岳など、北日高の代表的な山々がそびえている。また、札内川と並んで日高の沢の入門コースとして最適である。

国鉄帯広駅よりバスで八千代発電所まで行き、そこから林道をたどる。約八㎞で戸蔦別川の支流ピリカペタヌ沢の出合いに着く。ここには無人の戸蔦別ヒュッテがある。ここより六㎞ほどで林道は終わる。この林道はまだ延長中で、エサオマントッタベツ川出合いまでのびる予定である。

〔五万図〕　幌尻岳、札内岳

1　戸蔦別川本流　一〇—一二時間

入門者向きの明るく開けた沢だが、遡行興味は薄い。林道終点より一時間弱でエサオマントッタベツ川の出合いに着く。本流は平坦な沢で、広い河原の中を徒渉をくり返し進んで行く。九の沢出合いを過ぎると大きな転石が増え、やがて一〇の沢出合いに着く。この間、八の沢出合いと一〇の沢出合いに良い幕営地がある。一〇の沢出合いを過ぎて右岸から二本目の沢が入ると小さな函状となるが、中を通過できる。三俣は中俣と右俣の沢が登路となっていたが、中俣は最近荒れが激しい。右俣を行くと一〇mほどの滝があるが右岸を巻く。この先は平坦な沢となる。標高一一〇〇mの二俣は左俣を行く。出合いから滝になっており、この上部は小滝が連続してくるが、直登したり巻いたりして通過する。一三〇〇m二俣を右手にとればCカールに出るが、途中に大きな滝がある。左俣はガラガラの沢になり、やがてお花畑の美しいBカールに出る。カールからは急斜面を登って約一時間で戸蔦別岳に着く。下りは戸蔦別岳と北戸蔦別岳との中間ピークから額平《ヌカビラ》川に向かって登山道がある。

2　エサオマントッタベツ川　八—一〇時間

エサオマントッタベツ岳に登る最短ルートで、上部は一枚岩

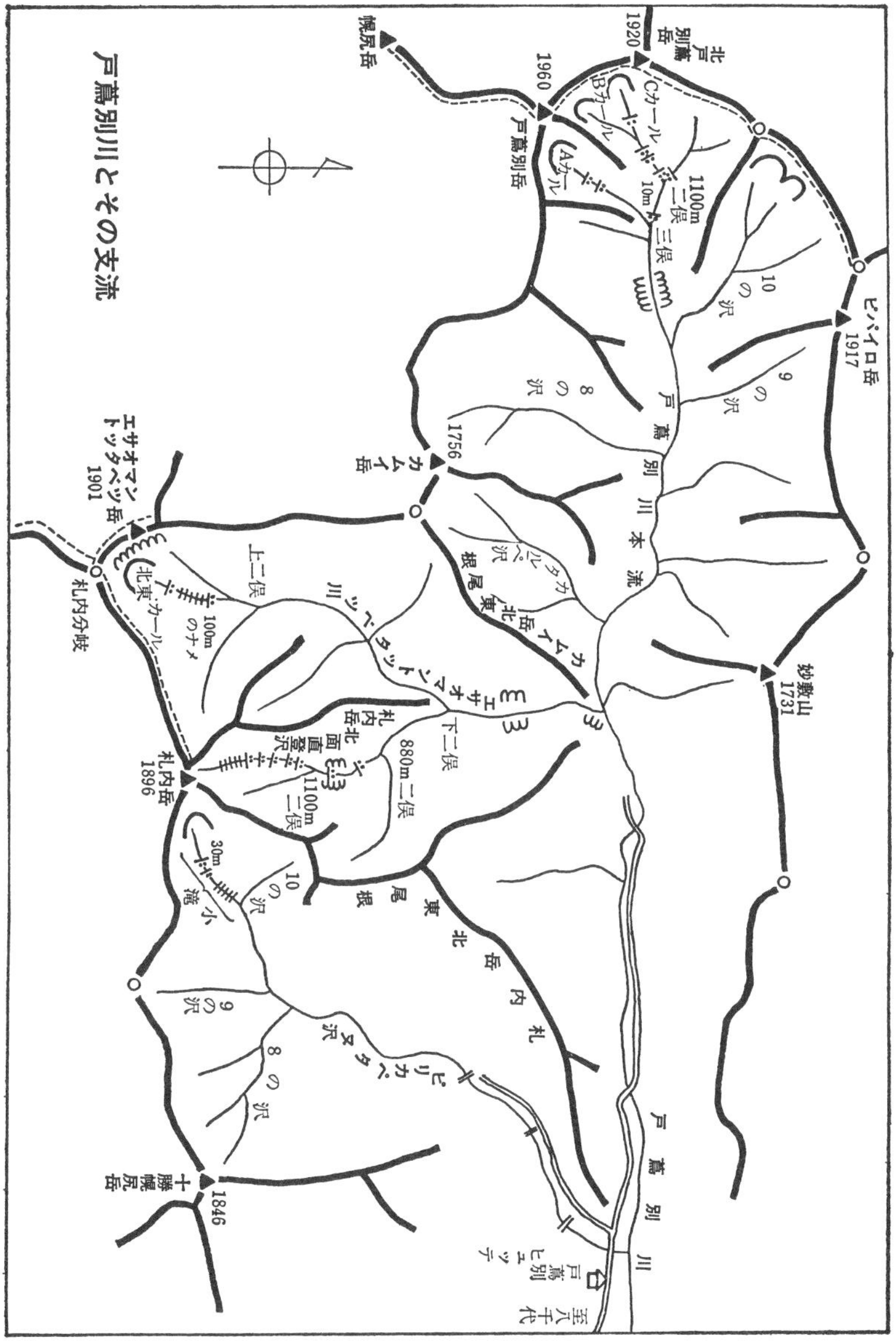
戸蔦別川とその支流
北戸蔦別岳
1920
1960
戸蔦別岳
幌尻岳
Cカール
Bカール
Aカール
1100m二俣
10m
三俣
10の沢
ピパイロ岳
1917
9の沢
8の沢
戸蔦別川本流
カムイ岳
1756
カタルペ沢
カムイ北東尾根
エサオマントッタベツ岳
1901
上二俣
札内分岐
北東カール
100mのナメ
エサオマントッタベツ川
下二俣
札内岳北面直登沢
880m二俣
1100m二俣
札内岳
1896
30m
小滝
10の沢
札内岳北東尾根
9の沢
8の沢
ピリカペタヌ沢
十勝幌尻岳
1846
妙敷山
1731
戸蔦別川
戸蔦別ヒュッテ
至八千代

のナメ滝が続く快適な沢である。

出合いよりしばらくは何の変哲もない河原が続く。七二〇mの小さな函は左岸の巻き道を行く。下二俣と上二俣には良い幕営地がある。右俣を行くと、やがて快適なナメ滝が現われエサオマン北東カールまで続いている。カールからは札内岳分岐に向かって踏跡をたどる。カールから約二時間でエサオマントッタベツ岳の頂だ。

3　エサオマントッタベツ川・札内岳北面直登沢　七―八時間

戸蔦別川水系の他の沢にくらべて滝、ナメ滝が多く、中級者向きの楽しい沢である。

エサオマントッタベツ川下二俣を左俣に入る。しばらく転石の多い沢が続く。八八〇m二俣を右に入ると滝が現われ両岸とも巻ける。一〇mに満たない滝が続くが直登、高巻きと越える。やがて一一〇〇m二俣を右俣に入る。この辺は遅くまで雪渓が残っており、状態によってはザイルを必要とする。その後は急傾斜のナメ滝が続き、ほとんどやぶこぎなしで札内岳に出る。

4　ピリカペタヌ沢　八―一〇時間

ピリカペタヌ沢は明るく開けた沢で、日高の入門コースとして最適である。

出合いより左岸林道を進み、途中で沢に降りる。三つめの砂防ダムを右岸から巻くと大きな河原が広がり、八の沢出合いまで続いている。八の沢出合いは良い幕営地である。八の沢に入ればガレを過ぎ急斜面を登って三時間ほどで十勝幌尻岳に出る。本流は沢が狭まり、ところどころナメ床が現われる。一〇の沢出合いを過ぎるとナメ滝が連続し、最後の三〇mの滝を右岸から登ると、沢は水量を減らし崩れたカールの中に消滅する。踏跡をたどって北東尾根に出れば頂上はすぐだ。

新冠川とその支流

新冠川《にいかっぷ》は幌尻岳七ツ沼カールから流れ出て、エサオマントッタベツ岳からの沢を合わせ、さらにポンベツ沢と合流する。かつては中流部に険悪な函が連続するために本流の遡行は困難を極めたが、現在は奥新冠ダムまで林道がのび、その上流は日高の沢の入門コースとなっている。しかし、ポンベツ沢の上流、支流には困難な沢も多い。また、奥新冠ダムより幌尻沢に沿い、途中から尾根通しの登山道が幌尻岳まで整備されている。

国鉄日高本線の新冠駅より奥新冠ダムまでは約八〇kmであるが、ダムの手前一六kmで一般車は通行止めである。

〔五万図〕　幌尻岳、札内岳、イドンナップ岳

5　新冠川本流　一〇―一二時間

新冠川本流は険悪な沢ではないが、戸蔦別川や札内川などの北日高の沢とくらべると河原が少なく函状地形が多く、快適で美しい。さらに源頭にはお花畑の広がる七ツ沼カールが待っている。

ダムサイトより踏跡をたどると約三〇分で幌尻沢に出合う。

幌尻沢の出合いよりダム湖の水際を行くとポンベツ沢の出合いである。ここより沢は狭まるが、増水時以外問題はない。やがて河原が広がり徒渉をくり返せば八五〇ｍの通称新冠二俣だ。ここには幕営地がある。沢は両岸がせまってきて河床には岩盤が露出してくる。一〇六〇ｍ二俣の左俣は豪快なナメ滝となっており、本流は函が始まる。右岸に明瞭な巻き道があり、途中から左岸に移っている。次の二俣で函も終わり、沢は明るく河原が広がってくる。一二二〇ｍの二俣を左にとると再び二俣となり右俣は小滝となっている。左俣に進み、小滝があるが容易である。あとは氷堆石のガラガラの沢を登ると突然七ツ沼カールにとび出る。カールより踏跡を行き、約一時間で幌尻岳の頂上である。下りは幌尻沢の登山道か、頂上より額平《ヌカビラ》川の標高一〇〇〇ｍに下る登山道を下るのが早い。

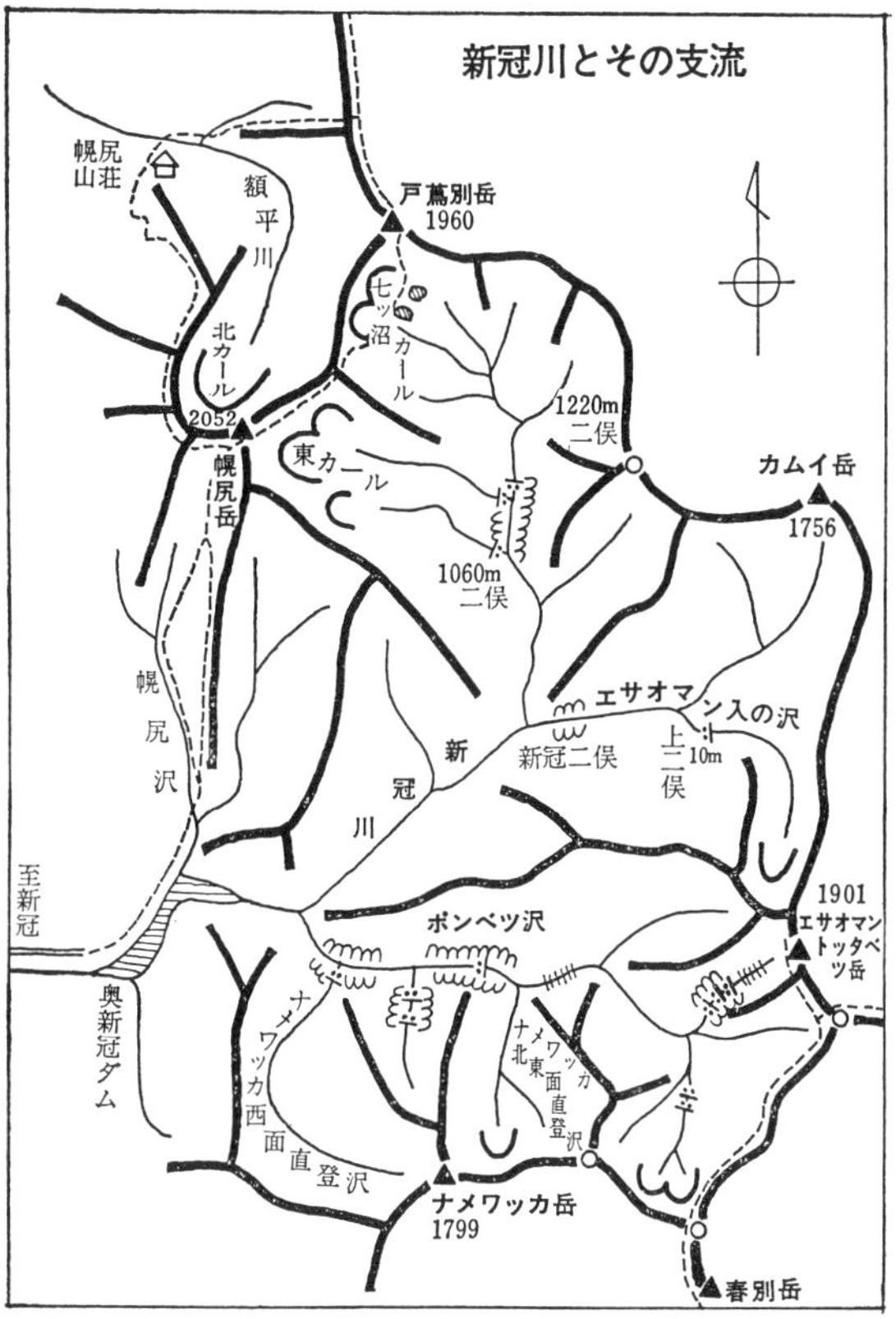

6　エサオマン入の沢　五—六時間

新冠二俣を右俣に入る。しばらくすると函が現われるが、中を通過できる。九八〇ｍの上二俣は右俣に入る。次の二俣を左に入ると一〇ｍほどの滝が現われ、左岸より越える。沢は徐々に小さくなるが頻繁に枝沢があるので読図に苦労する。カールからは踏跡をたどり一時間ほどでエサオマントッタベツ岳の頂上に出る。

7　ポンベツ沢　一〇—一二時間

北日高には珍しく、下流部には連続する函を持ち、上部の滝場ではザイル等を必要とする中・上級者向きの沢である。二段二五ｍの滝の乗越しが問題となる。

ポンベツ沢に入り、沢が左に曲がる

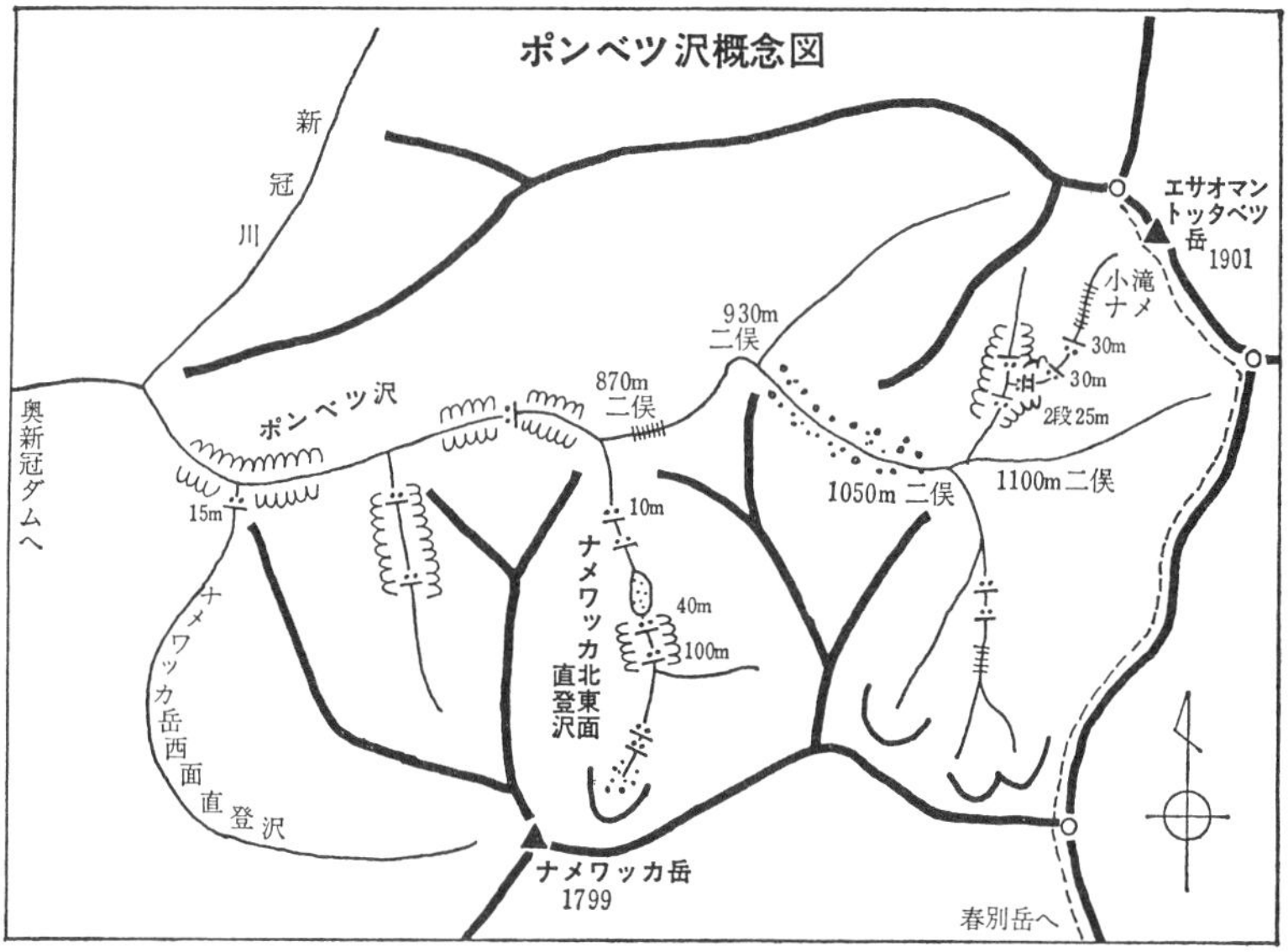

と函が始まる。ナメワッカ岳西面直登沢が函の中に一五ｍほどの滝となって注いでいる。この函は長く、ツルツルのナメ滝やナメ床、草付きの高巻きと飽きさせない。八七〇ｍ二俣でこの函も終わり明るいナメ床の続く沢となる。九三〇ｍ二俣からは沢は転石帯に変わる。一一〇〇ｍ二俣を左に入るといよいよ核心部である。一二〇〇ｍ付近で左岸より二五ｍの垂直の滝が落下してくる。この滝の右岸を巻きぎみに直登し、滝の上に立つ。ザイル確保が必要である。さらに垂直の滝を二、三越え、沢が左に曲がると三〇ｍのナメ滝が待っている。この滝は途中まで登り右岸を巻く。この上部も頂上直下まで一枚岩状の滝が連続するが、斜度もゆるく快適である。最後はわずかのハイマツをこいでエサオマントッタベツ岳に出る。この沢の下降は薦められない。

8　ポンベツ沢・ナメワッカ岳北東面直登沢　九—一〇時間

ポンベツ沢八七〇ｍ右俣の沢で、標高一〇〇〇ｍ付近にある二段四〇ｍの滝とその上部の約一〇〇ｍの滝が核心部の上級者向きの沢である。

出合いからしばらくは河原が続き、二、三の滝を越えて行くとやがて大雪渓に出る。四〇ｍの滝が岩壁の中を落ちており直登は困難だ。このすぐ上は約一〇〇ｍの迫力ある滝がかかり、直登を目的とする以外は二つの滝を右岸より高巻かねばならない。これより上部も函状の滝やトヨ状の滝が続き、気が抜けない。やがて沢はカールの中に消えてゆき、あとはお花畑の急斜面を登ってナメワッカ岳に着く。

札内川とその支流

札内川は十勝幌尻岳、札内岳、カムイエクウチカウシ岳、コイカクシュ札内岳などの山々を源とする流域面積の広い川で、その源頭部はいくつかの美しいカールをかかえている。日高山脈中にあっては戸蔦別川などと並んで、上流まで河原が続く明るく開けた川である。

広尾線中札内駅から広尾行のバスに乗り、上札内で下車する。ここから札内川の車道の終点までは約三〇㎞あるので、上札内で車をチャーターするとよい。途中コイカクシュ札内川合流地点下流右岸に、無人の札内ヒュッテがある。

札内川から登られる山は、本流およびキネンベツ沢より札内岳、六の沢（スマクンネベツ沢）より十勝幌尻岳、七の沢より一八二三ｍ峰、八の沢、九の沢からカムイエクウチカウシ山などである。また、コイカクシュ札内川上二俣よりコイカクシュ札内岳までの夏尾根に登山道がある。

〔五万図〕　札内川上流、札内岳

9　札内川本流　一〇—一二時間

札内岳へ登るルートとしてはアプローチ、遡行時間ともに長い。それだけに日高の山の深さが感じられるが、沢自体は河原が長く続き、遡行興味は薄い。

上札内より車で約一時間。砂防ダム工事の作業所がある。ここより河原づたいの遡行が始まる。六の沢、七の沢、八の沢の出合いを過ぎ、キネンベツ沢の出合いまでは坦々とした玉石の河原である。朝、帯広を出発した場合は、このあたりでキャンプすることになろう。キネンベツ沢の出合いを過ぎると大きな石がゴロゴロした歩きづらい沢となる。一〇の沢出合いを過ぎた一一五〇ｍに三〇ｍほどの滝があるが、左岸から容易に乗越せる。この滝を越すと水量も減り、伏流となるので迷いやすい。しだいに沢形もはっきりし、ルンゼ状の中に小滝が続いて快適である。砂礫地の中に沢形は消え、踏跡をたどると札内岳頂上に出る。下降は往路を下ってもよいが、時間的には戸蔦別川支流のピリカペタヌ沢を下ると早い。

10　札内川・八の沢　五—六時間

カムイエクウチカウシ山に登る最短ルートである。

八の沢の出合いより単調な河原を進む。標高九〇〇ｍの二俣を過ぎ二時間ほどで滝の集まる三俣に着く。中央の二段の滝を登る。直登は見た目より楽だが、左岸に巻き道もある。この上も数個の滝があるが容易だ。沢が急になり水量が減ると八の沢カールに出る。カールより踏跡をたどり約二時間で頂上に立てる。

11　札内川・七の沢　八—一〇時間

札内川の支流の中では一番登りごたえのある沢だが、遅くまで雪渓が残るため崩壊に注意したい。

七の沢出合いから七六〇ｍの二俣までは平凡な河原である。

札内川とその支流

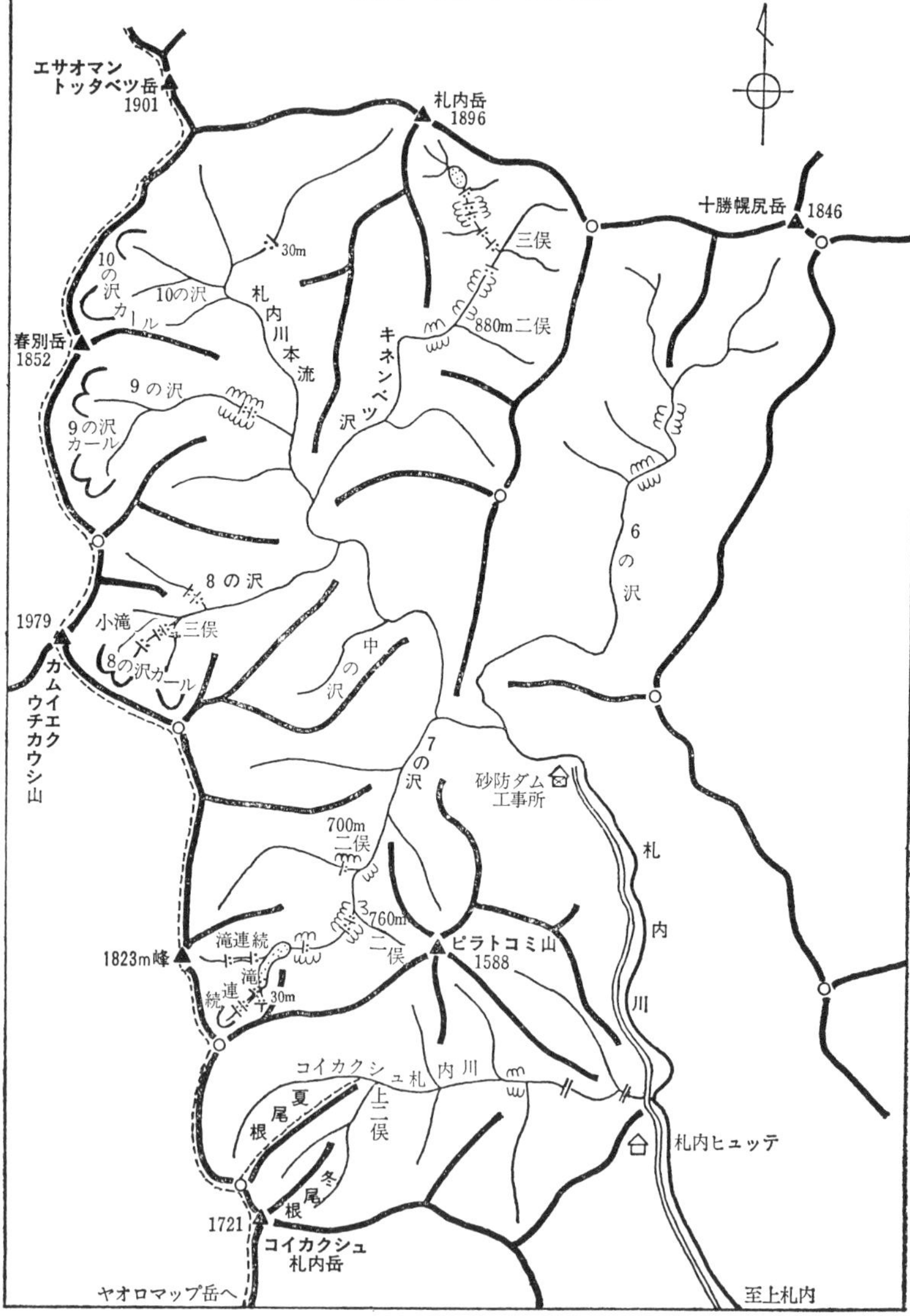

エサオマントッタベツ岳
1901
札内岳
1896
十勝幌尻岳
1846
春別岳
1852
1979
カムイエクウチカウシ山
1823m峰
ピラトコミ山
1588
1721
コイカクシュ札内岳
10の沢カール
10の沢
30m
札内川本流
三俣
880m二俣
キネンベツ沢
9の沢
9の沢カール
6の沢
8の沢
小滝
三俣
8の沢カール
中の沢
7の沢
砂防ダム工事所
札内川
700m二俣
760m二俣
滝連続
滝連続
30m
コイカクシュ札内川
夏尾根
上二俣
冬尾根
札内ヒュッテ
ヤオロマップ岳へ
至上札内

右俣の入口は函滝となっている。この右俣は、やがて大雪渓が沢を埋めており、ところどころ口を開けているので慎重にしたい。沢自体は大きく左に曲がり、正面からの沢が頂上に直登する沢だ。この沢は滝が連続し豪快に楽しむことができるが困難だ。本流はしばらく雪渓が続き一二〇〇mまで続いている。雪が少ない時は滝が出ているので注意を要する。ここは正面から約三〇mの滝が落ちていて右の本流へ右岸の尾根から高巻く。この後も小滝、ナメ滝が連続するが、それほど困難ではない。やがてカールに出て、急なカールバンドの草付きを登ると稜線に出る。一八二三m峰へは約一時間。下りは、コイカクシュ札内岳まで稜線をたどり、夏尾根を下るとよい。

12　キネンベツ沢　七―九時間

例年、遅くまで雪渓が残るために崩壊に注意しなければならないが、三俣上部のナメ滝は十分楽しめる。

キネンベツ沢出合いから八八〇m二俣までは平凡な沢だ。その後、小さな函や滝が現われるが、いずれも中を通過できる。やがて三俣に着く。左俣を行くと、しばらくは快適なナメ滝が続く。再び雪渓が沢を埋め、出口にかかる滝は左岸を高巻く。これより上部は崩壊しそうな雪渓とガレが続き、落石に注意する。急な涸沢を登りきると札内岳の南の尾根に出る。頂上はすぐだ。この沢の下降にはザイルを要す。

シュンベツ川とその支流

シュンベツ川は、中部日高の盟主であるカムイエクウチカウシ山、日高主稜より西に外れるナメワッカ岳、およびイドンナップ岳などを源とし、西へ流れる川である。最近は日高山脈の奥深くまで林道が延長されており、シュンベツ川もこの例からもれない。しかし、他の水系にくらべると、まだまだ奥深さを残している。

国鉄日高本線静内駅からバスで農屋まで二〇㎞、さらに約二四㎞の林道をたどる。車は静内でチャーターする。イドンナップ川にのびる林道と離れ、標高二八〇mまで林道はのびている。

シュンベツ川は下流の大函を巻き終えると中流部は平凡な沢となる。しかし上流部は函、滝が連続し、シュンベツ川本流、ナメワッカ岳南面直登沢などは中・上級者向きの沢である。特にカムイエクウチカウシ沢の左俣は険悪・豪快な沢で、雪渓のない時期の完全遡行の記録は少ない。また春別岳に直登する沢や一九〇〇m峰への沢、カムイエクウチカウシ山南西尾根に直登する沢の遡行に今後の興味が持たれる。このほかイドンナップ沢よりイドンナップ岳、ナメワッカ沢よりナメワッカ岳へのコースはいずれも中級者向きである。

〔五万図〕　イドンナップ岳、札内川上流

13　シュンベツ川本流　一七―二二時間

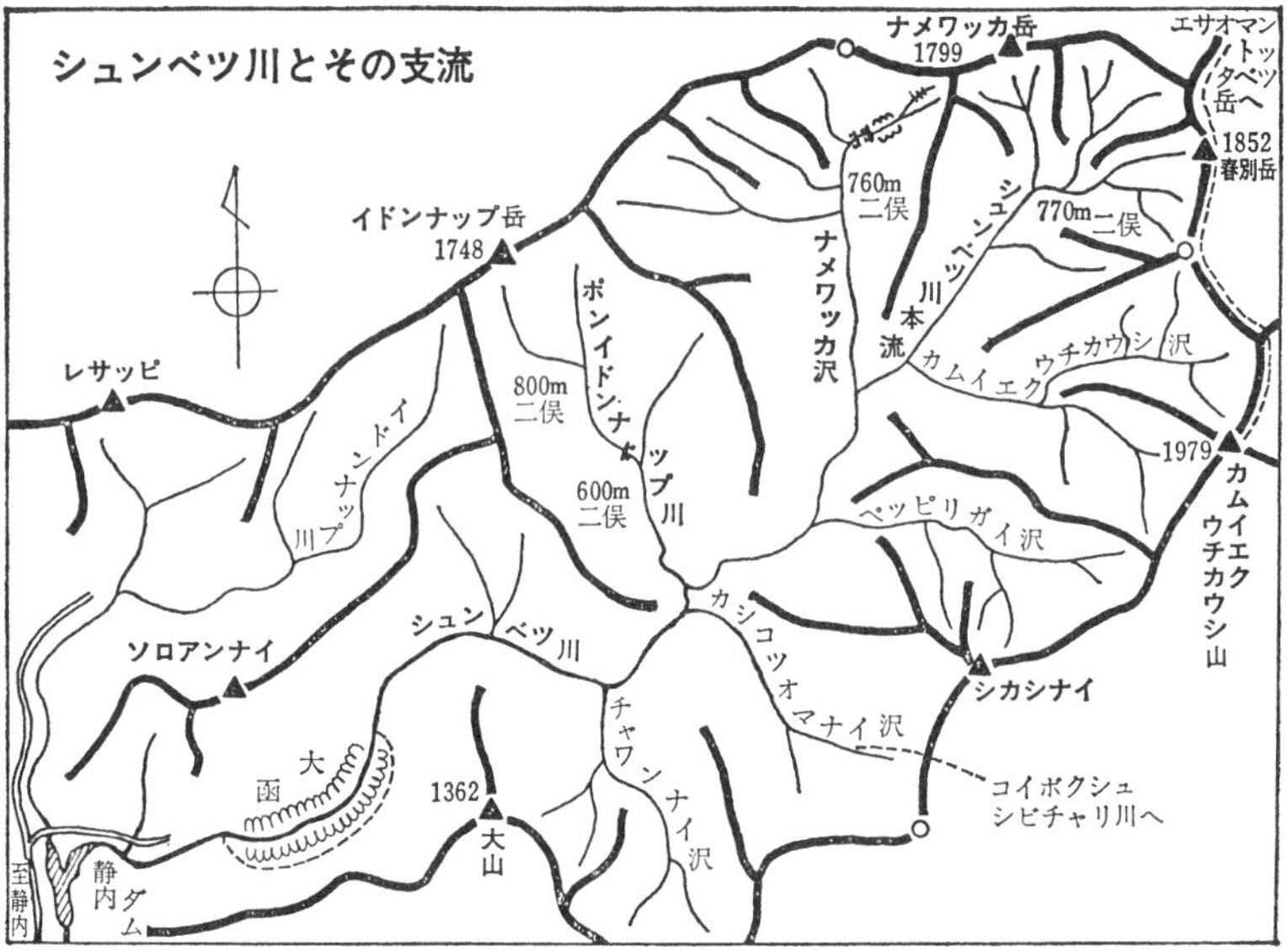

シュンベツ川本流は、出合いから稜線に上がるのに二―三日かかる奥深い沢である。下流部は函の高巻きを除けば徒渉にのみ注意をはらえばよいが、一一〇〇―一四〇〇mの連続する函と滝は気を抜くことができない。中・上級者向きルートだ。

林道終点より沢へ降りて左岸の踏跡をたどる。ここは二kmほど続く大函の巻き道でこの函は非常に険悪である。函を過ぎれば流れは単調となりチャワンナイ沢出合い、カシコツオマナイ沢出合いと進んで行く。カシコツオマナイ沢は、現在コイボクシュシビチャリ川より林道がのびており、いざという時の退却ルートとなろう。ここよりポンイドンナップ川出合い、ペッピリガイ沢出合いと過ぎ、さらに広い河原をカムイエクウチカウシ沢の出合い手前まで行く。これより沢は小さくなるが河原は六六〇m付近まで続き、ここより上部には幕営地はない。六九〇m二俣を左に入ると沢は岩盤が露出して、ナメ、小滝が現われる。七七〇m二俣の左俣はナメワッカ岳南東面直登沢だ。八五〇m二俣は左俣を行くが、右俣は春別岳へ登る沢だ。九六〇m二俣より上部は一四〇〇mまで滝、ナメ滝が連続するが、一部は逆層でヌルヌルのためスリップに注意が必要。一四〇〇mより上部はガレが沢を埋めており、涸沢をつめてナメワッカ分岐点に登る。ここより稜線を北上すればエサオマントッタベツ岳に三時間で、南下すればカムイエクウチカウシ山に四、五時間で着く。

14　ポンイドンナップ川　五―六時間

滝や函もない平易な沢である。しかしながらイドンナップ岳から望むカムイエクウチカウシ山などの日高主稜の景観はピカ一である。

シュンベツ川には小滝となって合流している。六〇〇ｍ二俣は小滝となっている左俣を進む。八〇〇ｍ二俣を過ぎるとやがてブッシュが沢を被うようになり、最後は草付きの斜面を登って稜線に出る。帰路は登路を下る。

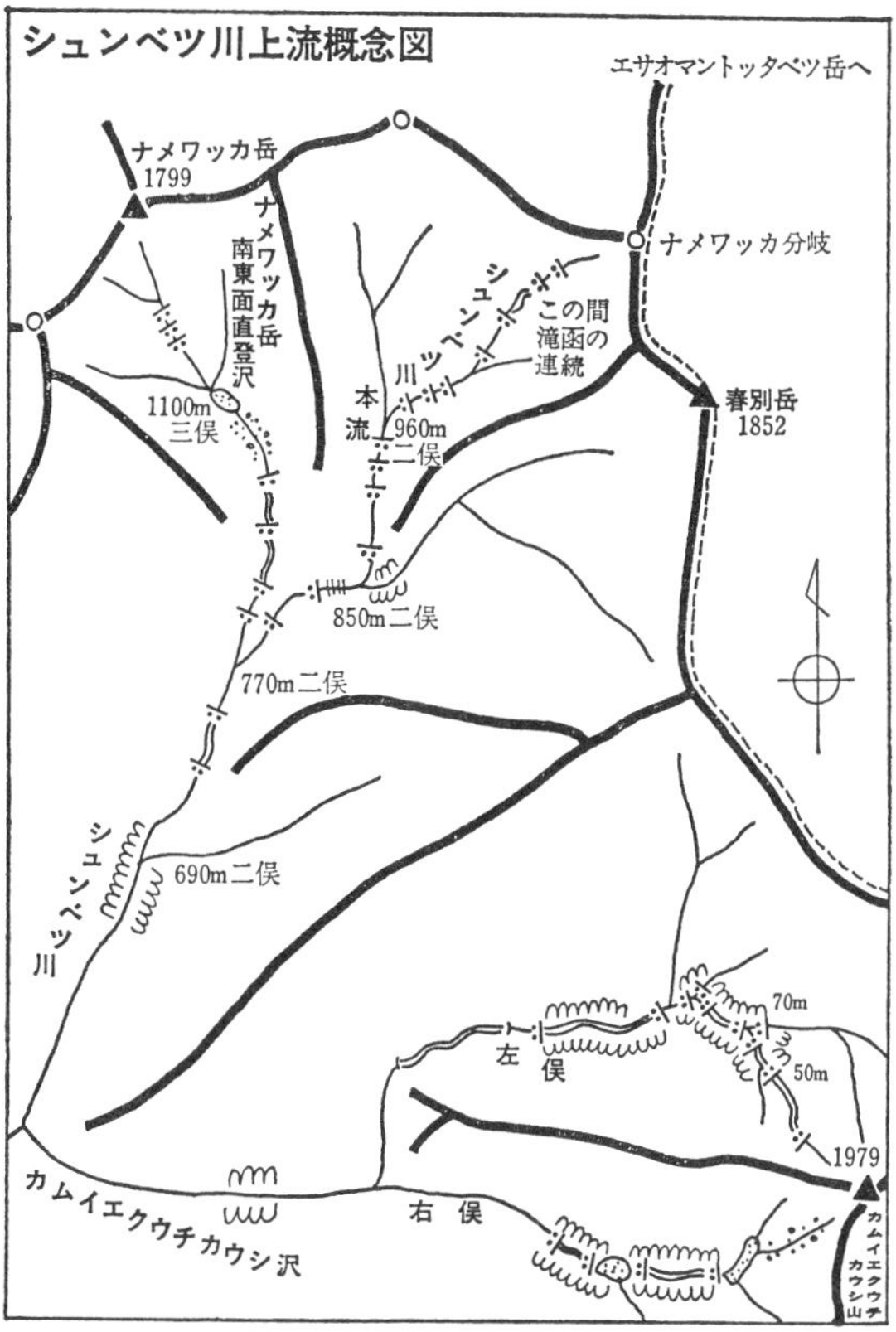

15 ナメワッカ沢　八―一二時間

ナメワッカ岳の西の肩に出る沢で、中級者向きの楽しめる沢である。七六〇ｍ二俣から上流部が核心部。

シュンベツ川と分かれて、しばらくは単調な沢が続く。やがて七六〇ｍ二俣に着くが、ここより上部はよい幕営地はない。右俣を進むと沢は急に狭まり、やがて滝が続いて現われる。標高一〇〇〇ｍには大きな函が現われる。ここを通過すると雪渓の先に沢はいくつかの小沢に分かれる。本流の糸状の滝を左岸から登る。あとは小滝とガレの連続となり、ナメワッカ岳の西肩に出る。ナメワッカ岳頂上までは約一時間のブッシュこぎである。

16 カムイエクウチカウシ沢左俣
一五―二〇時間

標高九〇〇ｍより頂上直下まで函滝の連続する極度に困難な沢で、完全遡行の記録は少ない。

出合いより七五〇ｍ二俣までは単調。右俣もカムイエクウチカウシ山への登路となるがやはりむずかしい。左俣を行き沢が右に曲がると岩盤の露出する明るい沢となる。標高一〇〇〇ｍ二俣より函滝が連続し一六〇〇ｍまで続く。特に標高一二〇〇ｍの二俣、一三〇〇ｍの三俣は岩壁の中に滝が集中しており乗越しに苦労する。その後も小滝、ナメ滝と続き気が抜けない。やがて急傾斜の草付きを登り頂上に出る。

17　**シュンベツ川・ナメワッカ岳南東面直登沢**　六—七時間

距離は短いが楽しませてくれる沢だ。

出合いからナメ床、ナメ滝が連続して快適に進んで行ける。九〇〇ｍより上部は一面ガレの沢となるが一一〇〇ｍの三俣は奥が函状になっていて、六〇ｍほどのナメ滝がかかっている。さらにトヨ状の滝があり直登もできるが高巻くこともできる。この上部はガレの多い急傾斜の沢となり、たいしたやぶこぎもなくナメワッカ岳の頂上に立てる。下降は往路を下るとよい。

メナシベツ川とその支流

メナシベツ川はコイボクシュシビチャリ川、無名沢、サッシビチャリ川、ペテガリ川などを合わせた広範囲な流域を持つ川の中流の名称で、西流しシュンベツ川を合わせ静内川となり太平洋に注ぐ。

国鉄日高本線静内駅よりバスで農屋まで行き、さらにメナシベツ川沿いの林道を約三〇kmでペテガリ橋に着く。ここよりコイボクシュシビチャリ川および無名沢に入るには、橋を渡らずにコイボク林道を行く。サッシビチャリ川、ペテガリ川に入るには橋を渡り林道を行く。ペテガリ橋を渡り二時間の所にペテガリ山荘があり、西尾根づたいにペテガリ岳まで登山道が整備されている。

コイボクシュシビチャリ川はカムイエクウチカウシ山に源を発し、ピラミッド、一八二三ｍ峰からの沢を合わせ南流する。現在は林道が四九五ｍ二俣のやや上流までのびている。無名沢はコイボクシュシビチャリ川の支流で、三の沢、一八二三ｍ峰直登沢、コイカクシュ札内岳直登沢などのきわめて困難な支流を多く持つ上級者向きの沢である。かつては無名沢の入口は険悪な函が長く続いて困難度が非常に高かったが、現在では林道ができ函は楽に通過することができる。サッシビチャリ川は一八三九ｍ峰、ヤオロマップ岳、ルベツネ岳、ペテガリ岳に囲まれる沢で、それらの直登沢は険悪な函、滝の連続でやはり上級者向きの沢である。一五九九ｍ峰に上る沢は上流部が快適な滝の連続で、中級者でも十分に楽しむことができる。ペテガリ川は中部日高の沢でもポピュラーになってきており、下流部は快適な函の連続、上流部はナメ滝の連続で楽しめる。

概して最近では入谷するパーティーも増し、頂上に至る沢はすべて登られているが、上級者にのみ許される地域なので軽々しい行動は慎みたい。

〔五万図〕　札内川上流、イドンナップ岳、神威岳

〔参考文献〕「北の山脈」14号

18　**コイボクシュシビチャリ川**　一三—一五時間

林道終点から頂上へ二日間は要する。小規模な函とナメ滝の連続する日高の沢では中級者向きの沢だ。三俣から上部が核心

部で特に一二〇〇m二俣の通過が問題となる。

コイボク林道はシカシナイ沢（五四〇m二俣）の手前まで延長されている。沢に降りるとすぐ「門」と呼ばれる小さな函があるが左岸に踏跡がある。ここより平坦な河原となり、どこにでもキャンプできる。ときおりナメ滝や函が断続するが、特に問題もなく三俣につく。この三俣は開けており良い幕営地がある。右俣は一八二三m峰北西面直登沢で、連続する滝を直登する中・上級者向きのおもしろい沢だ(五—七時間)。中俣はピラミッドに直登する沢だ。さて左俣に入ると沢は核心部となる。V字状の函には直登できない滝がかかっており、しばしば雪渓が残っている。これは右岸の草付きをトラバースするのだが微妙だ。一二〇〇mの二俣はともに四〇m以上の滝となっており左俣を直登するか、右俣の滝の左岸を高巻いて左俣に懸垂下降する。ここより上部は快適な小滝が続き、やがてコイボクカールに出る。カールからは二時間で頂上だ。下降は札内川を下るのがよい。

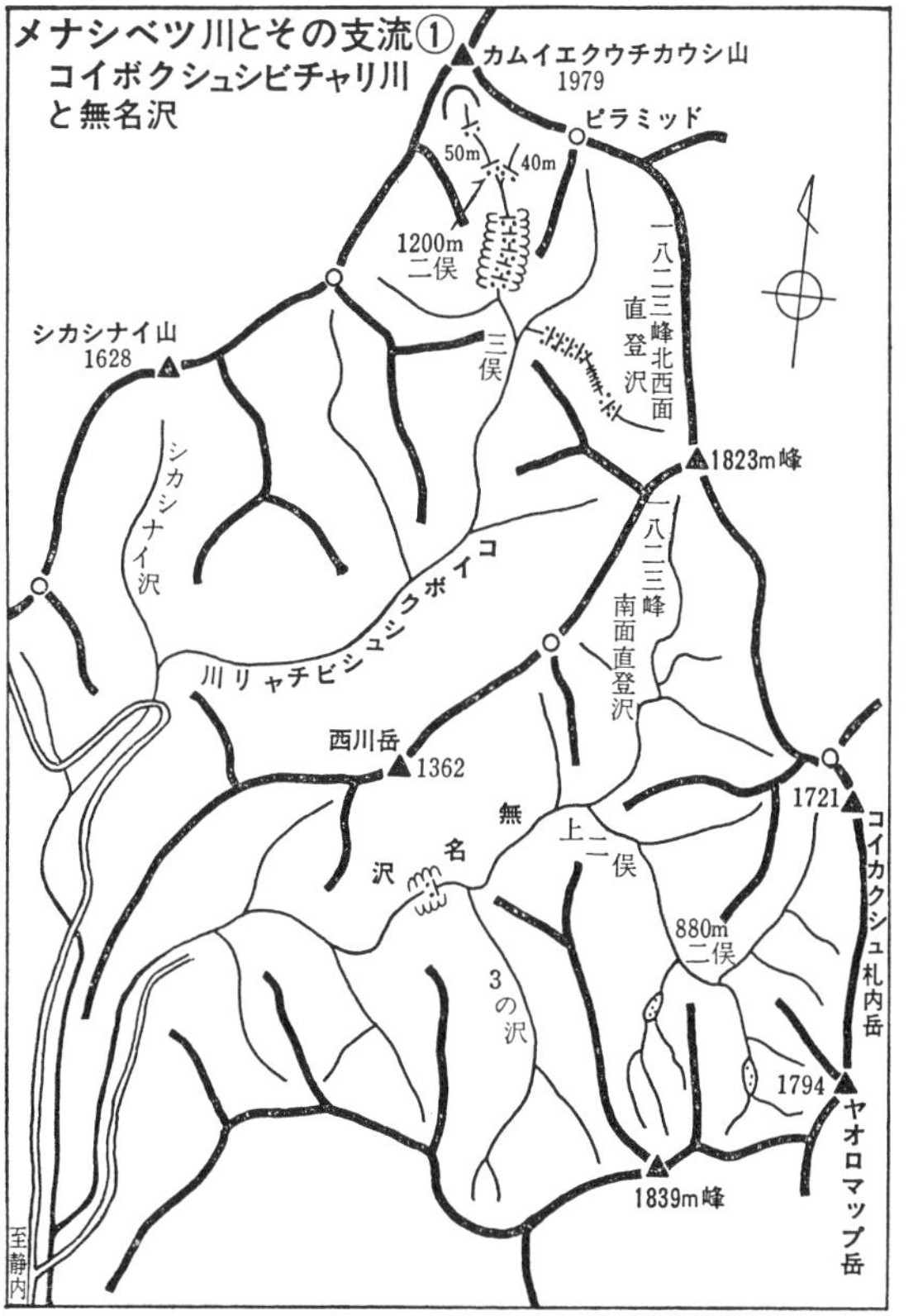

19　無名沢・一八二三m峰南面直登沢

一五—一八時間　「北」22号

標高七七〇mから連続する函滝と三〇mの落差を持ついくつかの滝の通過がこの沢のポイントである。一度高巻くと沢身にもどるのがむずかしく、日高の非常に困難な沢の一つである。

コイボク林道から分かれ、無名沢沿いの林道を進む。林道は四六〇m付近で終わるのでブッシュにつかまりながら沢に降りる。五八〇m付近には二つの小さな函滝がある。中を行くとおもしろい。これを過ぎればやがて三の沢が合流する。三の沢は一八三九m峰に突きあげるが、途中険悪な函があり、上級者向きの沢だ（一〇―一五時間）。すぐに六八〇m上二俣の直登沢入口に着く。ここには良い幕営地がある。やがて八六〇m付近で沢が右に曲がると二段の滝だ。ここより核心部が始まる。ここは函状になっており神経を使う。この後、沢は函、滝の連続となるがすべて直登する。やがて三方が壁となっている三〇mほどの大滝につく。これは左岸を直登するしかないが、取付くと案外楽である。さらに大小の滝が続きやがて一三〇〇m付近を過ぎると雪渓が現われてきて沢は二俣になる。右俣を行くとV字状の沢に小滝が続くがやがてハイマツ帯から、国境稜線に出る。帰路はコイカクシュ札内岳まで稜線を行き、夏尾根を下るとよい。

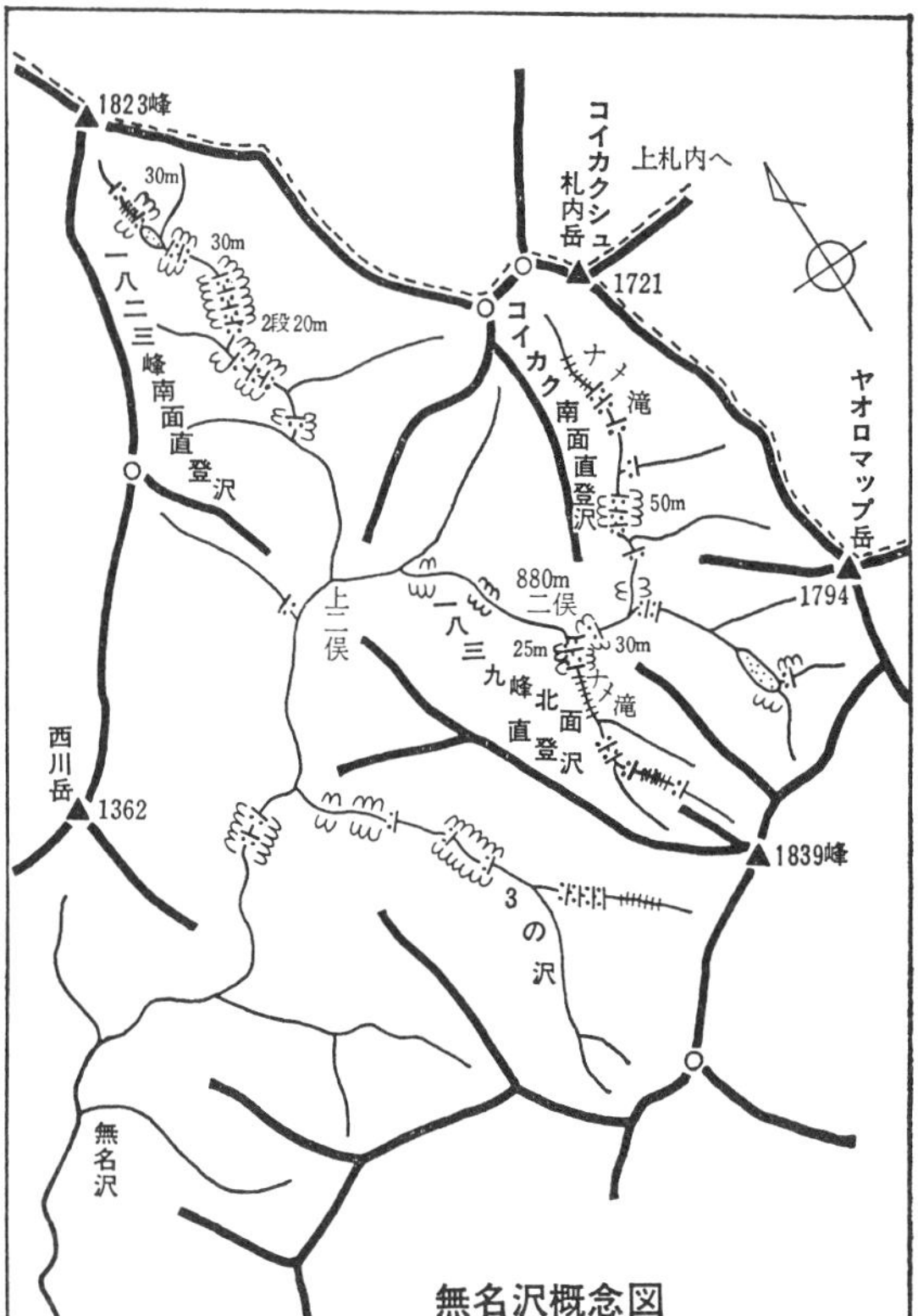

無名沢概念図

20　無名沢・一八三九m峰北面直登沢

六―七時間

この沢の連続するナメ滝は非常に快適である。しかしこの沢上部の読図はむずかしく、誤ると三〇〇mも直登尾根を登らねばならない。無名沢六八〇mの上二俣を右俣に入る。しばらく函状地形が続くが困難ではない。やがて八八〇mの直登沢出合いに着く。左俣を行くとコイカクシュ札内岳南面直登沢で、この直登沢も上級者向きのおもしろい沢だが、あまり人は入っていない。右俣を行くが、すぐに一〇m滝があり右岸より越える。さらに二五mの滝がある。このあとも順層のナメ滝が続き、どんどん高度を上げる。一一〇〇mの二俣を行くと三〇mの滝があり、右岸を登る。その後、沢は傾斜を強めトヨ状の滝やチムニー状の滝があり楽しめる。さらにナメ滝が続くがハイマツの中に沢は消え、一八三九m峰の東のコルに出る。帰路はコイカクシュ札内岳まで稜線を行き、札内川に下るのがよい。

21　サッシビチャリ川本流（一五九九m峰西面直登沢）九―一
二時間

サッシビチャリ川の各沢の中では一番容易で、中部日高の入門向きの明るく快適な沢である。

ペテガリ橋を渡り、一時間ほどでサッシビチャリ川に出合う。この右岸に二kmほど林道がのびている。沢に降りてすぐ函状となるが中を通過できる。標高三八〇m、四〇〇mにも函があるが、左岸と右岸とに巻き道がある。沢は平坦となり、五八〇m二俣に着く。左俣は一八三九m峰南面直登沢だ。右俣を行き、やがて通称「岩魚止の滝」一〇mが現われ、両岸とも巻ける。すぐにヤオロマップ岳南面直登沢の出合いだ。この直登沢は記録も少なく、雪渓のある時のみ遡行可能だ。この出合いは最後の幕営地になろう。さらに小滝、ナメ床が現われ、二つめの滝を巻くとルベツネ岳北面の直登沢に出合う。ツルツルにみがかれた小滝を越えて行くと、沢はやがてガレに埋もれる。標高一〇〇〇mより再び滝が現われ、頂上直下まで快適な小滝の遡行が続く。

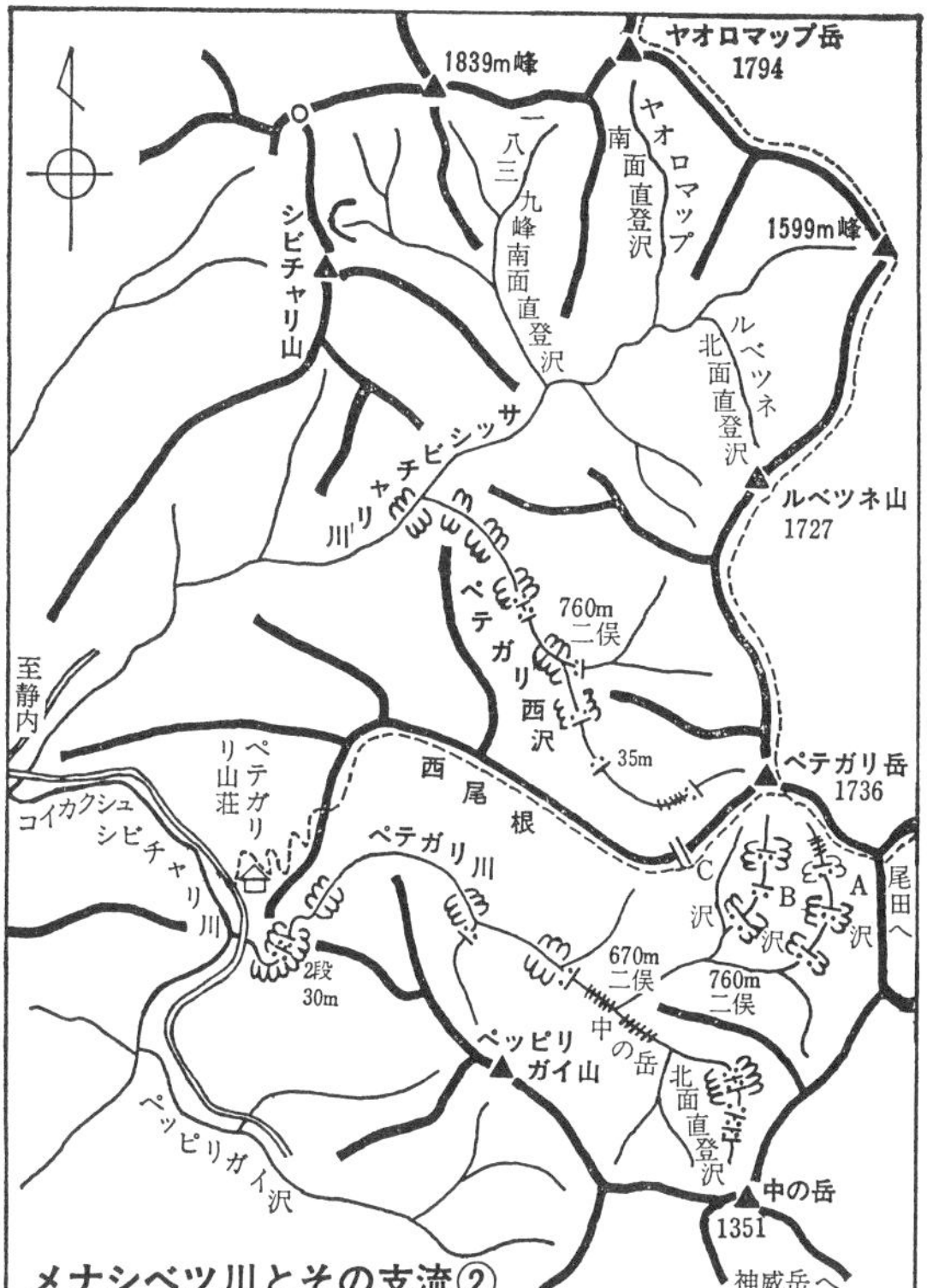

メナシベツ川とその支流②
サッシビチャリ川とコイカクシュシビチャリ川

22　サッシビチャリ川・一八三九m峰
南面直登沢　八―一〇時間

トヨ状の滝が連続する標高一〇〇〇mから一三〇〇mの間が核心部の中・上級者向きの沢で、ルートを誤ると再び沢に戻れなくなるので、ルート・ファインディングに注意する。

出合いを過ぎると小さな函滝が続く。七〇〇m二俣までは雪渓に埋まっていることが多い。これを右に進むと

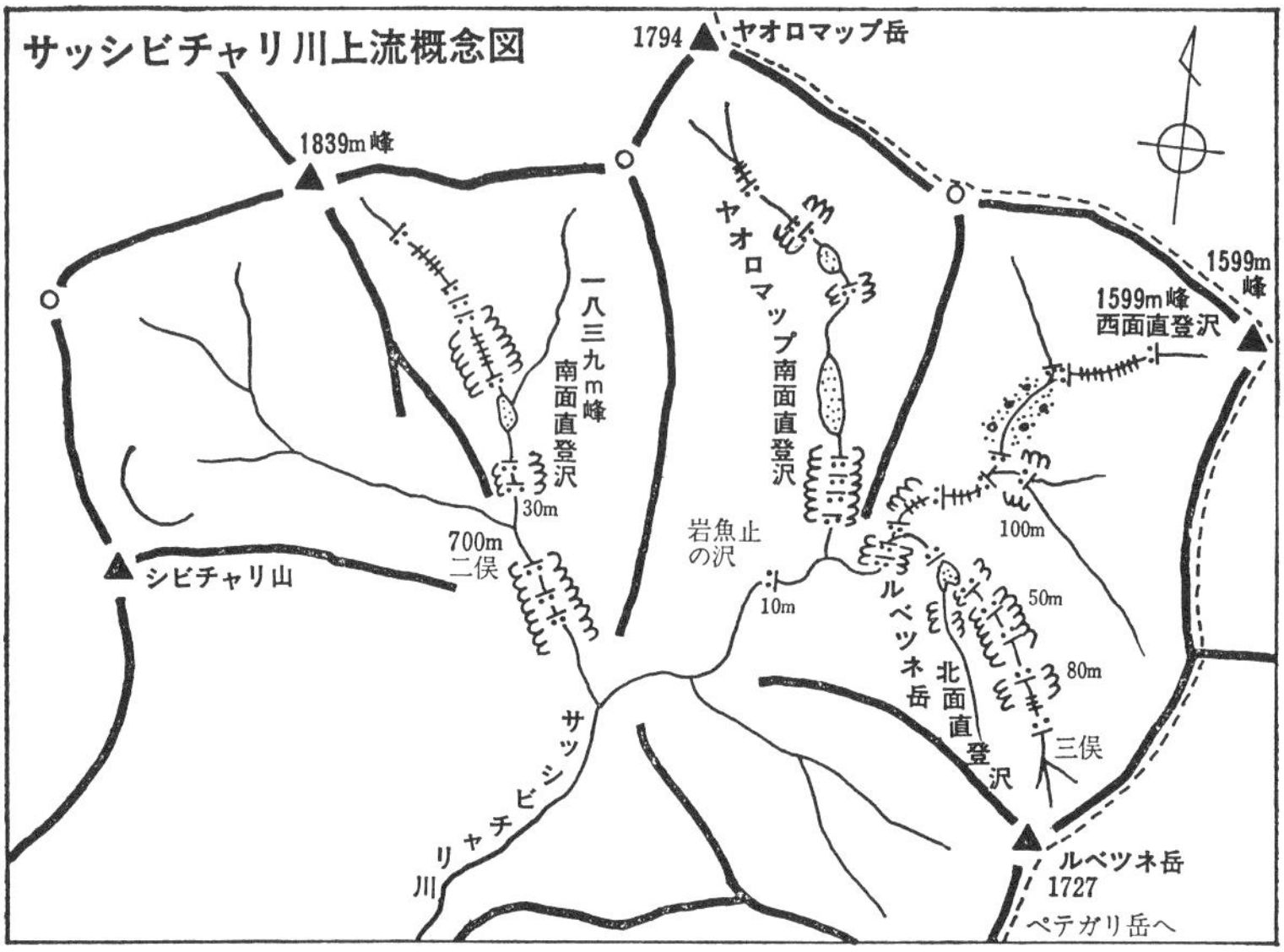

三〇ｍほどの大きな滝が現われ、核心部に入る。トヨ状の滝、函滝が連続し、大きな長い函となり、さらにスラブ状の滝が現われ、沢いっぱいに岩壁が広がる。ここは右岸寄りの狭い滝を登る。以後は快適なナメ滝を直登でき、やがて頂上直下の稜線に出る。

23　**サッシビチャリ川・ルベツネ岳北面直登沢**　八―一二時間

出合いから水の涸れる所まで、すべてが滝のこの沢は、岩登りの要素が多く、直登、高巻きに高度の技術が必要である。

本流と分かれてしばらくはナメ床、小滝が続く。やがて大雪渓に埋もれた八五〇ｍ二俣に着く。左俣を行くとトヨ状にえぐられた岩盤の中に滝が連続し、標高一三〇〇ｍまで続く。このあともナメ滝が続く。一四〇〇ｍの三俣を過ぎ、低いやぶをこいでルベツネ岳の頂上に出る。

24　**ペテガリ西沢**　七―一〇時間　「北」35号

西沢は別名を「函沢」というほど中流部に函が連続する。

出合いから暗い感じのする函がある。六二〇ｍ二俣まで顕著な函が二つほどあり中に小滝をともなう。微妙なへつりや高巻きで通過する。七六〇ｍ二俣までにも函、滝、釜が連続し緊張する。八八〇ｍに三五ｍの大滝があり、右手を快適に直登する。核心部はここまでで、ここからは沢が開け、小滝、ナメ滝がペテガリ頂上直下まで連続する。下降は西尾根、東尾根とも登山道がある。

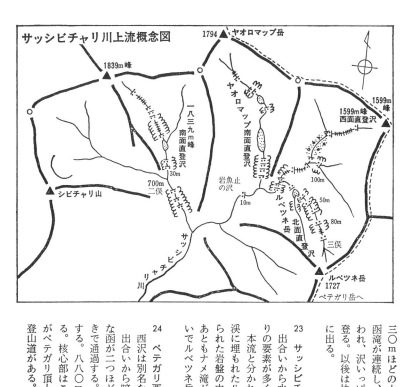

25 ペテガリ川（ペテガリ川A沢、B沢） 一二―一四時間

ペテガリ岳へ登る沢としては比較的楽な部類に入るこの沢も、下流部の函の通過や最後の連続する滝の直登ではやはり経験者のみに許されるルートということになろう。

ペテガリ山荘の前の道をしばらく行き、ペテガリ川にかかる橋より沢の遡行が始まる。しばらく行くと黒ずんだ岩の函が出現する。沢が北に向く所に二段三〇mの函滝がかかっている。これを左岸より高巻く。函状はさらに続くが快適に中を進める。ペッピリガイ山からの沢の出合いも七mの滝があるが直登できる。沢はナメ床が広がり、中の岳直登沢の出合いである。左俣の本流は平坦な沢に一変する。七六〇m二俣の左俣はB、C沢でやはりペテガリ岳に向かう。A沢に入ってすぐに二五mのナメ滝があり左岸を巻きぎみに直登する。このあと小滝、ナメ滝が連続し快適である。一二〇〇mの二〇mの滝を越えると沢形はお花畑の中に消滅する。あとは踏跡をたどって頂上へ。なお、B沢はA沢より滝が多く連続し、A沢よりややむずかしい。下降は西尾根登山道を下る。

26 ペテガリ川・中の岳北面直登沢 六―七時間

ペテガリ川六七〇m二俣を右俣に入る。しばらくナメ床が続き八〇〇mを過ぎると滝と函が現われる。いずれも快適で明るい。九五〇mの滝は右岸を巻かなければいけない。この後も快適な小滝が連続し、じきに沢はブッシュの中に消え、頂上西方のコルに出る。

歴舟川とその支流

歴舟川は、コイカクシュ札内岳からペテガリ岳を経て、トヨニ岳に連なる広大な地域を流れる川である。本流はコイカクシュ札内岳、ヤオロマップ岳より流下するヤオロマップ川で、途中ペテガリ岳のカールより流れるキムクシュベツ沢を合わせる。さらに尾田において、中の川、ヌピナイ川を合流させ十勝平野を潤し、太平洋に注ぐ。

ヤオロマップ川、中の川、ヌピナイ川はいずれも、国鉄広尾線大樹《たいき》駅よりバスで尾田まで行き、さらに林道を一五―二〇kmたどらねばならない。大樹で車をチャーターすればよいだろう。

本流のヤオロマップ川は、中規模の函を持った比較的隠やかな沢であるが、支流のキムクシュベツ沢は、険悪な八つの函を持つ、登るには困難な沢で、一般に下降ルートとしてとられることが多い。中の川は、やはり中流から下流にかけての断続する函と、直登沢に連続する滝が遡行興味となる。ペテガリ岳の肩や中の岳に直登する沢は極度に困難であり、神威岳、ソエマツ岳に向かう沢は北日高の沢を一通りこなした中級者向きの沢である。最も南に位置するヌピナイ川は、花崗岩の岩盤の美しい沢である。右俣はソエマツ岳、ピリカヌプリへ、左俣はピリカヌプリ、トヨニ岳への登路となる。左俣からのピリカヌプリは近年登られたが、一部人工登攀となる岩登りの要素の強い沢である。

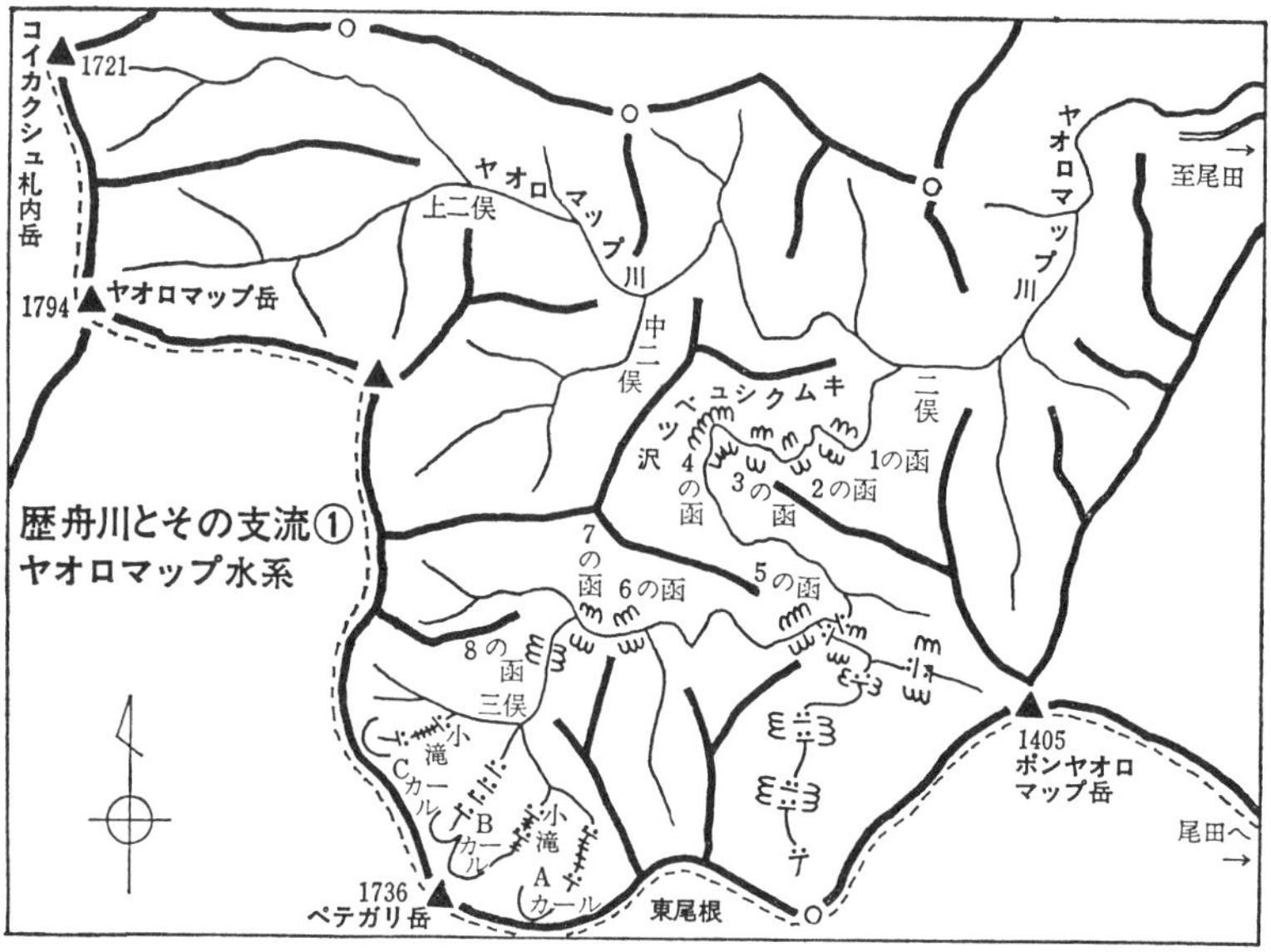

歴舟川とその支流①
ヤオロマップ水系

〔五万図〕　札内川上流、神威岳、上豊似、上札内
〔参考文献〕　「北の山脈」18号、19号

27　ヤオロマップ川本流　一八―二〇時間

ヤオロマップ川は、通過困難な函の連続や上流部の連続する滝等はないが、深い峡谷を造っていて、原始然とした日高の沢登りを楽しませてくれる。

ヤオロマップ川沿いの林道は荒れているので早めに沢に降りたほうがよい。しばらくは河原と函が続き、徒渉とへつりのくり返しが続く。やがて、キムクシュベツ沢との出合いとなる。ここにはよい幕営地がある。二俣の上流の五万図滝印の函は、滝は埋まっているが、左岸の草付き斜面のいやらしいトラバースを強いられる。さらに函が続くが中を通過できる。この上流は岩盤の上を快適に飛ばすことができ、やがて中二俣だ。この先にも函があるが中を通過できる。次の上二俣も良い幕営地だ。この右俣を行けば岩盤の開けた沢を経てコイカクシュ札内岳だ。左俣は転石の多い沢で滝もなく、崩れたカールを通ってヤオロマップ岳の頂上に出る。

28　キムクシュベツ沢　一五―二〇時間（下り八―一〇時間）

この沢は、出合いから三俣までに大きな険悪な函が八つあり、下る時は泳いで通過できるが、遡行する時は微妙なへつりや高巻きを幾度も強いられる。また、沢中には安心できる幕営地はなく、しっかりした天候判断が必要である。

出合いより岩盤伝いに進み沢が右に曲がると第一の函で、続

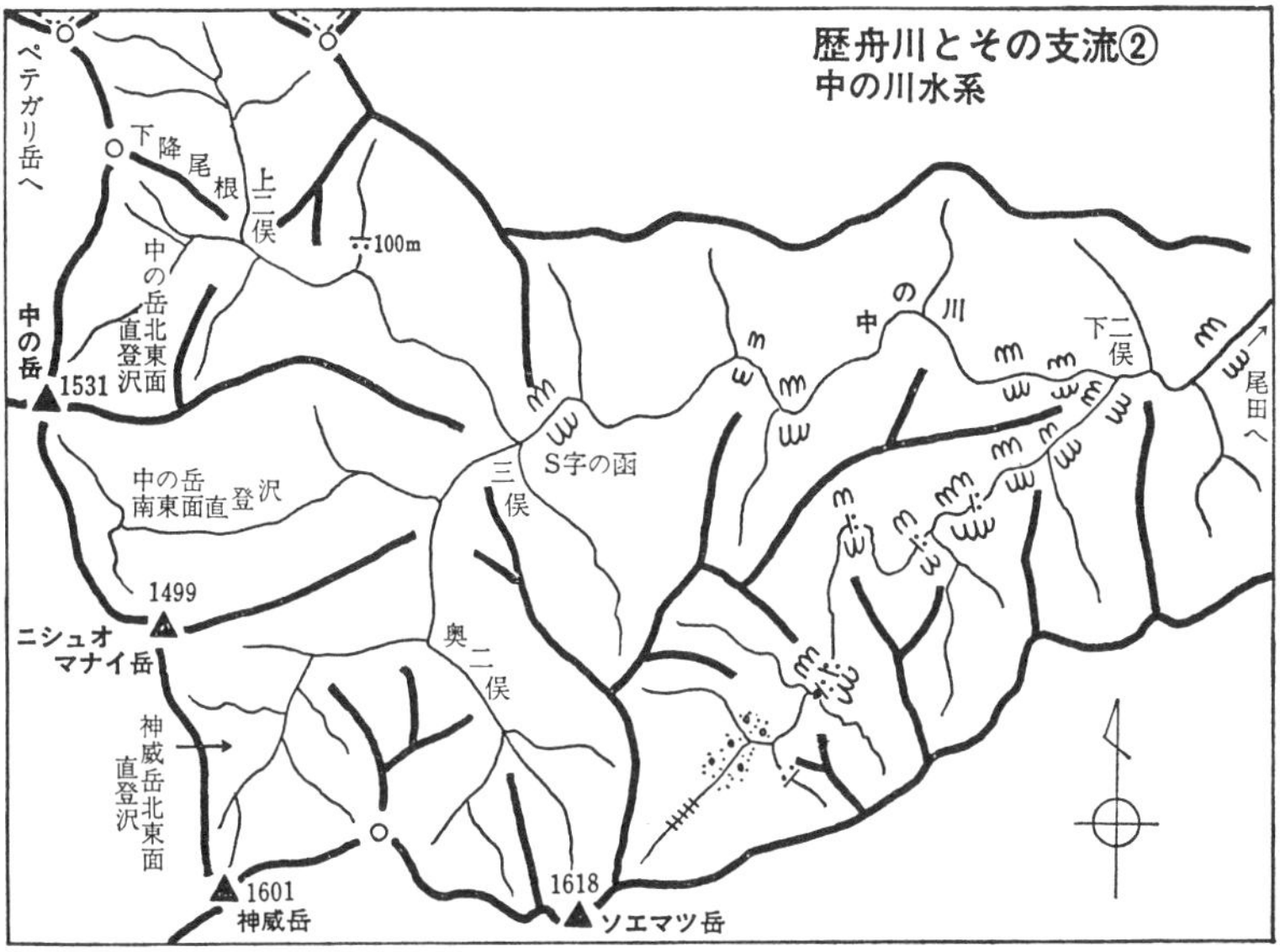

いて第二の函がある。ともに左岸より高巻く。この上には小滝があり、左岸より沢が滝となって合流する。さらに第三の函を左岸より巻くと左屈曲点で第四の函があり、中を通過できる。ここよりところどころ河原がある。五六〇mの滝の左岸を高巻くと第五の函で、ポンヤオロマップ岳からの沢が滝となって落下している。この函も左岸を大きく巻く。標高六〇〇mに第六の函、そして奥二俣（六六〇m二俣）の手前に第七の函、奥二俣と三俣の間に第八の函と険悪な函が連続する。なるべく沢通しに進んだほうが高巻きよりも消耗が少ない。やがて三俣に着く。左俣を行けばAカール、中央を行けばBカール、右俣を行けばCカールで、どれも順層のナメ滝の連続で、標高差六〇〇mを一気に登る。順層であるが、下降時には充分注意が必要だ。

29　中の川・神威岳北東面直登沢　九―一〇時間

中の川より神威岳に登るルートは中の川の各沢にあっては比較的楽な部類に入る。とはいっても、直登沢に入っての断続する函、連続する函やナメ滝は、経験者にのみ許されるルートである。

林道は現在標高二五〇mまでだが、近い将来、下二俣（二九〇m二俣）までのびる予定である。林道から沢身に降りてすぐ函があるが、渇水期ならば胸までひたって通過する。その後は、函状の所もあるが、広々とした美しい河原が続く。下二俣を過ぎると、函が断続するが、踏跡もはっきりして楽に通過できる。さらに広い河原や函がくり返し出てくるが困難ではない。やがて滝を持った通称「S字の函」が現われるが、左岸に踏跡がある。標高四六〇ｍの三俣はよい幕営地である（林道終点より九―一三時間）。神威岳に向かうには見事な滝となった中俣を行く、右岸より滝を巻いて滝の上に立つ。美しい河原をしばらく行くと、中の岳南東面直登沢が出合う。左俣を行き小さな函を右岸より巻けば、奥二俣（五四〇ｍ二俣）に着く。ここには良い幕営地がある。左俣を行けば、ガレ沢をつめてソエマツ岳に至る。さてこれより神威岳北東面直登沢に入ると、標高六四〇ｍの南屈曲点までは函と小滝が連続する。沢が南に曲がると、函があり右岸を微妙なバランスでへつる。泳いでも通過できる。七七〇ｍ二俣を右俣に入り連続するナメ滝を快調に登ると、沢は明るく開けて、ほとんどやぶこぎなしで頂上に立てる。この直登沢は下りも使えるが、滝のクライムダウンは慎重にしたい。ニシュオマナイ沢の登山道に下るのがよいだろう。

30　**中の川・中の岳南東面直登沢**　一三―一七時間

日高の数ある直登沢の中でも極度にむずかしい沢の一つである。落差のある滝はその数を数えないが、函滝の連続で釜を持つものが多く、その一つ一つの乗越しは非常な消耗である。標高五六〇ｍから八八〇ｍ二俣までが核心部。

出合いから函状をなしており、五四〇ｍ二俣まで小滝はあるが容易だ。この二俣を過ぎると天然のロックフィルダムがある。この先からは極度に困難な函滝と釜が連続する。微妙なフリクションのへつりと直登、そして低い高巻きの連続だ。中には泳いで突破しなければならないものもある。標高八〇〇ｍで両岸から沢が落ちてくる。これより上部は雪渓と函と滝が断続的に出現し険悪そのものだ。やがて一四九九ｍ峰からの沢が出合う。この右手上方にようやく一張り分の幕営地がある。核心部はここまでで、この上部も小滝と函が連続するが容易に高度をかせげる。やがてお花畑となり、少しブッシュをこぐと頂上である。下降はニシュオマナイ沢が最も容易であろう。

31　**中の川・中の岳北東面直登沢**　一四―一七時間

この沢も日高の沢では上級者向きの困難な沢である。

中の川三俣を神威岳方面と分かれ右俣を行く。三俣の函を左岸から巻くと、沢は狭まり函が始まる。二つほどの函を右岸から巻くと長い函に出る。下りならば泳いですぐなのだが、右岸のいやらしい高巻きを強いられる。この先も、函状は続くが困難ではなく、美しく楽しい所だ。標高五五〇ｍ付近で右手から入ってくる沢は上部に一〇〇ｍ大滝をのぞかせている。これから先は、二個所函があるが左岸、右岸と巻ける。やがて上二俣だ。上二俣には幕営地はなく、やや下流に戻った左岸にテラスがある。

上二俣の左俣が中の岳北東面直登沢で、入口から沢が南に曲がる付近は逆層のスラブ状の函となり、左岸からは三本の沢が滝をかけている。雪渓の残っていることもある。沢が左に曲がると、三〇ｍの滝が現われ、左手を登る。次の滝は右手を登る。しばらく沢は滝の連続となる。中には、三つ道具とザイル確保の必要な滝も出てくる。最後のブッシュもかなり手強い。

上二俣の右俣はペテガリ岳の東尾根分岐に登る沢であるが、雪渓通しの記録によるとかなりの困難が予想され、いまだその完登されたことを聞かない。この二俣の中間の尾根、通称下降尾根を登れば東尾根分岐を経て、ペテガリ岳であるが、相当のブッシュを覚悟しなければならない（八―一〇時間）。

32　中の川・下二俣よりソエマツ岳　一二―一六時間

中の川下二俣の左俣よりソエマツ岳の肩に出る沢で、水量は少ないが距離は長く、沢中で一泊を要す。滝は小さいがいずれも手強い。増水時に安心できる充分な幕営地はない。

出合いから函状になっており暗い。沢はほとんど函状であるが中を容易に行ける。標高三八〇mの一〇mの滝はシャワークライムで越すほかない。函状の中にところどころ小滝がある。標高五五〇mには連続して滝がかかり、越えるのに苦労する。この先で沢は開け、六六〇m二俣ではソエマツ岳の肩が望まれる。沢は一変してガレ沢となり、急激に突きあげる。肩からソエマツ岳頂上までは一時間のやぶこぎである。

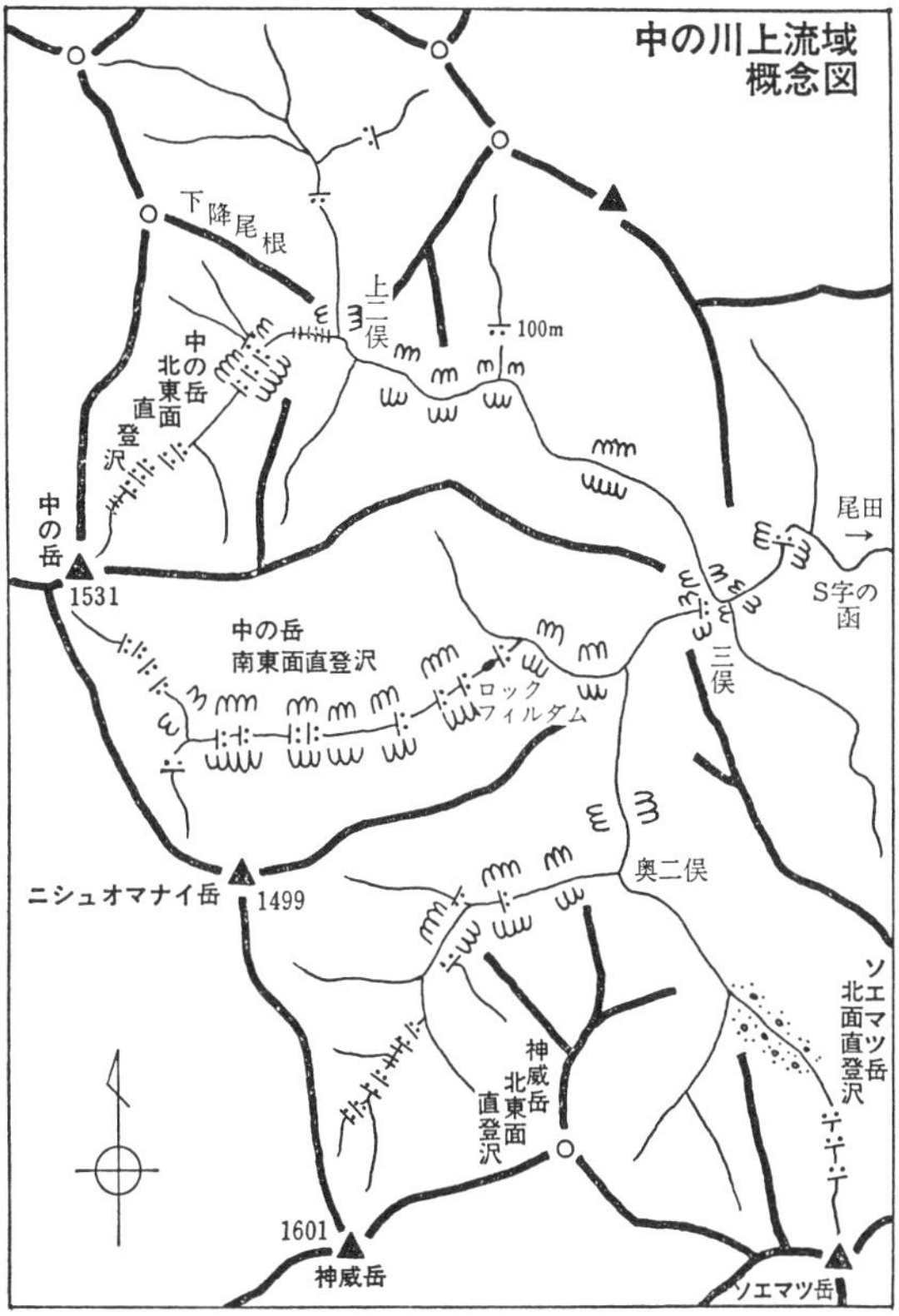

33　ヌピナイ川右俣（ソエマツ岳南東面直登沢とピリカヌプリ北面直登沢）　一二―一五時間

ヌピナイ川右俣はおそらく数ある日高の沢でもその美しさにおいて一、二を争そう。標高五四〇mから六七〇mにかけて連続する函の通過が核心部。

国鉄広尾線大樹駅より車をチャーターする。現在では下二俣（三七〇m二俣）まで両岸に林道ができている。ここより右俣に入る。しばらくは単調な河原に徒渉をくり返す。五四〇mの二俣は函となった右俣を行く。これから函と滝の連続だ。まずは右岸を巻き、さらに左岸を巻く。そのあとも、花崗

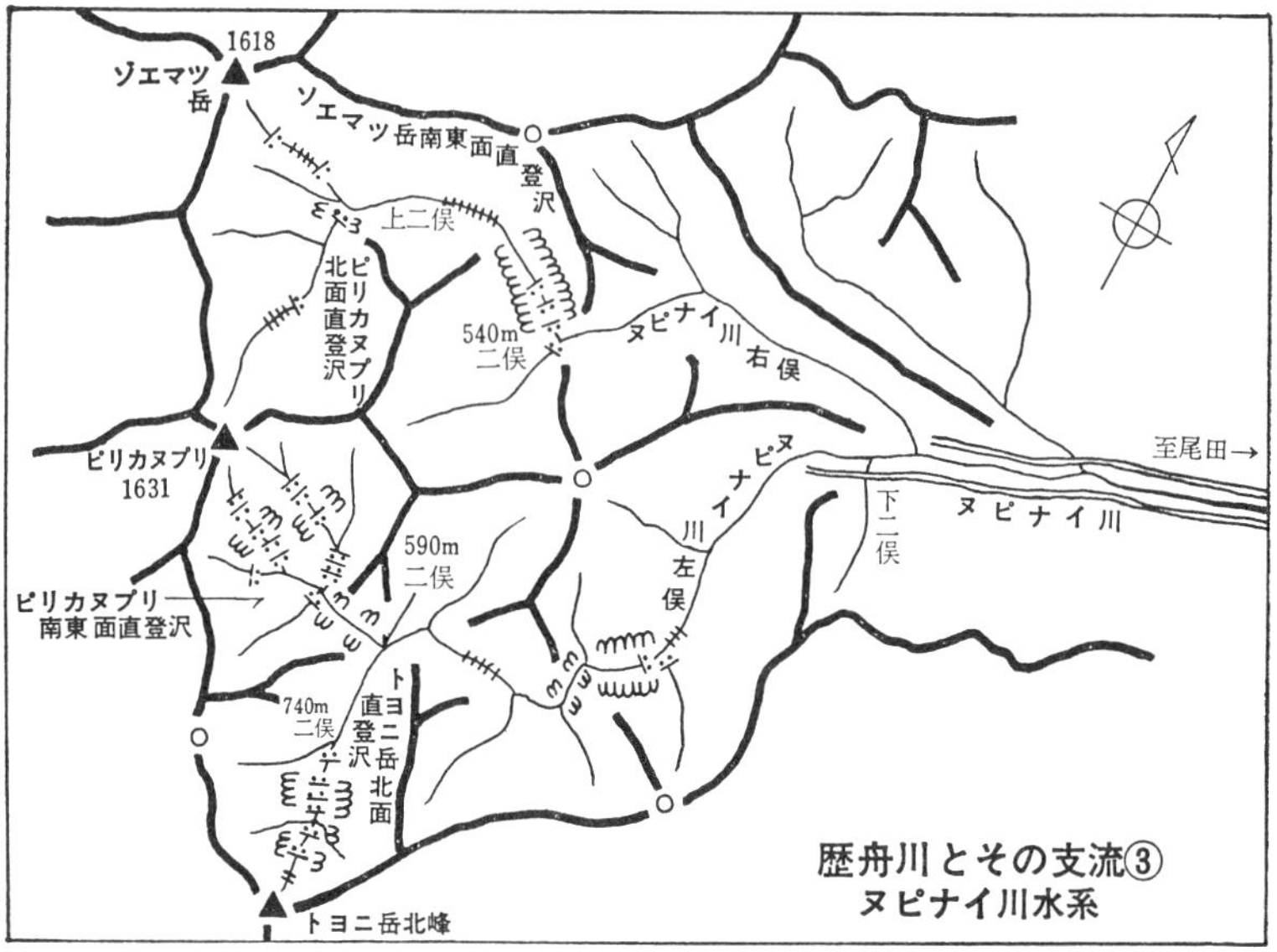

歴舟川とその支流③
ヌピナイ川水系

岩の美しい函と滝が続く。約六七〇ｍよりナメ床となり、やがて平凡な河原となって上二俣に着く。この左俣は容易な沢登りでピリカヌプリ岳に至る（三時間）。上二俣右俣はしばらく転石帯となるが九六〇ｍ二俣を左俣にとると、快適なナメ滝が頂上直下まで連続する。下りは往路をとるか、時間に余裕があれば中の川を下るのもよい。

34　ヌピナイ川左俣・トヨニ岳北峰北面直登沢

一〇―一五時間

標高八〇〇―一一〇〇ｍまで連続する滝が核心部で、美しいが困難な沢である。

下二俣より右岸沿いの林道はさらに標高四〇〇ｍまでのびている。ここより沢に降りる。しばらくは明るく開けた河原が続く。やがて沢一面の花崗岩のナメ床となり、正面にナメ滝を見ると、本流は右に曲がり函が始まる。函は五二〇ｍの右屈曲点まで続いているがそれほど困難ではない。これより五九〇ｍ二俣まではやや広い函状のナメ床があり、快適である。幕営地は五九〇ｍ二俣のやや上流右岸にある。ここより左俣に入り、七四〇ｍ二俣を過ぎると、釜を持った滝が連続する。多くは左岸を低く巻く。やがて八八〇ｍの全体がナメ滝となっている三俣だ。三つほどの滝を直登すると垂直の二〇ｍの滝が現われ右岸を巻きぎみに登る。この上で沢は二俣になり右俣を行く。やがて函状の中に七段七〇ｍの滝が現われ、強引なフリクションで中を直登する。これが終わると、沢は小さくなり小滝を過ぎてやぶをこげばトヨニ岳北峰に出る。下降は、トヨニ岳とのコルから豊似川右俣を下るのがよいだろう。

なお五九〇m二俣を右にとるとピリカヌプリ南東面直登沢だが、一部人工となる上級者向きの沢である。人があまり入っておらず記録も少ない。七〇〇mで右俣直登沢と左俣直登沢に分かれるが、どちらも登攀用具を用意すれば滝の直登は可能だ（一〇―十二時間）。

元浦川とその支流

元浦川は中の岳、神威岳を源頭とするニシュオマナイ沢と、神威岳、ソエマツ岳、ピリカヌプリの山々に発するソエマツ沢を合わせている。日高本線荻伏《おぎふし》駅からバスに乗車し、上野深で下車して林道をたどるか、車をチャーターする。

ニシュオマナイ沢には神威岳に登る登山道があり、中の岳に至る沢も平易である。それに比べソエマツ沢は険悪な沢が多く、特にソエマツ岳南西面直登沢は函状の中に二〇m級の滝が連続しており完登は一度しかされていない。稜線に上がる各支沢は一部を除いて手がつけられておらず、今後の課題である。

〔五万図〕　神威岳

35　ニシュオマナイ沢・中の岳南面直登沢　五―七時間
中の岳に登る沢では一番容易な沢であり、下降路として利用価値がある。

林道は四六〇m二俣までのびており、右俣を行けば登山道を登って神威岳に出る。左俣に入り平凡な河原を行くと、やがて七四〇m二俣に着く。右俣に入り、九〇〇m二俣はナメ滝となっている左俣を行く。やがてハイマツが現われ、頂上の肩までは猛烈なやぶこぎだ。

36　ソエマツ沢・神威岳東面直登沢　九―一一時間
ソエマツ沢の支流では最も容易な沢で、小滝とガレの沢である。

元浦川の林道をはなれソエマツ沢林道に入る。林道は三四〇m二俣までつけられている。しばらくは広い河原を行く。四二〇m二俣には良い幕営地があり右俣はピリカヌプリ北西面直登沢だ。ここより五二〇m二俣までは函が二個所あるが簡単に巻ける。さらに五九〇m二俣、六六〇m二俣をともに左に進む。沢は転石が多く、上部に小滝があるが容易に登れる。ガレた沢をつめ、ブッシュをこいで頂上だ。

37　ソエマツ沢・ソエマツ岳南西面直登沢　一〇―一四時間
「北」10号
岩盤に深くえぐれたこの沢は、五九〇m二俣から標高一二〇〇mの間が核心部で、日高でも特に困難な沢の一つだ。
五二〇mの二俣を右俣に入るとすぐ函が現われる。五九〇m二俣を左俣に入ると核心部が始まる。函滝が連続し、直登、高巻きをくり返すがルートのとり方がむずかしい。七〇〇m二俣から八二〇m二俣までは函状だが容易。ここより強烈な函滝が九六〇m二俣まで続き、左俣は岩壁の中に八〇mの滝となって

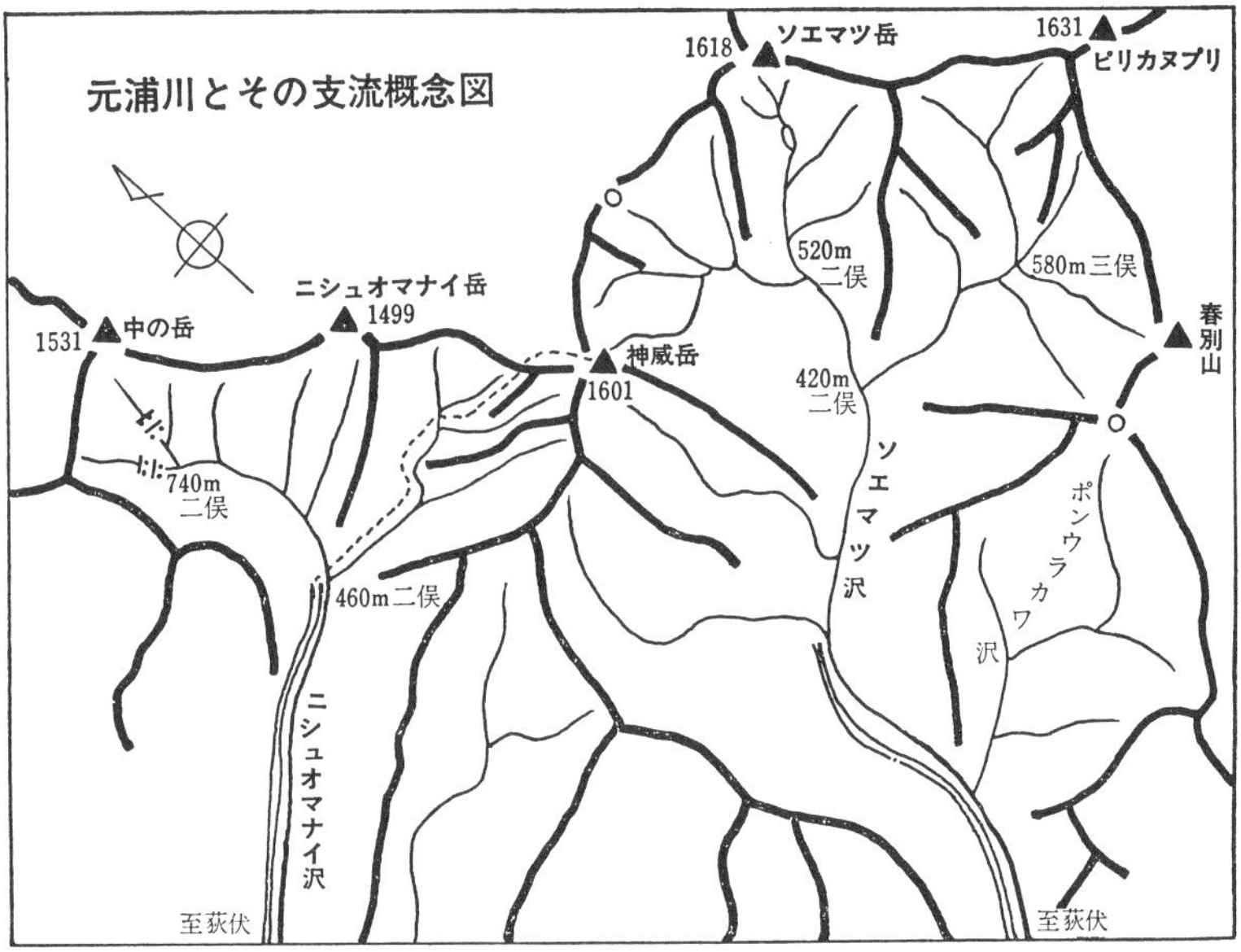
元浦川とその支流概念図
ソエマツ岳
1618
1631
ピリカヌプリ
520m
二俣
580m三俣
春別山
ニシュオマナイ岳
1499
中の岳
1531
神威岳
1601
420m
二俣
740m
二俣
ソエマツ沢
ポンウラカワ沢
460m二俣
ニシュオマナイ沢
至荻伏
至荻伏

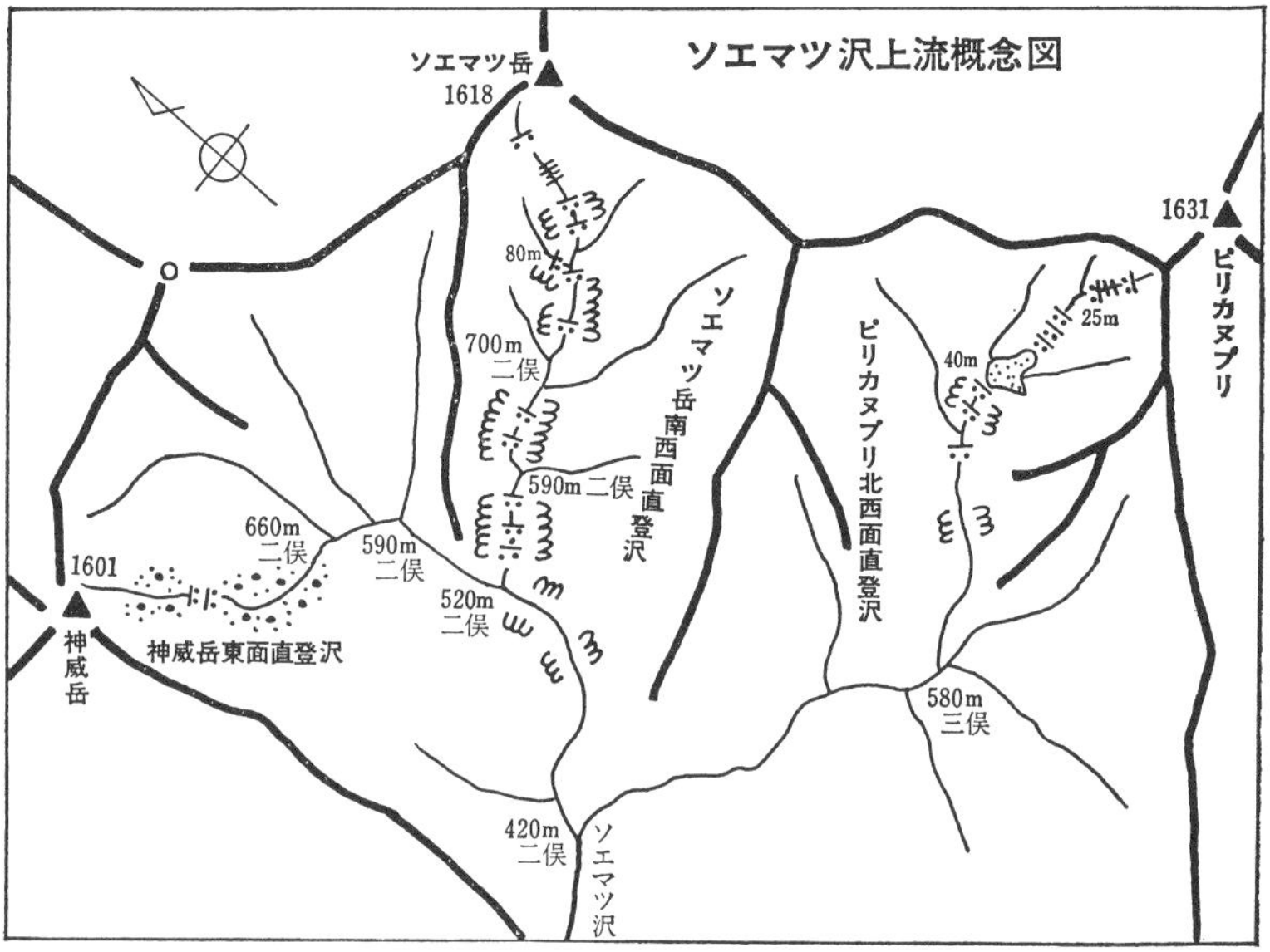
ソエマツ沢上流概念図
ソエマツ岳
1618
80m
700m
二俣
590m二俣
ソエマツ岳南西面直登沢
1631
ピリカヌプリ
25m
40m
ピリカヌプリ北西面直登沢
660m
二俣
590m
二俣
1601
520m
二俣
神威岳
神威岳東面直登沢
580m
三俣
420m
二俣
ソエマツ沢

いる。季節が早いとこのあたりは雪渓に埋もれていて一〇〇〇m二俣まで続く。再び沢は滝となり、手強いが直登可能だ。これより上部は快適な小滝が続く。やがて沢形に小滝が消え、低いブッシュをこいでソエマツ岳の頂上に出る。

38 ソエマツ沢・ピリカヌプリ北西面直登沢 八—一〇時間

標高七八〇mより一一〇〇mまでが核心部で滝の直登、高巻きに高度な技術が要求される上級者向きの沢である。

四二〇m二俣を右俣に入る。しばらくは河原の続く沢で、六八〇m付近より函状となる。七九〇m二俣の手前の滝は左岸を巻きぎみに登る。さらに続く二段一〇mの函滝は左岸の草付きを巻き懸垂下降で沢身に戻る。九〇〇m二俣の手前の四〇mの大滝を直登すると沢は大雪渓に埋まる。これを過ぎて連続する函滝を越えると、快適なナメ滝の連続となり高度をかせぐことができる。急な草付きの斜面を登ると頂上の西の肩に出る。この沢の下降は、五八〇m三俣に下る尾根を下るのが安全だ。

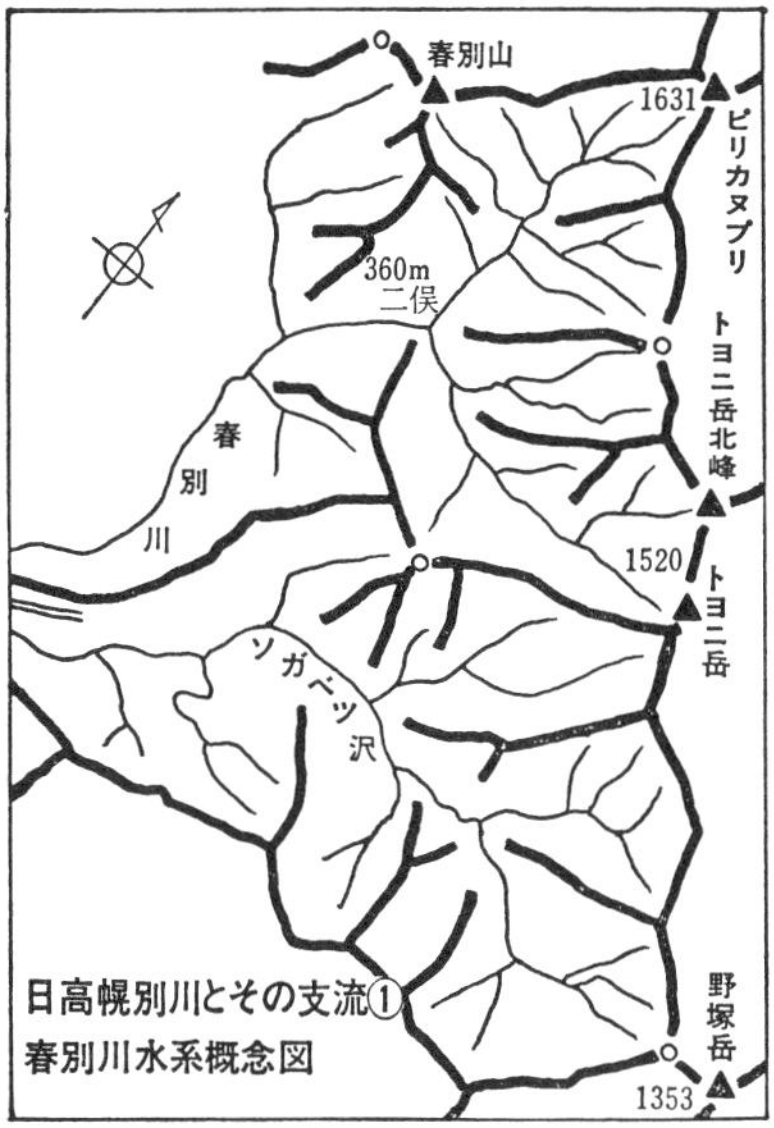

日高幌別川とその支流①
春別川水系概念図

日高幌別川とその支流

日高幌別川は、ピリカヌプリより南流する春別川とその支流ソガベツ沢、さらにニオベツ沢を支流とするメナシュンベツ川等の広い流域を持つ川である。日高本線浦河駅より上杵臼までバスに乗車する。いずれの沢もさらに車道を一〇—一五kmたどらねばならない。

春別川はピリカヌプリ、トヨニ岳への登路となり、遡行興味のわく沢である。ソガベツ沢は沢の興味として春別川に劣るが、訪れる人が少なく野趣多き沢である。ニオベツ沢はメナシュンベツ川の支流で、野塚岳、十勝岳に登る沢は上部に滝が続き楽しめる。メナシュンベツ沢は十勝岳、楽古《らっこ》岳への登路となり、楽古岳へは登山道が整備されている。

〔五万図〕 神威岳、上豊似、楽古岳、西舎《にしちゃ》

39 春別川・ピリカヌプリ南面直登沢 一七—二〇時間 「北」26号

四九〇m二俣から標高一一〇〇mまでの連続する函滝が核心部で、登攀用具は必携である。美しい沢だが、困難度も高い。

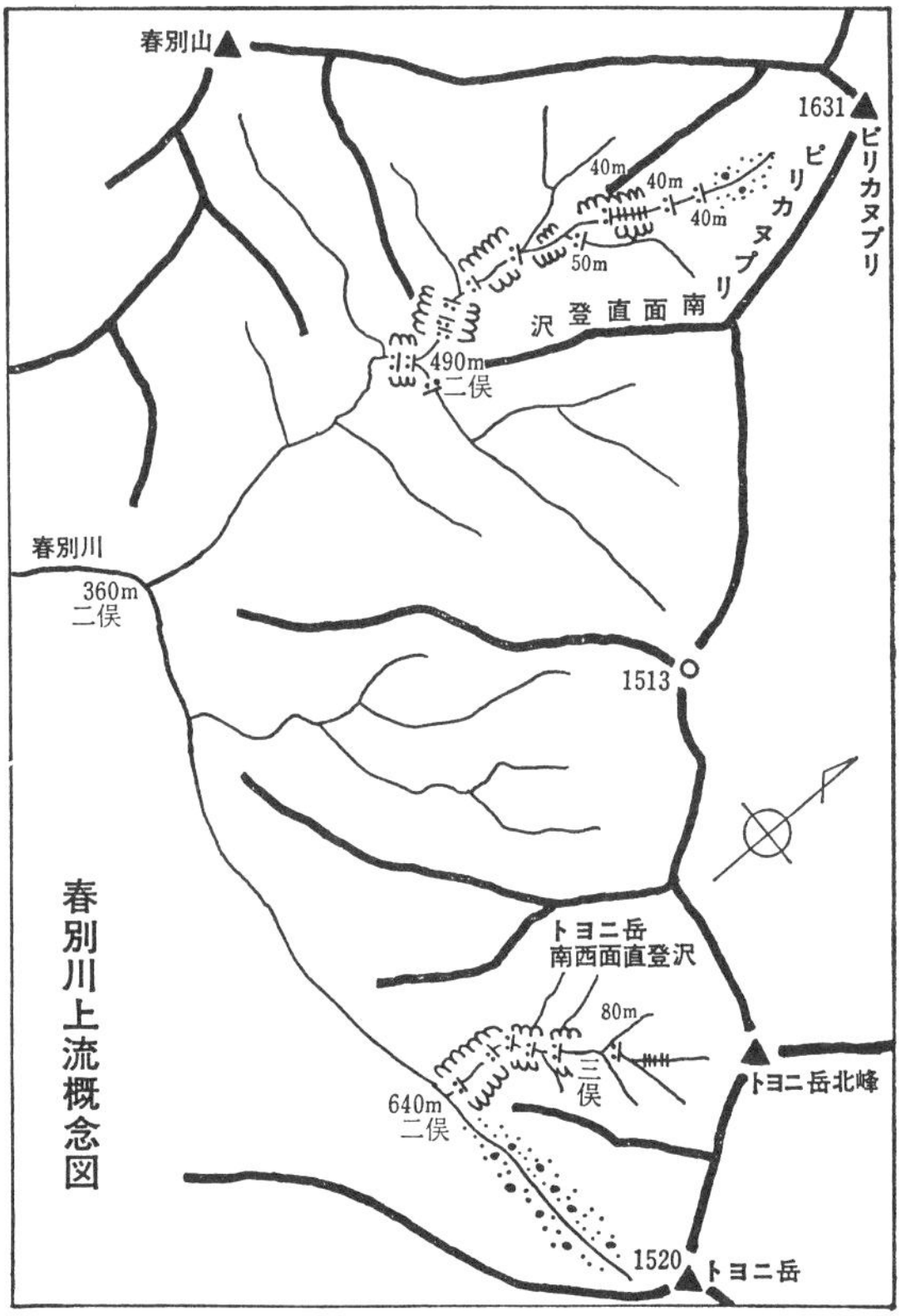

ソガベツ沢沿いの林道を行き、踏跡をたどり春別川一六〇mに下る。すぐに函があり右岸の鹿道を行く。この鹿道は途中左岸に渡り、標高二二〇mまで続いている。ここより沢に降り、三六〇m二俣まではすぐだ。河原と函の断続する沢を行き、二段の函滝を左岸より巻くと四九〇m二俣で、良い幕営地だ。この先沢が左に曲がると、函状の中に滝が連続して出現する。一〇mに満たないものばかりだがどれも手強い。状態によってはいやらしい高巻きも強いられる。七〇〇m二俣は両方とも五〇mほどの垂直の滝だ。左俣の滝の右岸のカンテ状を直登する。ザイル確保が必要。この後も小滝が連続し、二つめの四〇mの滝を直登すると沢はガレ沢に変わる。時時滝が現われるが容易だ。左岸の大きな岩壁が見えると沢は開けてくる。水量の多い沢を選んで登れば急斜面に沢形は消え、お花畑の中を頂上へ出る。下降はヌピナイ川右俣が容易だ。

40　春別川・トヨニ岳北峰南西面直登沢　一二—一五時間

この沢は六四〇m二俣を左に入ってから極度にむずかしくなり、標高九〇〇mの二段八〇mの大滝までが核心部である。

春別川三六〇m二俣を右手にとる。六四〇m二俣までは平凡な沢で幕営地はいたる所にある。右俣を行けば、ガラガラの沢を経てトヨニ岳に達する。左俣はすぐに函状になり滝が現われる。二つめの滝は釜を持っており流木にしがみついて登る。沢が曲がるたびに函滝が現われ、中にはつるんとして直登できないものもある。直登、高巻きをくり返して、九〇〇mの三俣に着く。二段八〇mの大滝が下段だけを見せている。左俣に入り尾根を一本巻いて本流に戻る。これより快適なナメ滝が続き、やがて沢は急速に水量を減じ急斜面のガレとなり、トヨニ岳北峰に出る。

41　ニオベツ沢・十勝岳西面直登沢　六—七時間

現在車道は四三〇m二俣のやや上流まで続いている。野塚岳への登路となる左俣は工事中であり、興味は薄れよう。

右俣に入るとやがて沢は伏流しオムシャヌプリからの沢が岩屑の山となって出合う。再び水流があらわれ七五〇m上二俣となる。右俣に入りすぐに七八〇m二俣だが、左俣は小滝となっていて見逃しやすい。右俣も左俣も十勝岳への登路となるが、左俣のほうがおもしろい。左俣に入り沢が右に曲がると二五mの滝が見え右岸を高巻く。さらに四〇mの垂直の滝があり、直登もできるが途中より右岸を巻ける。そして函状の中の三段の滝を直登し、小滝をいくつか越えれば十勝岳の頂上だ。下降は、コイボクシュメナシュンベツ川を下るのがよい。

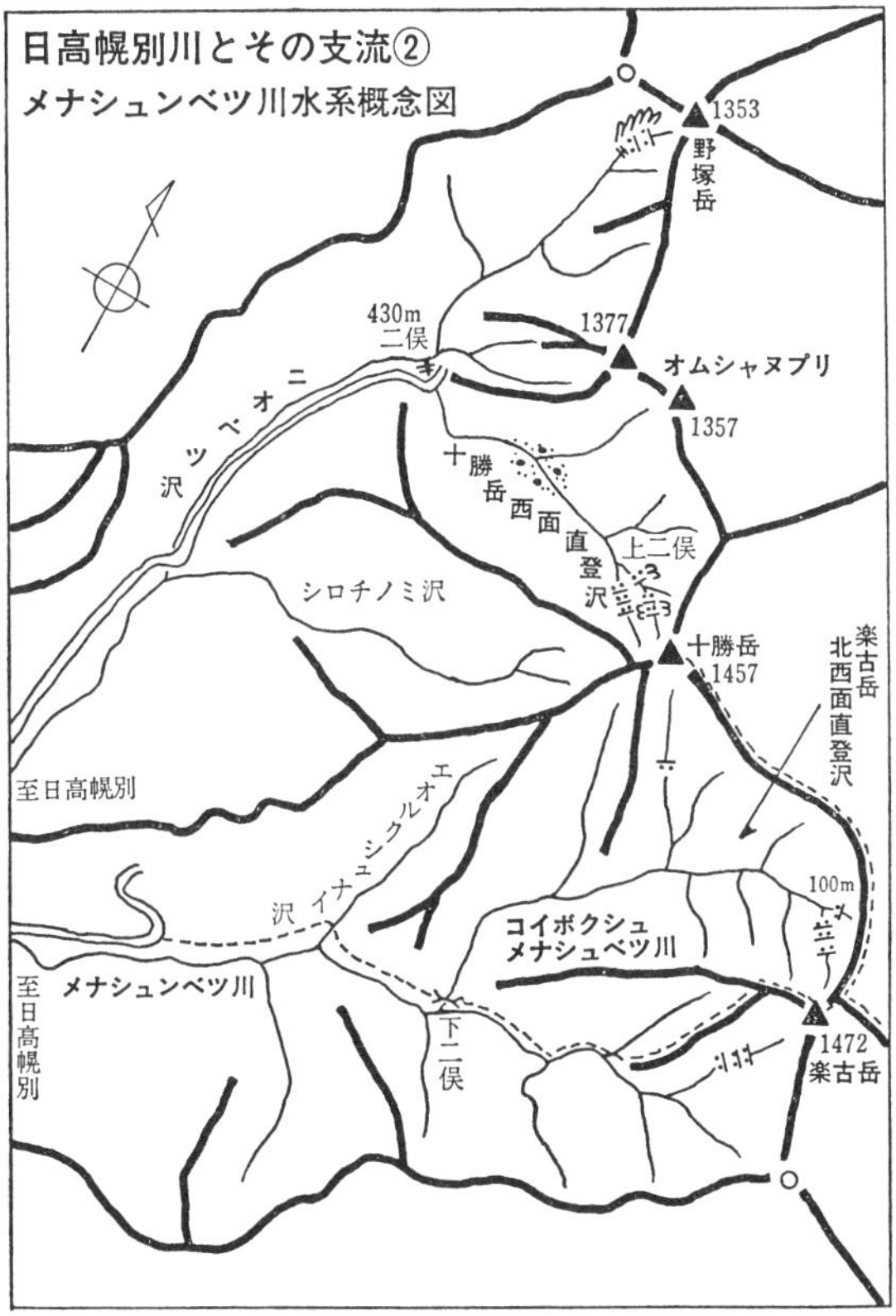

42　コイボクシュメナシュンベツ川・楽古岳北西面直登沢　五—七時間

標高八〇〇mからの連続するナメ滝の直登が楽しく、しっかりとしたリーダーのもとでは、初心者にも楽しめる沢だ。

メナシュンベツ川沿いの登山道を行くと、やがて吊り橋の懸かった下二俣に着く。この左俣がコイボクシュメナシュンベツ川で、登山道は右俣沿いに進み、尾根を登っている。河原の開けた沢を進んで行くと、二時間ほどで十勝岳直登沢に出合う。さらに進むと正面に一〇〇mの滝が見え、沢は右に曲

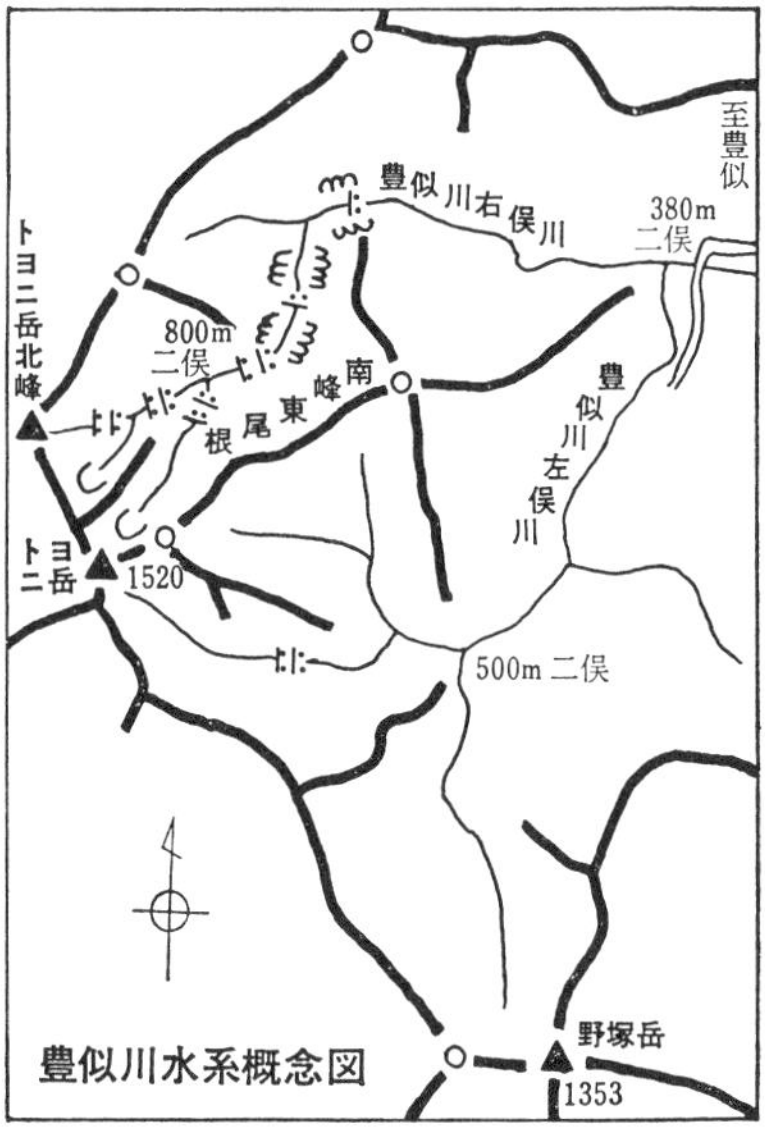

豊似川水系概念図

がる。ここから楽古岳の肩までナメ滝が連続し、すべて直登できる。下りは楽古岳北東面の札楽古《さつらっこ》川か、メナシュンベツ川の両方に登山道がある。

豊似川水系

豊似川はトヨニ岳、野塚岳より東流し太平洋に注ぐ。広尾線豊似駅より車道を行く。現在延長工事中で、三八〇m二俣の上流までのびている。豊似川右俣は函、滝等興味が持てるが、左俣はトヨニ岳、野塚岳に向かう沢ともに平易な沢で、遡行価値は薄い。

〔五万図〕　上豊似

43　豊似川右俣川　七—九時間

標高五八〇mから九五〇mにかけての函と滝が核心部で、花崗岩の白い岩が美しい。中級者向きの沢である。

三八〇m二俣の右俣に入ると、大きな転石の多い歩きづらい沢だ。標高五八〇mより函が始まり左岸を高巻く。しばらくナメ床、小滝、函が続き快適だ。八〇〇m二俣は左俣が滝となっており、その先もナメ滝が続く。右俣を登ればトヨニ岳北峰に着く。やがてガラガラの氷堆石を踏んでカールに出る。カールからはブッシュをこいで頂上へ。下降は豊似川左俣川がよいが、上部の草付き斜面は落石に注意が必要だ。

積雪期の日高山脈

日高山脈の冬山登山では、基本的な冬山登山技術、充分な体力、総合的な冬山に対する知識と判断力が要求される。すでに概説にも触れたように登山道はほとんど整備されておらず、山小屋、道標などもきわめて少ない山域で、年末から正月、また五月の連休以外は入山者も少ない、中級以上の山なのである。

冬期はアプローチが長くなり、車の終点から尾根の末端まで車道（林道のことが多く、除雪状況は担当の営林署へ問い合わせる）や沢を一—三日もラッセルしなければならない。スキーの使用は効果的だ。また沢での行動やキャンプには、特に雪崩に気をつけるべきで、日高の積雪期の遭難の大部分は雪崩によるものであることに、充分留意しておいてほしい。

稜線への各尾根は急峻で直接上部に突きあげており、下部はブッシュ、上部は深い雪のラッセルに悩まされる。稜線はやせており、そのうえアイゼンの有効な所が少なく、不安定な雪庇に注意しながらの登下降を強いられる。

天候は一般に北に行くにしたがって悪く、積雪量も多い。南日高では西高東低の冬型の気圧配置の影響が少なく、晴天に恵まれることとすらある。時期的には、十二―一月上旬は天候は不安定で積雪量も少なく、沢のスノー・ブリッジの発達も不充分で、尾根上のブッシュもひどい。一月中旬―三月上旬はいろいろな面で冬山の好条件を与えてくれる。ただ春先に北海道南岸を通過する低気圧はこの地域に多量の積雪をもたらすので注意してほしい。四月になると融雪が始まり、やがて五月の連休を迎えることになる。

雪崩のおさまった四月下旬から五月上旬にかけて、山麓の雪もかなり融けてアプローチも楽になる。沢の増水はあるが、稜線上の雪庇はおさまり、堅雪はつぼ足の歩行を可能にし、スキーでの登降の難行を開放してくれ、わかんの必要もない快適な山行を楽しめる。厳冬期に有効でなかったアイゼンも稜線への登りや縦走には欠かせなくなる。稜線上の歩行は早朝の行動が大事で、昼近くには雪がくさる。また沢の徒渉も増水の少ない朝がよく、大きな川はザイルを要し、また危険も多い。しかし、その年の融雪状況により、アプローチのラッセル、雪の状態も異なってくることはいうまでもなく、気象も山行中の降雪、降雨に見舞われることも覚悟しなければならない。

冬期における主稜線上での全般的な状況について一言付け加えておこう。地形は十勝側が急峻である。積雪状態は冬の卓越風のため、日高側はとばされて雪庇を十勝側に張り出していることが多い。しかし、イドンナップ岳―ナメワッカ岳、エサオマントッタベツ岳―札内岳、ヤオロマップ岳―一八三九m峰など東西に走る稜線上では両面雪庇の所が多い。幕営地は頂上付近はほとんど適しており、雪洞も掘れることがある。

計画を綿密に立て、充分な日程をとり、峻烈な日高の冬山を楽しんでもらいたい。なお、本書でのルート解説は冬期（一―三月）を対象として解説した。

44　カムイ岳・北東尾根ルート　一―二日　〈五万図〉札内岳

この尾根はカムイ岳を目的とするのではなく、カムイ岳付近を根拠地にして、北上して日高幌尻岳・戸蔦別岳へ、南下してエサオマントッタベツ岳方面へのルートに用いられる。

根室線帯広駅からバスで八千代小学校（終点）まで行き、さらに車をチャーターしてできるだけ奥まで入る。五九〇mの橋まで車道がある。ここから尾根末端までは数時間であるが、エサオマントッタベツ川の徒渉に苦労するかもしれない。尾根末端までは半日から一日をみたほうがよい。カムイ岳から東南東の稜線上を、戸蔦別川とエサオマントッタベツ川の出合いから一四九〇mを経て登る。下部はブッシュが多くやせている。九〇〇mくらいからやや登りやすくなり、一四九〇m付近から尾根は広く、傾斜も緩くなるのでスキー登降したほうがよいだろう。概念図は九九頁参照。

45　**札内岳・北東尾根ルート**　二―三日　〔五万図〕札内岳

札内岳頂上から北にのび、戸蔦別川とピリカペタヌ沢の出合いに降りる尾根で、末端から取付くのではなく、ピリカペタヌ沢をスキーで登り、十の沢をつめて尾根に出る。八の沢あたりが日程的にも雪崩からも幕営地としてよい。

アプローチは前項と同様だが、ピリカペタヌ沢出合いには戸蔦別ヒュッテがある。八の沢から上流は沢の傾斜も強まり、狭くなるので雪崩には注意する。右から合流する十の沢に入り（本流は大滝があるうえ雪崩が起こりやすい）、一二五〇m付近から大斜面の枝尾根に取付き、北東尾根に出る。尾根上は左側の雪庇に気をつけ、ほとんど頂上までスキーで登ることができる。ピリカペタヌ沢出合いから八の沢まで半日、頂上までさらに一―二日行程。概念図は九九頁参照。

46　**幌尻岳・幌尻沢ルート**　一日　〔五万図〕幌尻岳、イドンナップ岳

幌尻沢は奥新冠ダムからほぼ北北西に幌尻岳の西のコルに突きあげている広い沢で、スキーを利用して登降できる。雪質によって直接幌尻岳の西の肩に登れるが、雪崩には充分注意する。上部でアイゼンが必要となる。

日高線新冠駅から奥新冠ダムを経て、新冠川とプイラルベツ川の合流点に至る。ここに奥新冠発電所があり、ここまでの林道は時々除雪されるが、確実なのは奥新冠ダムまでである。この奥新冠発電所からさらに奥新冠ダムまでは一六kmあるが、崩落や雪崩のため徒歩となる。荷物の重さや積雪にもよるが約一日を要する。奥新冠ダムから幌尻沢までは凍結したダムを渡るか、ダム右岸の台地を行く。ダムから幌尻岳頂上までは、約一日行程となろう。概念図は一〇一頁参照。

47　**コイカクシュ札内岳・夏尾根ルート**　二日　〔五万図〕札内川上流、イドンナップ岳

コイカクシュ札内岳は中部日高の玄関ともいうべき山で、北上すれば一八二三m峰とカムイエクウチカウシ山へ、南下すれば一八三九m峰とペテガリ岳に至る。

広尾線中札内駅より車をチャーターして上札内から札内川沿いの林道をできるだけ奥へ入る（事前に営林署に問い合わせると除雪状態が分かる）。まったく除雪していないと上札内からコイカクシュ札内川合流点まで林道をラッセルして一―二日は要する。この合流点には札内ヒュッテがある。コイカクシュ札内川に入ると、途中小規模な函状が一個所あるが、ほとんど河原で徒渉も数回あるだけで比較的容易に上二俣まで行ける。雪が少なく、スノー・ブリッジの発達が悪いと苦労する。出合いから上二俣は約半日の行程である。上二俣からは左俣を少し入って尾根に取付く。ブッシュに苦しめられるが、尾根上に出ると登りやすくなり高度をかせげる。稜線が近くなるにつれ、傾斜も増しやせてくる。最後は頂上より北西約五〇〇m付近にとび出す。この尾根は末端から上部までスキーは使えない。途中一三〇〇m付近に一張分の幕営地がある。上二俣から頂上ま

では一―二日行程。概念図は一〇四頁参照。

48　コイカクシュ札内岳・冬尾根ルート　二―三日

前項の夏尾根とともに登られている。夏尾根末端（上二俣）から左俣に入り、七三〇m二俣をさらに左に入り、滝（雪で埋まっている）を越え、九〇〇m付近から右手の尾根に取付く。取付きはブッシュが密生しているが、やがて広い尾根になり、急ではあるがスキーでの登降も可能である。途中幕営可能な場所もある。稜線直下は急で、十勝側に雪庇が出ており、乗越しに苦労することがある。夏尾根の頭と頂上のほぼ中間に出る。降雪時あるいは降雪後は、上二俣―尾根取付きの沢沿いは雪崩に充分注意する。上二俣から頂上までは一―二日行程。概念図は一〇四頁参照。

49　ペテガリ岳・西尾根ルート　二日（山荘―頂上）〔五万図〕神威岳

西尾根のはっきりした夏道沿いのルートを求めて登降する。雪が多い時はスキーを利用する。

日高線静内駅で下車。車をチャーターするか、電源開発の車を利用する。道路状態によっては西尾根末端のペテガリ山荘まで入れるが、確実なのはダム工事が行なわれている高見までである。高見から山荘までは一日―一日半行程である。山荘より斜面をジグザグに登り、一〇五〇m付近の手前から尾根を忠実にたどる。これより尾根は少しやせて、ブッシュもあり、小ピークがいくつか現われる。一二九三mから広い尾根となり、一三〇一mを経てペテガリ岳南西のコル一二〇〇mに達する。この間幕営地はいたるところにあり、コルでは雪洞も利用できる。コルからは斜面状の尾根を登り、クラストしてきたら、アイゼンに替える。概念図は一一一頁参照。

50　神威岳・夏尾根ルート　一日〔五万図〕神威岳

神威岳の夏道沿いに登るルートだが、林道の除雪がなく、上野深から四六〇m二俣まで一日半―二日のラッセルを強いられる。

日高線浦河駅より車をチャーターして元浦川沿いの林道を行く。最近はソエマツ沢沿いの林道のほうが整備されていて、ソエマツ沢三四〇m合流点までついている。ここから神威岳西尾根に登るルートもある。夏尾根に向かうにはニシュオマナイ沢を一二kmで四六〇m二俣に至る。ソエマツ沢合流から約半日行程である。この二俣にニシュオマナイ岳の南のこぶから降りている尾根を用いて稜線へ出ることも可能であるが、稜線へ出てから神威岳までは岩稜帯となっている。さて夏尾根へは右俣を行き、七四〇m付近から夏道沿いに登る。かなりの急斜面で、途中幕営地もなく、スキーも利用できない。頂上は幕営可能で、夏尾根の頭から頂上にかけて雪洞も掘れる。四六〇m二俣から頂上まで一日行程だ。概念図は一二〇頁参照。

51　トヨニ岳・豊似川ルート　一―二日〔五万図〕上豊似

豊似川からトヨニ岳には三本のルートをとることができる。広尾線大樹駅または豊似駅から上豊似に向かう。さらに林道を終点（三〇〇m）まで車をチャーターするが、除雪の状態では途中までとなり、三八〇m二俣まで一日のラッセルとなる。二俣からは直接中間尾根（南峰東尾根）をたどって南峰に至るルートがあるが、長く、起伏が多く、雪庇に注意しなければならない。スキーでほぼ頂上まで達することがでる。さらに左俣をつめて五〇〇m二俣に出る。ここまでは側面、本流上部からの雪崩に注意する。ここより左岸の標高尾根から南峰東尾根上に出るか、中間尾根を登り、主稜線に出るルートが考えられる。いずれも取付きは急で、ブッシュに苦しめられるが、スキーを利用できる。南峰の南主稜線はやせた岩稜となっている。概念図は一二四頁参照。

52 **北日高主稜線**（芽室岳—カムイエクウチカウシ山）

主稜線の縦走は北側、南側の両方から行なわれているが、ここでは三つに分け、北からたどってみる。いずれのコースも積雪状態により日程が左右されるので、充分余裕をもって行動したい。またエスケープ・ルートを調査しておく必要もあろう。

芽室岳からルベシベ山分岐点までは広く、スキーを使用したほうがよい。一六九九m峰の南は岩の出た狭い部分がある。ピパイロ岳の分岐点から戸蔦別岳までは標高も高く、雪の堅い所が多く比較的歩きやすい。戸蔦別岳からカムイ岳間は広く、深いラッセルに苦労し、エサオマントッタベツ岳に向かうと十勝側に雪庇が張り出している。頂上に向かう最後の登りは、両側ともカールで削りとられていて、気がゆるせない。ナメワッカ岳分岐までは広く歩きやすいが、東側の雪庇に注意する。分岐点からは比較的雪が堅くなり、やせており、岩の露出したところもある。カムイエクウチカウシ山の登りは快適である。

53 **中部日高主稜線**（カムイエクウチカウシ山—ペテガリ岳）

カムイエクウチカウシ山より南下すると、ピラミッド（一八二〇m）となり、登下降ともに急な岩稜となっている。一八二三m峰まではダケカンバの密生している所もあり、雪も深い。一八二三m峰からも小さなピークが現われる。コイカクシュ札内岳への登りは急な岩稜で、忠実に稜線をたどる。ヤオロマップ岳までは比較的ラッセルも浅い。一五九九m峰までは雪庇の張り出しが大きく、深い雪に悩まされる。ルベツネ岳までこの状態が続いており、ダケカンバも密生しているので十勝側を歩きがちだが、急激に落ちこんでいるので充分注意が必要だ。ペテガリ岳へは雪も比較的堅く歩きやすい。Cカールの上はやせていて両面雪庇のことがある。

54 **南日高主稜線**（ペテガリ岳—中の岳—楽古岳）

ペテガリ岳—中の岳間は非常に標高差があり、そのうえやせていて、岩峰もあり、雪庇も出ている。雪はやわらかい所が多く、十勝側に踏みこまないようにしたい。神威岳までも断続的に、岩峰、やせ尾根が現われる。神威岳—ソエマツ岳の稜線には極端にやせた所がある。ソエマツ岳の南の下降をすぎると、ピリカヌプリまでは特に困難ではない。ピリカヌプリの下降は急で標高差がある。一五一三m峰、トヨニ岳までは起伏はあるが比較的尾根は広い。トヨニ岳南峰の下降は急でやせた岩稜となっている。ここから楽古岳まではブッシュも少なく歩きやすい。

なお最後になるが、日高山脈の山の標高は旧五万分の一地形図と二万五千分の一地形図ではだいぶ変わっている。特に無名峰などの標高は、一八三九m峰↓一八四二m、一八二三m峰↓一八二六m、一五九九m峰↓一六〇〇m、一四九九m峰↓一四九三mなどのように変わっているが、本巻では山名的に呼ばれていることもあって、旧五万図によった。

〔執筆者〕「沢ルート」高井勝巳（北大WV部OB会）、「冬期尾根ルート」小林年、岡田勝英（北大山の会）

増毛山塊・樺戸山塊

同人アルファ

暑寒別岳（一四九一m）を主峰とする増毛《ましけ》山塊は重量感のある広大で比較的なだらかな山容を成している。北海道の中西部に位置し、豊富な池塘や高層湿原を有し、高山植物の豊庫でもある。主に安山岩より形成されており、沢筋の浸食は激しい。この山塊は北海道でも積雪量の多い山域の一つで、古くから春山スキーの対象として知られていたが、現在では夏期の沢登りの対象としても人気が出てきている。沢では釣も楽しめるが、日本海側に注ぐ川は禁漁となっているので注意したい。またこの山塊はどこに入っても羆の多い山域の一つで、その対策にも留意したい。

入山のアプローチは長く、一般登山道でも登山口までは車を使用する。よく利用される登山道は増毛からの山の神コースで、暑寒別岳―南暑寒別岳―雨竜沼―南暑寒荘をつなぐ縦走コースは人気がある。他に箸別《はしべつ》コース、恵岱別《えたいべつ》コースがあるが、最後の道は荒れている。

増毛山塊の南東に位置する樺戸山塊はスケールこそ小さいがやはり積雪の多い山域で、登山者の姿を目にすることは少ない。増毛山塊にもまして静かな山行が味わえる。また、樺戸山に南東面から突きあげる札的沢では変化に富んだ沢登りが楽しめる。ピンネシリ山へは南幌加より、樺戸山、隈根尻《くまねしり》山へは浦臼より一般登山道が通じている。

この二つの山塊に共通していえることは、一般登山道以外は人跡もなく、行動は地形図のみで判断しなければならないこと、また事故などの際のエスケープ・ルートがないに等しいことである。以上の点に注意しつつ、充実した静かな山行を味わってほしい。

〔五万図〕　雄冬《おふゆ》、国領、浜益、西徳富《にしとっぷ》、月形、砂川、滝川

〔当該地域の営林署〕

滝川林務所　滝川市空知町二―六―三一

留萌林務所　留萌市寿町二丁目

岩見沢営林署　岩見沢市三条東一七丁目

増毛山塊の沢

五月連休の残雪期を過ぎ六月となると高山植物も花を咲か

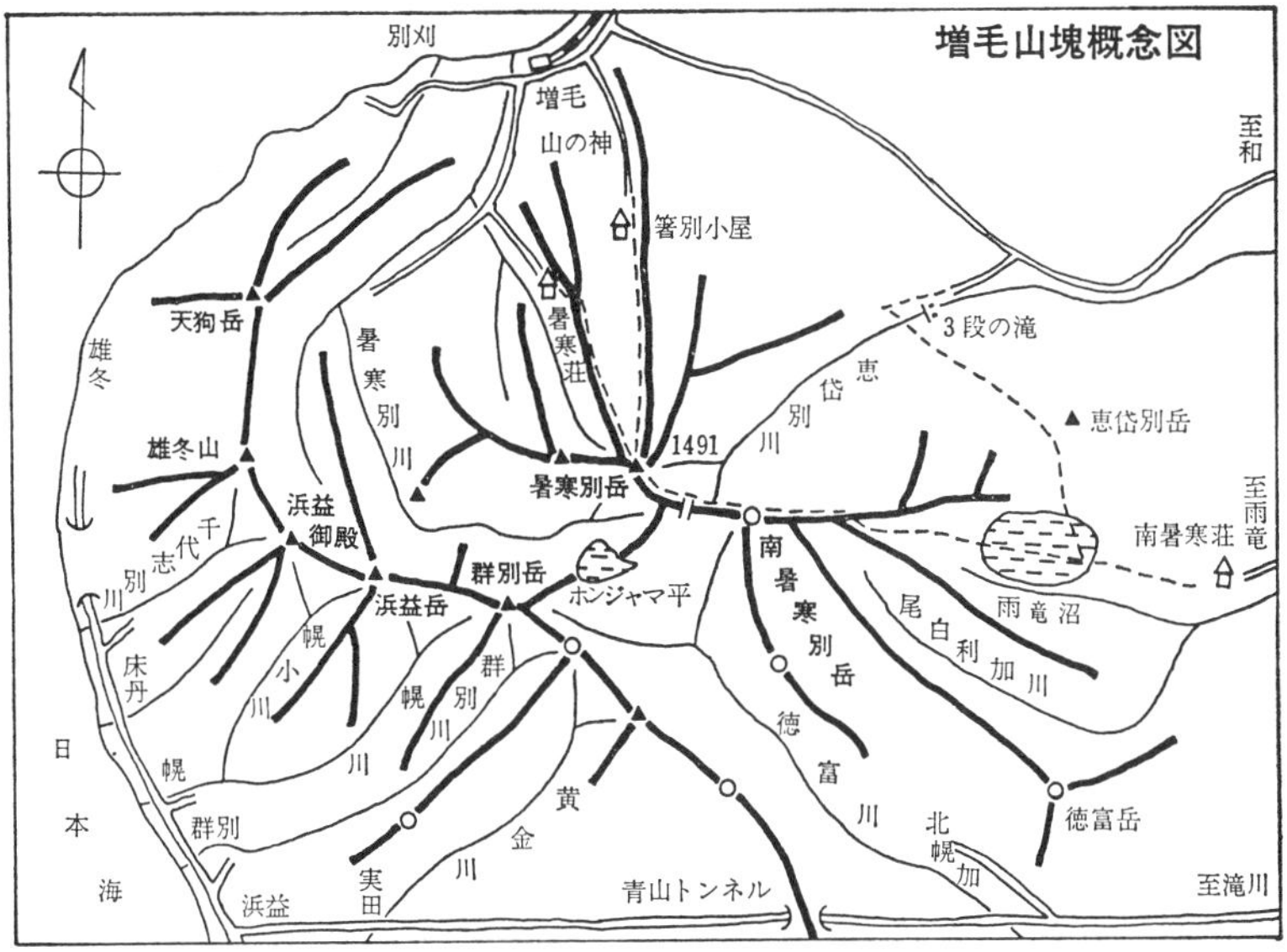

せ、登山道に登山者の姿を見るようになる。増毛の沢は七月下旬を過ぎると快適な季節となる。全体として、最初はあまり変化のない坦々とした沢で、上流近くで急激な変化を見せ、一気に稜線または山頂に突きあげる。明るく、険悪な沢はないが増水すると逃げ場がないので天候には充分に注意してほしい。遡行対象となる沢としては、暑寒別川とその支流、雄冬山から群別岳に至る稜線から日本海へ南西に注ぐ各沢、暑寒別岳へ東面より突きあげる恵岱別《えたいべつ》川、南東面より突きあげる徳富《とっぷ》川などがあげられよう。

入山手段としては、交通の便が悪く、ほとんど車を利用することになるが、山に入ると道は荒れている。暑寒別川とその支流へは増毛からハイヤーを利用できる。徳富川は北幌加でバスを下車して入ることになるが、途中のニジマス養魚場までは車が入る。日本海へ注ぐ、群別川、幌川、千代志別川へは滝川よりバスに乗り、同名の町で下車して入ることになるが、車を利用すると時間をかなり短縮できる。恵岱別川へは車を利用する以外にない。

〔五万図〕 雄冬、国領、浜益、西富徳

〔参考文献〕「北の山脈」30号、37号、「岳人」287号

1 暑寒別川本流 一〇―一二時間

暑寒別岳に直接突きあげる沢で、長く水量が多い。最初は変化に乏しく、標高五〇〇m付近で急激に高度をあげ、滝も現われる。上流部は枝沢が多く、読図に注意する。

山の神の登山道入口をやりすごして林道を進み、三本目の沢

をすぎてからすぐ左の道に入る。この道は入口が荒れてわかりにくい。五分ほどで林道は終わり、砂防ダムにぶつかる。左岸のブッシュ帯を三〇〇m歩き、適当な所で沢に入る。広い単調な流れを三時間弱行くとゴルジュになるが、どちらも高巻ける。幕営地は標高四〇〇m付近がよい。さらに一時間ほどで沢は岩峰を巻くように急角度で左に折れる。五五〇mの二俣は左俣を行き、三〇分で三mの滝が現われ、手前の左岸を登る。沢はぐんぐん高度をあげ、水量も少なくなる。やがて三段に続くナメ滝が現われ、左岸を登る。さらに水量は減り、泥まじりの小滝が連続してくる。水が切れ、灌木帯の熊の通り道を行くと楽に行け、ハイマツを少しこいで頂上に出る。

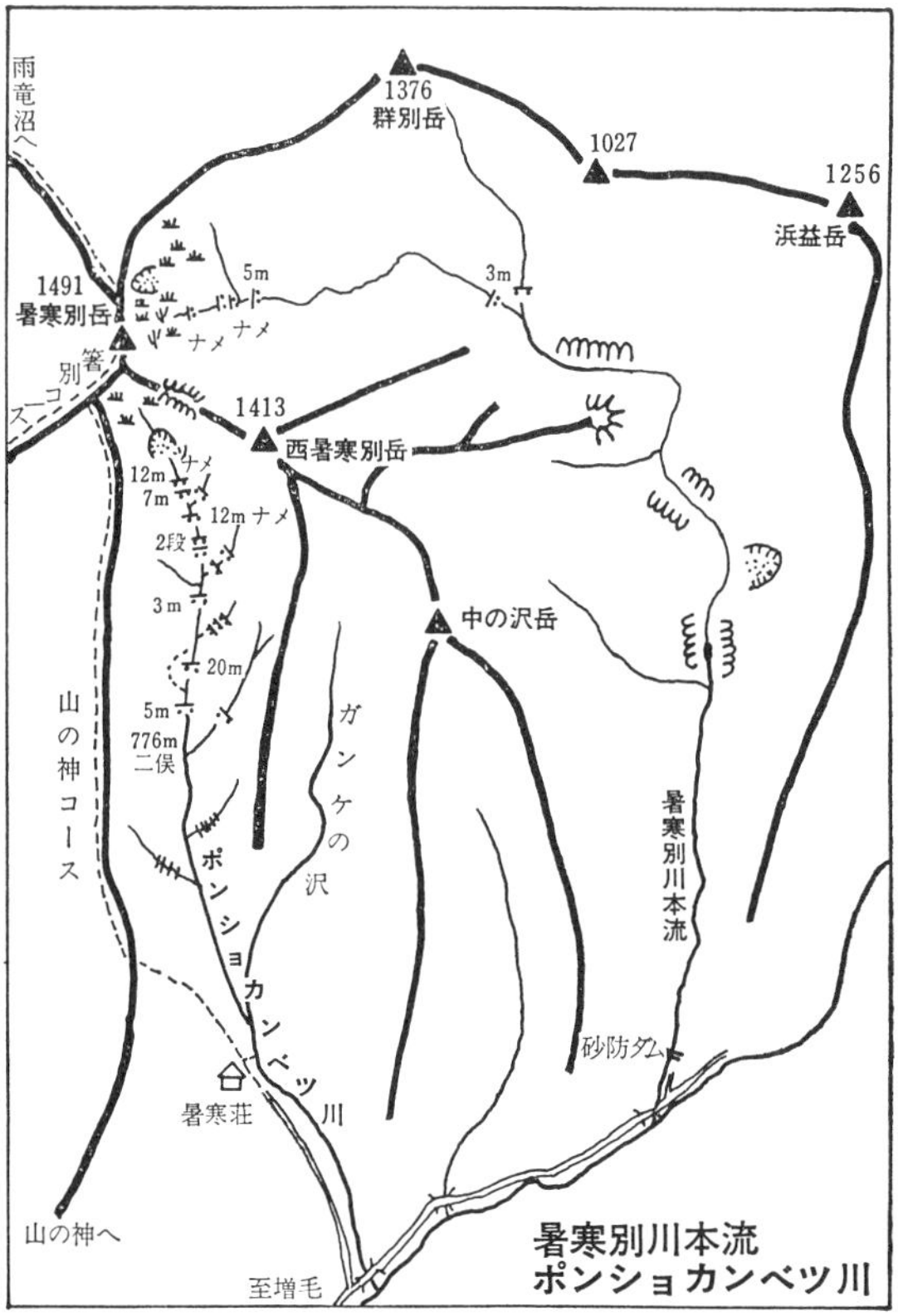

暑寒別川本流
ポンショカンベツ川

2 ポンショカンベツ川　六—七時間

暑寒別川支流の短い沢だが、ガンケの沢との二俣から暑寒別岳近くへ急角度に突きあげている。つめのブッシュもほとんどなく、滝も連続していて初心者の訓練に向いている。

暑寒荘よりすぐ沢に入る。ガンケの沢の出合いをすぎ、約三時間で標高七七六m二俣に着く。途中、左岸と右岸に一個所ずつナメ滝を見る。七七六m二俣より様相は一変し、滝が次つぎに現われる。右俣にも大きな滝がかかり、その上は広大なスラブになっている。最初の五mの滝は右岸を巻く。小滝を越えて左右にナメ滝を見て進むと二〇mの滝が現われ、その上も三mの滝となっている。右岸の草付きの壁の中間バンドをトラバースして落口に出る。あとはやさしい滝をこなし、最後の滝も水量が少なく楽しく越える。沢は斜度を増し源頭になる。左俣をつめガレ沢を登る。ブッシュを少しこいで草付きの急斜面を登り、頂上から西寄り約五〇〇mの登山道に出る。

3　**千代志別川**　七―九時間

滝川より中央バスで浜益まで。さらに乗り換えて千代志別まで行く。ここから先は工事中であるが、千代志別までは車が可能である。千代志別川右岸沿いに荒れた山道が標高三〇〇m付近まで入っている。

沢に入り一時間ほど行くと、標高三七〇mの最奥の二俣に出る。二俣手前に幅広い二段の滝が落下しているが両岸とも容易である。本流をつめると雄冬山に向かうが、右俣に入る。落差の小さい滝が連続して現われるが容易に越せる。沢を忠実につめ、最後のブッシュを三〇分こぐと浜益御殿直下の鞍部に出る。

本流は二俣をすぎて間もなく函が現われる。増水時以外は問題はない。やがて五万図上の青い水線の終わる地点に二俣があり左の沢に入る。ここからは落差のある滝が連続するが、直登、高巻きと容易に通過できる。傾斜はきつく、滝を越すごとに高度がぐんぐんあがる。源頭部は雨裂を利用し、三〇分ほどやぶをこいで雄冬山の頂上に出る。

4　**幌川本流**　八―九時間

群別岳に至る沢では最も距離が短く（約一〇km）、上部も滝が続き楽しめる。

滝川より中央バス（幌行、床丹行）の便があり、幌で下車。墓地を通り、リンゴ園跡まで車道（約二・五km）を行く。その先三―四kmほど造林歩道があるが荒れていて迷いやすいので、車道終点より沢に入る。平坦な沢を約六km（二時間）行くと、標高三六〇mの下二俣に出る。さらに小滝の多い平坦な沢を約一・五km（一時間）遡ると標高四七〇mの上二俣である。ここまで沢は北東に向いているが、上二俣より東に向きを変え群別岳へ向かう。数個所、函、滝が現われるが、容易に高巻いて行く。約二kmで二段の大滝に出る。下段は崩れて岩と泥まじりのナメ状。上段は三〇mほどで中央落口に向けて左岸よりバンド状のルートがある。滝の上部で沢は三本に分かれ、左の沢に入る。次の二俣を右俣、さらに次の二俣も右俣を行く。さらに三俣になり左に入る。水流の切れる地点で、右岸の土手状の斜面を登り、笹とダケカンバの中を直登すると群別岳本峰直下の壁下に出る。大滝からは約一時間だ。これより泥壁状の岩場を約三〇〇m登るが、ハング気味の所がありザイルを要す。尾根に逃げ、ハイマツをこいで山頂に達する。壁下より約二時間である。

5　**幌小川**　七―九時間

幌川の支流で、浜益岳に突きあげている。

幌川沿いの車道を三〇分で幌小川に出合う。幌のバス停から山に向かう道を行き、まっすぐ幌小川に入ることもできる。坦坦とした広い沢を二本目の二俣まで行く。しばらくすると、標高五〇〇m付近より滝が連続するが、落差は小さく、函もたいしたものではない。七〇〇m付近の最奥の二俣は右俣を行く。さらに小滝が連続するがしだいに水量も減り、沢が右手にカーブするあたりから年によっては雪渓となる。涸沢は凹地とな

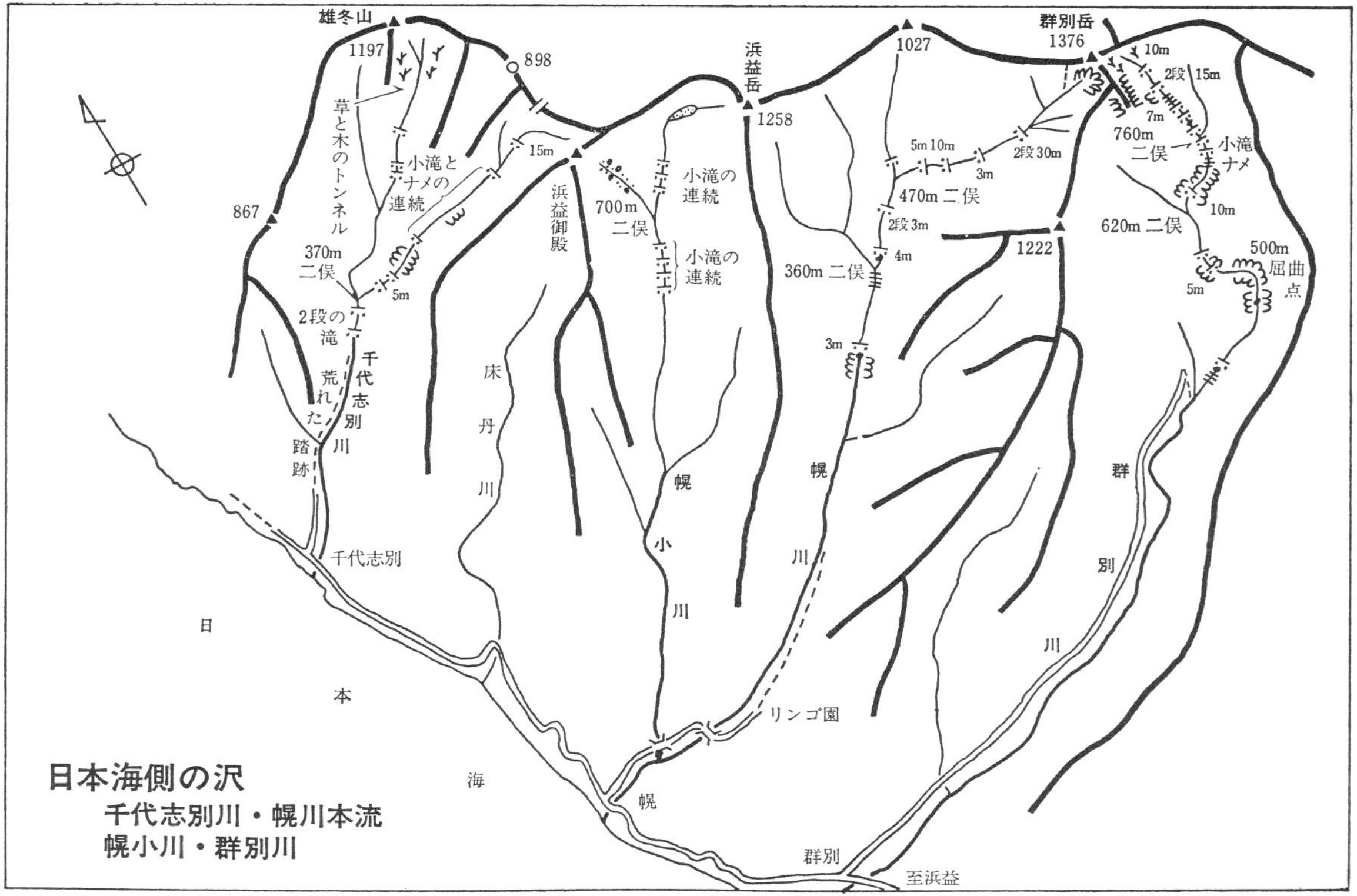
日本海側の沢
千代志別川・幌川本流
幌小川・群別川
雄冬山
1197
898
867
草と木のトンネル
小滝とナメの連続
15m
370m
二俣
5m
2段の滝
千代志別川
荒れた踏跡
千代志別
浜益岳
1258
浜益御殿
700m
二俣
小滝の連続
小滝の連続
床丹川
幌小川
1027
5m 10m
3m
2段 30m
470m 二俣
2段 3m
4m
360m 二俣
3m
幌川
リンゴ園
群別岳
1376
10m
2段
15m
7m
760m
二俣
小滝
ナメ
10m
620m 二俣
1222
500m
屈曲点
5m
群別川
日本海
幌
群別
至浜益

り、ネマガリダケをこいで浜益岳に達する。

最奥の二俣を左にとると浜益御殿だが、傾斜のきつい水量の少ない沢で遡行興味は薄い。最後のブッシュもかなりのものだ。

6　群別川本流　六―七時間

群別岳へ最も短時間で達することができ、滝川を早朝に出ると日帰りも可能で、明るく楽しい沢登りを手軽に楽しめる。

滝川からバスでもよいが、群別川沿いに群別の集落より林道が一〇km入っているので車をチャーターすると早い。林道終点から枝沢の急斜面を下り、出合いに出て遡行を開始する。五〇〇m屈曲点までは一時間半で着く。ここは函があり、沢らしい様相を見せている。五mの滝を越えてしばらく行くと、広く明るい六二〇m二俣に出る。右俣を行き三〇分ほどで一〇mの滝に出合うが、左岸を直登する。さらに上部の函もすぐ上を巻ける。七六〇m二俣まで小さなナメや小滝が連続し楽しい遡行となる。左俣を行き、沢は少し狭くなる。七mの滝を越え、ナメを過ぎると二段一五mの滝が現われる。右岸の水ぎわを登り楽しめる。さらに美しい小滝を四つほどすぎると一〇mの滝となり、左岸を登る。源頭の雰囲気の現われた沢をそのままつめる。最後は少々のやぶこぎで群別岳の頂上だ。あとは往復してもよいし、群別岳頂上からかすかな踏跡を利用し徳富《とっぷ》川上流に入り、上二俣から右俣に入り南暑寒別岳へつなげると変化のある山行を楽しめよう。

7　徳富川　一五時間

増毛の沢では長く、日数に余裕をもちたい。沢の醍醐味は充分に味わえよう。

道々滝川―浜益線が徳富川の橋を渡る手前から北幌加に向かい徳富川左岸沿いの林道を進む。この林道は標高二七〇m付近の砂防ダムを過ぎた所で終点となる。ここまで車が入るので滝川でチャーターするとよい。

砂防ダムからは水量が多くなり、時には腰までつかる徒渉をくり返す。ようやく曲がりくねった廊下の奥に沢幅いっぱいの豪快な大滝にぶつかる(砂防ダムより七時間)。大滝は右岸のやぶをこいで高巻く。標高六一〇m二俣までは、この大滝をはじめ、深い淵などもあり、沢登りの変化を楽しめるが、長いうえ増水時のエスケープルートが見当たらないのが難点だ。二俣をすぎると、滝、函と次つぎに現われ、左右から小沢が滝となって合流する。沢が左に曲がり、左岸から二〇mの滝が落ちている付近で、はじめて群別岳が見える。やがて沢幅いっぱいのナメ滝が現われ、上流に三段の大滝が現われる。一段目はハングしており、二、三段目は「く」の字型をしたナメ滝である。右岸を高巻く。沢はさらに狭くなり、五、六mの滝が続き、頂上直下の急斜面の草付きとブッシュをこぐと群別岳の頂上に出る。

8　恵岱別川本流　七―八時間

増毛の沢では最も変化に富み、中級以上の技術を必要とする。アプローチが不便なため、遡行者も少なく、さらに静かな沢歩きを楽しめる。

アプローチは二つある。雨竜沼から恵岱別岳を通る道は荒れ方がひどい。和《やわら》から増毛に抜ける道路の峠から恵岱別川左岸沿いに進むのがよい。林道終点から登山道があり、登り下りの激しい道を進み、三段の滝を大きく巻いて再び沢沿いに歩いて沢に入る。沢を進むとほどなく右岸からの沢と出合う。さらに坦坦とした沢を進むとゴルジュ、函と続くが、暗く大きな釜をもったゴルジュが右曲がりの形で現われる。右岸を簡単に高巻

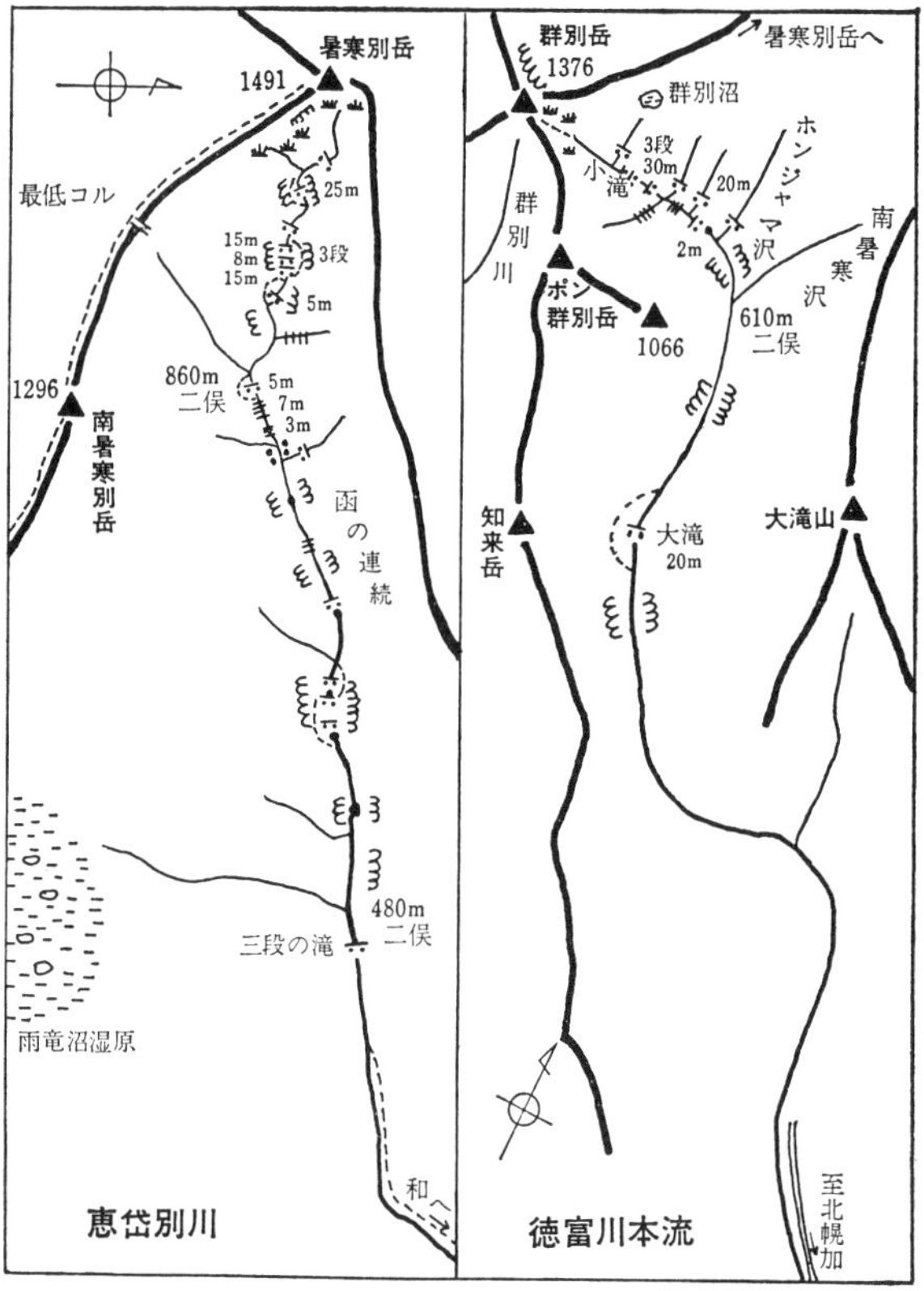

けるが、直登するのがおもしろい。さらに変化のない沢をしばらく行き、標高七〇〇m付近から釜をもった小滝や函が時どき現われる。八六〇mの上二俣手前で滝が三つ続くが、楽に処理できる。上二俣は右俣を行くが、左俣は最低コルにあがっている。五mの滝を過ぎると、一五m、八m、一五mと、三段の滝がすばらしい迫力で水を落としている。これは左岸の壁を巻くようにへつっていく。さらに現われる二五mの大滝は右岸のリッジから取付き、右岸の草付きを登り、トラバースして滝の上に降りるとよい。核心部はここまでで、源頭の沢をつめると暑寒別岳の肩から降りたガレ場を通り縦走路に出る。

この沢はアプローチの関係から、いったん南暑寒別岳まで登り、最低コルから左俣を下り、上二俣より右俣の核心部を楽しむこともできよう。

樺戸山塊の沢

樺戸山塊の沢は一般的には変化に乏しく、入域する人も限られる。しかしただ一つ、樺戸山に奥深く入りこんでいる札的沢《さってき》だけは、まことに変化に富んだおもしろい沢で、上級者向きの好ルートが何本かとれる。水量は少なく、岩は脆い。源流近くには確実なピンも少なく、注意を要する。遡行の対象として二の沢、三の沢、六の沢、本流をあげることができよう。一の沢は下降路として用いるのがよく、ここでの説明は省いた。

国鉄札沼線の札的乗降場横の道路をそのまま忠実にたどる。その終点が札的沢の三俣で幕営地にもよい。

〔五万図〕月形、砂川、滝川　〔参考文献〕「北の山脈」19号

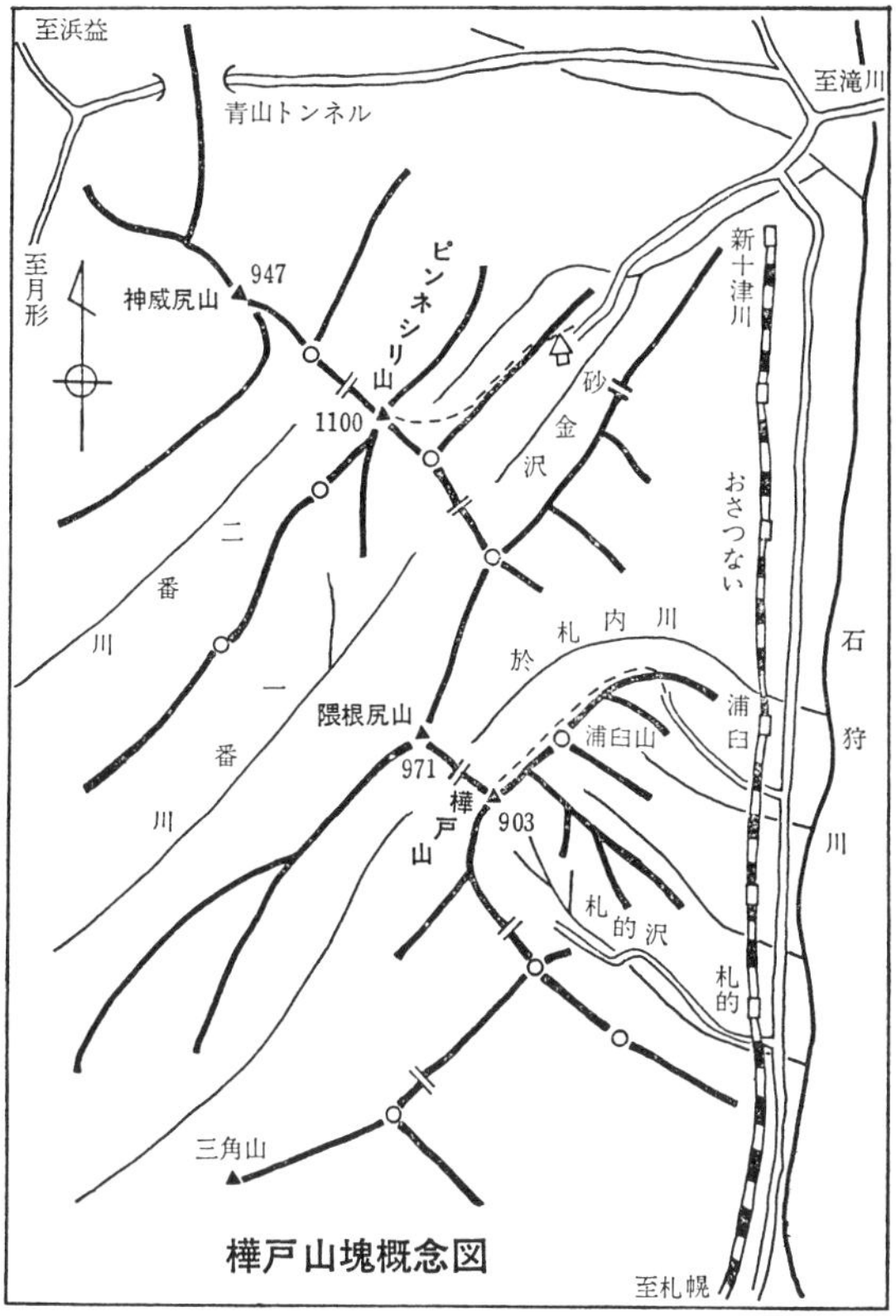

樺戸山塊概念図

9　札的沢本流　四―五時間

三俣より中央の沢を行く。砂防ダムを数個所通るがすべて左岸を行く。最後の砂防ダムより沢は急に狭くなり、七月頃まで五、六〇mの氷のトンネルができている。沢は右に曲がり小滝が続く。すぐ左に折れると三段の大滝が現われる。左岸の草付きのルンゼ状を巻くと滝の上に出る。小さなゴルジュを過ぎそのまま行くと、五―七mの滝が連続する。高巻き、直登で越える。赤い岩のナメ滝が連続し、両岸が狭くなり函が現われる。その後廊下状が続き、五四〇m付近でF10となる。F10はボルトが打ってある。その上が二俣になっており左俣の本流を行く。五つ

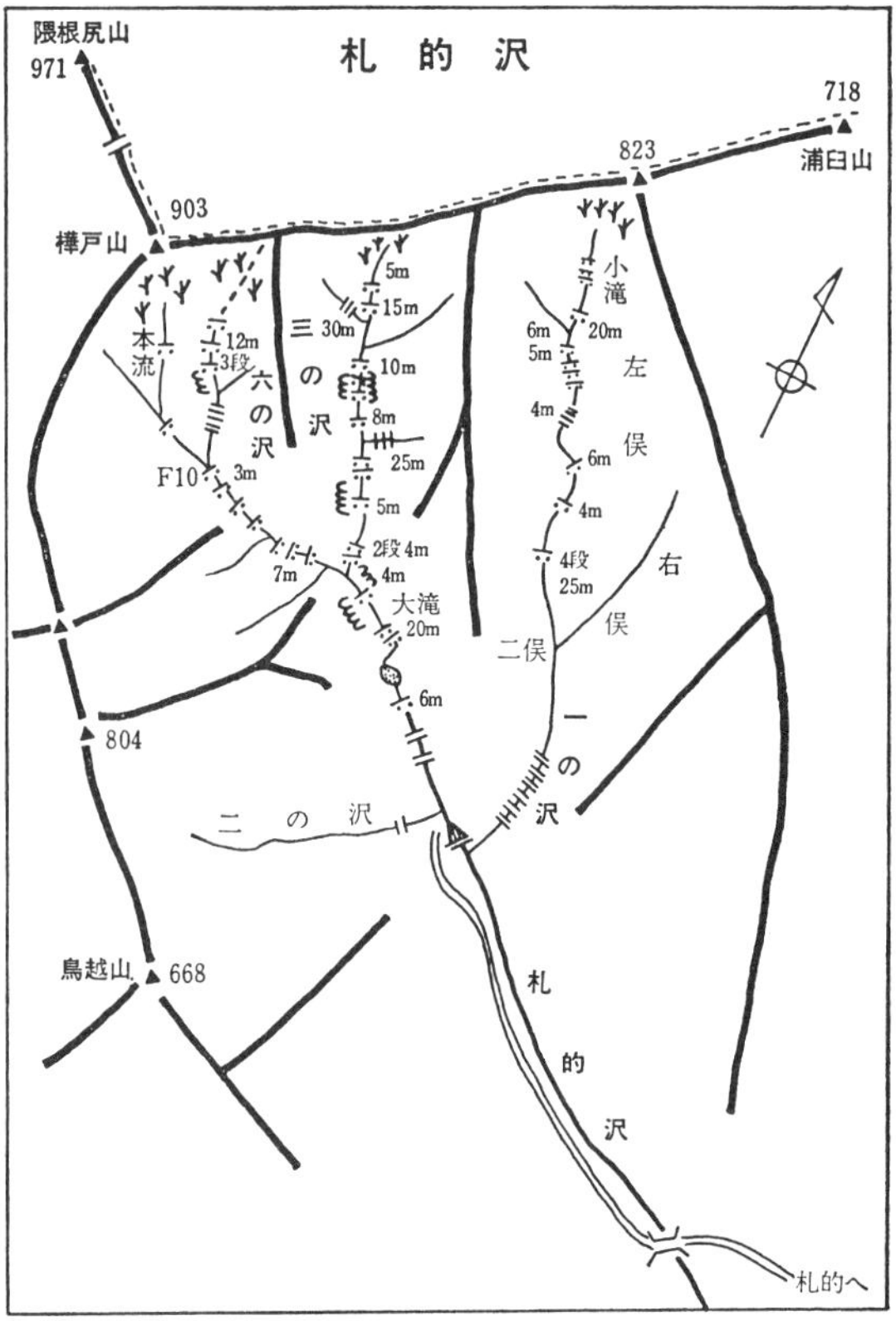

ほど滝が続き、さらに傾斜のきついブッシュ帯をこいで樺戸山の山頂に出る。

10　**札的沢・六の沢**　二時間

本流F10上部の二俣を右俣に入る。しばらくはナメ滝が続き、六〇〇m付近で二俣となる。左俣に入りさらに行くと、三段の滝が現われ、下から二m、一〇m、四mと続く。流れが小さくなり伏流してくる。小滝をいくつか越え、ガレ場とブッシュをこいで登山道に出る。

11　**札的沢・三の沢**　三時間

本流の三段の大滝を越え、さらに四mの滝を過ぎると左岸から小さな滝が落ちている。これが三の沢の入口である。すぐ三つほどの滝が続くがすべて直登する。ホールドは細かい。さらにナメ滝が現われ、一〇mの滝は右岸を直登するが出口で水をかぶる。小滝を二つ越えて二俣である。左俣を行き、泥とブッシュのつまった狭い沢を過ぎ、小滝を四つほど越えた所で一五mの滝が現われる。これは簡単に直登できる。水量が少なくなり、いくつか小滝を越え、最後は傾斜のきつい滑りやすい斜面を登って登山道に出る。

積雪期の増毛山塊

夏の穏やかな雰囲気とは打って変わり、冬期の増毛山塊は厳しい山と変わる。日本海からの湿気を含んだ季節風が大量の降雪をもたらし、道内有数の豪雪山域となる。十二月から二月の厳冬期はよほどの高気圧の張り出しがない限り好天に恵まれることはまずない。それゆえ、厳冬期の登山はドカ雪、吹雪の中での過酷な戦いとなり、暑寒別岳へは毎年数パーティが登頂しているものの、全山縦走ともなると、一九七九年二月十日から十八日までの、滝川山岳会が大別刈から入山して、天狗岳から群別岳を通り、青山トンネルの上を経て樺戸山塊のピンネシリ山、樺戸山まで、全長約八〇㎞の縦走の成功が初めてのことであった。夏期利用のできた林道も埋まりアプローチは長く、多量の雪のためにスキーは不可欠だ。重荷にあえぐラッセルは当然のことと考え、登山日数は必然的に多くなる。しかし稜線は群別岳付近を除くと比較的なだらかで、広大な斜面を豪快に滑降し自由なシュプールを描く楽しさは格別だ。ただ森林限界より上は目標物に乏しく、荒天時の際は北海道の他の山域同様、充分に注意を払いたい。

三月中旬頃になると、雪は深いが天候はだいぶ落ち着いてきて、春山スキーの季節となる。四月から五月の連休頃にはスキーツアーを楽しむ人々の姿を多く見ることができ、また厳冬期には人を寄せつけない全山縦走も可能になる。

積雪期におけるスキー登山を考えると、入山方法もコースの取り方も自由で、夏期には登頂困難なピークも踏むことができる。なんといっても羆の心配をしなくてもよい。以下代表的なコースをいくつか挙げてみた。

1　暑寒別岳山の神尾根ルート　三日

夏道を利用するルートで、少々の吹雪でもルートはわりとはっきりしており、中級者向きのルートといえよう。

冬期は増毛からの車道は山の神の道立孵化場を過ぎた所で除雪は終わっている。そこからスキーをつけ歩き、一日目は暑寒荘かその付近で幕営する。二日目早立ちすると頂上を踏むことも可能だが、三日の予定だと安心だ。小屋付近から夏道沿いに登高を続けると、五六五m付近で広い稜線に出る。そのまま稜線を歩くが高度はさほどかせげない。長い稜線を登り、やがて一〇七六mのドームの上に来ると、前暑寒から一気に二〇〇mの高度差をもった壁が見える。雪の大斜面でここがポイントになる。この大斜面を登るとあとは本峰まで広くなだらかな尾根である。天候悪化に備えて標識は用意したい。概念図は一三二頁参照。

2　群別岳南西尾根ルート　二日

ピラミダルな容姿が目をひく群別岳は、山塊中でも冬期は特に天候が安定せず、容易に登頂はさせてくれない。地図上では長く感じられるが、このルートは群別岳に登るには最も短い。

群別の集落より四〇〇mほど手前の群別川にかかる橋から林道に入る。冬期も除雪しているようだが確認してからのほうがよい。地図上四〇六mのピークにいきなり登る。あとは稜線をそのまま群別岳を目ざして登るが、尾根が広いので標識は充分に用意する。一二二二m峰までは五時間ほど。ここよりスキーをはずしてもよいが、自信のある人は頂上まで行ける。一二二二m峰から群別岳とのコルまでは一・五㎞ほどナイフエッジが続く。登頂後、一二二二m峰からのスキー滑降は一時間半ほど滑りっぱなしの楽しいコースとなる。概念図は一三四頁参照。

3　**増毛山塊の縦走**（雄冬山―群別岳―暑寒別岳―山の神）

五日―六日

このコースは冬期よりも春山スキーツアーとして推めたいコースで、暑寒別川を一周するように、馬蹄型に連なった山々を縦走するものである。

増毛よりバスで大別刈（終点）へ。車を利用するとさらに奥まで入れる。入山は自由に選んでよいだろう。大別刈川をつめて標高四〇〇m付近から天狗岳を目ざして稜線に出てもよいし、早目に雪を利用して稜線を主に歩いてもよい。右岸の尾根には旧雄冬山道の電柱があり、それに沿って行くと天狗岳の近くまで登れる。天狗岳に登らない時は、天狗岳の南東面をトラバースして雄冬山とのコルに出る。あとは主稜線を浜益御殿―浜益岳へと歩く。雄冬山から南へのびる浜益御殿への尾根は、ガスっている時はリングしないように注意すること。群別岳は北面をトラバースすると時間が短縮できる。北に向かう尾根のコルに出て、あとは広い稜線上を北東に向かってのんびり歩く。ホンジャマ平を経て、暑寒別岳と南暑寒別岳を結ぶ稜線にぶつかり、暑寒別岳を目ざす。暑寒別岳頂上直下の稜線は西側の崩壊が激しく、稜線もやせている。あとは山の神コースを下ることになる。

〔執筆者〕　三和裕佶

札幌近郊、支笏・洞爺、ニセコ・羊蹄の山

えぞ山岳会
贅田克昭
堀井克之

石狩湾に面する小樽と噴火湾に面する室蘭は、共に地図上のほぼ東経一四一度線上に位置している。この一四一度線に沿う小樽から室蘭の間には、標高こそ低いが奥深い山々が連なっている。一四一度線の東には、札幌の南西部から支笏・洞爺国立公園周辺の山々が、また西側には、後方羊蹄山《しりべし》、ニセコ連峰の山々が広がっている。いずれも札幌、小樽、室蘭の岳人によって四季を通じて登られている。

札幌市の南西部に位置する山域は、主に札幌市の真ん中を流れる豊平川源流域の山々で、一〇〇〇―一四〇〇mほどの標高をもって連なっている。明治時代のえぞ開拓時に札幌の街造りが行なわれたのち、主として北大の関係各部によってその登山史は始まる。多くは積雪期のスキー登山であり、昭和の初期に建てられた山小屋は、現在でもその名を残し、多くの登山者に愛されている。夏山の一般登山道の完備した山は、空沼岳、札幌岳、無意根山など比較的少なく、ほとんど沢登りに頼らざるをえない、やぶこぎを強いられる山々も多い。やはり積雪期のスキーツアーがその主流といえる。

支笏湖と洞爺湖の間の山域とは、支笏湖を馬蹄型に囲む恵庭岳、風不死岳、樽前山などの山々と、白老岳から南へホロホロ山、オロフレ山、室蘭岳へのびる山々をいう。ここは支笏・洞爺国立公園の中にあるが、観光客が訪れる一部を除くとまだまだ静かな山歩きを楽しめる。

ニセコ連峰は、ニセコアンヌプリを主峰として、やはり一〇〇〇m前後の山々が、十数座並んでいる。山麓には多くの温泉が点在し、中腹の高原には大小の湖沼と湿原地帯があり、夏はハイカーで賑わう。また積雪期には山腹に広がるスキー場にカラフルなスキーウェアーが入り乱れる。

ニセコアンヌプリと対峙する後方羊蹄山は、道内でも屈指の独立峰で標高も高い。冬期は非常に厳しい気象条件となり、登山には細心の注意を要する。

以上取りあげた各山域をここにまとめて言及するには、それぞれ特色もありためらいを感ずる。ただ、一般的には高度な技術を要する岩場もなく、滝やゴルジュの連続する上級者向きの沢もない。しかし、標高は低く、困難な岩場や沢はないとはいえ、北国の冬山にはそれ相応の困難があることはいうまでもない。

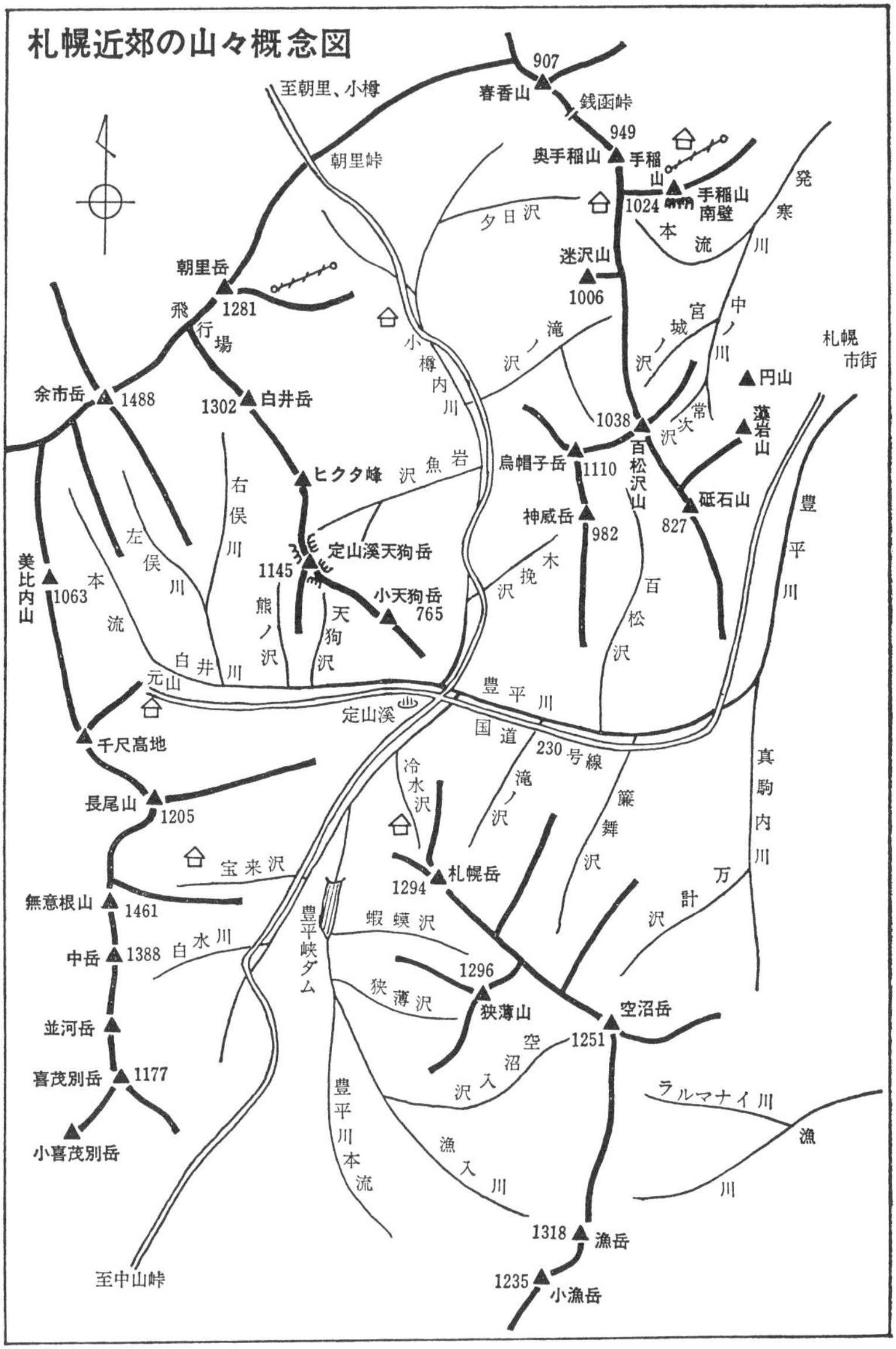
札幌近郊の山々概念図
907
春香山
銭函峠
949
奥手稲山
手稲山
1024
手稲山南壁
至朝里、小樽
朝里峠
夕日沢
本流
発寒川
迷沢山
1006
朝里岳
1281
飛行場
宮城ノ沢
中ノ川
札幌市街
滝ノ沢
小樽内川
円山
余市岳
1488
1302
白井岳
1038
次常沢
藻岩山
ヒクタ峰
沢魚岩
烏帽子岳
1110
百松沢山
砥石山
827
右俣川
神威岳
982
豊平川
左俣川
定山渓天狗岳
1145
美比内山
1063
本流
木挽沢
小天狗岳
765
熊ノ沢
天狗沢
百松沢
白井川
元山
豊平川
定山渓
国道230号線
千尺高地
冷水沢
滝ノ沢
簾舞沢
真駒内川
長尾山
1205
宝来沢
札幌岳
1294
万計沢
無意根山
1461
豊平峡ダム
蝦蟇沢
中岳
1388
白水川
1296
狭薄沢
狭薄山
空沼岳
1251
並河岳
空沼沢入
喜茂別岳
1177
ラルマナイ川
漁川
小喜茂別岳
豊平川本流
漁入川
1318
漁岳
1235
小漁岳
至中山峠

以下、各山域の沢ルートと積雪期の代表的スキーツアーのコースにふれてみよう。

札幌近郊の沢

札幌近郊の山は、人口の多い札幌市をひかえているだけに登山者も多い。夏道が整備されているとはいえ、やはり北海道の山だけあって、それも少ない。夏は沢登り、冬期から春にかけてはスキーツアーが主流で、わりと手軽に楽しめる。上級者向きの沢は少ないが、日帰り、一泊程度でおもしろい沢登りを楽しむことができる。

〔五万図〕　札幌、定山渓、銭函、石山、仁木、双葉、樽前山

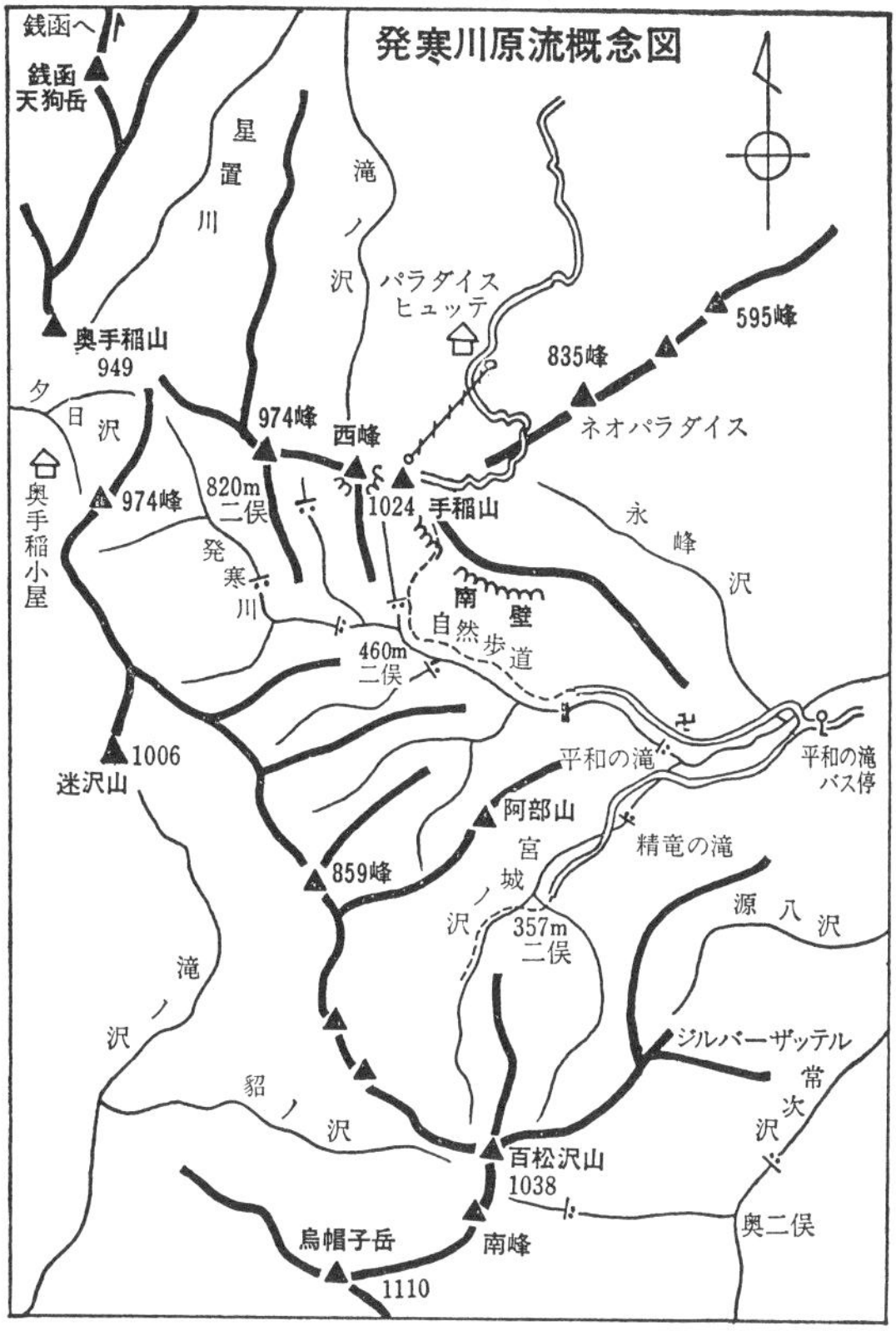

1　発寒川本流　四―五時間

奥手稲山頂に直接突きあげる沢ではないが、源流まで明るい沢登りを気軽に楽しむことができる。

地下鉄・琴似駅より市営バス（平和の滝行）に乗車し、終点で下車。橋を渡り、平和の滝へ向かい、自然遊歩道を行き、標高四六〇m付近で歩道と分かれる。本流をワラジをつけて行くと、すぐ階段状の滝、ナメ滝、小滝と続く。八二〇m二俣を左につめ、コルに出る。コルから小樽内川支流の夕日ノ沢上部まで猛烈なネマガリダケをこぐ。奥手稲小屋へ一泊してもよい。下降は夕日ノ沢か、奥手稲山頂より星置川に下ってもよい。小屋より頂上までの道は消えている。

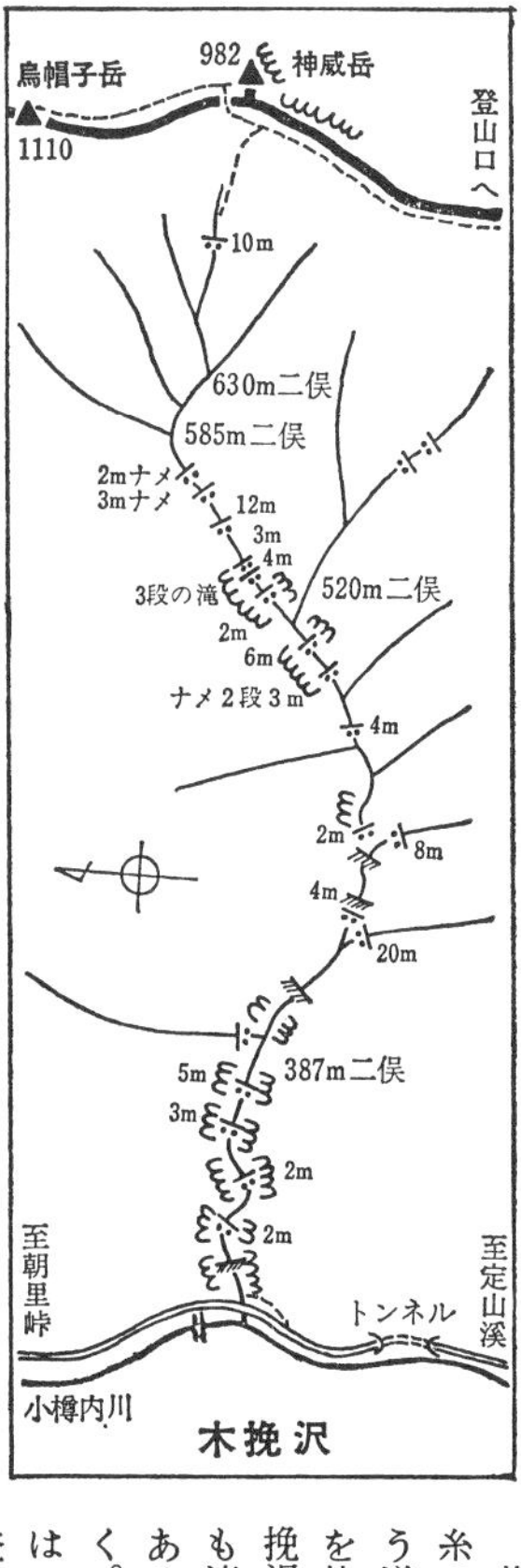

木挽沢

2　**宮城の沢**　四—五時間

前項のバス終点より平和霊園を過ぎ、林道を進む。砂防ダムを三つほど横に見ながら相当奥まで林道が続く。ワラジの感触にひたりたいなら、精竜の滝より遡行を開始するとよい。

3　**常次沢**　三—四時間

奥二俣まで林道ができ、砂防ダムが三つほどあり、ワラジでなくとも登れるので、本当の意味での沢登りといいがたい。

地下鉄・琴似駅から福井堰堤行のバスに乗り終点で下車。つり堀りと採石場を通り、林道を二俣まで行く。沢はナメ、小滝が数個といった程度だが、途中一〇mの壮観な滝がある。

4　**木挽沢**　三—四時間

滝も多く、小函や淵もあり、適当なバランスクライミングを楽しめる美しい沢である。

札幌から定山渓行のバスに乗り、白糸の滝で下車。ここから小樽内川に沿う道々小樽定山渓線を行く。トンネルを抜けて最初に右から合流する沢が木挽沢である。すぐ函状となり、その後も滝、小函と越える。淵を泳ぐこともある。標高六四五m二俣は右俣を行く。水流が少なくなり水が切れると、はっきりした踏跡が現われ、神威岳の登山道に合する。

5　**岩魚沢**　三—五時間

風倒木や小枝、背丈のある草が多く、けっしてきれいな沢とはいえないが、古くからの足跡が感じられる。地形図ではこの沢を天狗沢と称しているが、普通は岩魚沢と呼んでおり、白井川から天狗岳に突きあげている沢を天狗沢と呼んでいる。

定山渓より道々小樽定山渓線を車で一五分ほどで小樽内川との合流点に着く。天狗岳へはここより五本のルートがとれる。

右俣の右沢——林道がかなり奥まで入っているが、忠実に沢をつめてもおもしろい。標高七〇〇m付近で二〇mの大滝に出合う。草付き、灌木帯を左から巻く。源頭は急な草付きとなり、Ⅱ峰基部にある「小さな花園」目ざして登り、Ⅱ峰基部の草付きのガレ場をトラバースして本峰とⅡ峰の間のウェスト・コルに出る。

右俣の左沢——右俣をたどり、標高五三〇mで林道と分かれ

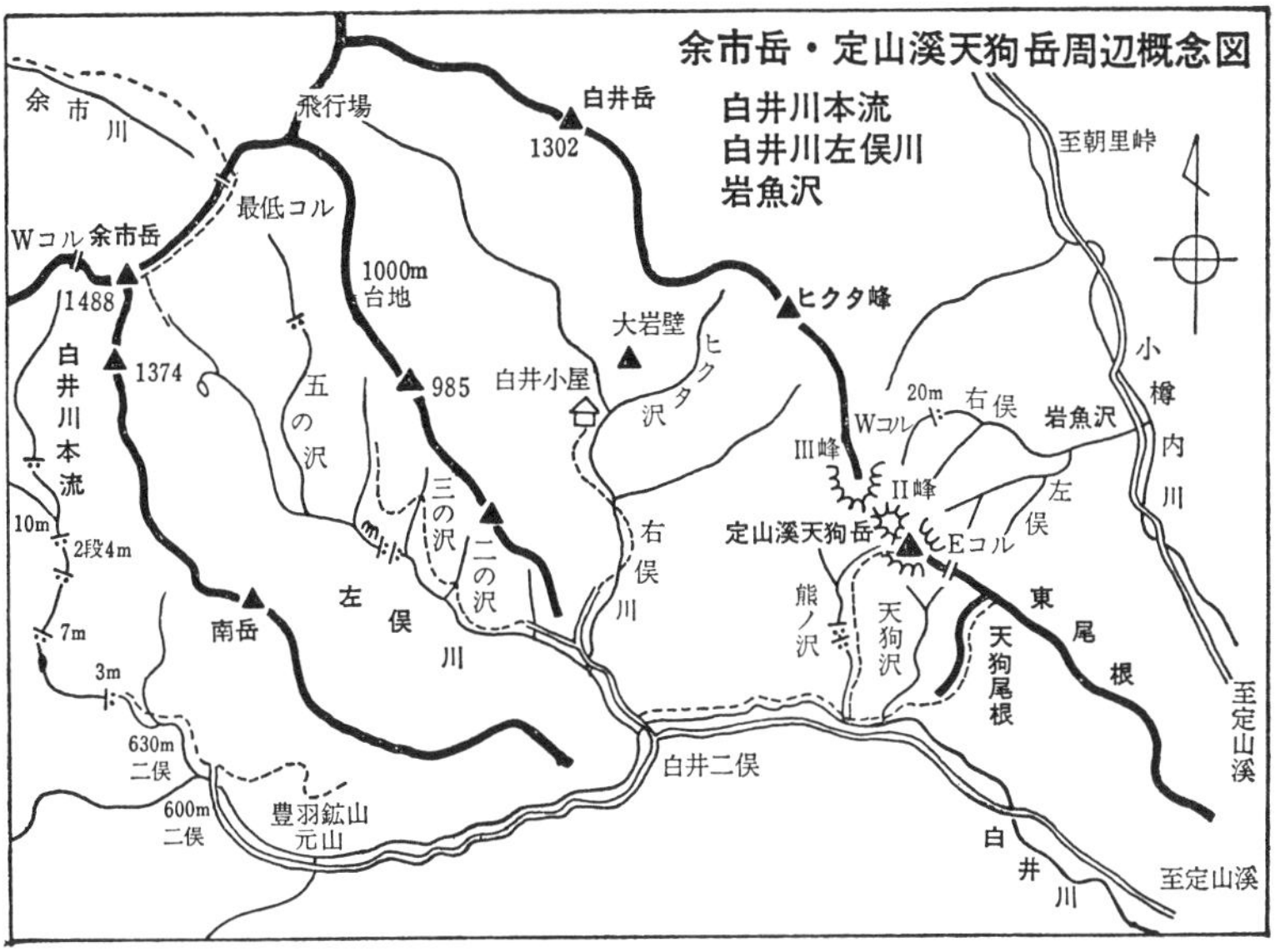

水流の少ない左沢を行く。水のない滝をいくつか登り、上部が開けてくる。Ⅱ峰を前に、ガレそうな急な斜面を左寄りに灌木の多い出尾根を登り、Ⅱ峰基部をややトラバースしてウェスト・コルに出る。

左俣の右の右沢——最初は荒れ沢の感じが強いが、中間は小滝が連続し、やや明るい快適な沢だ。枝沢が多く迷いやすい。

左俣の右の左沢——途中までは右沢と同様。左沢に入り、上部は急な岩の斜面に出る。落石に注意して登ると、「憩いの花園」に出て東尾根コースとなる。この尾根は草付きの泥壁、ホールドの少ない岩壁、ナイフエッジと続き、初心者にはむずかしい。

左俣の左沢——背丈ほどある草が多く暗い沢だが、むずかしいところはなく天狗尾根コースの峠に出る。

6　白井川左俣川　五—六時間

札幌近郊で最も高い余市岳（一四八八m）の南面に位置する沢。余市岳はその堂々たる姿で多くの岳人をひきつける。

札幌から定山渓経由の豊羽元山行のバスに乗り、白井二俣で下車。橋を渡り一kmほどで二俣に出る。右俣、左俣ともに林道があり、左俣は三の沢付近で河原に降りる。近くに幕営すると翌日往復して札幌に帰れる。平凡な沢が続き二俣となる。左にとると二段の滝が現われる。その後小滝、小函と連続するが容易に越せる。沼の横を通り、急な道となるがやぶこぎは少ない。

7　白井川本流　六—七時間

少々長いが沢登りのおもしろさは満喫できよう。

豊羽元山（終点）で下車。林道と歩道を使い最初の二俣あたりまで入る。降りて遡ると、長い函や小滝の連続する所もあるが容易に通過できる。上部の二俣を右にとって余市岳の頂上へ出てもよいが、左俣をつめてウェスト・コルに出たほうが早い。

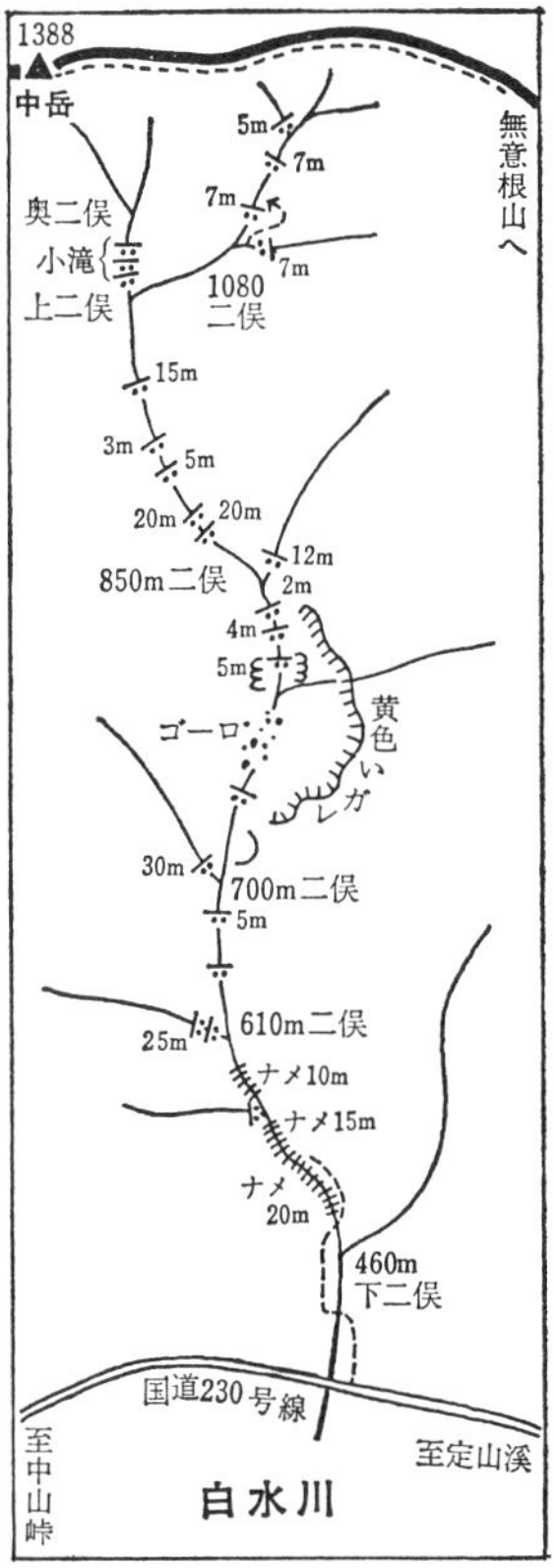

8　白水川　七—八時間

ナメ床と滝が連続する水のきれいな沢である。定山渓より薄別行のバスに乗り終点で下車。国道二三〇号線を南に一kmほど行くと白水川に出合う。林道がさらに三kmほど入っている。巨石の積み重なった所を轟音を響かせ、水量豊かにダイナミックに流れ落ちる様はまことに壮観だ。途中、両岸が狭まってプールのように水をたたえた函がある。踏跡をさがして左を巻くか、思い切って直登する。あとも大小さまざまなナメ床と滝が連続するが、すべて直登できる。一〇〇〇mの二俣を右にとり、中岳と無意根山とのコルを目ざして強烈なやぶをこぐ。コルから無意根山頂までは約三〇分である。

9　蝦《が》沢《ま》沢　五—六時間

ナメ床、ナメ滝の多い沢で、静かな沢歩きができるが、札幌からの日帰りは無理だ。

札幌から洞爺湖行のバスに乗り、中山峠手前の望岳台で下車。トンネル手前まで戻り、豊平峡ダムに行く林道を下る。湖の橋を渡り蝦蟆《がま》沢に入る。ナメ床、ナメ滝はむずかしい所はない。札幌岳への直登沢はブッシュがひどいので、本流をたどり縦走路に出るのが一般的だ。

10　狭薄沢　五—六時間

前項の蝦蟆沢の出合いより南に一kmで狭薄沢の出合いになる。アプローチは前項参照。最初の五mほどの滝を越えると沢は広くなり緩やかとなる。上流はナメ床、滝と連続し、沢筋は曲がりくねる。沢頭近くで枝沢が多くなる。最後の三俣は右俣をつめると狭薄岳の頂上だが、やぶがひどい。真ん中の沢をたどると北東コルに出る。

11　漁入沢　七—八時間

函と滝が連続しておもしろいルートであるが、むずかしい所

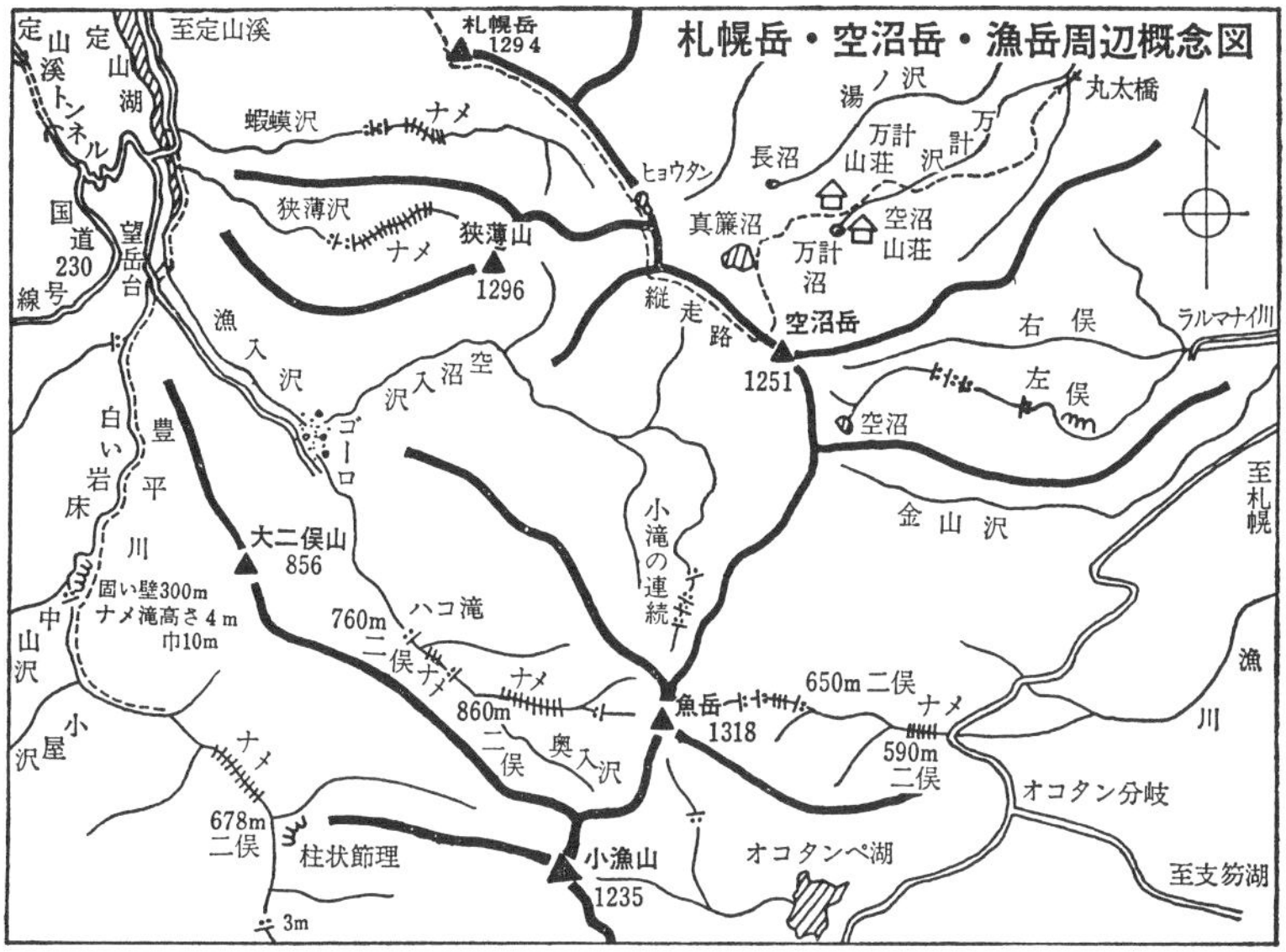

はない。

蝦蟇沢、狭薄沢のさらに南奥にあるが、豊平峡ダムの橋を渡らず豊平川左岸の林道を行く。やがて本流の橋を渡り、漁入沢左岸の林道に入る。やがて五六〇ｍ二俣で左俣は空沼入沢である。林道はさらに標高七〇〇ｍまで使える。八六〇ｍ二俣は左俣に入る。小滝、ナメ床が続き、やがて一〇二〇ｍ二俣に着く。右俣を行くが涸沢となり、ハイマツ帯の踏跡をたどり、漁岳の頂上へ出る。

12　**豊平川本流**　一〇—一三時間

前項の漁入沢出合いあたりで本流の河原に降りる。右岸の小道はかつて森林鉄道の走っていた軌道の跡で、以前は小屋沢の先まで使えたが廃道に近い。流れはゆっくりと蛇行してゆく。上流はナメ床が連続し、六七八ｍ二俣を過ぎると三ｍの滝が川幅いっぱいに落ちている。この先は黒っぽい苔の生えたナメ滝が七〇〇ｍも続く。源流は小さな水の流れが切れながらもナメが続き、最後は背丈ほどのブッシュをこいで小漁山の頂上に立つ。

13　**ラルマナイ川**　五—六時間

札幌から支笏湖行の定期バスがラルマナイ川を横断しているが、近くに停留所がないので自家用車を利用する。ラルマナイ川中流の砂防ダムまで車は入れる。ここで川は三俣になっている。真ん中の沢はラルマナイ川右俣で、滝はないが明るい花崗岩の河底を快適に辿っていく。源流を上手に探して空沼岳山頂岩壁の基部に達する。

ラルマナイ川左俣は空沼に出る。明るいクリーム色の滝や小滝も連続する爽快な沢だ。空沼から山頂まではブッシュをこぎ、ハイマツの中の刈分け道を探して頂に達する。

14　**漁川本流**　四―五時間

札幌より支笏湖へ向かうバスに乗り、オコタン分岐で下車。札幌寄りに戻り漁川に入る。はじめは広い河原を進み、ナメ床が現われて五九〇m二俣となり右へ入る。本流はナメ滝が連続し高度をぐんぐんかせいでいく。やがてネマガリダケのかぶった沢に出る。空沼岳へ続く稜線から漁岳の山頂まではっきりした踏跡がある。

積雪期の札幌近郊の山々

札幌近郊の山を味わうにはやはり積雪期のスキーツアーであろう。十二月中旬から所によっては五月上旬まで楽しむことができる。一般的に、札幌から日帰りですむ山が多いが、一―二泊して縦走すると、低山ではあるが独創的な静かな山行を楽しめよう。

十二月中は雪がしまっておらず、ブッシュや深雪に悩まされる。三月頃から天候が安定し、下旬を過ぎると粉雪は期待できない。四月中旬以降はロングスキーのキズ付きを気にせねばならず、ゾンメルの快適な時期となる。また、ツボ足の登降も可能となる。特に雪崩れる山は札幌近郊では少ない。さまざまなルートを好みにしたがって選択しながら気軽に楽しむことができるのが、札幌近郊の山といえよう。

15　**奥手稲山・銭函天狗岳ルート**　三―四時間

このルートは最近ルート上の樹木が多くなり、中腹半分は快適な滑降が期待できない。

国道五号線の銭函バス停より戻り気味に、山側に向かう道をたどる。札樽高速道路の下をくぐり、銭天山荘から銭函天狗岳の腹を横切るルートと、銭函インターチェンジ付近からゴルフ場を登りつめるルートがあるが、いずれも尾根取付き付近で一緒になる。尾根を登りつめて北の肩に達すると、奥手稲山頂はすぐだ。頂上から南東に下り、夕日の沢源頭を越えると奥手稲小屋だ。小屋に一泊して迷沢山方面への縦走も楽しいし、北西尾根から春香山への縦走もテント一泊で楽に可能だ。概念図は一四三頁参照。

16　**迷沢山・発寒川ルート**　三―四時間

アプローチは沢の項を参照（一四三頁）。平和の滝まで三〇分歩き、平和寺横の林道を一五分ほど奥に進むと送電線がある。沢を越え（水量により徒渉に苦労する）、送電線沿いに登る。縦走路の尾根上から送電線と分かれ、静かな迷沢山までは一息だ。吹雪いたり、ガスの濃い時は、山の名のとおり沢が入りまじっているので注意する。奥手稲山へも抜けることができるし、百松沢山までの縦走も楽しい（一日）。概念図は一四三頁参照。

17　**百松沢山・源八沢ルート**　三—四時間

古くから日帰りツアー・コースとして親しまれている。

地下鉄・琴似駅より福井堰堤行のバスに乗り、終点で下車。林道を進むと一〇分で源八沢との出合いに着く。案内板があり、指導標も頂上まで五個所ついている。沢沿いに登り、急斜面を源頭に出ると通称「ジルバーザッテル」と呼ばれる広い雪面に出る。忠実に尾根をたどって頂上まで。本峰から形のよい南峰まで一五分、また西の烏帽子岳までも四〇—五〇分だ。概念図は一四三頁参照。

18　**百松沢山・常次沢ルート**　三—四時間

源八沢の次の大きな沢が常次沢で、採石場の横を通り、奥二俣まで車道がのびている。この上部は雪崩の危険が多いので左の出尾根に取付き、南峰から砥石山につながる尾根に出て、南峰、本峰へ向かう。四月中旬からはツボ足で沢を直登できる。

19　**百松沢山・宮城の沢ルート**　三—四時間

アプローチは札幌近郊の沢を参照。林道を相当奥まで利用できる。頂上直下の沢に出るには左の沢がよいが、右の沢をとって地形図を頼りに最短距離をさがしあてるのも一興だろう。

20　**定山渓天狗岳・天狗沢ルート**　四—五時間

白井川の吊り橋付近のスノー・ブリッジを利用し、ドイツトーヒの林に入り天狗沢を登りつめ、スキーをデポし、中央ルンゼをアイゼンまたはツボ足で登る。また、左の熊の沢を登り、本峰と二峰のコルに出る熊の沢ルートがある。後者のルートの左寄りには「かまのスロープ」と称する深雪の練習によいゲレンデがある。概念図は一四五頁参照。

21　**余市岳への諸ルート**

札幌近郊で最も高い余市岳へは数本のルートがあり、スキー登山に最適である。

昭和五十三年に小樽内川上流に札幌国際スキー場が新設され、短時間で頂上に立てるようになった。ゴンドラに揺られて一〇九九mのコブまで登り、ここから朝里岳、だだっ広い通称「飛行場」を経由して余市岳に向かう（五—六時間）。

また、クラシックなルートとしては白井川の左俣川、右俣川からいったん一〇〇〇m台地に出て一二三九mの最低コルを目ざして北進するルートがある（五—七時間、七—一〇時間）。

また、豊羽鉱山元山から南岳へ登り、形のよい四つのピークを越えていくルートもおもしろい（七—八時間）。

なお、視界の悪い時は「飛行場」付近では方向には充分注意を要する。概念図は一四五頁参照。

22　**無意根山・豊羽鉱山ルート**　三—三・五時間

夏道沿いに登るルートである。札幌より定山渓経由の豊羽鉱山行に乗り終点で下車。バス終点より坂を登り、無意根山荘前のゲレンデ上より尾根伝いに行くか、車道を奥まで入り、最後のアパート裏より尾根に登る二つの取付き方がある。二月上旬までは雪はしまっておらずブッシュもうるさい。左上部に顕著な岩峰が見え、近づくと千尺高地まで急なゲレンデを残すだけとなる。無意根山頂へは平坦な長尾山の肩をトラバースし、南下して尾根を登る。

23　無意根山・薄別ルート　四―四・五時間

薄別登山口より夏道を登るルート。国道二三〇号線の薄別より宝来沢沿いに、電光板、大蛇ケ原、北大の無意根小屋を経由する。小屋裏の斜面を登り、さらに通称「シャンツェ」と呼ばれる斜面を登ると、千尺高地からのルートと合する。小屋より長尾山へ至る静かなルートもあるが、雪崩の危険性が高い。また、無意根山頂より、中岳、並河岳、喜茂別岳を経由して中山峠への縦走も一日コースの雄大な尾根ルートとしておもしろい。

24　札幌岳・冷水沢ルート　三―四時間

日帰りツアー・コースとしてよく利用される。冷水小屋までは夏道沿いに行く。定山渓より豊平峡ダム入口（バスとバッテリーカーの乗換ターミナル）まで行き、三〇〇mほど戻った所から入る。古い林道を行き、台風高原を左に見、冷水沢に入る。冷水小屋からは夏道と分かれ、冷水沢をさらに進む。沢は急になり、滝状の所が一個所ある。右岸をトラバース気味に尾根に出て頂上まで。頂上付近の尾根は一kmほどなだらかで、ガスっている時や吹雪の時は充分注意する。なお、標識は用意したほうがよい。

支笏湖周辺の沢

支笏湖を囲んで紋別岳、恵庭岳、フレ岳、白老岳、樽前山、風不死岳《ふっぷし》がある。さらに白老岳からホロホロ山、オロフレ山、来馬山《らいば》、室蘭岳へと南へ連なる山々がある。これらの山々で一般コース以外、沢登りの対照として人気のある山としては恵庭岳、風不死岳、室蘭岳があり、四季を通じて登られている。恵庭岳には支笏湖北西湖畔の丸駒温泉からの「滝沢」と西北西湖畔のオコタンからの「西沢」があり、頂上岩塔には一―二ピッチの岩登りルートがある。風不死岳には南東湖畔大沢からの「大沢」がある。室蘭岳には北西面の「裏沢」がある。冬期には、滝沢は氷、雪壁、岩と本格的な登攀となる。室蘭岳はナメや滝が凍り、アイストレーニングには手頃だ。また、当然ながら各沢とも雪崩に注意したい。

アプローチは、恵庭岳、風不死岳へは支笏湖畔の温泉街からバスの便があり、室蘭岳へは室蘭市市街か登別市幌別町から車か徒歩となる。

〔五万図〕　樽前山、登別、室蘭

1　恵庭岳・滝沢　六―八時間　「岳」224号

恵庭岳の頂上付近から南東へ十一の滝をもって支笏湖の丸駒温泉近くへ落ちる涸沢で、流水がほとんどなく、沢登りというより岩登りの要素の強い沢である。

支笏湖畔の丸駒温泉横から湖畔沿いの細い道を一〇分行くと滝沢の入口だ。三〇分行くとF1で、中間のスラブ状へ入る所がおもしろい。F2は濡れていて、抜け口では思い切りが必要。F3、F4と越し、F5はチョックストンの乗越しがおもしろい。F6は幅広のチムニー状で、中央の左上トラバースが楽しい。F7は滑りやすい。F8を越えると最大の滝F9でルートは自由にとれるが上部が脆い。F9を過ぎると一般にはF10は登らず、三俣状の真ん中の沢を行き、左手の尾根を乗越す。この乗越しが低いと茶黄色のF11の落石におびえながら登ることになる。沢はザレとなり落石に注意して登る。草付きを登って滝沢は終わり、ブッシュを左上へこぐと頂上である。頂上岩塔の南へ出、一段下りて一般登山道へ出る。

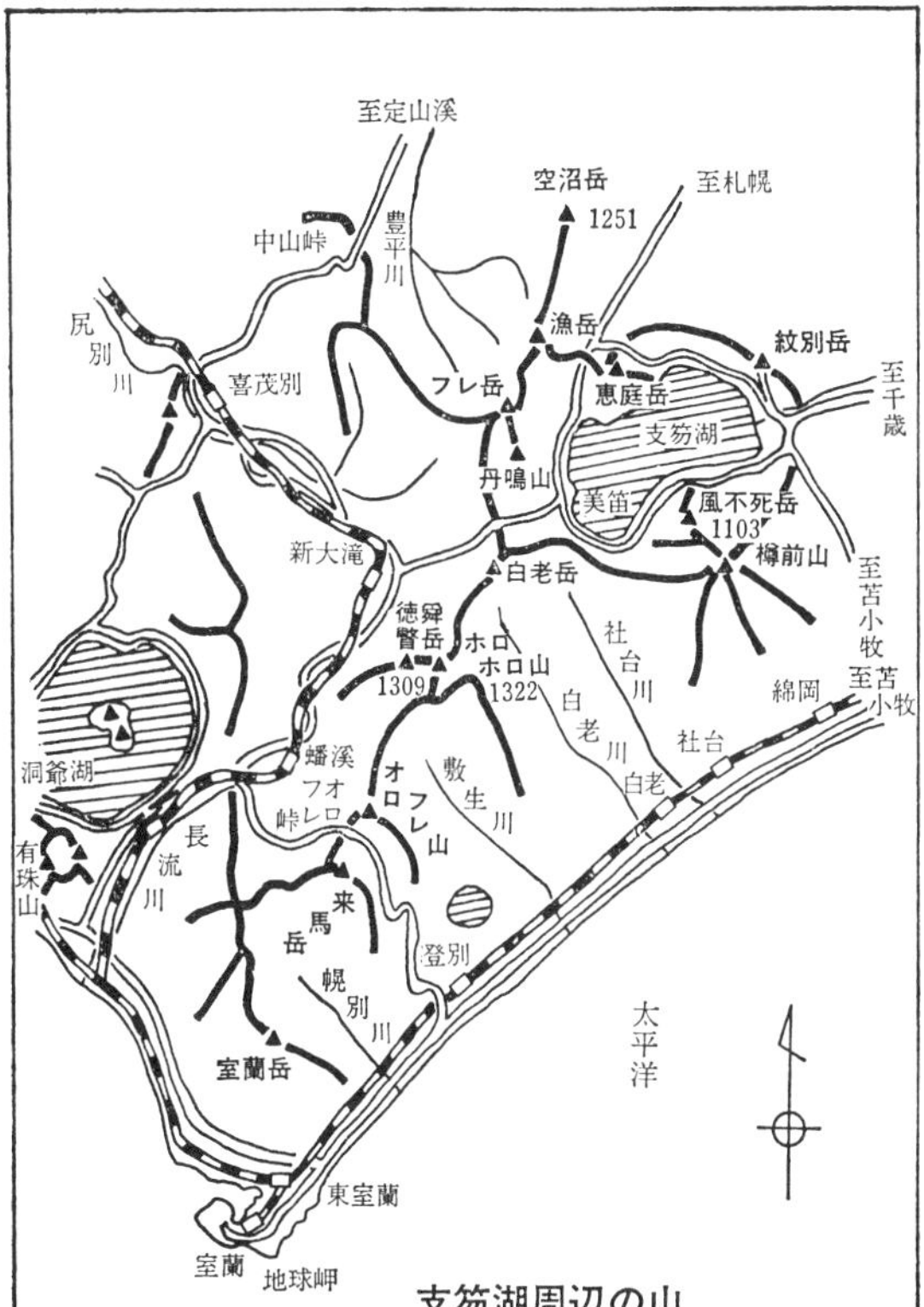

支笏湖周辺の山

2　風不死岳・大沢　三時間

風不死岳頂上付近から北北東に支笏湖に落ちる沢で、その上部は湖畔温泉街から望むことができる。沢は核心部に滝を二つもつがいずれも高巻くなど初歩的な沢である。

支笏湖畔から南回りする美笛行のバスに乗り、大沢入口で下車。少し行くと左手に木々で暗い感じの伏流の沢がある。これが大沢である。初めはゴーロ帯と倒木、灌木で歩きにくいが右へ大きく曲がる頃から少しずつ狭くなり斜度も増してくる。ナメ、ゴルジュ状をすぎると一〇mの滝だ。左岸を巻き、次の一〇mの滝は左岸の土のルンゼ状を登り左へトラバースする。滝をすぎるとガレ場となる。二俣状の所は草の生えている右手のガレを浮石に注意して登る。すぐ岩場となる。この一

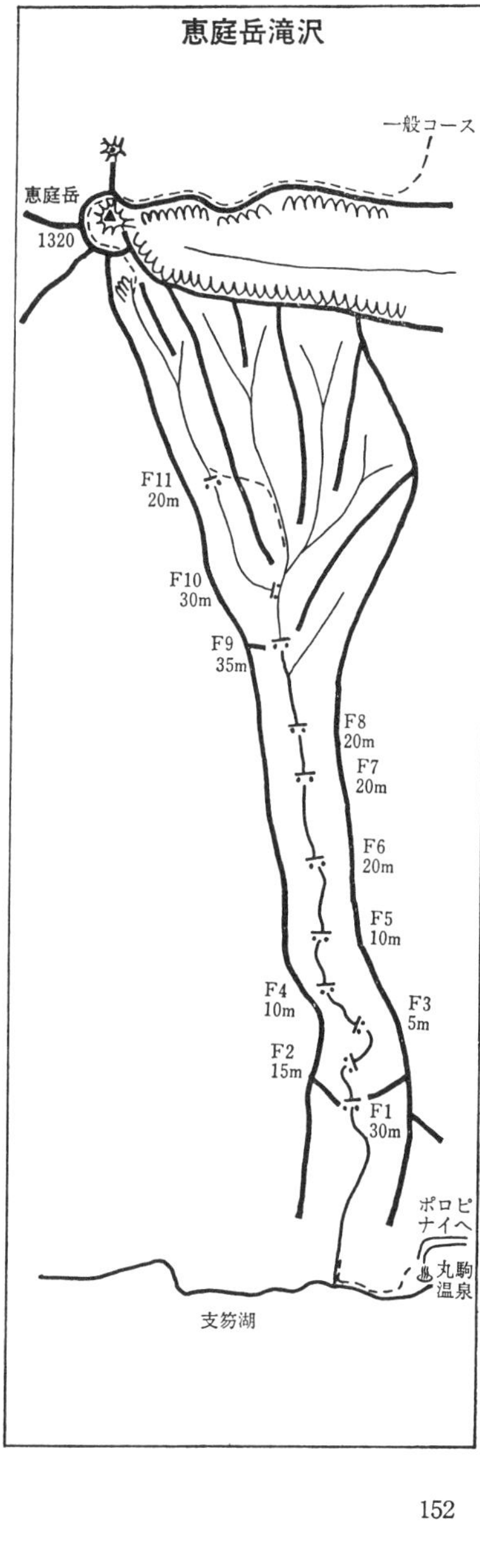

〇mの岩を登ると大沢は終わり、低い笹をこいで五分ほどで頂上へ出る。下山は樽前山からの尾根道か、南西湖畔シシャモナイへのシシャモナイ沢がある。

3　室蘭岳・裏沢

室蘭岳は地図上では鷲別岳となっているが地元では東方稜線上の七五〇mピークを鷲別岳といっている。裏沢は室蘭岳の頂上から北西に落ちる沢で標高四八六mのゴーロを経て二〇〇mで幌別川の支流、川股沢に合流する沢である。登攀の対象となるのはゴーロから上の数本の沢で、ナメと五―二〇mの滝があるほか、沢の中央にバットレスがあり、二―三ピッチの岩登りができる。アプローチは二つある。室蘭市の市街地から白鳥ヒュッテを経て南尾根から頂上へ登り、頂上から北尾根を下り、左俣沢を降りてゴーロへ至る。または、幌別町から車で鉱山を経、さらに川股沢の林道を一時間たどって裏沢の出合いへ。出合いからゴルジュとナメを過ぎ、三mの滝を二つ越してゴーロに出る。主に前者がとられている。

左俣沢（二〇分）――頂上からゴーロへの下降路として使われている最も容易な沢。

ゴミ沢左俣（一時間）――ゴーロの二俣を右へ入り五〇m行くとまた二俣となる。左に入り三〇m行くとまた二俣となる。この左がゴミ沢で、小さなナメとザレを行くと、三mの滝が二つ現われる。核心部のS字ルンゼ、ナメ滝、そして五mの滝と続く。最後は草付きを右上し、中間リッジの踏跡に出る。

他に「直登ルンゼ」「中俣沢左」「同中央」「同右」「右俣沢」があり、いずれも一時間ほどで登れる。

積雪期のニセコ連峰

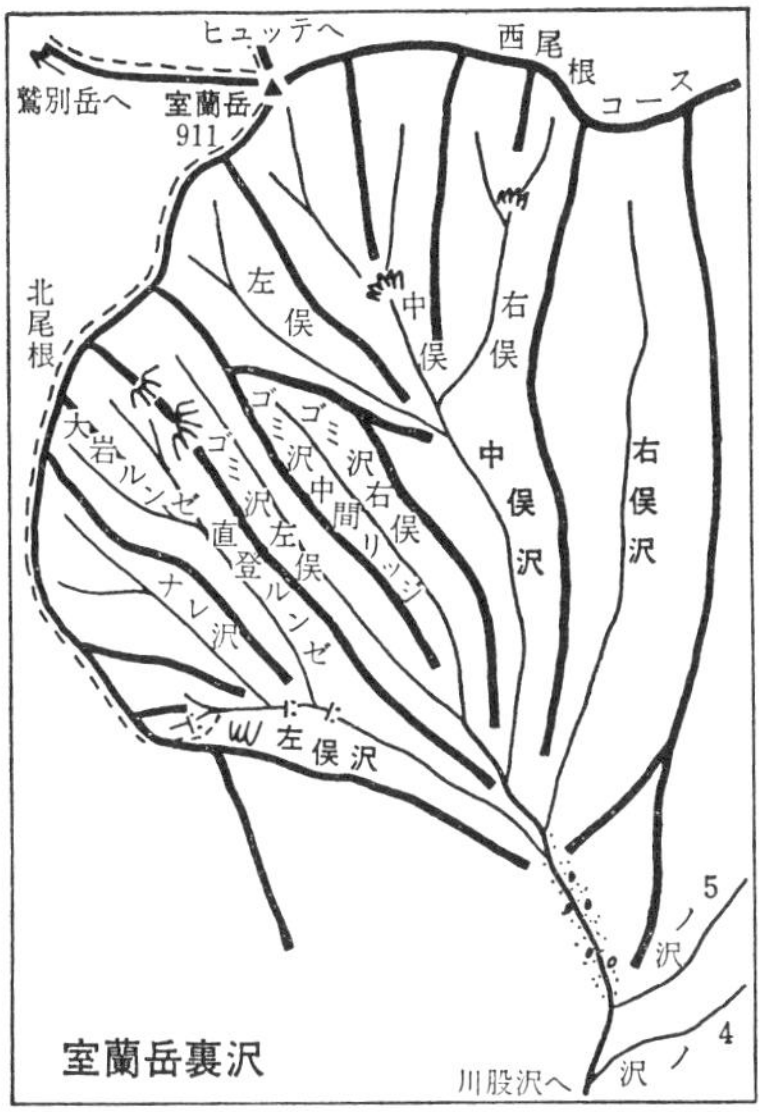

室蘭岳裏沢

ニセコアンヌプリを主峰とするこの連峰は、山麓に多くの温泉を散在させ、中腹の高原には大小の湖沼と湿原地帯がある。無雪期にはハイカーに親しまれ、積雪期は山腹に広がるゲレンデにスキーヤーが賑わいを見せている。積雪期においても、山容からして困難性を求める登山の対象とはならず、スキー登山の山として道内外の多くの岳人に親しまれている。普通は、五色温泉、湯本温泉、新見温泉をベースとして、それぞれニセコアンヌプリから岩内岳までの連峰の山々へスキーで登られているが、ここでは尾根上の縦走ルートを解説してみよう。

この連峰は日本海側に面しているため北西季節風をまともに受け、一月、二月は中腹から上では晴天に恵まれることがきわめて少ない。三月になると周期的に三―四日程度の晴天が続くことがある。四―五月は天候も安定し、雪もザラメ化し登山には最適なシーズンになる。地形的には平坦な丸尾根が多いが、火山性の複雑な地形（窪地、沢形、断崖、岩塊）を成している。標高八〇〇m以上ではシュカブラや風成雪が発達していて、高度なスキーの登降技術を必要とする。樹林限界以下でも針葉樹がほとんどなく、ダケカンバの疎林となっていて、荒れると吹きさらしの状態になる。アプローチが短く、スキーゲレンデが近くにあることによって安易感に陥りやすいが、常に冬山のしっかりした基礎技術が要求される山であることを忘れるべきではない。

〔五万図〕　岩内、島古丹

1　岩内岳から新見岳　七―九時間

東西に長く走る連峰の北西端に位置する岩内岳は、訪れる人もなく静かな頂を保ち、奥ニセコと呼ばれる目国内《めくんない》岳は、三角形の堂々とした山容の頂上に大きな岩をのせ、男性的な風貌を見せている。

岩内市街から南下して、国民年金保養センターに向かう。センター横の夏道登山口から石碑のある丘の山側を横切り、雑木

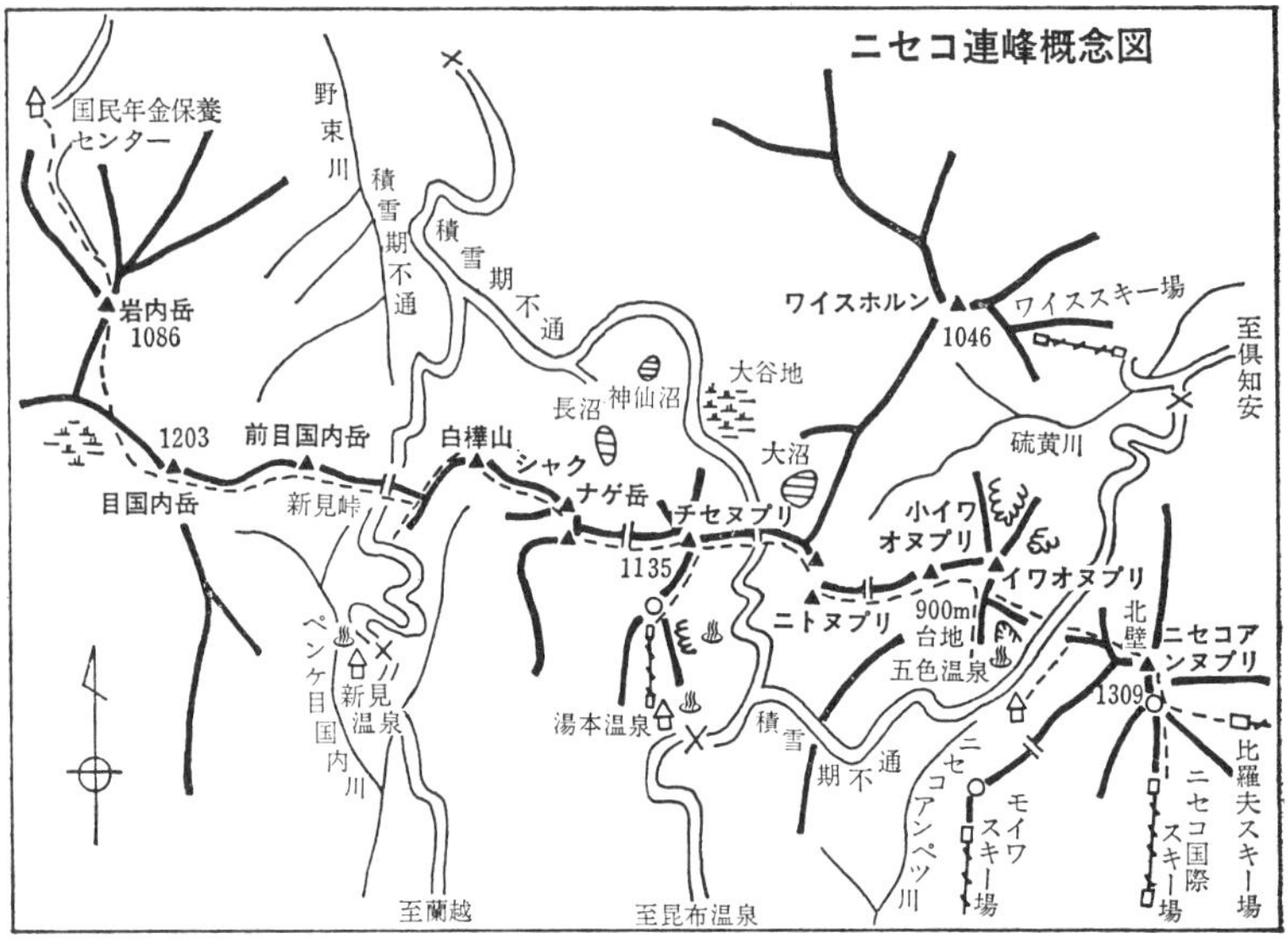

林を左に回りこんで沢形に入る。沢形は狭く、樹木が密生しているが、上部に登るにつれて比較的広く明るい斜面になる。樹林限界の八〇〇m付近をすぎると、灌木の点在する急な広い斜面となり、スキー登高はつらいので左側の標高尾根に回りこむ。クラストした丸尾根をつめて、東側に雪庇の張りだす岩内岳の頂上に着く。目国内岳へは雪庇に注意して細い尾根を下降し、広大な雪原をほぼ真南に南下する。視界の悪い時は方向に注意する。前方に斜面が現われ、右（南）側に回りこむように登ると目国内岳の頂上だ。目国内岳からは細い尾根となり北側に雪庇が張り出している。新見峠へ急ぐには前目国内岳を登らず、南側の斜面をトラバースする。

2　新見峠からニトヌプリ　七時間

白樺の美しい白樺山、「ヴィーナスの丘」とも呼ばれるシャクナゲ岳、豪快な滑降を楽しませてくれるチセヌプリ、変化に富んだ斜面をもつニトヌプリと、いずれの山も稜線上の人影は少なく、素晴らしいツアースキーと雪山の行動を楽しめる。

新見峠から白樺山のゆるい斜面を登る。尾根に出ると東側の雪庇に注意して、すぐ頂上だ。シャクナゲ岳へは「への字」状に屈曲した尾根を行く。シャクナゲ本峰の上部はかなり急斜面である。頂上の台地の東面と北面には長い雪壁があり雪庇が張り出しているので注意したい。数段になった長いスロープを滑降すると、チセヌプリとのコルに出る。コルからは、急な斜面で雪面も堅いのでスキーは担ぐほうがよい。チセヌプリからは雪庇をさけて南側を回りこむように行き、東面の大斜面を一気に滑ってニトヌプリとのコルに出る。コルからはダケカンバの林となっているが、尾根上をたどるより、南東に進路をとると積雪は若干多いがピッチは早い。ニトヌプリの東側は二段のスロープになっている。下段のスロープは豪快である。これを下って九〇〇m台地に出るが、視界の悪い時は、現在地の確認に難渋する。

3 イワオヌプリからニセコアンヌプリ 五―六時間

連峰中で最も男性的な山イワオヌプリとそれと対峙する最高峰ニセコアンヌプリを結ぶコースである。

前項の九〇〇m台地はイワオヌプリと小イワオヌプリの南側に位置する平坦な地形で、これより下部が樹林帯となっている。ニトヌプリとのコルから東進すると小イワオヌプリの南裾に大きな岩が現われ、これが視界の悪い時の目印になる。台地中央に小尾根状の起伏があり、その北側を抜けてイワオヌプリへ向かう。大岩目ざして登り、さらに急斜面を行くと浅いカール状の噴火口跡となり、頂上はすぐである。台地状から五色温泉へ下るには、地獄谷に落ちこまぬように尾根筋を忠実に下る。

イワオヌプリからニセコアンヌプリへ直接目ざすには、噴火口跡から東南東へトラバースし、雪庇と雪質に注意して振子沢を滑降する。

五色温泉からニセコアンヌプリへは、頂上西の肩の北西尾根から西へ派生する枝尾根上の通称チンポコ岩という小岩を目ざす。山裾の広い雪原をトラバース気味に東北東に進むと、枝尾根の中間にその小岩が勃起しているのが見える。枝尾根は上部が急でクラストしているので、チンポコ岩の下側からトラバース気味に北壁（北斜面）の下部を横切り、北尾根に取付くとよい。頂上からは比羅夫スキー場か、国際スキー場を目ざす。

積雪期の後方羊蹄山

曲型的な内錐形の成層火山で道南随一の高峰である。無雪期には周囲の山麓から四本の登山道がついている。バリエーションルートとしては無雪期の浸蝕谷の各沢の登攀記録が近年発表されているが、谷の入口の判読が非常にむずかしく、谷筋に水流もなく、非常に脆い岩質と堆石から成っているため、落石の危険性が高く、登攀には充分な注意が必要となる。夏期よりも残雪期のルンゼ登攀に魅力があろう。

積雪期登山においては独立峰であり、非常に厳しい気象条件に見舞われる。ここでは地理的条件、スキー登降の快適さなどを理由に、人気のある二ルートの紹介をしてみよう。いずれも山麓に一泊して、ラッシュ・アタックによる日帰りが可能だ。

〔五万図〕 留寿都、倶知安

〔参考文献〕 「北の山脈」15号、23号

1 比羅夫ルート 六―七時間

無雪期の比羅夫コースの尾根上をトレースするもので、北西面に位置しているため季節風の影響をまともに受ける。頂上稜線付近の地形は複雑で地形判読、雪崩の鑑識力、耐風防寒処置

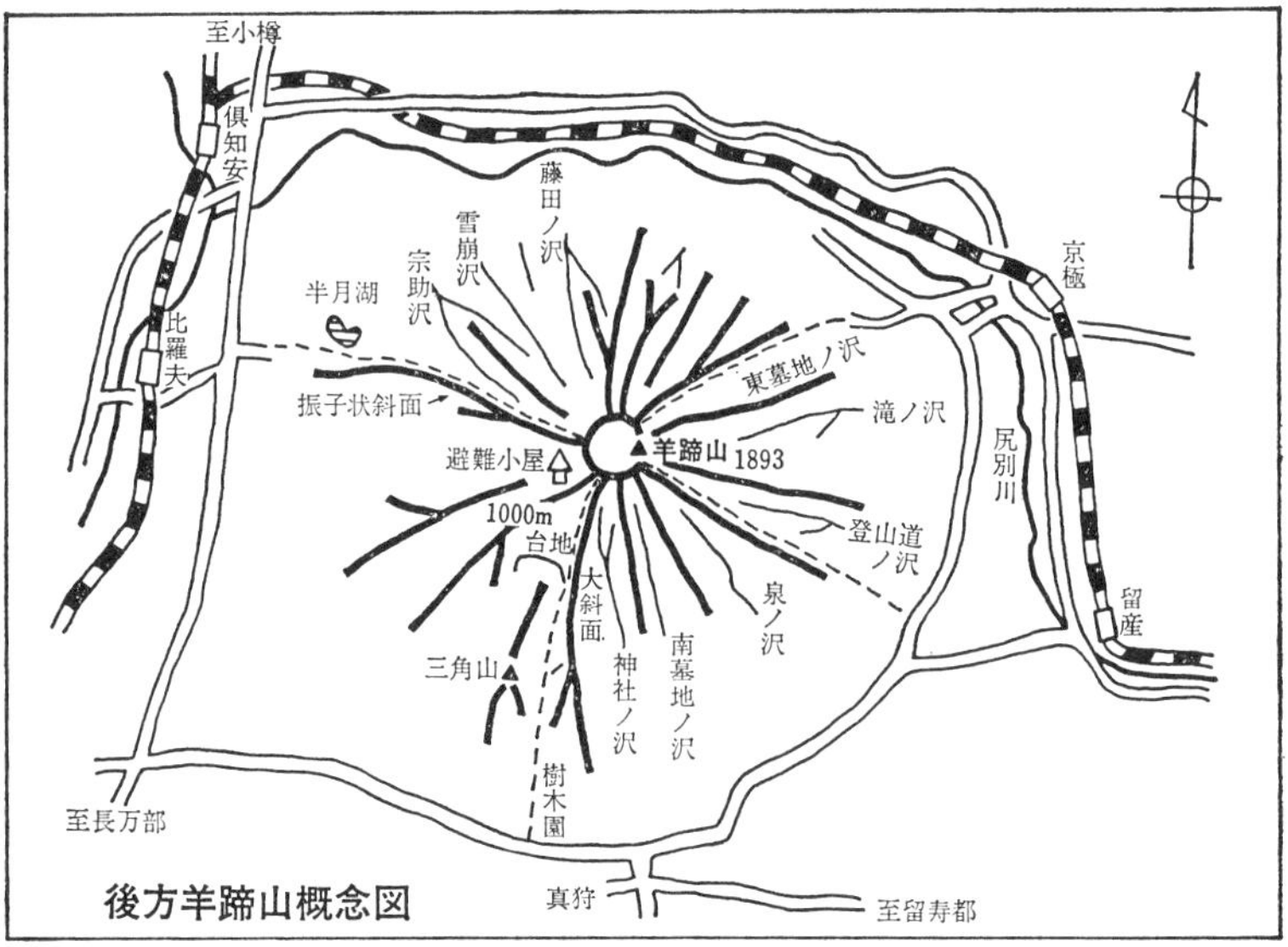

後方羊蹄山概念図

など総合的判断が必要となる。

倶知安よりバス(留寿都行)に乗り、比羅夫駅で下車。すぐ横に登山口がある。半月湖横の駐車場まで二㎞の車道を行く。駐車上からは夏道上を行き、尾根に取付くが、林の中を右に回りこんで右手の低い出尾根に取付くとよい。尾根上を振子状の長い斜面まで行く。この長い斜面を登り切ると樹林帯は切れる。このあたりが十二月―三月下旬までのスキーデポ地点だ。ここより上部は視界も開け丸尾根がゆるく上方へ続く。四―五月は標高一四〇〇m以上までスキーをあげられる。やがて標高一七〇〇mのテラスに出る。これより左側の尾根を登りつめて稜線に出る。左に向かって広い稜線を進むとやせ尾根となり一八九三mの頂上に出る。スキーデポ地点からは標識旗をつけておきたい。特に頂上稜線とテラスからの下降点には確実に残す必要がある。

2　真狩《まっかり》ルート　六―七時間

季節風の影響も比較的少ない南西に位置し、道内でも最大といってよい、ゆるい勾配と広い大斜面を持ち、スキー登山には最適である。

倶知安より道南バス（留寿都行、洞爺湖行）に乗り、南登山口で下車。樹木園を抜けトドマツ林の横から広い雪原を進む。両側の低い尾根が狭まってきたら右手の尾根から取付くがこの尾根上は広い台地状となっている。尾根から窪地を越え、左に回りこんで大斜面の基部に出るか、そのままダケカンバの疎林の間をジグザグに登高して、一〇〇〇m台地の東端の尾根に出てもよい。尾根伝いか大斜面を登り、小灌木の密生した丘状の大斜面上端に出る。ここが十二―三月下旬までのスキーデポ地点。この上もさらに沢形の上部大斜面が一七〇〇m付近まで続くが左手の尾根筋を忠実に登る。四月―五月は一七〇〇m付近にスキーをデポする。シュカブラの発達した雪稜を登りつめて頂上稜線に出る。右手に進んで頂上である。稜線はやせていて両側は急傾斜で切れ落ちている部分があるので、アンザイレンが必要となろう。

〔執筆者〕「札幌近郊の山」（橋場滋、宮沢醇）、「支笏湖周辺の山」（贄田克昭）、「ニセコ・羊蹄の山」（堀井克之）

積丹山塊

小樽ＧＣＣ

積丹《しゃこたん》半島には一〇〇〇ｍ以上の山が五峰ある。主峰は余別岳（一二九七ｍ）で、他に積丹岳（一二五五ｍ）、ポンネアンチシ山（一一四八ｍ）、珊内《さんない》岳（一〇九一ｍ）、さらに地図上には山名も標高も記されていない赤石山（一〇〇〇ｍ）である。いずれも半島の先端部に座しているが、さらに半島基部に向かって八内《やちない》岳（九四四ｍ）、泥ノ木山（九〇四ｍ）をはじめ八〇〇ｍ前後の山が連なって半島を形成している。これらの山から落差のある短い沢が、東西両方向の日本海へ多数流れ出していて、原始性が残された沢登りが楽しめる。

登山道は婦美《ふみ》から積丹岳へ一本あるだけである（登り四時間、下り三時間）。全山潅木と笹におおわれ、ピーク間の稜線の縦走は無雪期にはあまり行なわれていない。

主な河川は古平川、美国川、積丹川の支流、幌内府川、余別川、珊内川、古宇《ふるう》川であるが、これらの本支流とも登山者によって解明、利用されるようになってからまだ歴史は新しい。

昭和二年の冬、北大山スキー部が、美国川中流から積丹岳に登頂して後の数年間、同峰から余別岳への縦走が執拗に試みられたのが、ここでの登山史開幕であろう。この成功後は北大は積丹から遠ざかり、社会人の二、三の記録が散見されるだけとなった。戦争等によるブランクを経て、記録に表われた登山史再開は、三十二年春の岩内山岳会による珊内岳からポンネアンチシ山、余別岳を経て積丹岳から美国に下山した半島初横断の縦走であろう。三十六年春、小樽・至峰会の積丹岳から両古美山の縦走、三十八年三月の東京農大ワンゲル部による稲穂峠から大天狗山までの主稜線の大縦走と続く。この頃は沢の記録はまだ聞かれない。小樽ＧＣＣが地域研究として積丹山塊を取りあげ、四十三年七月の余別川遡行を皮切りに、五十三年まで四季を通じて各河川の本支流や積雪期の稜線や尾根のトレースをして、会報その他で発表した。以来、今日まで人気《ひとけ》の少なかったこの地域も、残された原始性の魅力を求めてしだいに入山者が増えている。

基盤となる岩質は集塊岩で、深く穿たれた狭い沢にゴルジュやナメ滝を連続して形成し、水系が短いわりには中央高地等に劣らない困難さを有している。したがって下降に登山道を使える積丹岳の沢以外は、往復とも沢を使う場合が多く、一回の山行に二―三日以上を要する。どの沢もザイルは必携。また、半

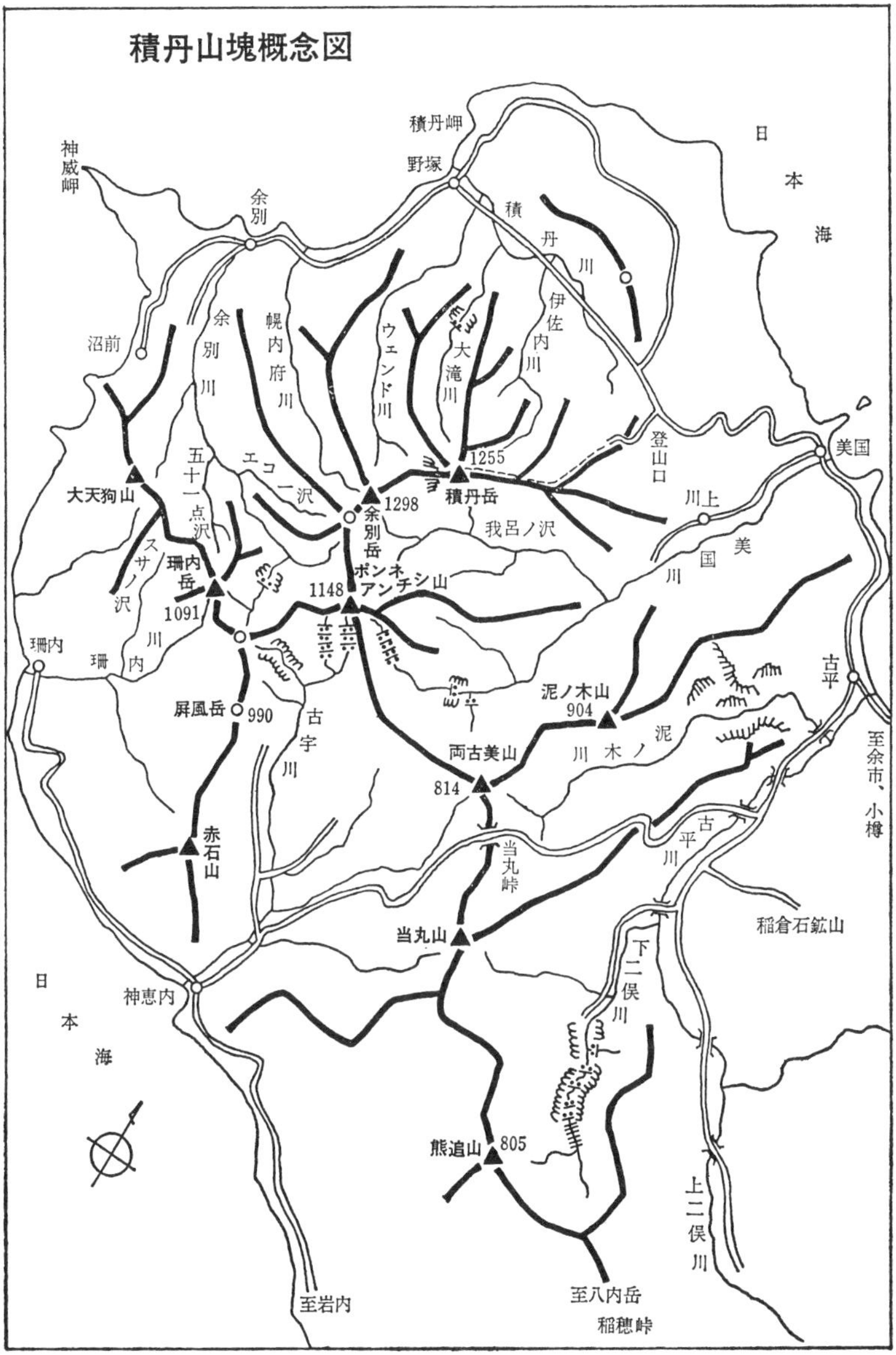
積丹山塊概念図
積丹岬
野塚
神威岬
余別
日本海
積丹川
伊佐内川
大滝川
ウェンド川
幌内府川
余別川
沼前
美国
登山口
1255
積丹岳
1298
余別岳
エコー沢
五十一点沢
大天狗山
川上
我呂ノ沢
美国川
スサノ沢
珊内岳
1091
ポンネアンチシ山
1148
珊内川
珊内
古平
泥ノ木山
904
屏風岳
990
古宇川
両古美山
814
泥ノ木川
至余市、小樽
赤石山
古平川
当丸峠
稲倉石鉱山
当丸山
日本海
神恵内
下二俣川
熊追山
805
上二俣川
至岩内
至八内岳
稲穂峠

島全体で約五〇頭いると言われている羆にも神経を配らねばならない。

　夏冬とも気象条件は悪く、降水量も多い。冬期はたびたび遭難騒ぎが発生しているので、低い山とはいえ北の山であることを重視したい。

　交通機関は中央バスだけである。東積丹海岸へは、小樽駅前から美国行か余別行に乗車、西積丹へは岩内駅前から神恵内《かもえない》行に乗車する。しかし復路のバスの便の悪さを考慮すると、自家用車が便利だろう。

　以下、先端山域の沢を主体に、泥ノ木川の岩場と、積雪期の状態について触れてみよう。

〔五万図〕　古平、茅沼、余別、神恵内
〔参考文献〕「北の山脈」1号、4号、10号、18号、29号

積丹山塊の沢

　積丹の沢は短いが、すべて手強いものばかりである。主な沢はすべて開拓され、あえて未遡行の沢を求めるなら源流の支流くらいだろうが、稜線に立ってからのやぶこぎが大変である。ここに取りあげない、沖村川、赤石山への各沢にも、困難を秘めた楽しい沢があることを併記しておく。

1　余別川本流　一三時間
　余別岳を目ざすのに一番利用され、かつ変化に富んだ楽しい沢である。大きな滝こそないが、下ノ廊下、上ノ廊下を筆頭に次々と現われる美しいゴルジュの通過が積丹の代表的な沢として推奨できる。

　小樽からバスで余別に行く（約二時間半）。本流左岸沿いの古い林道を一時間半歩き、さらに刈分け道を直進してウカマンベ沢にぶつかってワラジを着ける。五十六点沢出合いの少し上にある最初の滝（七m）まで四つのゴルジュがあるが、特に問題はない。滝から二〇分ほどでエコー沢が合流する。ここは幕営地に適しているが、余別を遅く発った時以外は時間が余る。ただ、この上流には増水の際の安全な幕営地はなく、パーティの人数が多い場合の広い幕営地もない。エコー沢からしばらく行くと再びゴルジュとなり、黄色い岩盤についでゴルジュはそのまま下ノ廊下に続く。両岸はハングした曲りくねった壁で、入口の淵はへつれないからここから泳ぐ。出口までさらに三回以上泳ぎがある。右岸を高巻くこともできるが、本流の最大の醍醐味をパスする手はない。さらに百二十二点沢出合いまで、滝を持ったゴルジュが断続する。直登困難な場合があり、踏跡通り高巻いたほうが早い。黒い柱状節理の函が上ノ廊下だ。普段なら特別問題はなく、左岸のシャワーを浴びながらのへつりが少し微妙なくらいだ。百九十点沢出合いから小滝が次々と現われ高度が上がる。一個所草付きのいやな右岸高巻きがある。源流部は沢が細分化され、ルート・ファインディングがむずかしい。右寄りに沢を選び、早目に稜線に立てば、我呂ノ沢側はお花畑が切れ切れになっていて、これを伝って頂上に向かったほうが稜線上の猛烈なやぶこぎより楽ができる。

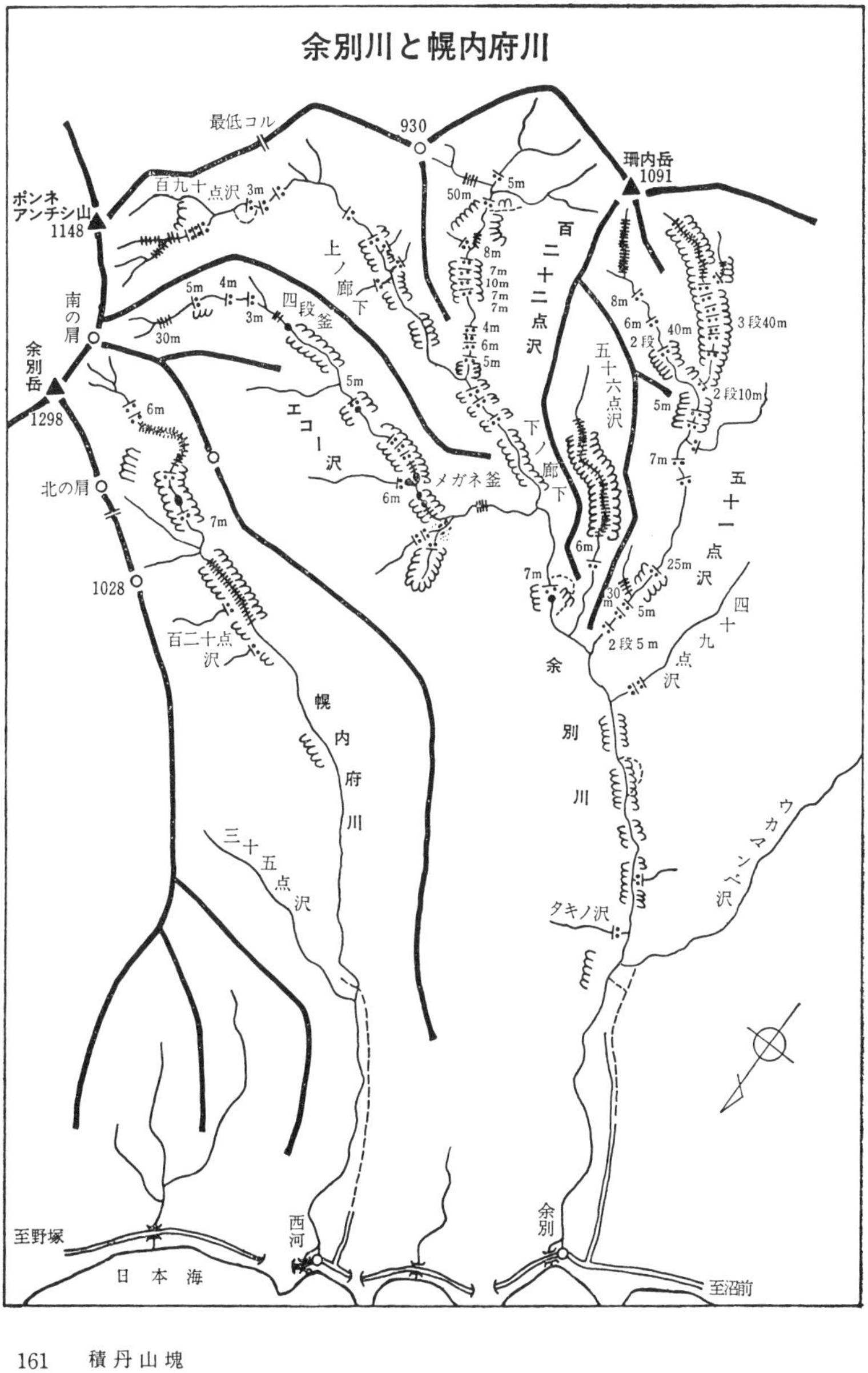
余別川と幌内府川
最低コル
930
珊内岳
1091
ポンネ
アンチシ山
1148
百九十点沢
3m
5m
50m
8m
7m
10m
7m
7m
4m
6m
5m
上ノ廊下
南の肩
5m
4m
3m
30m
四段釜
百二十二点沢
8m
6m
40m
2段
3段40m
2段10m
5m
7m
余別岳
1298
6m
北の肩
7m
1028
5m
エコー沢
メガネ釜
6m
下ノ廊下
五十六点沢
6m
7m
五十一点沢
25m
30m
5m
2段5m
四十九点沢
百二十点沢
幌内府川
余別川
三十五点沢
タキノ沢
ウカマンベ沢
至野塚
日本海
西河
余別
至沼前

下降は我呂ノ沢かウエンド川が早く、幌内府川、エコー沢は下降だけで一日以上を要する。いずれにしても沢中でもう一泊することになるだろう。空身で登頂し、往路を戻る方法もある。積丹岳までのやぶこぎは、予想以上に時間と体力を消耗するので薦められない。

2　エコー沢　九―一〇時間

中間の函と四段釜が核心部だ。幕営地はきわめて少なく、快適な地点もないので本流との合流点で一泊し（出合いは顕著）、一日で抜けるようにとばしたほうが良い。この沢は増水が早く、雨の日は注意のこと。つめのやぶこぎも苦しい。

出合いから二〇分で沢は右折する。まもなくゴルジュ帯が始まる。釜を有した小滝が次々と現われ、釜が二つ並んだメガネ釜を越し、大きな滝壺のある五mの滝を右岸のチムニー状を登って高巻くと、廊下状の函となる。函の中で最低三回の泳ぎを強いられるが高巻きはやぶが濃く不利だ。続いてきわどいバランスが要る四段釜のへつりだ。あとは小滝を次々に直登する。最後の長さ三〇mのナメ滝が終わると、上の二俣はどちらをとってもやぶこぎは同じだ。直接頂上には突きあげておらず、南の肩に出る。頂上はすぐ近くに見えるが、意外と時間がかかる。下降は1を参照のこと。

3　余別川五十一点沢　七―九時間

困難な右俣、比較的やさしくやぶこぎのない左俣と、上部で対照的な内容を有する沢だ。

余別から余別川を遡行し、四つのゴルジュを過ぎてから右二本目の沢に入る（余別から四時間）。すぐに滝が始まるが、地図の函記号までさして問題はない。函記号のゴルジュは奥に二五mの垂直の滝がある。左岸から落口まで斜めのバンドがある。まもなく二段一〇mのハングの滝となって右俣が出合う。左俣の地図上二つ目の函記号には、二段四〇mの滝がひかえている。右岸のルンゼから巻く。六mと八mの滝をシャワー・クライミングで越すと、すでに源流である。標高八四〇mの二俣を右にとると、頂上まで一枚岩がナメ滝状となって突きあげている。ほとんどやぶこぎなしで、いきなり三角点にとび出すというのは、この山塊では珍しい。

右俣は、この山塊で最も困難な沢といえる。出合いの滝を突破しても、それ以上の技術を必要とする滝が次々と現われ、高巻き、へつり、直登がくり返されつつ間断なく続く。時には人工登攀も強いられる。三段四〇mのスラブ状の滝にはボルトが有効だ。三十数段の滝が終わると、頂上まで猛烈なハイマツこぎが待っている。右俣をとるなら、本流出合いから頂上まで順調に行ってもまる一日は必要とする。

下降は、珊内岳頂上から西の稜線をやぶこぎで下り、スサノ沢を下れば半日で下れる。珊内川本流の滝やゴルジュを次々と飛びこんで下るのも豪快である。

4　余別川百二十二点沢　六―八時間

五〇mの垂直の滝は、山塊中随一の大滝である。中流の滝群もあなどれないが、珊内岳への夏のルートとしては人気がある。

余別川本流の下ノ廊下を過ぎ、三つほどゴルジュを越すと顕著な二俣となる（余別から約八時間）。年によって異なるが、増水の心配がない時は出合いの小さな河原に一張分位のテントサイトがある。

目的の沢は右俣で、入ってすぐ釜をもった五ｍの滝があり、左岸から高巻く。さらに小滝が続き五万図上の最初の滝記号のあるゴルジュで、七ｍ、七ｍ、一〇ｍ、七ｍと手強い滝が四段現われる。後はゴーロ帯となり、約八ｍのナメ滝から両岸の高い位置に岩壁が見えてくる。流れは平凡だが、この岩壁がしだいに迫ってくると突然、問題の五〇ｍの滝にぶつかる。左岸のガレたルンゼを登り、ルンゼの中間から左手の灌木帯に抜けて高巻く。滝の上のすぐ右手から支流が合流してくる。この支流に入ると、頂上東のコルまで問題はない。コルからハイマツをこいで三〇分で頂上に立てる。

この沢の下降にはハーケン、すて縄がいる。エコー沢出合いから日帰り往復も可能だが、相当な強行軍となろう。

5　**幌内府川**　九―一一時間

中流から楽しいナメ滝が続き、源流のやぶこぎも他の沢と比較すれば非常に楽だ。増水と羆に注意。

余別の手前のバス停「西河」から、刈分け道を一時間歩くと、本流の標高二六〇ｍ地点に出る。二俣を右に行き、徒渉をくり返して進むとナメ滝と釜の連続するゴルジュとなる（標高五〇〇ｍ）。大粒の集塊岩でへつりはやさしい。余別岳北ノ肩から流下する小沢の合流点前後はゴルジュが途切れ、合流点に幕営地がある。再びゴルジュとなり函いっぱいにはさまった巨岩でできた大チョックストンの滝（約七ｍ）が現われる。右手のチムニーから乗越すと次に函いっぱいの大きな滝壺だ。これを泳いで落口の小滝を直登する。ここから釜をまじえてナメ滝、ナメ床がえんえんと続く。標高点九三六ｍ直下の屈曲点の赤いナメ床地帯は、ミニ化雲内のナメといった感じだ。水流が消えてからも石段登りのような涸沢が続き、約一〇分のやぶこぎで稜線に立つ。頂上は目の前にある。

6　**ウエンド川**　八―一〇時間

大きな滝はないが、函の中の二つの小滝は高巻きもむずかしい。二俣から右が余別岳、左が積丹岳に向かっているが、どちらも頂上へは直接突きあげておらず、特に右俣はつめの長いやぶこぎのため一般向きでない。

バス停「農道口」下車。最終人家から左の車道を行くと、温水溜池にぶつかり、そこから導水管を伝って砂防ダムに出る（バス停から一時間三〇分）。やさしい沢登りで函まで行くと、三ｍ弱の小滝（チョックストン）にぶつかる。次の三ｍの滝とともども左岸を低く高巻くが、取付きはハングしていてザイルが必要だ。次の大きな滝壺のある一〇ｍの滝は、流芯の右手の草付きを直登する。二俣から左に入るとすぐにゴルジュの滝（一〇ｍ）があり、左岸を大きく高巻く。この上は快適なナメ滝が続く。源流の二俣は左に行く。途中「門」状の涸れた小滝を見て沢形が消えてからやぶこぎで直進すると、稜線上の小岩塔にぶつかる。岩塔からハイマツをこいで頂上まで三〇分かか

積丹川支流　ウエンド川・大滝川・伊佐内川

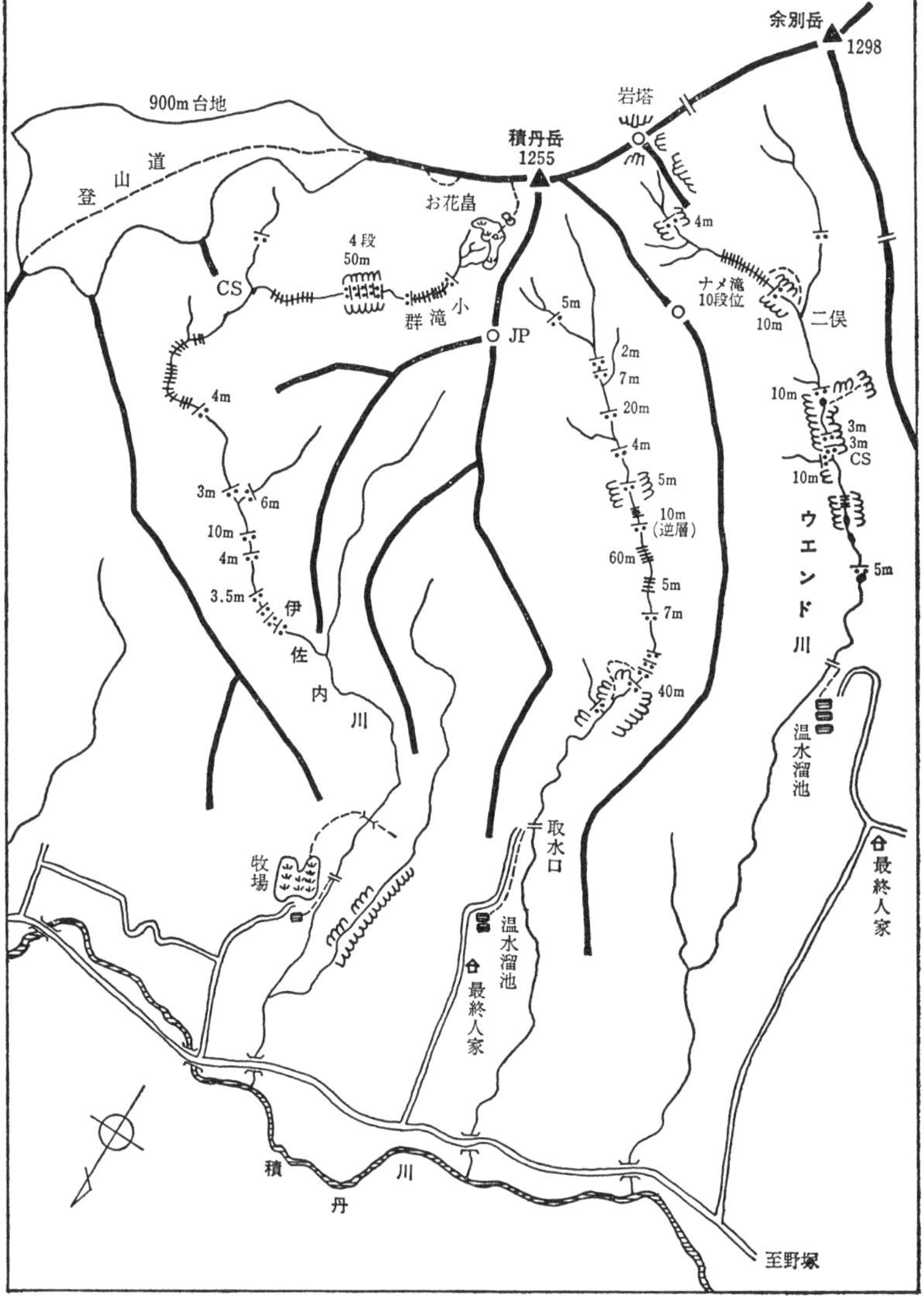

る。積丹岳に立った場合の下降路は、登山道なら三時間。

7　大滝川　六―七時間

名の如く大滝と呼ばれている四〇mの垂直の滝から沢登りの楽しさが始まるが、函らしいものはなく比較的やさしい。

バス停「共同牧場」から農道を行き、右手に温水溜池を見るとしだいに道は荒れてきて取水口で終点となる(一時間)。ここから沢に入る。樹間の小沢だが、三〇分も行くと突然、両岸岩壁の大滝が現われる。流芯の左手に走るリスを人工で直登した記録もあるが、普通は右岸のルンゼを登って高巻く。ルンゼの末端はハングで、力量によってはアブミも必要とする。残置ハーケンが失われていることもあるので注意。大滝の上流は五―二〇mの滝が遡行に飽きがこない程度の間隔で現われてくるが、初級の岩登り技術でこなし得よう。つめのやぶこぎはきつい。

8　伊佐内川　七時間

日帰りの沢コースでは最も人気がある。ゴルジュはなく順層の滝が多く、初級者に沢登りの楽しさを覚えさせるのに良い沢だ。源頭の大草原にとび出す所は、中央高地の山にいるような錯覚を起こさせる。

バス停「丸山小学校」から農道を直進すると、牧場に出る。牛に注意しつつ牧場をつき抜けると、刈分け道がある。これを発見できない時は、すぐ右手のやぶをこいで沢に降りたほうが良い(バス停から一時間)。樹間の暗い沢を行くと沢を横切っている前記の刈分け道にぶつかる。ほどなく二俣で、いよいよ滝群が近い。四mの滝に続いて一〇mの美しい滝がある。両岸とも高巻きができるが、右端のシャワー・クライミングも楽しい。左岸から六mの滝となって合流する支沢を見ると(本流は三mの滝)、楽しいナメ滝となり二俣直下まで続く。二俣は右に直角に折れて入る(チョックストンのため川床が高くなっている)。正面のは支流(九〇〇m台地に向かっている)だが、川床が低いのでよくまちがえる。再び滝群となり、中に四段五〇mの直登の楽しい滝もある。源流部は水量の多い沢を選べば大草原の真ん中に出る。時期が早ければ雪田だし、雪が消えればお花畑だ。海を見降ろしての大休止は何ともいえない。大草原の一番高い所から笹の中の一本の涸沢を見つけ出し、最後にミヤマハンノキの樹間をやぶこぎして頂上に出る。

9　美国川我呂ノ沢　九―一一時間

余別岳への登路としてはあまり利用されず、下降路かポンネアンチシ山への登路として使われている。中流の函がおもしろいが、源流から余別岳へのルート・ファインディングはむずかしい。

美国川の林道終点にある砂防ダムから、左岸の刈分け道を行くとこの沢にぶつかる(四〇分)。滑りやすい沢だから初めからワラジを使用する。まもなく函になる。下二俣まで快適なへつりで通過できるが(一個所、右岸から沢に降り立つのが少し微妙)、そのすぐ上のチョックストンの下の淵は、左岸のへつりにバランスがいる。三段二五mの滝は、左岸の踏跡から高巻く。急激に落下する巨岩のゴーロ帯を二個所越すと上二俣で、

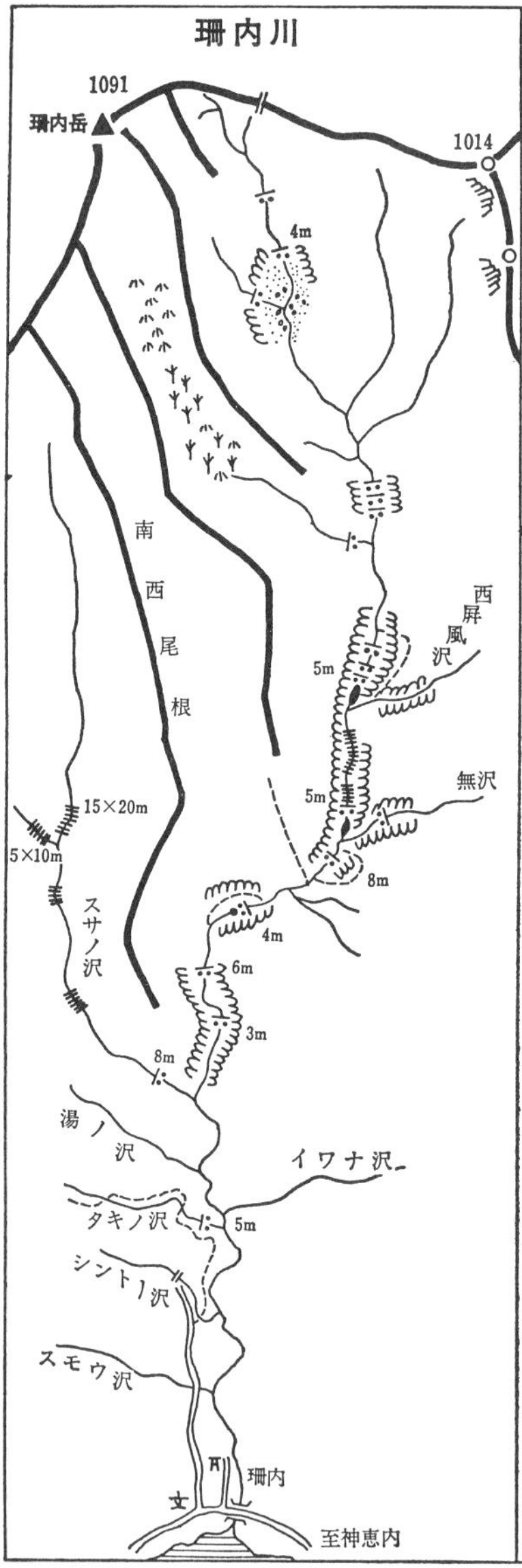
珊内川
1091
珊内岳
1014
ポンネ
アンチシ山
4m
南西尾根
西屏風沢
5m
5m
無沢
8m
15×20m
5×10m
スサノ沢
4m
6m
3m
8m
湯ノ沢
イワナ沢
タキノ沢
5m
シントリ沢
スモウ沢
珊内
至神恵内

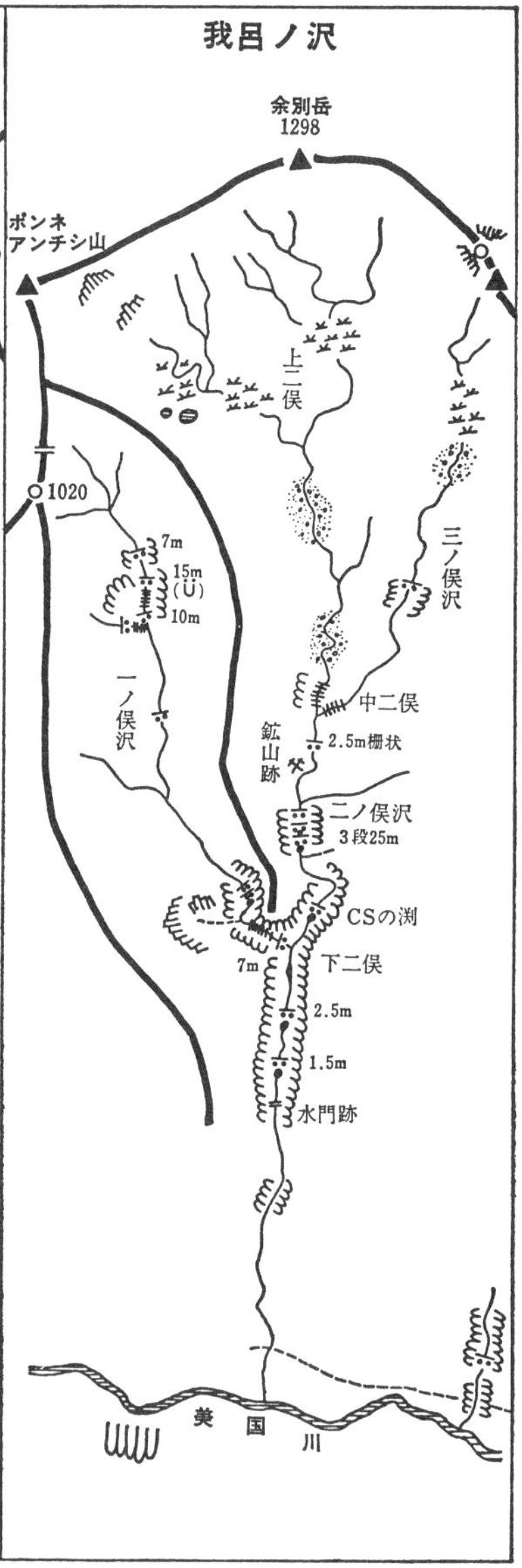
我呂ノ沢
余別岳
1298
上二俣
1020
7m
15m
(U)
10m
一ノ俣沢
三ノ俣沢
中二俣
鉱山跡
2.5m柵状
二ノ俣沢
3段25m
CSの渕
下二俣
7m
2.5m
1.5m
水門跡
美国川

余別岳へは右に入る。台地状の中を蛇行しながら頂上に向かうが、沢は細分化されてわかりづらい。二万五千分の一地形図を使うと良い。左に寄り過ぎると稜線直下は急なルンゼで、脆い涸滝にてこずり、早い時期なら氷化した雪渓があるので注意。

10　珊内川　一〇—一二時間

中流にある陰険なゴルジュ帯を突破した時の安堵感に、沢登りの痛快さを味わえる。人跡の少ない山奥であり、羆には特に注意。

岩内からバスで神恵内まで行き、そこからハイヤーで珊内に進む。珊内小学校前から、最近造られた林道を行くと、シントノ沢で林道が切れる（ここまでハイヤーが入れる。珊内から徒歩一時間）。なおも右岸の刈分け道を進み、タキノ沢の徒渉点の少し手前から、滝（六m）の右岸を本流に向かって下る。刈分け道は四〇分位だ。道はタキノ沢の上流に向かっているので注意。

本流は初めは単調だが、スサノ沢出合から一変する。大きな滝はないがゴルジュ、滝が次々と現われる。無沢および西屏風沢（仮称）との二俣にあるゴルジュが核心部で、左岸高巻き後は懸垂で沢に戻る。さらに次々と滝を越し、源流帯にある地図の岩場記号にぶつかる。右岸は岩壁がそびえ、正面は四mの滝となっている。この滝はシャワー・クライミングで直登しなければならない。水量は急に減り、コルまで涸沢の急登が続く。コルから頂上までのハイマツこぎもきつい。中間に安全快適な幕営地はない。

下降は、頂上から西の稜線をやぶこぎで下り、スサノ沢を下れば滝は少なく半日で下れる。

11　古宇川からポンネアンチシ山　六—七時間

山奥まで林道が入っているので面白味に欠けるが、それゆえにポンネアンチシ山への最短コースとして利用されている。

神恵内から当丸峠、古平を結ぶ国道二二九号線（冬期は閉鎖）を行き、古宇川の二つ目の橋の手前で本流右岸沿いの「大川林道」に入る。林道は函沢出合いの木橋（ここまで車で入れる）から二〇〇mで終点となる。神恵内から徒歩約四時間。

函沢から本流に降り、八八三m三角点の真西の二俣まで大岩と淵をからみながら進む。この二俣前後の地図の函記号は誤りで平凡な流れである。標高四四〇m付近で釜を持つ小さなナメ滝が続き、さらに二段一〇mをはじめ小滝が時々現われて、赤土の二俣となる(左岸が赤土の崖)。左俣の水量は多いが、上流は次々と細分化されて水流が切れるのが早い。しかし稜線直下まで三—八mの涸滝が続く。むしろ滝が切れた草付きの急登が悪い。右俣は、はじめは狭く倒木がつまったきたない小沢だが、直線的に頂上に向かっており、標高約七〇〇mから小滝が続く。二段一五mのスラブ状の滝など直登困難な滝も数段まじえている。稜線のやぶこぎも短い。頂上は、ハイマツ帯の平坦地に大岩がポツンととび出ている。一般的には車を利用するので往路を下るが、我呂ノ沢下降もおもしろい。

12　古平川支流下二股川　六—八時間

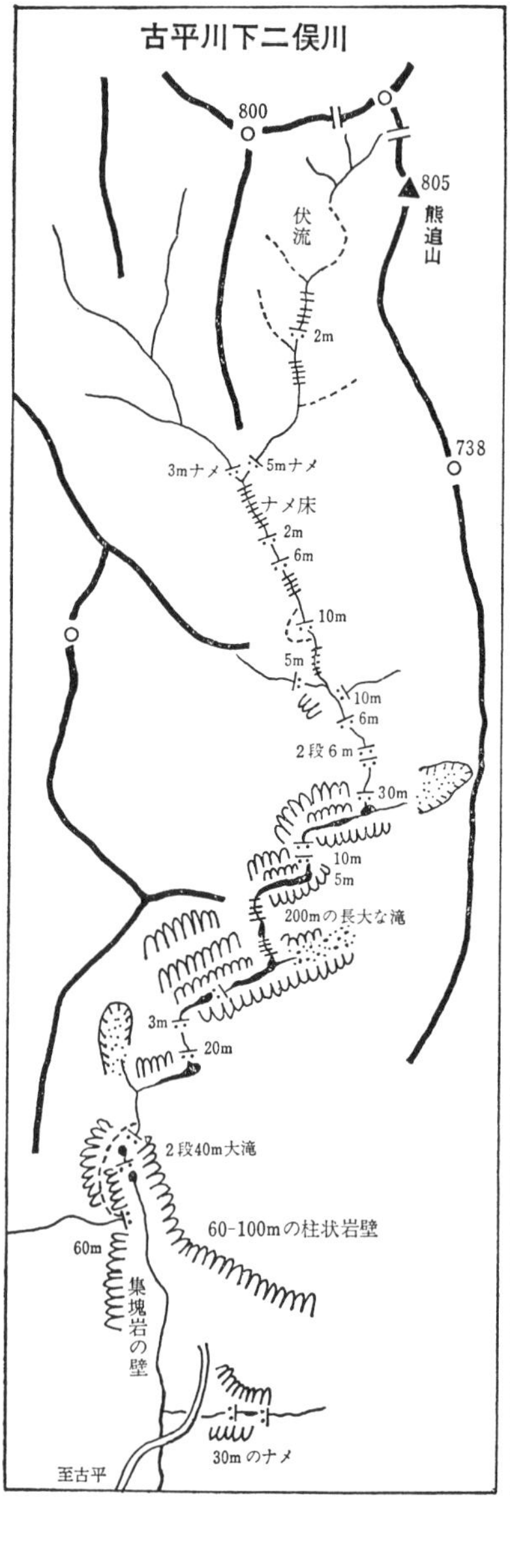
古平川下二俣川
800
805
熊追山
伏流
2m
738
3mナメ
5mナメ
ナメ床
2m
6m
10m
5m
10m
6m
2段6m
30m
10m
5m
200mの長大な滝
3m
20m
2段40m大滝
60-100mの柱状岩壁
60m
集塊岩の壁
30mのナメ
至古平

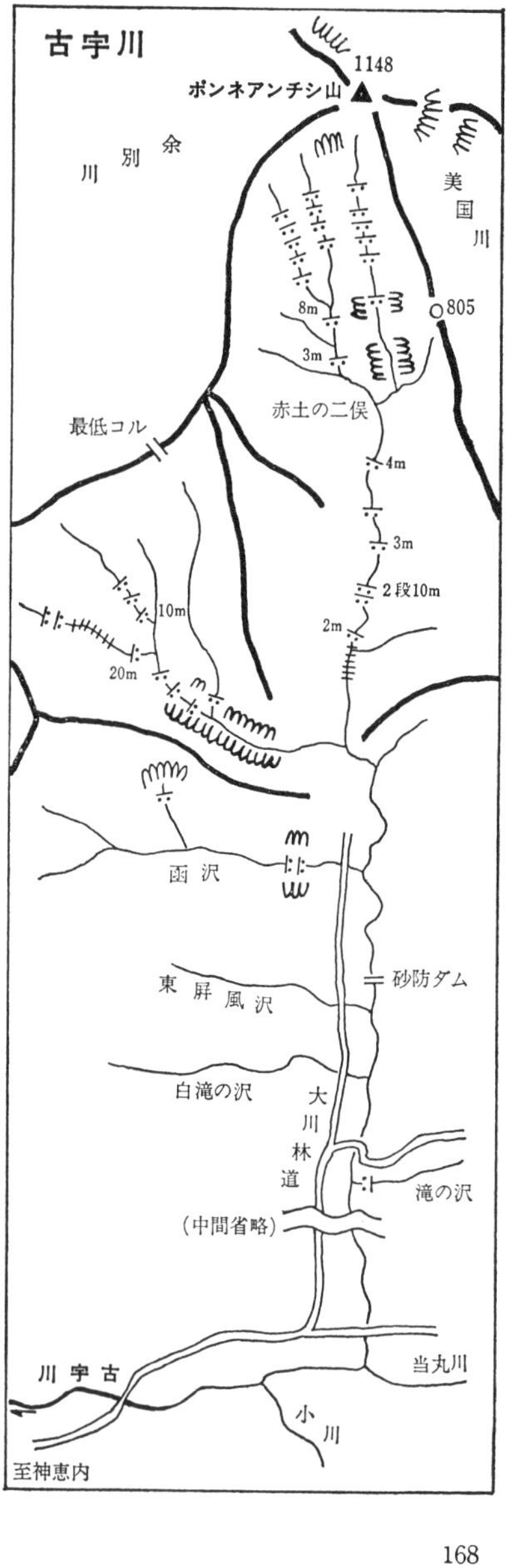
古宇川
1148
ポンネアンチシ山
余別川
美国川
8m
3m
805
赤土の二俣
最低コル
4m
3m
2段10m
10m
2m
20m
函沢
砂防ダム
東屏風沢
白滝の沢
大川林道
滝の沢
(中間省略)
当丸川
古宇川
小川
至神恵内

長大な階段状の滝を筆頭に、豪壮な滝を多く抱えた沢だが、最初の大滝は本腰を入れて岩登りをしなければ突破できない。それだけに沢登りと岩登りを同時に楽しめる。

古平町から稲倉石《いなくらいし》鉱山行のバスに乗り、「二股」で下車。右下の林道に入ると古平川を渡って冷水川出合いに達する。さらに地図にない林道が下二股川沿いにあり、標高二七〇m地点で終わる。バス停から約八km、徒歩二時間を要するが、六kmくらいまで何とか車を乗り入れることができる。

一〇〇mほどの岩壁が連なっている終点から沢に入り、約一〇分で最初の大滝にぶつかる。両岸は六〇―一〇〇mの岩壁に囲まれ、正面は二段四〇mの滝だ。下段は二〇mの垂直の滝で、この登攀がキーポイントになる。滝壺に少し入って左手のバンドにはい上がり、滝の方にトラバースする。流芯左手の凹角からカンテに出て上段の滝壺の縁に立つまで、人工をまじえて、苔の着いた滑りやすい岩の直上だが、IV^{+}程度のいやらしい登攀を強いられる。二ピッチ目は、右岸の斜度の落ちた草付きまで二〇m。さらに草の中を右に四〇m水平トラバースして、落ロの灌木帯に入る。人数、技量にもよるが、この登攀だけで一時間以上は要する。滝の音でコールが届かないので、あらかじめサインを決めておくと良い。ハーケン、アブミが必要。高巻きは不可。しかし苦労して登るだけの価値は上流に向かえば分かる。右に、左にと直角に沢が折れるたびに、IV級くらいの直登が楽しめる大滝が現われる。圧巻は何といっても積丹随一の二〇〇mの滝だ。全体の傾斜は緩いが、二―四mくらいの段差で空まで続いているかのように、階段状に飛沫を上げながら一本の滝となって落ちている。中間一〇〇mほどに滝壺が一個所ある。シャワー・クライミングを満喫できよう。大きなトヨ状の滝(一〇m)を右岸高巻きで越すと、流れは突然平坦となり、一枚岩のナメ滝帯になる。標高六二〇mの二俣を右のナメ滝に入ると、熊追山(八〇五m)に立てる。笹の濃いたんなるコブといった感じだが、やぶこぎは苦になるほどでない。

下二俣川を下降するなら、上流の滝はクライムダウンや高巻きで降りれるが、最初の大滝は、右岸にかかる六〇mの支流の滝まで二ピッチのトラバースをしてから、滝の手前を四〇mの懸垂下降をするので、ザイルは二本必要である。南面のモヘル川は、途中に三〇mの高巻き可能の滝が一個所あるだけで、他の小滝は問題ない。

泥ノ木川の岩場

古平川の支流泥ノ木川の中流に一〇〇―二〇〇mの北海道ではスケールの大きい岩場が広がっている。集塊岩の岩場で四十八年以降、小樽GCCが数本のルートを拓いただけの処女地帯である。アプローチになる支沢とルンゼは、時に幅一m未満にも狭まるゴルジュとなっており、小滝とはいえきわめてむずかしいものが連続している。一般的なクライミングや沢登りのイメージではなく、岩と沢のすべての技術がミックスして要求される。ボルトで突破する滝、ワラジによるクライミング、角のとれた岩の出っ張りにシュリンゲをかけただけのランナーや確

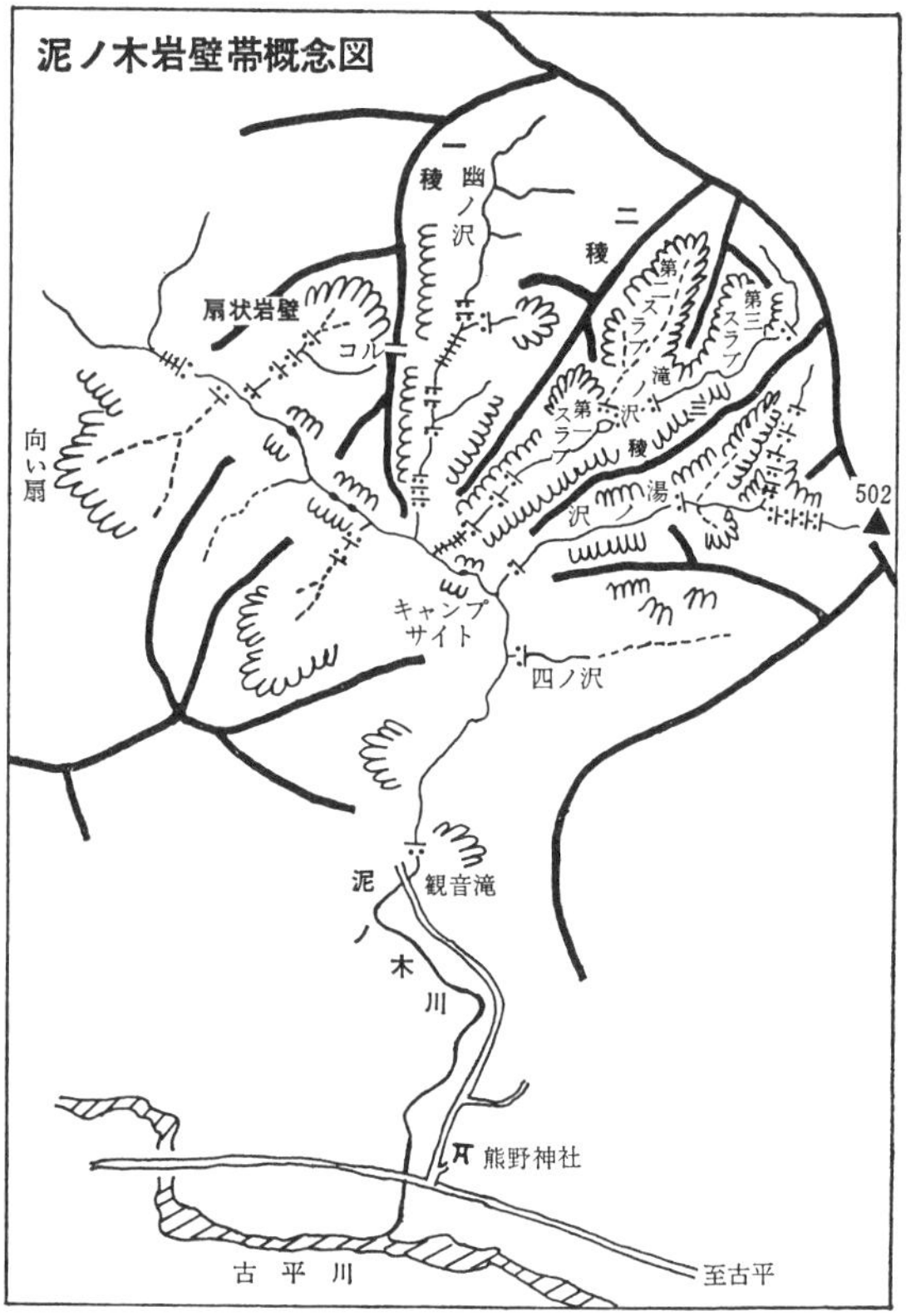

保といった変則的なアプローチになる。
古平から稲倉石鉱山行のバスに乗り換え、熊野で下車。神社脇の車道を三〇分行くと観音滝にぶつかり、ここでワラジをつける。約一時間で四ノ沢に出合う。右岸に良い幕営地がある。ここをベースに新たなルートを開拓するのもよいだろう。既成ルートはすべて熊野神社から日帰りができる。なおこの地域一帯の名称はすべて仮称である。

13　扇状岩壁中央リッジ

IV+　一五〇m　四―五時間　一九七七年八月二十八日　藤原洋一、多田博之、七夕百恵

泥ノ木岩壁帯で最もすっきりした扇状岩壁（高距約二〇〇m）の中で、とりわけすっきりしているのが中央リッジである。高度感はすごいがリスやクラックは皆無で、中間支点がとれない。

扇状岩壁へ向かうには、本流二つめのゴルジュを過ぎ、二万五千分の一地形図の「泥ノ木川」の「ノ」の字附近で左岸にかかるきわめて細いナメ滝（高さ一・五m）の沢に入る。観音滝から一時間半。支沢に入ると三つほどの小滝があり、ついで五mのチムニー状の滝で水流は切れる。この上はジェードル状の緩いルンゼとなって、一五m位の垂壁に突きあたる。右手は中央リッジの末端（オーバーハング）で、垂壁の上が中央スラブである。

いったん中央スラブに上がり、左側面の灌木帯にトラバースして取付く。脆い側壁を三〇m直上。右へトラバースしてリッジに出る。小ピークへの立っているリッジを避けるように右側面に入り、右の急なスラブ上にある灌木の繁った外傾テラス（状）まで。岩は安定している。水平気味のナイフエッジにあ

る一本松を目ざして右側面からリッジにもどると（一〇m）、高度感のある四〇mの悪いピッチだ。幅五〇㎝のナイフエッジを渡り、一度左側面に出るような垂壁五mを登る。次は幅二〇㎝位の上昇気味のナイフエッジである。中間支点のとれない核心部である。これを越すと灌木帯にもぐり込んで、実質的登攀は終了する。

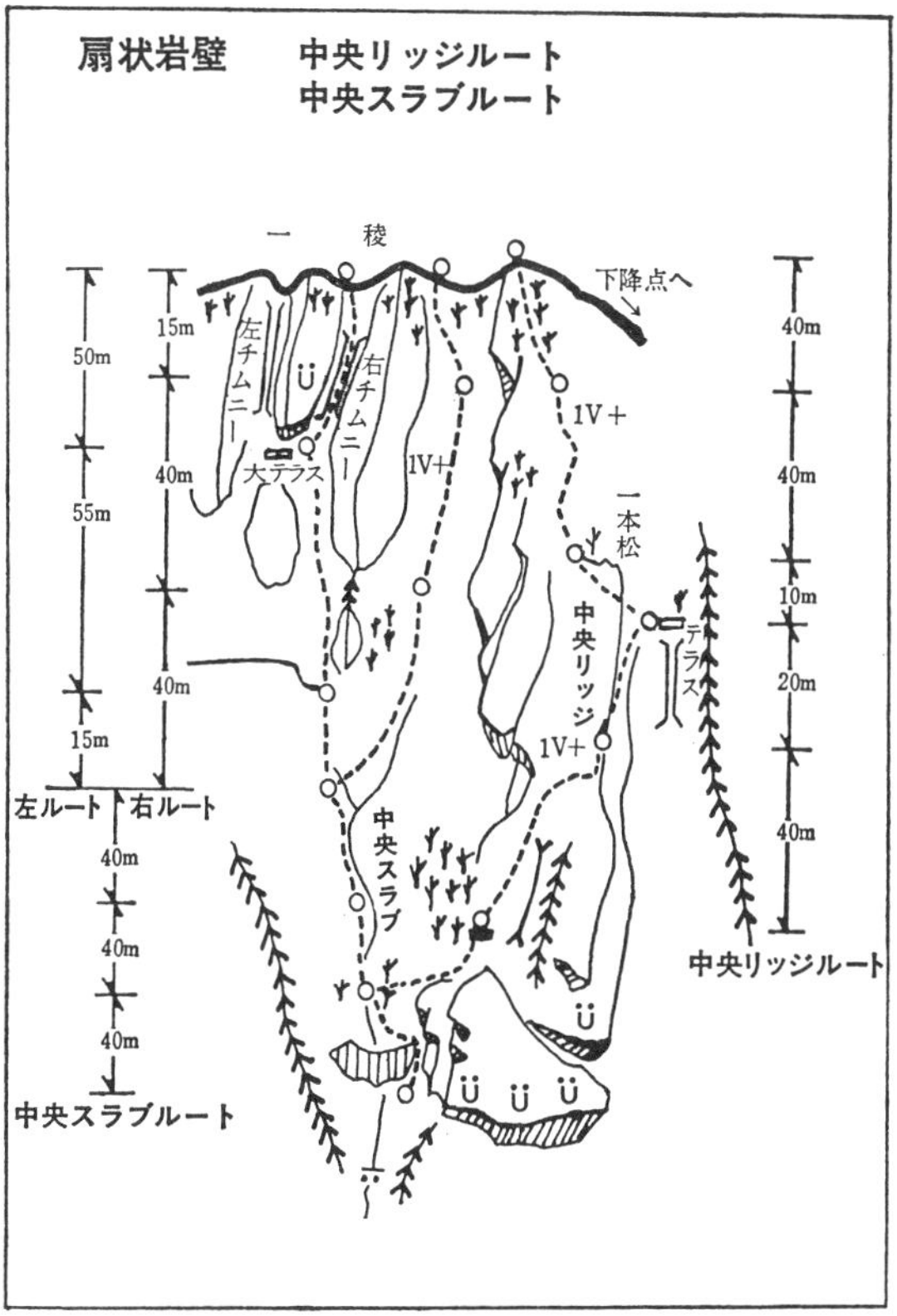

14　扇状岩壁中央スラブ右ルート・左ルート

Ⅳ　二四〇m　三時間　一九七八年八月十日　佐藤守、高橋光雄、村山啓子（右ルート）、川端晃司、山西敏彦、吉川泰子（左ルート）

脆弱な岩と浮石だらけの、幅の広いルンゼ状のフェースである。

末端を四〇m一ピッチ登ると、傾斜が落ちてノーザイルで流水溝の堅い岩を登る。傾斜が増してきてから左右にわかれる。右ルートのつめは立っていて、灌木帯に逃げている。

左ルートの最終ピッチは右のチムニーに入るが、中間はスクイズチムニーになっている。チムニーの上は泥付きルンゼ。両ルートとも雨のように落石を降らすほど岩は脆く、ザイルをさばくだけで浮石も落ちていく。

下降は、一稜をやぶこぎでコルまで下る。コルまで懸垂下降を一回。コルから取付きの沢まで猛烈なやぶこぎ。

冬期の積丹山塊

この山塊はどこにあっても冬期の天候は悪く、快晴でも強烈なブリザードの日が多い。そのため、低い山ではあっても登頂を困難なものにしている。縦走は充分な予備日をもって行動するのはもちろんのこと、真冬の軽い気持でのツアーは禁もつである。主稜線の未踏地はすでにないが、縦走の記録の大部分は三—五月であることに留意したい。また、スキーでのツアー・コースは積丹岳東尾根ルートだけで、他はバリエーションに使われている。

15　積丹岳・東尾根ルート　五—六時間

積丹岳の「登山口」（バス停あり）から車道を歩き（除雪はなく、初めからスキーを使う）、終点からほぼ夏道通りにトレースする。厳冬期はラッセルが深く（他のパーティのトレイルは当てにできない）、日帰りはよほどの好条件でないとむりだ。

九〇〇mの台地からクラストしてくる。強風の日が多く、身を隠す所もない。コブを二つ、右手からからんで、最後の急登を一五分で頂上に立つ。下降は全体に適度な斜面で、雪質もよく楽しめるが、九〇〇m台地と頂上の間は標識旗が多めに必要だ。台地から左折して下りだす地点も迷いやすい。

16　他のルート

余別岳へは積丹岳から往復するのと、北西の尾根を使うルートがある。前者は積丹岳の南西に岩塔があり、ウエンド川源流の大斜面のトラバースに神経を使わせられる。後者は一〇二八m峰と余別岳北ノ肩の間にやせた吊り尾根がある。

積丹岳の北尾根は一〇四〇mのジャンクション・ピーク下部のクラストした斜面がツアーを不向きにしている。

珊内岳、ポンネアンチシ山へは縦走中に登頂されているが、単独で狙うことは少なく、どこから取付いてもアプローチに難がある。好天に恵まれても三日以上を要する。

赤石山も南側のアプローチが複雑で、また主稜線から離れていることもあって、登頂記録はきわめて少ない。

〔執筆者〕　山西敏彦

道南の山々

北大WV部OB会

道南の山々とは北海道西南部の渡島半島に位置している山々のことをさし、その最高峰は一五二〇mの狩場山である。他の山々はいずれも一四〇〇mにも満たない低山であるが、こじんまりとした山塊には変化に富んだ沢が流れるなど、登山者を魅了する要素を備えている。半島基部には狩場山がそびえ、周囲にフモンナイ岳、大平山《おびら》、メップ岳を従えており、一山塊を形成している。噴火湾に面す八雲町の西奥の日本海側には遊楽部《ゆうらっぷ》山塊、雄鉾《おぼこ》山の山々が、また函館付近には秀麗な駒ケ岳をはじめとして横津岳、袴腰岳が、そして半島西端部には道内では珍しい歴史のある大千軒岳がそびえている。

他の北海道の山域に較べると、この地域は本州の影響の多いところであり、特に植相において顕著な相違が見られる。北海道の山々は一般的にはタンネと呼ばれるエゾマツ、トドマツ等の針葉樹で代表されるが、ここでは狩場山を北限としてブナの木が目立ってくる。

この山域はどの山をとっても交通の便が極端に悪いため、訪れる人は限られており、そのため今でもまことに静かな山行が楽しめる。

積雪期においては半島部に位置するため、季節風の影響を多大に受け厳しい条件が加わる。特に日本海側に位置する狩場、遊楽部、大千軒山塊ではそれが著しい。しかしいずれの山塊も技術的な困難さはなく、スキー登高で頂上付近まで行けるが、単調な地形が多いので荒天時には読図に注意しなければならない。また雪崩にも注意がいる。いずれにしても、雪の締まった三月半ば以降に楽しめよう。

狩場山の沢

狩場山は狩場山塊の主峰でもあり、道南でも最も著名な山であり、一般登山道も整備されている。その割には交通の便の悪さとアプローチの長さも一因してか、訪れる人は少ない。山容はゆったりとしているが、主峰にせり上がる沢はいずれも変化に富むものばかりで、沢登りには絶好の対照である。

〔五万図〕　狩場山、瀬棚《せたな》

〔当該地域の営林署〕

黒松内営林署　寿都郡黒松内町

1　須築《すっき》川　二三時間「北」6号

頂上に突きあげる沢では最も険悪なもので、核心部は薄暗く狭い函がえんえんと続く。高巻きが不可能なためほとんど泳ぐかへつりで通過することになり、技術以上に精神力が要求される。頂上までは三泊はみる必要がある。

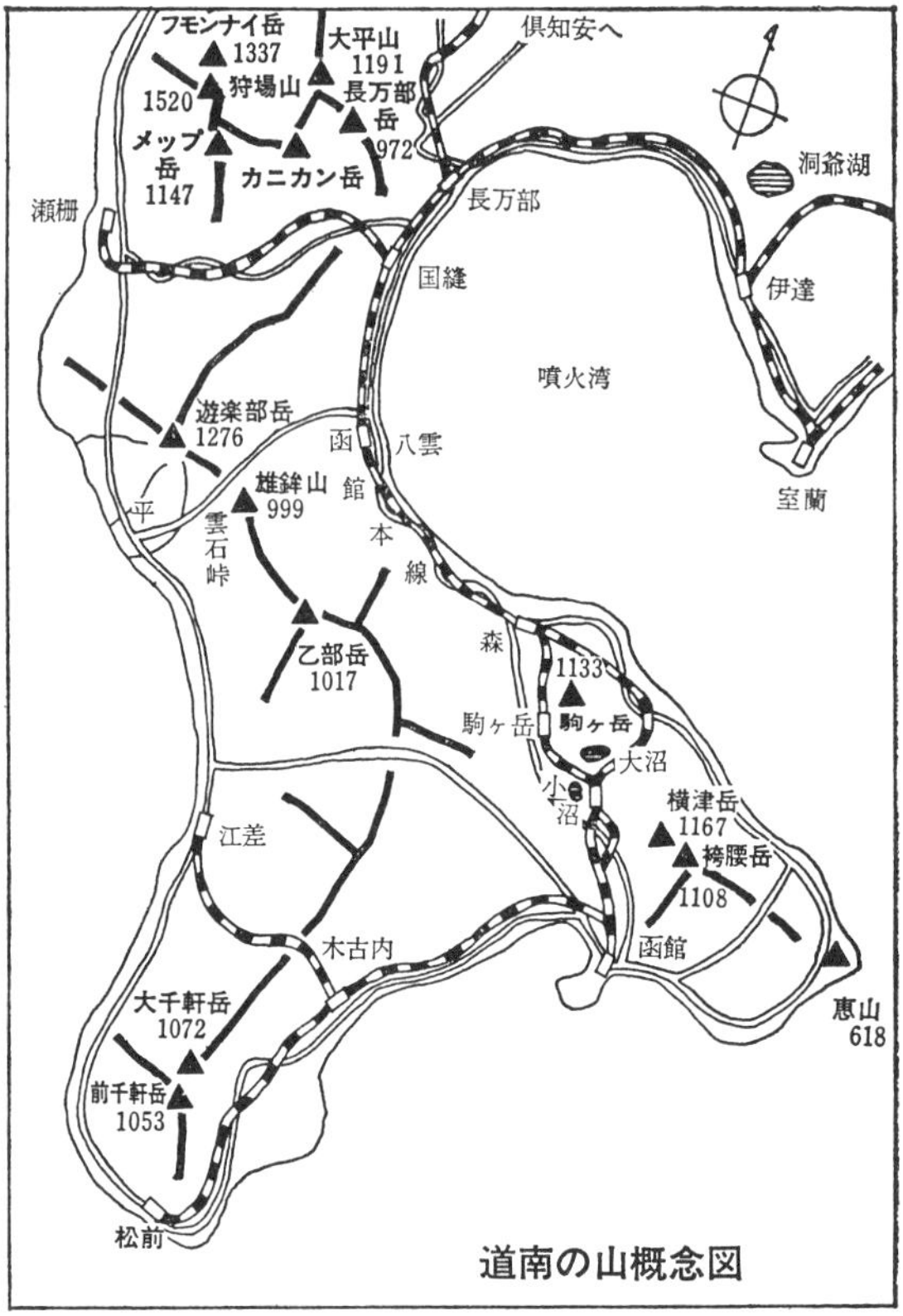

道南の山概念図

国鉄瀬棚線「瀬棚」から須築行のバスで終点まで行く。河口付近から砂防ダムまでは歩道がある。ダムを過ぎイワナ沢、熊追の沢あたりまでは広く美しい川床が続く。標高二二〇m二俣になると函が現われる。胸まで浸って通過するとやがて右俣が八mくらいの滝となっている標高三〇〇mの二俣となり、左俣を行く。ここから陰惨な感じの狭い廊下が標高三二〇m二俣まで一〇〇m以上続く。ここも泳ぐ。廊下終了後しばらくしてチョックストンの滝があり左岸を巻くと、すぐ三五〇m二俣となる。このあたりが一泊目となろう。右俣は小さな砂防ダムのような三段のナメ滝となっている。本流は直角に曲がり険悪な廊下に突入する。廊下の中には釜をもつ滝がいくつかあり、泳ぎとザックの吊り上げの連続となる。その後、美しいナメ床を行くと標高四二〇mの二俣となる。右俣を行き、いよいよ核心部の「S字峡」の入口だ。釜をもつ滝群を泳ぎとへつりの連続で越え、本流は再び直角に曲がり幅一mほどの狭い廊下になる。チムニー登りで通過し、ほっとする間もなく眼前には両側岩壁に囲まれた一二mほどの釜を持つ垂壁が立ちはだかる。左岸の脆い岩壁を登り、沢身に下ってS字峡は終わりとなる。そ

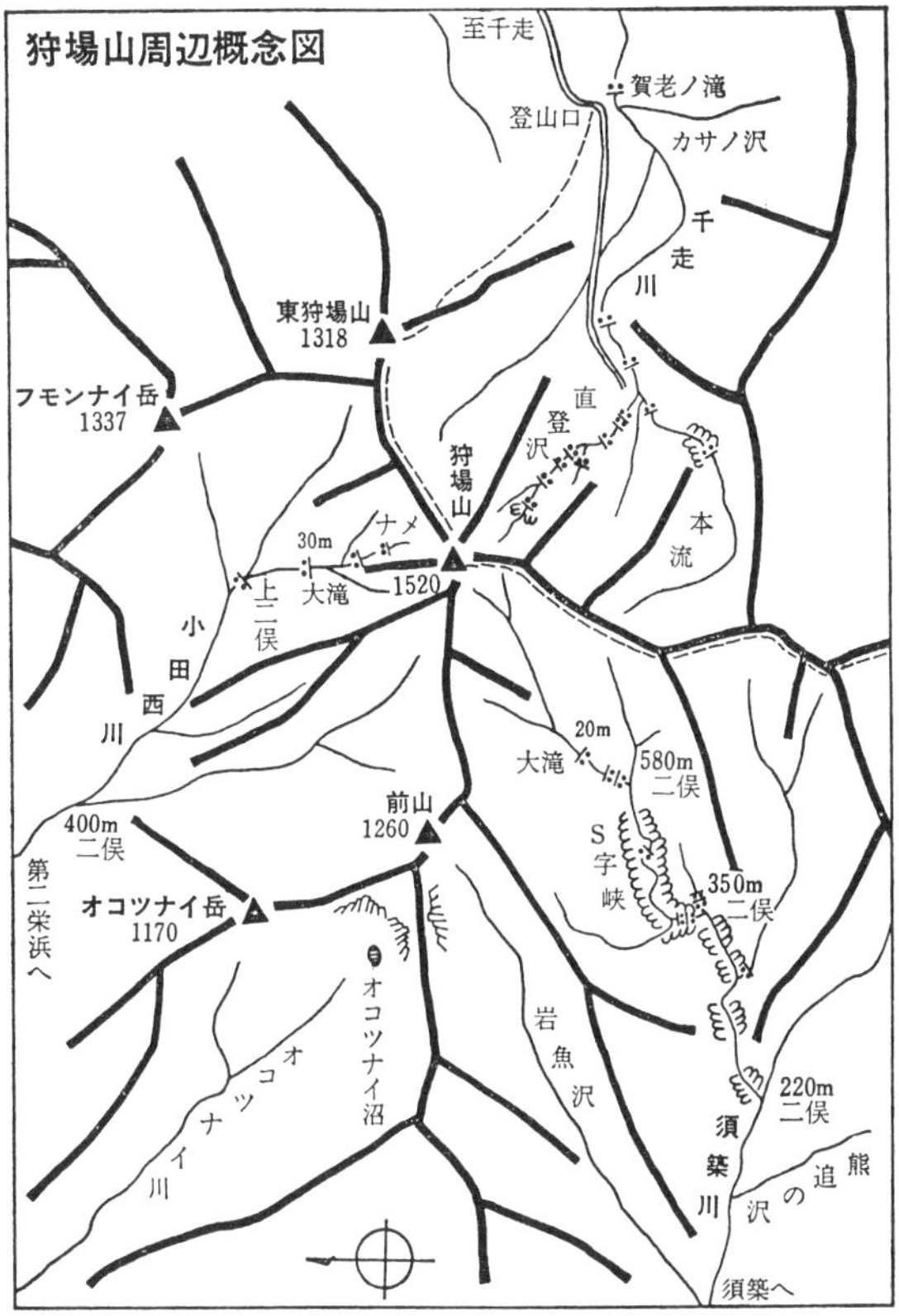

のあとも釜滝をいくつか越えると五八〇m二俣となる。二泊目はこのあたりとなる。二俣を過ぎすぐ一〇mくらいのハングの滝が現われ左岸を高巻く。続く二段の滝を越えると本流最後の大滝である二段二〇mが現われるが、快適に直登できる。あとは高度をかせいで、一〇〇〇m二俣からはどちらをつめても頂上もしくは登山道に出られるが、やぶこぎは覚悟のこと。ともかくもこの沢は泳げることが必須条件となる。

2　**千走川《ちはせ》**　四時間　「北」34号

千走川本流は東狩場山経由の登山道がなかった頃、須築川の下降路として使われていた。須築川に比すれば楽な沢であるが、美しいナメ滝、ナメ床が続き変化のある沢相を見せてくれる。本流、直登沢ともに困難度は同程度であるが、直登沢のほうが時間的に早い。

小樽または岩内《いわない》から寿都《すっつ》行のバスに乗り、寿都で乗り換え、「千走」で下車する。そこから賀老の滝までは林道が長いので車をチャーターするとよい。賀老の滝駐車場から千走川沿いの林道を奥へ進み、滝の上沢川を渡り、標高六六〇m付近で直登沢に出合う。小さな沢で感じはよくないが三〇分ほど遡ると七七〇mの二俣でここから沢らしくなる。右俣をとり小さなナメ滝を越えると二〇mの大きなナメ滝、一〇mのナメ滝と続いて現われる。しばらく変化のあるナメ床状の沢が続き、快適に高度をかせげる。標高一〇〇〇m付近まで来ると、沢は少々狭くなり、やがて右岸から小沢が滝となって合流する。ほどなく三〇mの大滝で、左岸よりを直登できる。そのあとは次から次に現われる小滝を越えると今度は二〇mの大滝だ。これは右岸を高巻く。ナメ滝を過ぎると沢は開け岩壁に囲まれた涸滝にぶつかる。ここを乗越して遡行は終了し、広々としたお花畑に出る。左寄に登って登山道に出る。

本流は標高六〇〇m付近から険悪となり、豪快なナメ滝、二段一〇mの滝を越えて行き、函が現われる。函の中を行き、どんづまりに一五mの滝がある。本流はこの滝を越えて遡行は終了する。あとは平凡な沢をつめて登山道に出る。

3 **小田西川**　一〇時間　「北」30号

頂上へ突きあげる二本のルートがある。下部は変化に乏しいが、上流になるにつれて滝群があらわれる。須築川、千走川に比べると記録は少ない。

寿都から栄浜行のバスで第二栄浜まで行く。砂防ダムを越えたらすぐ沢に入り、一時間ほど進むと巨岩が重なり合って歩きにくい沢相になる。このあたりは沢が狭まりゴルジュ状である。ゴルジュ状を抜けても転石は消えず歩きにくい。釣りなどをしながら遡ると標高六〇〇m付近に一〇mほどの滝がはじめて現われる。左岸を巻き、一時間ほどで六二〇mの二俣である（ここまでは変化がない。砂防ダムより八時間）。ここをベースにして頂上を往復するとよい。右俣を行き、ほどなく一五mのナメ滝が現われる。さらに一時間でスラブ状の三〇mの大滝が出てくる。その後現われる二、三のスラブ状の滝とともに高巻くが、このあたりはゴルジュ状で、高巻きも苦労する。やがて沢はナメ状となり、一〇〇―一五〇mほど続く。やがて高度を上げ、沢も切れ、ブッシュ帯となり、ハイマツをこいだり、草付きを登ると、登山道に出る。

大平山の沢

北海道では数少ないエーデルワイスの咲く山として知られる大平《おびら》山も、登山を対象とした場合、その知名度は低い。しかし頂上に抜け出るヒヤミズ沢川は独特の険悪さを示し、注目の的となっている。

〔五万図〕　大平山、寿都

〔当該地域の営林署〕

　黒松内営林署　寿都郡黒松内町

4 **ヒヤミズ沢川**　一四―一五時間　「北」26号

大平川の支流でスケール的には小規模ながら、その渓相は狭い廊下状の函を有し険悪である。

寿都から栄浜行のバスに乗り大平まで行き、大平大橋から大平川沿いの林道を奥へ進む。ヒヤミズ沢の入口は「日陰の淵」と呼ばれ、五〇mくらいの狭い廊下状の函となっている。林道はなおも奥へ続いているので注意。入口の三mの滝は右岸を高巻く。続く滝も泳ぎとへつりのくり返しで苦労して突破する。その後も陽の当たらない狭い函状地形が続き、釜をもった小滝が次々に現われる。標高三〇〇m付近に一〇mほどの大きな釜をもった滝がかかっており、標高四〇〇mの屈曲点には二段一五ｍの豪快な滝が出てくる。四三〇ｍ二俣の先は再び狭い小函となり泳いで通過する。やがて右岸に衝立状の岩のある湯の沢川への乗越しの沢との出合いとなる。本流は五ｍほどの滝となって右に曲がる。滝を越えるとしばらくは歩きやすくなる。標高五六〇ｍ付近で二段一五ｍの滝が現われる。上段は巻いて乗り越える。まもなく左岸からの涸沢との出合いとなる。これが五九〇ｍ二俣で、この涸沢が直登沢である。いくつかの小滝があるだけで特に困難はなく高度をあげる。ネマガリダケをこいで頂上に出る。

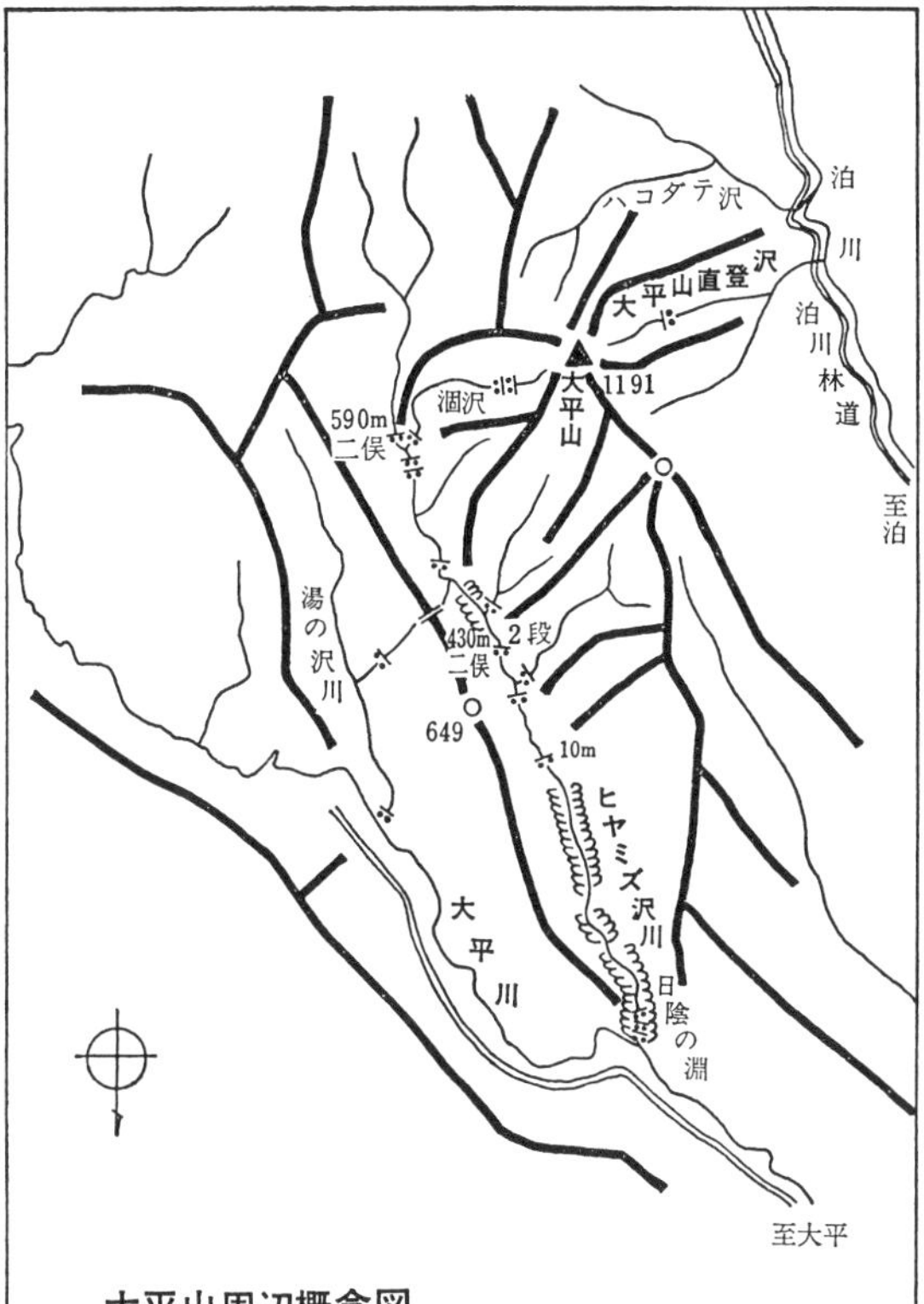

大平山周辺概念図

遊楽部岳周辺の沢

遊楽部《ゆうらっぷ》岳の周囲には臼別岳、太櫓《ふとう》岳、白水岳、冷水岳などの山々があり、遊楽部山塊を形成している。交通の便の悪さから登山者は少ないが、見市《けんいち》川の支流の上部には困難な滝を持つ冷水《ひやみず》沢、浄瑠璃沢、熊追沢などがある。ここでは見市川本流と平田内川の二本の沢を紹介する。

〔五万図〕　久遠《くどう》、遊楽部岳

〔当該地域の営林署〕
　東瀬棚営林署　瀬棚郡北檜山町

5　見市川本流　一二―一五時間

遊楽部岳に登る沢の中では、遡行距離もあり、かつ変化に富んでいるため最も親しまれている。

　国鉄の八雲駅から鉛川温泉行のバスにて鉛川温泉入口で下車。ここより雲石峠を経て雲石橋の手前のダム湖より見市川におりる。イワナ沢出合いまで

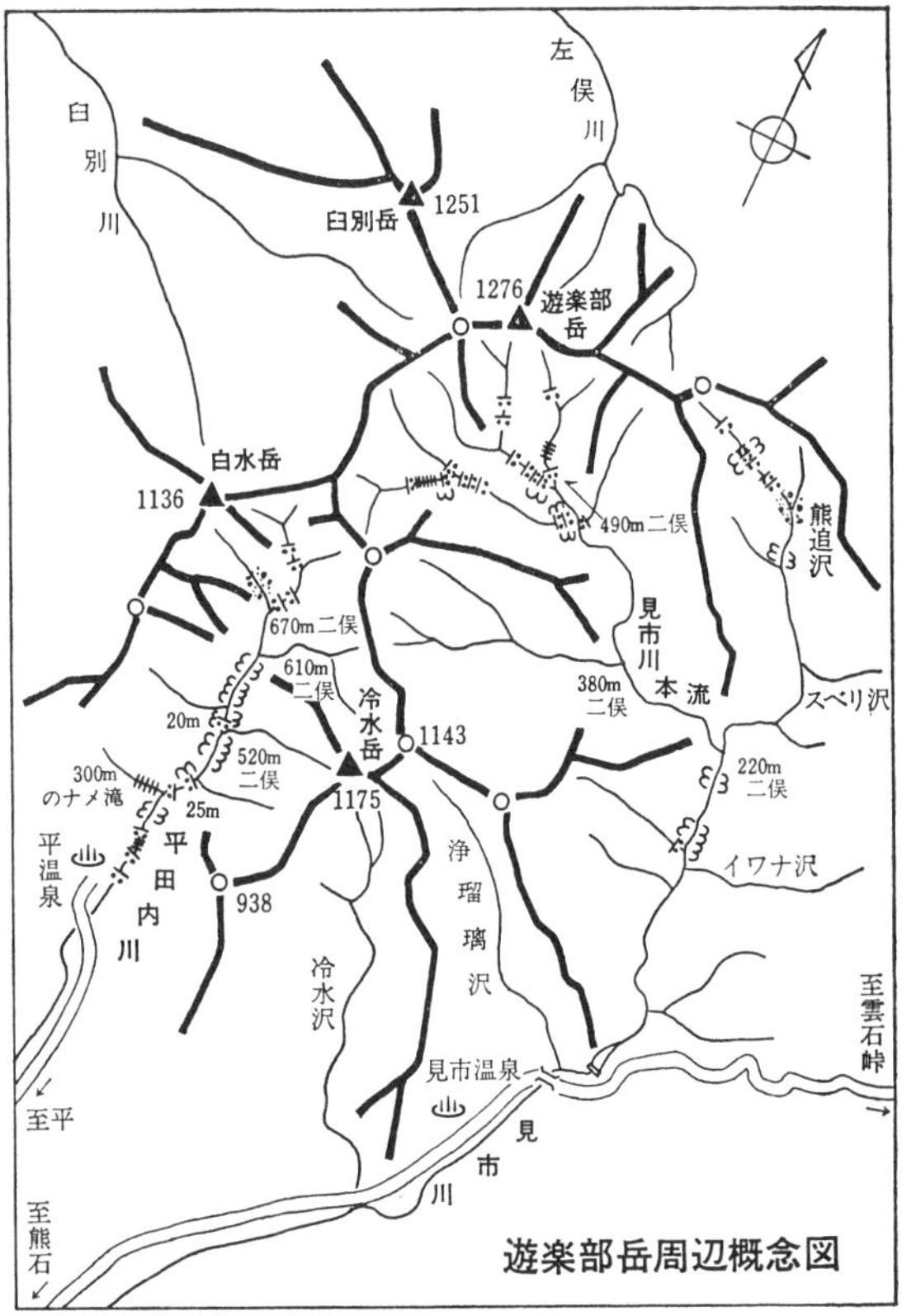

遊楽部岳周辺概念図

は単調な河原。出合いを過ぎると大きな函が始まり、右岸の巻き道を行く。沢は再び開けやがて標高二二〇mの二俣である。右俣は熊追沢である。本流は岩盤の露出する明るい沢だ。標高三八〇m二俣に増水時に安心な幕営地がある。右俣を行き、やがて左岸より二〇mの滝が注ぐと四二〇m二俣に着く。右俣にとり、さらに四九〇mの二俣である。両俣ともに頂上に突きあげるが、左俣の本流がおもしろい。五―一〇mの滝が連続し快適である。やがて低いやぶをこいで頂上に出る。また、途中の三八〇mの左俣と四二〇mの左俣も上部に大きな滝があり遡行興味はあるが、頂上に出ないのが難点である。下降は左俣川にとり久遠《くどう》に出るのが一番早い。

6 平田内川 八―一〇時間

連続する函と滝の美しい沢であるが、増水時に安心できる幕営地はなく、ルートの正確な判断とスピーディな遡行能力が要求される。

平より平田内川沿いの道を約二時間歩くと、無人の平温泉に着く。うっそうとした森林の中の流れを行くとナメ床が現われ、やがて正面に大きくガレた斜面が見える。右岸より高さ三〇〇mのナメ滝が注ぎ、本流は一〇mの垂直な滝となっている。左岸より越えると沢は函状となり、右に左に屈曲する。やがて大きな釜をもった二五mの滝で、右岸を大きく巻く。この高巻きは約一時間かかる。その後も函が断続的に続くが困難ではない。五二〇mの二俣は二段二〇mの滝となっている本流を行く。その後も函は続き、六一〇m二俣でようやく函が終わる。左俣を行くが沢は開ける。標高六七〇m二俣を右にとると快適な小滝が連続し、やがてクマザサの猛烈なやぶの中に沢は消える。白水岳まではひどいやぶこぎとなる。

大千軒岳の沢

落ち着いた風格ある姿を見せる大千軒岳は道南の岳人の憧れの山であり、道内で数少ない史山として有名である。その名残りとして知内《しりうち》川上流と千軒岳の肩に十字架が立っている。また本峰をはさんで南北に袴腰岳、前千軒岳、中千軒岳、燈明岳が並び、小さな山塊を形成している。

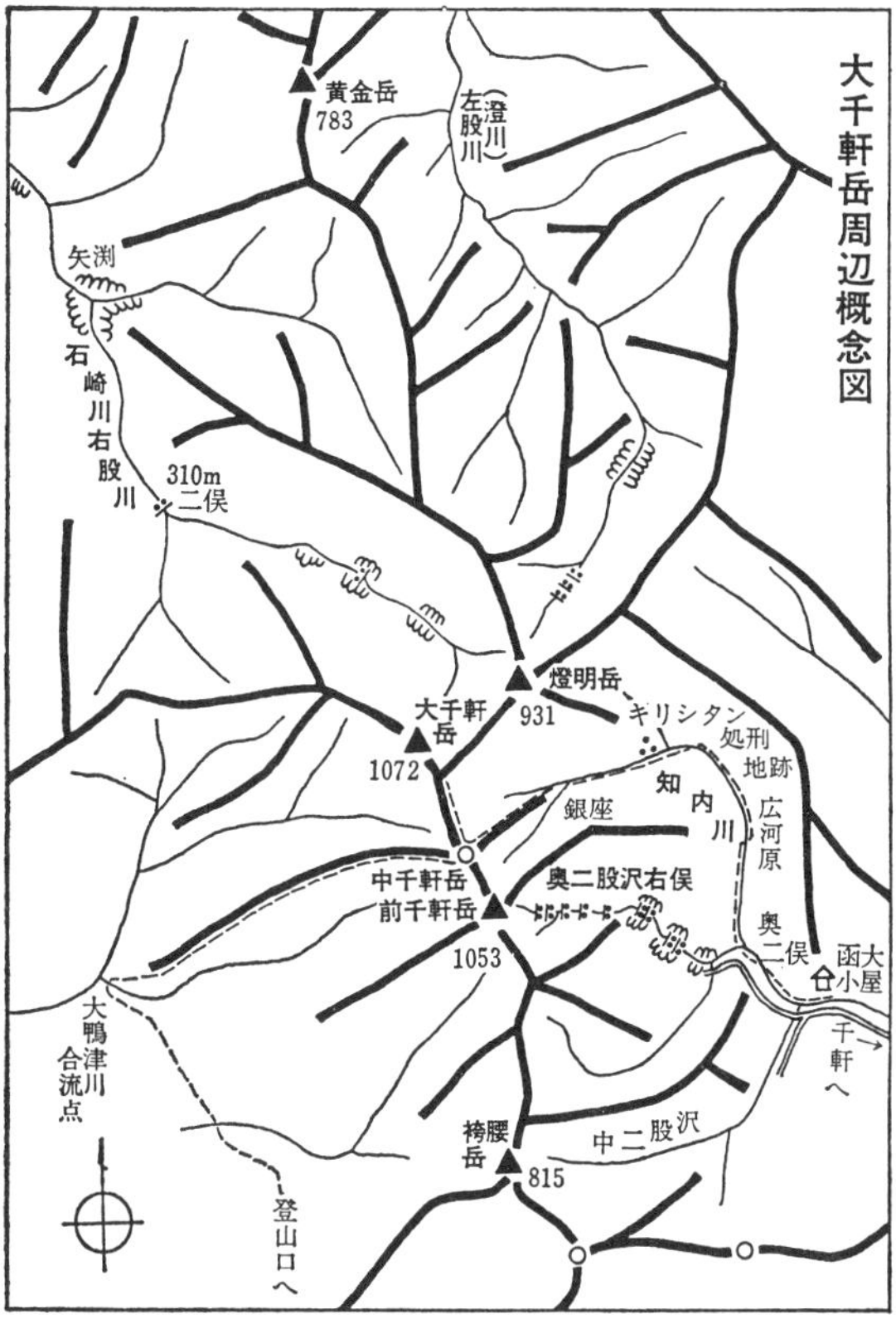

〔五万図〕　大千軒岳、知内、松前

〔当該地域の営林署〕

木古内営林署　上磯郡木古内町二一四—四

7　知内川奥二股沢右俣　四—五時間

「北」14号

この山塊で最も変化に富んだ沢であるが、スケールの小さいのが難点である。

国鉄松前線の千軒駅から車で中二股沢出合いの函館大学の山小屋の手前まで行く。ここから本流沿いの林道を三〇分で奥二股沢の出合いとなる。始めから薄暗い狭い函状で、一時間ほどで二段二〇mの滝が現われる。高巻き気味にシャワークライムで登りきると、すぐ釜をもった直登不可能な一〇mの滝が現われる。右岸を高巻いて沢身に戻る。沢は開けて単調となるが、やがて二〇mの滝にぶつかる。左岸の岩壁帯を登り、続く一〇mの滝は左岸を高巻く。ここを過ぎて函状地形は終わり、沢は明るくなる。しばらくすると一〇mの滝が現われ、左右両岸とも直登できる。さらに行くと階段状八mの滝が連なり、沢身を快適に登る。あとは五m前後の滝が断続的に現われるが、簡単に越えていく。源頭近くになると灌木が多くなり、いずれガレ場にぶつかる。落石に注意して登りきると、ネマガリダケのブッシュ帯となり、二〇分ほど苦労して中千軒岳の頂上に出る。

8　**石崎川右股川**　九―一〇時間

北面から本峰に突きあげる沢で、これといって変化に富む所もないが原始的な味わいのある遡行ができる。

国鉄江差線上ノ国駅から中外行のバスで終点まで行く。本流沿いの林道を三〇分ほど歩き、左股川(澄川)との分岐に出る。林道は標高一五〇m付近まで入っている。単調な河原を行き、ところどころ小函が現われる。やがて矢淵と呼ばれる標高二五〇m地点に着く。五〇mの切り立った壁に囲まれた所で、ふだんは困難な所があるわけではないが、増水時の通過は困難となろう。風倒木地を抜けて行くと、三一〇mの二俣となる。左俣を行くが広い河原が続く。やがて五〇〇m付近で小函、滝がいくつか現われる。最後はゴーロ状の小滝となっており、少々のブッシュをこいで大千軒岳の頂上に出る。

また、左俣川(澄川)は、五万図で見ると変化に富んでいるようだが、実際は何もない沢で最後のブッシュも猛烈だ。

〔執筆者〕　大内倫文、高井勝巳

北海道のゲレンデ

北海道の山といえば、一般になだらかな山容と原始性を秘めた深い森林に代表されるように、岩登りの対象となる要素は少ない。ほぼ道央に位置する芦別岳、交通の便の悪さのわりには道内外の注目の的となっている利尻山が多くのクライマーに活躍の場を提供しているにすぎないといっても過言ではない。また北海道の岩場ゲレンデを考えるとき、広大な地域のわりにはその場は少ない。しかし、これから述べる各ゲレンデは、現在北海道の岳人にとって大切な訓練の場となっている。概してすっきりした花崗岩系の岩場は少なく、安山岩、集塊岩などの非常に脆い岩であることが多い。

赤岩山のゲレンデ

札幌山岳会

北海道を代表するゲレンデで、初心者から上級者まで、一ピッチのルートから一〇〇ｍの大岩壁まで変化に富み、好みのルートで楽しめる。岩質は安山岩で、普通登られているルートはよく整備されており、浮き石も少ない。しかし海岸に位置するせいか風化が早く、残置ハーケン類の錆びも早く、ともに過信は禁物である。岩場は大別して西赤岩と東赤岩に分けられる。西赤岩にはW、東赤岩にはEの記号でそれぞれナンバーがつけられている。西赤岩は中赤岩の岩峰群（トビラ、中チムニー、中リス、バンド、奥リスなどの岩峰がある）、西壁グループ（西壁、赤壁、クリスタルフェースなどの岩壁がある）、三つの岩塔（ガッカリ岩、ベルギー岩、ドリョク岩）と、さらに三区分できる。東赤岩は小岩峰群（トリコニー岩、四段テラス、猫岩など）、東壁、東の岩稜群とまた三区分できる。また、主要な岩場にはポピュラーな愛称がつけられ、ナンバーとともに用いられている（例・W21＝トビラ）。

小樽駅前から祝津行のバスに乗り、「赤岩」で下車。北方にゆるやかに登る道をまっすぐ進み、赤岩峠に出る。ここまでは車で入れるが、バス停から歩いても二〇分である。道はここで三分する。西赤岩へは峠からそのまま海側へ下る道を行く。すぐ左手に中赤岩の岩峰群がある。西壁グループ、三つの岩塔へはさらに三叉路を左にとる。東赤岩の小岩峰群へは峠から右の遊歩道を行く。お堂の前を過ぎると左手に東壁が海に切れ落ち、いくつもの岩峰が山道沿いに連なってなかなかの景観だ。これらの小岩峰群は遊歩道よりすぐ取付ける。東の岩稜群へはさらに祝津のほうへと進み、テーブル岩手前から、針金をフィック

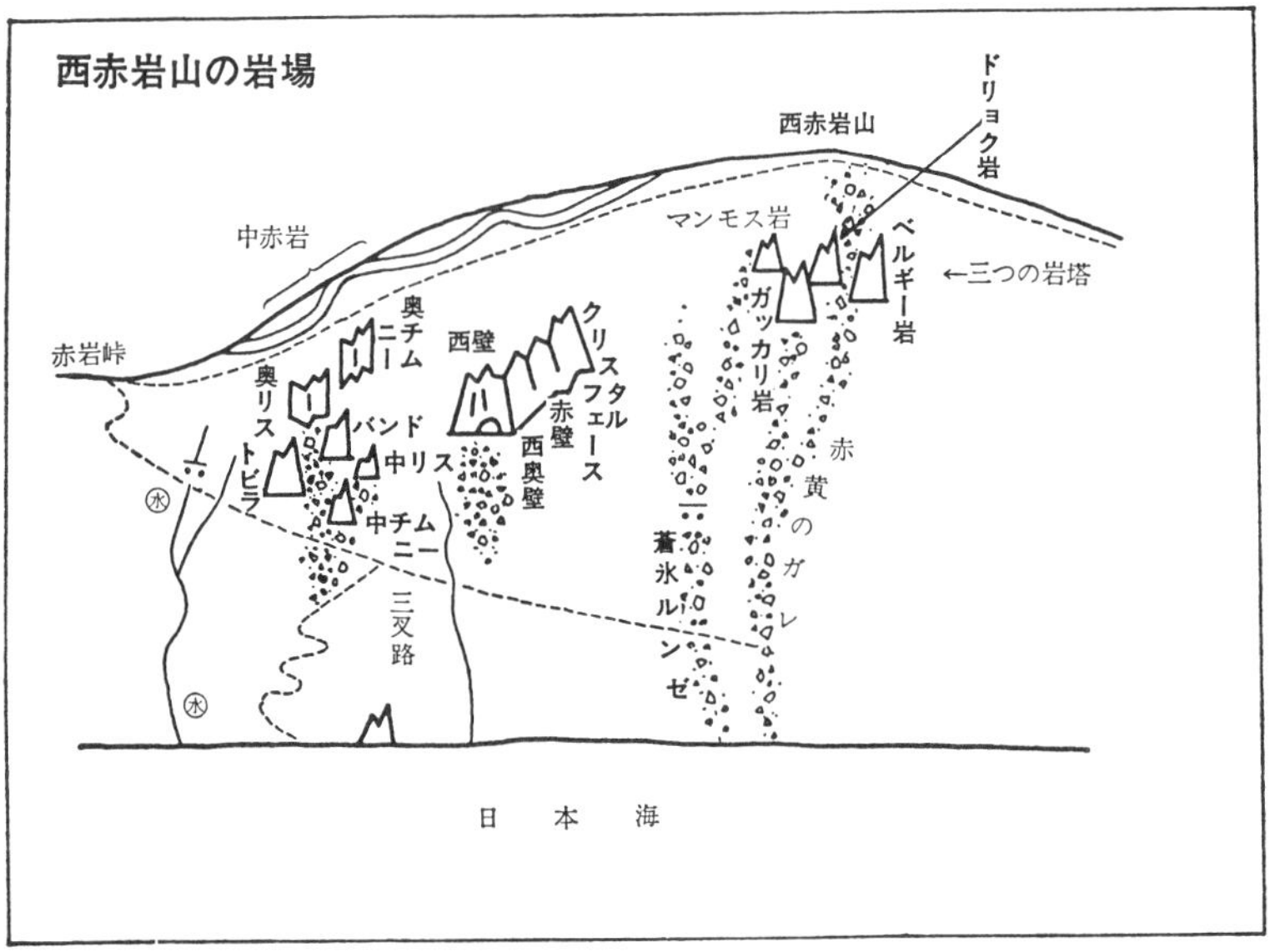

スしてあるルンゼ（白滝のガレ）へ下る。これは「胎内めぐり」と呼ぶ信仰の道で、これを下って各岩稜へ取付ける。東壁へのアプローチは三つある。一つは峠から海側へ下る道から三叉路をさらに下り、玉石の海岸を進んで取付く。二つめは、「胎内めぐり」コースの不動岩稜末端から灌木帯を西へトラバースしてミミズク岩のコルに達する。三つめは、東赤岩山の山頂よりリッジ通しに摩天、窓岩の頭への分岐点に出、ガレを下り東壁の頭に達し、さらに西側のガレを下り、懸垂で佐藤ルートの取付点に下る。

幕営地は赤岩峠か、海岸近くの草地がよく利用されている。最後になるが、灌木の生えている所も多く、ウルシが密生しているので、かぶれやすい人は注意のこと。

〔参考文献〕「北の山脈」3号、25―28号

西赤岩山の岩場

1　トビラ（W21）・正面ルート　IV⁻　三五m

山道側最下部からクラック沿いに右上のテラスへ。小ハングを越え、フェースを直上して左にトラバース。凹角を抜けて脆い岩を頭まで。トビラには他に凹角右のスラブを直上するルート（IV・A1）などがある。

2　中チムニー（W27）、中リス（W26）、バンド（W25）

どの岩塔にもIII級程度の初心者向きのルートがある。「中チムニー」は三叉路に面したチムニー登りが楽しい（III・一五m）。「中リス」は岩稜の右側から登る岩の堅いルートだ（III⁺・

二〇m)。「バンド」は「中リス」の左上部にあり、右斜上するバンドのルートは岩が堅く快適(Ⅲ・一五m)。

3　**奥リス(W23)・ノーマルルート**　Ⅲ⁺　一五m

「バンド」の岩の東側にあるほぼ垂直のフェース。ホールドは小さいがしっかりしている。なお、側壁のルートはノーマルルートの左八mからリスに沿って登る。五mほど手がかりがなく、ハーケンを利用する(Ⅲ⁺・一七m)。

4　**奥チムニー(W24)**　Ⅴ　二〇m

取付きから八mのスラブでハーケンの上部に立つまでが微妙だ。バンドに出て立木で確保する。右手のクラックに入り直上。

5　**西壁・正面ルート**　Ⅲ⁺　六〇m

西壁下部の洞穴(トカゲ穴といって宿泊が可能)左三mの岩から取付き、一五m登ってテラスへ。ホールドのしっかりした快適な登攀で草付きバンドへ。バンド右端のクラックを直上し、キレットをまたぎ、フェースを左斜上して灌木帯へ。西壁には他に側壁ルートがある(Ⅳ)。

6　**西奥壁ルート**　Ⅳ⁺　六〇m

側面から西壁のキレットにのびるルンゼから取付く。デリケートなフェースを一五m登り、右斜上するバンドへ。ルンゼから左のフェースへ。クラックを直上し小テラスへ出る。さらにクラックを直上し、左へトラバースして西壁頭の灌木帯へ出る。

7　**赤壁ルート**　Ⅳ・A1　五五m

左寄りのフリークライムから右寄りの人工に移り、続いてクラックをフリーで直上。再び人工で小ハング下を左に巻き草付きバンドへ。ホールドの小さなフェースから右へトラバースしてカンテに接近し、人工で六m直上。さらに左上し、再びフェースを六m直上、右に寄って出口に達する。

8　**クリスタルフェース・小樽商大ルート**　Ⅴ⁺・A2　五〇m

人工の多い不安定なルートである。凹角を約二m登り人工に移る。直上して正面の大ハングを右に進み、上のスラブに出る。直上するリスにそって進み、スラブの終端から一m左に寄り、二mの上部ハングを越し、フリーで土の付いた凹角を抜ける。

9　**同・札幌山岳会ルート**　Ⅴ⁺・A2　五五m

前ルートと同位置または二m左から取付く。突起岩の下からリスにそって人工で登り、フリーで右ルートに接近する。再び人工で正面ハングの左側凹角を終端まで直上、右寄りに上のスラブに出る。スラブを三m直上、ハング帯を右斜上して越し、最後のスラブはフリーに移り、左寄りに一〇m登って終了。

10　**ベルギー岩(W2)・海側(札幌山岳会)ルート**　Ⅳ⁺・A2　六〇m

岩塔基部のハングまで一〇m登り、人工で右寄りから直上二〇m、再びフリーで左上するバンドまで。二ピッチ目は短い人

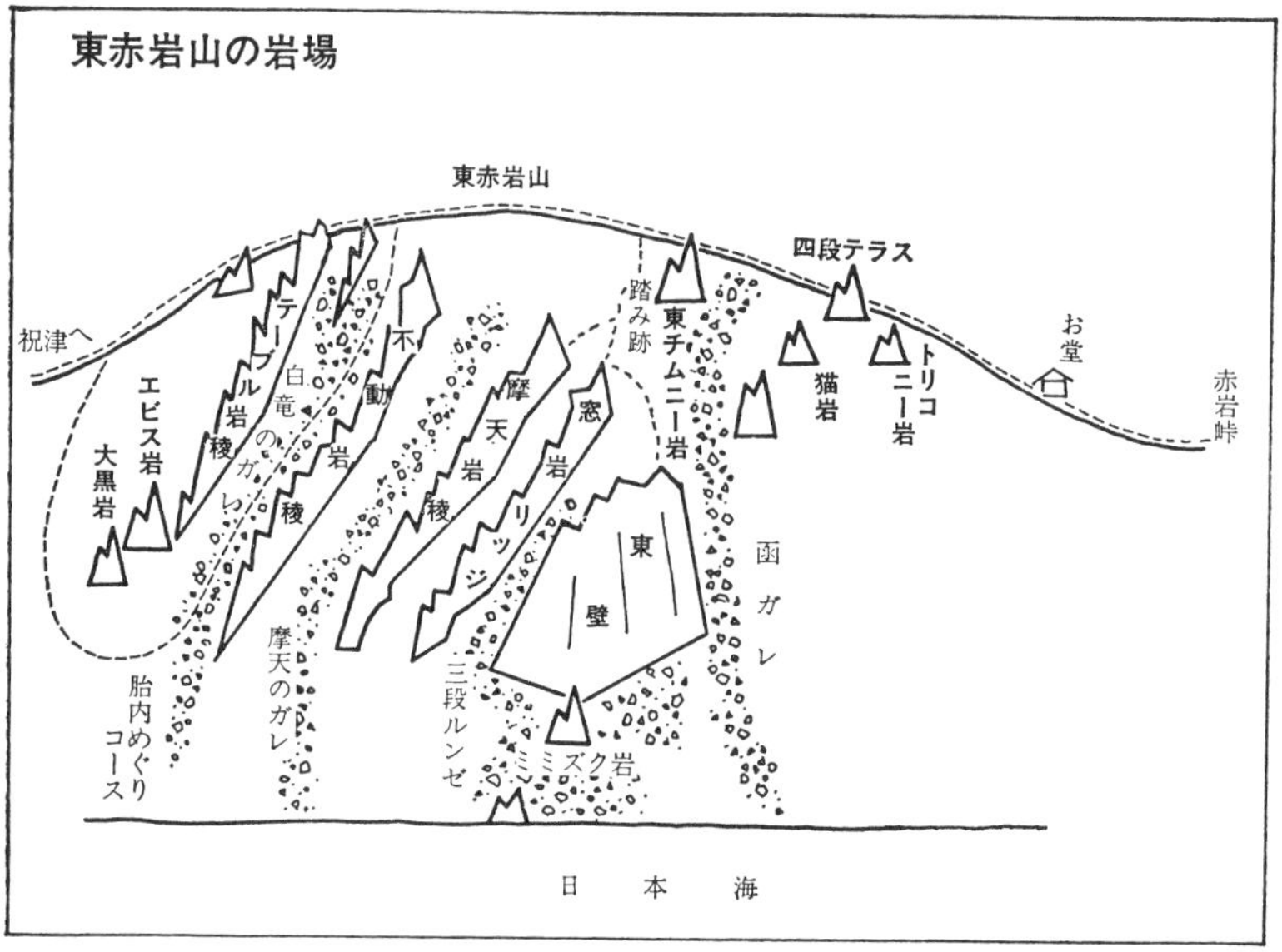

工を経てテラスに出、フリーで直上、ホールドの少ない三mを通過して頭に出る。

一般的なルートは山側のリッジ（二〇m）とその右手の凹角状クラック（二五m）があり、やさしい（Ⅲ）。

11 ガッカリ岩（W3）とドリョク岩（W1） Ⅲ 一五m

ともに一五mほどの小岩塔で、小さなコルをはさんで並んでいる。どちらも西面に初級ルートがあるが、岩は脆い部分があるので注意がいる。

12 蒼氷ルンゼ

冬期にガレ上部の小滝が二〇mほどの蒼氷の滝となり氷雪技術のトレーニングができる。

東赤岩山の岩場

13 トリコニー岩（E7）と四段テラス（E6） Ⅲ―Ⅳ 一〇―二〇m

ともに海側から二、三のルートがあり、部分的にデリケートな技術を要求される所もある。

14 猫岩（E5） Ⅲ$^{+}$ 二〇m

海側から直上するルートで、中間に脆いかぶり気味の部分がある。

15 東チムニー岩（E2）

東側のチムニールートは約一五mで初級向き（Ⅲ）。函ガレ側のフリクションによるジェードルもよい（Ⅳ⁻・二〇m）。海側から右斜上するバンドのルートやハングを越す上級ルートもある。

16　東壁・バンドルート

東壁中央を走る大きなバンドで、東壁はこのバンドの上部が登攀対象となっている。今後は下部から連続登攀がなされてもよいだろう。バンドルート途中に上部各ルートの取付点がある。バンドルート自体はギャップ前後の他はやさしい。

17　東壁・佐藤ルート　Ⅴ⁻　七〇m

バンドルートの洞穴状の所の岩上から割目をまたいで取付き、泡状の垂壁（脆そうだが意外に堅い）を登り、悪い出口を抜けて広いテラスの立木まで。二ピッチ目は左手の八の字のクラックを登り、凹角の手前まで。凹角からは容易で頭に出る。

18　同・小林ルート　Ⅴ　七〇m

佐藤ルートの左一〇mが取付き。五mほど左上し、ふくらんだ面を直上。左右に寄るとむずかしい。垂壁を直上し、バンドに出る。ついでバンドを左上し、やさしいクラックを登り洞穴テラスに達する。左手のスラブを左上、脆い岩壁を登り灌木帯へ。

19　同・漆畑ルート　Ⅴ　六〇m

ギャップの西側から取付く。右斜上するバンドを一〇m進み、垂直なクラックを直上し、テラスに出る。なおクラックを直上、左にカンテ状を回りこみ、斜上して灌木帯に入る。

20　同・北大ルート　Ⅴ・A1　五〇m

ミミズクのコルの正面から取付く。バンド上の小ハングを越して凹角に入り、右に寄ってカンテに達してから、左に移って斜上するフェースに出、再び右に寄ってカンテに乗りビレーする。ついで左の凹角に入り直上、再び右のカンテに移るまでが微妙。直上してかぶり気味の岩を左に巻き、残置ハーケンの続くクラックを登る。

なお、東壁には以上のルートの他、北面ルート（Ⅴ⁺・A3、五〇m）や、各ルートのバリエーションもあり多彩である。

21　窓岩リッジ　Ⅴ⁺・A2　一二〇m

傾斜のゆるいリッジ末端をコンティニュアスで三〇mほど登って取付く。スラブ状を五m直上し、リッジを左に回りこみ、大ハングの下のP2取付きテラスに出る。少し登って凹角の右手から二〇mの大ハングに取付き、人工登攀の連続でP2テラスに出る。左へトラバースし、五mほど人工で直上し、P2を巻いて第一コルへ。八mほど草付きのコルを通過して二m登り、右手のクラックに入る。左側の草付きリッジから草付きのバンドを経てP1コルに出る。右側のルンゼを二〇m直上後、右手のかぶり気味のクラックを直上し、右寄りに二〇mほど登る。最後は海側西面の側壁を登り、頭に出る。

22 **摩天岩稜** Ⅳ 一四〇m
黄色いハング気味の岩を右に、脆い岩稜を登りチムニーに入る。チョックストンを越しリッジ上へ。右手のチムニーを登るが再びチョックストンを左に回りこみ、またチムニーに入り快適に登って草付きのリッジに出る。灌木の生えたリッジをコンティニュアスで進み、カンテ状を巻いて頭に抜ける。

23 **テーブル岩稜** Ⅳ⁻ 九五m
末端から取付く。一〇mほど登って左に回りこむか、突起部を直上してテラスに出る。次いで五mほどの壁を登り、灌木のリッジはコンティニュアス。小さなコルからフェースを登り岩峰を越す。最後はリッジまたは左のクラックを登り、脆そうな三mの垂壁を越すとテーブル岩直下に抜ける。

24 **不動岩稜** V⁺・A2 一八〇m
テーブル岩稜末端よりさらに下って、左側のリッジ側面に取付く。これより下部にも断続した壁があり、最下部から連続して登るとさらに長大なルートとなる（人工を交え三ピッチ）。ツタウルシを避けて一〇mほど登ってリッジ上に出る。次いで右側のハング気味の凹角を登るか、左側のスラブを左にトラバースして凹角に入るルートをとるが、いずれも木のあるテラスに出る。コンティニュアスで草付きのリッジを進み、左のバンドから脆そうだが案外堅いルンゼを直上、リッジに出る。

25 **エビス岩（E37）と大黒岩（E36）**
胎内めぐり下部の岩峰。エビス岩は大黒岩とのコルから草付きを経て直上。岩は見かけより堅く快適。下降は空中懸垂になる。大黒岩は西壁の大ハングが崩壊して、在来あったルートが消失してしまったが、崩壊後に人工登攀による新しいルートが拓かれた。

〔執筆者〕 平川浩一、安田成男

銭函天狗岳の岩場

札幌山岳会

「銭天」と通称される銭函天狗岳の山頂部に広がる安山岩からなる岩場で、高度差は約五〇m。南側半分はガレ状で落石が多く、登攀の対象になるのは北側半分である。概して中級以上の岩場で、ルートは多数あるが代表的なルートを以下三つ解説する。他に、中央クラックルート、右クラックルート、チムニー左リッジルート、スムーススラブルートなどがある。

銭函から養護施設「小さな村」の横を通り、沢沿いの小道を行き、銭天から北にのびる尾根の踏跡伝いに岩場の横に出る。この踏跡は銭天頂上まで続いている。

〔五万図〕 銭函

1 **中央チムニールート** Ⅳ⁻ 四五m

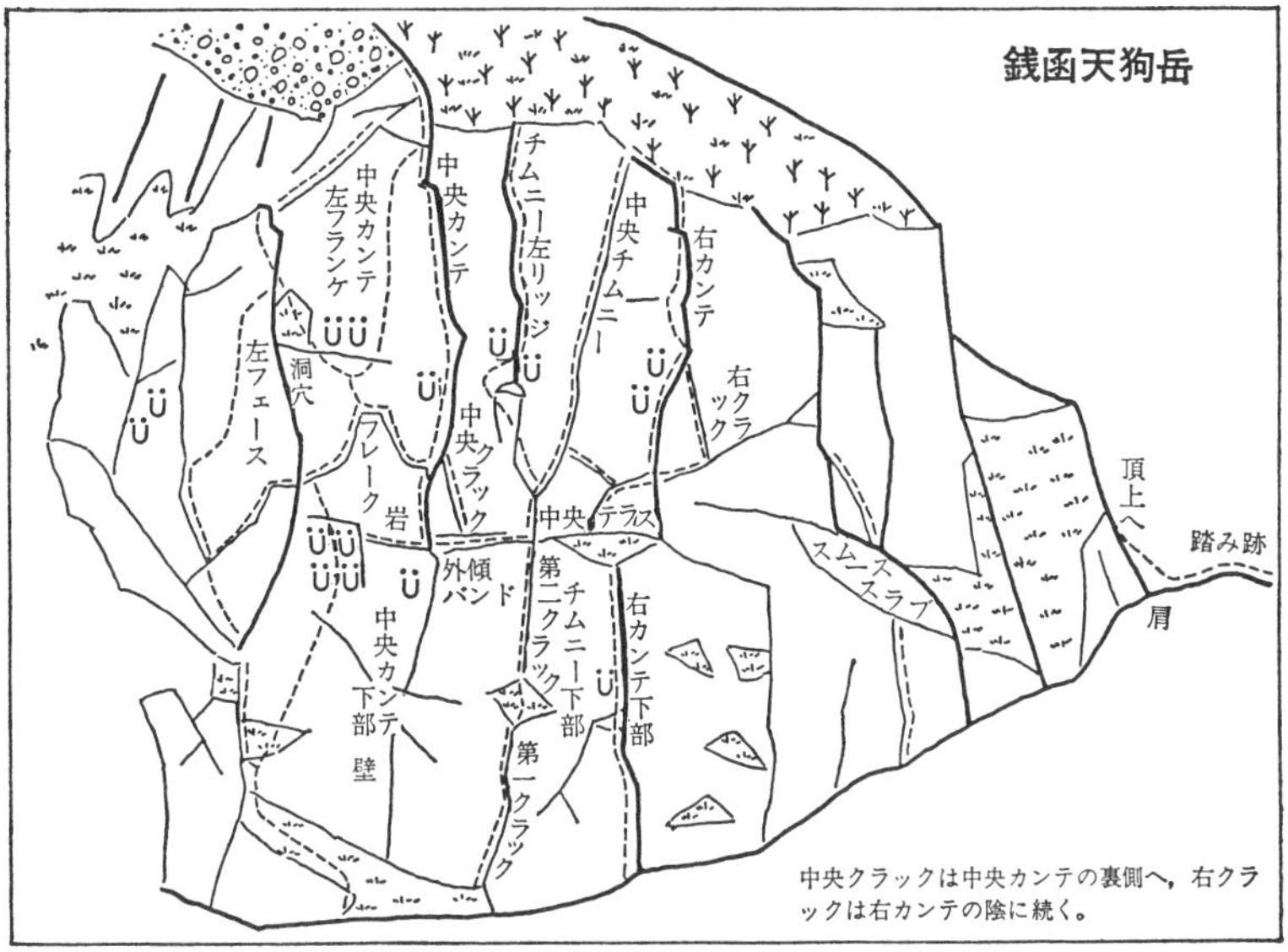

中央クラックは中央カンテの裏側へ，右クラックは右カンテの陰に続く。

すっきりしたチムニーのルートで、直下から仰ぐとすぐそれとわかる。最も一般的なルートである。

2　中央カンテルート　V・A2　四〇m

チムニーの左側の一番顕著な大きなカンテ。人工とフリーをまじえた高度なルートである。カンテ直下やや左寄りのフェースから取付き、クラック登攀で中央テラスに続く草付き外傾バンドに出る。出口は悪い。カンテは快適な人工登攀だが、ハーケンは古い。下部は省略して、中央テラスから取付いてもよい。

3　右カンテルート　V・A2

チムニー右のカンテで、中央カンテルートについで悪い。直下のクラックから取付く。庇状の大ハングを乗越し、中央テラスに出る。カンテの右側に回りこみ、快適な人工登攀。中間でカンテ左側に回る。リスが開くようだという説が以前からあるので、一応注意すべきだろう。

〔執筆者〕　安田成男

手稲山南壁

えぞ山岳会

札幌駅東側の石狩街道の陸橋より、西方に連なる手稲山連山を望むと、手稲山頂からの緩い斜面が南側でナタで割ったように

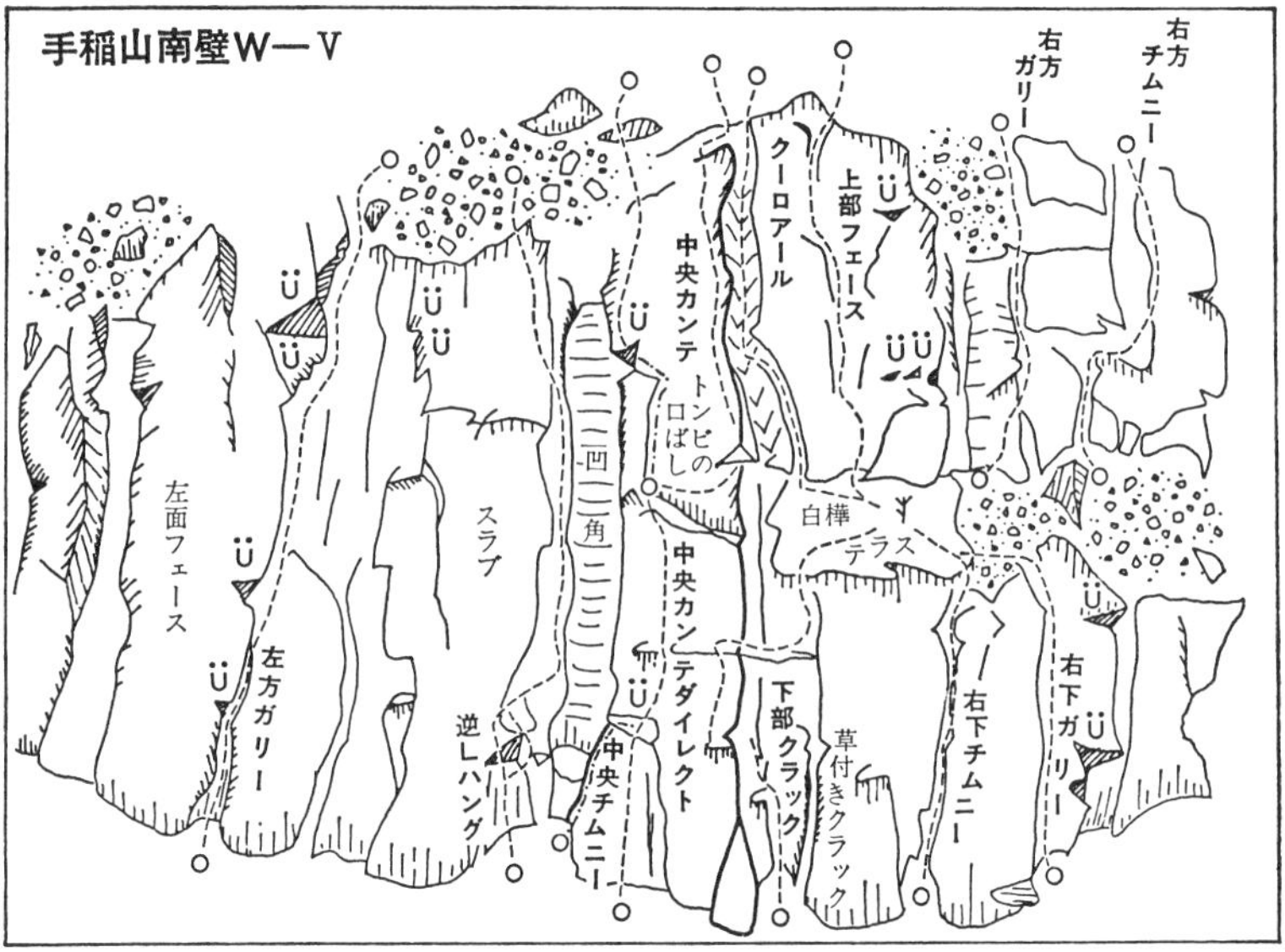

スパッと切れ落ちているのが認められよう。これが手稲山南壁である。正確にいうと、手稲山南東尾根の南面、標高約七五〇m地点、幅五〇〇m以上にわたって存在する岩場である。山頂側からW—Ⅰ、W—Ⅱ、……W—Ⅴと呼称され、W—Ⅲは上部を含めると六〇m以上あり、札幌近郊では赤岩につぐスケールを有している。昭和四十二年以降、筆者らが組織的な開拓を、主にW—Ⅴに行なった。しかし現在も多くは未開のままで意欲的なクライマーの訪れを待っている。

　地下鉄琴似駅より市営バス（平和の滝行）に乗車し終点で下車。平和の滝道場の横を通り、三〇分歩くと発寒川の砂防ダムに着く。ここから送電線沿いの刈分け道を登り鉄塔から出合いの滝を目ざす。滝は右岸を登り、ほぼ沢沿いに行く。二俣を左に入り、畳岩の横を通りまっすぐ登るとトカゲのガレに出る。W—Ⅴは目前だ。

W—ⅠとW—Ⅱ——三〇mほどの壁で中間に大きなテラスをもつ。壁が小さくアプローチも不便なため未登。

W—Ⅲ——下部四〇mと上部二〇mに分かれる。下部壁は堅いが、上部壁は脆い大まかな壁である。下部は正面と左面に顕著なチムニーがある。ほとんどが未開拓である。

W—Ⅳ——五〇mほどあり、中央にV字ガリーがあり、右に右岩稜、正面に二つのチムニー(AとB)がある。Aチムニー、V字ガリー、右岩稜右の草付きバンドにルートがある。

W—Ⅴ——六〇mほどあり、約一〇本のルートが拓かれている。壁の中央に代表的なルートのある中央カンテが突出している。この右に、最初に拓かれた中央カンテ下部クラックがある。

上部正面壁と続けるとフリーの手強いルートとなる。中央カンテの裏側は中央チムニーで、上部は変形チムニーとなっており、続けて登攀すると六〇ｍにもなり、道内でも比類のないチムニー登りが味わえる。逆Ｌハング、左方ガリーもフリーの好ルートだ。概して中級以上のルートが多く、赤岩のトビラをトップで登れるようになって取付くようにしたい。なお、Ｗ―Ｖの左端にある三〇ｍほどのマイナーフェースは初級者の練習に向いている。Ｗ―Ｖの二本のルートをここに取りあげてみよう。

〔五万図〕　銭函

〔参考文献〕「北の山脈」15号

1　中央カンテダイレクトルート　Ⅳ・Ａ2　六五ｍ

基部から一〇ｍほどの所の庇状ハングを越えるのがポイント。フリー化の進む現在ではフリーで試みるのも一つ。レッジからフリーでテラスへ。右斜上して「トンビのロばし」ハングを越え、カンテを直上して頭へ。

2　中央カンテ下部クラックルートと上部正面フェース

Ｖ　七七ｍ

カンテ右のクラックから取付くが、このクラックがポイントになる。さらにテラスよりレッジに立ち、トラバースバンドから白樺テラスへ。三ピッチ目はフェース中央の浅いリスを左斜上し、クーロアール右の切れ目を抜けて頭へ出る。この最後の切れ目の乗越しがむずかしい。

〔執筆者〕　清見勝義

チャラツナイの岩場

室蘭ＲＣＣ

小樽の赤岩と並んで道内における海岸のゲレンデを代表する。岩場は大きく二つに分かれていて、一つは観光地地球岬の灯台の横にある「ドーム」一五八ｍ、もう一つはチャラツナイ浜の二つの岩場である。チャラツナイ浜の岩場は高度差およそ一〇〇ｍ前後で三ピッチのルートが多く、基部に立って見上げると、おのずとルートは判断できよう。浜におりて左側に東側岩塔群（Ｅ-1・四二ｍ、Ｅ-2・六五ｍ、Ｅ-3・一一〇ｍ、蓬来門・五三ｍ）、右側に西側岩塔群（Ｗ-1・七四ｍ、Ｗ-2・七五ｍ、Ｗ-3・一〇三ｍ）が入江をはさんで対峙している。前者には十本、後者には八本のルートが拓かれており、初級のルートから、Ｖ級・Ａ3のルートまで、岩質の脆さはあるが楽しめる。休日、あるいは仕事の終わった夕方に、室蘭より車で二〇分、降車して一〇分で取付け、暗くなって夕焼けとともに帰宅できるのも魅力で、室蘭の岳人にとっては近くてよきゲレンデとなっている。

〔参考文献〕「北の山脈」10号

1　東側岩塔群

Ｅ1、Ｅ2へは元ゴミステ場を通ってチャラツナイ浜へ降り

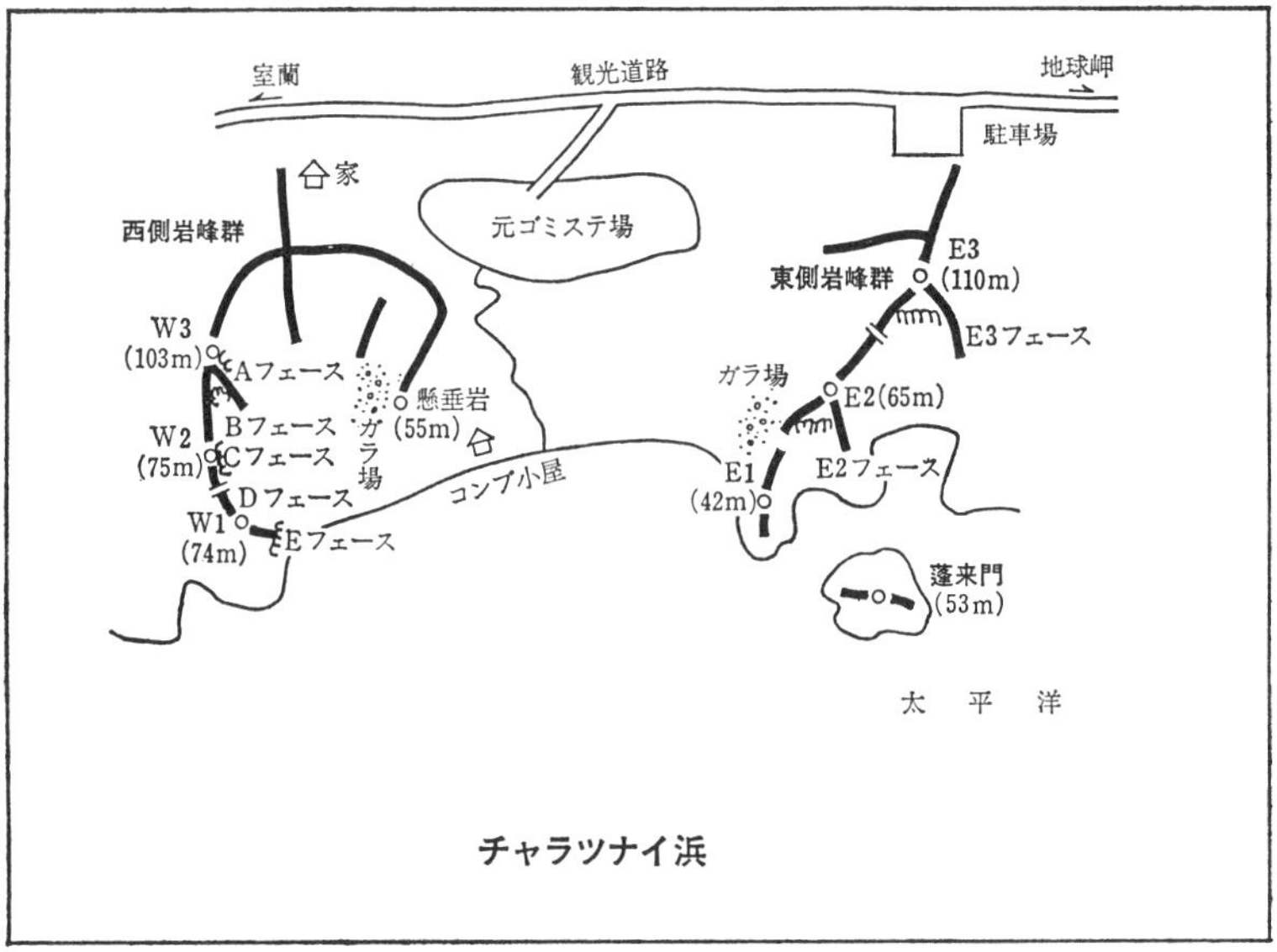

チャラツナイ浜

る。E3フェースへは赤土ルンゼを下る。E1は岩が不安定でポピュラーではない。E2の代表的なルートはE2フェースで（Ⅳ・七〇m）、第二ピッチのクラックがポイント。E3フェースにはチャラツナイの代表的ルートである安友ルート（Ⅴ・一一五m）と中央カンテルートがある（Ⅳ・A2・一一〇m）。前者はフリークライムの微妙なおもしろさが魅力だし、後者は五ピッチのうち四ピッチまでが人工の対照的なルートである。

2　西側岩搭群

WⅠのDフェースは下部に微妙なバランスクライミングを要求されるルートがある。W1のEフェースは一枚岩の垂壁でほとんどが人工だ。西側で最もポピュラーなのがW3のBフェースで自由にルートをとれるよさがある。

〔執筆者〕　菅野三知博

オロフレ羅漢岩

室蘭RCC

チャラツナイの岩場とともに室蘭のクライマーにとって格好のゲレンデとなっている。海岸のゲレンデよりもやはりアルペン的な要素をアルピニストは求めたのであろう。

カルルス温泉と洞爺湖を結ぶ道々の中間の天望台から左手に望まれるのが羅漢岩である。ギザギザしたピークを三つもち、

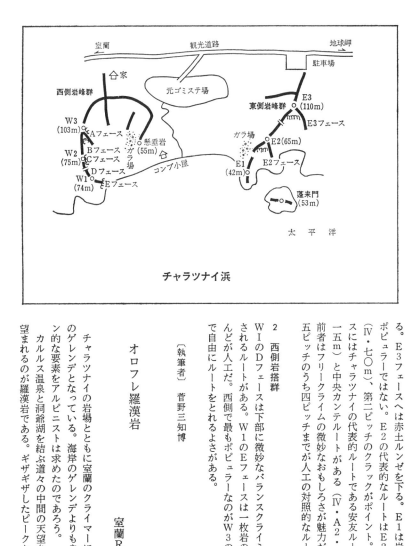

他のなだらかな山容とは特異な違いをみせている。岩質は非常に脆い所が多く、ブッシュも多く、お世辞にもよいゲレンデとはいえないが、雪のついた時は、こんな近くにこんなすばらしい所があったのかと思わずにはいられない。登攀の対象となるのはＰ１、Ｐ２、東壁、それに耳岩で、十二本ほどのルートが拓かれ、夏期でもそのうち数本はおもしろい登攀ができる。

国鉄室蘭本線の登別駅からバス（洞爺湖温泉行）で、オロフレ峠で下車。登山道を登り、Ｂ沢を下降して取付くか、峠より沢出合いまで戻って入る。降車後二、三〇分で取付けるのも魅力で、一日にすべてのルートを楽しむクライマーもいる。

〔参考文献〕「北の山脈」10号

〔執筆者〕菅野三知博

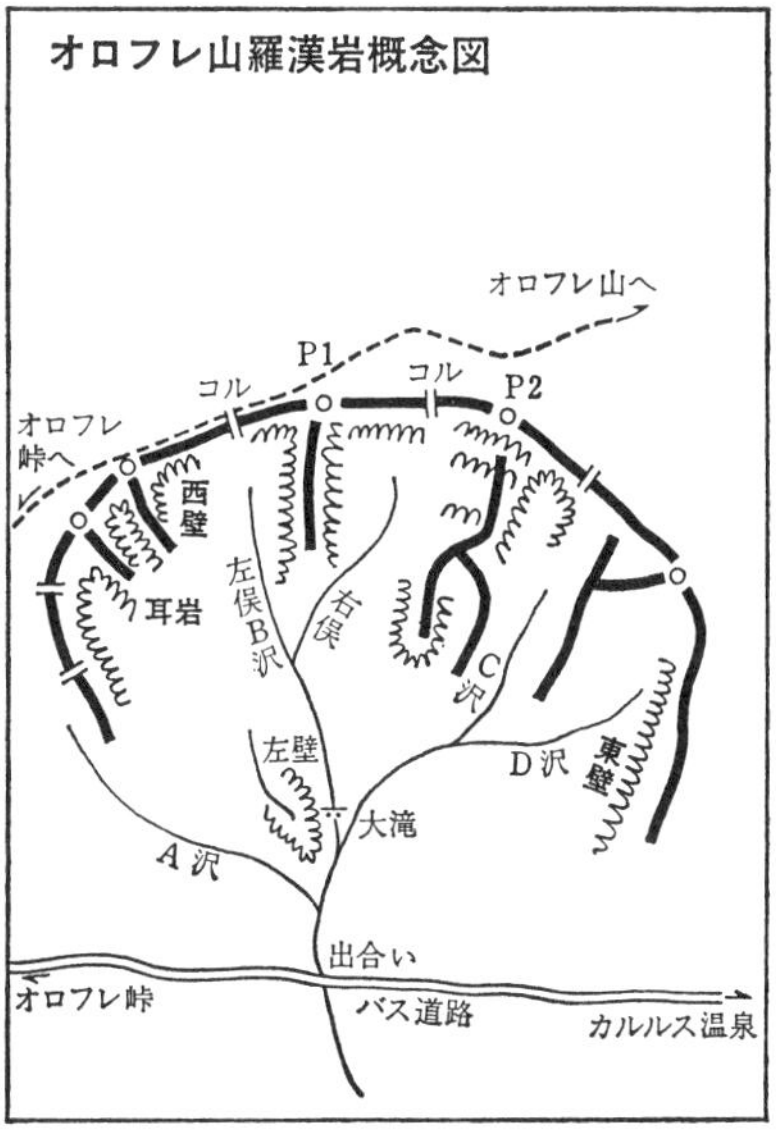

滝里ロック

芦別山岳会

国道三八号線、芦別市と富良野市のほぼ中間、芦別市滝里町の南三・五kmの所の空知川と平行して走る根室線のすぐそばにある岩壁で、北から「三角岩」「ハング岩」「チムニー岩」の三つがあり、それぞれが独特の形態を示している。岩質は「石灰岩」で、脆い部分もあるが平均して堅く、すっきりしたクライムを楽しめる。ただ最大高差四〇ｍたらずというのがものたりないが、手近なゲレンデとして、四季を通じて利用できるのが魅力である。

1　三角岩

左を山側にした南向きの「への字型」の岩壁で、右側には比較的やさしい短いルートが三本ほどあり、左側へゆくほど上級者向きとなる。最大のルートはダイレクトに伸びているスラブ状のもので、中間に右斜上バンドがあるだけで、二五ｍ—三〇ｍほどの高さでのびている。斜度は八〇度—九〇度で下部の一部はハングしている。

2　ハング岩

沢の中の左岸岩壁で南向きの岩である。石灰岩を試掘した所が、端から端まで大きく二—三ｍほどハングしており、なかなか良い岩である。最大高差は三〇m余で、懸垂下降の後半は空中となる。ルートは一本しか拓かれていないがまだ三本以上のルートがとれる要素がある。右下に数メートルの基礎トレーニング向きの小さな岩がある。

3　チムニー岩

ハング岩から左へ急な岩まじりの山腹を一〇〇mほど攀じ登ると、苔でオレンジ色になった岩を見上げることができる。東と南に壁があり、国道からみると「チムニー状」に見えるのでこの名がついたが、実際は広すぎる。東面にすっきりしたクラック状のルートが一本あり、南には風化作用を受けたフェースがある。最大のルートはリッジ状になっており、二五m—三〇mあるが、上部は脆い岩が浮いている。

〔執筆者〕　山岡桂司

神居岩

同人アルファ

石狩川が峡谷の姿を見せはじめる神居古潭《かむいこたん》にあり、国道一二号線からも対岸の山の中腹にその形をはっきりと見ることができる。高さ五〇—六〇mほどの馬蹄型の岩壁をめぐらしている。周囲約一二〇mで、南面、東面、北面とに分かれる。岩質は変成岩で、平均して堅いが風化も進み、脆い部分もあるので注意が必要だ。ロック・ゲレンデの少ない北海道にあって、交通の便の良い所にあり、旭川、空知地方の岳人に多く利用されているが、初心者向きのルートが少ないのが残念である。

旭川から滝川方面行のバスに乗り、神居古潭で下車。国道のバス停から石狩川にかかる白い吊り橋を渡り、SLの置いてある所を左に折れて、ハイキングコースの看板に従って歩いていくと三〇分ほどで岩壁の基部に着く。

ルートは全体で二〇本ほどあるが、比較的多く利用されているのは約一〇本で、そのほとんどが南面に集中している。岩は乾いて明るく、楽しいクライミングが味わえる。ここでは、比較的多く利用されている南面のルートを解説するが、東面、北面にも上級者向きのルートがある。開拓されてから日が経っており、ハーケン、ボルトには注意がいる。

〔参考文献〕「北の山脈」14号

1　クラックルート　Ⅲ　二〇m

左端にあり、靴幅のクラックに沿って登る。取付きと出口でちょっとしたバランスを要する。

2　ジェードルルート　Ⅳ+　五〇m

壁の真ん中あたりにあるルートで、小さなジェードルから取付く。かぶり気味で最初は指先をリスに入れて強引に登りハング下を右に出て、垂壁を直上してテラスで切る。そこからすっきりしたジェードルに沿って登り小ハングで右に回りこむ。

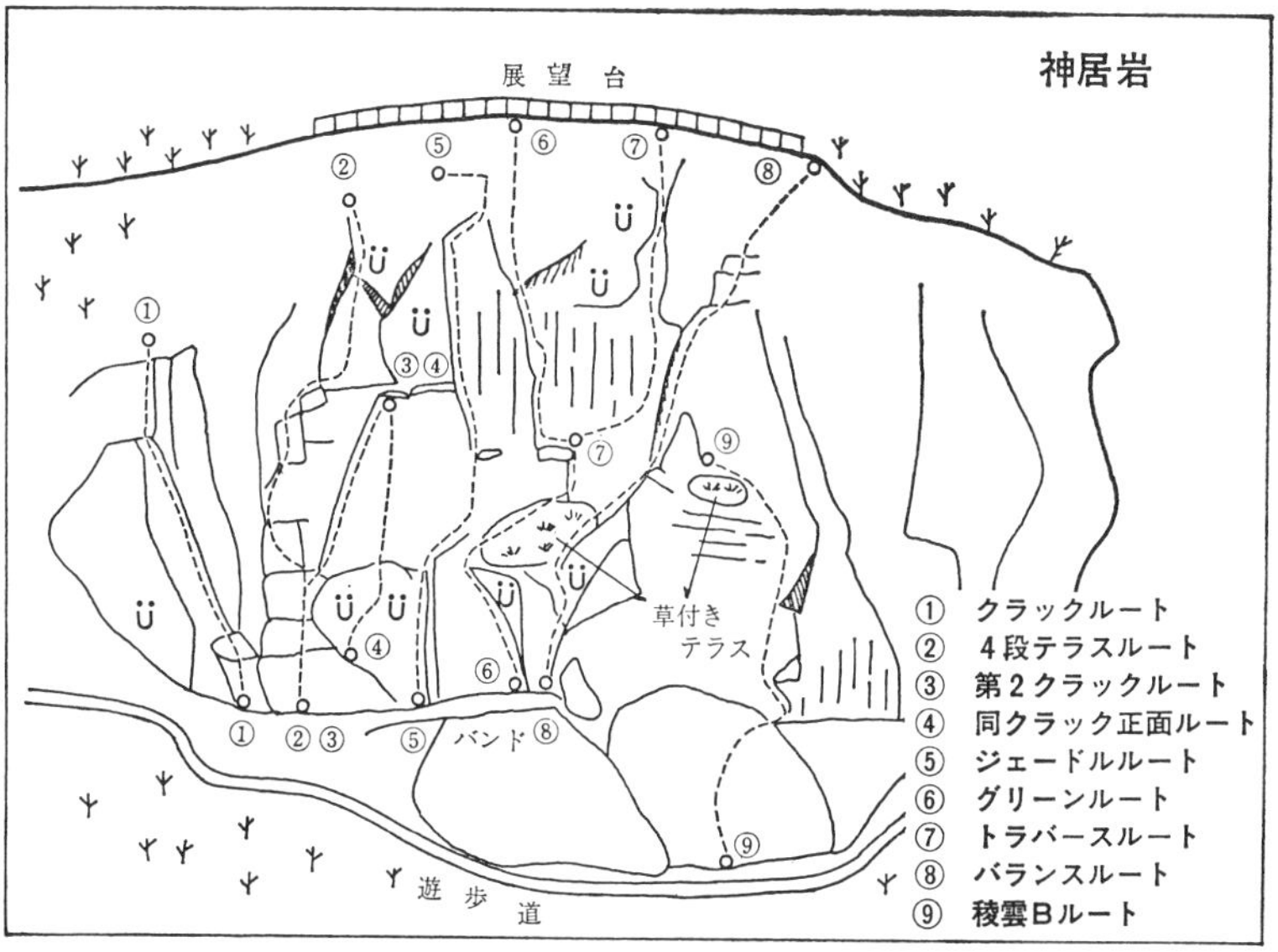

3　トラバースルート　Ⅳ⁺　四〇m

最近開拓されたルートで、草付きテラスから取付く。白い岩の左端から細いバンドに沿って一〇mほどトラバース。その上の凹角に入る。外傾したテラスにボルトが打ってある。さらに左側の小ハングを強引に上がり、右斜めに木を目がけて抜け、あとは展望台まで。

4　稜雲Bルート　Ⅳ⁺・A2　六〇m

顕著な大ハング下の赤茶けた岩が取付き点、取付きからアブミを使用。ボルト、ハーケンに従ってジェードルの抜け口に出、その上の小テラスでピッチを切る。つぎは左上の小ハング目がけて簡単な人工で抜け、上の完全な垂壁はアブミのかけ替えで登り、カンテを右に回り、さらに左に回りこんでフレーク状の岩の下で終了。残りはバランスルートの二ピッチ目と合流してもよい。

〔執筆者〕　三和裕佶

銀河の滝

旭川山岳会

道内最大級の氷瀑をつくり、交通の便のよさもあって訪れる岳人は多い。シーズンは年によって異なるが、十二月中旬から二月中旬が最適で、氷のつき方も毎年違う。層雲峡より石狩川の浅瀬を玉石づたいに渡り、氷壁を目ざし林間をぬって、取付き点へ一五分ほどで達する。

壁は高度差一二〇mで、上・中・下段から成り、技量に応じてルートを取ることができる。下段は二〇―五〇mあり、三〇度から六〇度の傾斜を有し、右岸、左岸そして中央と斜度が増し、氷の安定度も高い。中段は最も傾斜が緩く、一〇―三〇度程度だが六〇―八〇mと長い。上段に近づくに従って斜度を増す。毎年ほぼ中央に水が流れており、年によっては氷の上に雪が積もりラッセルになることもある。上段は両岸の岩壁が上に行くに従って迫り、特に左岸は八〇mの大スラブになっている。傾斜も三〇―八〇度ときつくなり、中央から左岸沿いに行くと、垂直の氷柱、オーバーハング等があり、崩れやすさもあってしまつが悪い。右岸は氷も比較的よく、中央に出て終わる。終了点は幅五mほどの滝の落口で氷化しているが、踏み抜くと深いので注意がいる。確保は右岸にテラスがある。

下降はテラスから灌木を支点に直下の垂壁の岩を五m下り氷に達する。あとは右岸のハーケン、灌木等で取付きまで下ることができる。滝は北東に向き、加えて渓谷の中にあるため一日中陽が当たらず寒い。また、上段の落氷は下段にいると死角になり注意がいる。氷壁登攀ばかりでなく、スキーを上げて赤岳へ足を伸ばすのも楽しい。

〔執筆者〕　林千里夫

東北の山

東北の山

本巻収録山域一覧図

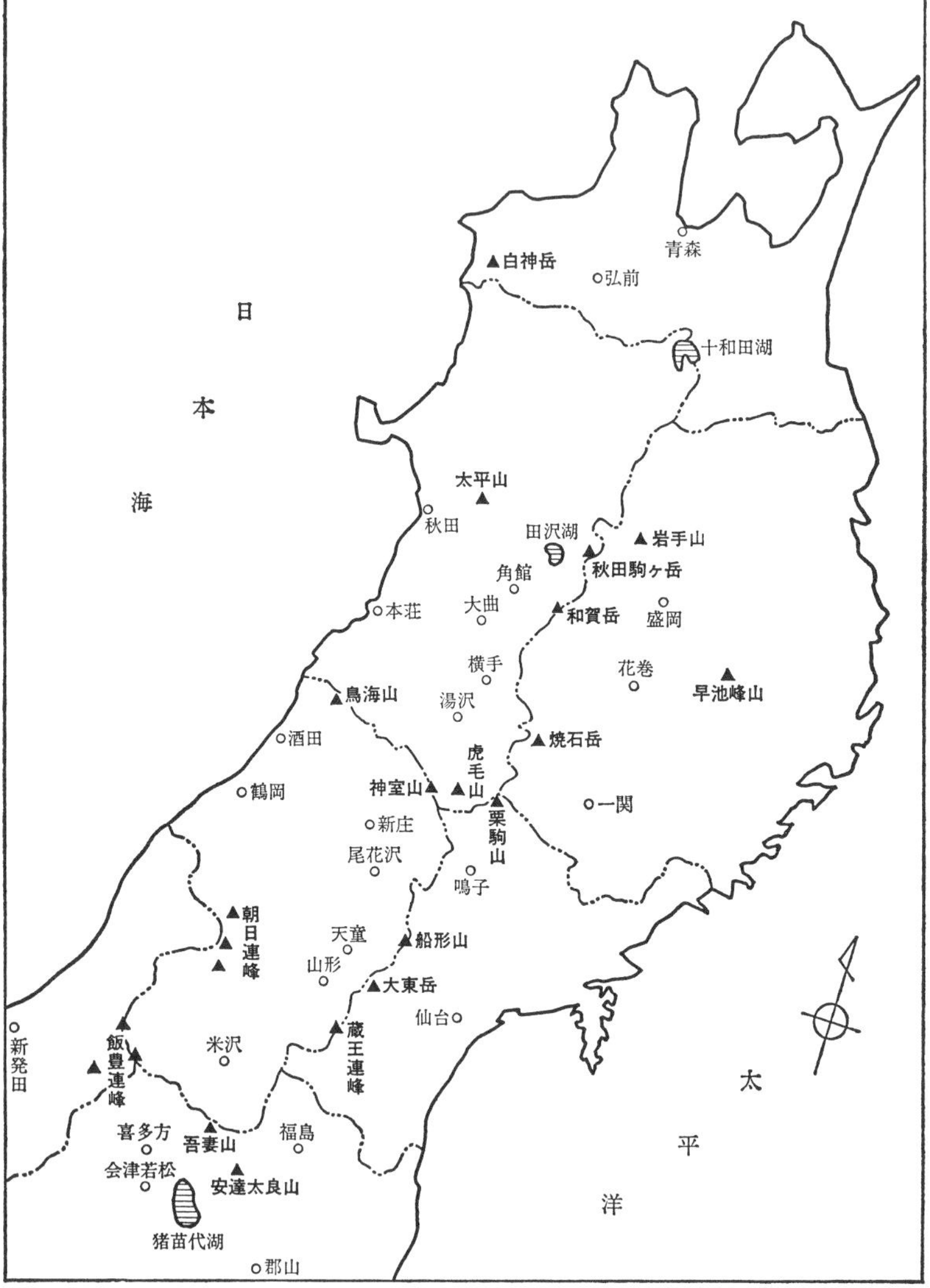

白神山地

市川学園山岳OB会

本州北端の津軽平野の南西部から秋田・青森県境にかけて広大な無住居地帯が展開する。それが白神山地である。その主脈は秋田・青森県境の矢立峠に始まり、県境に沿って真西へ伸び、能代市の北方で方向を真北に変え、えんえんと伸びて大戸瀬崎で日本海に没している。このように主脈は全体としてL字形を成しているが、詳細に見れば幾多の支脈が複雑に分岐し、幅広い山岳地帯を形成している。

その広大な面積にもかかわらず白神山地が登山者の注目を集めるに至らなかったのは、一つにはその標高のためと思われる。最高峰の向白神岳《むこうしらがみ》でも標高は一二四三mで、主要山岳の平均標高も一〇〇〇m前後にすぎない。だが、この山地は日本海側に位置し、冬期大量の降雪があるばかりでなく、気象の変化も驚くほど激しい。また、地形も急峻かつ複雑で、日本有数の地すべり地帯でもある。標高一〇〇〇mの山といえば、通常、山裾か前衛の山にすぎないが、そのような山から白神山地を類推することは誤りである。奥只見の山々（とくに下田、川内《かわち》山塊）も平均標高は一二〇〇m程度であるが、降雪量も多く、たいへん険しい山地である。奥只見の山が侮りがたい山であるように、白神山地もまたその標高ゆえに侮ることができない。

白神山地は、越後、飯豊、朝日の各山地および出羽丘陵に続く位置にあり、これらとともに本州北湾山系の内帯を構成する褶曲山地である。また鳥海火山帯にも属し、火山も若干存在する。その地質は、一言で述べれば、古生界二畳紀系の粘板岩層およびこれを貫入して中生代に形成された花崗岩層を基盤とし、その上に新生界第三紀系の緑色凝灰岩や泥岩の層が広く堆積分布したものだということができる。ふつう、登山のさいに見るのはこの崩れやすい第三紀層である。この山地の地形は褶曲山地の特徴をよく示しており、主な稜線や河川はほぼ南北に、比較的整然と走行している。その南北に伸びる稜線は小起伏をくり返しつつ、標高を下げることなくえんえんと続く。稜線は標高のわりにはやせて細く、山腹の傾斜も急で、山相は全体として壮年期の様相を示している。そのため山崩れや地すべりが多く、山腹の緑がざっくりと削《そ》いだように落ち、地肌や岩壁が露出している様はいたる所で見ることができ、それがこの山地の特徴的な景観となっている。河川は、追良瀬《おいらせ》川にその典型を見るように、大支流が少なく、南北に細長い流域をもっている。

白神山地概念図

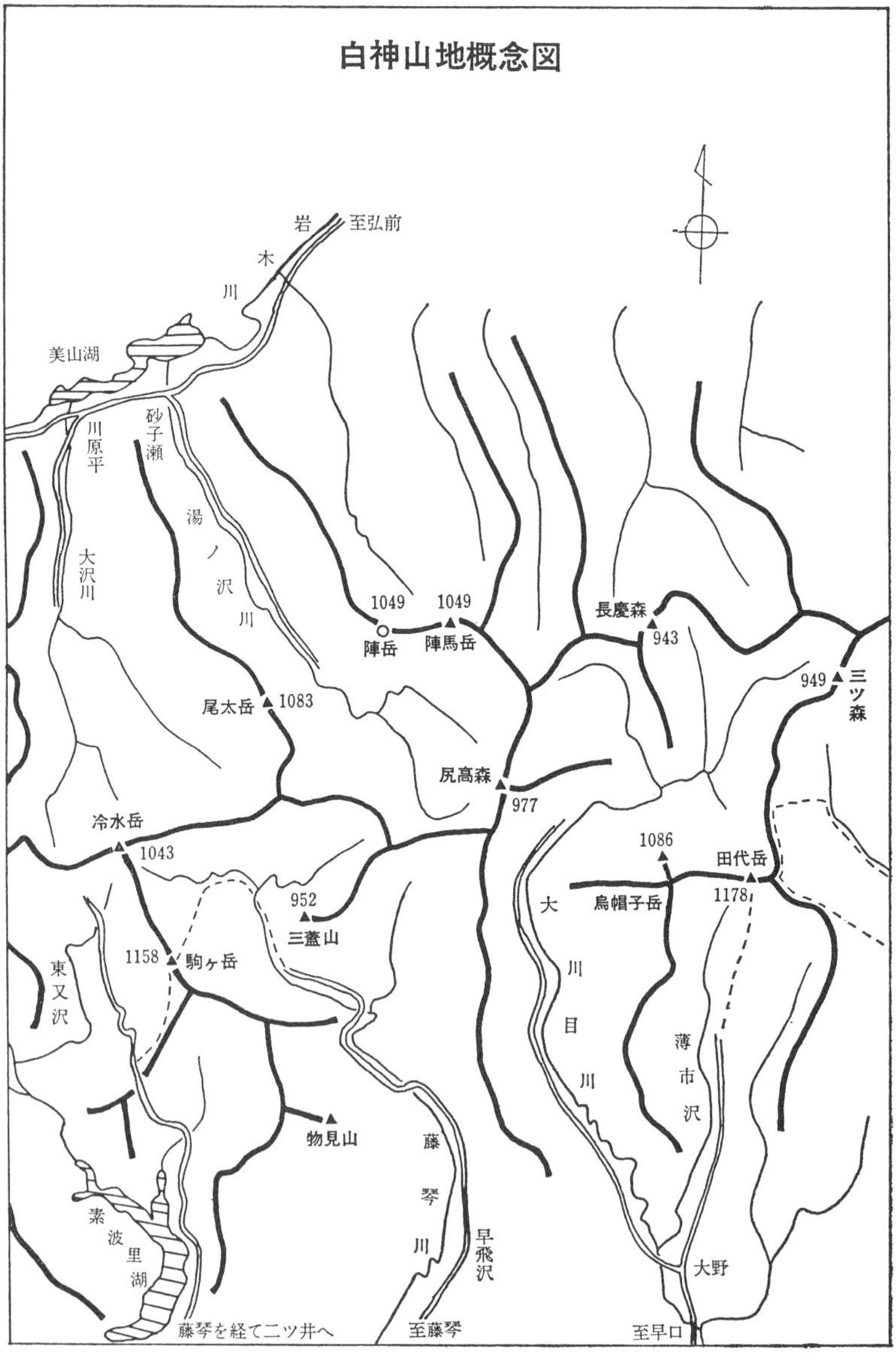
岩木川
至弘前
美山湖
川原平
砂子瀬
湯ノ沢川
大沢川
1049
1049
陣岳
陣馬岳
長慶森
943
949
三ツ森
尾太岳
1083
尻高森
977
冷水岳
1043
1086
田代岳
1178
烏帽子岳
952
三蓋山
1158
駒ヶ岳
東又沢
大川目川
薄市沢
物見山
藤琴川
早飛沢
素波里湖
大野
藤琴を経て二ツ井へ
至藤琴
至早口

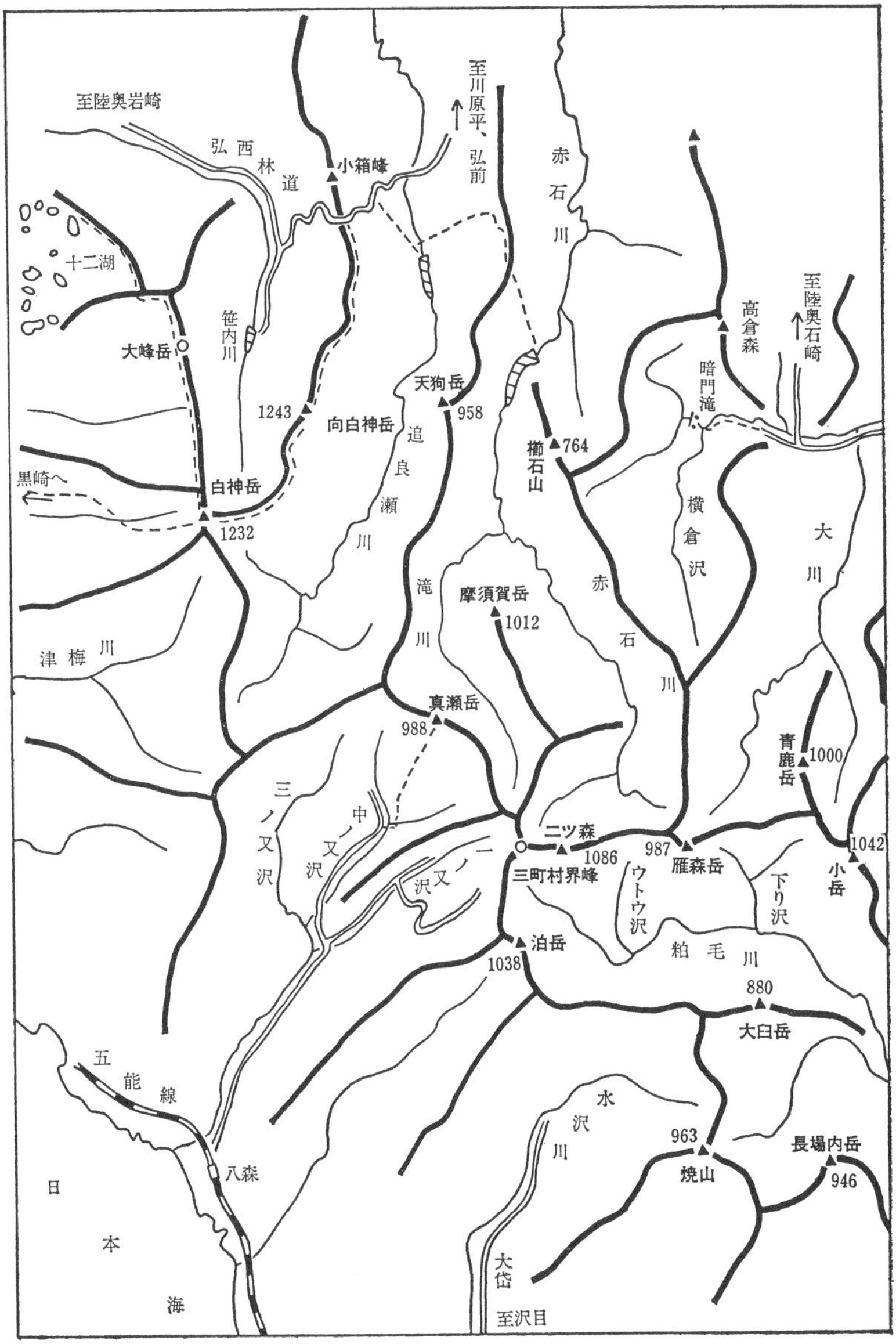
至陸奥岩崎
弘西林道
小箱峰
至川原平、弘前
赤石川
十二湖
大峰岳
笹内川
1243
向白神岳
天狗岳
958
高倉森
至陸奥石崎
暗門滝
櫛石山
764
追良瀬川
黒崎へ
白神岳
1232
横倉沢
大川
摩須賀岳
1012
滝川
津梅川
赤石川
真瀬岳
988
青鹿岳
1000
三ノ又沢
中ノ又沢
一ノ又沢
二ツ森
1086
987
雁森岳
1042
小岳
三町村界峰
ウトウ沢
下り沢
泊岳
1038
粕毛川
880
大臼岳
五能線
水沢川
963
焼山
長場内岳
946
八森
日本海
大岱
至沢目

199　白神山地

谷は概してV字谷を成し、本流へ落ちる小枝沢は懸谷となり滝となって合流することが多い。本流は狭所と河原を交互にくり返し、源流付近まで滝がないのがふつうである。

今までに述べた地形的特徴は、白神山地の中部ないし西部において顕著であるが、東部では必ずしもそうではない。たとえば粕毛《かすけ》川は山脈形成以前からの先行流路であったのであろうか、水源から海とは逆の方向へ流れており、この付近では主脈の稜線も東西に走っている。また、田代岳、駒ヶ岳という新生代第四紀に形成された火山の存在も、地形を多様なものにしている。

気象について言えば、この山地に特徴的な点は、㈠ 低気圧の通路に当たるためか晴天日が少ないこと、㈡ 海に近くその影響を受けるためか山には雲がかかることが多く、天気は驚くほど激しく変化すること、である。筆者の経験からいっても、全山行日数を通して終日晴天だった日はわずか一割にすぎなかった。

年間の気象について概略を述べれば、十月末から四月初旬までは積雪期で、季節風が強く連日の風雪となる。四月中旬―五月中旬が残雪期であり、稜線の大部分に雪が残っている。低気圧の通過もひんぱんであるが、オホーツク気団の圏内に入れば晴天となる。五月末から六月にかけてはオホーツク気団の圏内に入ることが多く、冷涼であるが比較的天候は良い。だが、気団が東方洋上に停滞し低気圧がこの山地に居座る場合は連日東風が吹き濃霧に閉ざされる。七月―九月初旬は梅雨前線が北上してこの地に滞留する時期に当たる。雨期がこの季節のいつ頃に集中するかはその年によって異なり、集中豪雨や台風もあるので、何月頃に晴天が続くかということは一概に言えない。それに加えて北方山地特有のアブ、ブヨ、蚊の大発生もあるので、いずれにしろ夏は登山には向いていない。九月中旬―十月中旬にかけては高気圧と低気圧が交互に交代するが、比較的天気は良い。

積雪期の記録としては海岸から白神岳を登高したものがあるが、その他は寡聞にして知らない。白神山地を最もスピーディーに縦走できるのは残雪期である。筆者は過去、㈠ 尾太《おっぷ》岳―小岳―二ツ森―三町村界峰、㈡ 小箱峰―向白神岳―白神岳―真瀬《ませ》岳―三町村界峰、㈢ 田代岳―長慶森―陣岳、㈣ 三町村界峰―泊岳―焼山、を縦走したことがあるが、いずれも四月末―五月初旬であった。しかし、いずれも天候が悪く、㈠と㈡は六日、㈢と㈣は四日を要した。晴天が続けば、それぞれ三日半、二日半ですむであろう。ただ、計画に際しては低気圧の停滞現象に備え、少なくとも三日の予備日を計画に組みこむ必要があると思われる。残雪期縦走で最も注意すべき点は降雨である。残雪量は豊富でも標高は低いので雨が降ることが多い。濃霧もまた雨と同様な効果をもたらす。したがって耐雨装備は完全を期さねばならない。降雨後気温がマイナス一〇度を割ることも珍しくない。

以上、白神山地の地形と気象等について述べたが、この山域の登山記録は非常に少なく、それだけに魅力があるともいえる。数少ない足跡は各水系の主要な部分と残雪期の山稜ぐらいなので、登山対象としての開拓には十二分の余地があり、今後が楽しみな山域である。

〔五万図〕 中浜、川原平、田代岳、碇ケ関、深浦

〔参考文献〕「山岳」七十三年一三一号

1 赤石川本流 一八時間 「山」384号

豊富な水量と幅広い河原、渓谷の中流部の美しさを満喫させてくれる谷で、自然破壊をまぬかれた中流部をもつ、日本に残された数少ない渓谷の一つである。

陸奥岩崎駅から弘西《こうさい》林道を東進し、小箱峰付近の稜線を越してしばらく行った所で林道と分かれ、追良瀬堰堤に至る。道は堰堤の少し下流で対岸に渡り、稜線を越えて赤石堰堤に至る。赤石堰堤を渡り（増水時は渡れない）、湖水の右岸の山腹をえんえん三時間高巻いて河原へ下り立つ。そこは広い河原の中を赤石川がゆうゆうと蛇行して流れ、枯木が点々と立ち並ぶ美しい所である。ここからいよいよ豊富な流れを徒渉に次ぐ徒渉をくり返しつつ遡る。河原は広く、時には川中島を形成するほどである。だが、水量は多く腰近くまでつかっての徒渉も珍しくないので、増水時の遡行は危険である。岩淵沢が傾斜した滝をかけて合流する。この付近は谷も狭まり、淵のそばの岩床には甌穴《おうけつ》も見られる。やがて左岸に地層の縞模様が明瞭に見られる大岩壁が現われる。直径三〇—五〇㎝の捕獲石が地層の境界線に点々と並ぶ姿はこの山地の生成の壮大なドラマを物語るかのようである。沢床は節理の発達した岩盤となり、その赤褐色の岩畳は赤石川の命名の由来を思わせるものがある。再び平凡な河原となると滝川の出合いで、本流の半分の水量で合流している。なおも徒渉をくり返して遡ると、右岸からヤナダケ沢が五mの滝をかけて合流する。さらに行くと右岸からはアブラッコ沢が、左岸からはノロノ沢が合流する。滝川出合いからここまではまったく平凡な徒渉の連続に終始する。ノロノ沢出合いの少し先で本流に初めて小滝と大きな淵が現われ、動的な変化を添える。地元の人が石滝と呼ぶこの地点を過ぎると、再び平凡な流れとなる。滝ガ嵓《くら》沢、コメの沢、ヨネジャの沢等の枝沢を分岐する。地図にも示されている魚止め滝はやや傾斜した一五mの滝で、巨大な釜をもっている。この滝は右岸を高巻いて越える。右岸から石の小屋場の沢が合流し、なおも平凡な流れをたどると同水量の二俣となる。左俣のキジネグラ沢を見送り右俣の泊り沢へ入る。両岸の山は迫り雪渓が現われる。沢は傾斜の急なV字谷となり、スラブ状の岩壁が露出するようになる。雪渓のおかげで格別登行に困難を感じない。雪渓の中に二五mの滝が現われるが、これは右岸を、その上の傾斜した落差一五mの滝は左岸を通り抜ける。両岸から同時に二本の小枝沢が階段状の滝となって合流する三俣となり、やはり階段状の滝となっている中俣の本流を登る。その上の一〇m滝は左を登る。再び雪渓となり、三—五mの滝が断続的に現われるが難なく乗越す。水が尽き、やぶをこぐと三町村界峰に出る。下降路は、三町村界峰の少し南から西へ伸びる尾根をたどり、途中から左手に見える杉の植林地を目ざして下る。植林地で踏跡を探せばいつしか一ノ又林道へ導かれる。

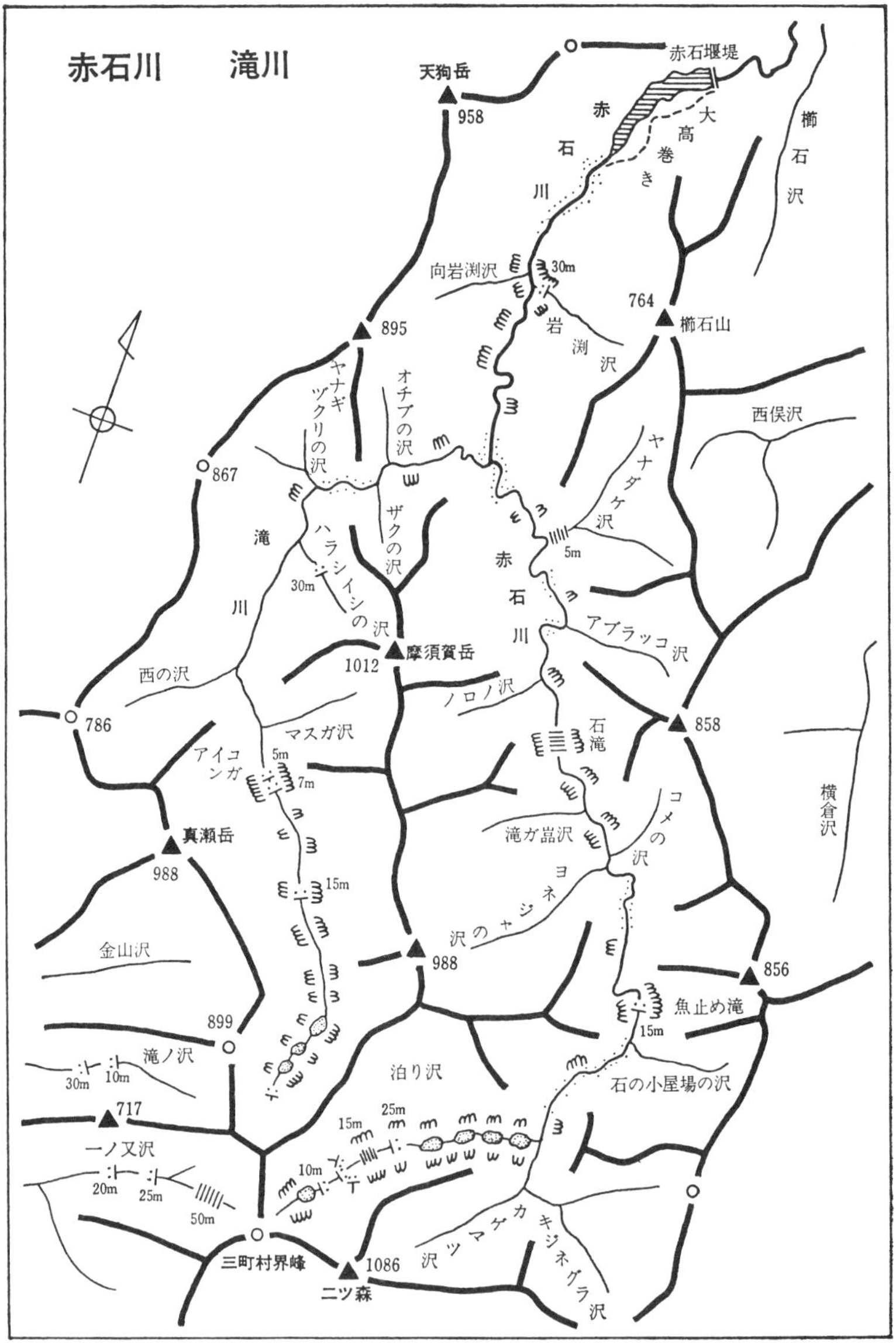
赤石川　滝川
天狗岳
958
赤石堰堤
赤
石
川
大
高
巻
き
櫛
石
沢
向岩渕沢
30m
岩
渕
沢
764
櫛石山
895
ヤナギツクリの沢
オチブの沢
867
ザクの沢
ハラシイシの沢
30m
滝
川
ヤナダケ沢
5m
赤
石
川
西俣沢
アブラッコ沢
摩須賀岳
1012
西の沢
ノロノ沢
786
マスガ沢
アイコンガ
5m
7m
石滝
858
横倉沢
真瀬岳
988
滝ガ嵓沢
コメの沢
ヨネジャの沢
15m
金山沢
988
856
魚止め滝
15m
899
滝ノ沢
30m
10m
泊り沢
石の小屋場の沢
717
15m
25m
一ノ又沢
10m
20m
25m
50m
三町村界峰
1086
二ツ森
カケマツ沢
キジネグラ沢

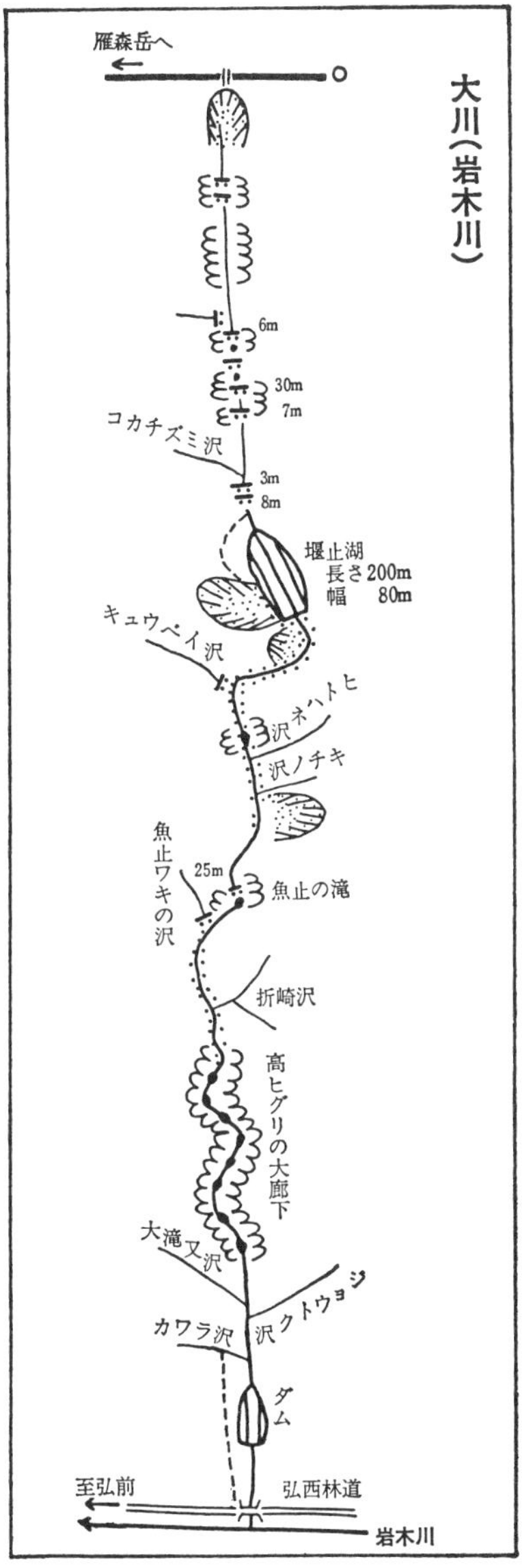

2　赤石川・滝川　一〇時間

滝川へ入るとすこし前まで堰止湖があった所を過ぎるが、今はただ土砂の堆積があるにすぎない。オチブの沢が下から五m、五m、一五mの滝をかけて合流している。百五十年もの昔十一人の猟師が厳冬期に川底から聞こえる「オーイ、オーイ」という声に次つぎとオチブの沢から滝川へ下りそして溺死（凍死）したという言伝えのある地点である。だが、滝川そのものは平凡な流れである。ザクの沢、ヤナギヅクリの沢、ハラシイシの沢、西ノ沢、マスガ沢等の支流を次つぎと分けるが、本流は相変わらずの徒渉をくり返す平凡な流れである。

地図上には三つの滝記号があるが、一番下流のものがアイコンガと呼ばれるもので、下段五m、上段七mの巨大な釜をもつ滝である。地図上の二番目の滝は実在しない。両岸が迫り廊下となると、高さ一五mの堂々たる滝に会う。地図上の最上流の滝である。これは廊下の手前から左岸を大きく高巻く。平凡な流れをたどると、やがて浅い廊下となり、その中に三m以下の小滝が何本か現われる。雪渓が現われ、行手は四〇mほどの垂直な滝に塞がれる。左岸の窪を登り高巻いて越す。再び沢へ降りた地点ですぐ右へ分岐する枝沢があるので、これを進路にとる。水は急速に消え、稜線に出る。筆者は下降路として滝ノ沢を選んだが、途中にザイルが届かない大滝があるので、この沢は適当でない。滝川源流ではあくまでも本流をつめ稜線に出、三町村界峰までやぶをこぐほうが良いように思われる。

3　大川（岩木川）　一一時間

津軽最大の河川、岩木川の水源である大川は、中流の大廊下や上流の滝場等、変化に富んだ沢である。

弘前から車で一時間半ほど弘西林道をたどる。弘西林道からカワラ沢付近までは細々とした踏跡程度の道がある。大川の河原へ下り遡行を開始する。ジョウトク沢、大滝又沢を見送ると、本流は高ヒグリ（ヒグルはへつるの意）の大廊下帯となる。筆者は幸運にも淵が土砂に埋まり、かつ秋の渇水期に当たったため峡底を抜けることができたが、さもなければジョウトク沢から標高六九二m峰を経て折崎沢へと大高巻きをしなければならない。折崎沢出合いを過ぎると二五mの魚止の滝があるが滝の左を登る。キチノ沢、ヒトハネ沢、キュウベイ沢等の支流を分ける。キュウベイ沢出合いの少し先で右岸の山腹からの地すべりの土砂で長さ二〇〇m幅八〇mの堰止湖が形成されている（現在は消滅しているかもしれない）。堰止湖は右岸の急な草付きをトラバースして抜ける。八m、三mと連続した滝が現われ、その上でコカチズミ沢を分ける。七mの滝に続いて三〇mの滝が現われ、さらにその上に六mの滝が続き、滝場を形成する。いずれの滝も格別の困難もなく乗越すことができる。滝場を抜けると浅いが典型的な廊下となり、大川最後の美を飾る。やがて沢は岩溝となって急傾斜の草付きに喰いこむ。少々やぶをこいで雁《が》森《もり》岳西方の鞍部へ出る。

下降は粕毛川支流のウトウ沢を下り、粕毛川を少し遡った地点から水沢川との最低鞍部に登り、鞍部から水沢川の林道へ下る。誤って赤石川へ下らないよう注意する。大川源流は地すべり頻発地帯であり、状況はどのように変わるかわからないので、現地で臨機応変に事を処する能力と経験が必要である。

4　その他の沢

追良瀬川――源流に至るまで滝はなく概して平凡な河原であるが、両岸は高く岩壁となることも多い。源流に二五mの滝があり、その下流に右岸から枝沢が入るが、そこに落差八〇mほどの巨大な傾斜した滝がある。

粕毛川――素波里《すはり》湖を経て冷水《れいすい》岳へ伸びる林道から東又沢へ出て森林軌道の跡をたどって入谷する（筆者が入った当時でも軌道跡は使用に耐えないほどであったから、現在ではさらに状態は悪いものと思われる）。地図の大滝は崩れた一〇mほどの滝で、それから上流のサンガイ沢の中頃にあるサンガイ滝までの間はまったくの平凡な河原である。下り沢の支流で雁森岳へ突きあげるトッチャカ（沢）は滝また滝の連続である。また、ウトウ沢には滝らしい滝はない。

真瀬川――三町村界峰へ突きあげる一ノ又沢は滝また滝の連続である。中ノ又川支流の滝ノ沢は途中に大滝がある。三ノ又沢は源流近くまで滝はないが、左岸の支流は急なようである。

〔執筆者〕　佐藤勉、坂本知忠

岩手山・秋田駒連峰

盛岡山想会
秋田登高会

八幡平、岩手山、秋田駒ヶ岳、これら八幡平国立公園を代表する山々は、それぞれの個性を競い合いながら、魅力ある山域を形成している。

標高二〇四一mの岩手山は複合火山なので、眺める位置によってその形が変わる。盛岡からでは南面に美しい裾野をひき、富士山にも似ていることから、南部片富士と呼び親しまれている。古くは信仰の対象として栄えた山で、東西二つの山体からなり、古期火山に属する西岩手山と、その上に比較的新しい東岩手山が覆っている二重複式成層火山である。岩手山の大部分を占める西岩手山は、北側は屛風尾根、南側は鬼ヶ城尾根の外輪山からなり、その火口内壁は一〇〇mから一五〇mの絶壁となっており、アルペン的景観をみせている。

岩手山から大深岳で脊梁山脈に接し、八幡平へと北上する山稜は、この山域では代表的な縦走コースで裏岩手連峰とも呼ばれ、登山道はよく整備されている。

大深岳から八瀬森、大沢森へと西走する主稜の南側には葛根《かっこん》田《だ》川上流域の沢が広がり、北側には大深沢が静かな切れこみをみせている。

大沢森で主稜線は南に折れ、大白森、烏帽子岳（乳頭山）、秋田駒ヶ岳へと連なっている。大沢森の西側には小和瀬川上流域の沢が、乳頭山から秋田駒の南側には竜《りゅう》川上流の沢が未知の広がりをみせている。

駒ヶ岳は秋田県側であれ、岩手県側であれ、登山基地には豊かな温泉が湧き、西側の斜面には数本のリフトもかけられて、観光登山の対象としてかなり開発は進んではいる。それでも国見温泉を出発点として秋田駒から乳頭山を経て乳頭温泉郷へと下る縦走コースは楽しいものだし、乳頭山付近の千沼《せんしょう》が原や田代平《たい》の大池塘湿原は魅力あるものである。

本稿では、岩手山・秋田駒連峰の岩場と沢を紹介しているが、それらバリエーション・ルートばかりでなく、残雪期のスキー縦走も楽しい。開花期には種類の豊富な高山植物が美しい、楽しい山域である。

〔五万図〕　沼宮内、盛岡、八幡平、雫石、森吉山

〔参考文献〕　『岩手の山』（岩手県山岳協会編）

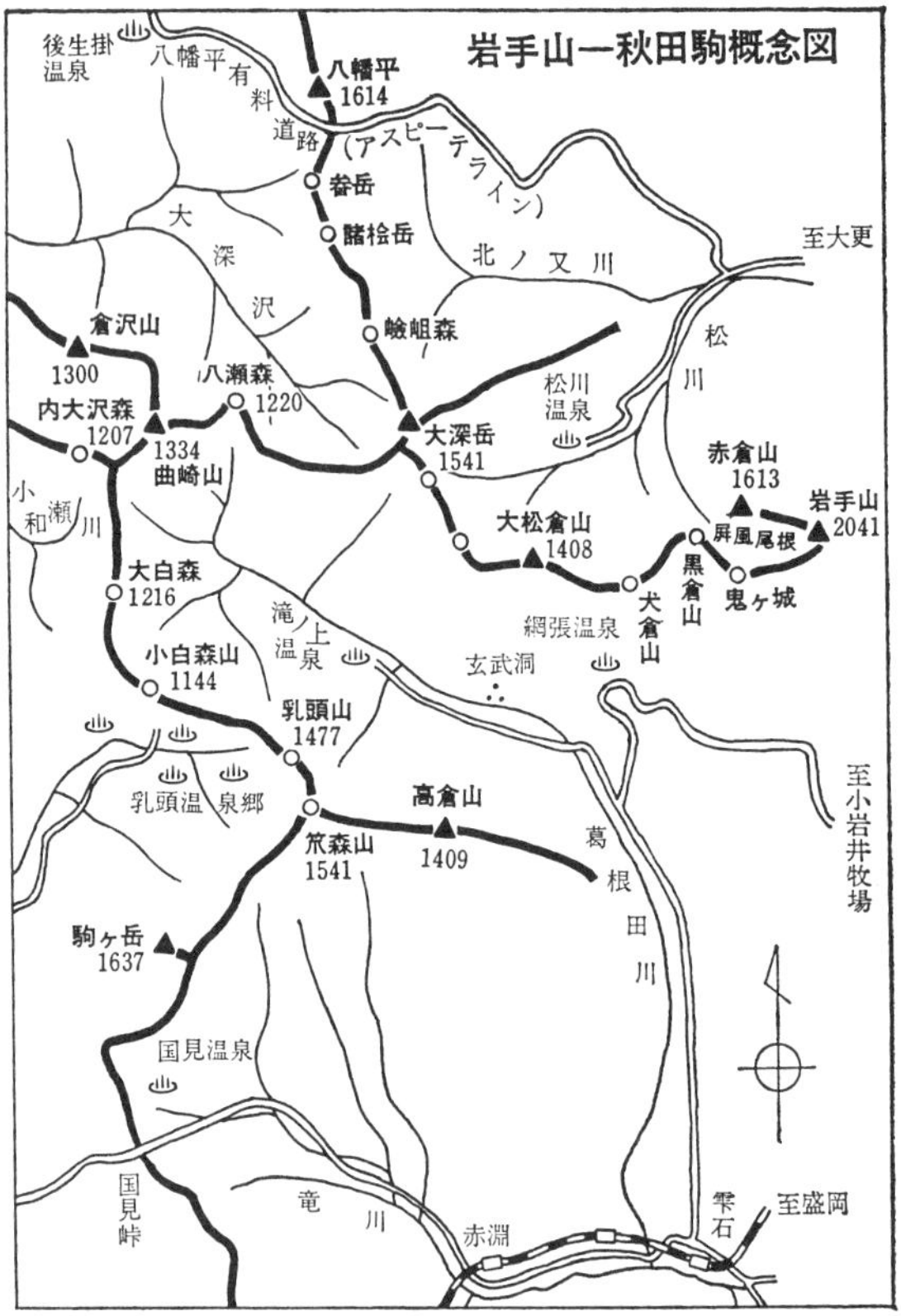

岩手山の沢と岩場

岩手山の沢は、北面から屏風尾根に深く食いこんでいる洞ヶ沢とイタザ沢、南面から鬼ヶ城尾根に突きあげている御神坂《おみさか》沢、妻ノ神沢が挙げられる。北面の沢はゴルジュが発達し、沢の上部までアオモリトドマツやツガの林に覆われ、昼なお暗く、よく磨かれた滝は高度のバランスクライミングを強いられる。南面の沢は明るいブナの林の中を流れ、快適である。東面は東岩手山に被覆せられ、火山砂礫が沢を埋め遡行興味ある沢はまったくない。

主な岩場は西岩手山火口内壁にあり、屏風尾根の赤倉山南面壁、鬼ヶ城尾根の本峰バットレス、鬼の顔と呼ばれているフェースなどの北面壁と、その壁に食いこむ各ルンゼ、焼切沢火口瀬の開析によってできた黒倉山北面の岩場があるが、いずれも非常に脆い火山砂礫岩、熔岩、集塊岩で形成されている。岩の状態は良いとはいえず、ハーケンの使用も限られ、フリークライムによる登攀のむずかしさは、他の山域の岩場と比べてもけっして劣るものではない。

この山は脊稜山脈から東側にはずれているので、冬期の積雪も二—三mにすぎないが、独立峰に近いので、特に冬期は八合目を越えると風と寒さが非常に厳しい。気象的なものというより、地形的要素によるものであるが、岩手山の岩場は火口内にあるため、登攀中は風の影響が少ないが、登攀を終了して尾根に出た瞬間、強風にあうことが多いので注意が必要である。沢は岩盤が露出しているので、降雨による増水は急で短時間のうちに危険な状態となるが、減水もまた早い。

一般登山道は柳沢口、網張口、七滝口、焼走口、御神坂口の五コースがあり、西へ続く山稜は大深岳で脊梁山脈と結ばれている。大更《おおぶけ》駅より東八幡平行のバスで松尾村仮屋で下車、屏風尾根に直線的に向かっている林道を進むと、山麓を取巻くように走っている林道に出る。この付近から右寄りに進むと洞ヶ沢に入ることができ、イタザ沢へは林道を少し西にたどればよい。南面の沢は盛岡より小岩井経由網張温泉行のバスで御神坂展望台下車。御神坂沢の西隣りが妻ノ神沢である。

西岩手山の火口底には、「お花畑」と呼ばれる八ッ目湿原、中央火口丘の御苗代火山、御釜火山があり、その火口に溜まった水は、それぞれ違った色彩をはなつ美しい湖で、アオモリトドマツの原始林に囲まれひっそりと静まりかえっている。お花畑は火口内壁登攀の絶好のベース・キャンプ地であり、八幡平ハイツから焼切沢沿いの道をたどるか、他コースより頂稜を越えて入山する。岩手山の岩場は、なんといってもスケールが小さいので、いくつかのルートの組合せや沢からの継続登攀など、登山者の側の工夫も必要であろう。

〔五万図〕八幡平、沼宮内、雫石、盛岡

1　御神坂沢　六時間

ブナの林の中に明るく広けた沢で、大滝五〇mの存在はこの沢の遡行価値を高めている。夏から秋にかけて涸沢となるが水場の心配はない。

沢は最初は狭く両側から笹や灌木がおおい被っているが、やがて広くなり左岸に集塊岩の壁が現われる。右岸には崩壊地があり、のんびり歩いてはいられない。小さな滝を二つ越すと、大滝が行手をはばむ。左側から取付き、水によく洗われたアバタ状の岩を、高度感に浸りながらバランスよく登る。大滝をすぎるとゴルジュとなる。五mの滝は残置ハーケンを利用し、上部はフリクションで越える。続く五m滝も落口がトンネルとなっておりむずかしい。ナメ状の滝を二つ、五mの滝を二つ直登する。下部が凹んでいるのでショルダーで越える。滝壺のある二つの滝は簡単に直登できるが、次の滝五mはかなり脆いので左岸の草付きを高巻く。四mくらいの滝を登りきると沢は明るく広け、鬼ヶ城の稜線も見えてくる。小滝をいくつか越えてゆくとガレ場となり縦走路へは一投足である。下山は御神坂尾根を展望台へ下るのが最も早く、火口内壁登攀を目ざすのであれば、Cルンゼ下降がよい。

2　妻ノ神沢　六時間

南面に明るく広けた沢で、御神坂沢のような大きな滝はないが、一〇mを越える滝が数個あり、充実した遡行を約束してくれる。

下部がハングしている一〇m滝を右側から巻いて越えるとゴルジュとなり、三m、三段五m、堅い岩の滝が連続。沢床はナメ状で、落口がハングしている二〇mの滝となる。直登は悪い。傾斜の緩い滝を越えると二五mの滝となり、左側のブッシュを巻く。一〇m、一五mのアバタ状の滝、三段一〇mの滝

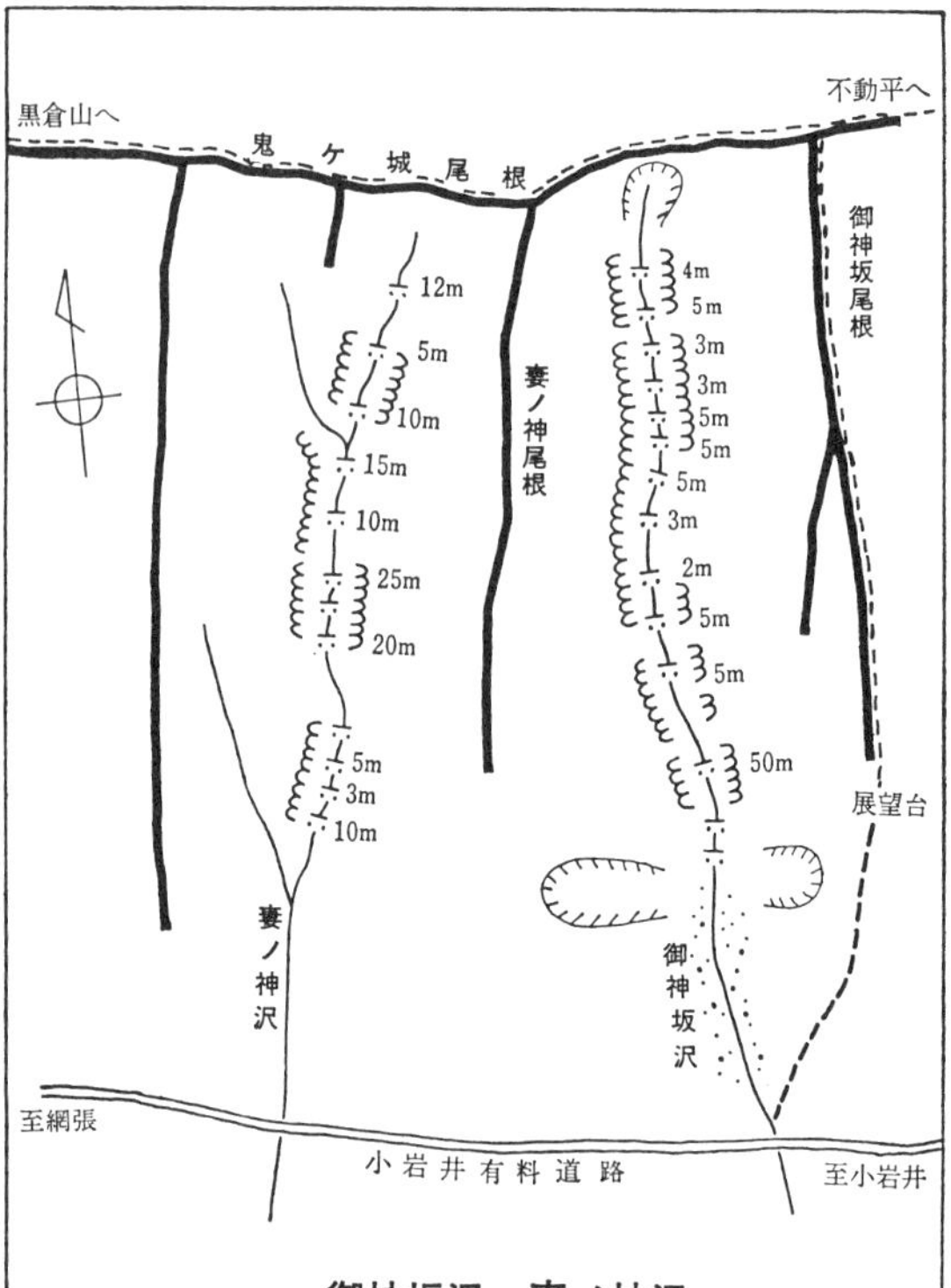

御神坂沢　妻ノ神沢

を登ってゆくと、チョックストンをもつ五mの滝、ヌルヌルで強引に登る。一二mの二段の小滝を最後に沢は浅く小さくなり、ブッシュをこいで稜線に出る。

3　洞ケ沢　八時間

岩手山をめぐる沢の中でも特に険悪で、県内随一の困難な沢である。よく洗われたアバタ状の突起にホールドを求め、ハーケンもほとんど使用できない岩質で、高度のバランスと人工登攀技術を要求される上級者向きのルートである。盛岡山岳会によって可能性が追求されていたが、昭和三十八年七月から翌年八月までの間に七回の試登の末、盛岡山想会パーティにより完全遡行が成されている。

イタザ沢との中間尾根の踏跡をたどり、ブナの林に入ったあたりで沢に下る。よく整備された岩小屋をすぎ、磨かれた岩盤や小滝を登ってゆくと、第一セットの八m滝だ。左岸側壁より滝上に出る。第二セットの一五m滝は、滝壺が大きく、左岸からトラバース気味にトヨ状の落口に出る厄介な滝である。続く二段二五mの滝が第三セットで、水量が多く頭からもろに水をかぶりながら、強引に直登する。第四セットの滝は陽のまったくあたらない暗い所で、ハングした壁を辛いシャワークライミングで二五m登らなければならない。沢は二分し、左の本流を遡る。側壁の高さは三〇mぐらいで明るさを取り戻し、第五セットの一五mの滝を迎える。アブミのかけ替えで落口に立つと、一三八〇m付近から小滝が連続し、快適なフリクション・クライムで高度をあげ、一時間ほどで屏風尾根に立つことがで

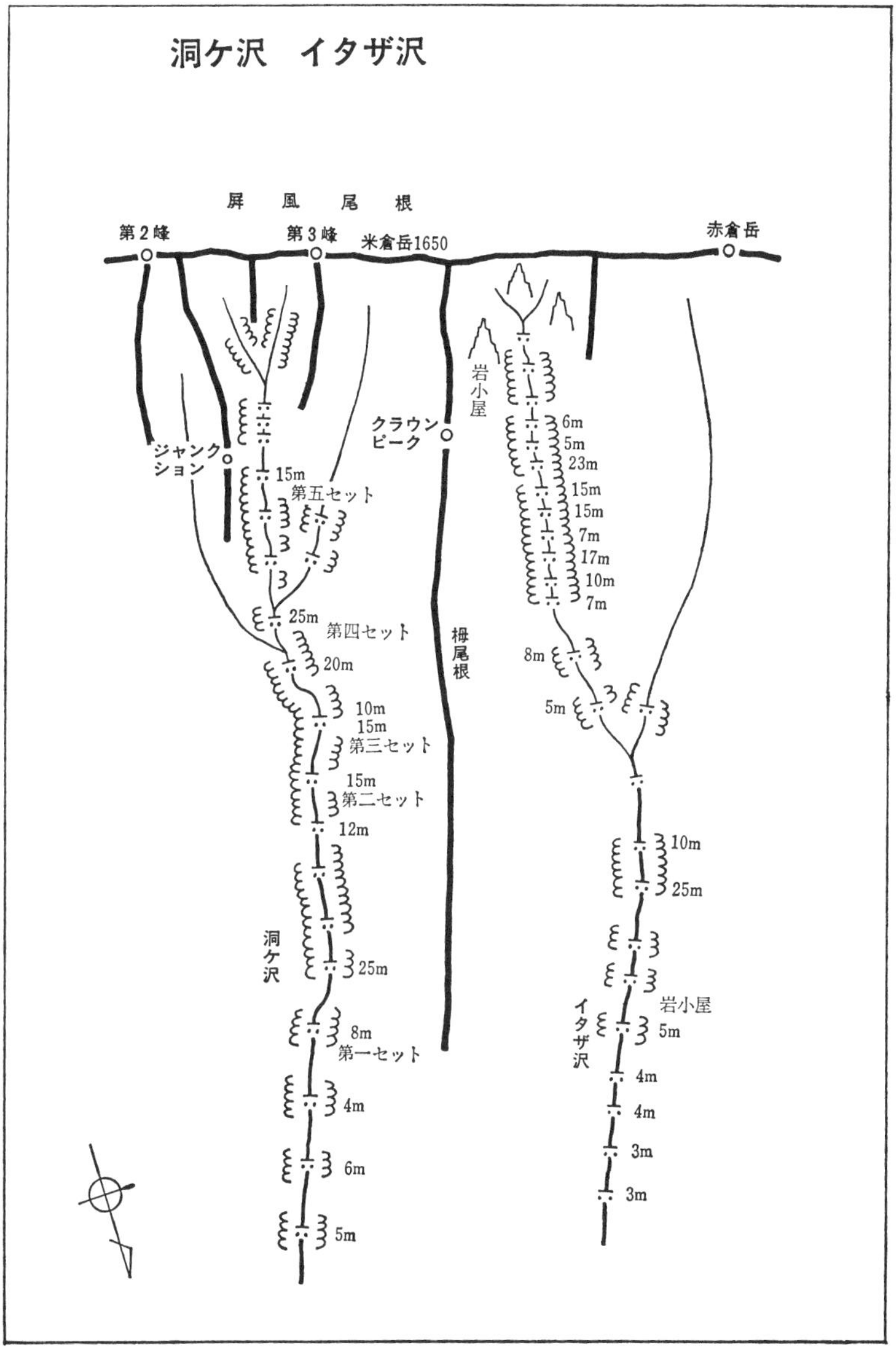

洞ケ沢　イタザ沢
屏　風　尾　根
第２峰
第３峰
米倉岳1650
赤倉岳
岩小屋
クラウンピーク
ジャンクション
15m
第五セット
25m
第四セット
20m
10m
15m
第三セット
15m
第二セット
12m
洞ケ沢
25m
8m
第一セット
4m
6m
5m
栂尾根
6m
5m
23m
15m
15m
7m
17m
10m
7m
8m
5m
10m
25m
岩小屋
イタザ沢
5m
4m
4m
3m
3m

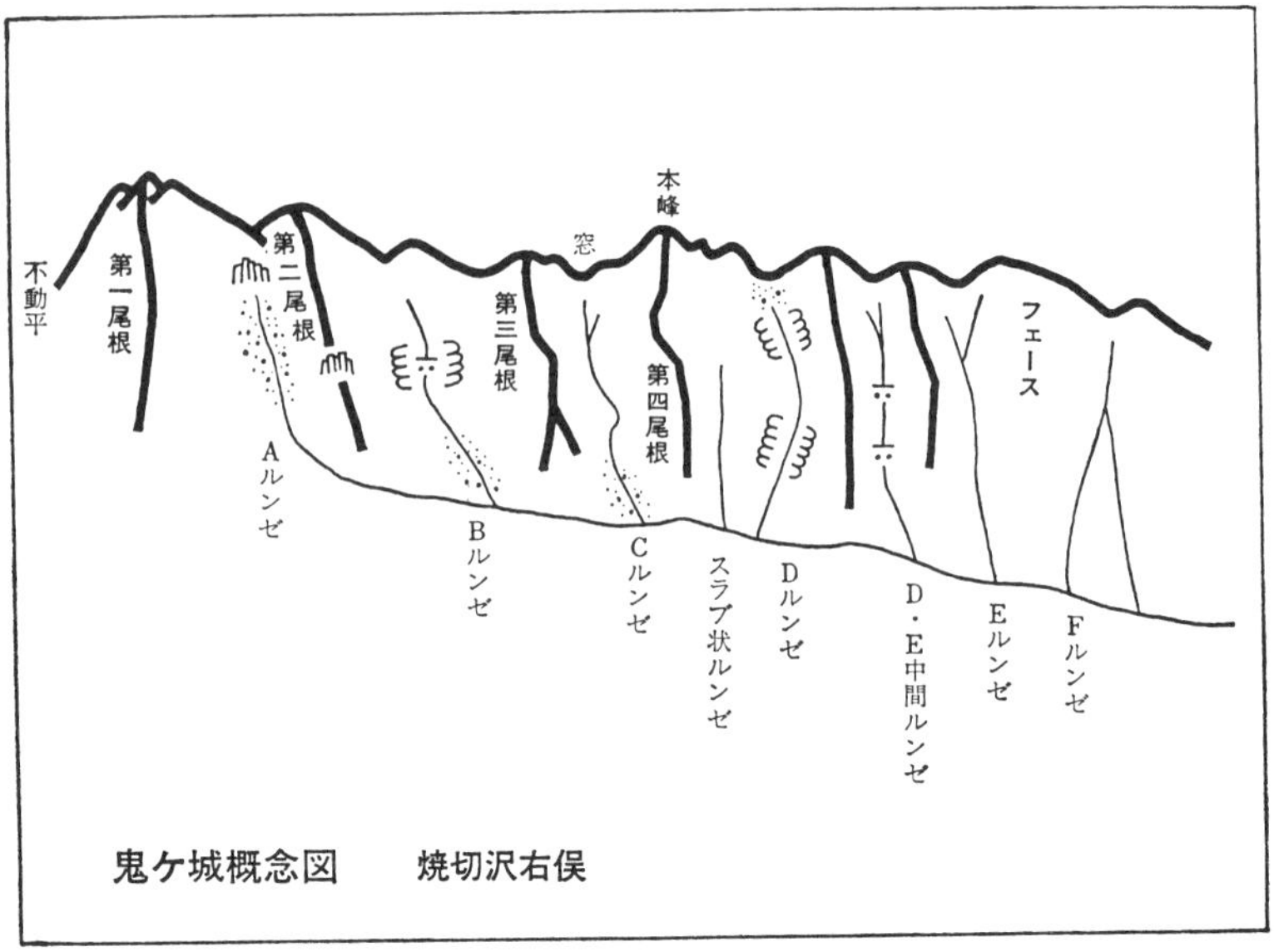

きる。

4　イタザ沢　六時間

洞ケ沢に比べて明るく、手応えのある滝も数多く、楽しい沢である。秋など、ようやく登りついた屛風尾根から眺めるお花畑に点在する木々の紅葉はすばらしいものである。

出合いはやぶのためすっきりしないが、ブナの原始林に入ると沢も広くなり快適になる。ゴルジュの中の二五mの滝は、人工登攀で直登することもできるが、左岸を高巻きすることもできる。続く垂直に近い一〇mの滝は中央バンドまで登り、左にトラバースするとトヨ状のバンドが滝上まで続いている。いくつかの滝を楽しく登ってゆくと、イタザ沢最悪の二三mの脆い滝となる。取付きから五mほどアブミを利用し、そこから右上方へトラバース気味に登り、さらに右へ滝の落口に向かってトラバースする。ホールドがなく苦労させられる所だ。連続する小滝を越え、四〇度の岩盤状をすぎるとハイマツ帯に入り、屛風尾根にとび出す。

屛風尾根をたどって岩手山の最高点に立ち、好みのコースを下って麓の温泉に身を沈めればよい。

5　本峰バットレス・チョックストンルート

Ⅳ　三〇〇m　二時間

岩手山の岩場の中で、中核的存在である鬼ケ城本峰への登攀ルートである。

Cルンゼを少し登ったところから右にトラバースすると、

バットレスに大きな板を寄せかけたような状態で左右にチムニーを形成している。左側がチョックストンルートであり、右は右チムニールートと呼んでいる。取付き点にあるチョックストンを越し、二〇mほど登るとテラスに出る。この上の五〇mのスラブを直上し、右上するバンドを一〇m登ると灌木帯に入る。灌木帯を少し登ると垂壁に突き当たり、基部を右に回りこみ三〇mの凹角を登るが、出口が悪い。その上はハイマツ帯となり、上部の草付きリッジを越すと本峰頂上である。

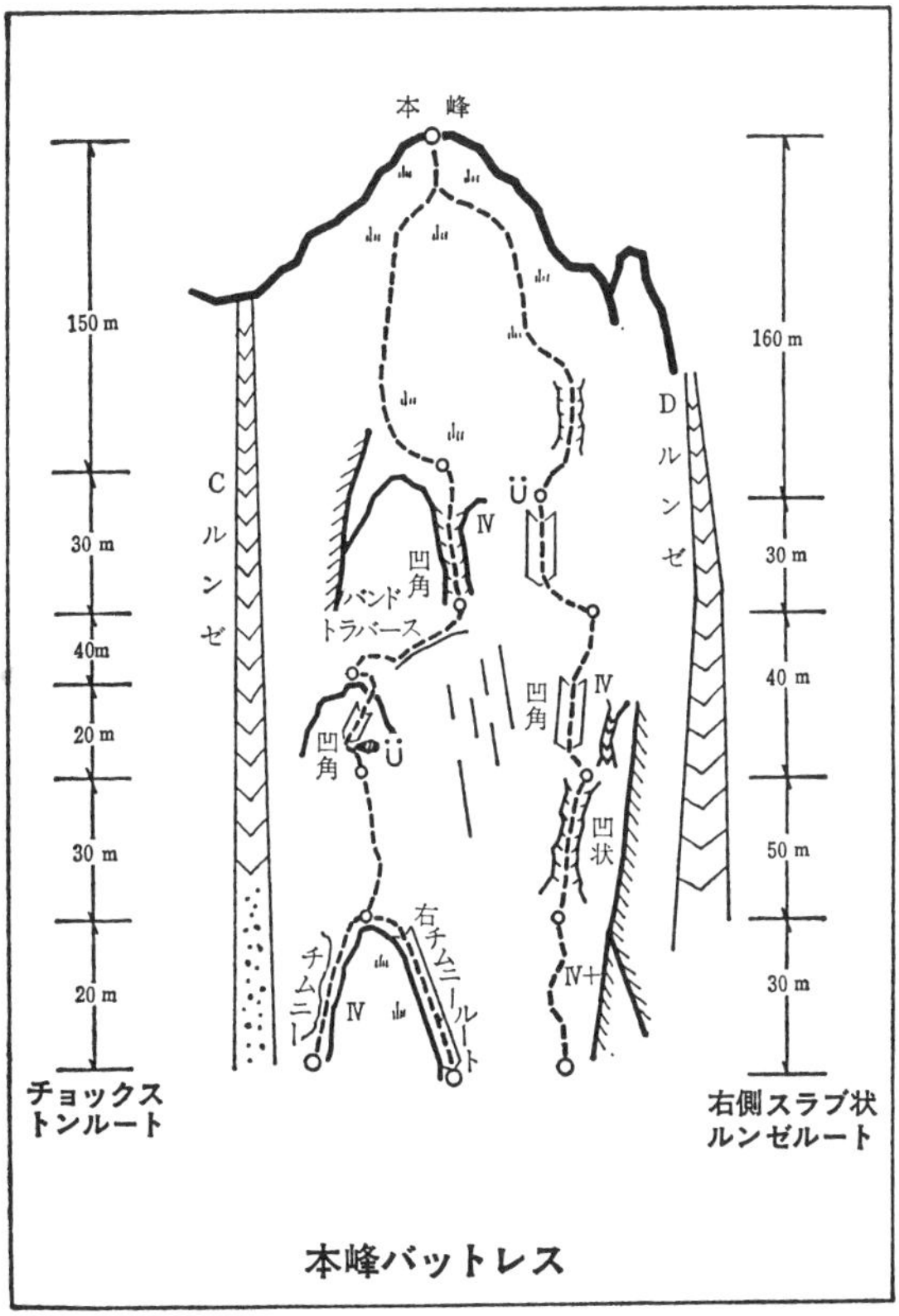

本峰バットレス

6 本峰バットレス・右側スラブ状ルンゼルート

Ⅳ+ 三〇〇m 二時間

CルンゼとDルンゼのほぼ中間に灌木に隠れるように小さな涸沢がある。スラブ状ルンゼの入口である。少し登ると本峰直下から落ちる雪崩などでよく磨かれたナメ滝が現われる。右側からでも左側からでも取付くことができるが、出口が悪いので慎重を期したい。この上はスラブ状のルンゼで五〇mほど登ると、傾斜はあまり急ではないがよく磨かれた滝で、フリクションをきかせて登るとハングした滝に突きあたる。左に五mトラバースし、滝の左にある狭い凹角を四〇mほど登ると滝上のテラスである。この上は四〇度の急な草付きで、Dルンゼを見下すことのできる「ノゾキ」まで続き、最後のフェースを登るとハイマツの緩やかな斜面が本峰頂上まで続いている。

7 フェース・東カンテルート

Ⅲ+ 一三〇m 二時間

二〇―三〇mの岩峰が連続し、いいテラスに恵まれて緊張感を強いられ

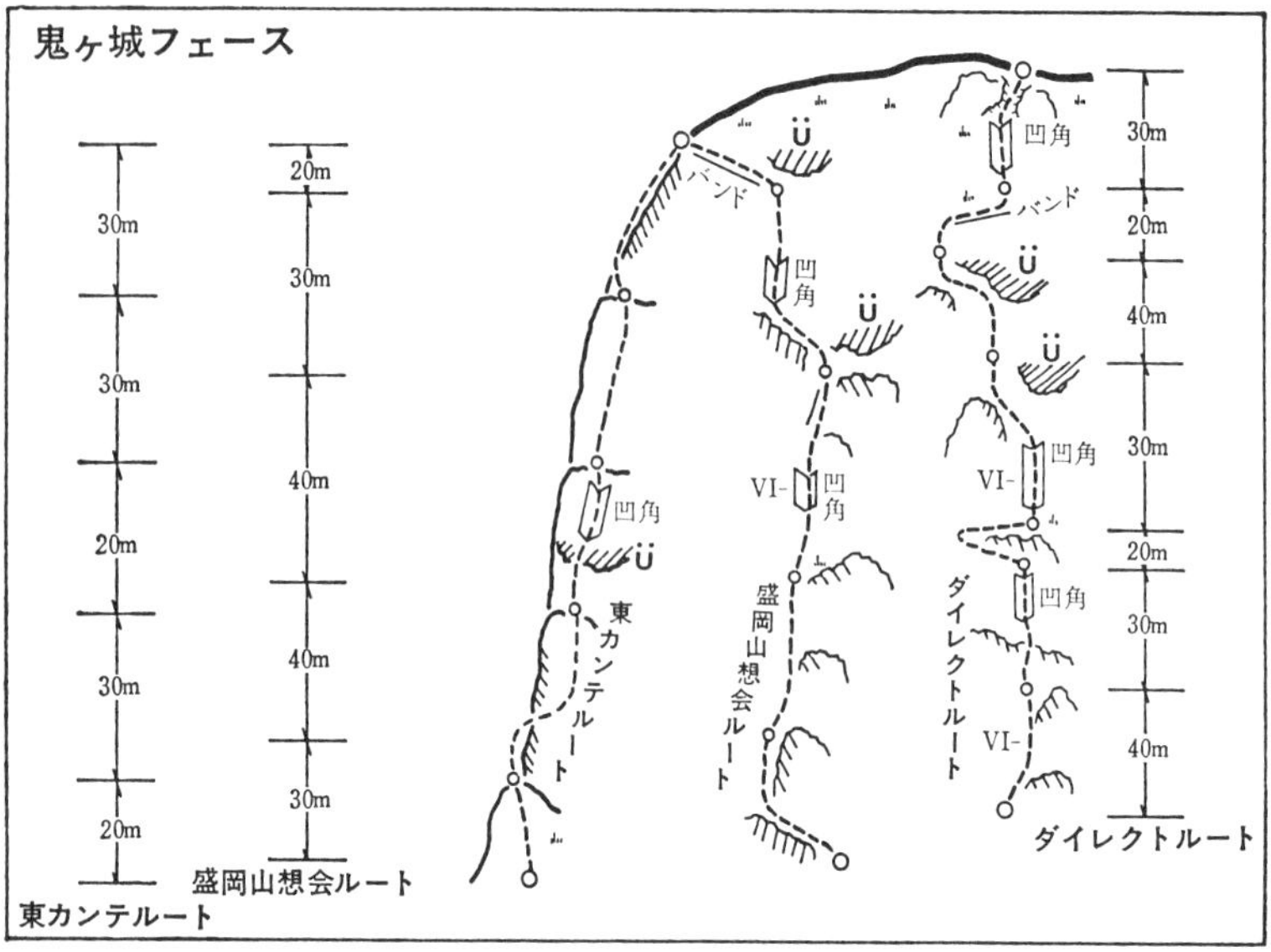

ず、初心者向きの楽しいルートである。取付きへはEルンゼを登ればよい。

8　フェース・盛岡山想会ルート

IV⁻　一六〇m　三時間

フェースに拓かれている数本のルートの中では、古典的なものであり、それだけに登って楽しいルートであるといえる。

Eルンゼを登り基部を右に進み、正面やや左側から取付く。取付きの脆い岩をさけ、草付きを左に一〇mトラバースすると、苔状の草付きにかすかな踏跡を見いだすことができる。草付きを右上に二〇m登ると灌木のあるテラスに出る。斜度は六〇度くらいであるが灌木が多く高度感は少ない。第二ピッチはホールドの豊富な堅いフェースを四〇m直登。第三ピッチはところどころに草付きがあるが、安定した岩で快適に三〇m登るとクラックが現われる。右上に走る凹角を一〇mを登ると広いテラス。第四ピッチは灌木帯を五m登り、左のハングの下の一〇mのトラバースは岩が脆いので注意が必要である。五mの凹角を越すと草付きとなり、二五m登ると広いテラスに出る。草付きバンドをトラバース気味に登ると東カンテ上に出て登攀を終了する。

9　フェース・ダイレクトルート

IV⁻　二一〇m　三時間

岩壁のほぼ中央、フェースの頭へとダイレクトに登るすっきりしたルートである。

Eルンゼを登って基部に達し、右へずっとトラバースして取付き点に立つ。苔のついたフェースを五〇m登ると灌木の生えた大広場に出る。壁の中間部の凹角からフェースを登るあたりが核心部である。ガンコウラン、コケモモの密生した草付きから凹角に入り、そこを攀じればフェースの頭である。

10　その他のルート

源次郎周辺のルートは規模が小さく一般向きとはいえない。フェースには、釜石岳友会ルート、西稜などがある。鬼ケ城にせり上がるルンゼでは、すっきりしたクライムは望むべくもないが、Bルンゼ、Dルンゼを初級者には薦めたい。Cルンゼはお花畑への下降ルートとして、Eルンゼはフェースへのアプローチ・ルートとしてよく利用されている。

黒倉山、赤倉山の岩壁にもルートが拓かれているが、本峰バットレス、フェースに比べるとさらに岩質も脆弱になり、岩登りの楽しさとは逆行する困難度が増し、ルート開拓に向かう情熱は地元岳人の岩手山への愛着以外のなにものでもないような気がする。

葛根田川・竜川流域

網張元湯のある犬倉山から大深岳、脊梁山稜上の乳頭山にぐるりととり囲まれた葛根田《かっこんだ》川上流域の沢は、長大ではあるが、遡行困難というルートはない。

流域の登山基地となる滝ノ上温泉は、天然温泉プールを有する鳥越の滝の上に、数軒の旅館が静かなたたずまいをみせている。盛岡駅前より雫石経由網張温泉行のバスで、「滝ノ上分れ」で下車する。葛根田川沿いの自動車道を玄武洞を過ぎ、左岸から大松倉沢、右岸からメグリ沢、南白沢の出合いを過ぎてトンネルをくぐれば滝ノ上温泉である。温泉まで歩けば二時間。雫石からタクシーの利用が便利だ。ここから上流には大ベコ沢（秋取沢）、大石沢、金堀沢、中ノ又沢、北ノ又沢、そして本流である滝ノ又沢がある。

大深岳から大白森への縦走路はやぶもひどく、麓の温泉には距離も遠いので、下降路としてはむしろ隣の沢を選ぶように計画したほうが実り多い山行になるであろう。

竜川流域の安栖《あずまい》沢、小柳沢、荒沢は竜川沿いに国道四六号線が走ってアプローチが便利の上、遡行終了地点はそれぞれ千沼ガ原、熊見平、湯森山付近であり、下山にも便利な明るい流域である。

〔五万図〕　八幡平、雫石

11　葛根田川本流（滝ノ又沢）　七―九時間

岩手山・秋田駒連峰にぐるりとり囲まれた葛根田川本流は、さすが山深く、沢歩きの醍醐味を存分に味わせてくれる好ルートである。

滝ノ上温泉から歩きはじめて、目前に大きな崩壊地が現われるあたりから遡行が始まる。広い河原をたどり、数回徒渉すると左岸から大ベコ沢が出合う。沢はしだいに深味を増し、両岸

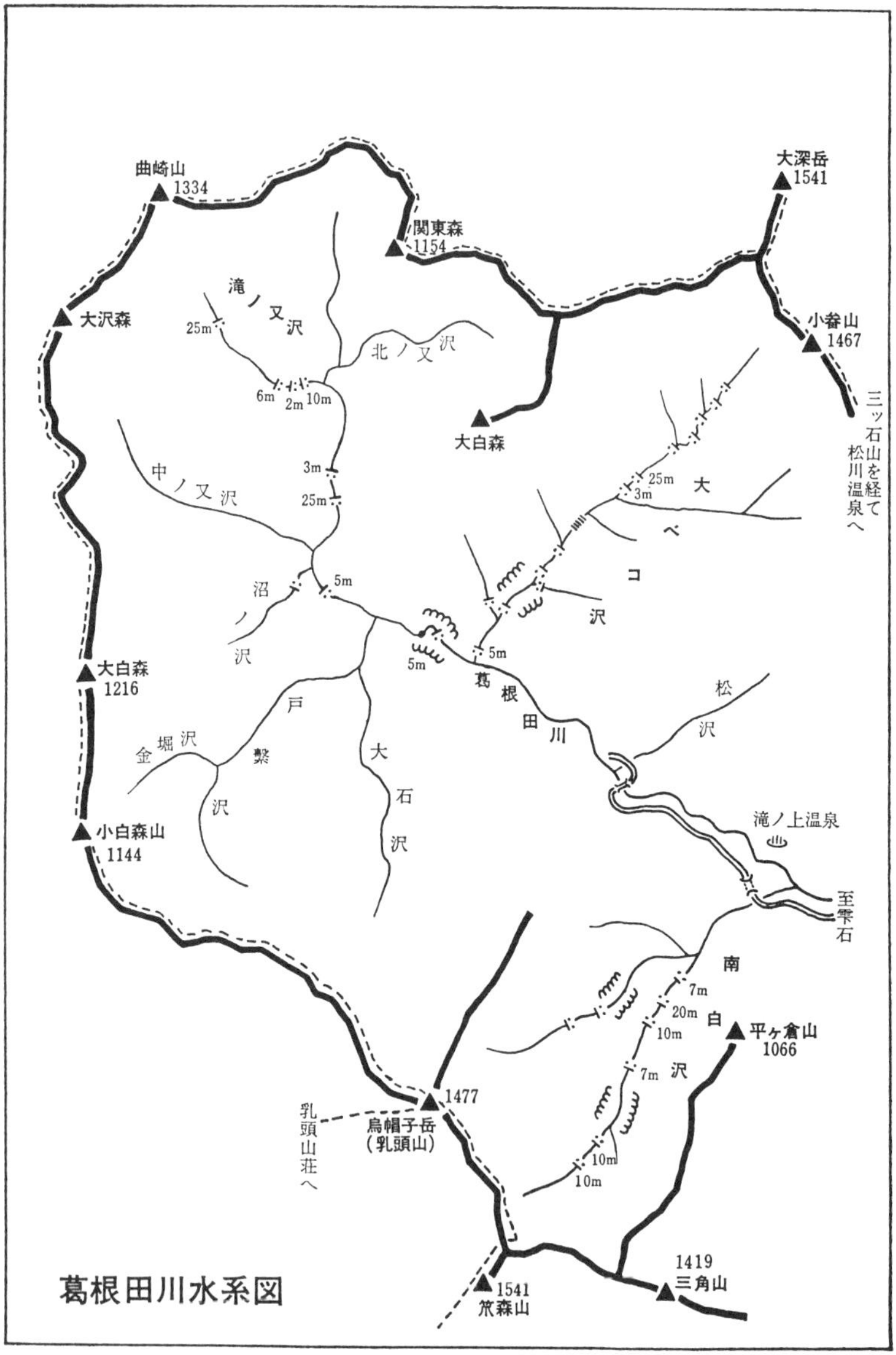
曲崎山
1334
関東森
1154
大深岳
1541
大沢森
滝ノ又沢
25m
6m
2m
10m
北ノ又沢
小畚山
1467
三ッ石山を経て松川温泉へ
大白森
3m
25m
中ノ又沢
25m
3m
大ベコ沢
沼ノ沢
5m
5m
5m
大白森
1216
葛根田川
戸繋沢
金堀沢
大石沢
松沢
小白森山
1144
滝ノ上温泉
至雫石
南白沢
7m
20m
10m
7m
平ヶ倉山
1066
1477
烏帽子岳
(乳頭山)
乳頭山荘へ
10m
10m
1419
三角山
1541
笊森山

葛根田川水系図

が切り立つ岩壁になると五m滝が現われる。難なく越えると、再び平凡な明るい沢となる。すぐゴルジュ状になって、滝と瀞が美しい「函」と呼ばれる所である。右岸から大石沢（金堀沢）が出合い、五mの滝をすぎると、右岸より一五mの滝となって沼ノ沢（大白沢）が流下している。すぐ中ノ又沢が合流してくるが、本流より沢床が低い感じだ。二五分ほどで二段二五mの滝、左岸を高巻くと三m滝が続く。やがて左岸より北ノ又沢が注ぎ、奥には二〇mを越える滝が樹間を通して見えてくる。

北ノ又沢を右に見送り、滝ノ又沢に入ると五万分の一地形図にも載っている一〇m、二m、六mの滝だ。一〇mの滝は直登できず、右岸のスラブ状の岩とガレ場を登る。続く二つは右岸を直登する。このあたりまで来ると沢幅も狭まり、曲崎山と八瀬森間の稜線が見えてくる。沢は二分し、右俣をつめると二五mの滝。本沢最後の滝で、両側はU字状のスラブで取付けず、五〇mくらい手前左岸のガレを登り滝の上に出る。ここから源頭までは熊が多いので注意。

ブナの原始林にまじってアオモリトドマツが現われてくると高度約一一〇〇mで、沢も終わり、厚いクマザサを分けて進むこと三〇分で稜線の縦走路に出る。右に行けば八瀬森山荘、左に行けば大白森山荘があるが、北側に越えて八瀬沢を下り、大深沢を登り返すのもおもしろい。

12　**大ベコ沢**（秋取沢）　五—七時間

滝ノ又沢同様、静寂が魅力の沢。本流と分かれて大ベコ沢に入るとすぐ五mの滝が現われる。滝を越えると右岸に崩壊地が現われ、小滝を過ぎると左岸には岩壁が現われて廊下状になる。幅は八mくらいで川床は岩盤になっており快適に進む。落口が釜になっている滝の左岸をへつり、さらに進むと右岸に大白森を源頭にしている沢が出合う。本流は水量が減り、苔の生えた段々のナメ床となる。緑のじゅうたんの上を歩くような気分で進むと沢は二分し、左俣を行く。すぐ三mの滝が現われる。さらに進むと右岸に岩壁が現われ、高さ二五mの滝。左側を巻くが、脆いので慎重に登る。巻き終えると左手に大深岳から続いている県境尾根が見える。その後は小さな滝が現われるが水量も減り、水が切れブッシュに入ると三〇分ほどで大深岳と小畚《こもっこ》山との鞍部付近の縦走路に出る。松川温泉か網張温泉に下ればよい。

13　**南白沢**　四—五時間

乳頭山と笊森山を結ぶ稜線を源頭にする南白沢は、水量も豊富で滝の美しい、楽しめる沢である。

単調な明るい沢を遡ると沢は二分する。右俣は白沼沢で沢登りとしての興味は少ない。左俣の本流を三〇分ほど登ると高さ七mのトヨ状になった滝で、滝壺は深い。左岸側壁を五m登りトラバース気味に滝口に出る。次の二段二〇mの滝は、岩質は良く快適なクライミングを楽しめる。続く一〇mの幅広い滝は水が滝全体を流れて美しい。ルートは左側で、シャワークライミングで滝上に出る。七mの滝を越し、快適に遡行してゆくと標高九二〇m付近で廊下が現われる。底をえぐり取られたような側壁をトラバースするが、岩が濡れていて滑りやすく、微妙なバランスを必要とする。廊下を抜けると沢は急に明るくなり、沢は三本に分かれる。真ん中の沢に入って少し進むと、また三本に分かれ、右の沢に入る。少し登ると高さ一〇mの滝が現われる。このあたりから視界が開け、高度もぐんと上がる。沢幅は狭まり、さらにつめてゆくと、やぶこぎもなく笊森山北斜面の登山道にとび出す。秋田県側の乳頭温泉郷、岩手県側の滝ノ上温泉、どちらへ下っても約二時間である。

14　安栖沢　一〇—一三時間

この沢は遡行距離も長く、核心部のゴルジュは二km近くも続き、水量も豊かで沢登りの楽しみを十分味わえる。

盛岡から田沢湖へ向かう国道四六号線を走るバスで安栖《あすまい》下車。林道を三〇分ほど行くと砂防ダムがあり、沢に入る。変化の少ない沢を二時間進むと、両岸が高くなり右岸から一五mの滝が落ちている。やがて側壁は八〇m近い廊下となる。滝は三mほどのものが主であるが、滝壺が大きく深いのと、水量が多いのとで、へつりや振り子トラバース、あるいは胸まで浸って通過する。出口近くの滝は、滝壺が深く取付けないので、滝の五〇mほど手前右岸から山腹をトラバースし、廊下の終わるのを見計らって沢に戻る。標高六五〇m付近で沢は二分し右俣へ入る。標高七〇〇m付近でまた沢は二分している。三角山へ突きあげている右俣を見おくり、左俣を進むと標高一一〇〇m付近でまた沢は二分する。右俣は千沼ケ原へ、左俣は笊森山の稜線へとのびており、どちらもやぶこぎはほとんどなく遡行は終了する。

15　小柳沢　五—七時間

明るい滝や美しい瀞に恵まれた楽しい沢。安栖より一つ上流の橋場が出発点である。竜川橋から左岸の林道を一〇分も歩けば、小柳沢が竜川に流入しており、小柳沢沿いの林道をたどる。林道が終わって沢の中を転石伝いに進むと、五万分の一地形図にも岩記号の出ている七〇〇m地点である。左岸に玄武岩が立ち、右岸には崩壊地がある。ようやく二m、三mと滝が現われるが単調である。八〇〇m付近から滝が連続する。

一〇mの滝は右岸を高巻き、七mの滝は右岸をシャワークライム、次の七m滝は左岸を登る。目前に現われた二段一二mの滝は、青々とした滝壺が神秘的。右岸に枝沢が出合い、四mの滝を越えると沢は浅くなり単調となる。核心部はもう終わりかと思う頃、轟音を響かせて二段の大滝が落ちている。続いて楽しい小滝や美しい瀞が連続する。下段五m上段一二mの最後の滝を越えると、沢は狭くなり本格的なやぶこぎ三〇分で熊見平に到着する。少しでも早く下山したいのなら、シーズン中はバスが入る駒ケ岳山荘へ向かうのが便利である。

16　荒沢　六—七時間

湯森山から流下する荒沢は、大きな滝もなく秋田駒ケ岳への一バリエーション・ルートとして考えればおもしろいのではなかろうか。

国見温泉入口下車。旧国道を荒沢橋まで歩いてそこから遡行が始まる。すぐ五mの滝が現われ左岸を直登すると、続いて六

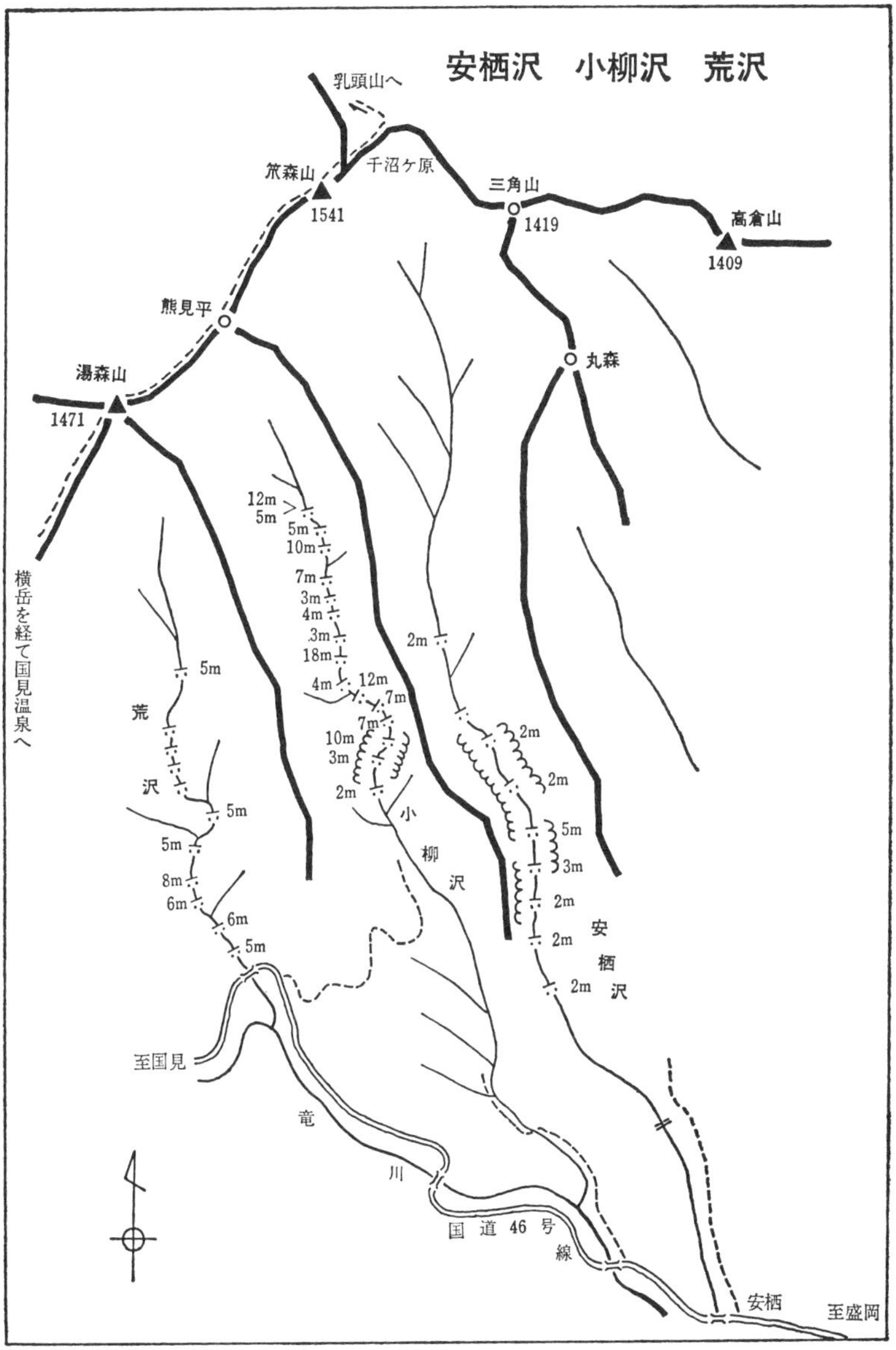
安栖沢　小柳沢　荒沢
乳頭山へ
笊森山
1541
千沼ヶ原
三角山
1419
高倉山
1409
熊見平
丸森
湯森山
1471
横岳を経て国見温泉へ
12m
5m
5m
10m
7m
3m
4m
3m
18m
4m
12m
7m
7m
10m
3m
2m
小
柳
沢
荒
沢
5m
5m
5m
8m
6m
6m
5m
2m
2m
2m
5m
3m
2m
2m
2m
安
栖
沢
至国見
竜
川
国道46号線
安栖
至盛岡

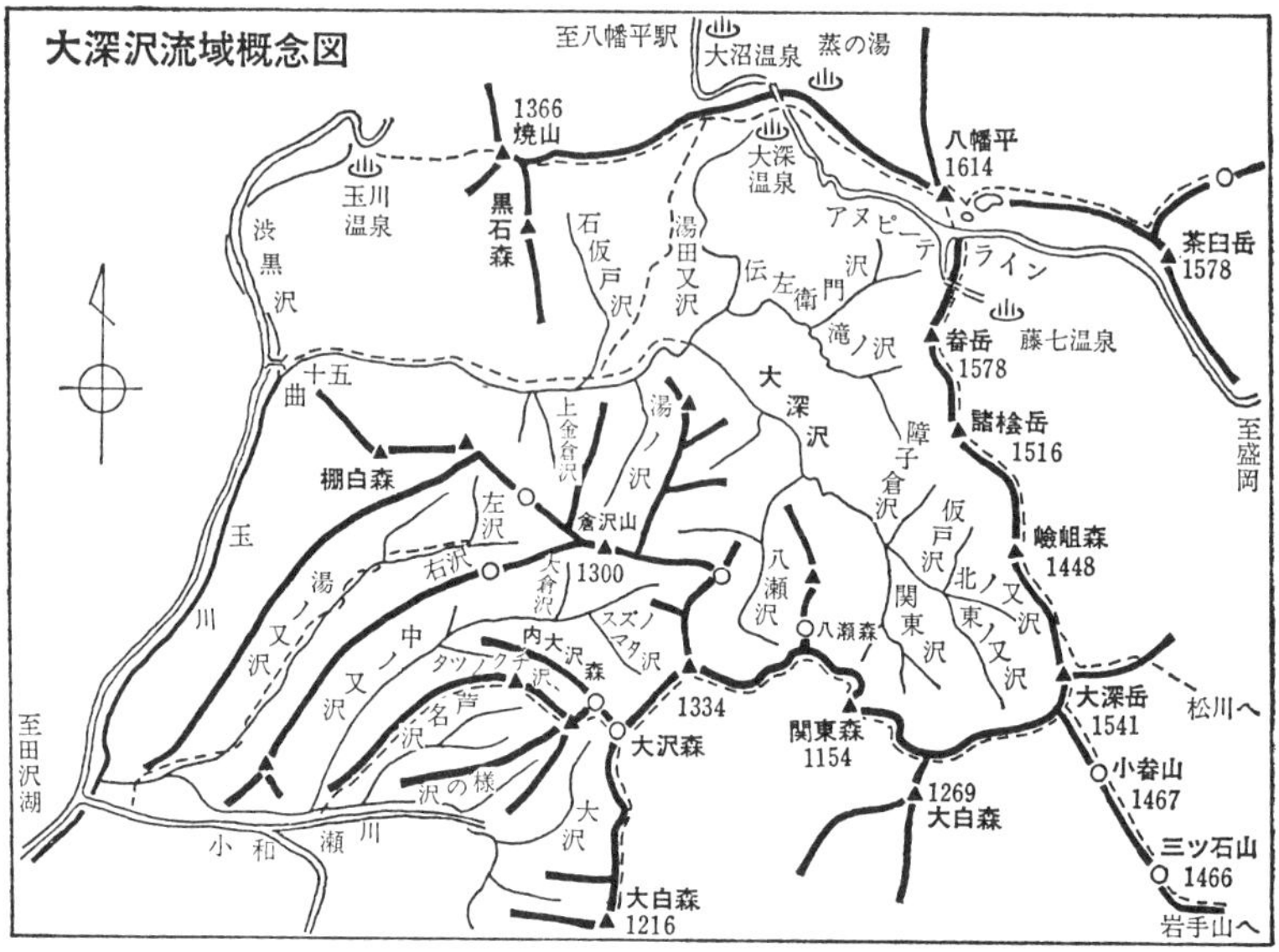

mの滝。これは右岸を高巻く。現われる滝のほとんどは五―八mで、ほとんど直登できる。多段の滝は高さ四〇mくらいで長さ一〇〇mを段々に落ちており、一番奥が九mほどのきれいな滝である。五mの滝を直登すれば約二〇分で沢は二分し、右に入ればハイマツ帯を抜けて湯森山付近の縦走路に出る。

大深沢・小和瀬川流域

八幡平から大深岳、秋田駒へと連なる脊梁山脈の秋田県側に玉川源流の大深沢と小和瀬川がある。大深岳から八瀬森、曲崎山、大沢森、大白森への稜線は、観光開発の進んだ秋田駒周辺に比して「長いばかりでそれほど魅力がない」などとガイドブックに書かれている。なるほど縦走路はやぶもうるさく単調でおもしろいものではないが、目を線から面に移せばそこに魅力ある沢ルートを発見できるだろう。

大深沢は北ノ又沢、東ノ又沢、仮戸《けと》沢、障子倉沢、八瀬沢の水を集め、湯田又沢と合流して玉川になる。いずれも主脈上に端を発しスケールは大きいが、登攀要素は少ない。本稿では本流と目される北ノ又沢を紹介する。大深沢をはさんで、アスピーテラインの通る八幡平とは対称的な位置にある倉沢山は、主脈からはずれて大深沢と小和瀬川の分水嶺上にあり、もちろん道はないが、スラブ状のルンゼ群に囲まれた興味深い山である。

倉沢山北面に急峻な湯ノ沢と上金倉沢がある。小和瀬川右岸にはおもしろい沢が数本流下しているが、本稿では大沢森とその支尾根上に端を発する大沢、様の沢、タツノクチ沢、倉沢山南面の大倉沢、西面の湯ノ又沢を紹介する。

大深沢流域へのアプローチは五十曲から始まる。玉川毒水で知られた渋黒沢の橋を渡り、右岸の軌道跡を歩く。一時間強で左岸に上金倉沢が合流する。さらに二〇分ほど、石仮戸《いしけと》沢を渡った先に大深温泉と後生掛温泉からの道が下ってくる。左岸へ吊り橋で渡れば、湯ノ沢との中洲に小和瀬発電所の見張小屋がある。湯ノ沢の河原には温泉も湧いており、ベース地とするには格好の場所である。五十曲へは田沢湖線田沢湖駅よりバス、ダム工事の進捗度によって道路事情も異なると思うので、バスダイヤには注意してほしい。

五十曲の手前、岩ノ目で下車すれば小和瀬川への出発点となる。玉川本流を渡り蛇ノ木沢出合い付近までは車が入れる。大沢森から中ノ又沢出合いへのびる支尾根上に、一部荒れているが登山道があり下降に有利である。

東京を起点に考えれば、やはり遠い山なので実のある計画を立案したいところだ。力のある人は沢から沢へと継続してゆけるだろうし、沢一本で精いっぱいの人は、稜線へ出てから八幡平、岩手山、あるいは秋田駒を目ざして歩くのも充実感を増すだろう。麓には温泉がたくさんある。

〔五万図〕　森吉山、八幡平、雫石

17　**大深沢北ノ又沢**　一三―一五時間

大深岳に端を発する本流であるだけにスケールの大きさは魅力である。見張小屋から湯田又沢出合い、取水堰までは左岸の道を歩く。堰を左岸から越えて倒木の多い河原に下る。ナメと滝の美しいソヤノ沢の出合いをすぎると沢幅が狭くなり、二mの滝、瀞、三mの滝と続く。水量が多いので気がぬけない。明るい河原になった所に左岸から八瀬沢が合流する。八瀬沢は明るい河原となって続くが中間部に大きな滝がある。再び沢が狭まると滝が二つ、一五m二段の滝は中央に大岩があり、右より曲がって落ちている。水際を直登。五mの滝を越えると沢は平凡な河原となって続く。地図で読むのとはだいぶ様子が違う。やがて障子倉沢出合い、この沢はV字形に切れこみ、中間部に倒木のつまった滝が続いている。三mの滝を越えると、ゴーロが続く平凡な関東沢出合いである。水量の多い一〇mの滝はシャワークライミング、トヨ状の小滝を越えると三〇mの大滝である。傾斜は強いが中央に流木があり、それをホールドにして登り、落口に立つ。ナメが一〇〇mほど続くと仮戸沢、北ノ又沢、東ノ又沢が合流する。北ノ又沢に入るとナメと小滝が続く。最後の滝を越すと流木の多い沢となり、傾斜も強くなる。左より二本の枝沢を見送るとゴーロとなり、二〇分くらいで水も涸れる。縦走路までは約一時間のやぶこぎである。大深岳方面に一〇分も歩けば、大深山荘。沢の中で一泊するとしたら、関東森沢出合いか、三俣付近がよい。

18　**湯ノ沢**　七―八時間

急峻だが明るく楽しい沢。中間部のゴルジュが遡行のポイントである。

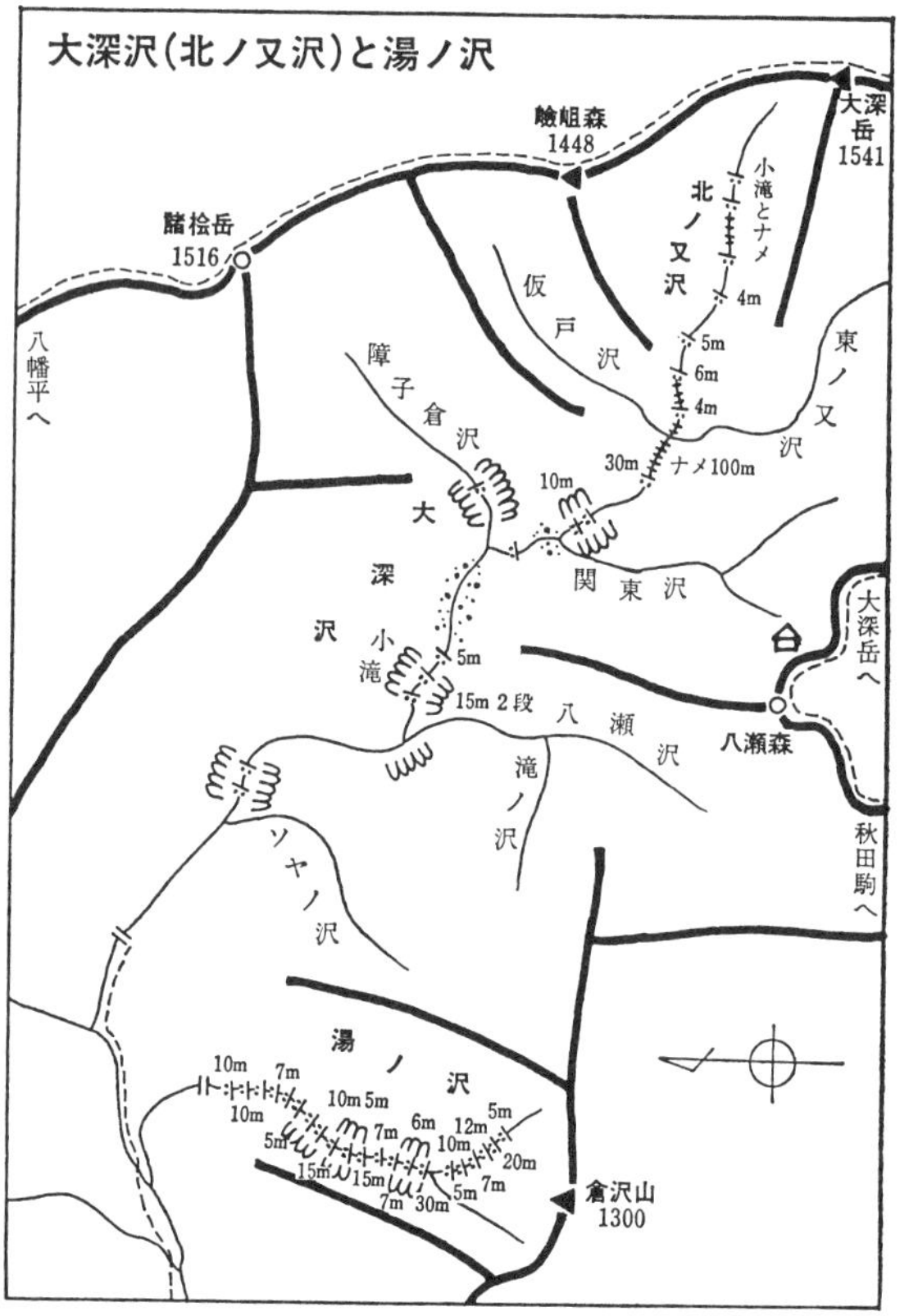

見張小屋の裏手から湯ノ沢に入る。奇岩の中を遡ってゆくと正面に取水堰が見えてくる。堰を越すと二段一〇mの滝を皮切りに次つぎと滝が現われる。沢幅が急に狭くなり一〇〇mも続くが、両岸とも尾根まで続くスラブで明るく楽しい。沢は左に大きく曲がり三〇mの大滝。上部は傾斜も強く、水際を登る。このあたりから倉沢山北面のスラブが半円状に見えてくる。二〇〇―三〇〇mであろうか。やがて小滝が連続するようになり、手強いので緊張する。二〇mの滝を灌木伝いに越えると源頭間近となる。倉沢山より北東にのびる尾根を下り、地図をよく読んでソヤノ沢に入り、大深沢に下る。下降には七時間ほど必要である。

19　**上金倉沢**　三―四時間

出合いは水量も少なく見落としそうである。一〇分も遡ると二段二〇mの滝。沢は左に曲がり、取水堰を越す。すぐ二段七mの滝で水際を登ると二俣である。左俣は尾根まで続くスラブで、その正面は登れそうだ。右俣に入り滝を二つ越え沢が左に曲がると五段一〇〇mの滝。左岸のスラブより大きく高巻いて落口に立つ。なおも連続する小滝やナメを攀じてゆくと最後は倉沢山に続く尾根に出る。下降は左俣と右俣を分ける尾根に求める(四―五時間)。

20　**大沢**　四―五時間

大沢森と内大沢森の間から流下する沢で、連続している滝のほとんどが直登できるので登り甲斐のある沢だ。

出合いからは大白森の稜線が正面に見える。ゴーロとナメが

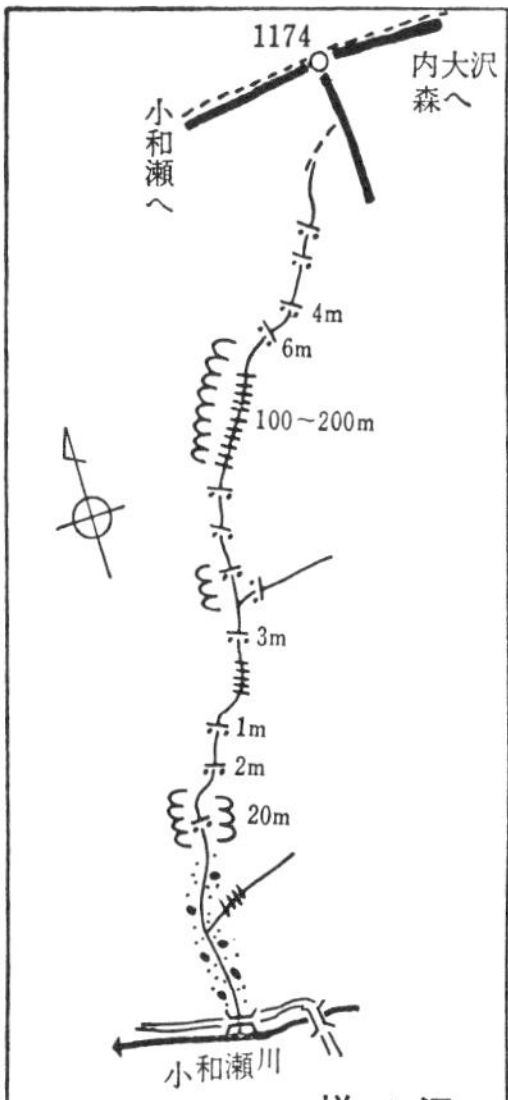

様ノ沢

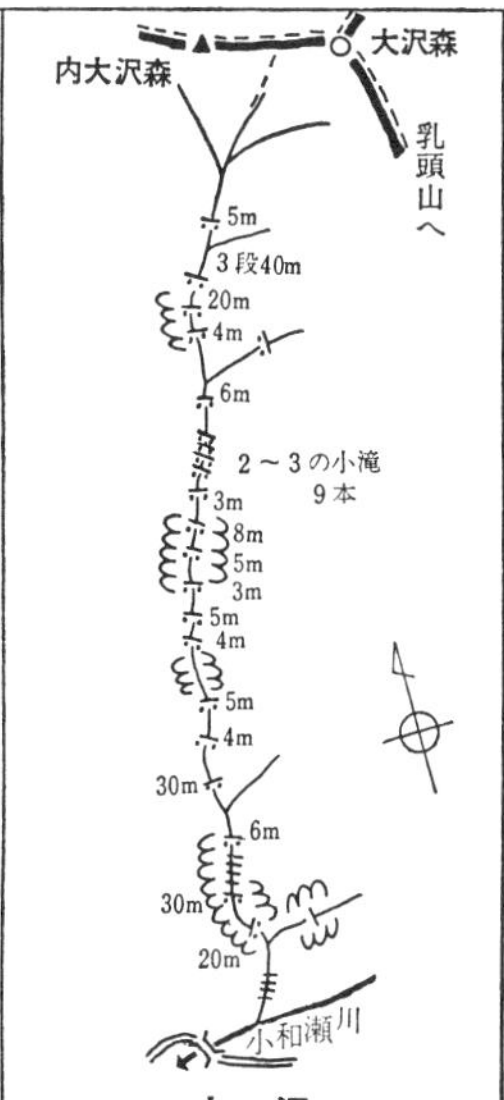

大　沢

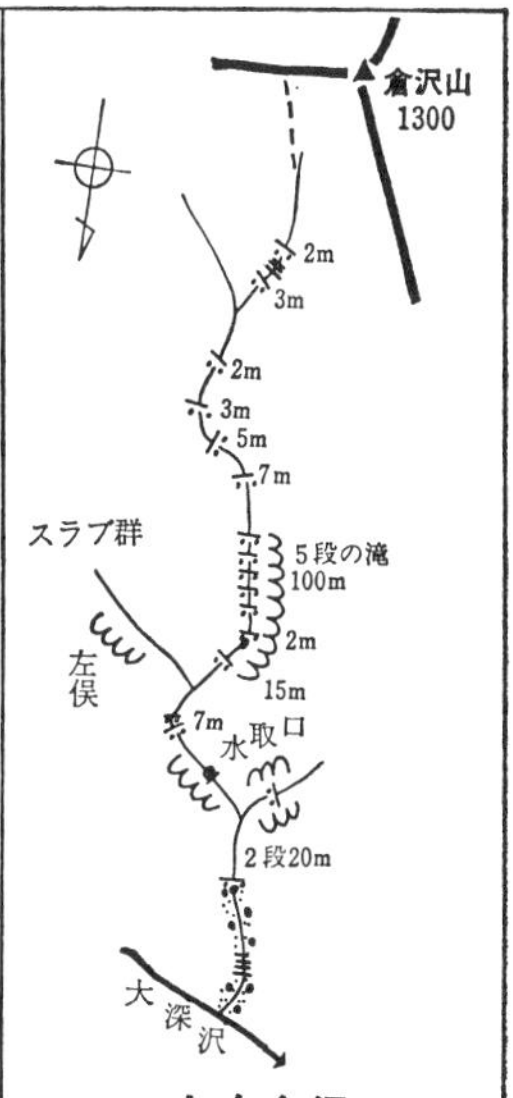

上金倉沢

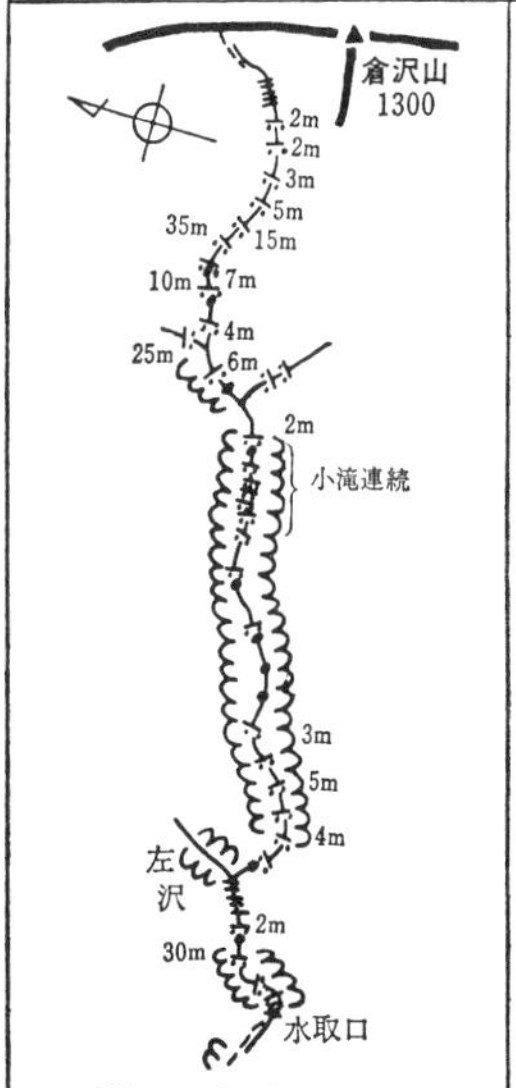

湯ノ又沢右俣右沢

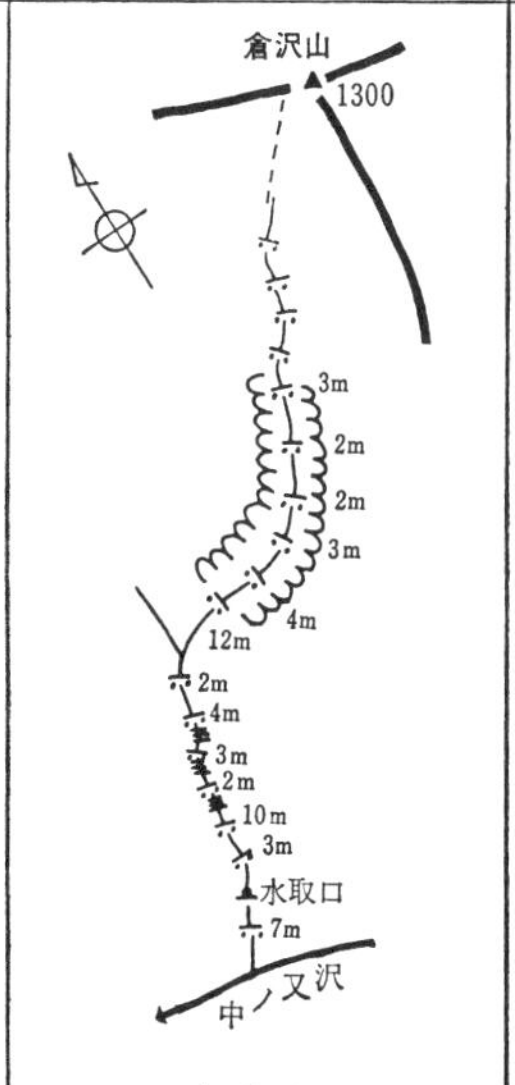

大倉沢

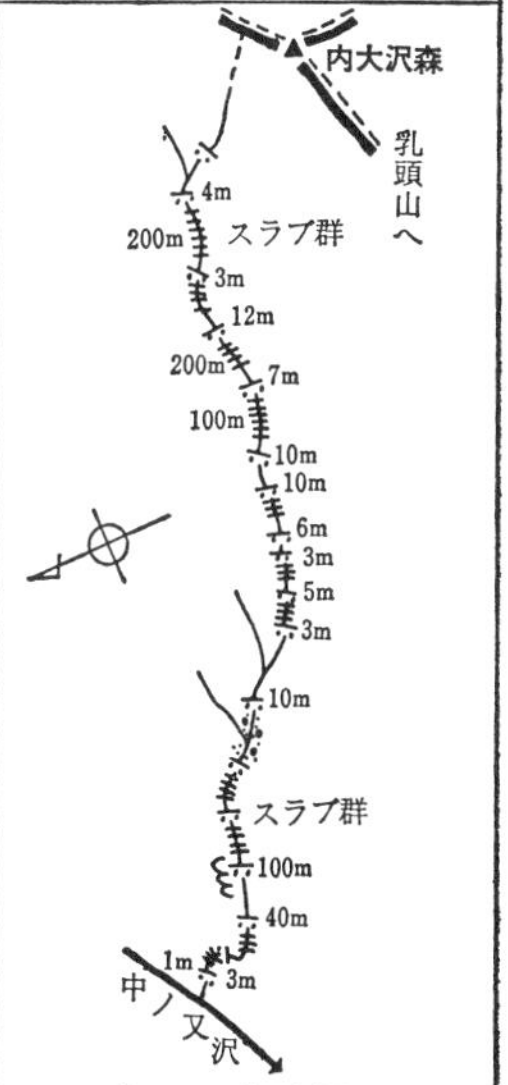

タツノクチ沢

しばらく続くと、右より枝沢が入る。本流はV字谷となり左に曲がると最初の滝がある。次の滝はシャワークライム。ナメと小滝が連続し、ややゴーロ状になるが、再び二―三mの小滝が階段状に続く。二〇m、三段四〇mのスラブ滝を越えれば稜線は近い。中ノ又沢出合いへは荒れた登山道を内大沢森、一〇三一mのピークを経て、三時間の下りである。

21　様ノ沢　二―三時間

短いわりには楽しめる沢である。中間部に傾斜の強い二〇〇mくらいのナメがあり緊張させられる。

22　タツノクチ沢　四―五時間

内大沢森へ突きあげる沢。一〇〇mを越える大滝が圧巻。中ノ沢出合いより一時間三〇分ほどでタツノクチ沢出合い。一mの白い滝がある。大滝は右岸のガレを大きく高巻く。ナメの中の滝を二つ越すと右岸より枝沢が入る。連続するナメや滝はどれもつるつるで悪い。左岸に明るく広いスラブが現われてくると稜線も近い。沢幅が狭くなり、水量も少なく平凡な沢になったなと思うとあっさり登山道に出る。この沢はナメが続くのでスリップには注意したい。

23　大倉沢　二―三時間

出合いまでは中ノ又沢を遡行する。取水口より上部で大きく右に曲がると沢幅は一m以内となり、その中に小滝が連続して苦しい登りが続く。左岸の尾根が見え出すとルンゼ状となって高度をあげ、灌木をこいでゆくと倉沢山にとび出す。

24　湯ノ又沢右俣右沢　五―六時間

右沢、左沢とも沢幅が狭く、腰までつかりながらの遡行で、水量が多いと困難な登りとなる。左沢の上部に二段六〇mの手強い滝がある。

湯ノ又林道は車を使えばバス停より林道終点まで三〇分ほど、取水口までは巡視道があり、林道終点より一時間三〇分である。取水口の上から遡行が始まる。正面の滝を越すと左に曲がる三段三〇mの滝である。長さは約一五〇mで、すばらしい景観である。下二段は左岸の水際を、上は右岸の草付きを登るが悪く、ザイルが必要である。次の滝は小さいが大きな釜をもつ左岸の水際を登る。ナメが二俣まで続く。右沢に入ると狭くなり、その中に小滝が続く。両足を広げてつっぱりながら登る苦しい所だ。正面に岩峰が見えるあたりで一息つく。なおも狭く流木のつまった小滝を越して行くと、沢は明るく広くなる。一五mの滝を二つ越すと右岸が草付きとなって尾根まで続く。灌木をつたいながら登る。背後に玉川部落が見えてくると稜線である。やぶがひどいが倉沢山までは五〇分ほどである。下降は大倉沢を中ノ又沢出合いまで二時間である。

（執筆者）「岩手山の沢と岩場」渡辺正蔵、国本旗男、小泉昌弘（盛岡山想会）、「葛根田川・竜川流域」土門一男（盛岡山想会）、「大深沢・小和瀬川流域」安杖洋次郎（秋田登高会）

和賀山塊

秋田クライマーズクラブ

秋田、岩手両県の境をなす奥羽山脈の中央部に和賀岳、白岩岳、朝日岳の山塊があり、秋田県側では薬師連山と呼ばれてもいるが、一般に和賀山塊として登山界には知られている。山塊の主稜線上には登山道が拓かれてはいるものの、登山者で賑わうようなポピュラーな山ではなかった。村人の山岳信仰やマタギの狩猟の舞台でしかなかったこれらの山も、近代登山の普及につれて、遅まきながら登山者たちに注目されるに至り、知られざる沢登りのフィールドとして、また豊富で貴重な高山植物の宝庫として秘かな人気を集めている。

奥羽脊梁山脈のほとんどが火山であるのに、この山塊は那須火山帯の影響を受けずに最も早く隆起したものである。地質上は第三紀層、砂岩を主とし、山容の遠望は女性的なやさしい印象を受けるが、近づけば急峻なルンゼや岩尾根、男性的な荒々しさに気づかされる。

山稜の秋田県側からは生保内《おぼない》川、シトナイ(志度内)川、部名《へな》垂《たれ》沢、堀内《ほりない》沢、行太《いくた》沢、大相沢、袖川沢がせり上がっている。これらの沢は深いゴルジュの発達はなく、小滝とナメが連続している。岩手県側の荒沢、志戸前《しとまえ》川、大荒沢、和賀川は明るく開放的で、稜線直下のやぶこぎもたいした苦労はさせられない。しかし、谷のスケール、困難さは東京近郊の沢とは比較にならず、日帰り遡行など望むべくもない。遡行後の下降は主稜線上に出て登山道を下ることになるが、道のない朝日岳からは部名垂沢を下ったほうが早い。この山域では各沢をうまくつないだ継続遡下降をお勧めしたい。

高度は低いとはいえ、遅くまで残る雪渓など、自然条件は三〇〇〇m級であり、盛夏以外の遡行は辛いものだ。スケールが大きいだけに雨天時の鉄砲水や増水は怖いくらいで、エスケープルートなどは考慮しておきたい。とはいうものの、広い川原やブナ、サワグルミの樹林帯の素適なキャンプ地、山菜や釣りあげたイワナを賞味しながらタキ火を囲む夜は、本当にすばらしいものである。

積雪期の和賀山塊は、シベリア季節風を真っ向から受け、日本でも有数の豪雪地帯となるので、数ある谷ルートは登山対象としては考えられない。二ノ沢畚《もっこ》付近の急峻な尾根が厳冬期に登られているが、一般的には天候の安定する三月下旬以降、豊

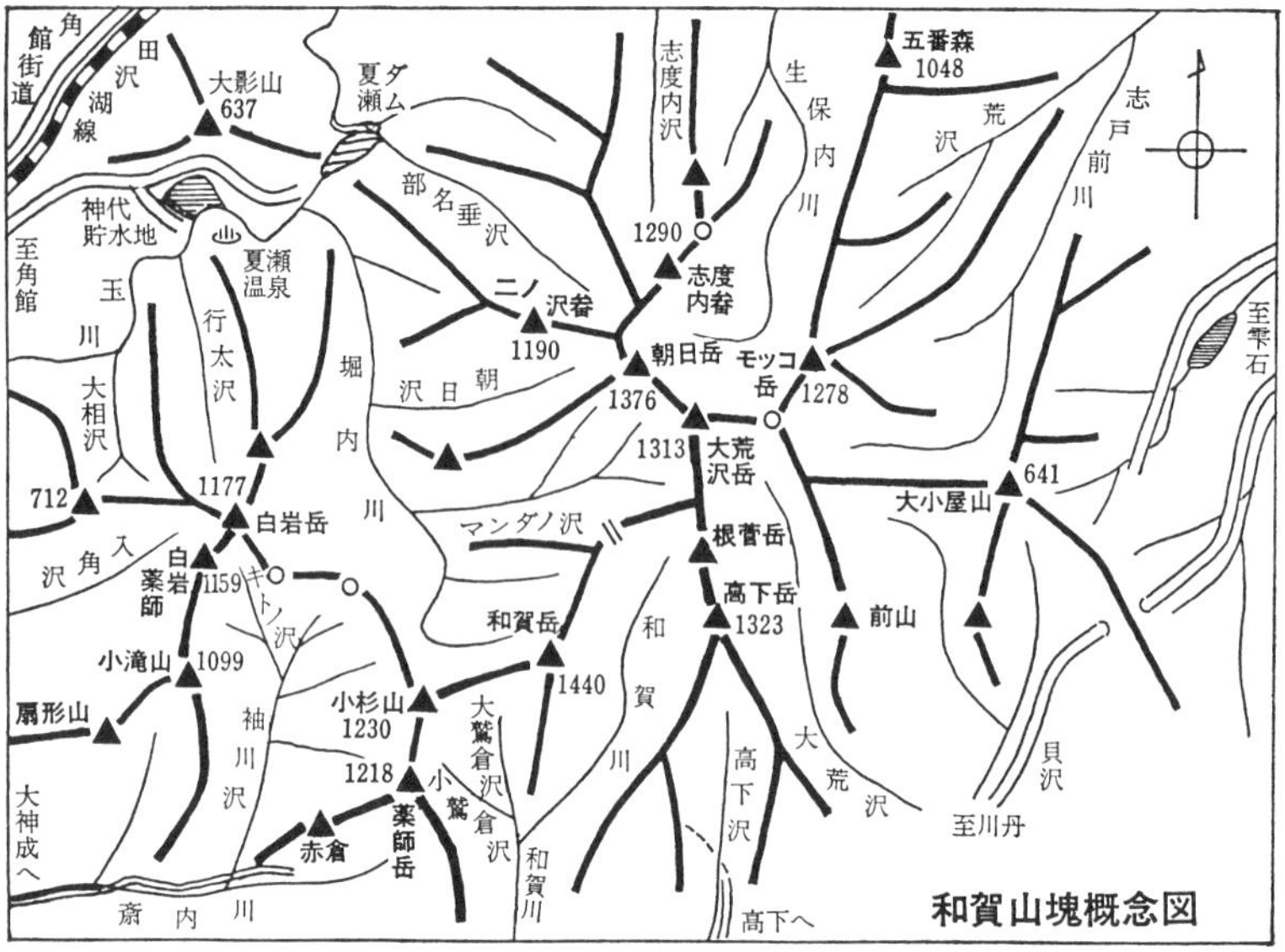

富な残雪を利用して長駆縦走するのがおもしろい。無雪期には考えられない縦走計画も、この時期には可能である。

〔五万図〕 雫石、鶯宿、角館

〔参考文献〕「山と溪谷」455号

1 生保内川 一〇時間

下流部は広い河原が続き平凡だが、上流はゴルジュの中に滝が連続する。源頭にはゆるやかな草原が広がり、お花畑の中を朝日岳山頂に立つ、楽しいルートである。

田沢湖駅から生保内川沿いの車道を歩く。志度内沢出合いまで約一時間半、両岸が狭まって沢登りらしくなるまでは河原状をさらに四時間遡らねばならない。現われる滝は三m—一〇mくらいのものであり、高巻いたり直登したり遡ってゆき、最後の三m滝を越えると山頂に続くお花畑となる。下降は秋田県側なら部名垂沢、岩手県側なら大荒沢岳を越えて貝沢へ下る。どちらも五—六時間かかるだろう。

2 志度内沢 八—一〇時間

標高六二〇mの二俣までは、途中ゴルジュはあるもののほとんどが河原の上、下部には林道がある。興味の対象は二俣から上部で右俣の鷹倉沢が朝日岳北側のピークへ、左俣の二又ヒカバ沢が志度内畚《もっこ》へせり上がっている。

3 部名垂沢 四時間

昔から朝日岳への登路として利用されていただけに、困難な滝もなく、最もポピュラーなルートである。田沢湖線神代駅より夏瀬温泉まではタクシー利用。温泉から出合いまで四十五分である。マイカーなら堂田部落経由で右岸の向生保内林道をかなり奥まで入れる。砂防ダム工事で林道が奥にのび、最後の砂防ダムから稜線までは三時間、朝日岳までさらに一時間必要。包丁峰に突きあがる右俣が小滝を連ねていておもしろい。

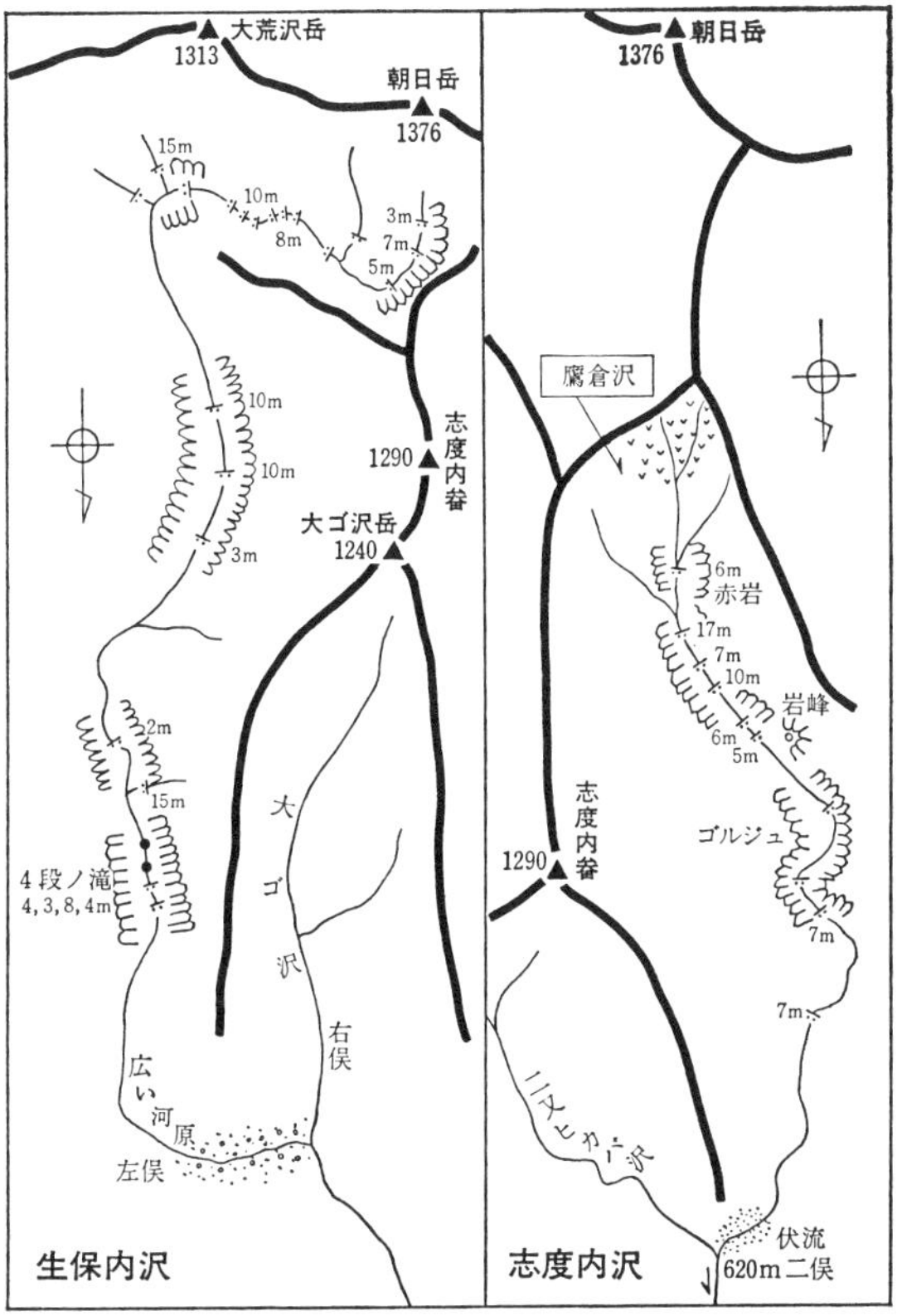

4　堀内沢・八滝沢　四時間（八滝沢のみ）

和賀山塊を代表する水系である堀内《ほりない》沢は田沢湖線神代駅が起点となる。夏瀬温泉まではタクシー利用。堀内沢に入り、木材運搬用の車道を約一時間歩く。ここから遡行開始となるが朝日沢出合いまでは広い沢を一時間半ほどだ。朝日沢は二m以上の滝を三〇余りかけながら比較的登りやすく、この山塊の沢の入門ルートといえよう。

さらに本流を遡ってゆくと左岸からイワイ沢、シャチアシ沢が白岩岳から流下する。距離が短いだけに急峻で、特にシャチアシ沢中間部にある落差一〇〇mの「ヒネリ滝」は圧巻である。沢の両側の稜線まで二〇〇mもある大スラブ帯の存在とともに登高意欲をそそられる沢である。その上のオイノ沢は峻険な錫杖の森に突きあげ、すぐ上流右岸からマンダノ沢が合流する。朝日沢出合いよりここまで約一時間。マンダノ沢は堀内沢の支流の中では最も深く、巨岩と奔流が織りなす渓流であり、上天狗沢、下天狗沢という支沢も含めて登り応えのあるルートである。

本流はようやく急になり沢登りらしくなる。二段二〇mの滝をシャワーク

堀内沢流域
朝日沢・マンダノ沢・八滝沢・辰巳又沢

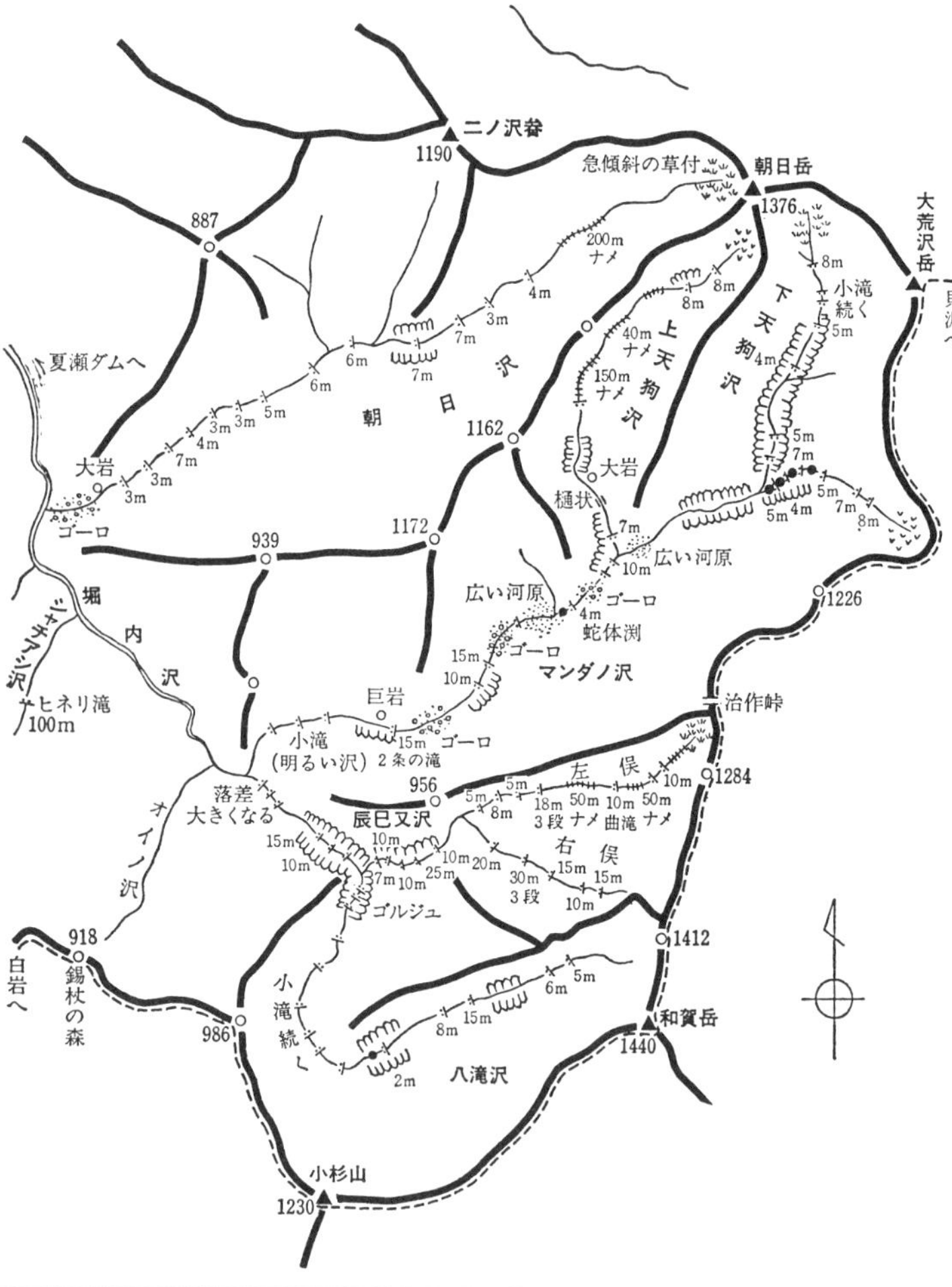

ライムで越え、狭くなった沢の小さな滝を次つぎに登ってゆくと右岸から入口が狭くて目立たない辰巳又沢が合流する。マンダノ沢出合いから一時間半。辰巳又沢は困難な滝もなく上部で分かれる右俣、左俣とも、赤茶けたナメ滝が続くきれいな沢である。

堀内沢は八滝沢と名を変え、和賀岳へせり上がる。辰巳又沢を左に見送り、八滝沢に入ると関門のゴルジュとなる。中には三mと五mの二段の滝があり、右岸の鋭いカンテが屹立している。ルートは高巻くより、そのカンテを直登したほうが早い。快適な四〇m一ピッチの登攀でゴルジュを抜けると、明るく楽しい滝の連続である。いつしか水が涸れ、ササヤブとハイマツをこいで尾根上に出ると、和賀岳山頂は目と鼻の先である。

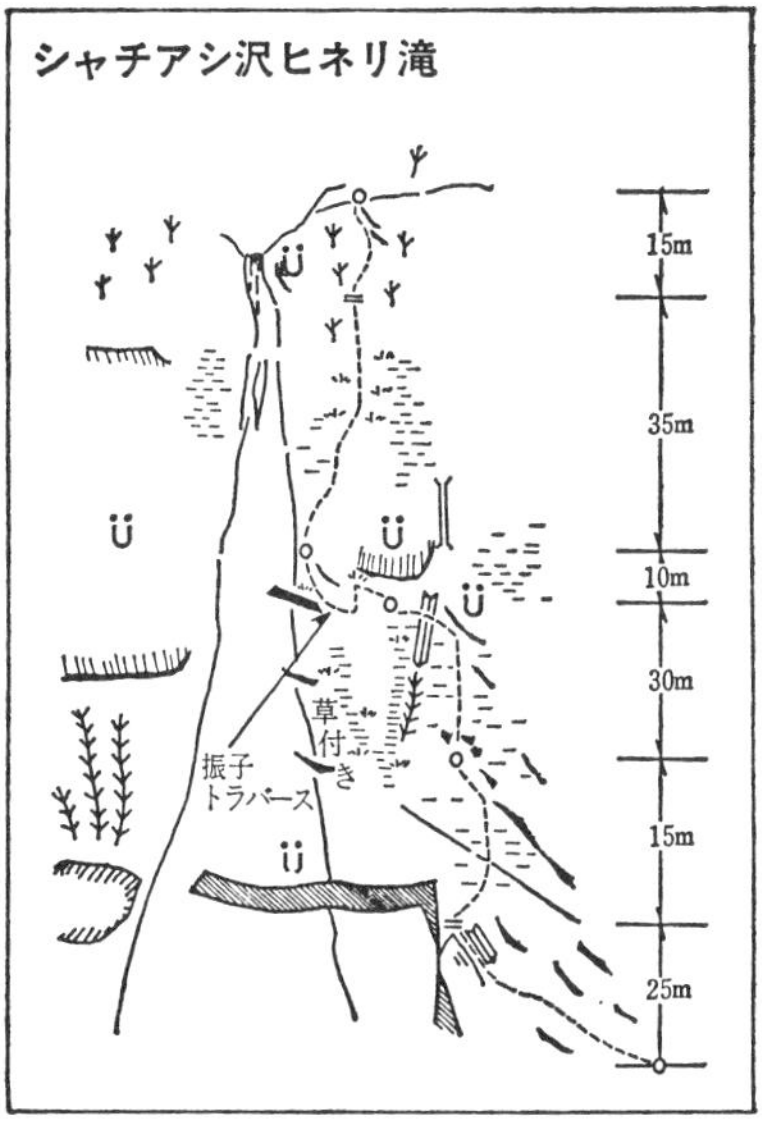

5 朝日沢 六時間

出合いからしばらくはたいした変化もなく二mの小滝を越すと広い河原になる。右側から枝沢が入り、小滝が続く左岸の斜面には崩土が見られる。沢はしだいに急流となりはじめ、二―三mの小滝が続く。やがて沢はいくぶん狭くなり荒れがめだってくる。倒木を避けながら沢のつめに向かうと二〇〇mほどの長いナメを最後に水も涸れる。ブッシュは少なく濡れて滑りやすい急な草付きを登って朝日岳頂上付近に出る。

6 シャチアシ沢 六―八時間

堀内沢を約二時間遡ってシャチアシ沢の出合いに達する。この近くには本流右岸に少し狭いがキャンプ好適地がある。シャチアシ沢入口の滝は直接は登ることができないので、左岸を少し高巻いて沢に入る。狭いゴルジュが続き、一〇m以内の滝が連続する。ヒネリ滝の下部まで三時間はかかる。この大滝一〇〇mは普通右岸を大きく高巻くが、昭和五十二年八月、秋田クライマーズクラブの会員三人によって滝の左岸岩壁にはじめての人工ルートがつくられた。滝の上部は両岸、稜線まで二〇〇mほどの高距をもつ大スラブ帯になる。頼りない草付きに爪を立てながら急傾斜のスラブをトラバースするのは困難である。上部は傾斜も落ち、やがて水が涸れると草付きになり、ネマガリダケのやぶを一五分ほどかき分けて白岩岳頂上直下に出る。

下降は白岩岳から入角《いりすみ》沢を経由して白岩部落に出る。約二時間。

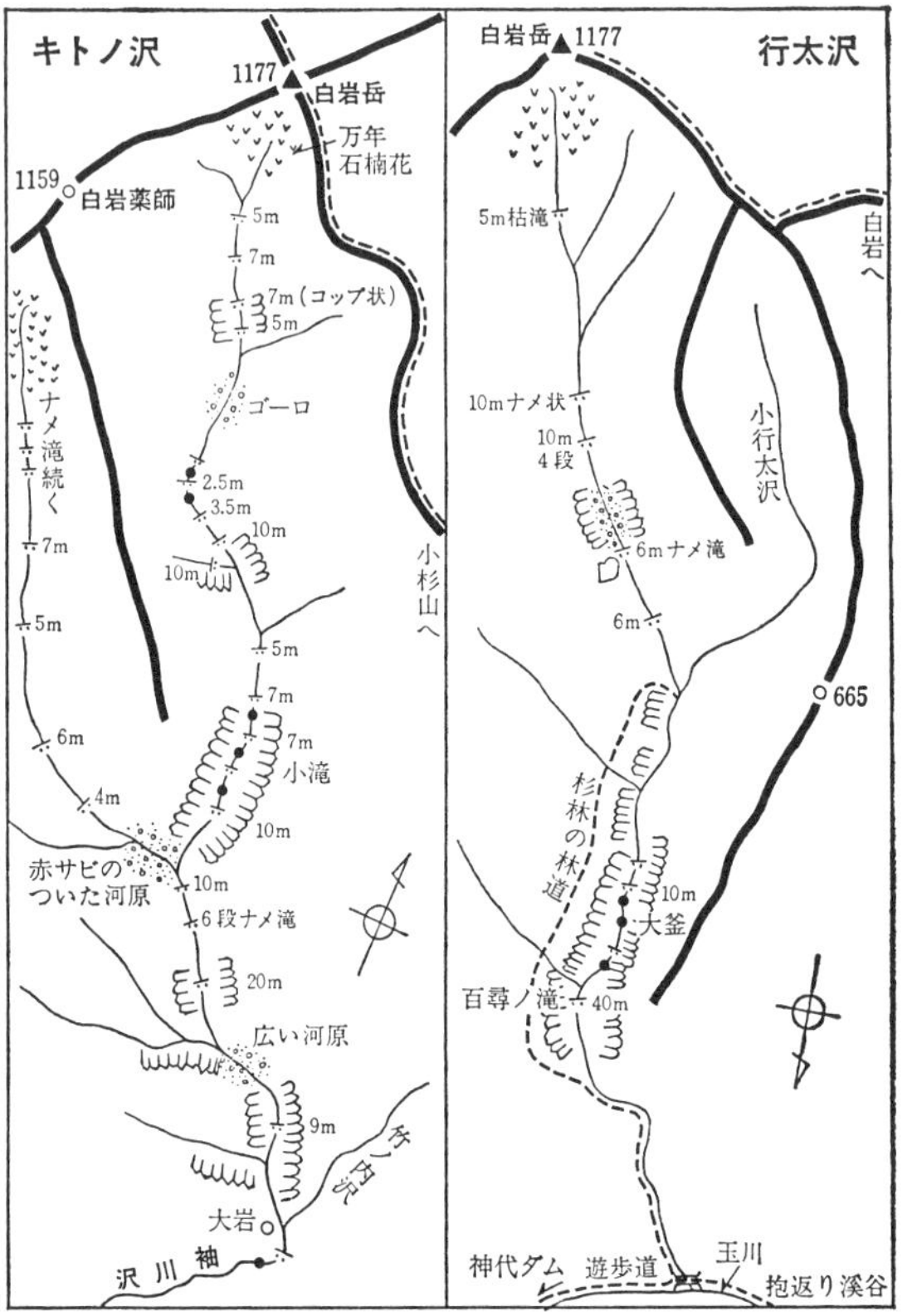

7　マンダノ沢　八時間

出合いから落差二m以上の滝を二十数個所すぎると急傾斜のゴーロ帯になりその先に深い瀞がある。広い河原には左手から大きな沢が合流してきており、この奥に蛇体淵《じゃたいぶち》がある。この広い河原はキャンプ地には最高の場所である。蛇体淵の四mの滝はその直登は無理なので左岸を高巻き、上部のゴーロ帯は巨岩と滝のくり返しで緊張は解けない。蛇体淵から一時間ほどで左手に合流してくる上天狗沢出合いに着く。この出合いをすぎてもまだブナの樹林は続き、両岸切り立ったV字谷にナメ滝も現われ、沢は少しばかりおとなしい感じになる。単調な遡行を続け、やがて下天狗沢の出合いに達する。この付近から立派な釜をもった四―五mの滝が続く。盛夏というのにスノー・ブリッジがかかったりして驚く。ナメ状の滝が増え、水もしだいに乏しくなりやがて涸れてしまう。根萓岳《ねすが》の稜線までのやぶこぎは猛烈で、たっぷり一時間はかかる。根萓岳から治作《じさく》峠を経て和賀岳までは明瞭な踏跡もあり迷うことはない。約一時間のアルバイトである。和賀岳頂上からは小杉山、薬師岳を経由して三時間ほどで真木《まぎ》渓谷の林道に下る。

上ノ天狗沢、下ノ天狗沢とも滝を連続させて興味深い沢であり、いずれも出合いより三時間ほどで朝日岳に突きあがる。

8　辰巳又沢　三―四時間

出合いより狭いゴルジュに絞られた一〇m前後の滝が間断なく続き、緊張する。高度があるせいか沢は急峻にせり上がり、ほとんど滝が連続する。南部ツルの長い尾根を左に見ながら一時間ほどで八五〇mの二俣に達する。右俣、左俣とも困難な滝はなく、楽しい沢登りを満喫して稜線にとび出す。

9　行太沢　八時間

行太《いくた》沢は白岩岳にその源を発し、玉川抱返《だきかえ》り渓谷へとその清流を注ぎ、沢の全長はこの山塊では中クラスといったところである。しかし沢は滝も多く、なかでも四〇m百尋ノ滝は堂々たる落差をもって壮観に落下している。

玉川沿いにのびる左岸の林道を神代ダムより入ると行太沢の出合い。百尋ノ滝までは歩道がある。百尋ノ滝は左岸にあるルンゼを登って大きく高巻く。その上は狭いゴルジュになっており、いくつかの滝を越えて、倒木の多い沢を登ってゆくと沢は右に大きく曲がる。沢筋から田沢湖などが遠望されるようになると源頭も近い。急なルンゼと草付きの斜面を登りつめると白岩岳から夏瀬にのびる尾根に出る。

10　大相沢　二時間

抱返り渓谷の「回顧ノ滝」をF1とする大相沢は、全長約四kmの小さな沢であるが、楽しい沢登りができるルートである。核心部は中流部の二〇mの滝で、左岸の草付きを登るのだが、アンザイレンしていても緊張する。

11　袖川沢・キトノ沢　七時間

白岩岳から流下する袖川沢は左俣本流のキトノ沢はじめ、錫杖の森、小杉山、薬師岳より流下する竹ノ内沢、小杉沢、大杉沢を合わせる魅力ある水系である。

奥羽本線大曲駅から太田町へはバス。出合いまで約七kmある真木林道は車をチャーターしてしまったほうが楽だ。時間に余裕があれば歩いてもよい。真木渓谷には、岩壁登攀のよきトレーニング・ゲレンデとして賑わう「大倉岩」もある。袖川立岩を目印に沢に入る。約三時間、二つ目の滝を左から巻けば、キトノ沢、竹ノ内沢の出合いである。キトノ沢に入り滝を三つ越えると幕営に適した河原がある。小滝山より流下する支沢を分け、二〇mの滝は左から巻く。次つぎと現われる滝を快適に越えてゆくと二俣。本流はゴルジュとなり、連続する滝を登ってゆけばやがて水も涸れ、源頭になる。ルート・ファインディングがよければ十分ほどのやぶこぎで万年石楠花に出られる。白岩岳は目と鼻の先である。

12　荒沢　六時間

志戸前川の大きな支沢である荒沢はモッコ岳から流下している。雫石からタクシーを利用。カラ沢出合いまで林道がのびている。沢に入ると幅広いゆるやかな流れの中に砂防堰堤が次つぎとかかり、七つ目の堰堤を越えるとようやく沢は狭まり、充実した遡行が始まる。ゴルジュは水量も豊富で、頑張ってへつってゆくか、大きく高巻くしかない。一五mの滝の高巻きが悪い。つめはやぶを少しこげばモッコ岳の小さな草原に出る。

志戸前川はかなり上流部まで林道がのび、遡行ルートとしては興味は薄い。

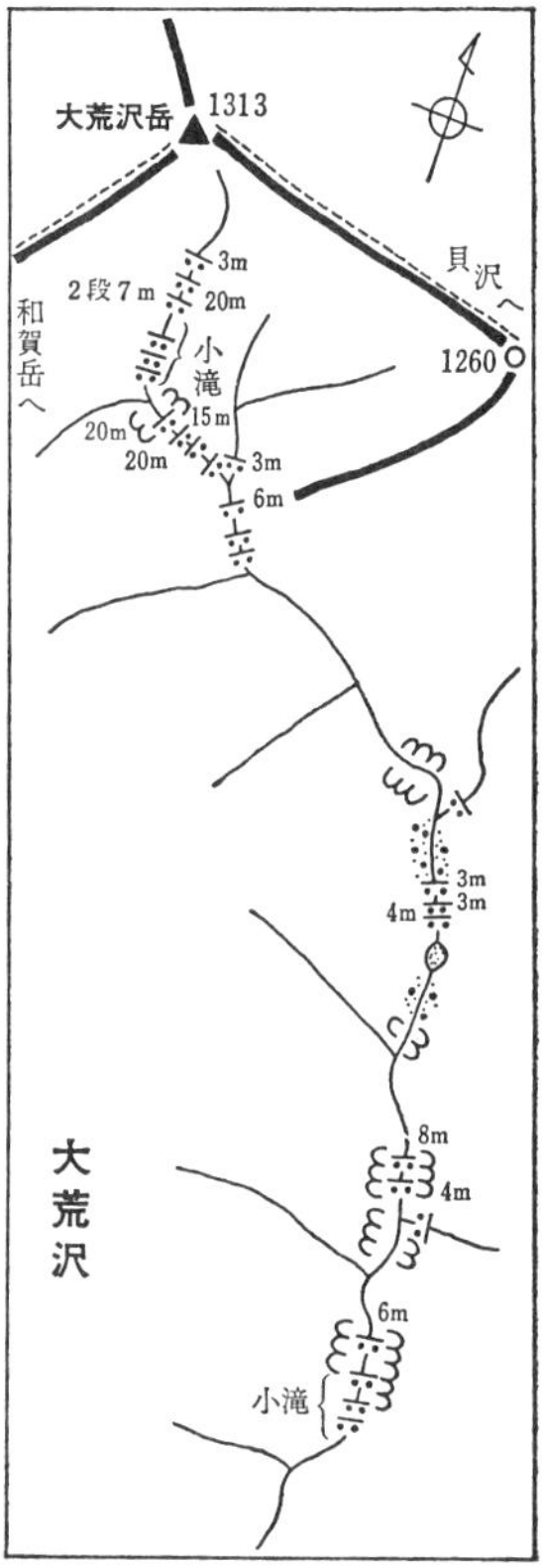

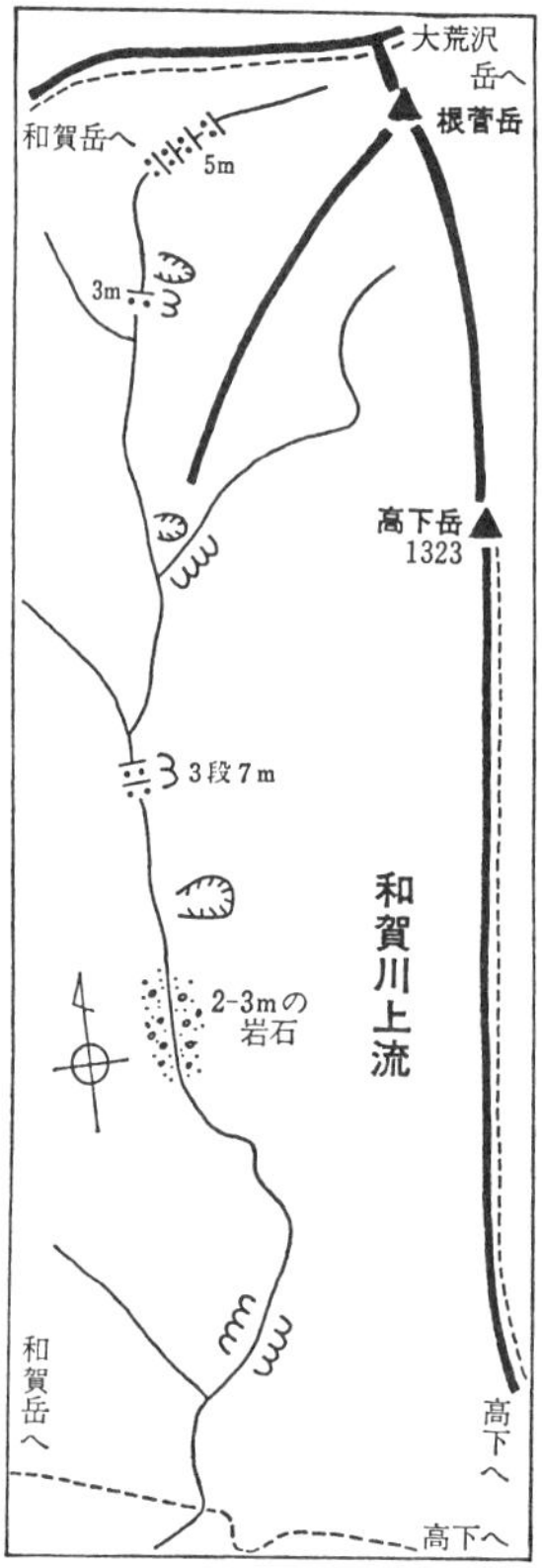

13　**大荒沢**　七時間

雫石と陸中川尻を結ぶバス路線のほぼ中央に、和賀山塊岩手県側の登山口である貝沢、大志田、高下がある。大志田から大荒沢左岸の林道を一時間半歩き、堰堤の上から遡行が始まる。

広い河原をかなり遡ると沢が狭まり滝が現われる。四m滝は下半身水をあび、続く八m滝は高巻きにてこずる。流れは明るい河原になり、いくつかの滝を越えていくと幅の広い二〇m滝。左側を直登するとしばらくして沢は二分する。右の沢に入り連続する滝を越えてゆけば大荒沢岳東の肩に出る。

14　**和賀川上部**　六時間

根菅岳に端を発し、和賀岳南東面を深く開析して南流する和賀川は、大鷲倉沢、小鷲倉沢という悪沢を擁し、興味深い流域を形成している。

高下から和賀川徒渉点まで六時間、遡行を開始するとしばらくは広く明るい沢だ。小ゴルジュを抜けると小滝、やがて三段七mの滝に出る。右手に高下岳が見えるようになるとようやく和賀川上部の核心部、一〇m、八mの滝を左岸から高巻く。一二mの滝を慎重に越え、二、三の小滝を越えると沢も終わる。ブッシュをかきわけていけば縦走路にとび出す。開花期であれば一面のニッコウキスゲがきれいである。

15　**大鷲倉沢**　六時間

和賀川徒渉点から下部は上部に比しゴルジュも発達し、意外と悪い下降二—三時間で出合いに立つ。和賀岳から流下する大

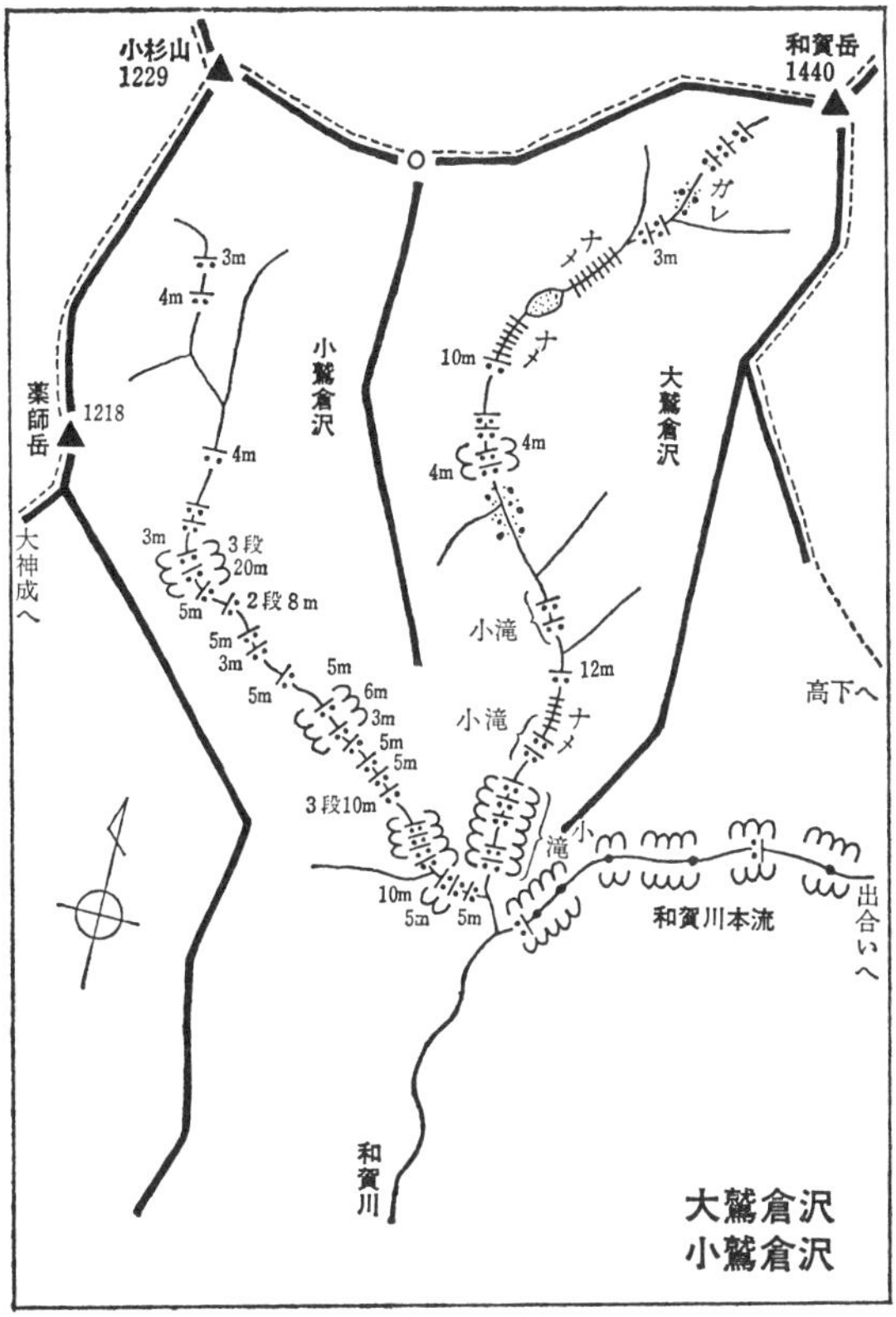

鷲倉沢と小杉山から流下する小鷲倉沢に二分するが、ともに遡行価値の高い沢である。

出合いから一〇〇mで二俣となり、右に入ると小滝が連続する。一二m滝はアンザイレンして左岸を直登。ゴルジュの中に続く二つの四m滝は左岸を高まき、懸垂下降で沢に戻る。一〇m滝は右岸を高巻くと、その上はナメの連続で気持よく、つめは草原の中を登って和賀岳山頂に立つ。

16　小鷲倉沢　七時間

小鷲倉沢に入るとすぐ一五mの滝、ほとんど釜をもった滝が連続しており苦しい遡行を強いられる。核心部は中間のゴルジュで赤い岩柱状の五m滝は深い釜を持ち、続く三段二〇mの滝も直登不能で左岸の急な草付きをトラバース気味に抜ける。この上は明るく広け、ナメとゴーロがくり返し、つめのササヤブをたどってゆけば、案外簡単に縦走路に出られる。

〔執筆者〕藤原優太郎

太平山

秋田登高会

太平山《たいへい》は秋田市の東端に位置し、古くから信仰登山で栄えてきたが、近年では一一〇〇m内外の低山の気安さから、格好の軽登山の場となってきている。

山域は主峰奥岳（一一七一m）を中心にして、東西に分けられ、西部は狭義の太平山として、前岳、中岳、鶴ケ岳、剣岳、赤倉山、馬場目岳と小馬蹄型をなし、稜線上にはほぼ縦走路が拓かれており、木曽石、寺庭、皿見内、野田、丸舞（岩見三内）、萩形、旭又、五場目、国民の森、仁別《にべつ》等からのコースが、奥岳あるいは縦走路に向かっており、また、旭川上流の好キャンプ地の旭又は、馬場目岳や赤倉山へのコースの起点ともなっている。

対称的に、奥岳より御衣森《みそもり》を経て連なる東部の山々は、白子森（一一七九m）、番鳥森、大仏岳、大石岳等があるが、登山道はなく、残雪期か沢の遡行以外山稜に立つことができず、静かな山行を味わえる。そのために、西部と比べると遡行終了後の下降路が確保されておらず、沢の下降に頼らざるをえない。

ここで主に紹介する西部の山域はほとんどが日帰りが可能であるが、宿泊地としては旭又、また、奥岳の山小屋をベースに登降を考えてもおもしろいだろう。

丸舞川は中級以上の人が楽しめる流域で、北又沢には不帰沢の異名を持つ篭滝沢、三十三滝沢、鬼子沢があり、南又沢にはシメ沢、貝倉沢、ネスギ沢がある。奥羽本線秋田駅か和田駅から岩見三内までバスに乗り、さらに砂子淵まで入るバスに乗り継いで丸舞口で下車。北又沢と南又沢の出合いまでは車道が伸びており、歩いて一時間二〇分の距離である。

旭川流域は三、四時間の初心者向きの沢が多く、篭沢、篭沢右俣、旭又沢、弟子還《でしがえり》沢右俣・左俣、矢源沢等がある。秋田駅前より国民の森までバスの便があり、車なら旭又のキャンプ場まで入れる。

太平川は前岳から剣岳の稜線の南側を源としている沢を集め、矢櫃《びつ》沢、小黒沢、無知志沢、深木沢がある。本流は最深部で、ノゾキ沢、マツタノ沢、務沢に分かれ、剣岳付近に突きあげている。起点の野田部落へは秋田駅よりバスで入る。

その他、小阿仁川の萩形沢、旭又沢、大又川の各沢、遠く檜木内川から大石岳等、興味ある沢がいっぱいある。

〔五万図〕　太平山

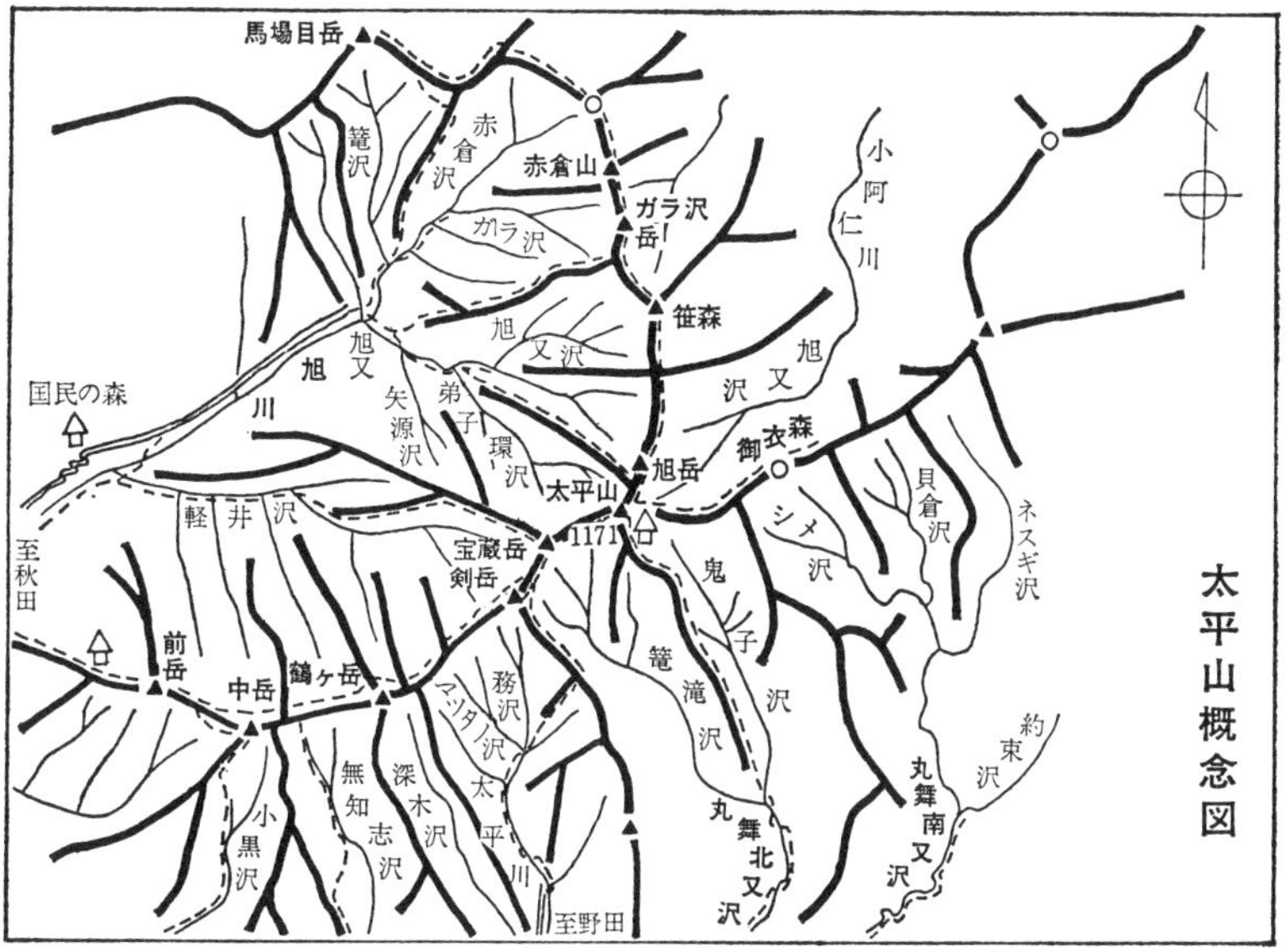

〔参考文献〕『秋田の山』んだんだ文庫、奥村清明著、無明社『太平山』秋田山想会、秋田文化出版社刊

1　南又沢貝倉沢　六—七時間

御衣森付近へ突きあげる沢で、中央部に四〇m余りの滝をかけ、数多くの小滝を連ねている。上部のルート判断を誤ると猛烈なブッシュが待ち構えている。

南又沢左岸の良く踏まれた道は、約束沢出合いから大きく登り、魚止滝を巻き河原に消える。沢に入ると、瀞と小滝が続き、一時間足らずでスラブのナメ床となっているシメ沢出合いに着く。小滝、ナメ状の滝を越すと六mほどの滝である。左岸からの一〇mの滝に取付いて越えるとゴルジュとなり、奥に二段で四〇mほどの滝が構えている。巻き道は左岸にあるが、かなりのアルバイトである。左俣は上部が猛烈なブッシュのため、右に入ったほうがよい。階段状の滝が続き、左岸から二本の枝沢を入れると小さいが手強い滝が続く。二段八mの滝を巻き、六mの滝を越えると水も涸れ、ルンゼ状となる。忠実につめるとたいしたブッシュもなく稜線に達する。

稜線上の道は踏跡同然であるが、御衣森の北面を巻き終わると、下刈りのされた小気味良い道となり、終了点から一時間で奥岳に達する。旭又まで下り二時間である。

2　北又沢篭滝沢　五—六時間

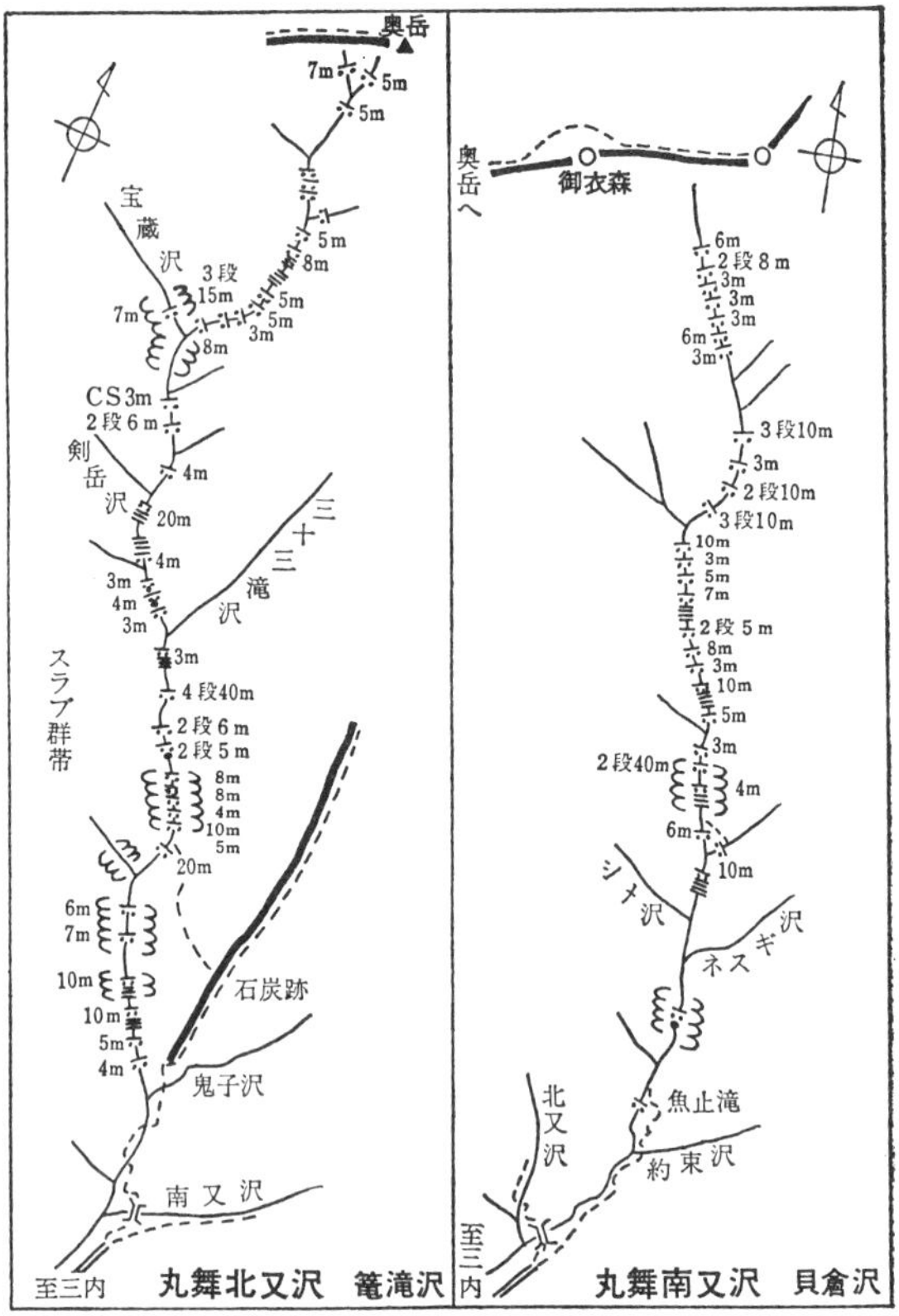

不帰沢の異名をとるほど悪い沢として有名だが、それだけに中級以上の人には登り甲斐がある。

南又沢出合いより五〇分、鬼子沢出合いで中間尾根に取付く道と分かれ遡行に入る。花崗閃緑岩系の美しい沢床を遡り、七m、続いてトヨ状の六mの滝を越えると、右岸から小沢を合せる。沢は右に折れ、さらに左折する所に二〇mの大滝がかかっている。左岸から巻くと、廃道ではあるが一m幅の道が落口の上まである。昔、石炭を掘った時の運搬用の道で、鬼子沢出合いから登山道を登り、この道を利用することもできる。小滝を越して行くとゴルジュとなり、五mの滝を越え一〇mの滝となる。左側の岩をかかえ込んで中段へ出るが、その上がツルリとしていて悪い。ゴルジュをぬけると右岸上方にスラブ帯が広がる。まもなく、この沢最大の、沢いっぱいにかかる四段四〇mの美しい滝が現われる。その上が三十三滝沢出合いである。右岸から剣岳沢を合わせ、小ゴルジュを行くと宝蔵沢が出合い、本流は右折し、八mの階段状の滝となる。やがてルンゼ状となり、二〇mほどのスラブを攀ると再び二俣となり、右に入れば、稜線は近い。

3　旭川篭沢　三時間

初心者も楽しめる沢。出合いからすぐ沢に入る。二〇分ほどで焼小屋沢を右に見て、転石伝いに行くと最初の滝。全身にシャワーを浴びれば左側も攀れる。四段の大滝は左に折れているため、全容は見えない。大滝を越すと、容易な滝が連続する。右に、左にルンゼを振り分けていくと五分のやぶこぎで馬場目岳へ五分の地点に出る。旭又までは下り一時間半。

4　太平川務沢　三時間

野田より、ウシバミ沢出合いまで一時間四〇分。沢に入るとすぐ右岸より支沢を合わせ、チムニー、トヨ状の滝が連続するようになり、六mの滝をシャワーで越すと廊下になる。水際は通過できず、右岸を巻き気味に遡行する。小滝を三つほど越え、高度をかせぐと、一枚の花崗岩の岩盤に、本流と右俣が合わさり、本流はスラブを鋭くトヨ状に、右俣は幅広い階段状のスラブをもった一〇mの滝に出合う。右手の階段状をルートにとり、中間尾根を越え、本流に戻る。小さな滝を越え、ルンゼ状になると、左寄りにルートを取って剣岳と鶴ケ岳の鞍部に出る。すぐ北側が縦走路である。

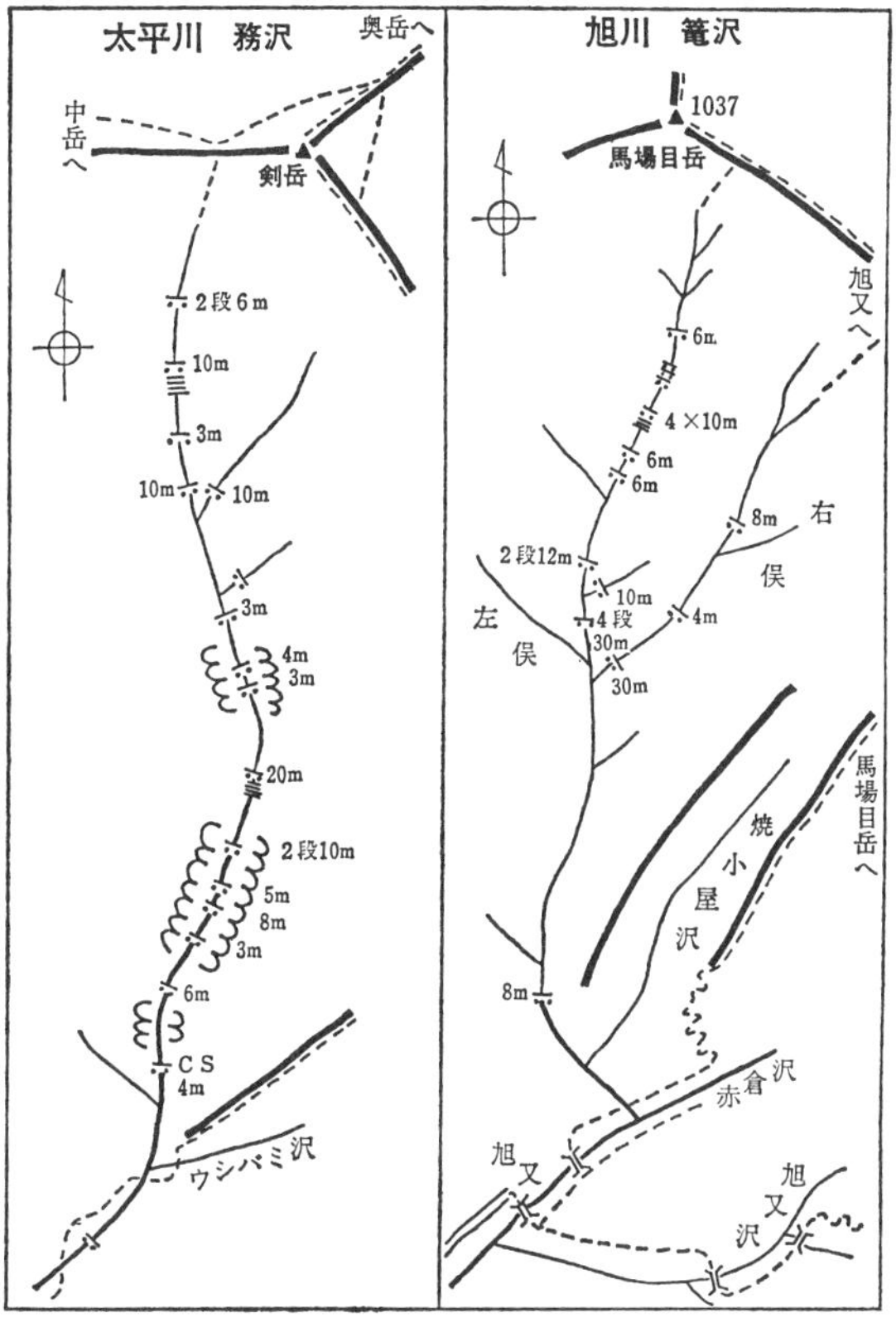

5　旭川矢源沢　三時間

旭又から宝蔵尾根へ突きあげる沢で、下部の堰堤群の上は明るい滝が多い。宝蔵岳へ二〇分の尾根に出る。

6　旭川弟子還沢　三時間

奥岳を狭んで北側へ左俣が、南側弟子還の鎖場へ右俣が突きあげる。左俣は、緑の中の静かな沢であり、小滝も多い。右俣は、おそくまで残雪も残り、滝は少ないが上部は急峻なガレ場なので気をつけたい。

〔執筆者〕池田文夫

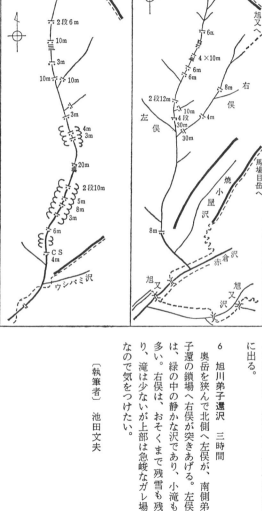

早池峰山

雪苞沓《ずんべ》山の会

北上川と太平洋の海岸線とにはさまれて、岩手県の東半分を占める北上山地の主峰が早池峰山である。頂稜付近に広がる古生層の美しい露岩帯は、七月初旬に開花するハヤチネウスユキ草の美しさをひときわ目立たせている。東京からは、はるかに遠かった早池峰山も、夏の最盛期には花巻から河原坊《かわらのぼう》までバスが入る現在、代表的コースである主峰から鶏頭山縦走も両夜行日帰りが可能になった。また遠野口から薬師岳の肩を越えて小《お》田越《だごえ》に至るコースや、国鉄平津戸駅から直接山頂を目ざす門馬口コースも早池峰を知るによいコースである。交通事情が改善された昨今では、柳田国男の「遠野物語」等の影響や、岳部落《だけ》をはじめ麓の小里の雰囲気に魅かれての入山者は多いが、バリエーション・ルートを目ざす人はほとんどいない。岳川流域と御山《みやま》川、薬師岳南面の二、三のルートが地元山岳会のメンバーを中心に登られているのみである。バリエーション・ルートとしては小じんまりしたものであるが、小田越に自動車道路が開通してしまった現在、それらの沢に入ってはじめて早池峰の魅力、ウスユキ草や静寂に出会えるといえるのではないだろうか。

〔五万図〕　早池峰山、川井、土淵、大迫

〔参考文献〕　「岳人」347号、「山と溪谷」426号

岳川流域の沢と岩場

早池峰山と鶏頭山を結ぶ主稜線の南面には、岳川へ注ぐ数本のルートが刻まれている。上部は広大な露岩帯となっており、沢筋はフリクションのきく堅い蛇紋岩で、小規模ながら快適な遡行を楽しめる。

東北本線花巻駅より大迫行のバスに乗り、大迫より岳部落行に乗る。岳よりうすゆき山荘まで徒歩約一時間半。そこから河原坊までは一五分である。主峰からコメガモリ沢の中尾根につけられている登山道を下って河原坊まで約一時間、小田越経由では一時間半である。主稜線にはりっぱな縦走路があり、主峰より中岳まで一時間半、中岳—鶏頭山二時間半、鶏頭山より岳への下りは一時間半もみればよいだろう。

冬期は脊梁山脈の東側に位置しているため、冬型の気圧配置になればほとんど晴れるという恵まれた気象条件下にあり、主

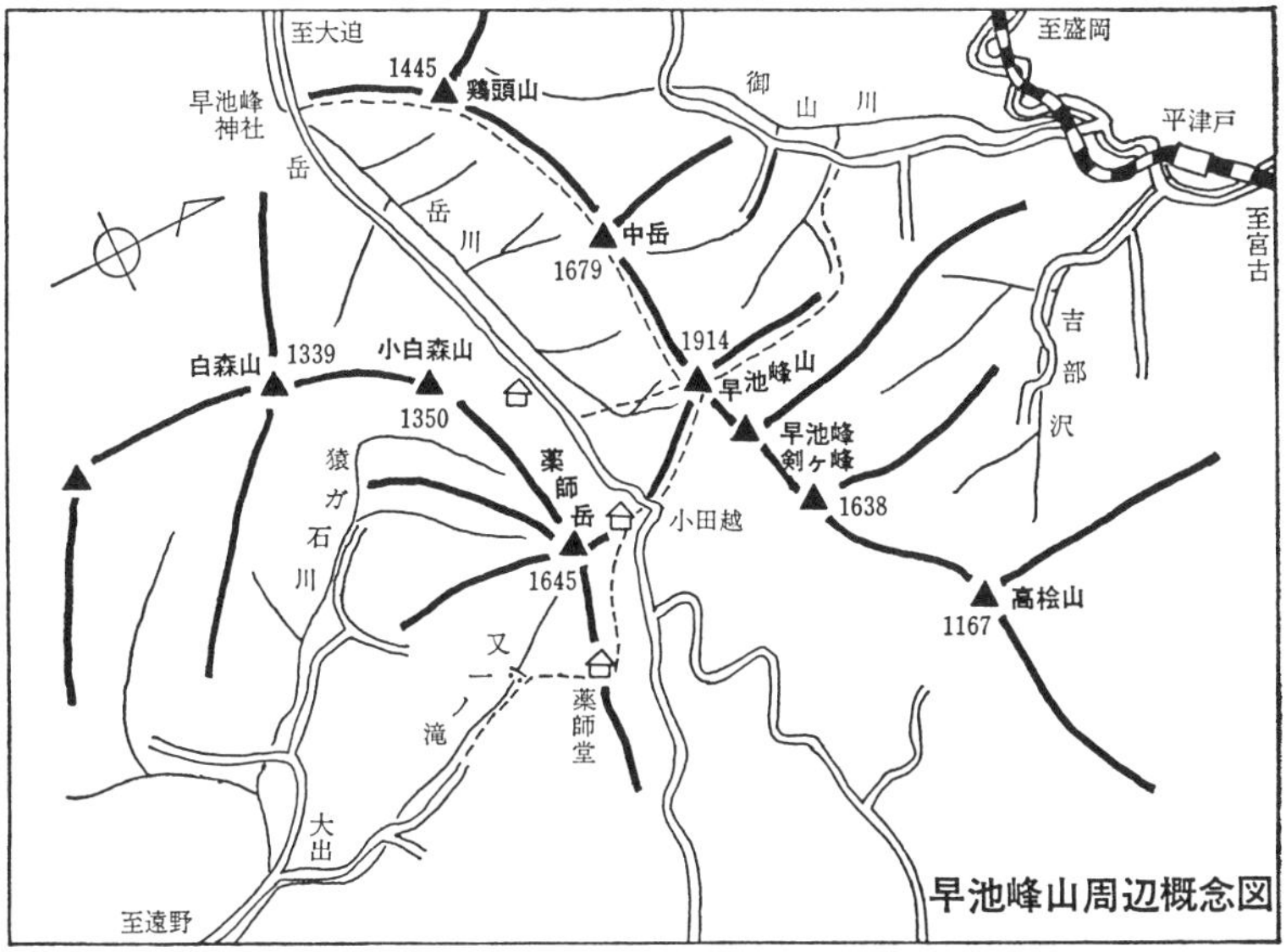

早池峰山周辺概念図

稜や魚取沢右尾根、左尾根等に充実した山行が約束される。

なお、最近発行の地形図では「奥取沢」「タカブ沢」の表示があるが、地元の呼称に従って「魚取沢」「タカゴ沢」とした。

1　**オオサク沢**　五時間

二段八〇m、三段一〇〇mの滝があり、流域では最も充実した遡行を楽しめる。つめのやぶこぎが大変なので、稜線近くに雪のある時期が有利だ。

岳より車道を歩き、笛貫ノ滝下流約一kmにある堰堤を渡り、右岸沿いに下るほうが分かりやすい。出合いまで一時間。オオサク沢の出合いは流れもゆるく細いので注意。沢筋は石がゴロゴロしているが三〇〇mも登ると沢らしくなり、やがてV字状になり小滝が現われてくる。連続するナメ滝を越えてゆくと、美しい三五mの滝、難なく右岸を直登できる。右岸からは二〇mの滝となって枝沢が落ちこんでいる。一〇mの滝を直登すると二段八〇mの滝、両岸ともがっちりした岩壁で快適に直登できる。右岸から五〇mの滝をもつ枝沢を合わせたのち、目の前に三段一〇〇mの大滝が現われる。雄大な飛瀑は昇竜さながらで、誠に圧巻だ。右岸を直登する。沢は再び小滝が連続し、まもなく水量は激減して草付きとなる。ハイマツとアオモリトドマツの群生をこいで進むと縦走路に出る。

2　**タカゴ沢**　四—五時間

うすゆき山荘からブナ林の中を岳川に降り、河原をまっすぐに突っ切ればタカゴ沢の出合いである。沢筋は二、三のナメ滝

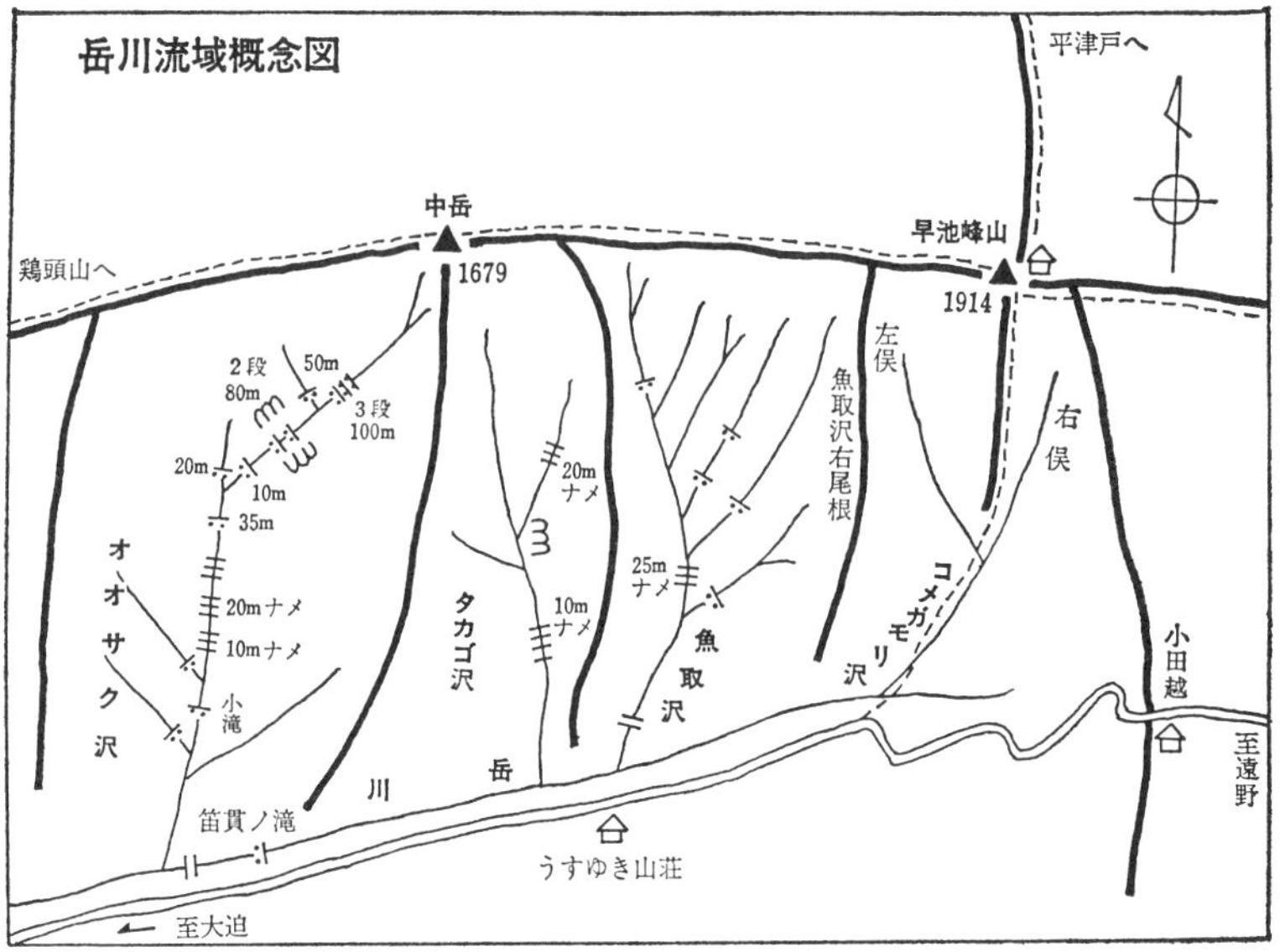

があるのみで、稜線下ではハイマツをこがねばならず、中岳への変則ルートとして以外魅力はない。

3　**魚取沢**　五時間

中岳と主峰とのほぼ中央に突きあげる沢で、六本のルンゼによって構成されている。つめのやぶこぎの苦労がなく、ノーザイルで登れる明るい沢で、経験者なら夏道より早く主峰に立つことができる。第三ルンゼが最も楽しい。

うすゆき山荘から岳川をはさんで対岸に見える堰堤が魚取沢の出合いである。堰堤を右岸の踏跡伝いに越え、しばらく河原状をたどる。やがてきれいに磨かれた白い大理石のスラブとなり、左右にとびはねながら簡単に越えると両岸がひらけ、上部のルンゼが一望できる。しっかりした岩盤と大きな石の積み重なったゴーロをぐんぐん登れば、簡単に主稜線に出ることができる。

4　**コメガモリ沢**　三時間

中間尾根には主峰に上る登山道があり、右俣、左俣ともゴーロと露岩の沢が一直線に頂稜に上がっている。特に困難な部分はなく、一般コースより豊富な高山植物に接することのできるのが楽しい。

5　**コメガモリ沢左俣・右岩稜**　III　八〇m　一時間

早池峰山主稜線上の南面には明るくひらけた露岩帯があり、散在する小岩峰はロック・クライミングの手頃なゲレンデとなる。中でもコメガモリ沢左俣左岸上部にある二本の岩稜（右岩稜、左岩稜）は比較的大きく岩質も安定しており、初・中級者の良きゲレンデとなっている。稜上ルートを紹介するが、フリー・クライム主体でルートは固定しておらず、またクラックも豊富なのでナッツ等も使用して自由に登攀を楽しむとよい。両岩稜とも河原坊から一般コースを経て取付きまで約二時間である。

右岩稜はＰ１からＰ５までの小ピークで成り、各ピークごとピッチを区切ればいい。問題になるようなピッチもなく、Ｐ５正面のチムニー状の裂け目にもぐりこみ、最奥部の小ハングを強引に乗越せば登攀終了である。

6　同・左岩稜　Ⅳ　八〇m　二時間

取付きは若干かぶり気味の稜を直接登るAルート、左側面の八mほどのクラックを登るBルート、細かいホールドをひろってスラブを登るCルートがある。二個所ほど強引に直上するⅣ級の部分があるが、他はⅡ―Ⅲ級の楽しい稜ルートである。

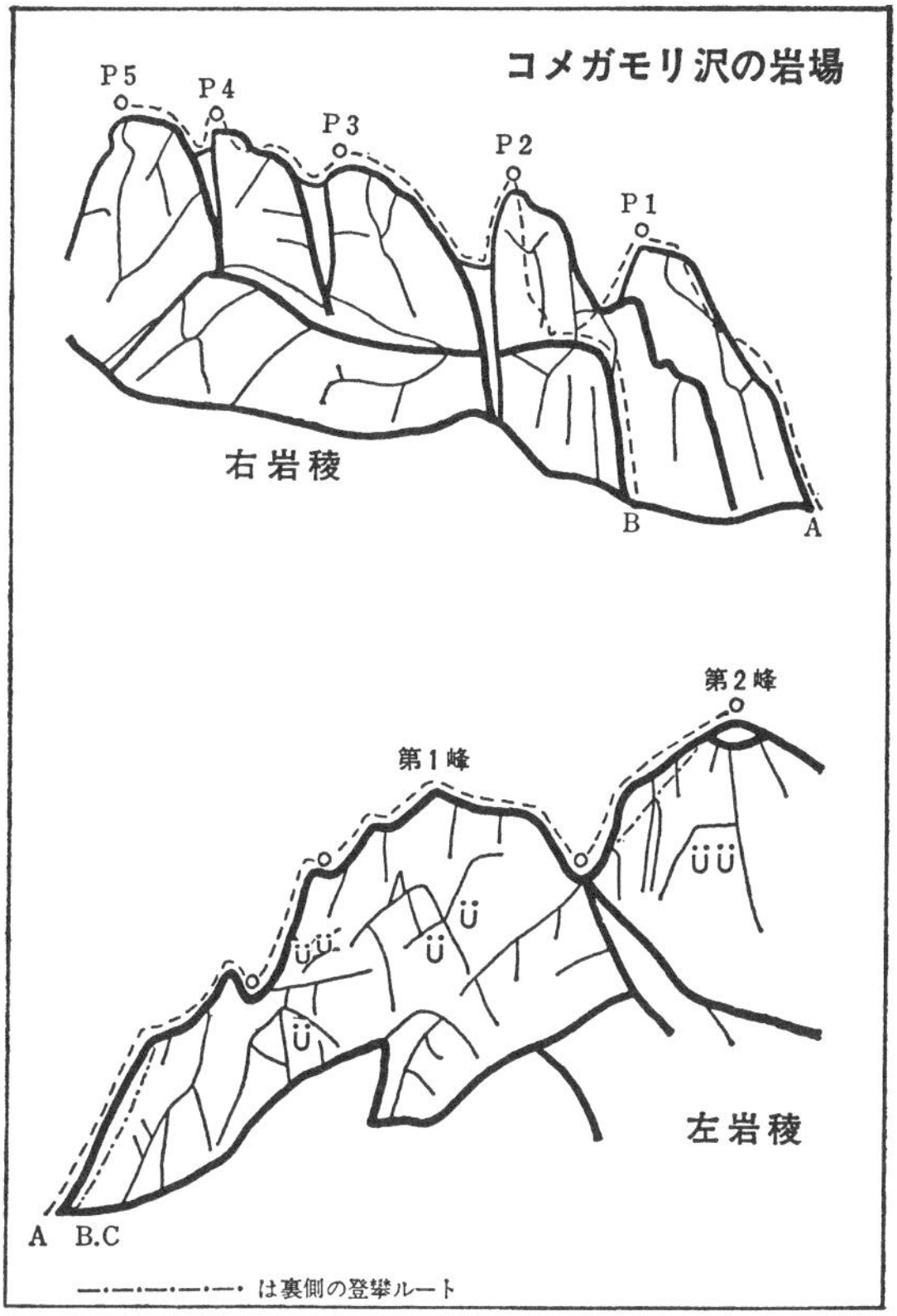

その他の沢

早池峰のバリエーション・ルートといえば明るくひらけた岳川流域が一般的であろうが、北面の御山《みやま》川本流や薬師岳南面の沢も興味深いものである。

鶏頭山より流下する御山川は闇隅沢、ニギリ沢など、主稜線より下る何本かの沢を合わせて閉伊川に流れこむ。国鉄平津戸駅下車、御山川林道をたどって出合いまで約二時間半。鶏頭

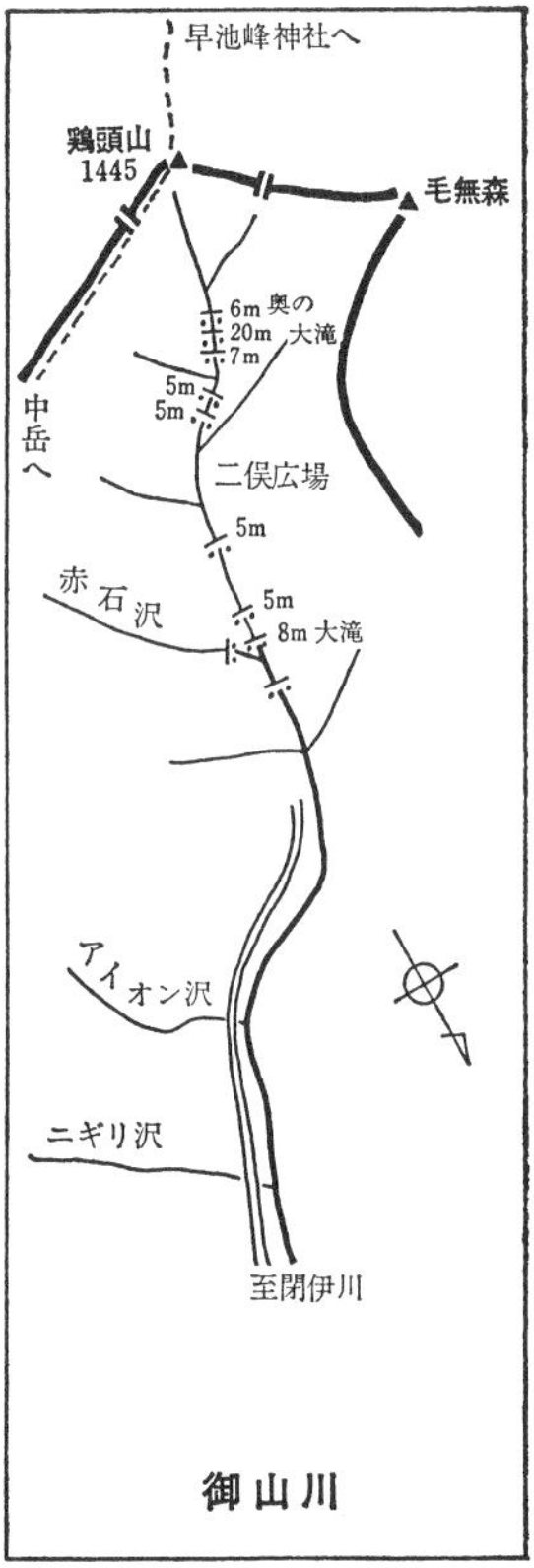

山よりは岳部落へ下るのが早い。

薬師岳の南面には猿ケ石川本流、七郎沢、そして遠野口登山コースをアプローチとする滝川又一沢がある。釜石線遠野よりバス一時間五分で大出《おおいで》、二百五十年を経た早池峰神社里宮がある。本流、七郎沢出合いへは猿ケ石川沿いの車道を二時間、滝川沿いの道を大野平を経て又一の滝まで約二時間である。薬師岳よりの帰路は直下の小田越から岳部落に下るか大出に下る。本流、七郎沢出合いまで車で入っている場合は、西薬師コースを下ればよい。

7　御山川本流（ツボケ沢）　六時間

大滝八mと赤石沢出合いの滝は同じ釜に落ちている。右から高巻き、連続する滝を楽しく登ってゆくと二俣広場になる。左に入ると沢は狭まり、奥の大滝二〇mが現われる。二条に落ちる間の草付きを登るとすぐ二段六mのチョックストンのある滝になる。沢はめっきり細くなり、再び二分する。左に入ってつめのやぶをこげば、鶏頭山へは一頑張りで登りつく。右に入ると毛無森とのコルに出、鶏頭山へは踏跡がある。

8　又一沢　四時間

滝川上部の又一沢は又一の滝とそれに続く美しいスラブを有し、猿ケ石川本流、七郎沢とともに薬師岳に直接登るルートとして魅力がある。

又一の滝を右から巻いて沢に入る。二〇分ほどで八mの滝、続く四mの滝は釜が深い。ゴーロ状を越えると左側の斜面がひらけ階段状のスラブが一〇〇m連なる。チムニー状の滝を過ぎ、しばらく遡ると二俣になる。左俣に入りルート・ファインディングに注意して登れば薬師岳山頂である。

9　猿ケ石川本流　二時間

西薬師コースが猿ケ石川を渡る所から遡行開始となる。巨岩累々とした川原を進むと二—三mの小滝が三つほど出てくる。一時間ほどで高さ七m、長さ三〇mくらいの滝があり、伝説による猿ケ石川源流の猿岩とはこのスラブかもしれない。ブナの林からアオモリトドマツやイチイに変わり、やがてつめのハイマツとクマザサをこげば山頂はすぐである。

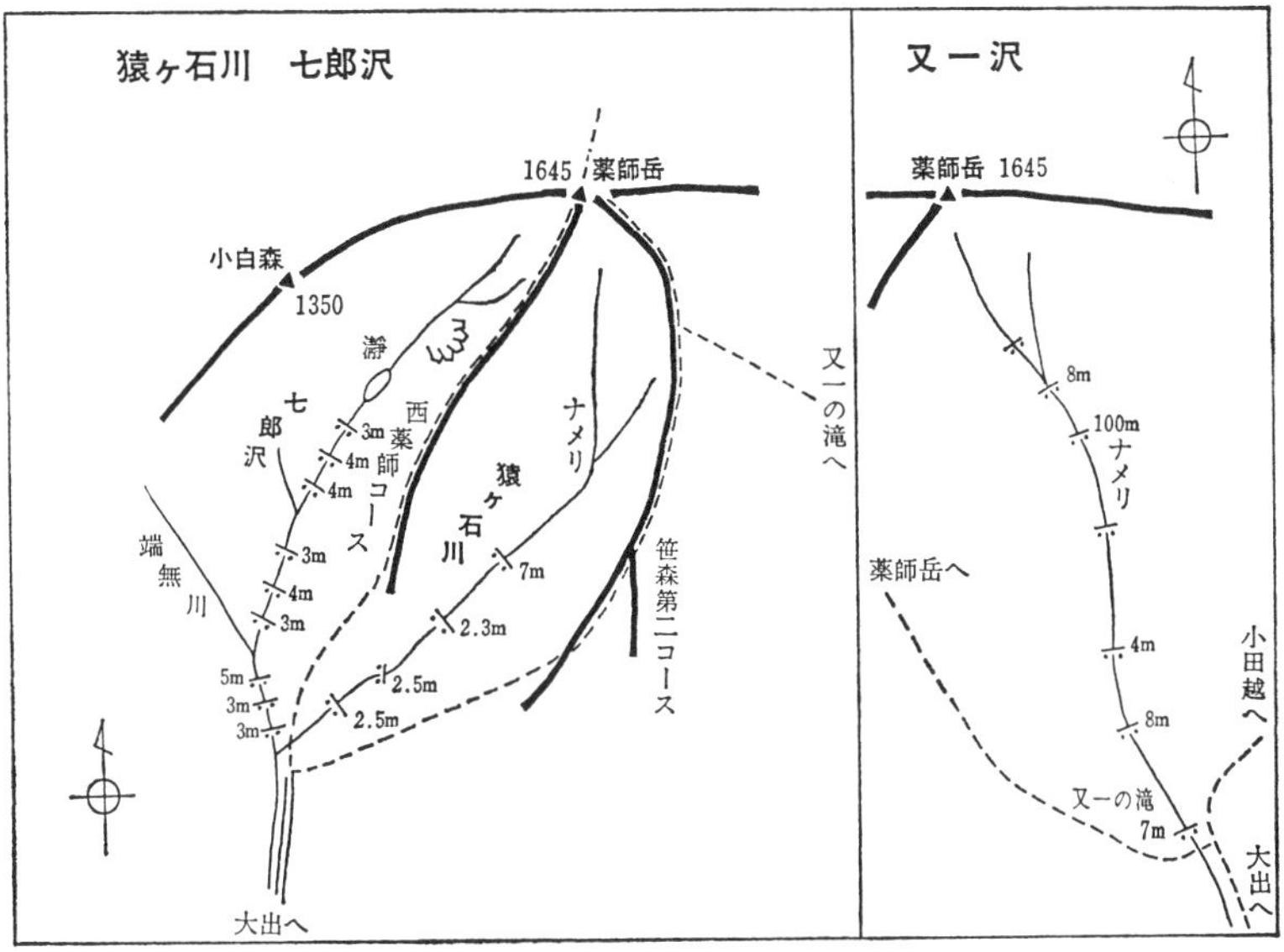

10　**七郎沢**　三時間

本流より水量の多い七郎沢を徒渉しながら遡る。最初の滝三mは直登できるが次の三m滝は手がかりなく、左から高巻く。小さな滝が階段状に連続し、あたりの静寂と相俟って素晴らしいかぎりだ。沢は狭まり小沢と化した中をジャブジャブゆくと二分し、右の沢に入れば風倒木やクマザサにてこずるが西薬師コースにとび出す。

〔執筆者〕　牧恒夫、藤本浩人、斉藤孝雄、鈴木孝、早川輝雄、熊谷正巳。「その他の沢」の項は似田貝安男氏（早池峰山岳会）に御協力頂いた。

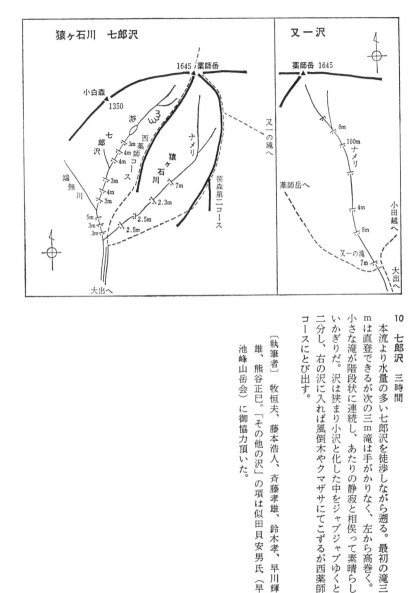

焼石岳

東北本線の北上、水沢と奥羽本線の横手、湯沢のほぼ中間に、焼石岳を盟主とする須川国定公園の山々がある。

焼石岳への登山口は、南面には石淵ダムサイトの尿前《しとまえ》、天竺山北面に旅情豊かな夏油《げとう》温泉があり、しっかりした登山道が山頂にのびている。牛形山のコースもよく整備されているし、夏油温泉へのアプローチに細野から駒ケ岳を越えるのもおもしろい。脊梁山脈上にあるので日本海の影響をまともに受け、年間降水量が多いので沢は水量が豊かで、ブナ等の原生林に覆われており、生息する熊やカモシカの鼻息も伝わってくるような、静寂を魅力とした沢も多い。

豊富な残雪が高山植物を育成し、種類も多く、ことに北方山岳系のものと南方山岳系のものとが一緒に生育しており、注目されている。この山域では秋の紅葉から冬に変化するのが早く、十月中旬には猛吹雪による遭難事故も発生しており、気象の急激な変化には特に注意が必要である。

〔五万図〕 川尻、焼石岳

〔参考文献〕「岳人」351号、『岩手の山』(岩手県山岳協会編)

焼石岳周辺の沢

盛岡山想会

焼石岳周辺を源とする水系は四水系あり、その流域面積は広い。焼石岳の西面に端を発する胆沢《いさわ》川はまず西流し、次に南から南東に流れる方向を変え、さらに東に向きを変えたところに石淵ダムをつくっている。本流左岸には焼石岳から獅子ケ鼻岳にのびる山稜から数本の沢が下っているが、石淵ダムの下、尿前で合流する尿前川が流域面積も広く、興味深い水系である。

焼石岳から経塚山への山稜から流下するハタシロ沢、フロ沢、尿前川本沢、天竺沢、傘沢、お岩沢は技術的な困難性は小さいが、滝の数も多く、ブナの原生林におおわれた静かな沢登りを楽しむことができる。奥羽本線水沢駅より尿前まではバス。放射状登山に向いている水系である。

石灰華でも有名な夏油温泉をベース地とすれば、天竺山の北面を下る夏油川流域の沢がある。南面の沢に比べて滝も少なく興味度は少し落ちるが、静かさはなによりのものだし、下降後一浴の楽しみがある。東北本線北上駅より夏油温泉まではバスで入る。

焼石岳北面の南本内川流域は、北上線陸中大石駅よりアプローチせねばならず、他の水系に比べていっそう人気《ひとけ》のないものにしている。

1　尿前川本沢　五—六時間

尿前より尿前川に沿った林道を約七kmほど進み、焼石岳への中沼コースを分岐してさらに二kmほど林道を進み、終点から踏跡をたどって尿前川の河原に出る。尿前から約三時間である。しばらくゆくと一〇mの滝、左岸を登ると右岸からハタシロ沢が注いでいる。さらに五分ほどでフロ沢が出合う。続いて水量の多い本沢が万円沢に注ぐ形で合流する。この出合いには二段六mの滝があり、本沢は幅四mぐらいのゴルジュになっている。しばらくナメ滝が続く中を快適に登ってゆくと、二五mの三ツ折の滝が現われる。左岸のルンゼから高巻く。ゴルジュがようやく開けたところに四〇mの滝がりっぱな釜をもち、どうどうと落ちている。左岸から高巻くとさらに気の抜けない滝が連続している。沢は明るくなり稜線が見える頃、一〇〇mぐらいの岩床が続く。やがて沢は二分する。六沢山と東焼石岳のコルから流下する右俣は三段三〇mの滝、焼石岳南東面を源頭とする左俣本流はナメ状三〇mの滝で出合い、夫婦の滝と呼ばれている。左俣の三〇m滝を越えしばらく遡ると再び左岸に支沢を分け、一〇〇mぐらいのナメ滝となる。このあたり初夏の頃なら水流は雪渓の下だ。小さな滝を数個登ると沢はやぶでおおわれるようになり、五分もやぶをこぐと登山道に出る。焼石

焼石岳山塊概念図

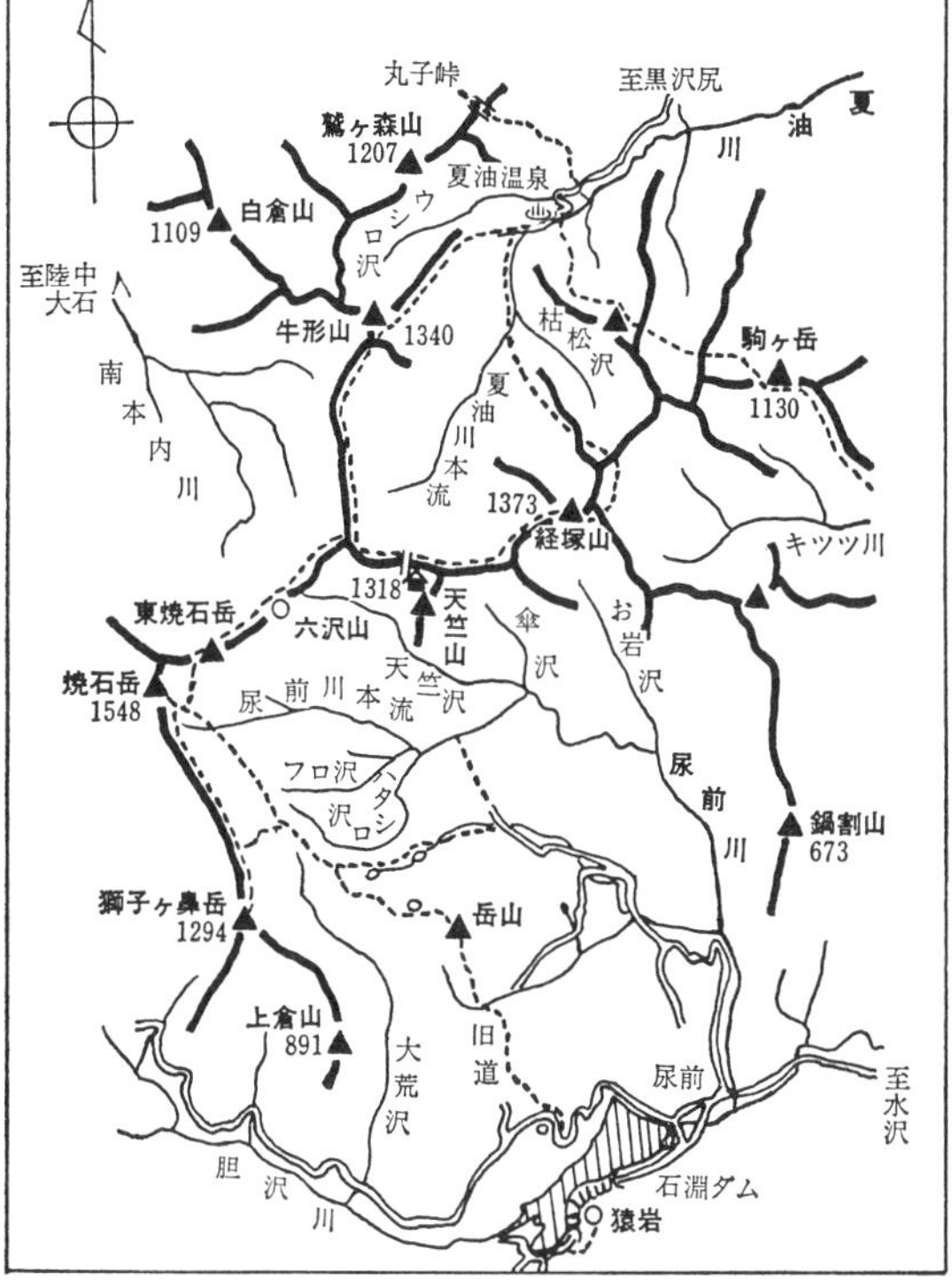

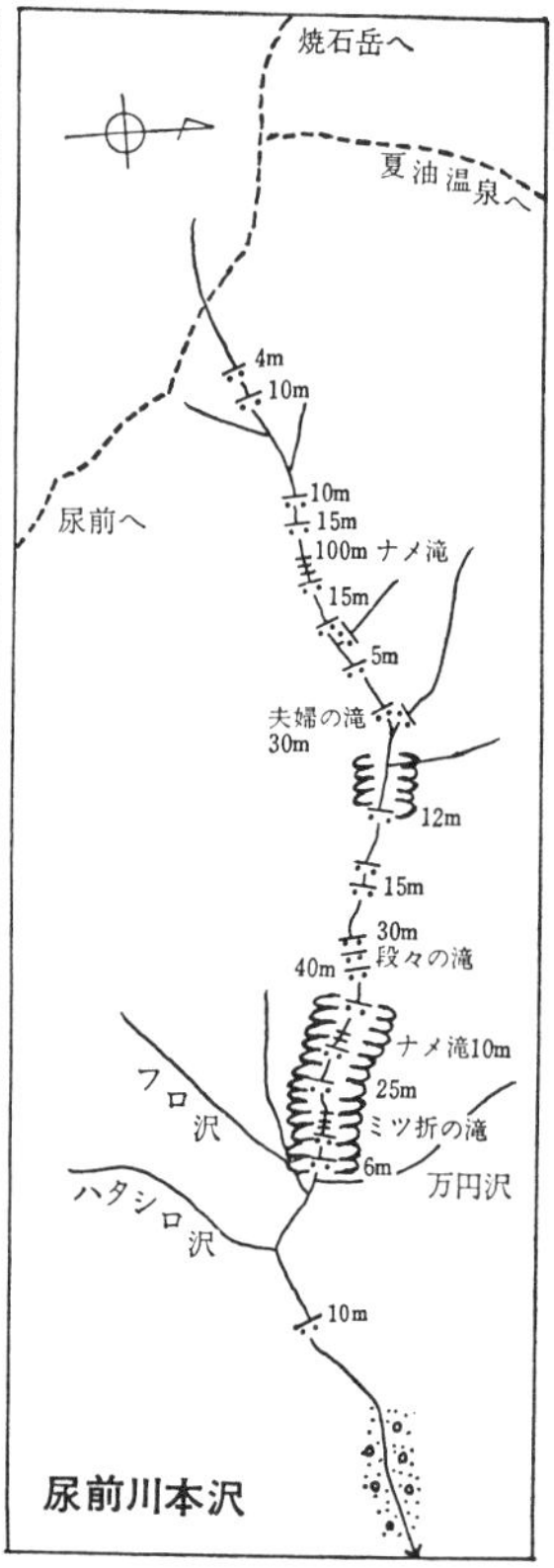

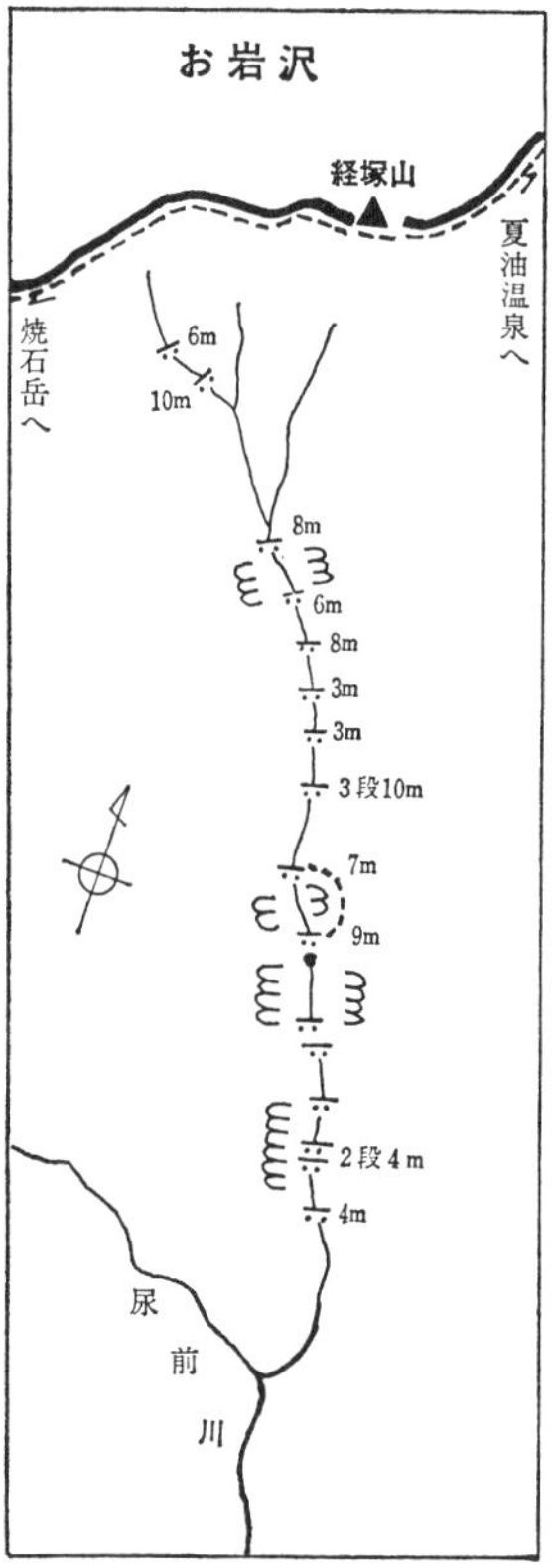

岳の頂上へはひと頑張りである。下山は銀明水から新道経由で尿前まで五時間、反対側の夏油温泉へは七時間半を要する。

2 天竺沢 五—六時間

天竺山の西側を鋭くえぐって流下する天竺沢は、荒々しい渓相に魅力がある。本流の白く濁った水に比べ、よく澄んだきれいな流れで、沢登りの醍醐味が味わえる。核心部の滝場は両岸が不安定な草付き帯なので、高巻くよりは直登していくほうが安全である。

3 傘沢 五—六時間

天竺山の東側を流下する傘沢は、下流部は平凡なゴーロだが中流部から上は滝が連続する。岩が若干脆い。つめは数分のやぶこぎで縦走路に出る。

4 お岩沢 五—六時間

天竺沢出合いからさらに、尿前川を一時間下降すればお岩沢の出合いだ。下流から尿前沢の河原をたどっても二時間半で出合いに着く。ブナの樹林におおわれた暗い感じのする沢である。すぐ四mの滝。小滝をいくつか越え、傾斜もでてくると滝壺を有する九mの滝。これは快適に登れる。いくつかの滝を楽しく登り、八mの滝を過ぎると沢幅は狭く藍色となる。沢は北から西へ向きを変え六mの滝を越えると節理の美しい八mの滝に出合う。東に経塚山からの稜線が見えてくるころ、草地が現われ一〇mと六mの滝を最後に水も切れ、密生した灌木帯に入り、悪戦苦闘のすえ縦走路に出る。経塚山を経て夏油温泉への下山は約三時間を要する。

5　夏油川本流　三―四時間

夏油温泉から経塚山登山道を三〇分ほど登り、右岸に渡った所で沢に入る。酸化鉄により赤くさびついた川原を二〇分ほど行くとウシ沢が右岸から注いでいる。問題になるような滝もなく、落石に注意しながら登ってゆく。右岸上方に、慈覚大師が五百羅漢を彫ったという、ラカン岩と呼ばれる岩峰を眺めつつ登っていくと、沢は二分する。右俣に入ると、小さな滝が段々に続き、苔むした転石がとても美しい。やがて涸沢となり、ブッシュを三〇〇mほどこぐと、焼石岳から牛形山に続く縦走路に出る。

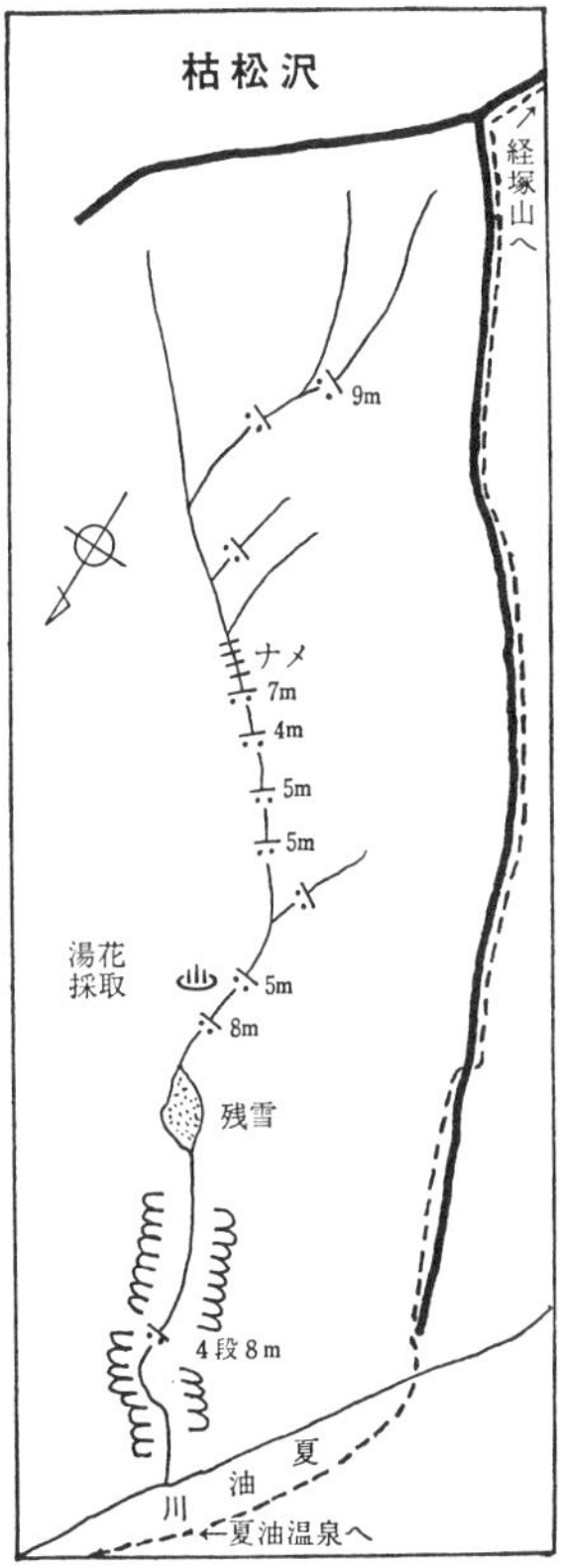

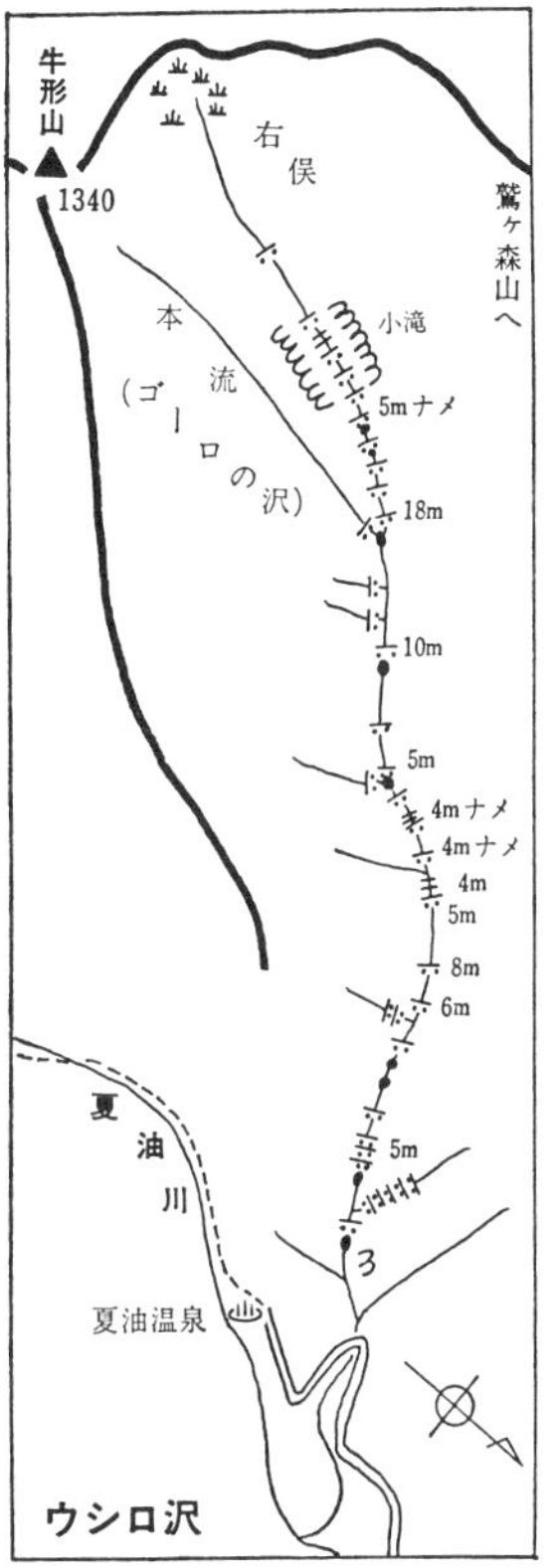

6　枯松沢　三―四時間

夏油温泉から三〇分ほど、夏油川沿いの登山道を登り、夏油川を渡って枯松沢に入る。しばらく遡ると石でつくった湯花採取池がある。滝壺が深く取付けない七mの滝は右岸を高巻きし、ナメ床を快適に登っていくと両岸から笹がかぶさってくるようになり、右岸に枝沢を一つ見送ると九mの滝が現われる。水量はほとんどなくなってくると、熊の足跡が見うけられるようになり、ブッシュに入り二五分ほどネマガリダケをこぐと、経塚山東面の登山道に出る。

7　ウシロ沢　五―六時間

夏油温泉手前のウシロ沢の橋のたもとでバスを下車し、遡行を開始する。二

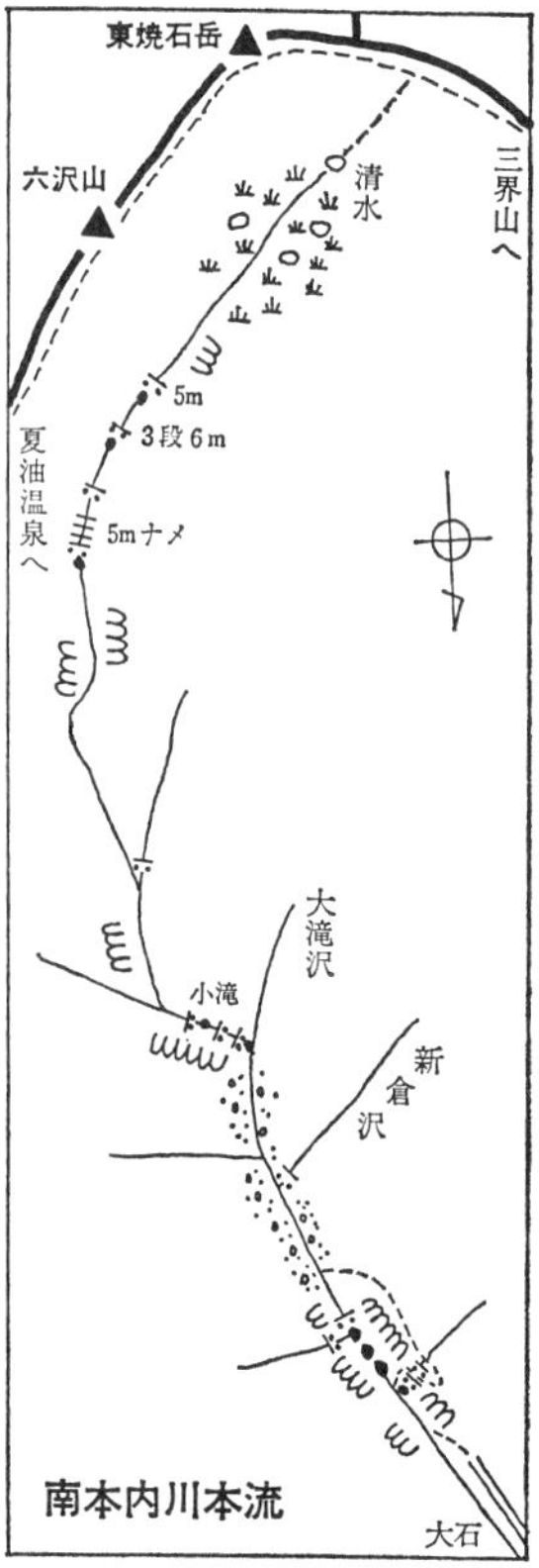

俣まで約二時間半。ほとんどの滝は直登できる。二俣は左右からの滝が三条一八ｍになって落ち、右岸から越えて右俣に入る。沢は傾斜を増し滝が連続するが、フリーで快適に登ってゆけるのでじつに楽しい。つめはやぶがおおいかぶさったような所をかき分けて登ってゆくと、牛形山から丸子峠に続く稜線に出る。

8　南本内川本流　七―八時間

東焼石岳北面を流下する南本内川本流は、アプローチが不便なだけに静寂さが保たれており、下部のゴルジュ、源頭の草原と魅力あるルートだ。熊が多いので注意。

林道の終点から懸垂で河原に下り遡行を開始する。天子森沢をすぎると通過困難なゴルジュとなる。天子森沢の滝を登り左岸を大きく高巻く。本流はゴーロとなり、退屈な渓相がかなり続く。ようやく上流部に入って滝が出てくると源頭の草原となる。草原の中をたどってゆくと水が石の間から音を立てて湧き出している。そこからはやっかいなやぶこぎ二〇分で東焼石岳の縦走路に出る。

猿岩の岩場

焼石岳の麓、石淵ダムの右岸に位置する猿岩は、昭和四十三年に釜石岳友会の千葉、栗原両氏によって初登されて以来、現在まで一〇本に余るルートが開拓されている。壁は三つにわけることができ、幅五〇〇ｍ、高さ一五〇ｍ余り、玄武岩質の逆層の岩場である。左から一ノ壁、右にまわりこんで二ノ壁、大滝をはさんで三ノ壁がある。

アプローチは尿前《しとまえ》部落のバス停から整備された湖面をとりまく林道を歩くこと四〇分、猿岩隧道の出口から一〇〇ｍ先の低地に駐車できる快適な幕営地が得られる。水場はある。壁の取付きはダムの水位によって変わるが、三ノ壁の下の四ｍほどの側壁か、一ノ壁の真下のルンゼ状より左手にブッシュをこぎ、三〇分足らずで岩場の基部に立つことができる。下降ルートは踏跡をたどり、猿岩の頂上を経由して山腹の神社から右手の道をたどると、三〇分で幕営地に着く。また直接「ＫＧカンテルート」を下ることができる。

積雪期の取付きは、隧道の手前から左へまわりこんだほうが良い。壁は逆層であり風もあってあまり雪が付かず、岩も堅く

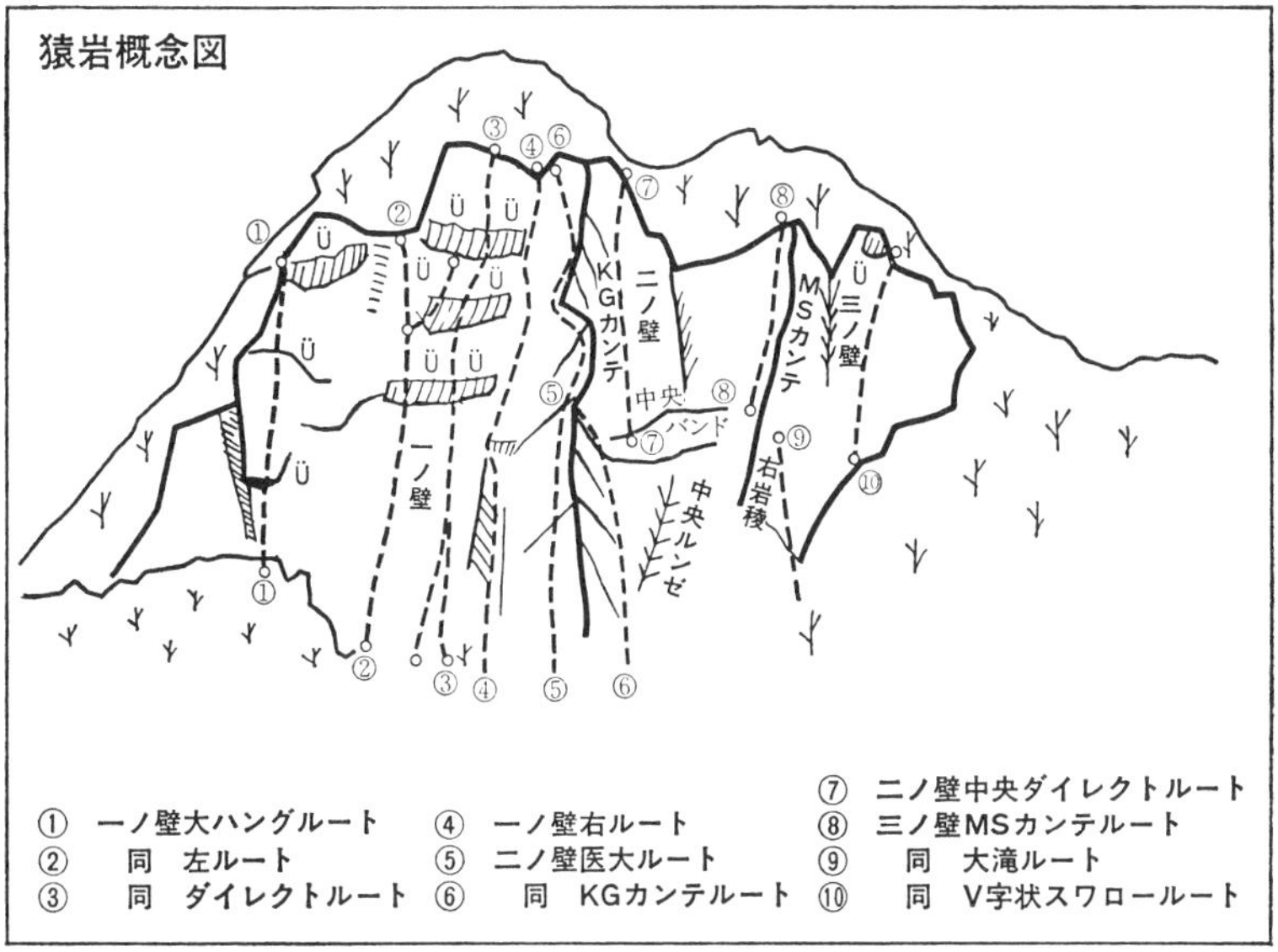

なく、適当にツァッケの食いこみを許してくれる。きのこ雪の発生等はないし、標高が低いため、積雪や寒さを論ずることはできないが、ここ猿岩は高緯度の北国の岩場であることを念頭に入れて取付いてもらいたい。なお、一ノ壁ダイレクト・ルートは一九七九年一月、仙台RCCの加茂敏之等四人パーティにより冬期初登が成されている。また、現在では地元クライマー達によってかなりの部分がフリー化され登られている。

9 一ノ壁大ハングルート

Ⅳ・A2　一五〇m　二―三時間

比較的新しく拓かれたルート。下部の四mのハングはボルト連打されており、上部の破砕帯の壁と連結させたルートである。

10 一ノ壁左ルート

Ⅳ・A1　一五〇m　二―三時間

ハングの弱点をうまく抜けるフリー・人工のミックスした好ルートである。最近、上部ハング帯をうまく抜ける直登ルートが開拓されている。

11 一ノ壁ダイレクトルート

Ⅴ・A2　一七〇m　四―六時間　「岳」341号

猿岩を代表するルートである。三つのハング帯から構成され、微妙なフリーと人工テクニックが要求される。

取付きは基部の左寄り、出だしから一m余りのハングを越し、左のリッジから草付きまじりの凹角に入る。確保点が遠いので要注意。二ピッチ目は、リッジ状からフェースクライミング。第一ハング帯の下で確保。三ピッチ、スラブは一〇mほど直登し、外傾した第一ハング帯を乗越し、節理に導かれるように凹角に入る。四ピッチ、一〇mほど直登し、無数の逆層のハング帯（第二）を突破し、ザイルをいっぱいに伸ばし第三ハング帯の下で確保。五ピッチ、ハング帯を直登するのでなく、左上ハングするバンド状に沿って登る。最後のハングを乗越せば、五mくらいの簡単なフリーで頭に立てる。この最終ピッチはハーケンが甘く、また破砕帯であるので要注意。

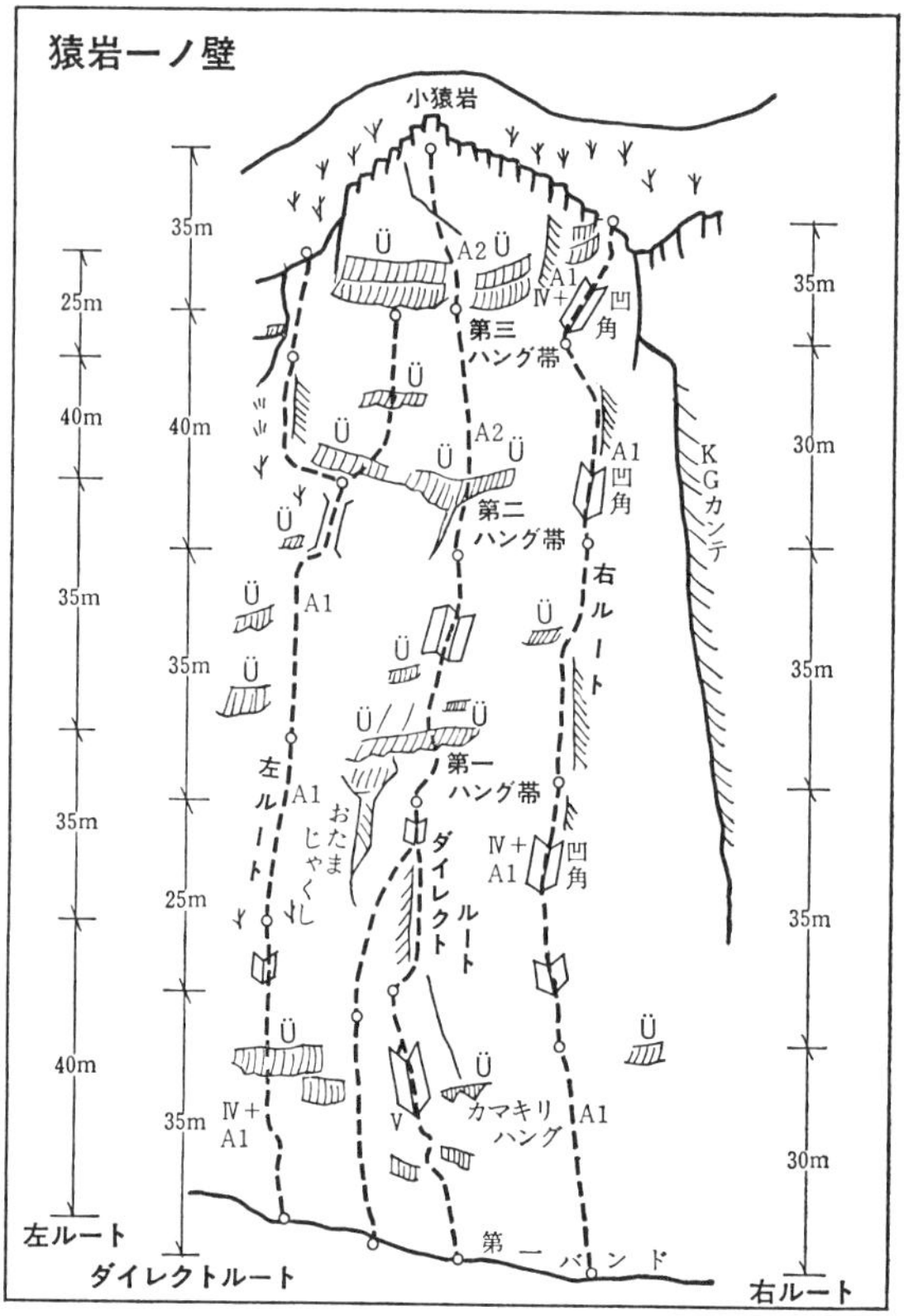

猿岩一ノ壁

12　一ノ壁右ルート

Ⅳ$^{+}$・A1　一七〇m　三—五時間

ダイレクトルートの右五m、ボルトが連打されている所が取付き。ルートは節理に導かれるように右、左と寄り、上部でKGカンテルートと合流する。人工よりフリーがおもしろい。

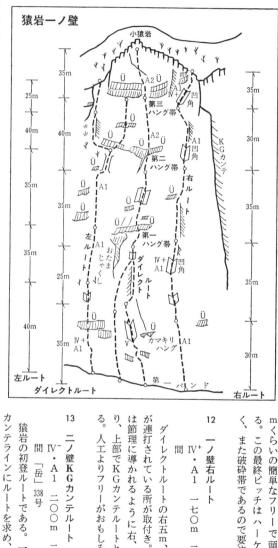

13　二ノ壁KGカンテルート

Ⅳ$^{-}$・A1　二〇〇m　二—四時間　「岳」338号

猿岩の初登ルートである。一ノ壁右カンテラインにルートを求め、フリーと人工をミックスした、確保点の確実な入門ルートである。

黒いスラブからハングを右に回りこみ、二ピッチ目はフェースからブッシュを左上。三ピッチ目、フェースを直上してカンテに出る。四ピッチ目は、ハング下を右にトラバースし、ガレ場を左上して広いテラスに出る。五ピッチ目、ハーケン間隔の遠いジェードルを人工・フリーをまじえて直上。六ピッチ目で右に回りこみ、凹角から上のブッシュで確保。七ピッチ目、左

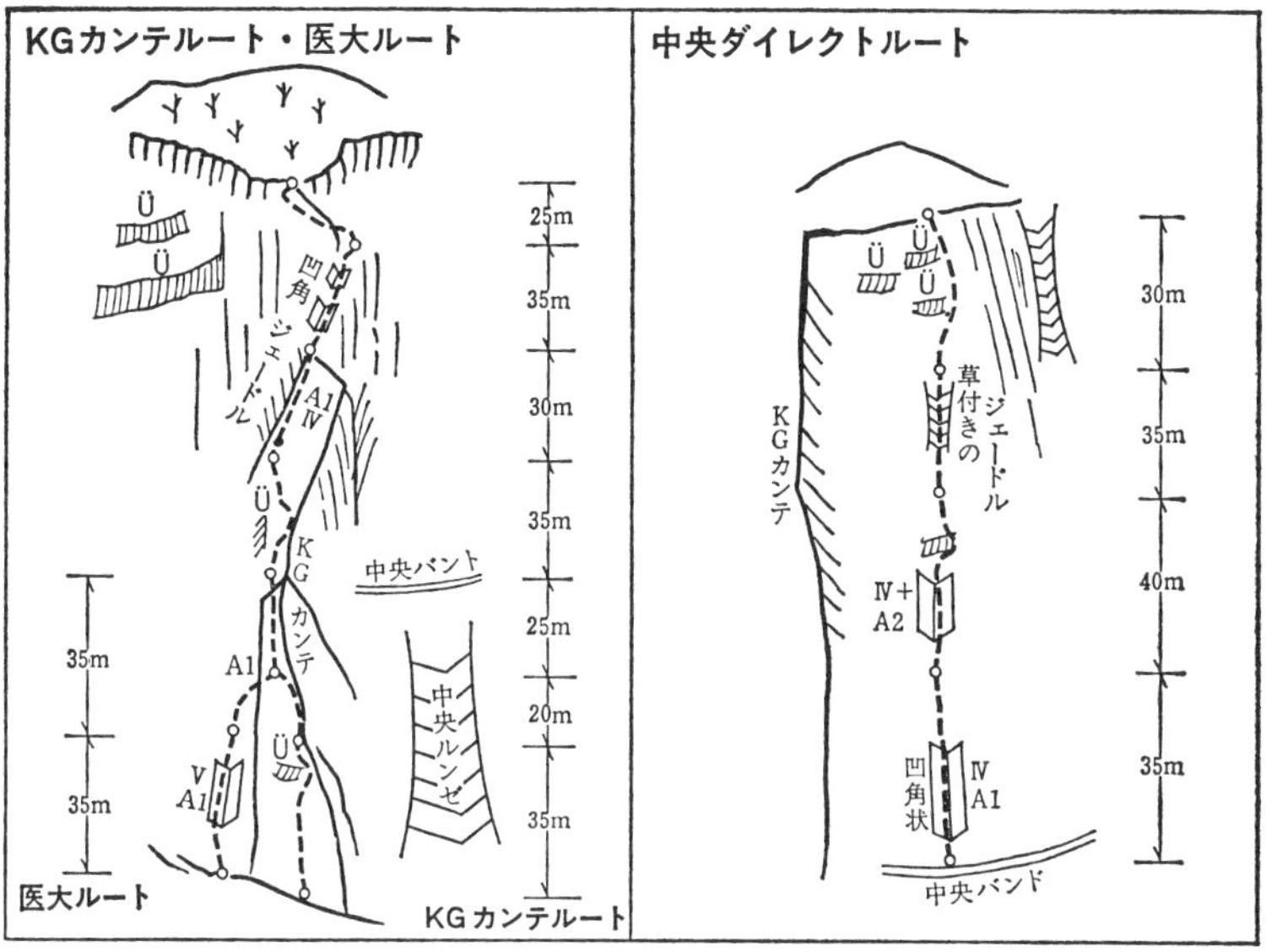

ヘトラバースして、小さなカンテを乗越して、左上気味にフェースを登り、灌木帯に入る。傾斜のきつい灌木帯を二ピッチ登れば尾根に出る。なお、KGカンテルートの下部バリエーションに医大ルートがある。一ノ壁右カンテを忠実に登り、二ピッチ目の確保点でKGカンテルートと合流する。このルートからの登攀のほうがすっきりしている。

また、このルートは、一九八〇年七月六日、藤原雅一と加茂敏之のパーティによりフリー化されている。

14　ニノ壁中央ダイレクトルート

IV+・A2　一四〇m　二—四時間

上部の中央バンドから取付く。ボルト、ハーケン間隔が長く、比較的岩もしっかりしている。最終ピッチですばらしい高度感が味わえるのが魅力である。

二ピッチ目のハングが出口のボルトが遠く、また出口からの凹状の草付きのフリーが悪い。

15　大滝ルート

III・A1　五〇m　一時間

積雪期には、大滝ルートの終了点から上部はアイステクニックの場に変貌する。

〔執筆者〕渡辺正蔵、小泉昌弘。なお、焼石岳周辺の沢については吉家省吾氏（一ノ関勤労者山岳会）より資料を提供していただいた。

栗駒・虎毛・神室

雪苞沓山の会
仙台山想会
蒼山会同人

栗駒山、虎毛山塊、神室山地は、それぞれ個有の魅力をもつ山域で、「栗駒国定公園の山々」などとカッコでくくり、すべて把握したつもりでいたら大きな誤りである。焼石岳から南下した奥羽脊梁山脈は火山活動の影響を受けず、いったん高度を落として一一〇〇m級の桑原岳山塊となるが、再び高度を上げて一六二八mの栗駒山を興す。

栗駒山の三角点は脊梁山脈上からわずか東にはずれて、岩手、宮城両県々境上にあるが、山域は秋田県を含めた三県に広がっている。コニーデ、アスピーデ、アスピ・トロイデなど、姿の異なる峰々の集合であるだけに、山容、地形に変化があり、緯度が高いため残雪も豊富で、高山植物も多彩である。栗駒五湯と呼び親しまれる登山基地ともなる温泉に恵まれ、山頂から下ってわずか四〇分の北側の須川高原には驚くばかりの温泉旅館があり、栗駒山を観光登山の対象にせしめている。宮城県側の南面の麓には駒ノ湯、花山御番所という史跡もある温湯《ヌルユ》、湯浜温泉、秋田県側には大湯、小安温泉などがあり、栗駒山は明るく大衆化された山域だといえよう。が、一度沢に踏みこめばまったく別世界が広がっていることを教えられる。険悪なゴルジュなどない明るくのびやかな沢にこそ栗駒山の魅力がある。

虎毛山塊は東を大境峠（田代峠）で栗駒山域と境し、西を仙秋ラインの通る鬼首峠で神室山地と接している。一四三二mの盟主虎毛山は、脊梁山脈から北にはずれているがさらに北に続く山稜上に高松岳、脊梁山脈と平行するように東に小安岳、西に山伏岳がある。脊梁山脈上の山猫森、竹ノ子森、須金岳など、いずれも一〇〇〇m－一三〇〇mの山塊であるが、高度が登山価値の基準にならないことを実感させてくれる山域である。南北に走る主軸の東面には皆瀬川が扇状にせり上がり、西面には数本の沢が役内川右岸に流下している。脊梁山脈の須金岳南面には江合川の右岸支流が鋭く食いこんでいる。これらの沢の存在こそ、虎毛山塊の価値であろう。

神室《かむろ》山地は一三六五mの神室山と軍沢岳の山稜を頂辺とし、脊梁山脈である禿岳《かむろ》の山稜を右辺、主峰から小又山、火打岳と連なるいわゆる神室連峰を左辺、陸羽東線を底辺とした台形状の広がりである。右辺、左辺をなす山稜とも西面のなだらかさとは逆に、東面の急峻なことが特徴である。

禿岳の東面は標高差六〇〇m－七〇〇mの沢が数本あり、深

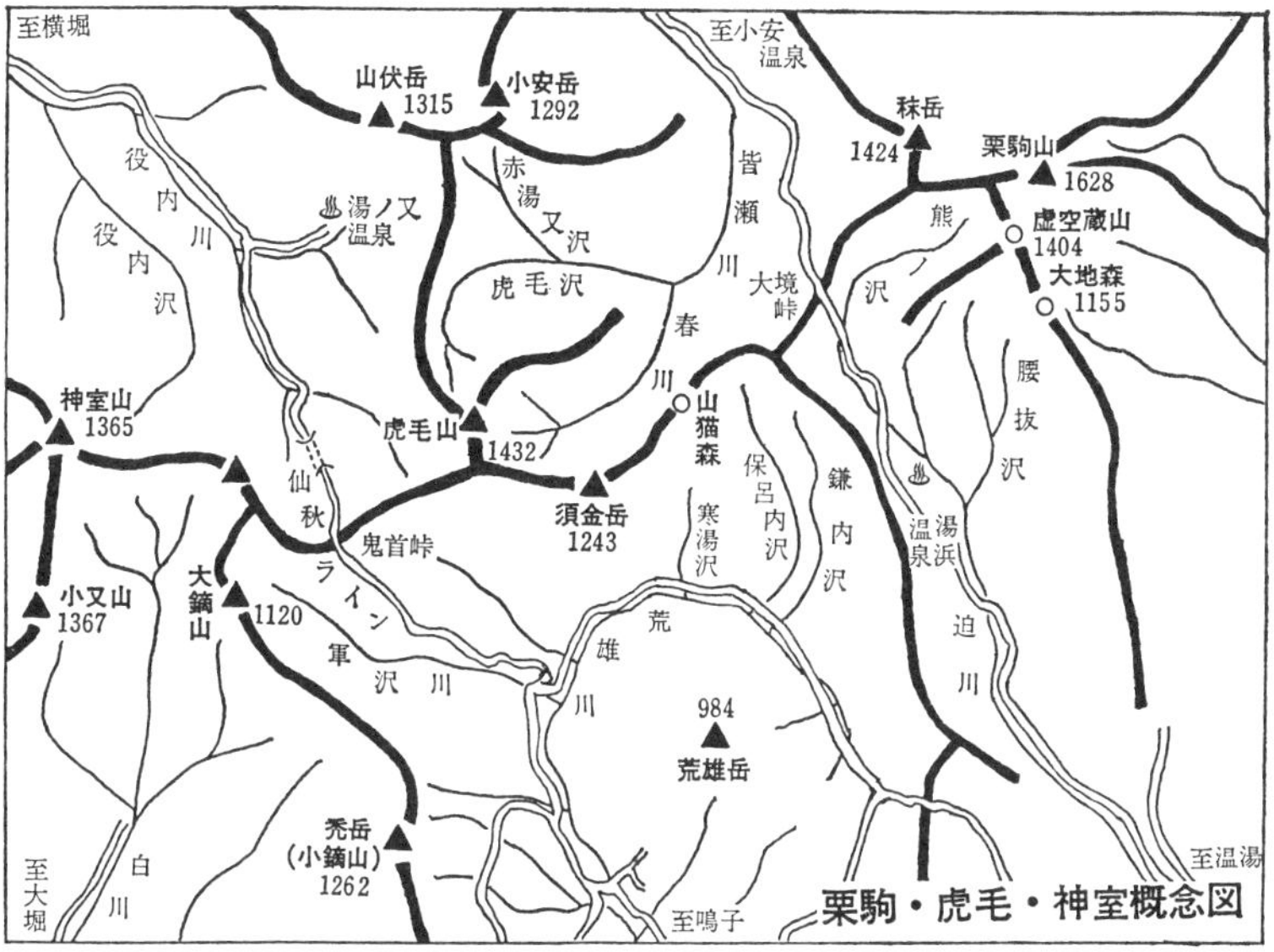

栗駒・虎毛・神室概念図

成岩で形成された二〇本余の滝を擁して、小沢ながら興味度は大きい。神室連峰は栗駒国定公園に編入されているとはいえ火山ではなく、東北地方では数少ない壮年期の褶曲山脈である。冬の豪雪と高緯度の影響で鋭い稜線を連ね、東面の豪壮な谷と源頭のお花畑が地元岳人を強く魅きつけている。

〔五万図〕　栗駒山、秋の宮、鳴子、羽前金山、新庄

栗駒山をめぐる沢

栗駒山はいくつかの火山の集合とはいえ、一つの山であり、四方に水流を発している。しかし、遡行対象となるのは岩手県側磐井《いわい》川右岸支流と源流域、宮城県側一ノ迫《はさま》川上流域に限られる。磐井川左岸支流は桑原岳山塊から流下し、中流部には有名な厳美渓《げんびけい》がある。

東北本線一ノ関駅から須川温泉行のバスに乗ると、磐井川沿いにバスは走り、岩畳を縫うように豊かな水が流れる厳美渓をすぎると今では歩く人もまれになった瑞山コースの起点である小さな集落の瑞山であり、産女《うぶすめ》川入谷にはそこで下車する。かなり奥まで林道がのびているのでタクシー利用のほうが行程ははかどる。

一ツ石沢をすぎ、須川橋を渡るとバスは須川高原に向かって最後の登りにかかる。一ツ石沢に入るには一ツ石橋で、磐井川源流に入るには須川橋でバスを降りる。須川高原のキャンプ場は非常に気持よい所で源流を目ざす際にはよきベース地とな

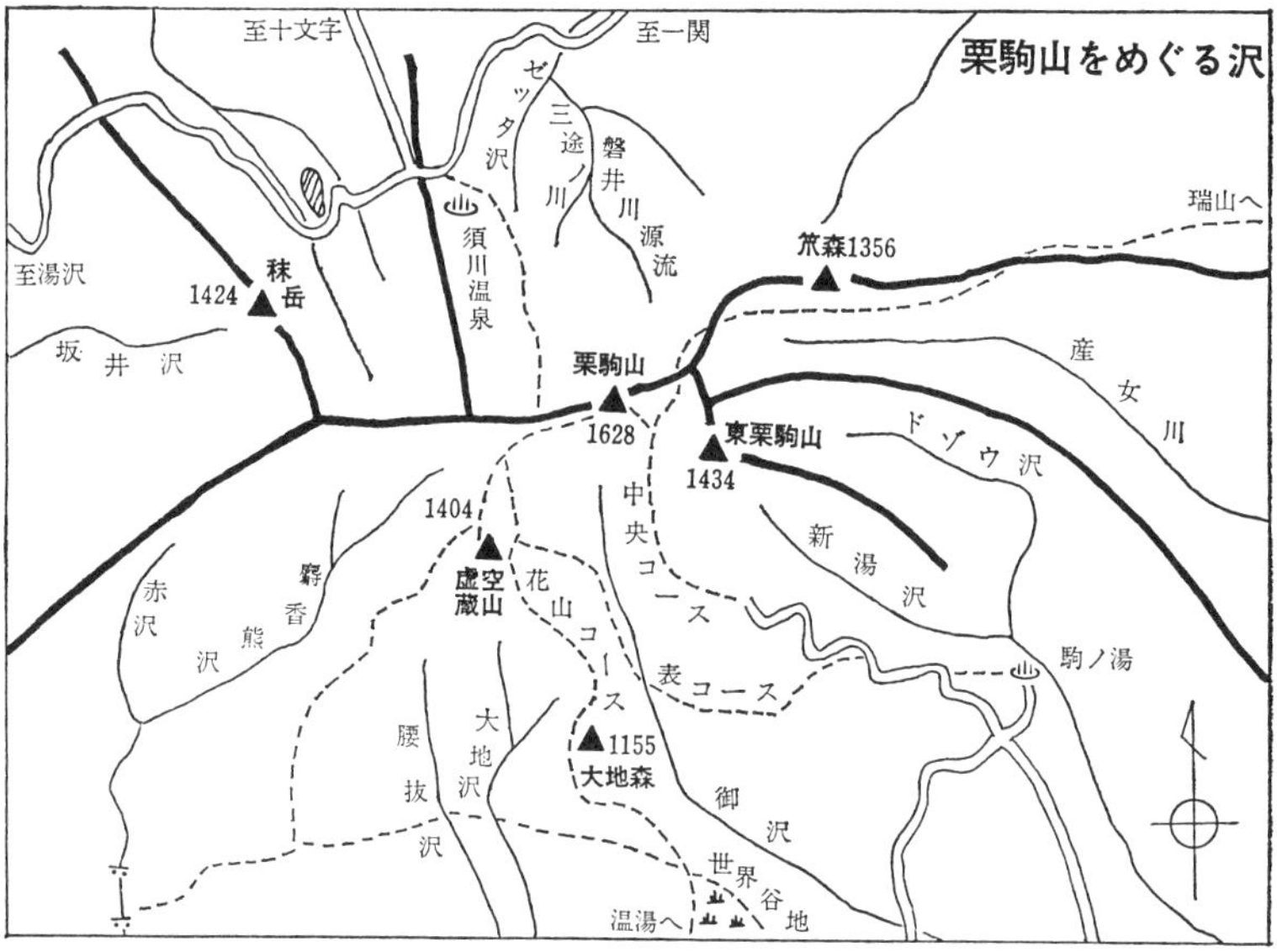

栗駒山をめぐる沢

る。山頂まで登り一時間一五分、下り四〇分のしっかりした登山道がついていて、最も早く安全圏に下れるコースである。須川温泉には奥羽本線湯沢駅からもバスが上がっている。

東北本線石越《いしこし》駅から栗駒電鉄、バスを乗り継げば温湯、一ノ迫川沿いにたどれば湯ノ倉温泉、さらに上流に湯浜温泉があって、大地沢、腰抜沢、麝香熊《じゃこうぐま》沢のよき足がかりとなっている。現在では温湯から湯浜を経て大境峠を越え、秋田県側の大湯へ抜ける車道ができてしまったが、道路事情は不安定なようだ。

三ノ迫川上流のドゾウ沢、新湯沢はゴーロで変化に乏しいが、駒ノ湯の雰囲気は捨てがたい。栗駒電鉄栗駒駅からバス、夏山シーズンにはイワカガミ平までバスが入り便利である。山頂からイワカガミ平まで下り四〇分、駒ノ湯までなら二時間で下れる。

明るくのびやかなところが栗駒山をめぐる沢の魅力であるが、人臭いのは点在する温泉の周辺だけであり、安易な気持で入渓するのは危険である。山仕事の人たちの熊の被害も聞くので、充分注意を払ってほしい。

〔五万図〕　栗駒山、秋の宮

1　磐井川源流・本流　四時間

須川温泉というベース地に恵まれており、スケールも大きくないので、本流、三途ノ川、ゼッタ沢などの磐井川源流域はよきリーダーに恵まれれば、初心者でも楽しめるルートである。

須川橋よりゴーロの沢を遡る。二〇分で右にゼッタ沢を分け、さらに二〇分で左に支沢を分けると、釜をもった小滝が五つ連続する。平凡になった沢を遡り、右に三途ノ川を分けさらに遡ると一二mの北奥の滝、初心者にはザイルが必要である。上部で出合う数個の滝も問題になるようなことはなく、ブッシュをかきわけて進めば瑞山コースに出る。山頂まで四〇分、散策道を須川温泉に下ればやはり四〇分位である。

2 三途ノ川 一時間半

須川橋より出合いまで一時間四〇分。四〇mの鬼姫ノ滝と呼ばれる大滝がある。順層の岩で、最後の二mばかりはバックアンドニーで登る。つめは灌木がうるさく、散策道に出たら須川温泉に下ったほうがいい。

3 ゼッタ沢 三時間

出合いは荒れた感じがする。小滝を越え、ゴーロを遡ると一五mの滝となり、アブミを使って越す。上部は地形図にみる泥状のゴルジュとなり、適当なところで右に登山道に出る。

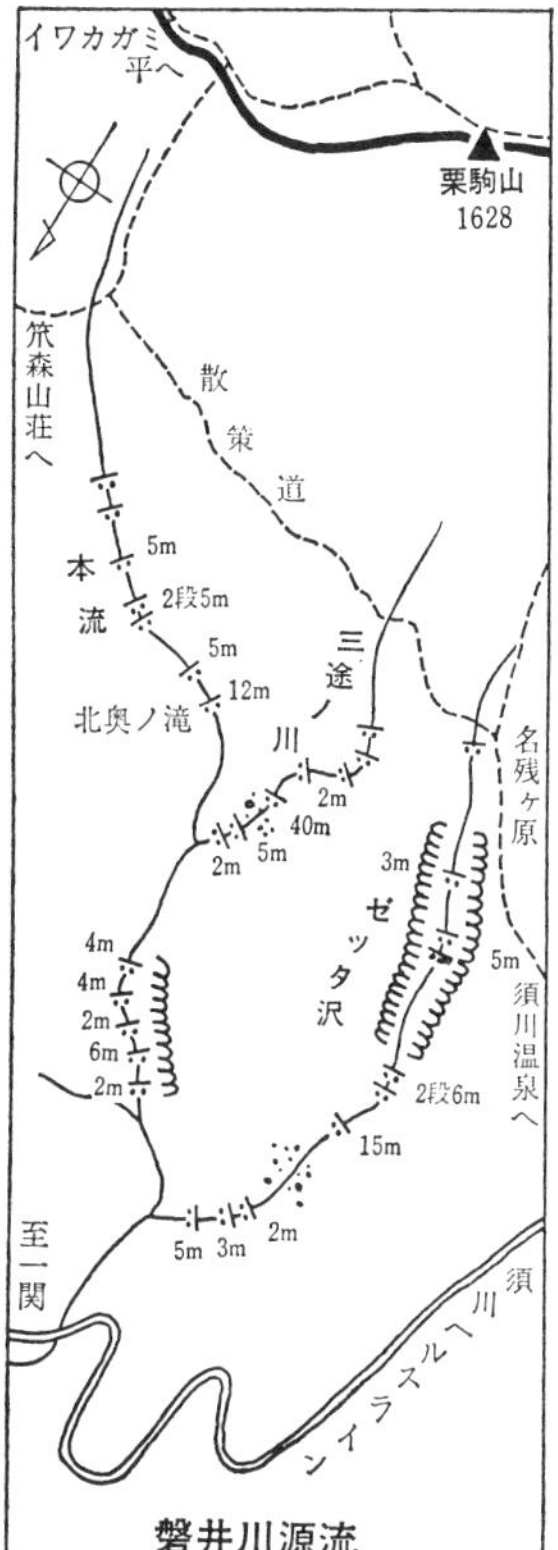

磐井川源流

4 一ツ石沢 五時間

笊森北面を流下する一ツ石沢は栗駒山のバリエーション・ルートとしては興味深いが、滝の数は少ない。

最初の一六mの滝まではゴーロで、釣師も入っている。この滝は直登できず、右岸を高巻くが、ザイルが必要である。上部に二、三滝は現われるが問題なく、急なつめを頑張れば笊森の西のコルで、瑞山コースに出る。笊森山荘のやや下で山荘まで二〇分、山荘から頂上までは約一時間である。

5 産女川 六―八時間

栗駒山を代表するバリエーション・ルート。段を連ねる滝や、美しく水流のかかるスラブ滝、そのほとんどが直登できるというのはじつに爽快である。開発の手が奥まで伸びているということが、ちょっと気がかりではある。

産女川左岸の林道が右岸に渡る橋より沢に入る。標高六〇〇mぐらいの地点だ。遡行を開始するとすぐナメ滝となり、左岸から枝沢を入れたところで五mの沢幅いっぱいの滝となる。左から越えると二m―五mぐらいの滝が九段に連なっている。自由に登れて楽しい所だ。上部に雪渓が残る七月下旬までは水量が多い。地形図にある滝記号は二〇mの大滝で、その手前の八m滝は右から巻く。この二〇mの滝は左から巻く。左岸からきれいな滝で合流してくる枝沢を過ぎると、小ゴルジュの中の一二m滝、見た目ほど悪くなく、右手が登れる。小滝とナメの続く沢を気持よく遡っていくと二俣。ここは右に入る。五―六mの滝を三本越す。再び二俣となり、栗駒山頂へは左が近いが、右に入って窪状になった沢をつめていくと、前方左岸の高みに笊森避難小屋を見出す。栗駒山頂へ一時間、散策道から直接須川温泉に向かえば、四〇分の下りである。

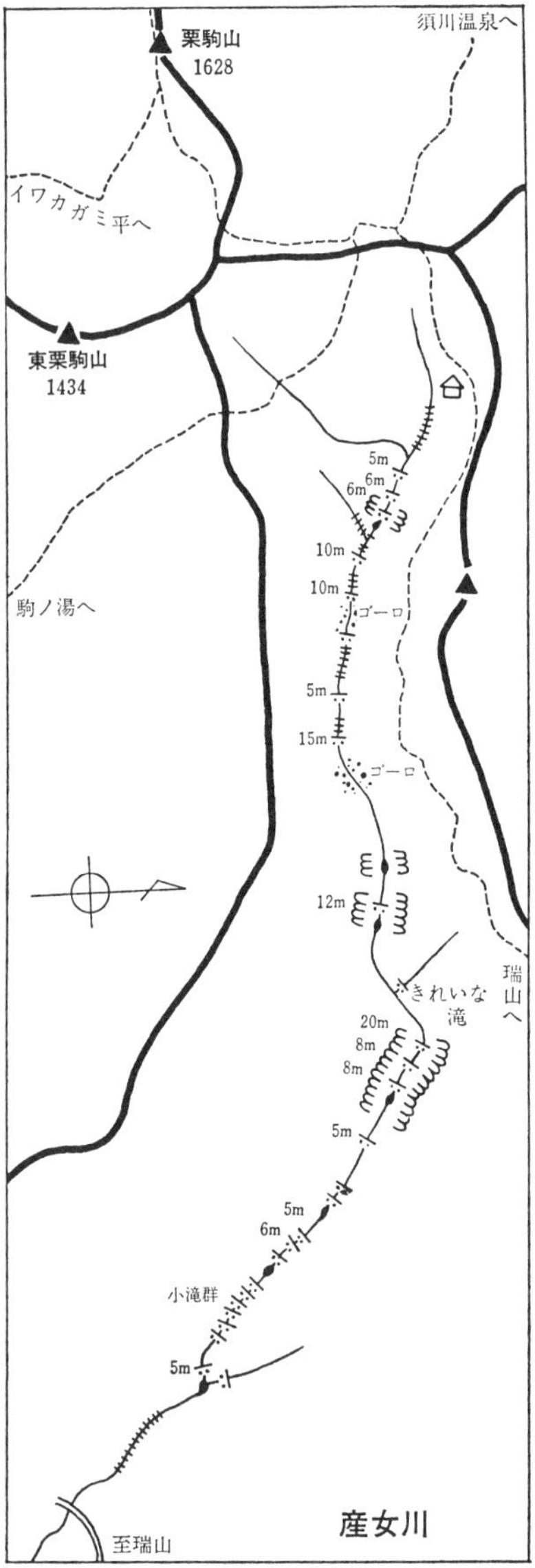

6　麝香熊沢　五時間

一ノ迫川最奥の湯浜温泉から栗駒山頂を目ざすルートで、下部はゴーロが多く退屈だが岩魚の影は濃い。九五〇mの二俣から上はナメと小滝が連続し、充分楽しめる沢である。

温湯から湯浜温泉まで三時間半、さらに麝香熊沢と赤沢の出合いまで四〇分。上滝がある以外はゴーロである。目ざす沢に入り、ゴーロ歩きにあきる頃、小滝が数個連なりおもしろくなるが、それも束の間で再び平凡な河原となる。二〇mのナメ滝を越えると二俣。ナメ滝で流下してくる左俣に食指をそそられるが、本流は右俣である。やがてナメと小滝が連続し、その応接に忙しい。つめは三県々境一五六六m峰南西面に消えているので、適当なところで秋田、宮城県境尾根を目ざす。三〇分ほどのやぶこぎで尾根上の切り開き道に出る。栗駒山頂まで一時間。山頂から湯浜温泉へは三時間の下りである。

7　腰抜沢　四時間

温湯から栗駒山への登山コースを一時間半たどれば出合いである。二万五千分の一と五万分の一の地形図では小檜曽沢と腰抜沢の名前が入れ替わっている。本項では後者によった。問題になるような滝もなく、虚空蔵《こくぞう》山西側のお花畑に上がっている。

8　大地沢　五時間

腰抜沢の上流の大地沢はゴーロの河原をしばらく遡ると三五mの大地滝となる。一般には左岸を高巻くが、左岸の直登も可能だ。滝上から九〇〇mの二俣までは明るいナメ滝が続く。本流は左俣であるがもはや窪状の平凡なものなので、右俣に入り大地森付近の登山道に出る。温湯まで下り二時間。

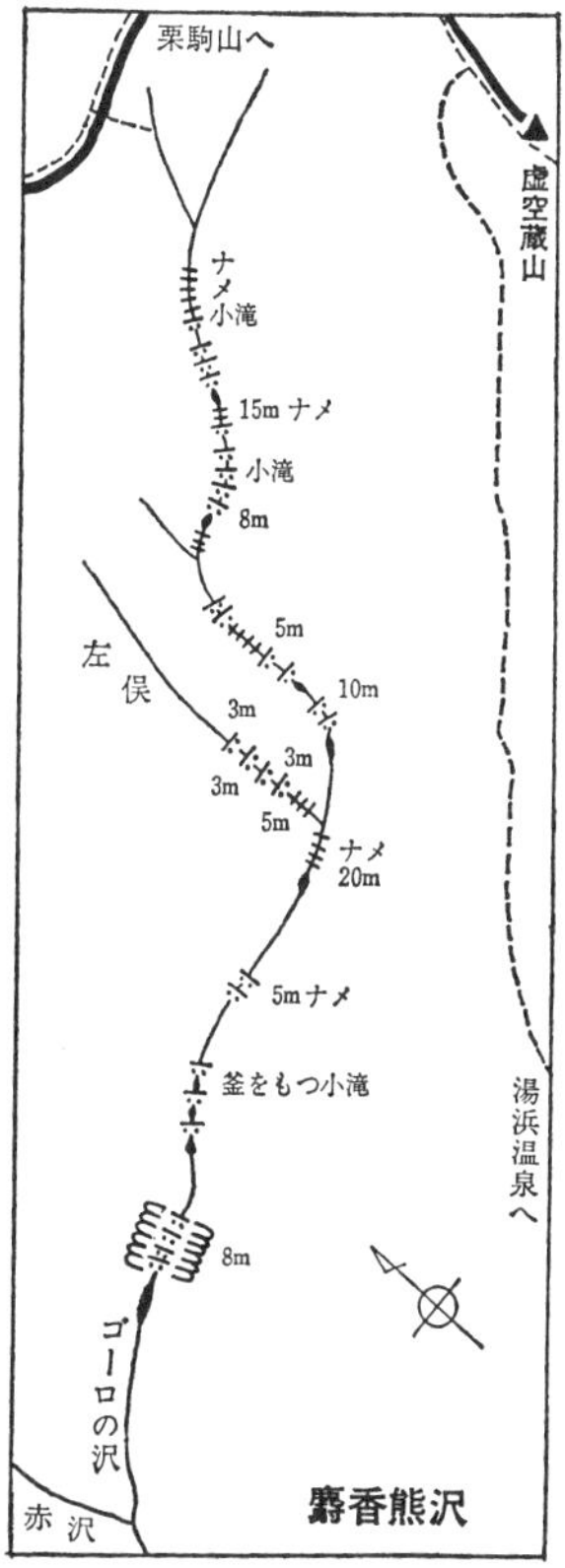

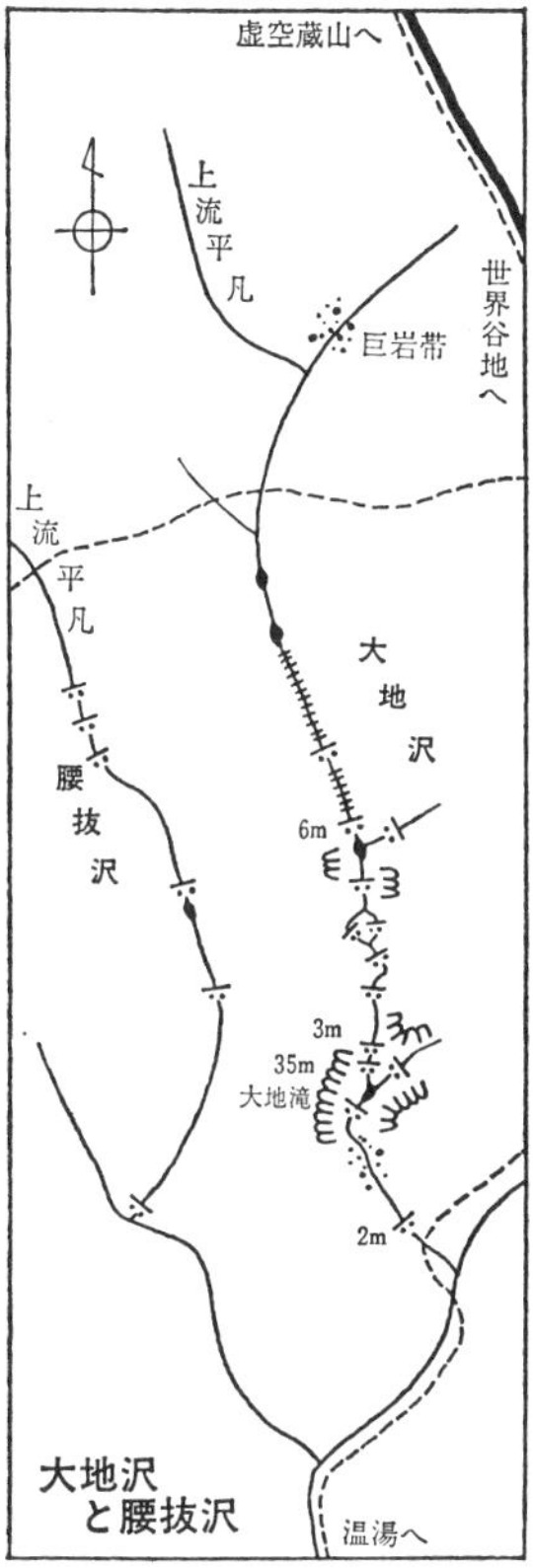

皆瀬川流域

奥羽本線湯沢駅からバスで大湯まで入る。皆瀬川流域の沢への出発点だ。須川温泉に行くバス道と分かれて皆瀬川林道に入ると急に山深さが迫ってくる。道は坂井沢を渡って左岸に渡り二、三の枝沢を横切り大滝沢を横切ると春川の出合いだ。この間、右岸からは田代沢、沼沢が流入している。

春川には虎毛山塊を代表する豪快な万滝沢、数多くの滝を連ねる本谷、本谷から山頂へ急激にせり上がるダイレクト・クーロアールのルートがある。春川への下降点は見過ごしそうなので

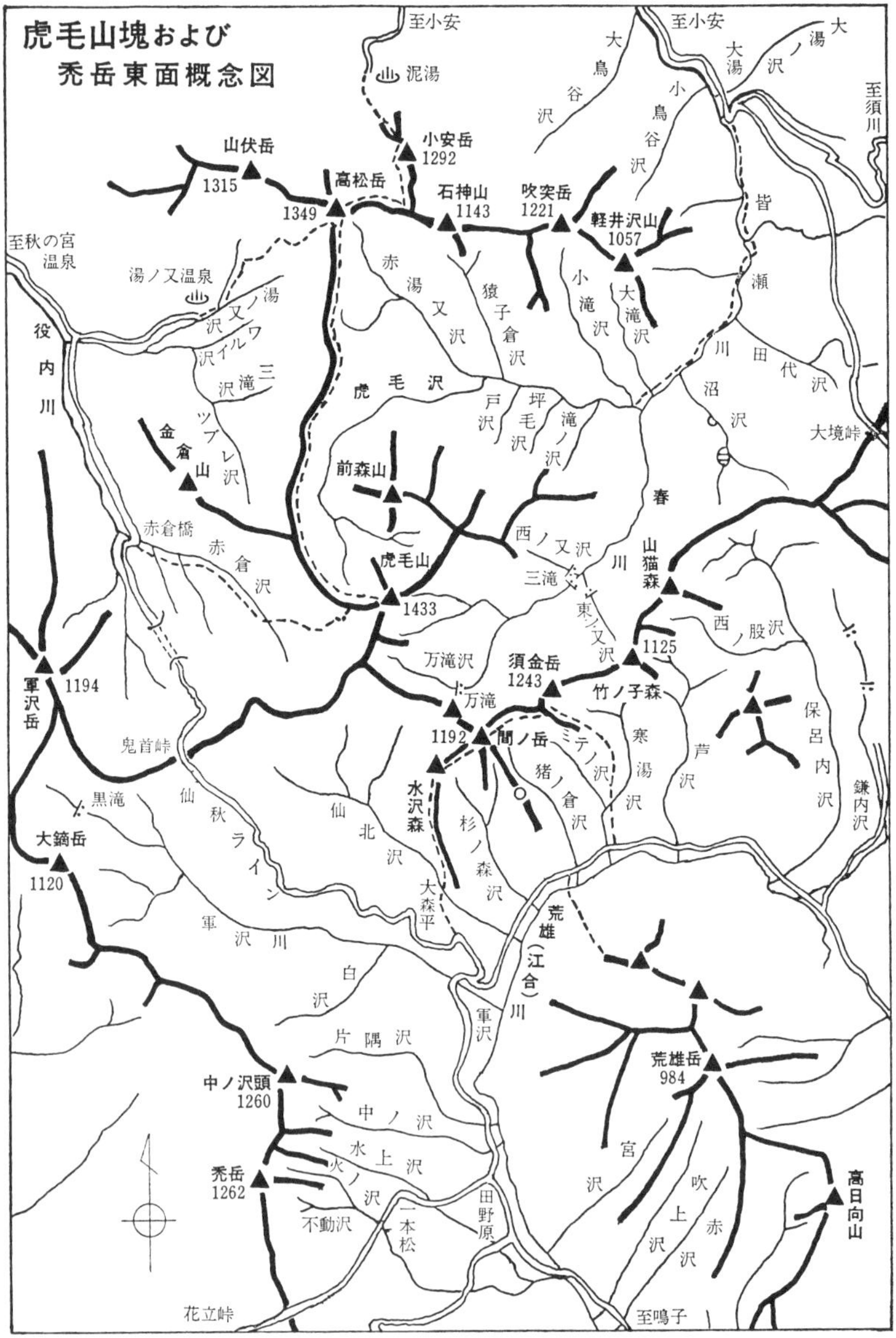

虎毛山塊および禿岳東面概念図

要注意。皆瀬川はここから向川と呼ばれると地元の人に聞いたが、地形図にその名の記載はない。右岸沿いの道は小滝沢出合いで河原に下っている。ゆるやかな本流は蛇行しながら上流に向かっている。右岸から滝ノ沢、坪毛沢、戸沢を迎え、左岸の猿子《しし》倉《くら》沢出合いを過ぎると、皆瀬川の本流と目される虎毛沢と赤湯又沢の出合いである。大湯から春川出合いまで一時間半、さらに赤湯又沢出合いまで春川出合いより二時間である。

小滝沢出合いの河原にベース・キャンプを設営すれば戸沢、坪毛沢、滝ノ沢は小手調べによいだろう。虎毛山頂より春川出合いに落ちる尾根の下半部には踏跡がある。脊梁山脈からは春川に落ちる急峻なルンゼ群があるが、アプローチを考えるとちょっと手を出せないだろう。本流右岸の沼沢は宮城県側の西ノ股沢と組合わせれば、味のある山旅ができそうだ。田代沢と坂井沢は大湯と湯浜温泉を結ぶ車道が横切ってしまったが、坂井沢の下流部など魅力的な渓相を見せている。大湯より下流で、軽井沢山から小安岳に至る稜線より本流左岸に流下する小鳥谷沢、大鳥谷沢、小安沢などがあるが、一度は入ってみたい沢である。

〔五万図〕 秋ノ宮

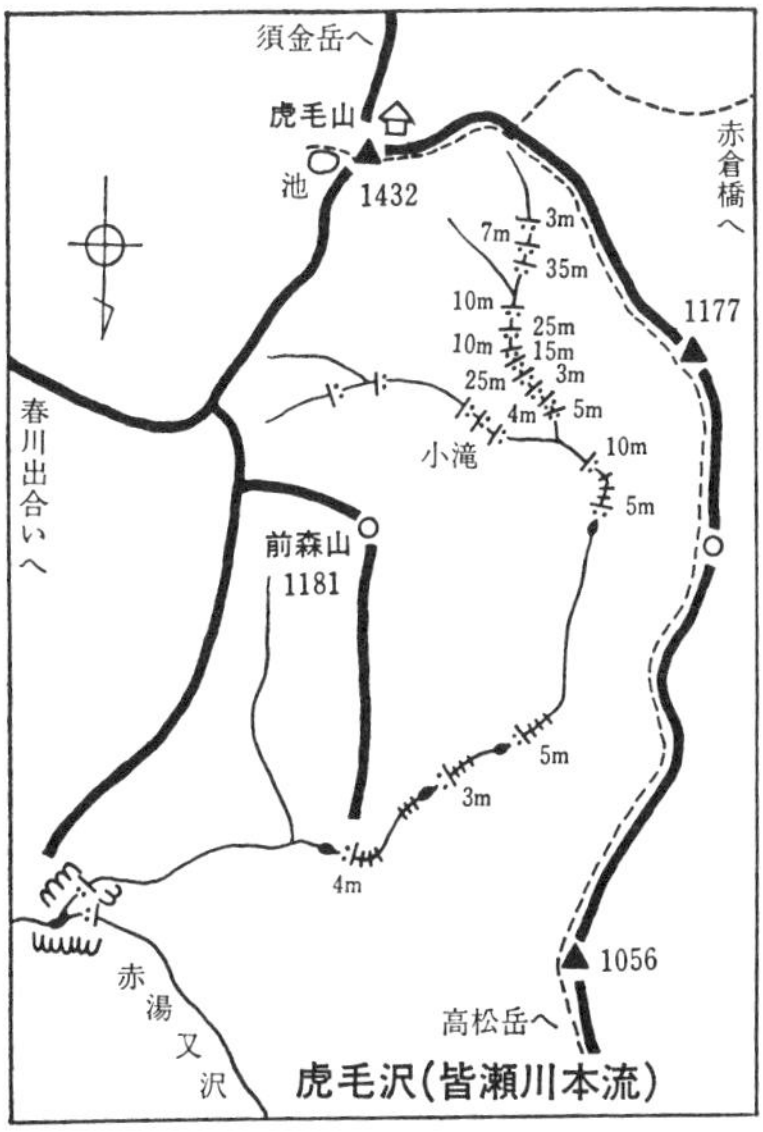

虎毛沢(皆瀬川本流)

9 虎毛沢 八時間

出合いの滝は左から越える。前森山を北から西、南とぐるりとまわって遡ってゆくので、冗長の感はあるがナメや小滝、沢床の岩肌が美しい。七五〇mの二俣は右に入れば滝が連続しおもしろくなる。本流は左俣のようだが、虎毛山頂に立つためにも右俣に入るべきだ。つめのやぶこぎもたいした苦労はなく縦走路に出る。山頂まで登り三〇分。山頂から赤倉橋まで下り二時間、さらに秋ノ宮温泉まで一時間半を要する。

10 赤湯又沢右俣・左俣 六時間

技術的に困難な滝はなく、静かな沢登りを楽しめる。右俣、左俣とも似たような感じだが、右俣のほうが滝の数が多く、いたる所に噴気がありおもしろ味はあるようだ。両俣とも、つめの草付きがちょっと嫌らしい。高松岳から湯ノ又温泉を経て秋ノ宮温泉まで二時間半、小安岳または山伏岳を経て泥湯まで一時間半の下りである。

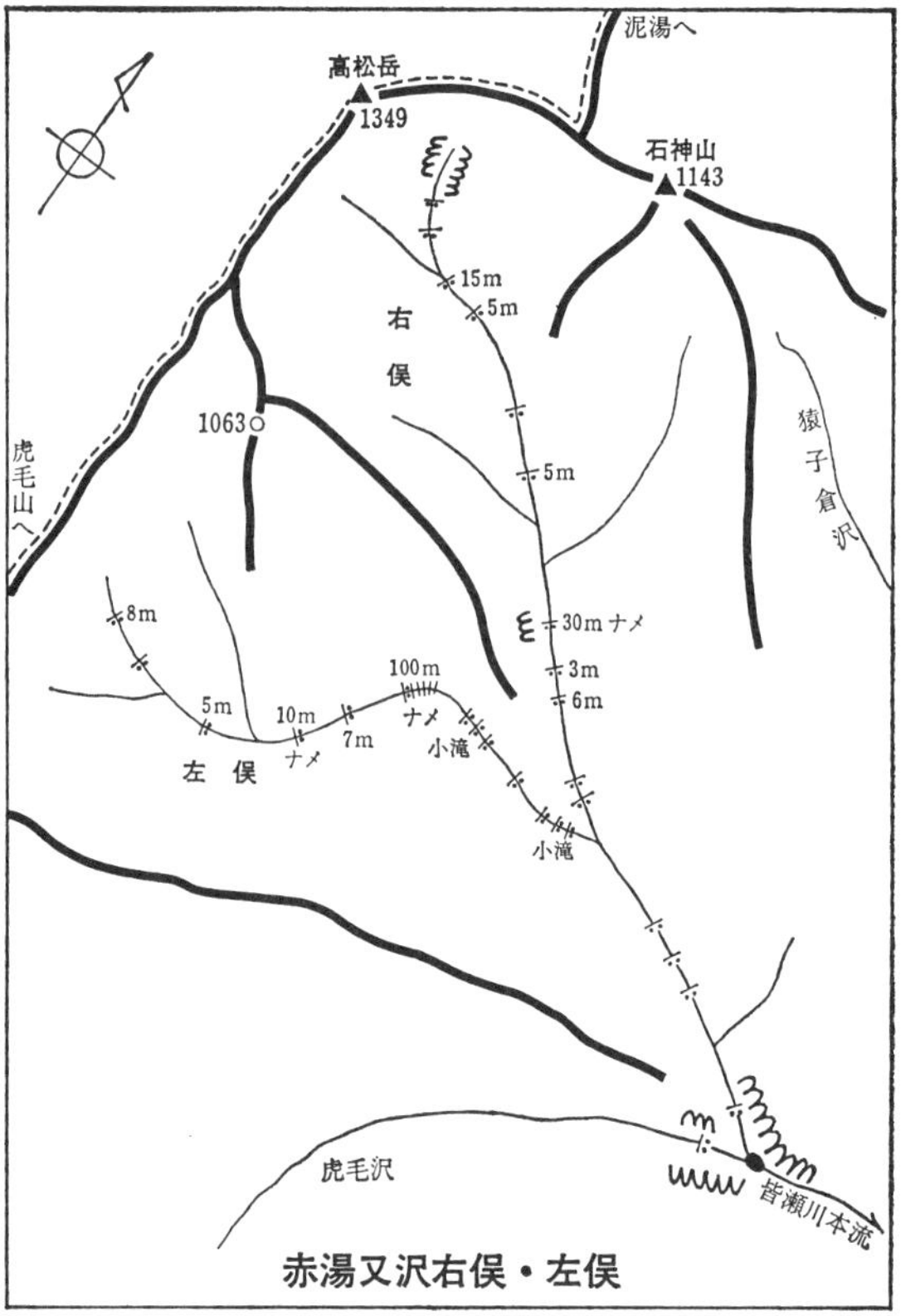

11　**猿子倉沢**　七時間

石神山の西側に突きあげる猿子倉沢は、滝が連続していて登り甲斐のあるルートである。上流部では温泉が湧き出ていたりもする。つめのやぶこぎを一時間頑張ると、高松岳と小安岳間の縦走路に出る。

12　**小滝沢**　六時間

吹突《ふっつき》岳へ突きあげるV字状の明るい沢で、ナメ状の小滝が重なり合っているゴルジュを抜けると、核心部の滝が五つ続いて現われる。最大の三五mの滝は慎重に越える。源頭は砕石をコンクリートで固めたような感じで、高度感のあるルンゼ登攀となり、登りきれば吹突岳頂上である。

13　**大滝沢**　五時間

この沢にかかる十数個の滝はすべて直登できる。七五mの大滝は階段状で、右岸に取付き、上部で中央よりに出て登りきるシャワークライミングになる。軽井沢山の西のコルに出て、一五分もやぶをこげば軽井沢山の頂上。大滝吹突岳東面の景観がすばらしい。大滝沢左岸の尾根を下る。

14　**春川本谷**　一八時間

春川出合いで皆瀬川林道から河原に降り、本流を徒渉して春川に入る。軌道跡の道が残っているが河原を歩いたほうが早い。河原歩きを二時間もすると両岸も狭まって、大きな釜を擁した最初の滝が現われる。山仕事の人がよく入るらしく、左岸にワイヤーが吊り下げられている。右岸から東ノ又沢が合し、

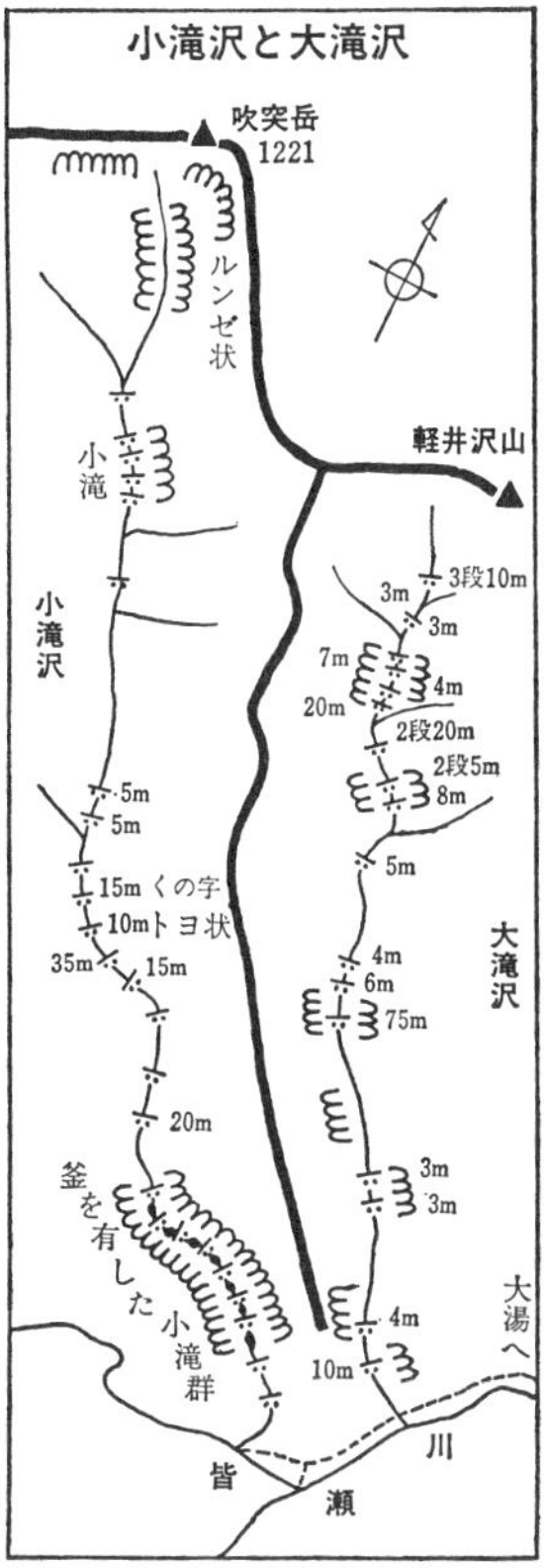

ちょっと先で左岸から西ノ又沢が合して三滝を形成している。本流の滝を左岸から越えると、沢筋は亀甲模様のナメ床となって、その景観は一見の価値はあるだろう。再び平凡な河床となり一時間も遡ると右岸から万滝沢が合流してくる。深部の豪壮を想像もできない平凡な流れだ。

本谷に入り、一〇m前後の滝をいくつか越えてゆくと二俣になる。本谷はここで西に向きを変える左俣で、右の沢は三〇〇mほど上部で右俣と中俣とに二分する。本谷はいったん河原状になるが再び滝を連ね、標高八五〇mあたりで左岸にダイレクト・クーロアールを迎え入れる。上部のゴルジュは険悪で強引に登り切るか高巻くかであるが、いずれにせよつめのやぶこぎには苦しめられるだろう。

15　ダイレクト・クーロアール　六時間　「山」431号

春川本谷左岸に山頂から急峻に落下するクーロアール状のルンゼである。フリクションのきく凝灰岩であるため、フリークライミングで快適に高度をかせげる。三〇mの垂直な滝はアンザイレンして左側壁のチムニーを登る。つめは赤茶けた狭いルンゼで、やがてゆるやかな傾斜のガレ場となって頂稜部の草原に出る。

16　万滝沢　一二時間　「岳」389号

春川出合いより万滝沢出合いまで四時間。万滝沢に入り、約一時間で「赤いゴルジュ」の入口。一〇m滝手前で右手の脆い岩稜に取付き、灌木帯に入り大きく高巻く。落差五〇mの「前衛滝」は左壁を二ピッチ六〇mで落口に抜ける。アブミが必要だ。前衛滝の落口から巨岩を積み重ねた奥に「万滝」が全容を現わす。コップ状岩壁とも呼ばれる側壁を左右に高くめぐらして名瀑と呼ぶに値する。万滝のかかる一枚岩と左側壁とのコンタクトラインがルートになる。下段のナメ滝と大テラス下のフェースはノーザイルで登って、大テラスでアンザイレン。一ピッチ目三〇mは深成岩のすばらしい岩場。二ピッチ目は変成岩となり脆くなるので落石に注意。二〇mでコップの縁に出、右にトラバースして灌木帯に入り、二〇m登れば落口に立てる。ここから沢は急に小さくなり、五、六mの滝とナメが続く好ましいものになる。やがてそれもやぶの中に消え、山頂まで二時間

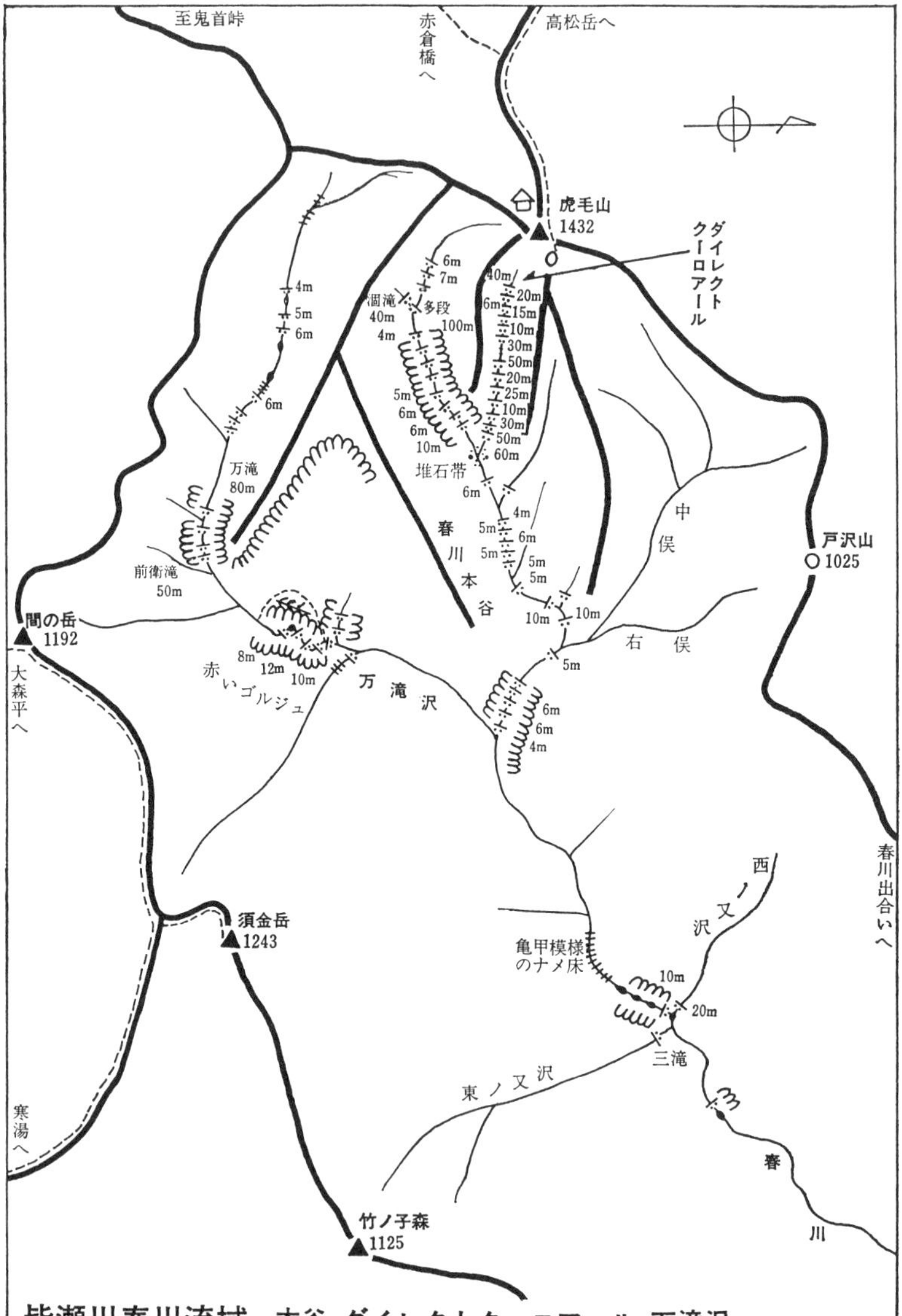

皆瀬川春川流域　本谷・ダイレクトクーロアール・万滝沢

のやぶこぎが待っている。

役内川流域

奥羽本線横堀駅から秋ノ宮温泉、鬼首峠へと登る仙秋ラインは役内川に沿って走っている。この役内川上流は虎毛山の西面に位置しており、東面の沢が荒々しく豪快な滝場を有するものが多いのに反し、こちら側の沢は小粒である。

横堀から秋ノ宮温泉まではバスの便があり、タクシーを使えばツブレ沢、赤倉沢など、それぞれの沢沿いの林道をかなり奥まで入れる。ツブレ沢右岸支流に三滝沢、ワルイ沢、湯ノ又沢があり、いずれもつめ上げれば虎毛山、高松岳間の縦走路に出る。赤倉沢は虎毛山への変化あるアプローチとして、一般登山道を登るよりおもしろい。

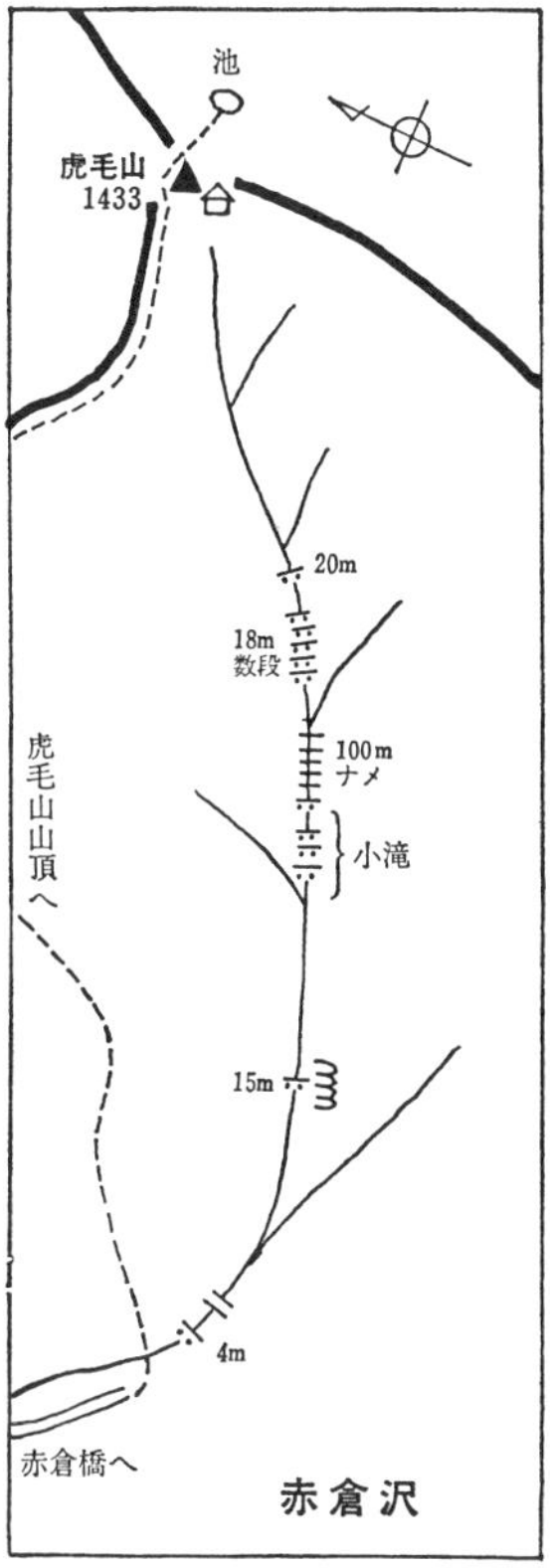

これらの沢は全般的に沢身が短いわりには源頭での分流が同じ大きさで、本流をはずしやすく、うっかり本流をはずすと稜線までのやぶこぎに苦労させられる。

〔五万図〕 秋ノ宮

17 赤倉沢 四―五時間

虎毛山頂へ登るルートとして取付きやすく興味深い。地形図で見るより長いという感じのする沢である。砂防ダムを越え、その先の二俣で左へ入る。一五mの滝がややむずかしいが、一〇〇mのナメ滝、二〇mの階段状の滝など楽しめる。つめのやぶこぎは苦しい。

18 三滝沢 四時間

秋ノ宮温泉からワルイ沢出合いまで一時間余。沢に入り、広い河原をすぎると両岸が狭まってくる。小滝、ナメ滝が続き小一時間で三滝沢出合い。一〇m滝を左から越えると、ずっとナメ滝が続く。源頭のやぶこぎも短く縦走路にとび出す。

19 ワルイ沢 六時間

流程三km余ではあるが、ナメ滝や釜が多くおもしろい沢である。上部は両岸スラブ状で、沢幅は狭くなりトヨ状となる。つめのやぶこぎは一五分ほど

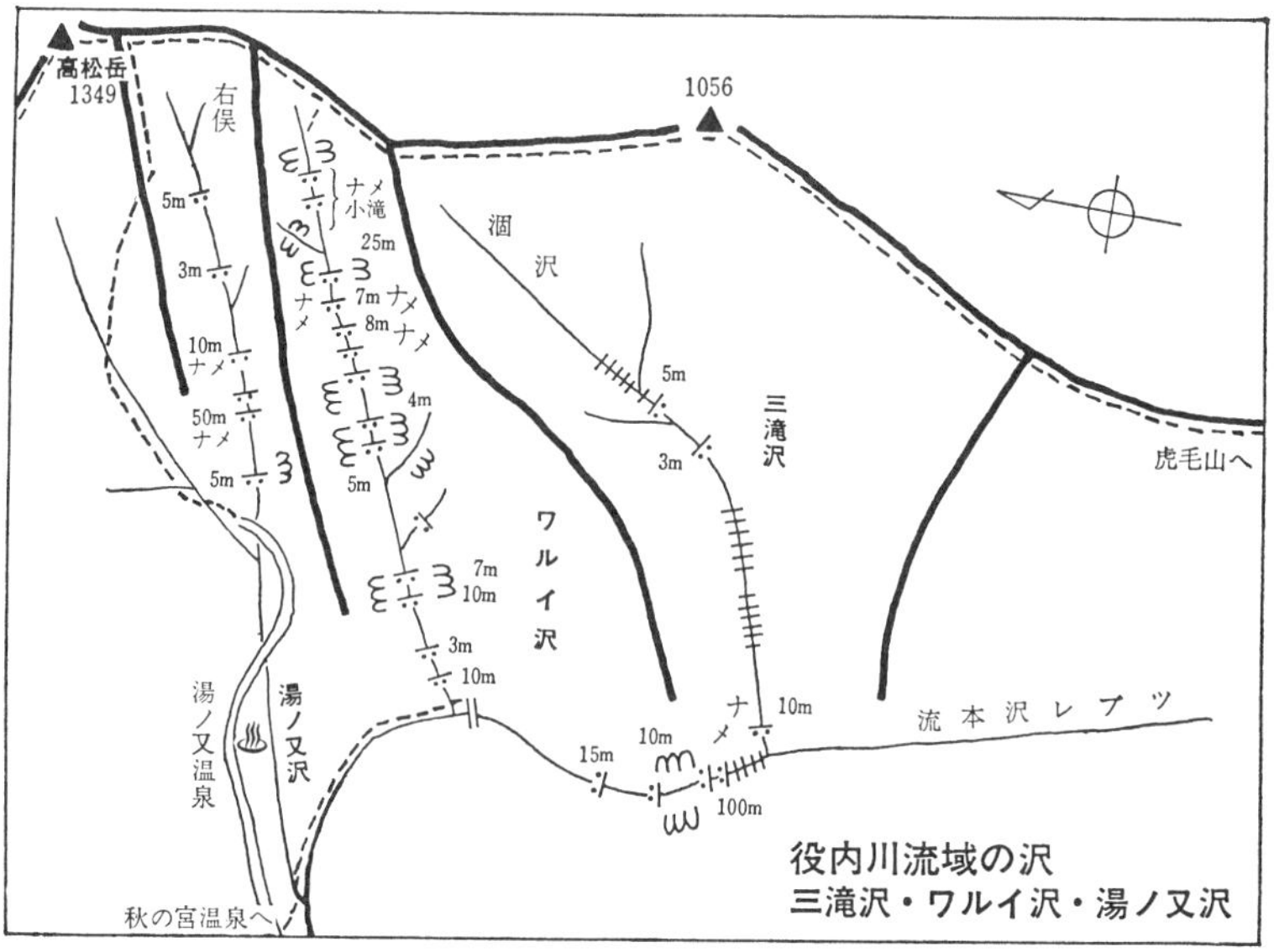

で縦走路に出る。高松岳へは約一時間の行程である。

20　湯ノ又沢右俣　四時間

湯ノ又温泉の野趣を味わい、初心者にも楽しめる明るい沢登りルートである。五つほどやさしいナメ滝がある。

須金岳南面の沢

荒雄岳をぐるりととり囲む江合川の右岸には脊梁山脈へ向かって数本の沢がせり上がっている。陸羽東線鳴子駅から軍沢までバス。仙秋ラインと分かれ保呂内林道に入れば各沢の出合いに導いてくれる。大森平から水沢森を経て間ノ岳、須金岳、寒湯《スルユ》尾根には登山道があるので、杉ノ森沢、猪ノ倉沢、ミテノ沢の遡行後は、大森平、寒湯へいずれも一時間ほどで下降できる。保呂内沢、鎌内沢、芦沢、寒湯沢は流れが平凡であるが、竹ノ子森から流下する保呂内川の支流の西ノ股沢は変化に富んでいる。ただ稜線に道がなく、須金岳までやぶをこぐか沢を下るかしかない。また、仙秋ラインと分かれて最初に現われる仙北沢はだいぶ奥まで林道がのびてしまったが、上部に露岩帯をもつ岩沢や岩石沢もおもしろい沢である。

〔五万図〕　秋の宮

〔参考文献〕「岳人」346号

21　西ノ股沢　四時間

保呂内橋より本流沿いの道をしばらく進み、鎌内方面へ小道を分けるあたりでワラジをはく。平凡な河原を遡り、両岸が狭まり、三、四mの滝を三つほど越えると西ノ股沢出合い。保呂内橋より二時間半である。西ノ股沢に入り三〇mの滝は右岸を巻き、二段一五mの滝は左岸を巻く。上部は滝が連続し、源頭はナメ床がずっと続いている。ナメが終わると水も涸れ、やぶに入る。一五分くらいのやぶこぎで一〇四〇mピークに出る。

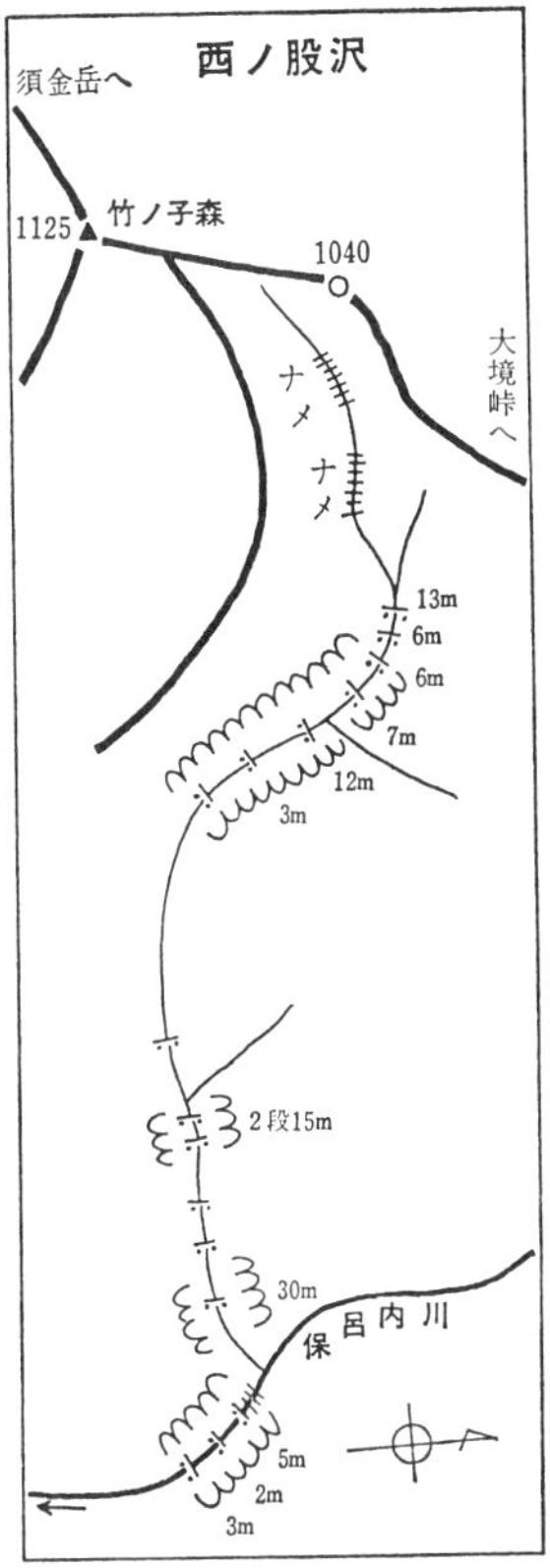

22 ミテノ沢　五時間

須金岳南面の沢の中では流域は小さいが、意外と楽しめる沢である。寒湯林道を五〇〇mもたどれば出合いである。垂直な一三mの滝は左岸の不安定な草付きを高巻くが、他の滝はすべて直登できる。ルンゼ状に狭まった源頭は右寄りにルートを選ぶと、一〇分ほどのやぶこぎで登山道に出る。

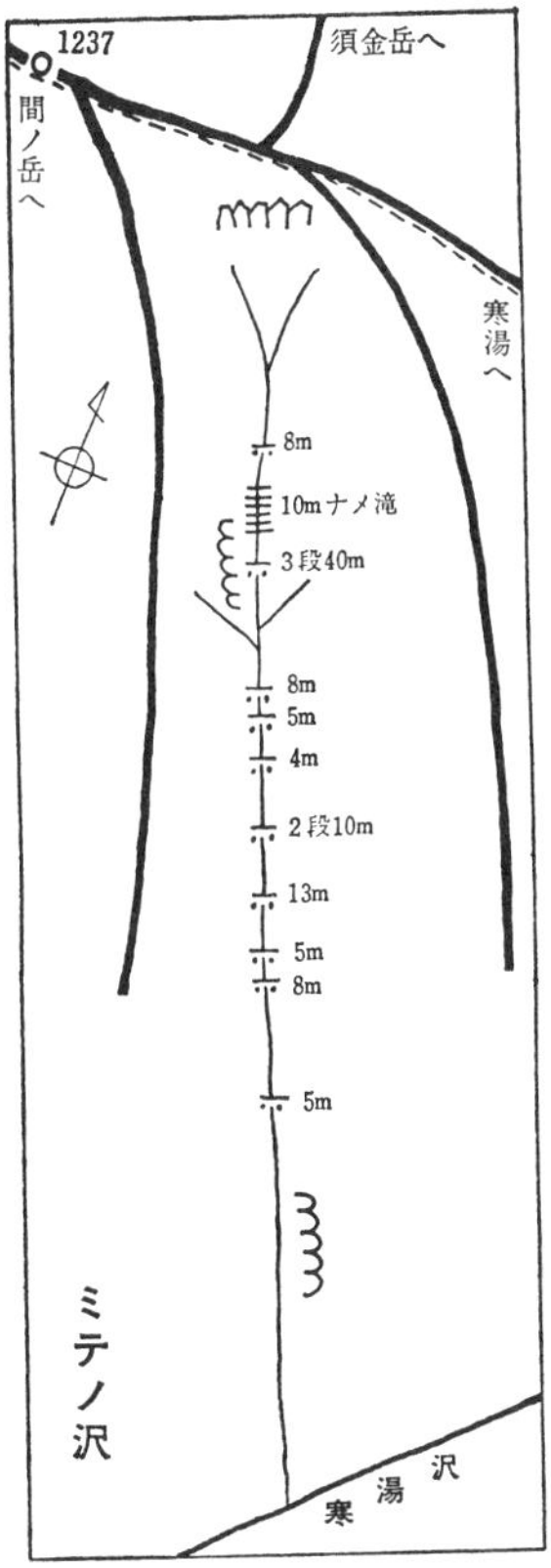

23 猪ノ倉沢　六時間

V字状に掘りこまれた急峻な谷は、遠望する山稜の柔らかさとは対称的に変化ある滝を落とし、充実した遡行を約束してくれる。

ゴルジュの手前から沢に入り、最初に現われる六m滝は右手から直登。二五mの滝は右岸から取付き、途中からシャワークライムで抜ける。続く二つの滝は難なく越し、二段八mの滝を右岸から巻くと、山腹をからんでいる小道が沢を横切っている。水量の多い時は、二五m滝の手前からゴルジュを高巻くことができる。三段一〇mの滝は左岸から、一〇mと三〇mのナメ滝はきわどいバランスクライミングで登ると、沢は扇状に開け明るくなる。中央のルンゼに入るとフェース状の二段七〇ｍの涸滝がある。順層の岩場を快適に登り、さらに小さな涸滝を二、三登る。磨きあげられたルンゼを二―三〇〇ｍ登ると、ほとんどやぶこぎもなく登山道に出る。

24　杉ノ森沢　六時間

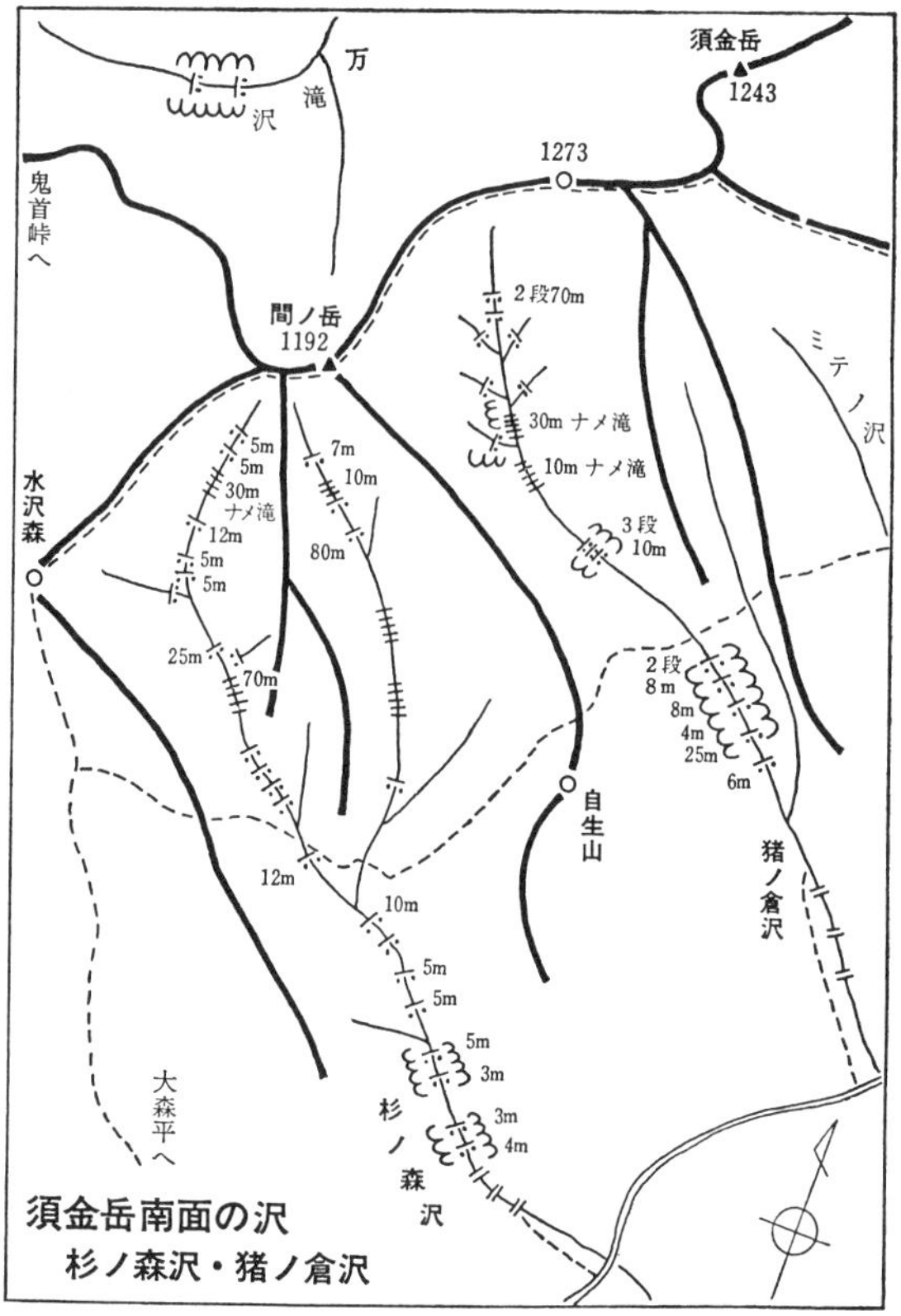

須金岳南面の沢
杉ノ森沢・猪ノ倉沢

堰堤を三つ越えると沢はゴルジュ状となり、一時間ほどで通過する。一〇ｍの滝を越えると二俣になる。

右俣に入り小滝、ナメ滝を越えてゆき、上部の二俣を左に入ると八〇ｍの涸滝が出現する。順層で快適な岩場だが上部は脆い部分もあり、高度感もあるので慎重に攀る。七ｍの滝を最後に源頭のガレ場となり、さらに三〇分ほどのやぶこぎで間ノ岳の西ノ肩に出る。

左俣は、一二ｍの滝を左岸から登ると河原状となる。小滝をいくつか越えてゆくと両岸が狭まり、二五ｍの滝になる。左岸から七〇ｍの滝となって落ちこむルンゼは、降雨時には相当の水量となるので本谷と間違えないように注意したい。三〇ｍのナメ滝を右岸から巻くと、細いルンゼが扇状に広がっている。つめの草付きを四〇分登ると登山道に出る。

禿岳東面の沢

禿岳《かむろ》は、宮城県鳴子町鬼首と、山形県最上町の県境にあり、本峰（一二六二m）と中ノ沢頭（一二六〇m）の二ピークをもつ山塊である。南から北へのびる主稜線は、東面に七本、西面に三本の沢をもつ。西面のなだらかさと、東面の急峻さが対照的である。

東面の沢は、いずれも標高差六〇〇m—七〇〇mの小さなものだが、深成岩で形成された二〇本あまりの滝を内蔵しており、なかには六〇mをこえるものもある。遡行というよりは登攀的な雰囲気が強く、ほとんど岩だけを踏んで登れる。岩登りのテクニックを駆使して、より困難なルートをスピーディに登れば、小さな岩場のゲレンデでは得がたい、変化に富んだ楽しさと意義を発見できるはずである。積雪期には急峻なやせ尾根の登高を楽しむことができる。

東北本線小牛田駅から陸羽東線の下り列車に乗換え、鳴子駅下車。駅頭よりバスで国道一〇八号線を約一時間北上し、田野原部落で下車する。禿高原入口の一本松付近が恵まれたキャンプサイトであることなどから、近年入山者は増加しつつあるが、バリエーション・ルートとしての沢と冬山は、いまだ本来の原始性を失っていない。いずれの季節にも一本松にベースを置けば、短期日で数本のルートをトレースすることが可能で、基礎的な知識と技術を習得するには格好の山である。

〔五万図〕　鳴子

〔参考文献〕「岳人」348号

25　中ノ沢　五時間

禿岳で最大の流域を持ち、上部が扇状に広がる明朗な沢である。

一二mの滝は左岸の小ルンゼを利用して滝の上部に出るが、スタンスがデリケートなので慎重を期したい。出合いから望まれる三〇mのスラブ滝は、右岸のクラックから中段まで登り、細いバンドを左岸へトラバースし、さらにデリケートなフェースを直登する。ここから上は高度感にあふれた登攀となる。下降はジャンクションピークまで稜線づたいにやぶをこぐ。JPから一本松まで約一時間の下りである。

26　水上沢　四時間

禿岳東面の沢の中では小じんまりとしており、初心者向きの沢である。

堰堤の上からしばらくゴーロを遡ると小さなナメが現われ沢らしくなる。遭難碑のある一〇mの滝と次の一五mの滝を越えると沢は狭まり、つめのやぶを二〇分ほどこいで、中峰コースの登山道に出る。

27　火ノ沢　四—五時間

残雪期の雪渓が炎状に残ることから、この名称が生まれたと思われる。中峰コースの一般道から左に折れて、尾根が高原に消えるあたりから沢に入る。はじめはやや暗いが、やがて登りやすい滝が連続する。この沢では水量の多い谷筋を選んで登るのが賢明だ。中流部には、右岸にどっしりとしたアレートをもつゴルジュがあるが、シャワークライムで沢の中を登るのが楽しい。左俣の本谷をまっすぐにつめると頂上直下のお花畑で、

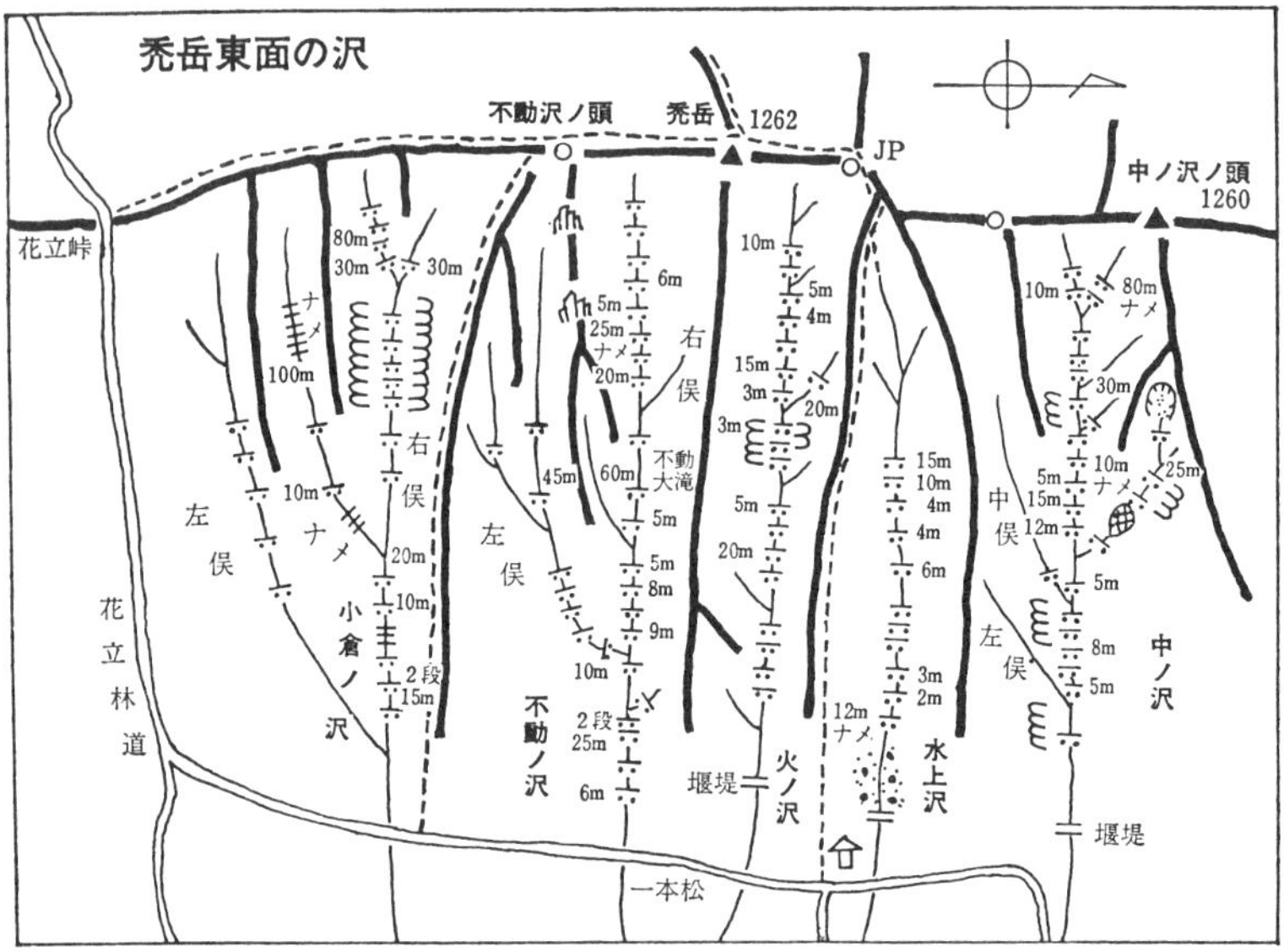

やぶこぎはまったくない。残雪期の下降はグリセードで一気にとばせるし、無雪期であればクライム・ダウンのよいトレーニングになる。

28　不動ノ沢　五―六時間

禿岳の沢では、最も岩登りのテクニックが要求されるルートである。二段二五mの滝が最初のポイント、右岸を直登するか左岸手前のルンゼから高巻きすることもできる。

右俣はハングした滝となって合流しているため、左俣の滝を登ってから小さな尾根を越えて右俣に入るとよい。ここがいちばんまちがえやすい。六〇mの不動大滝は、中央に取付き、右側を直登する。つめ近くのチムニー状の滝二本は、少々ぬれていても直登するべきで、下手に高巻きすると大変なやぶこぎを強いられる。左俣は四〇mを越す滝を内包していて、比較的すっきりと登れる。

29　小倉ノ沢　四―五時間

禿岳では比較的距離が長く、滝も多い。

右俣に入ると五―二〇mの幅広の滝が続く。再び沢は二分する。正面に見えるのが右俣で急激に右へ屈曲し、やがてV字状となって右岸は広大なスラブが続く。この奥の丸石のチョックストンの滝はホールドもなく、ショルダーで乗越す。沢が袋小路になった所へ、右岸から落ちこむ三〇mの滝を登る。順層でスタンスは豊富である。八〇m余の滝は基部がハングしているので右岸のルンゼに入り、ブッシュづたいに滝身へ移り、左岸ヘトラバースして登りきる。あとは小滝の連続で、水晶のホールドがあったりして楽しい。水が涸れた所で右よりにやぶをこぐと一〇分で稜線に達する。

神室連峰東面の沢

神室連峰は、神室山（一三六五ｍ）を盟主に、天狗森（一三〇二ｍ）、小又山（一三六七ｍ）、火打岳（一二三八ｍ）、大尺山（一一九四ｍ）、八森山（一〇九八ｍ）の峰々を、むだのない鋭い稜線で連ねてえんえん二六kmにおよぶ原始境である。この連峰の最大の魅力は、九〇余も滝が連続している大横川に代表される東面の豪壮でかつ変化に富んだ深い谷々と、その源頭の汚れを知らぬお花畑にあるといえよう。また山里の人情は素朴で、そのうえ、短いアプローチは美しく、もっと多くの岳人が訪れてもいい山域である。陸羽東線沿線には赤倉、瀬見温泉、国道一〇八号線沿いには秋ノ宮温郷があって入下山に格好の足がかりとなっている。

陸羽東線大堀駅下車、白川源流の根ノ先沢へは白川林道を約三時間歩いて出合いに至る。釜ノ沢、赤岩沢、スガサイ沢へは、白川林道を一時間半たどり、さらに、西ノ又沢林道に入りどんづまりから広河原に降り、左岸の山道をたどれば、一時間で西ノ又沢二俣、スガサイ沢の出合いに入れる。大横川流域の起点となる親倉見へは大堀から約一時間。荒倉沢へのアプローチは、薬師原より刀場沢沿いの林道を二〇分ほどたどればいい。

〔五万図〕秋ノ宮、鳴子、羽前金山、新庄

〔参考文献〕「岳人」336号、344号、346号、353号、「山と溪谷」400号、410号、431号

30 根ノ先沢　七時間

白川林道を夏路沢との出合いまでたどり、左手の根ノ先沢の河原に入る。右岸から河原状の丈ノ沢が合流する。沢幅が狭まり、左俣が本谷同様の規模で合流する。

左俣は天狗森東尾根で左右に分かれる。左沢のほうが登り応えがあり、源頭はいずれもわずかなやぶこぎで主稜上の登山道に出る。

本谷は小滝が出はじめるとゴルジュとなるが右岸を巻ける。沢はゴーロに変わると右岸から予想外に小規模な本谷が合流する。出合いの小滝を越え岩溝の中に入ると、右、左と屈曲しながら一〇ｍクラスの滝が続き釜も深い。右岸を巻いてゴルジュの上に出ると、釜は深いが容易に越せる滝が続く。次の三〇ｍの滝は水垢で滑りやすく左岸の草付きを巻く。やがて沢筋は傾斜がゆるくなって草地の溝に変わり、主稜線と平行するように続くため、草付きを利用して左上に突っ切ると登山道に抜け出る。眼前の神室山のピークを越えれば小屋は近い。下るなら、小又山から西ノ又沢に出られる。西面の土内に下って、仁田山からバスで新庄に出てもよい。

31 丈ノ沢本谷　六時間

小又山に登るルートとして魅力があるが、核心部のゴルジュ

を除いては、特に注意すべき所はない。距離が長いので、時間的に余裕を持ちたい。残雪期も楽しい。

32 釜ノ沢 七時間

西ノ又沢二俣で左へスガサイ沢を見送って右に入り、四m滝のある小ゴルジュを抜けると河原状となり右岸に中ノ沢が出合う。このあたりはビバーク適地である。両岸が狭まってくると

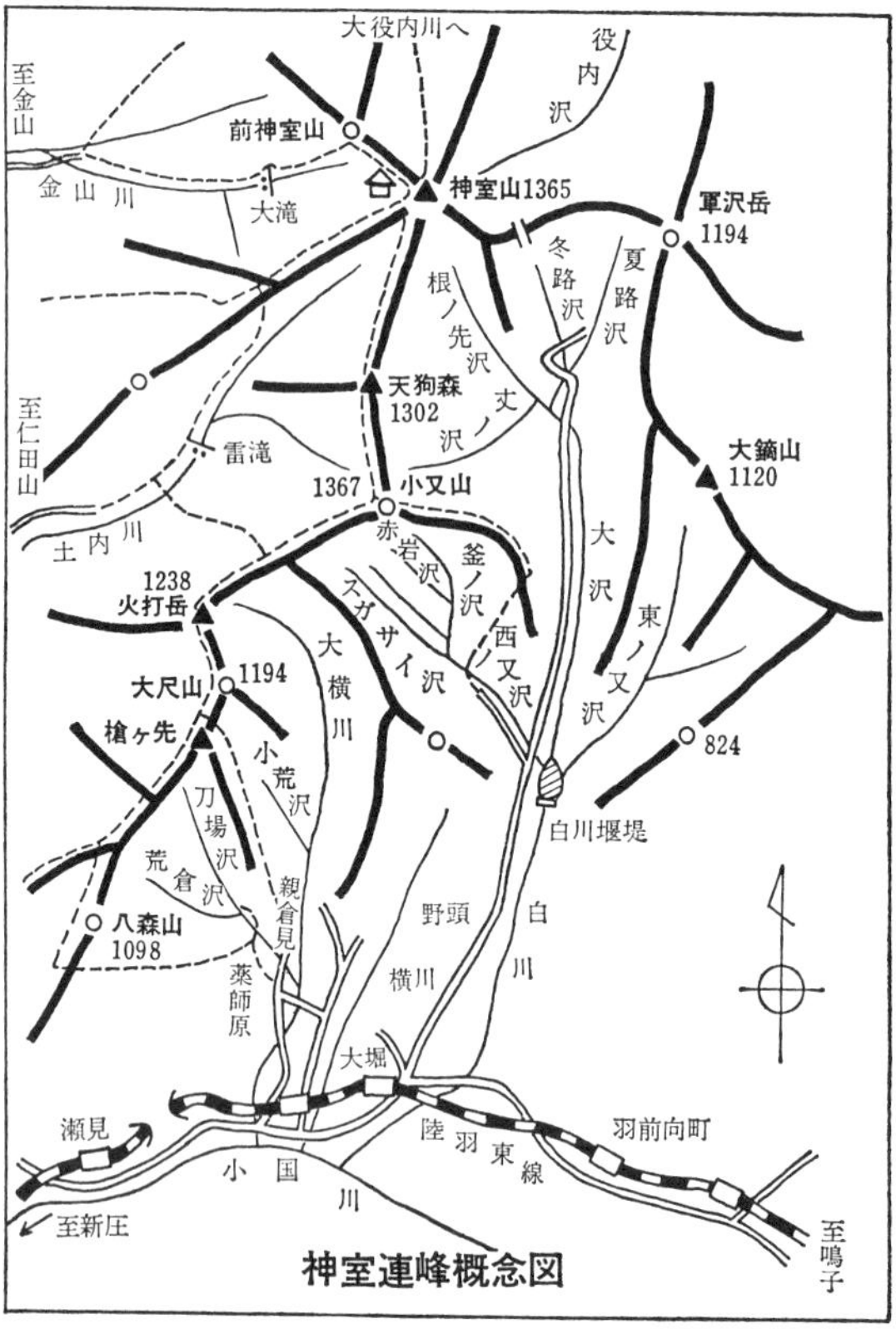

神室連峰概念図

二俣になり左が赤岩沢、右が目ざす釜ノ沢であり、西ノ又沢本流らしいスケールの大きな沢登りを楽しんで小又山に出る。

33 赤岩沢 六時間

赤岩沢に入るとナメと小滝が続き快適に登っていく。八mの滝を直登するとゴルジュ状になり続く三つの滝はホールドが多く水際を登れる。一枚岩にかかる八m滝は右岸を小さく巻き、その上の大滝二二mは左岸から巻く。この上も滝が連続し、快適に高度を上げていく。つめはやや脆くなるが、ほとんどやぶこぎもなく小又山へ一〇〇mほどの縦走路に出る。

西ノ又沢林道終点まで車を乗り入れておき、小又山より西ノ又沢に下る登山道を利用すれば効率よい山行ができる。

34 スガサイ沢 七時間

スガサイ沢に入るとまもなく沢幅いっぱいに立ちはだかる滝が現われる。左岸を直登すると左俣出合いまでは河原状となる。本谷は二本の小滝と二五mの滝ではじまる。これを右岸に高巻いて進むと、右岸から中俣が合流する。本谷はほぼ垂直な

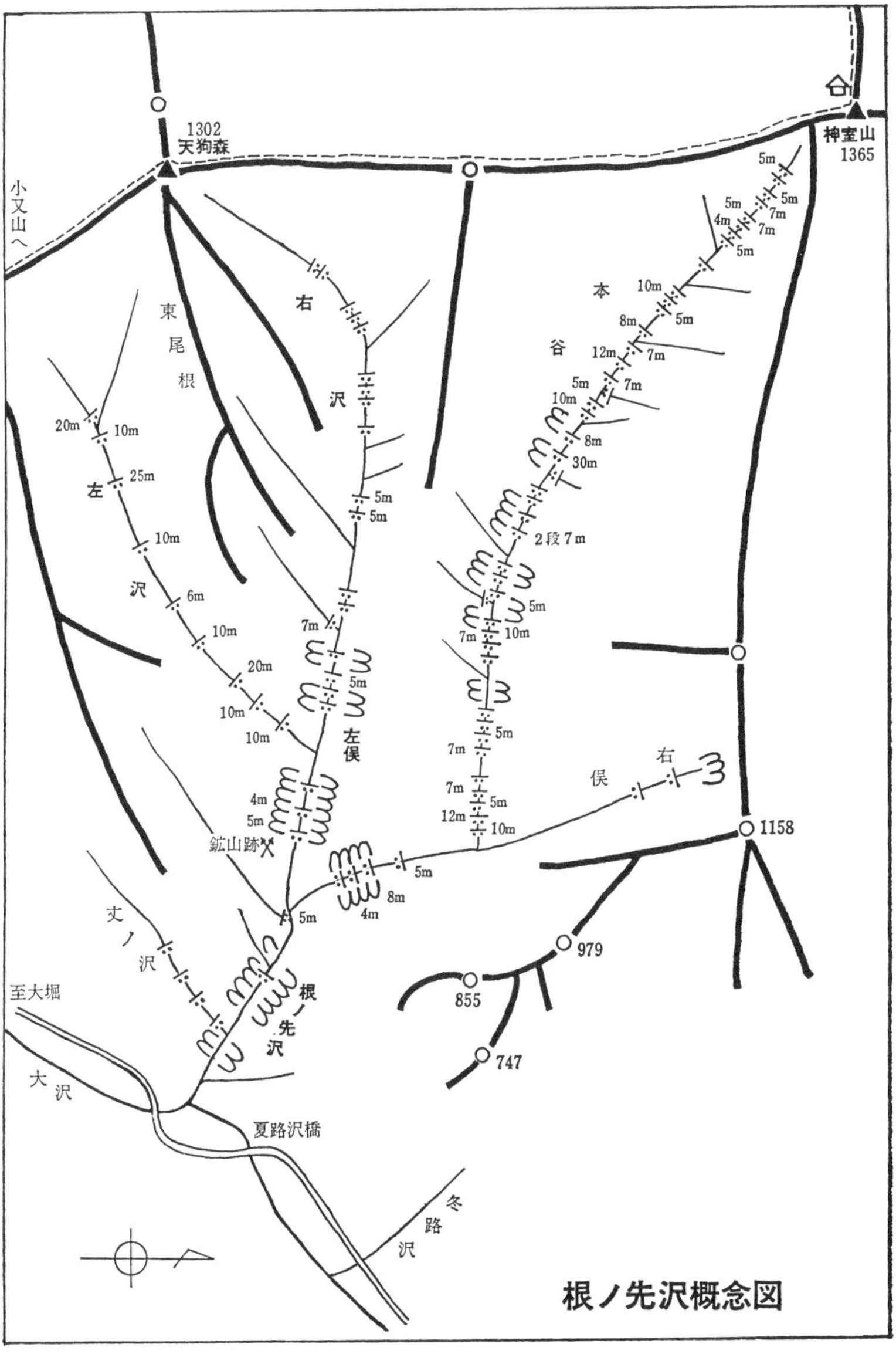
天狗森
1302
神室山
1365
小又山へ
東尾根
右沢
左沢
本谷
左俣
右俣
鉱山跡
丈ノ沢
根ノ先沢
至大堀
大沢
夏路沢橋
冬路沢
1158
979
855
747
根ノ先沢概念図

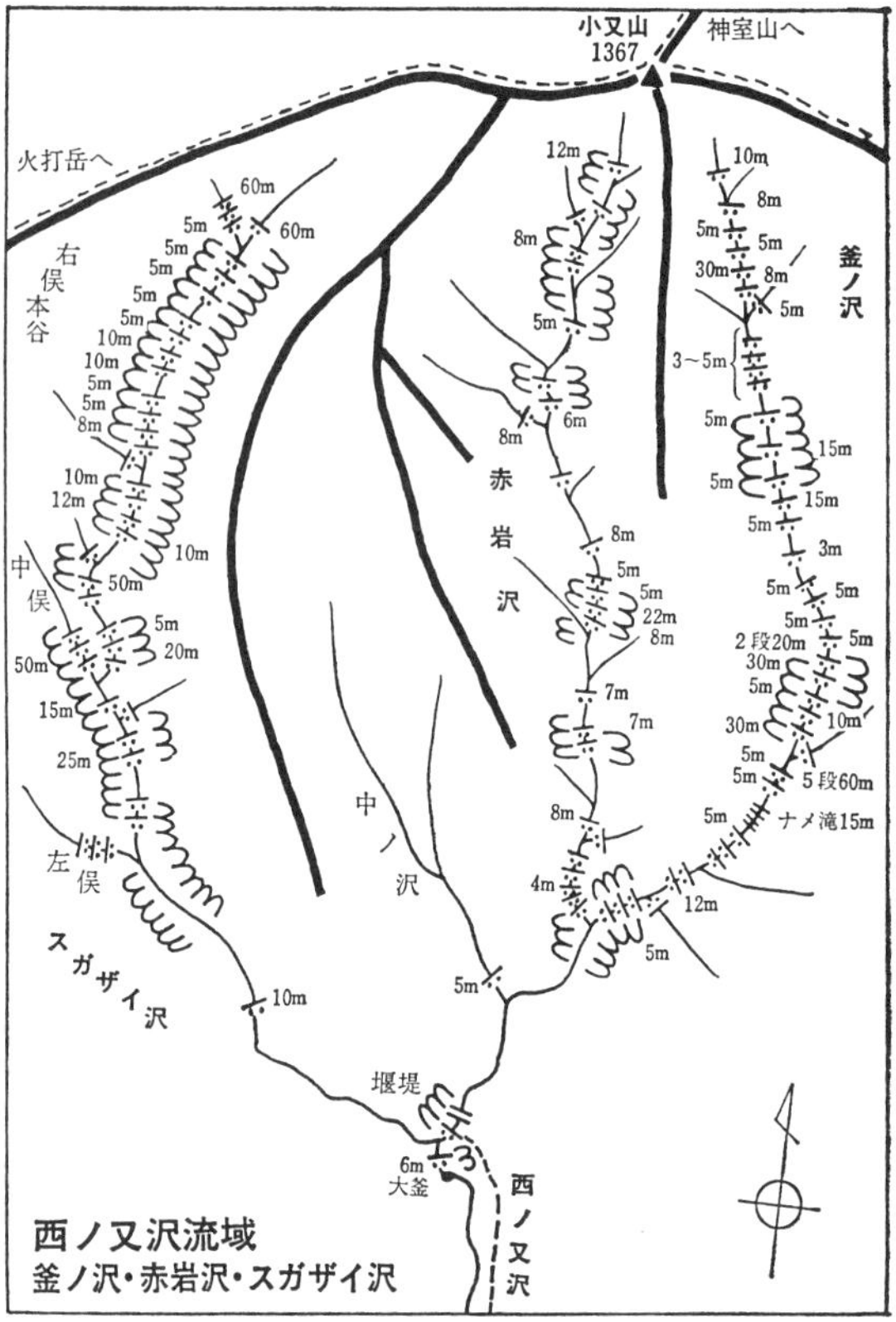

二〇mの滝となって落ちこんでいる。右岸を直登して二本の小滝を登り、五段五〇mの登りやすい滝をすぎると、右岸から三〇mの滝が落ちこんでいる。やがて沢の両壁が狭まり、小滝とゴーロの連続となるので快調に遡る。正面にハングした六〇mの大滝が現われる。右岸のルンゼに入ると三段六〇mのナメ滝となっており、つめはやぶこぎもなく稜線にとび出す。

スガサイ沢左俣は小滝の続く中に二〇mほどの滝が数本現われる。一本だけ両岸が狭まってハングした暗い滝があり、これは少し手前から左岸のブッシュまじりの岩稜を攀じて高巻く。本谷に比して水量も少なく、明るい感じの沢であり、やぶこぎもなく、すんなりと稜線に達する。

35　大横川　一〇時間

沢全体が花岡岩で形成されており、滝は比較的登りやすく、岩もがっちりしている。九〇本をこえる滝を内包する沢は、わが国でも数少ないだろう。下部の滝は落差こそ小さいがすべて大きな釜をもっており、側壁も高く切り立ってかなり手こずらされる。中央部は何度か直角に屈折し、三〇mを越える滝もいくつかあって、登攀用具なしでは登れぬものもある。上部は小滝の連続で快適だが、かなりの根気が要求される。渇水期の遡行で六―七時間かかるが、増水時には倍の時間を必要とするだろう。

親倉見から大横川の川沿いに夏道がついているが、三〇分ほどで川原の中に消える。さらに三〇分ほど行くと急に川幅が狭まり、両岸が垂直に切り立った廊下になる。まもなく小滝が現われる。下部の小滝を十数本越えたあたりで、この沢では最も登りにくいゴルジュ出口の滝に達する。一〇mの落差で、かな

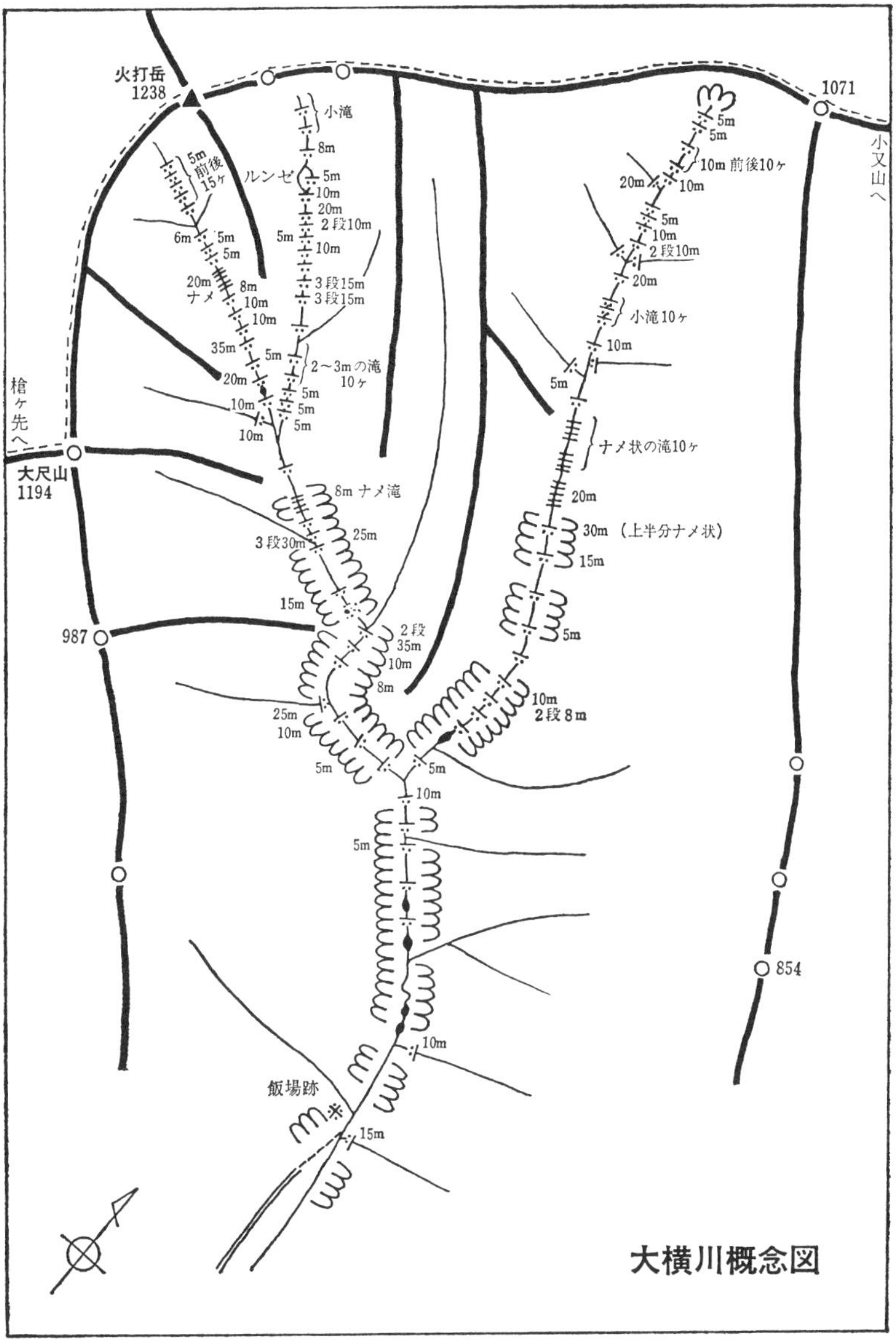

火打岳
1238
1071
小又山へ
槍ヶ先へ
大尺山
1194
987
854
ルンゼ
小滝
8m ナメ滝
3段30m
2段35m
ナメ状の滝10ヶ
30m（上半分ナメ状）
小滝10ヶ
10m前後10ヶ
5m前後15ヶ
2〜3mの滝10ヶ
飯場跡
大横川概念図

り水量もあり、釜も大きい。相当手前から高巻きするしかない。

この沢の本谷をつめるには、水量の多いほうを選んでゆけばよいのだが、一〇七一mピークに突きあげる沢や、大尺山へ出る沢を判別するのはむずかしい。ここから上にある滝は、ほとんど釜もなく登りやすい。本谷が左へ直角に折れた地点にある二段三五mの滝はガッチリした花崗岩で順層だが、手がかりがなく、登りにくい部分がある。火打岳北ノ肩に突きあげるルンゼを左岸に見送ると、本谷は急に高度をあげ、大尺山北ノ肩へ突きあげるルンゼを右岸に分けると、火打岳南ノ肩に一直線に突きあげている。縦走路を槍ヶ先へたどり、親倉見へ下山する。

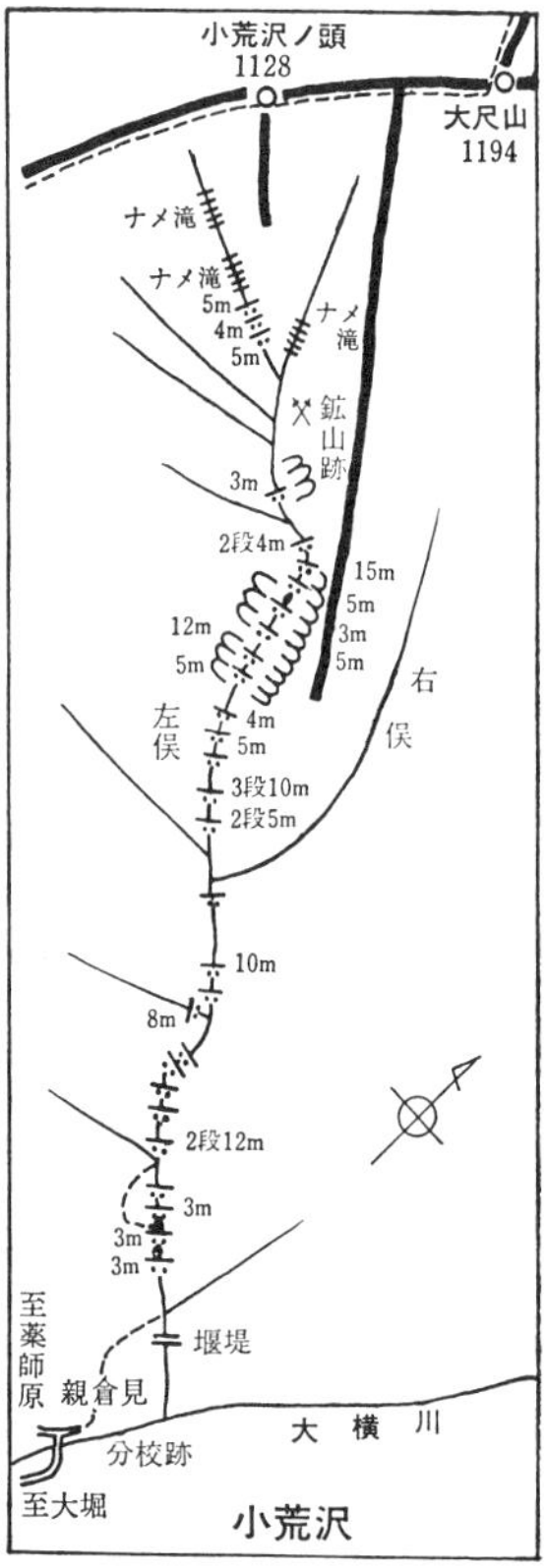

36 小荒沢左俣　四時間

親倉見分校跡から、沢沿いの小道を三〇分進んで堰堤の上で沢に入る。小滝が連続するなかに二段一二mの滝、一〇mの滝があるが、どちらも問題はない。二俣からは左に入ると急なゴーロとなり、さらに三段一〇mの滝から上は幅三mほどの廊下が一〇〇mつづいて突きあたり、左俣はここで直角に折れ一五mの滝となっている。槍ヶ先へ突きあげるルンゼをすぎてしばらく進むと、沢はおよそ四本のルンゼに分かれる。左から三本目のルンゼにルートをとると、ナメと小滝が連続してまもなくお花畑である。草付きを登り、二〇分のやぶこぎで稜線である。

37 荒倉沢　三―五時間

荒倉沢は、滝の連続で最も急峻なルートで、岩登りに熟達していれば、スピーディで高度感のある登攀が楽しめる。

下部のゴルジュは、七本の滝が連続しているので意欲をそそられるが、渇水期以外は右岸を巻く。一五分ほど進むと、第一ルンゼが左岸から七mの滝となって合流している。第一ルンゼは両側壁からブッシュのおおいかぶさる中に三―一〇mの滝がつぎつぎと続く。いずれも順層である。三段一〇〇mのナメ滝は、ホールドが細かいので慎重に登る。ここから一〇m内外の滝の連続をスムーズに通過すると、最後はぬるりとした側壁にはさまれた暗い小滝が続く。つめは稜線直下の草付きである。

第三ルンゼは第一ルンゼを右に分けたあと小さな滝をいくつか重ねると、三段二五m、三段三〇m、二段一〇mの勇壮な滝が相ついで現われる。順層だがかなりのシャワークライムを強

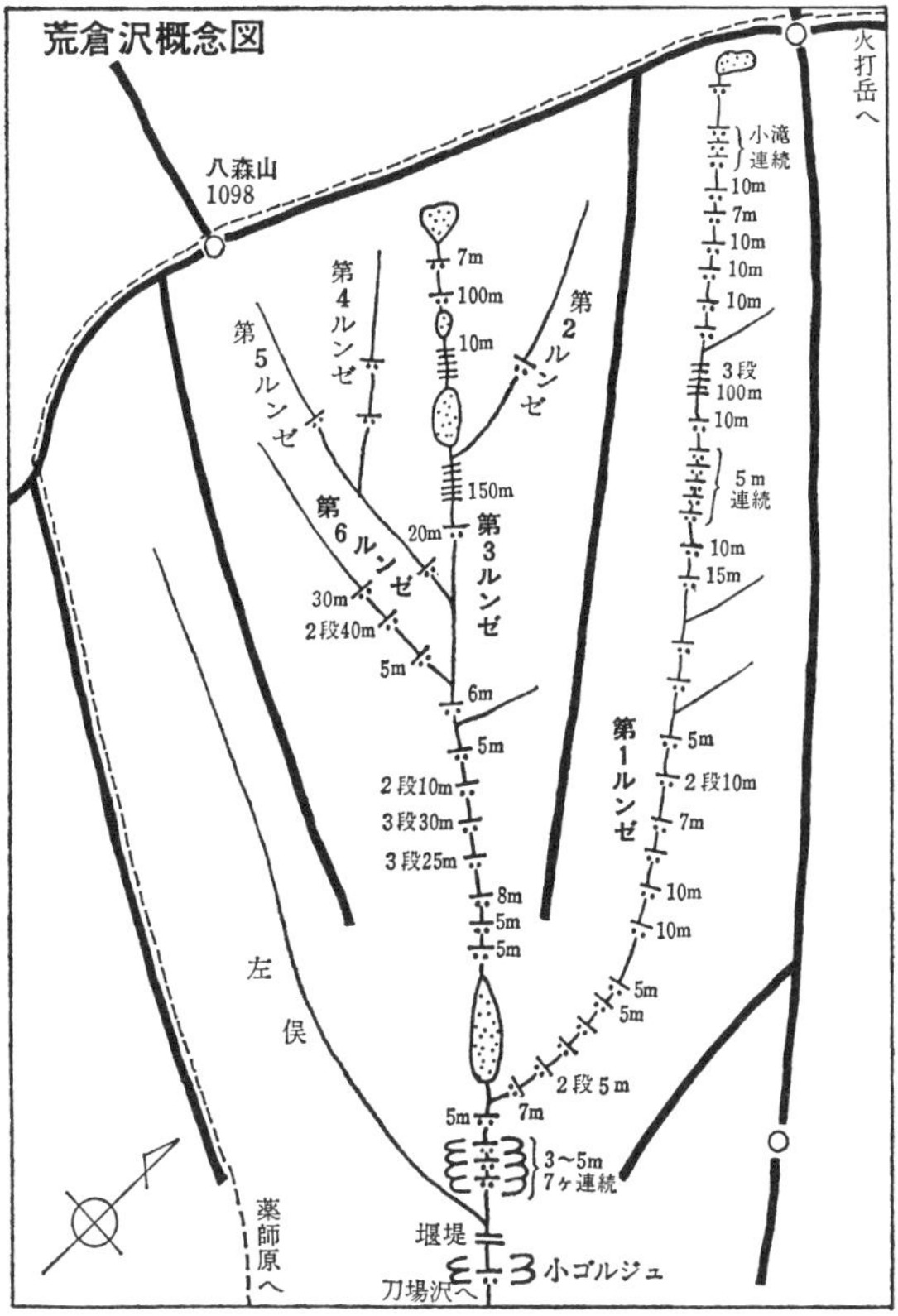

いられる。六ｍの滝上で第六ルンゼが右岸から合流。やがて二〇ｍの滝を右岸から登ると、上部は傾斜四五度、一五〇ｍほどのナメに達する。時期が早いと残っている雪渓を登り、一〇ｍのナメ滝を越えると一〇〇ｍの大滝である。ここでは城塞のように堂々とした右岸二五〇ｍのフェース状のルンゼに取付く。平均傾斜約七〇度、花崗岩の安定したこの岩場は、適度な高度感も手伝って、じつに楽しいフリークライムができる。ルンゼ上部から右へトラバースして、雪渓を登れば稜線にとび出す。雪渓が残っている時期なら刀場沢下降が早い。

第六ルンゼは五ｍの滝に出合うが、順層のほどよいスタンスに恵まれて簡単に登ると、まもなく二段四〇ｍの滝が現われる。上段の直登にはザイルがほしい。三〇ｍの美しいナメ滝は微妙なバランスが要求される。急に細くなった沢筋を一気につめると、傾斜約三〇度のガレに出る。約一時間のやぶこぎを強いられたあと稜線に立つ。下降は八森山より一般コースを下り二時間で薬師原である。

荒倉沢左俣は大きな滝もなく、荒倉沢流域で放射状登山をする際、初心者向きのルートにすればいい。

〔執筆者〕「栗駒山をめぐる沢」岩崎元郎（蒼山会同人）。なお、吉家省吾氏（一ノ関勤労者山岳会）より資料を提供していただいた。「皆瀬川流域」「役内川流域」早坂善治（仙台山想会）。「須金岳南面の沢」「禿岳東面の沢」「神室連峰東面の沢」牧恒夫、大益勉、藤本浩人、斎藤孝雄、鈴木孝、氏家章、菊地弘、大和磨、伊藤拓郎（雪苞沓山の会）

鳥海山

秋田クライマーズクラブ

一九七四年、百五十三年ぶりに大噴火をした鳥海山は秋田、山形の県境をなし、日本海に面した独立峰である。そのために四季を通じて激しく変化する日本海型気候の完全な支配下にあり、特に冬期はシベリヤモンスーンの恒西風と日本海暖流の相乗作用による降雪と悪天候に終始し、北アルプス三〇〇〇m級の山岳に劣らない厳しい山となる。最高点の中央火口丘、新山（二二三七m）を中心にして北側に馬蹄型に開かれた外輪壁の内側が鳥海山北面と呼ばれ、悪天候などで行動が極度に制約される積雪期においてバリエーション・ルートの登攀を楽しむことができる。冬期入山者の少ないこの地域は真の実力が発揮できる興味深い場所でもある。

羽越本線象潟《きさかた》駅から鳥海山の中腹、鉾立《ほこだて》まで鳥海ブルーラインがのびている。その有料道路のゲートである小滝部落でブルーラインと分かれ、水岡部落に向かう。車なら象潟からここまでおよそ三〇分で達する。象潟町と矢島《やしま》町を結ぶ中島台林道の基点となるこの水岡から北西の季節風を背に受けながら車道を歩くこと小一時間ほどで無人の横岡第一発電所に着く。さらに進むと広大な中島台の高原に出て、眼前に急峻な鳥海山の北面が現われてくる。そして中島台林道をそのまま進む道と右手、横岡第二発電所に通じる道との分岐点に出る。右の道に入ってゆくと横岡第二発電所の横を通って鳥越《とりごえ》川ルートや稲倉《いなくら》岳の東壁などのアプローチとなり、左手の中島台林道を進んで赤川橋を渡り、さらに林道を進み途中から山に向かい外輪末端のブナ森（一〇一四m）を経由して赤川源流の新山北面ルートや七高《しちこう》山《さん》第二尾根などのルートに達することができる。

以下、鳥海山の積雪期北面のルートを紹介するが、当然、気象条件の悪さなどから初心者向きの山とはいえない。しかし熟達者と同行し冬山を登るんだという気持が強いならば相当手応えのある実り多い冬山を体験することができる。北アルプスの一部の山のように先行者のトレールなど期待すべくもなく、すべて自分たちだけの冬山を実感することもできる。技術的困難さより、天候と多量の積雪との闘いが主のルートである。

〔五万図〕　矢島、鳥海山、吹浦

1　鳥越川ルート　五—六時間

鳥海山北面ルートのなかで最もポピュラーなやさしいルート

である。初心者の春山訓練の場として賑わい、また山スキーの格好の舞台となる。

横岡第二発電所、取水口より鳥越川の右岸のブナ帯をラッセルしながらひと登りすると、標高一〇〇〇ｍほどの地点で樹林帯が終わる。前方に目映いばかりの新山の北斜面が輝き、右手に稲倉岳の黒々とした東面岩壁群が仰がれる別天地である。ルートは新山に向かっておおむね鳥越川沿いに登るが荒神《こうじん》岳直下の最後の急斜面が氷化して緊張させられる。帰りは氷雪訓練や豪快な山スキーを楽しんで日本海に向かって下降する雄大なルートである。

2　稲倉岳東面・東稜ルート　二時間

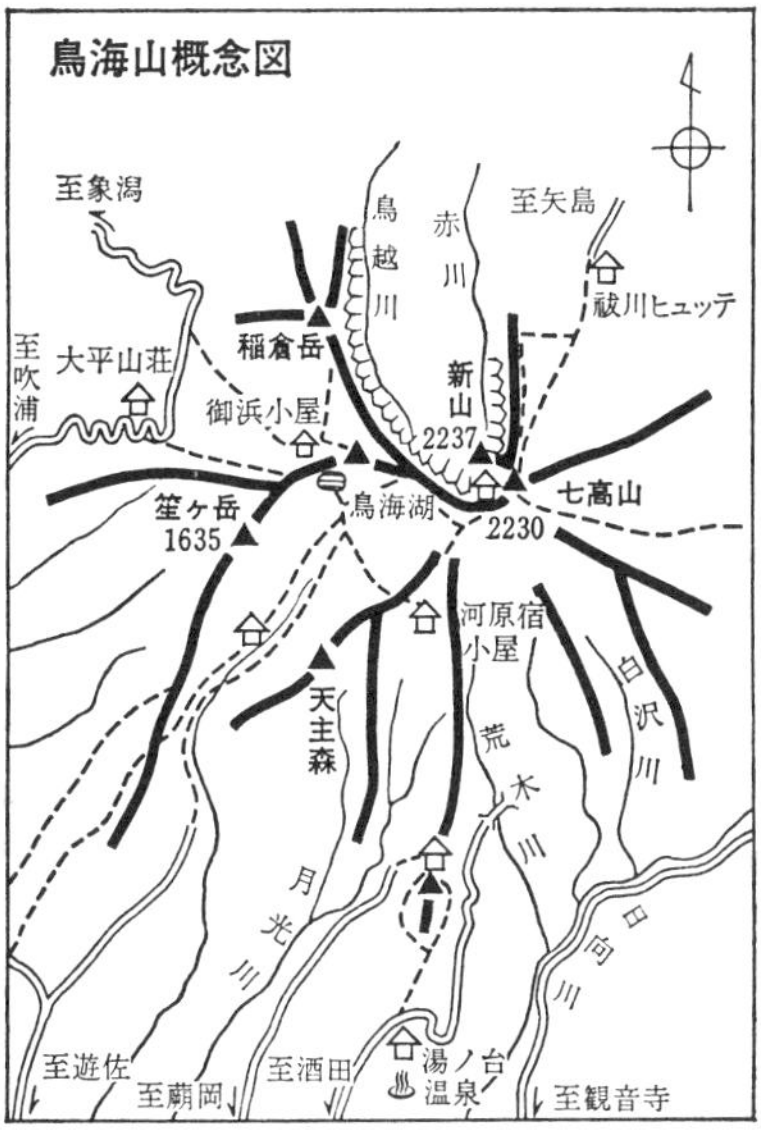

稲倉岳のわずか北方より鳥越川に落ちこむ急峻なリッジである。高距四〇〇ｍで取付き付近に三〇ｍほどの垂直に近い岩場を有し、やはり積雪期のトレーニング向きのルートといえる。

鳥越川沿いの森林限界をぬけたあと、一二〇〇ｍ付近が取付き点となる。岩場は乾いており結構おもしろい登攀ができる。上部はナイフエッジの雪稜となり、さらに岩まじりの個所もでてくる。頂上直下は再び雪稜で広い尾根にとび出す。帰路は稲倉岳を越えて蟻ノ戸渡から鳥越川に下降するとよい。

稲倉岳東面にはこのほか大小の岩場のルートや直登ルンゼなどいろいろなルートがあるが、それは登山者自身が好みに応じてルートを切り拓くべきである。

3　新山北面ルート　七—八時間

鳥海山の最高点、新山に直接登る唯一のルートである。なかでも赤川源流一五〇〇ｍ地点より四〇度近い氷雪の大斜面を一気に登り、最後に新山の直登ルンゼをつめる一連の登高は厳しい気象条件と相俟って非常に手応えのある登山となる。

このルートの入口は象潟方向から矢島方向に中島台林道をスキーなどでたどったあと、七八八ｍピークの北側の車道の屈曲点になる。そこから法体ノ滝右岸のブナ森を経由して外輪末端に達する。この辺は尾根筋もはっきりしており、ルートを誤る心配はあまりない。広いプラトーをすぎて外輪下部の長い斜面をトラバースするが雪の状況次第では雪崩に気をつけなければならない。赤川源流一五〇〇ｍの台地が新山北面ルートの取付き点になる。最初は深いラッセルだがすぐにアイゼンの世界に

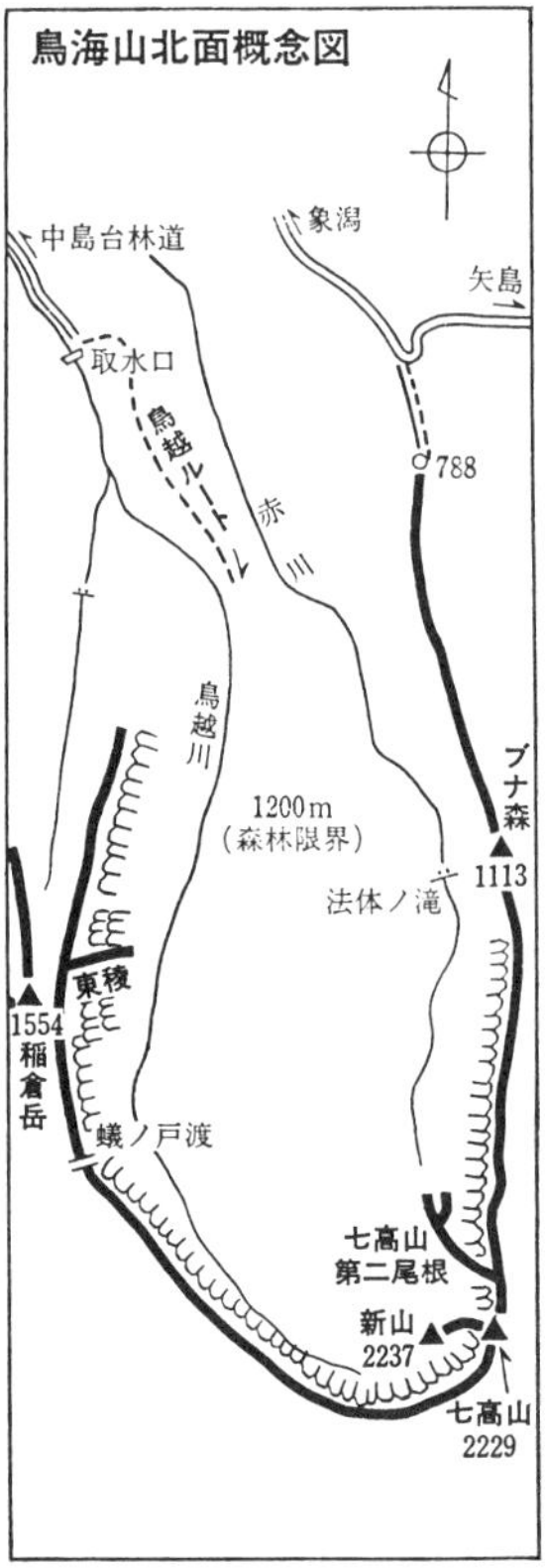

鳥海山北面概念図

なる。新山直下の直登ルンゼはスタカット二ピッチで烈風吹きすさぶ新山の頂上に立つことができる。このルート上のキャンプはブナ森直下のブナ帯あたりが風もなく雪洞も掘りやすい。ここからの新山へのアタックは日帰りで十分である。

4　七高山第二尾根　四―五時間

七高山直下より赤川源流方向に急傾斜で落ちこんでいる高度差約六〇〇mの尾根である。無雪期は脆い岩稜とブッシュで登攀の対象とはならないが積雪期には凍結した氷雪と岩の絶好のルートとなる。

取付き点は新山北面ルート上、一六〇〇m地点から赤川源流を外輪に向かってトラバースした地点になるが、この急斜面のトラバースは雪崩に充分注意しなければならない。

末端の右の岩稜から取付く。ルンゼの登攀、バンドのトラバースがくり返される。岩場に張りついた氷をはがすとスラブ状の岩が現われ、極度にむずかしい。上部はほとんど堅い氷雪であり、特別問題はない。やがて頂上直下の外輪上、康《やすし》新道に合流する。七高山は目と鼻の先である。帰路は新山を経由して、新山北面ルートを下降するとよい。

〔執筆者〕　藤原優太郎

船形連峰

仙台ＹＭＣＡ山岳会

船形山は標高一五〇〇ｍにすぎないが、宮城、山形両県にまたがって、広大でゆったりした連嶺をくり広げている。第四紀に形成された火山群の集合体であって、奥羽脊梁として南北に連なる山脈と、東西に派生する長大な山稜とが交叉しており、山の高さに似合わぬ懐の深さを有している。

鳴瀬川、大滝川、保野川、荒川、大倉川、泥《でろ》沢川、野川、丹《に》生《う》川と数えられる水系は船形連峰の魅力で、技術的にむずかしい沢はほとんどないが、どの沢も入谷者は少なく、沢中で他のパーティと出会うことはまずない。中でも大倉川は連峰随一の悪絶さをもって鳴る横川をはじめ、遡行価値の高い沢が多く、船形連峰をめぐる水系を代表している。

そして、この山域の魅力を決定的にしているのが、主脈を西にはずれてはいるが、黒伏山南壁の存在であろう。

前記したように南北・東西に連嶺がのびているので、冬期は多様な尾根ルートをとることができる。蔵王連峰より標高が低いわりにはアプローチが長く、ルートも原始性に富んだものが多い。ここでは雪洞の積極的使用や、二―四人パーティで荷を軽くしての山行が効果的であろう。全体的に尾根筋は穏やかなうえ、雪量も豊富なのでアイゼンは不要であり、スキーの利用価値が大きい。しかし、本峰周辺以外はやぶもうるさく、小さな登降が多いのでワカンは必携である。適期は二月―三月で、入山者が少ないので他パーティのラッセルはあてにできない。なお、谷筋は雪量が多いため遡行、氷瀑登攀は望むべくもない。

登山道の主なものは、泉ヒュッテ（東北本線仙台駅よりバス一時間半）、定義《じょうげ》（同、バス一時間半）、原宿（同、バス一時間半、または奥羽本線山形駅よりバス五〇分）、鶴子（奥羽本線大石田駅より尾花沢経由バス五〇分）から頂稜へと拓かれている。

〔五万図〕　薬萊山、関山峠

大倉川流域

船形連峰の南面を豊かに開析する大倉川は、本峰に端を発する本流に、赤倉沢、笹木沢、戸立《とだて》沢、矢尽沢を合し、定義で連峰随一の悪渓横川を合流させて南下し、大倉ダムに注いでいる

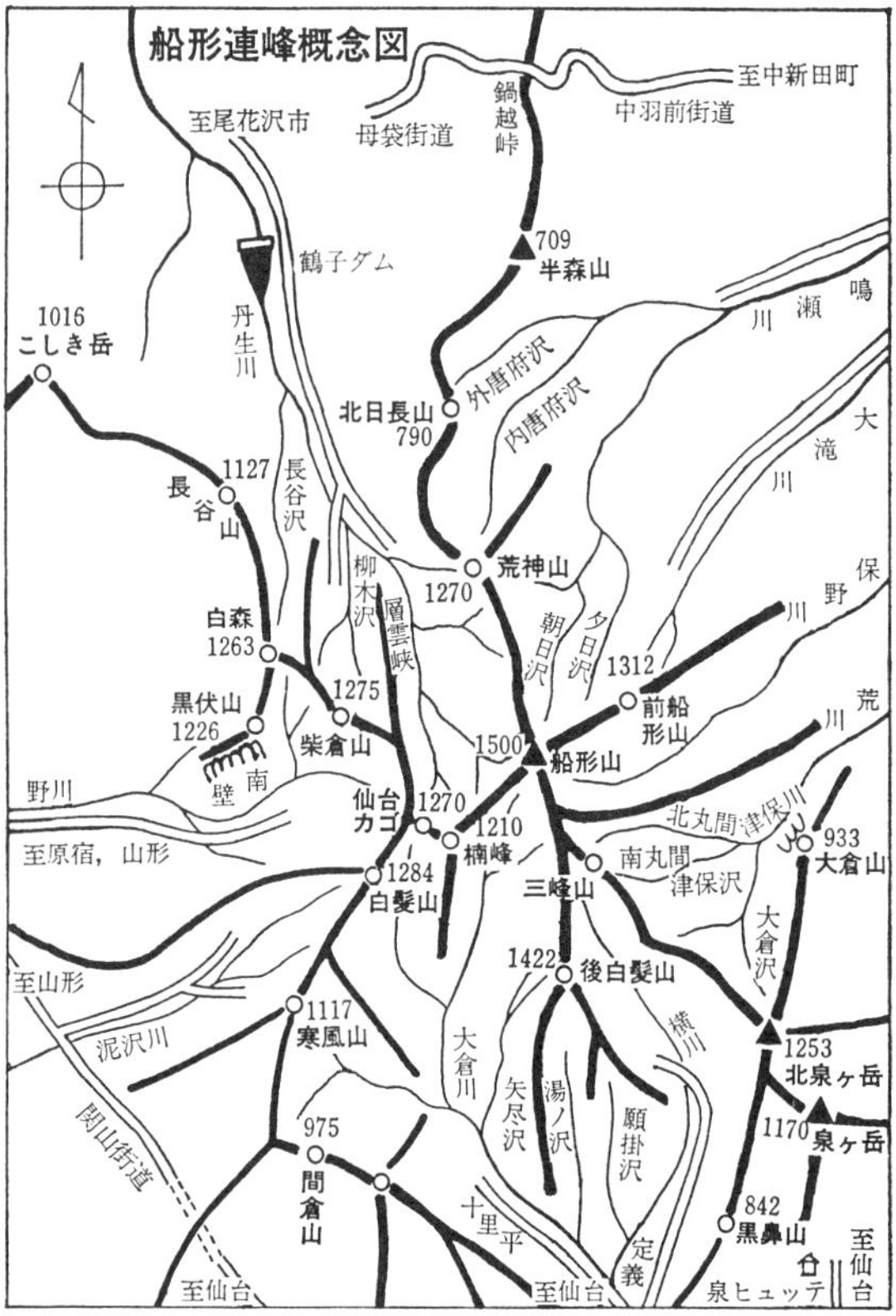

興味深い水系である。
　地形図にも見える大倉川左岸沿いの破線は、山形から定義温線へ通じる古道であった。しかしエンクライン工事のため笹木沢出合い付近から下は分からなくなり、その代わりエンクラインの軌道跡などが利用されているが、入山者も少なく廃道同然である。

1　大倉川本流（鬼口沢）

　一〇―一二時間　「山」431号

下流は平凡だが、上流帯のグリーンタフを洗堀した明るいゴルジュは気持よく、船形本峰まで標高差一〇〇〇mを遡る登り甲斐あるルートである。

　定義から十里平を抜け車道終点までは一時間以上かかる。大倉川沿いの山道を約四〇分で戸立沢出合い、この付近から遡行を開始する。大釜を持つ五m滝と一二m滝とで成るゴルジュは下の滝の突破がむずかしい。笹木沢出合いまでは単調だが、すぐ両岸がせまり奥に一五m滝が大釜に落ちている。左岸から巻くと上流にも滝が続いて気持がいい。赤倉沢を過ぎ、金吹沢を過ぎると本流にも五mの滝がかかる。谷は両岸が高くなりはじめ、やがてグリーンタフを貫流する壮大なV字谷が展開する。左岸から伊達沢が四〇m、仙台沢が二〇mの滝となって流入、すばらしい渓谷美が約二km続く。上流は鬼口沢と呼ばれ、二俣を右に入ると一時間半で伏流となり、やぶを一〇分もこげば山頂付近の縦走路へとび出す。下山は定義へ四―五時間である。

2　赤倉沢　七時間

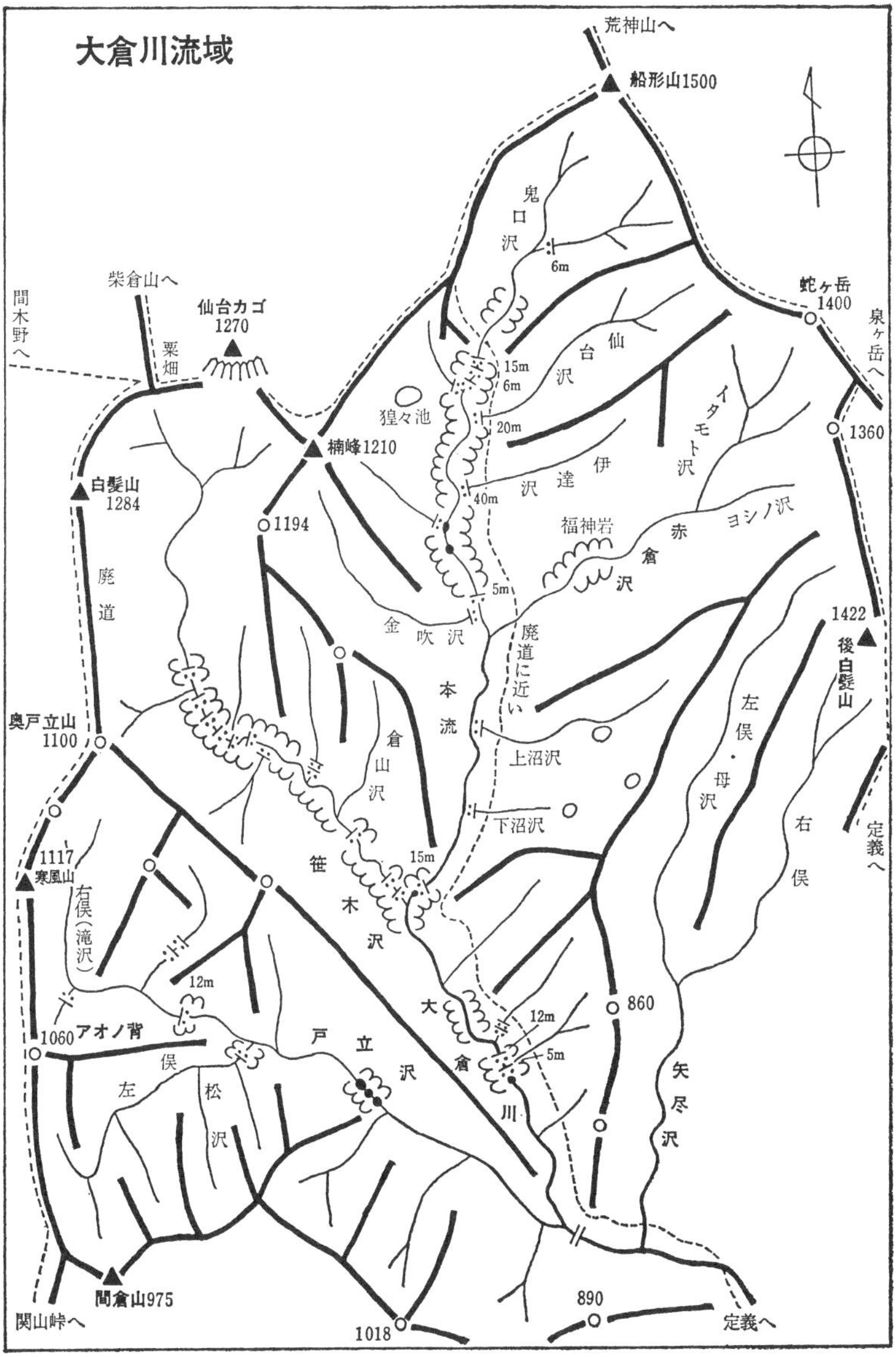
大倉川流域
荒神山へ
船形山1500
鬼口沢
6m
柴倉山へ
間木野へ
仙台カゴ
1270
粟畑
蛇ヶ岳
1400
泉ヶ岳へ
15m
6m
仙台沢
猩々池
20m
イタモト沢
1360
楠峰1210
伊達沢
白髪山
1284
40m
ヨシノ沢
1194
福神岩
赤倉沢
5m
廃道
金吹沢
1422
後白髪山
廃道に近い
本流
左俣・母沢
奥戸立山
1100
上沼沢
倉山沢
下沼沢
右俣
1117
寒風山
15m
笹木沢
右俣(滝沢)
定義へ
12m
860
大倉川
12m
5m
1060
アオノ背
戸立沢
左俣
松沢
矢尽沢
間倉山975
890
関山峠へ
1018
定義へ

沢名の由来である赤い崩壊がある。技術的に問題はなく、蛇ケ岳付近の縦走路に出る。

3　笹木沢　八時間

豊かな原生林に囲まれた深い谷筋は、魅力的な大滝を有し、水に磨かれた船形ならではの渓谷美を誇っている。

出合いの小ゴルジュを抜けると、しばらくは開放的な沢筋が続く。核心部は大きな釜をもつ八m滝から続く滝群で、二〇m数段の大滝がある。右岸を攀じる途中、下を見ると、各段に掘りこまれた円形の釜が見事に配列されており、名瀑の名に値しよう。さらにいくつかの滝を越え遡行を続けると、最後はやぶこぎもあまりなく、仙台カゴの水場付近の登山道にとび出す。下山は西へ間木野部落へ抜けるのが楽だが、バス停までは長い車道歩きとなる。

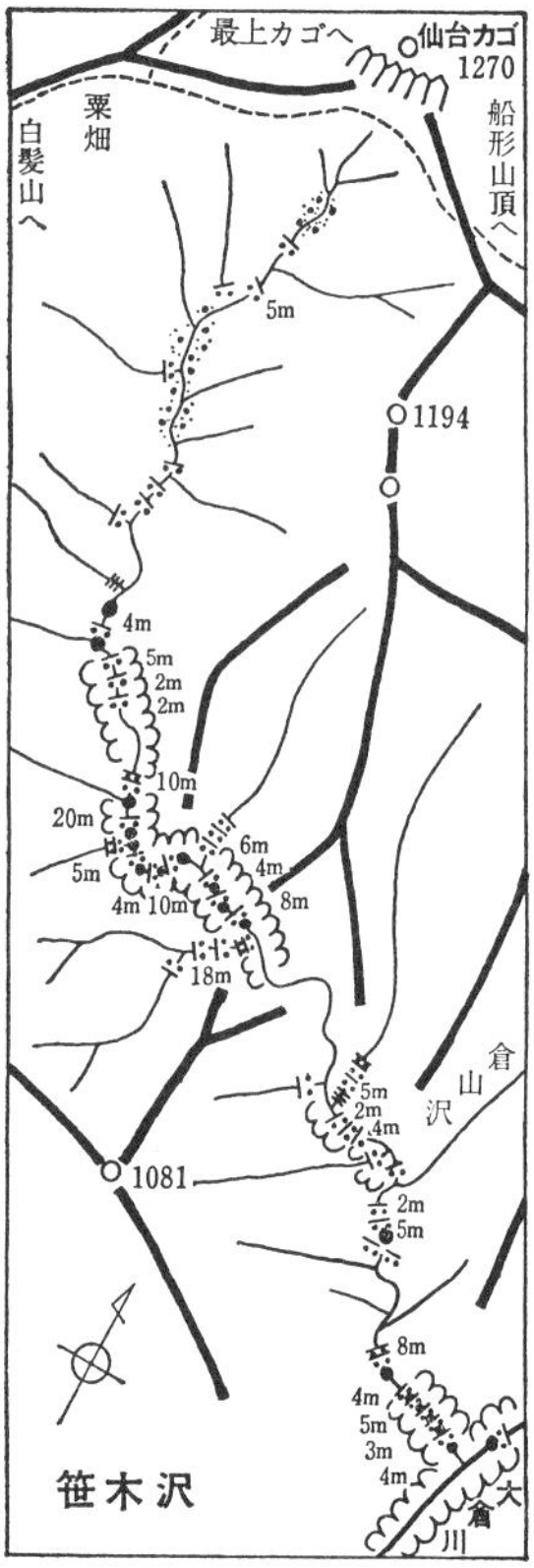

4　戸立沢　七時間

滝場が少ないので沢登り的興味は少ないが、奥戸立山から流下する右俣(滝沢)は奥深い静かな沢歩きが楽しめる。

5　矢尽沢　六—七時間

後白髪《うしろしらひげ》山の南面を浸蝕するこの沢は、意外と深みのある沢で、ことに本流である左俣(母沢)は六—七本の滝が連続しており、いずれも直登可能なので充実した沢登りが楽しめる。つめは三〇分ほどのやぶこぎで、山頂付近にとび出す。

6　横川本流(矢櫃沢)　七—一〇時間

通過困難なゴルジュ帯が魅力の横川本流は、明治時代に木暮理太郎に探られ、大正末期には旧制二高の沼井鉄太郎等の注目を集めたが、全容が明らかになったのは二〇年後であり、完全遡行が果たされたのは近年のことである。

定義の手前、矢籠《やごめ》で下車。横川林道を歩いて矢櫃《やびつ》橋から入谷する。車は進入禁止となっているので長い車道歩きとなる。

ゴーロを二〇分ほど遡上するとゴルジュ入口となる。二条八mの滝の上は狭く、屈曲をくり返すと「矢櫃の滝」が二段に落ちている。両岸はハングしており、長い間遡行を拒んできた威圧的な姿だ。下段八mは大釜の右岸をへつり、上段五mは釜を泳いで取付く。滝を二本越えるとゴルジュは一段と深さを増し鋭く屈曲、奥に「釜伏の滝」六mが落ちる。ここは左岸岩稜を登るか、少し戻って右岸ルンゼを高巻くかどちらかである。まわり滝群と呼ばれるいくつかの滝を越えると核心部のゴルジュから解放されるが、流程はまだ半分以上残っている。二段二条一〇mの「Hの滝」を越えていくと小函、六m滝を左岸のガリーから登ると、「横川大滝」三五mが全容を現わす。左岸からの直登が可能で本ルートのハイライトだ。さらにいくつかの滝あり、自噴水ありで、飽きることなく稜線の登山道にとび出せる。下山は後白髪山を経て定義まで三時間半。

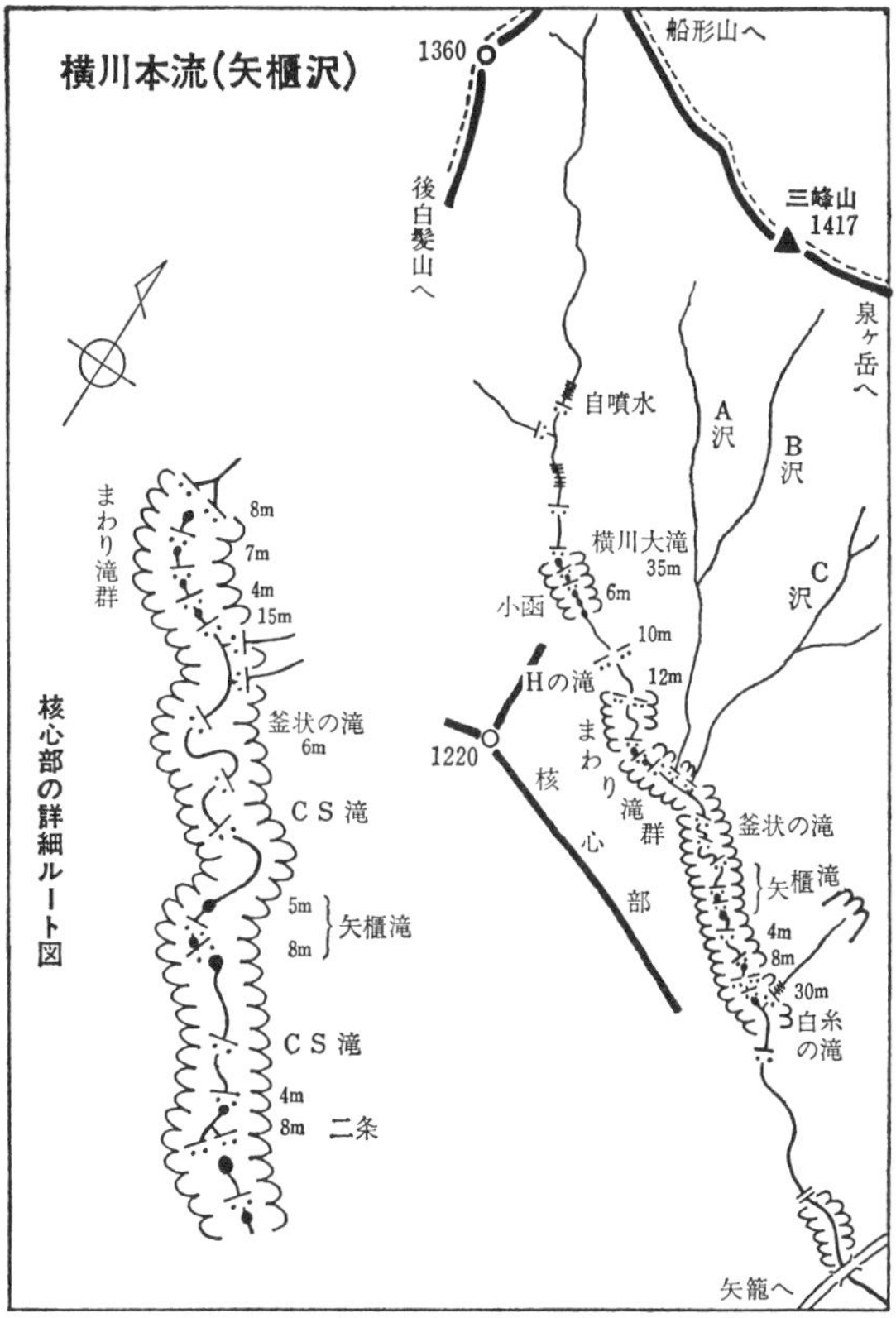

丹生川流域

丹生川は長谷《ながたに》沢、柳木沢などを合わせる船形連峰の山形県側を代表する水系であるが、本流下部は層雲峡と呼ばれ、一般コースとなっている。本流である屏風滝沢の他に数本のルートがあるがスケールは大きくない。

鶴子から車道を歩いて御所山山荘まで二時間半、さらにクラビ沢出合いまで一時間半。ここから層雲峡と呼ばれる本流伝いの道になって大沢登山小屋まで一時間半、本流と五郎沢の出合い、御宝前《ごほうぜん》まで五〇分である。

7　**丹生川本流**（**屏風滝沢**）　四時間

御宝前から本流に入り男滝四〇mを右から高巻いて、二〇分も遡ると二俣になる。右俣が屏風滝沢で、出合いの屏風滝二〇mを巻くと上流は小滝の続く明るい沢だ。つめは楠峰を巻く登山

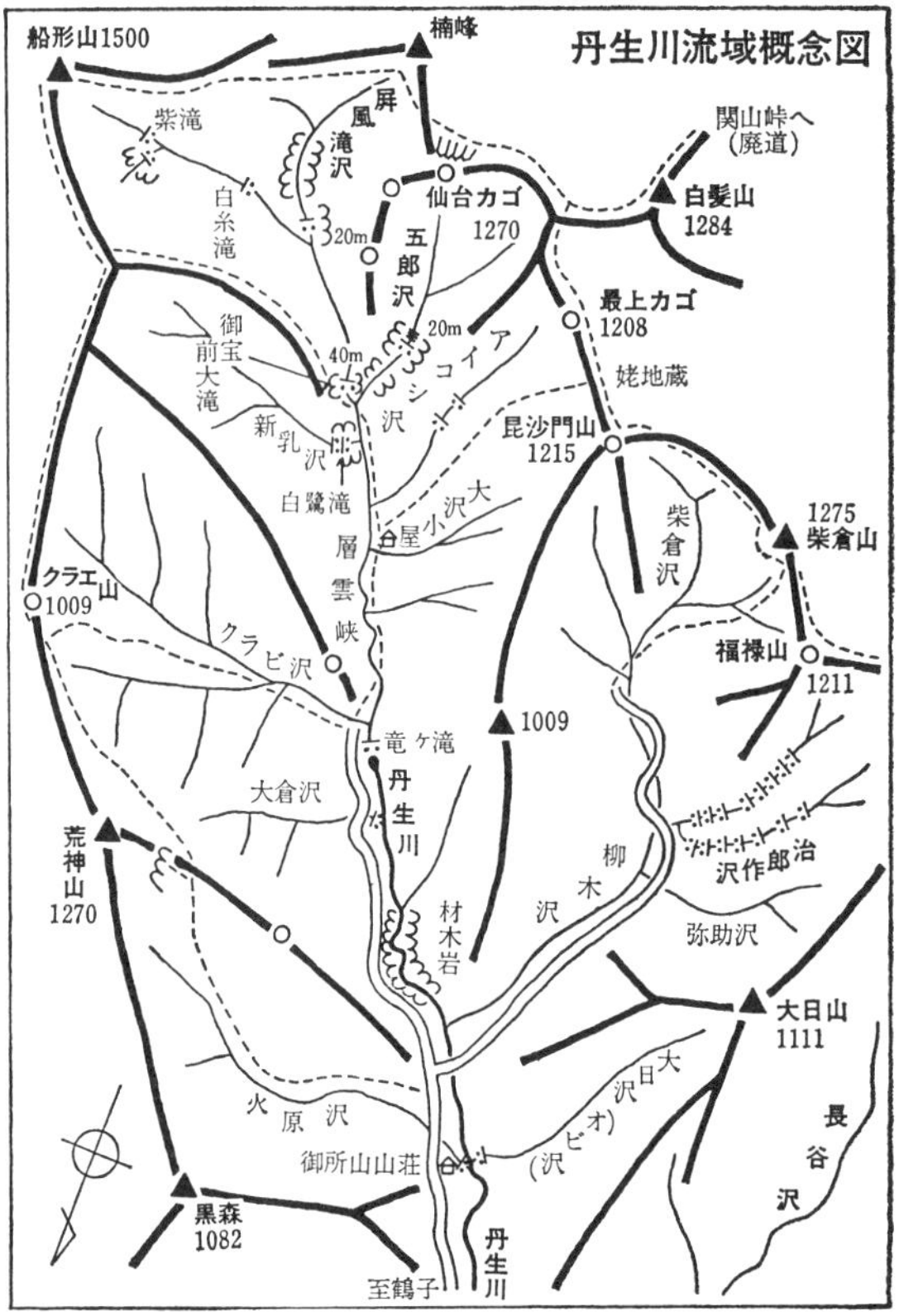

道にとび出す。地形図にみる左俣の破線は古い信仰登山の道で現在は廃道である。

8　五郎沢　四時間

沢名のとおりゴーロの荒れた沢、狭いゴルジュの中に二〇mの滝をかけている。忠実に遡ると仙台カゴを巻いている登山道にとび出す。

9　柳木沢・治郎作沢　三—四時間

小さい沢であるが、右俣、左俣ともに岩床が露出し、登って楽しい沢である。

10　長谷沢・釜ノ倉沢　三—四時間

白森から北へ流下する長谷沢は平凡であるが、下流左岸に流入する釜ノ倉沢は、二俣付近に滝場が集中し、右俣、左俣とも三〇m級の滝を有して興味深い。稜線には登山道がないので隣の沢を下降する。

その他の沢

鳴瀬川流域には朝日沢と唐府川がある。朝日沢は河原歩きに終始するが、内唐府川は上流域に小ゴルジュと小滝群などもあり、原生林もよく残された貴重な山域である。

大滝川は船形山の火口湖といわれる鏡ケ池から流下しているが、単調な沢である。

保野川は中流部に船形三大瀑の一つ、色麻《しかま》大滝（三五m）をかけて異彩を放つ。入谷する場合は仙台から中新田町までバスで五〇分、さらにタクシーを利用する。

荒川流域には大倉沢、南、北丸間津保沢がある。大倉山には一〇〇mほどの岩場があり数本のルートが拓かれている。交通は仙台から吉岡を経て最終部落の沢渡までバスで一時間二〇分である。

広瀬川は作並街道が平行しており、小綱鳥沢、大綱鳥沢が興味をひく程度だが、棒目木付近に鳳鳴四十八滝と呼ばれる特異なゴルジュ帯があり、国道から下降して通過されている。仙台から作並までバスで一時間。

乱川泥沢《でろさわ》流域では右俣の木葉《こっぱ》川に遡行価値を見つける程度である。山形から大滝までバスで一時間、木葉川遡行後は登山道が荒れているので左俣を下ったほうが早い。

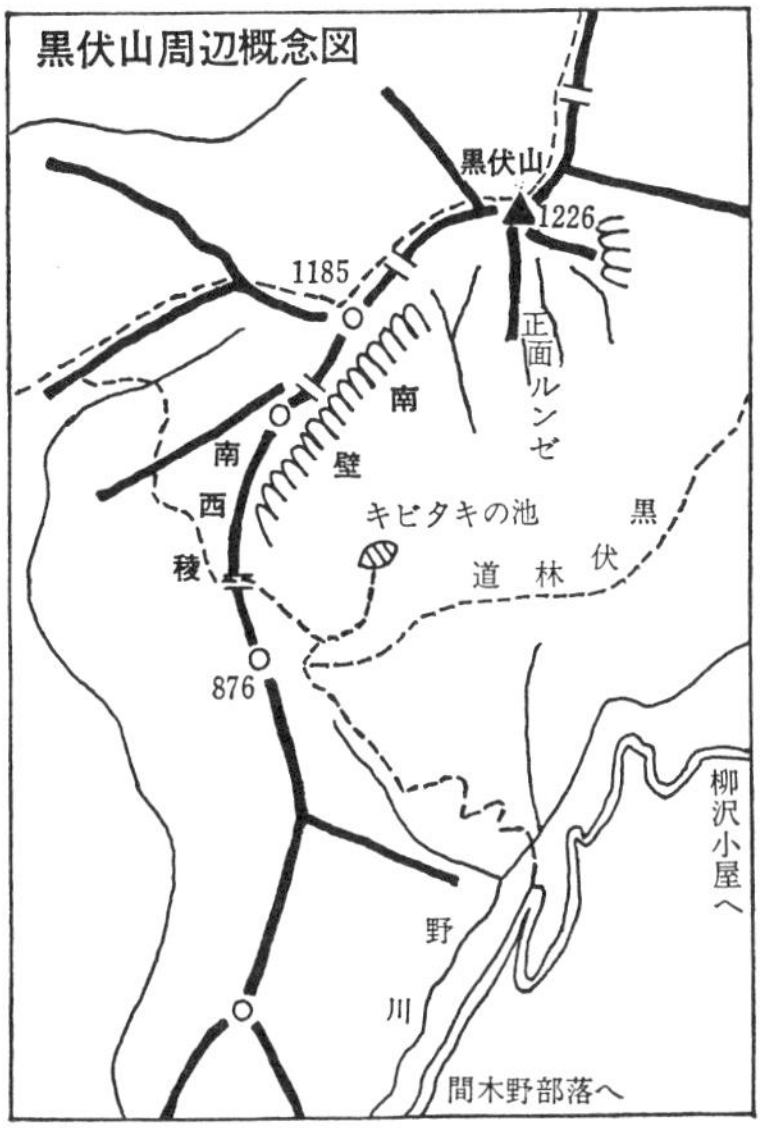

野川（観音寺川）は上流近くまで左岸に車道が通じている。この周辺の興味は沢よりも黒伏《くろぶせ》山南壁の存在であろう。

黒伏山南壁

標高一二二六mの黒伏山は、船形本峰から北西に張り出した長大な尾根の一峰にすぎない。しかし高差二五〇m、傾斜六〇—七〇度で切れ落ち、幅六〇〇mに及ぶ南壁は、柔和な東北の山の中で、異彩を放つ存在である。山体はグリーンタフ造山運動の後に噴出した粘性の大きい溶岩から成り、岩場全体は大まかな柱状節理を呈している。岩質は目の粗い石英安山岩で、登攀に際してはフリクションが良くきく。

山稜直下から鈎状に落下しているのが、黒伏山南壁を代表する中央ルンゼで、人工とフリーのミックスされた魅力あるルートとなっている。全体的には下半部が冬でも黒々としている垂壁部で人工登攀の対象としかならず、上半が山稜まで灌木に被われていることが、この壁の魅力を減じていることは事実である。

大正十四年、沼井鉄太郎等、旧制二高パーティによる南西稜試登が、黒伏山南壁に対する最初のアプローチであろう。昭和三年に東北帝大の小川登喜男、田名部繁等のパーティにより南西稜が登攀された。さすがの二人も、人工登攀によらざるをえない正面部分は対象とはしえなかったようだ。戦後、このあたりに情熱を傾けた仙台一高山の会OBの三原千秋等によって、

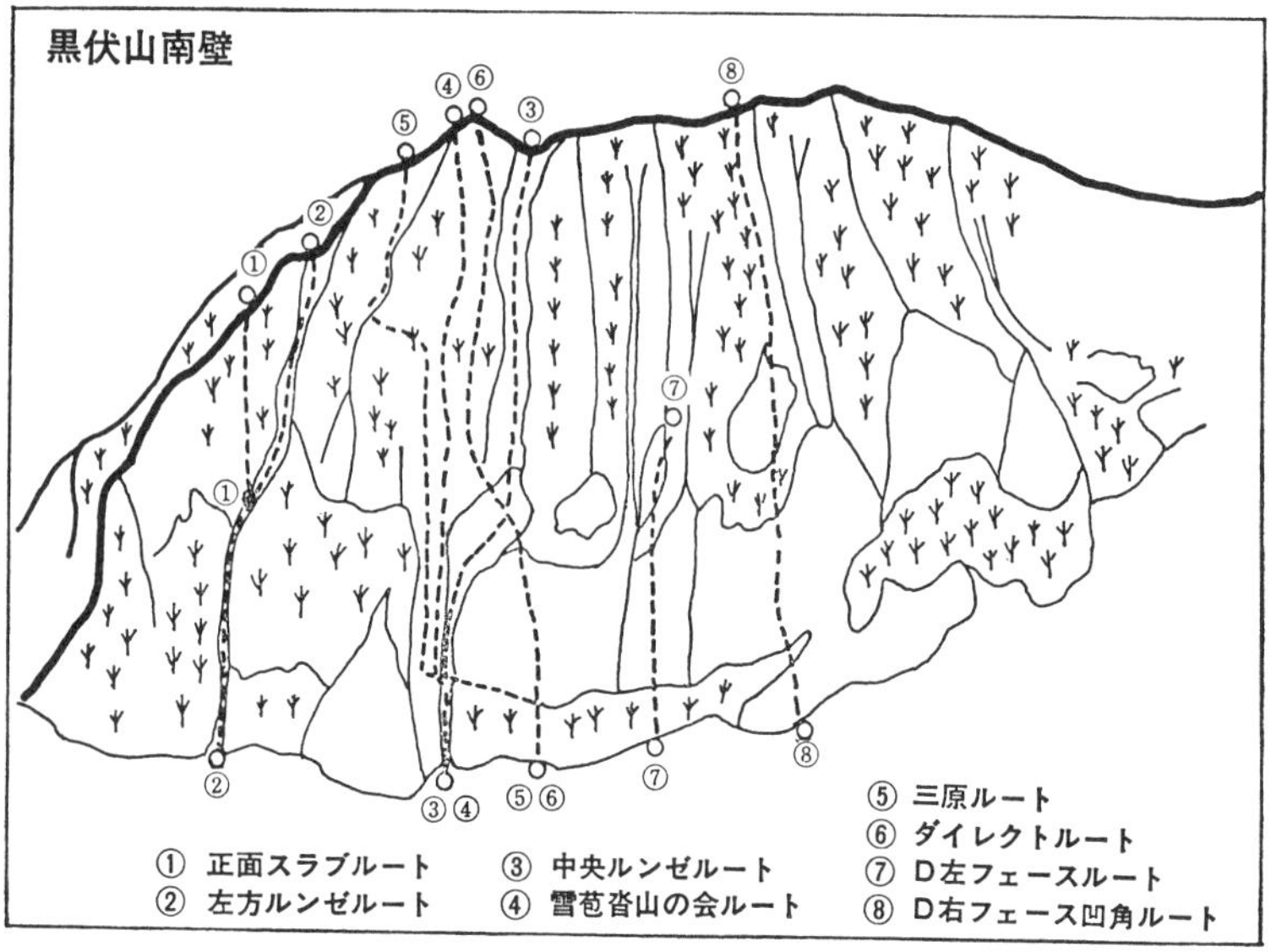

正面部分の弱点を縫った三原ルートが完成された。有名、無名の先人の試みをもとに中央ルンゼルートは開拓され、さらに人工登攀主体の数本のルートが開拓あるいは試登されているが、そんな歴史をも念頭におけば、黒伏山南壁は古くて新しい壁とも呼べると思う。

アプローチは、奥羽本線天童駅から山形交通のバス、仙台行に乗り追分で下車。間木野部落を経て野川沿い車道を約一〇km、二時間余歩く。この間、車なら二〇分。車道が右に大きくカーブする手前で左の山道に入る。伐採地帯から沢状を約一時間登ると樹林の中にベース地として最適なソコグラ沼（キビタキの池）がある。沼といっても、残雪期か降雨後でないと水を得られないので注意して欲しい。この沼から北へ伸びる踏跡をたどれば中央ルンゼの取付き点であり、他のルートはここから右か左へトラバースして行く。

下降路は一一八五mピークを経、黒伏本峰手前のコルから小沢状を下るのが最も確実だ。また南西稜の北側から下降して黒伏林道に出るコースも近年刈払いが行なわれ歩きやすくなっている。下部岩壁のみの場合は懸垂下降するしかない。

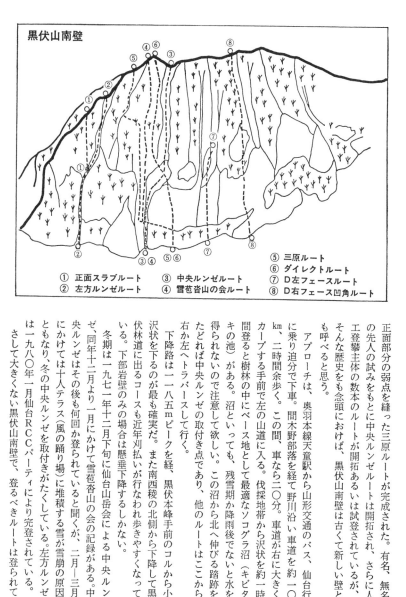

冬期は一九七一年十二月下旬に仙台山岳会による中央ルンゼ、同年十二月より一月にかけて雪苞沓山の会の記録がある。中央ルンゼはその後も何回か登られていると聞くが、二月—三月にかけては十人テラス（風の踊り場）に堆積する雪が雪崩の原因ともなり、冬の中央ルンゼを取付きがたくしている。左方ルンゼは一九八〇年一月仙台RCCパーティにより完登されている。

さして大きくない黒伏山南壁で、登るべきルートは登られてしまっているといっても過言ではないが、Cフェース右カンテ、Dフェース中央カンテ等々、人工登攀によるルート開拓の余地はまだまだあり、処女性の強い魅力ある岩場であるといえよう。

〔参考文献〕「岳人」331号

1　南西稜

Ⅲ　四時間　一九二八年十一月　小川登喜男、田名部繁他

南壁の左側のスカイラインを形成する稜で、南西ルンゼをはさんで二本の稜がある。通常は右の稜が登られているが、ほとんどブッシュで被われ、中間部に三ピッチほどの岩場がある。また左稜末端は六〇mほどの岩壁となっており、顕著なハングがあって獅子岩と呼ばれ、ルートも拓かれている。南西ルンゼはⅡ－Ⅲ級のやさしいルンゼである。

2　左方ルンゼ

Ⅳ・A1　二五五m　六時間

南壁左端に食いこむルンゼ。取付きは凹角よりスラブを直上、さらにスラブを人工で右斜上、続く六〇mのルンゼはブッシュをホールドにして登る。さらにルンゼを忠実にたどると、若干やぶがうるさいきらいはあるが、ほとんどⅢ級の楽しいフリークライムで大ピナクルと小ピナクルのコルに抜け出る。ルンゼの中間部より右岸に広がるスラブは正面スラブと呼ばれ、小ハングをまじえたスラブを四〇m直上、さらに三ピッチ九〇mを登れば南西稜に出る。上部三ピッチはブッシュまじりでやさしくなる。人工のピッチは一九七八年五月に拓かれたものだが、弱点を縫って登った先蹤者がいると思われる。

3　雪苞沓山の会ルート

Ⅳ・A1　三四〇m　六－八時間　一九七〇年十二月三十一日－七一年一月一日　大和磨、早川輝雄、小山信夫、結城修一

積雪期の開拓初登。中央ルンゼ下部を登り、Aフェース右カンテを乗越してカンテ左側を登り、Bフェースから大ピナクルに至っている。

Aフェース右カンテは「象の鼻」とも呼ばれ、一ピッチ目は四〇mの人工登攀。二、三ピッチ目はブッシュまじりのフリークライムのルート。Bフェースはブッシュの多い壁ではあるが垂壁をボルトで結んで何本かのルートが拓かれている。

4　中央ルンゼ

Ⅳ・A1　三五五m　六－八時間　一九六〇年九月十二日－十五日　牧野龍峰、武田捷

仙台山想会の情熱により完登された黒伏南壁の代表的ルート。南壁を目ざした初期のクライマーたちからは鈎状クーロアールと呼ばれていた。

一ピッチは連打されたボルト、ハーケンに導かれて三〇m直上。次もボルトに助けられて三五m登ると、横断バンドからくる三原ルートと交叉する。さらに直上し、垂壁を左へ四mほどトラバースしてピッチを切る。少し登ると傾斜がぐんと落ち、

左方ルンゼルート
中央ルンゼルート

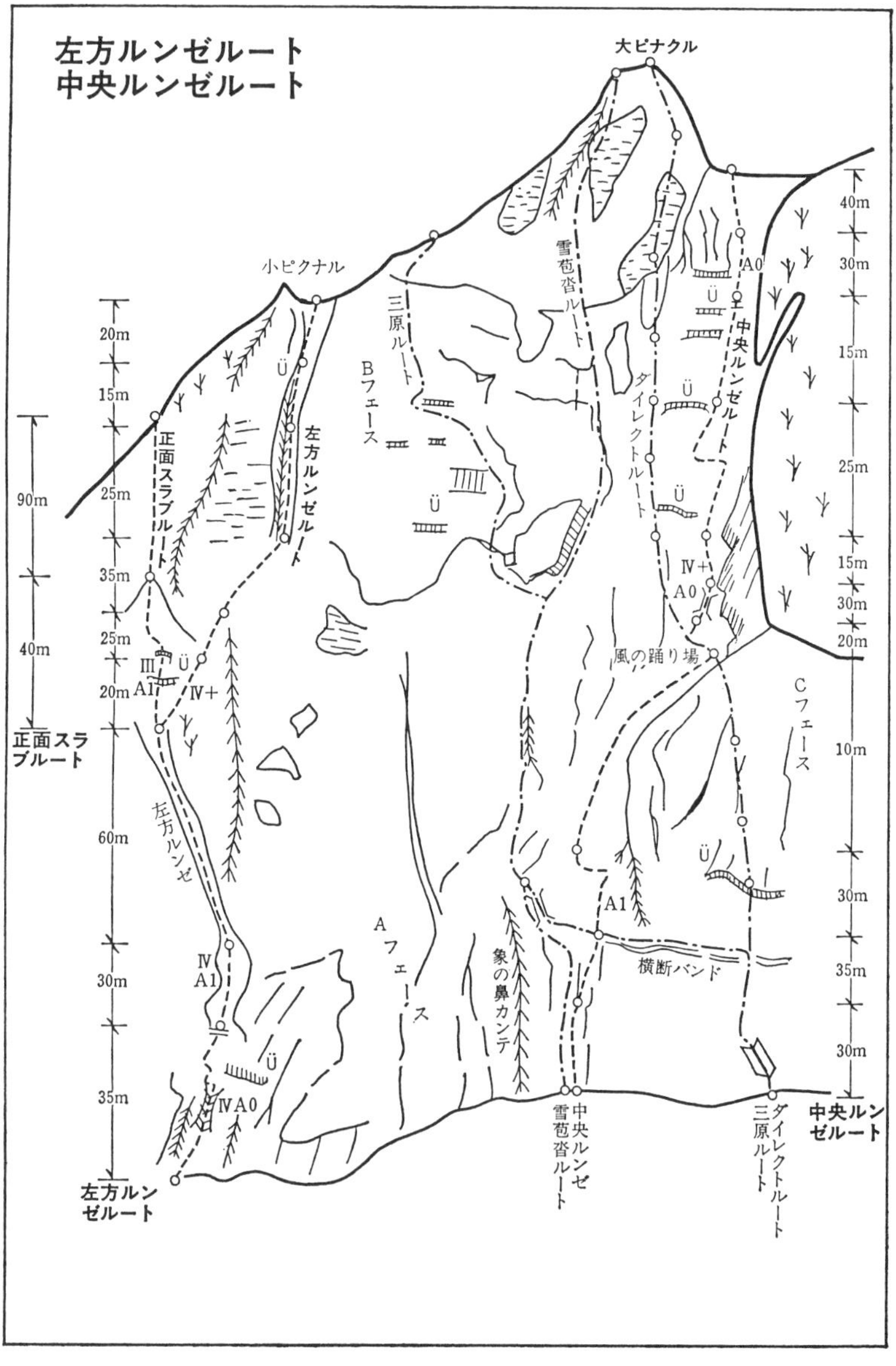

広びろしたスラブを六〇m登って風の踊り場に着く。五ピッチ目は逆層のフェースを三〇m登るが、右上方からのしかかる側壁が印象的だ。中央ルンゼの核心部である。柱状節理が縦から横に変わる付近では逆層のハングとなり、後続には苦しい外傾バンドを左上、二五m。八mでテラスに達し、垂壁はボルトで直上、さらに草付きフェースを登ると小垂壁となる、二五m。再び草付きのフェースを一五m登ると二五mの垂壁にボルトが連打されている。ブッシュ帯を四〇m近く登り、左寄りをさらに直上すると、稜線直下で終了点となる。なお、このルートは、一九八〇年七月四日、今野裕二、相沢晶一のパーティにより、フリー化されている。

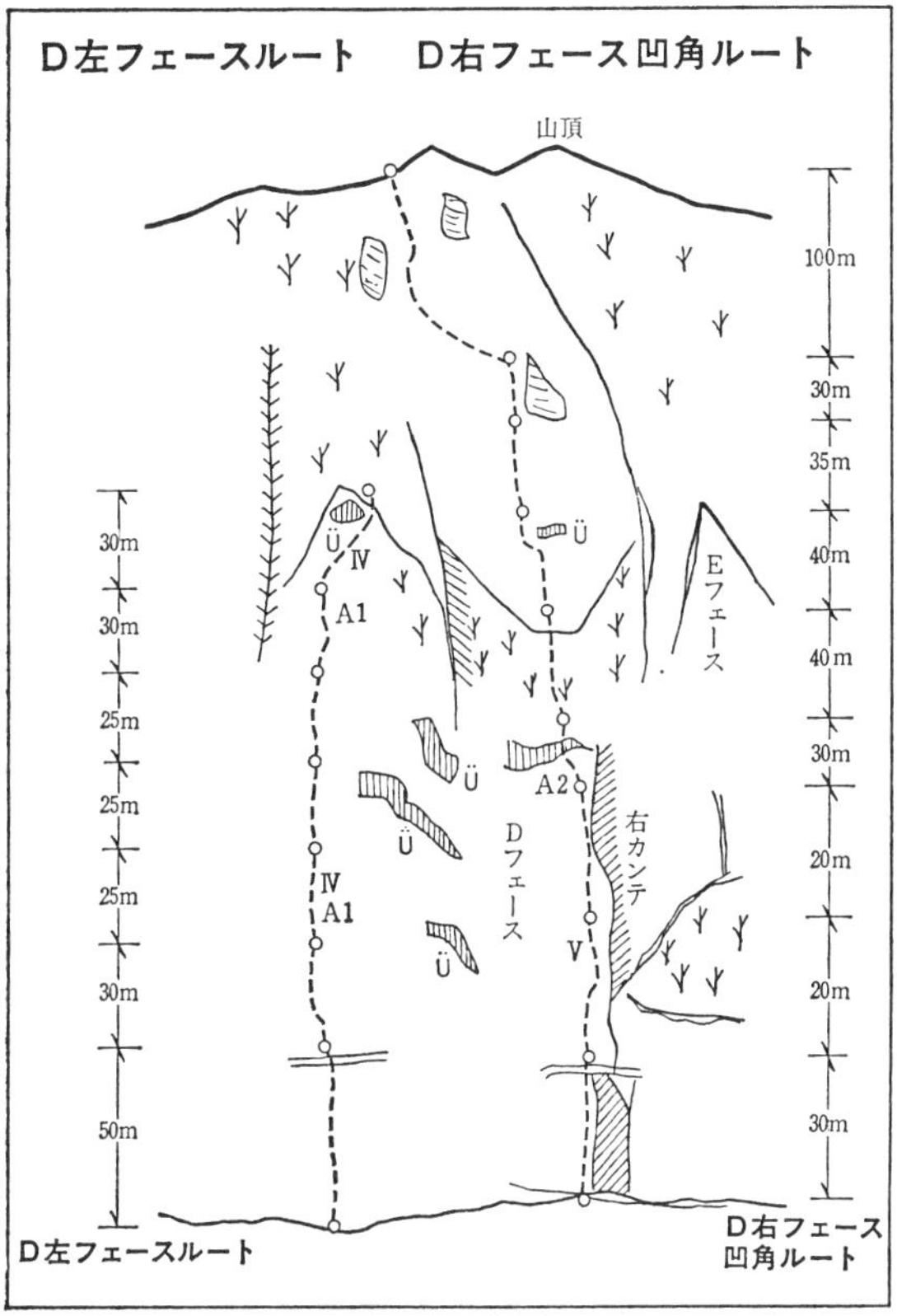

5　正面壁三原ルート

Ⅳ　三八〇m　六時間　一九五二年十一月　三原千秋、渡辺、鹿野

黒伏山南壁の初登ルートである。中央ルンゼ、B、Cフェース、それら南壁の正面部分の弱点を縫うようにして登っている。

中央ルンゼが取付きより右へ二〇mトラバースしたあたりより取付き、三五m直上してCフェースの大ハング下のバンドへ出る。これを左へトラバースして中央ルンゼを横切り、Bフェース左のブッシュ帯を登って大ピナクルの西の肩へ出る。現在ではCフェースの大ハングを越え、中央ルンゼを横切ってからBフェース右壁を直上する正面壁ダイレクトルートが拓かれている。

6　D左フェース蒼山会ルート

Ⅳ・A1　二一五m　六―八時間　一九七五年五月二日―三日　前田武治、奈須川雅俊「岳」339号

下部約五〇mと五ピッチ目二五mはブッシュが濃いが、他の五ピッチは七〇度以上の斜度の垂壁である。各ピッチには支点のきいているアンカーレッジがある。ボルト、ハーケンはしっかりしており、直上ルートなのでルート・ファインデイングは良い。しかし、柱状節理が脱落した小ハングがあり、上部では岩が脆い。人工主体の難ルートである。

7　D右フェース凹角ルート

Ⅳ・A2　三四五m　六―八時間　一九七七年五月三日―五日　土井忠夫、戸次宣裕「岳」362号

垂壁の人工登攀ルート。下部フェースの上部、ブッシュ帯直下のハング右端から一気に落ちる凹角を登るもので、織りこまれたフリーは短いが、内面登攀を含んでむずかしい。ルートファインディングは良いが、ハングの下部はアンサウンドで、この四ピッチ目と上部フェース六ピッチ目がポイントとなろう。

8　本峰正面ルンゼ

Ⅳ・A1　二四五m　六時間

南壁を擁する一一八五mピークの東に黒伏山本峰があるが、その南面に食いこむルンゼである。フリー主体の楽しいルートで、もっと登られもよいと思う。

一ピッチをフリーで二〇m、次の二〇mは一部人工登攀となる。緩い草付きとフェースを各二〇m登るとルンゼは狭くなって滝のような地形となる。人工登攀で右に抜け、続くチムニーと凹角を四〇m登る。V字状の上部で二俣となり、右の草付きスラブを二ピッチ各四〇m登り、上部はブッシュ帯を八ピッチ登って登山道にとび出す。

〔執筆者〕深野稔生

大東岳

仙台ＹＭＣＡ山岳会

一三六五ｍの大東岳を盟主として面白山、小東岳、糸岳、神室岳など、一二〇〇—一三〇〇ｍ級の山々を脊梁山脈上にくり展げている山塊は、宮城県側の岳人からは二口山塊と呼ばれ、古くからホームグラウンドとしてよく登られている。北は関山峠、南は笹谷峠によって船形山域、蔵王山域から明確に分離独立している。脊梁山脈からは宮城県側の方に顕著な沢が張り出しているので、水系は同県側の方が豊富である。主として中新統凝灰岩に火山が噴出して成り立ったものなので、これら基盤岩が二口山塊の沢を特徴づけている。

磐司磐三郎の伝説で名高い磐司岩がこの山塊を象徴するかのように屹立しているが、快適な登攀対象とはならず、宮城県側で七本、山形県側で三本数えられる流域の沢登りが、興味の対象であるが、近年は林道の開発が激しく、魅力を失った沢も少なくない。山形県側の水系は紅葉川、所部沢、立石川、横沢、柳沢の各流域が考えられるが、どれも小規模で夏道も多く、遡行対象としての興味は薄く、詳述は省略する。

冬の大東岳周辺は、静かな雪山を楽しめる山域といえよう。隣接する船形、蔵王より高度も低く、それだけに天候は安定しているが、県境を除けばやぶはうるさい。したがって足ごしらえはスキーよりもワカンが適している。興味あるルートとしては脊梁山脈縦走と神室岳東稜が挙げられる。沢筋はスケールのわりには雪量が多く、滝場はほとんど埋没してしまう。大東滝がアイスクライムの対象とされたりするが、完全に凍結することはまれで、雪崩やブロック崩壊など危険が大きい。

〔五万図〕　関山峠、川崎、山形

北沢・南沢流域

仙山線奥新川《おくにっかわ》駅のやや東で新川は北沢と南沢に二分している。北沢は上流で三本に分かれるが、ゴルジュや手頃な滝のかかっている本流が興味深い。かなり奥まで林道がのびている。

南沢は仙山線のトンネル付近で西岩象《にしがんしょ》沢と金剛沢に二分する。どちらも初、中級向きの沢で、両沢の出合いより一㎞ほど下流で右岸に流下してくる大丸沢は直登できる小滝が多く初心者の入門ルートとして薦められる。奥新川駅より線路沿いを歩

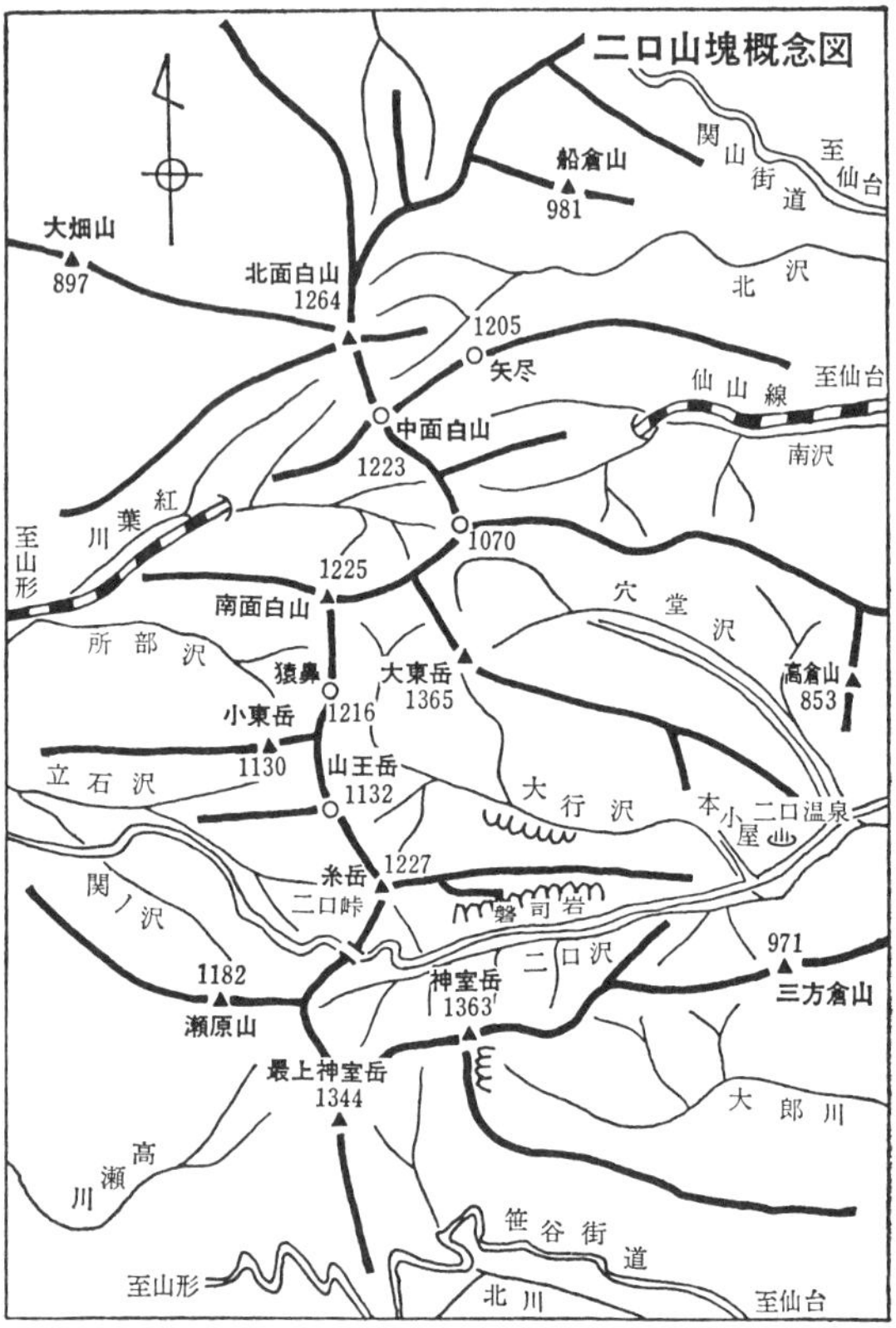

いてトンネルまで約一時間である。

〔五万図〕 関山峠、川崎

1 **金剛沢** 三時間

中流に一〇mのS字の滝がある。上流には小ゴルジュといくつかの滝がかかるが問題ない。本流を忠実に遡れば中面白山山頂に立てる。下山は北面白山を経て仙山線面白山仮駅まで二時間である。

2 **西岩象沢** 三時間

金剛沢を右に分けると、ゴルジュ状の中に小滝がいくつかかかる。上流の黒髪の滝三〇mは、流域最大の困難な滝で、直登は水流の左側、上部はボルト連打の人工登攀となる。左岸から巻き、源流部を遡ると一〇七〇mピーク付近に出る。右岸支流の中岩象沢はナメと滝が連続していて興味度大である。下山は反対側の面白山仮駅へ二時間である。

穴堂沢流域

大東岳北面に端を発し、大東岳東面と高倉山を含む一〇〇〇m足らずの山稜の南西面との間に左右から十数本の支沢を入れて名取川の源流に合流している穴堂沢《あなど》は、右岸沿いに猿倉沢出合い付近まで車道がのびている。遡行興味があるのは本稿で紹介する本流と鹿打沢《ししうち》、それ以外ではエシコ沢ぐらいであろうか。仙台より秋保《あきう》温泉を経て本小屋《もとごや》行のバスに乗り昼野橋で下車、前記車道をたどる。

〔五万図〕 川崎

3　穴堂沢本流　四時間

右岸沿いの車道を約二時間、猿倉沢出合い付近で沢に入る。沢身はやや狭いトヨ状となり、大きな釜をもった滝を越えると沢は坦々としたナメが続くようになる。古唱沢を過ぎると本流は巨岩帯となり、やがてゴルジュと滝が連続するようになる。沢は大東岳の北面にまわりこんで、つめの灌木を二時間もこぐと山頂に立つことができる。下山は表コースを約二時間で本小屋である。

4　鹿打沢　四時間

つめのやぶこぎもほとんどなく、頂上付近に抜けられる本ルートは、流域では最も人気の高い沢である。

車道から沢に入り、小滝を二本越える。左俣を分け、広い河原をたどり、一五mの美しい滝を左岸から越すと再び二俣となる。右俣に入ってぐんぐん高度を上げると東面の岩壁帯に二五mのトラ滝がかかる。直登はかなり悪い。左岸より高巻くと、滝の上は順層の露岩帯となり、快適に登るとつめのやぶこぎも三分足らずで頂上付近の登山道に出る。

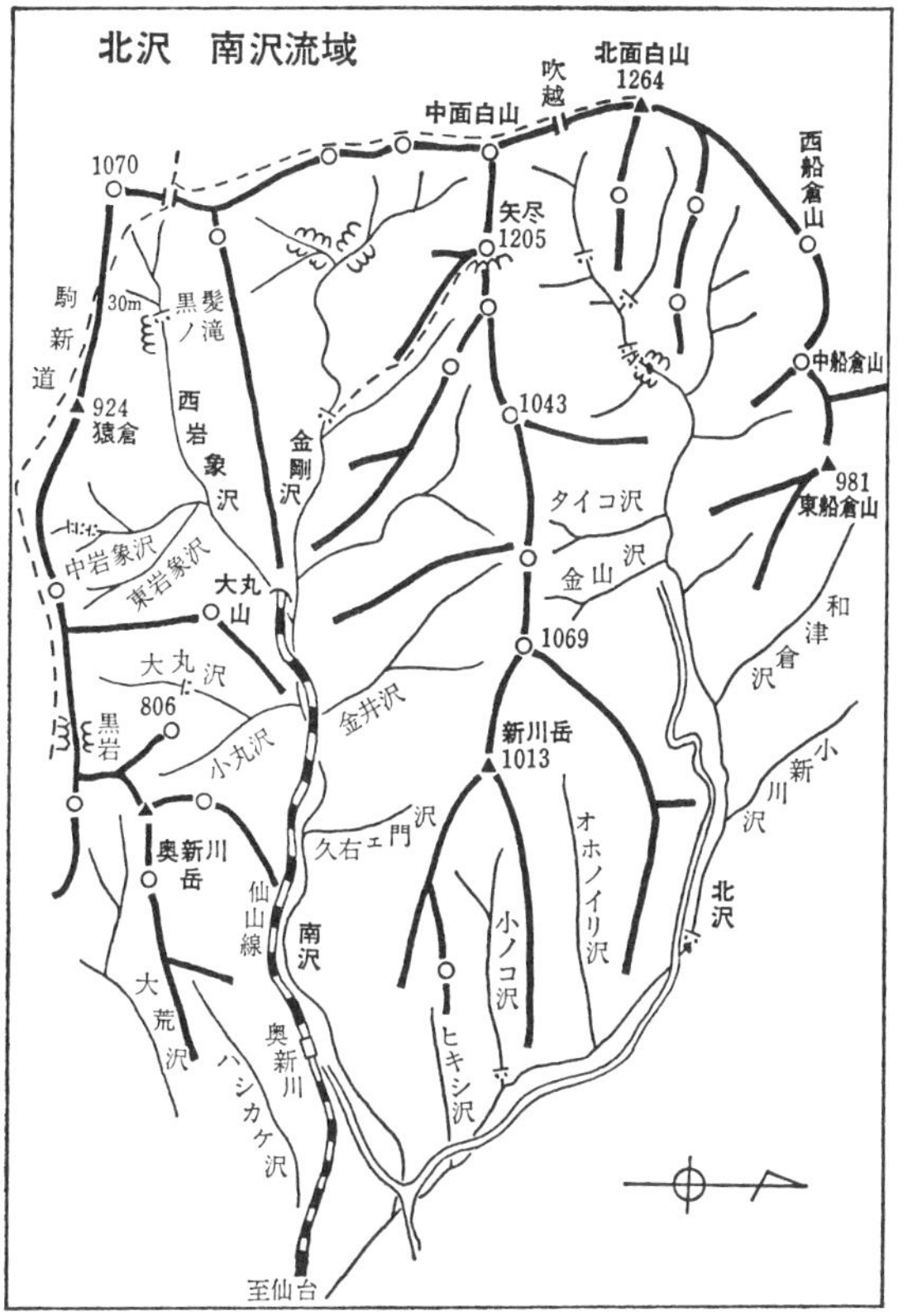

大行沢流域

大東岳の西側を流下する大行《おおなめ》沢は十本ほどの支沢をあわせて二口沢に合流している。他の流域に比して車道の進入が少なく、静かな山行が楽しめる。本小屋より、本流左岸沿いには大東岳裏コースがあり、樋《とよ》ノ下大沢から山頂へ登っている。ハダカゾウキ沢出合い左岸にキャンプ場がある。ハダカゾウキ沢出合いから小東峠へも登山道が拓かれており、大東岳の北裾を通って南面白山から小東峠、糸岳へと続く県境通しにも登山道が拓かれている。

〔五万図〕　川崎

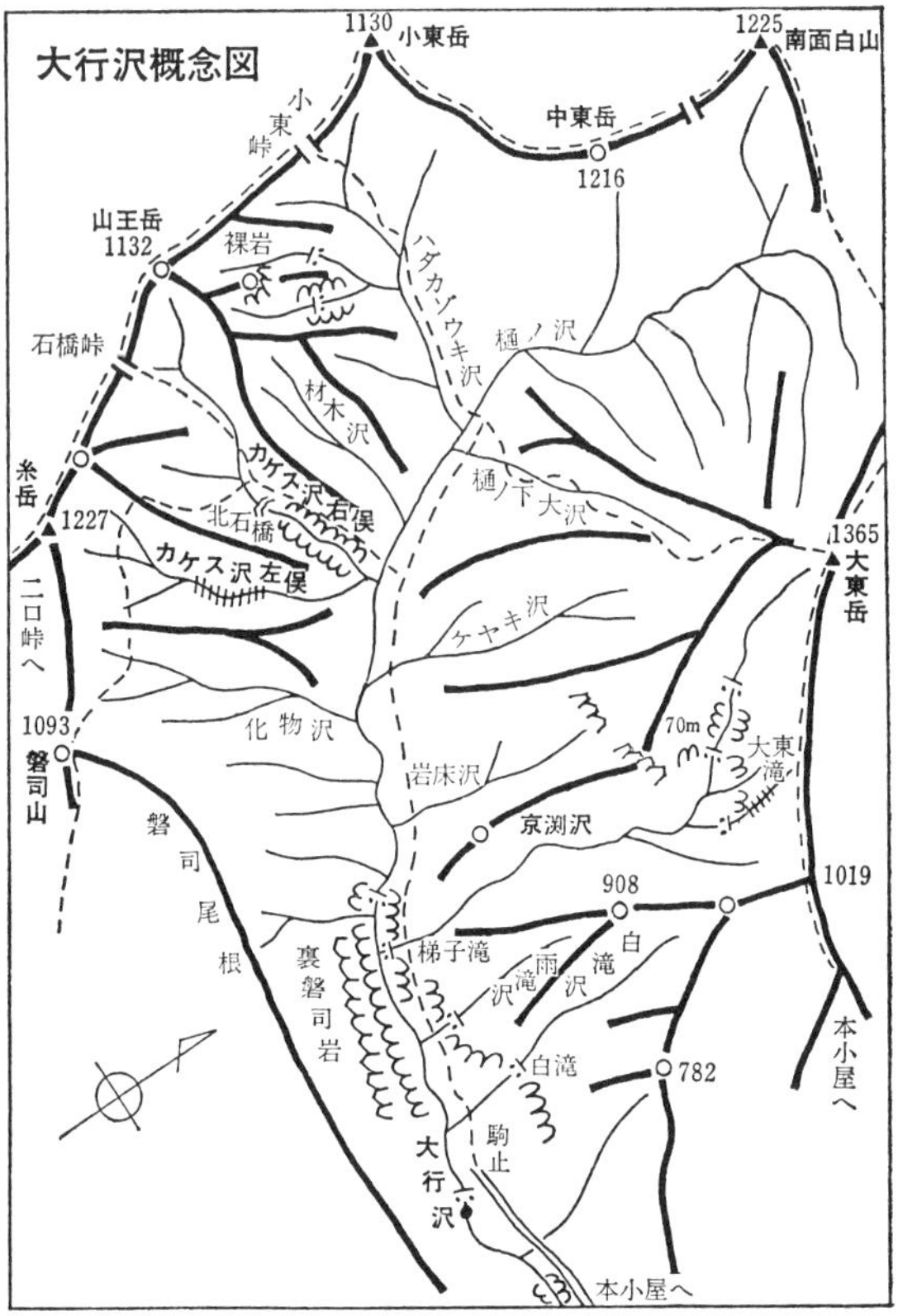

5　大行沢本流（樋ノ沢）　五―六時間

左岸上部に大東岳裏コースが通っているが、沢筋を遡ることを薦めたい渓流の美しいルートである。

出合い付近にかかる橋から入谷、下流はゴルジュの中に深い淵や大釜をもった滝がある。魚止の滝を越えると沢名由来の幅いっぱいのナメが展開、気持よく遡る。本流六m、ハダカゾウキ沢五mのそれぞれナメ滝となって出合う二俣から本流の右に入ると本流は樋ノ沢と名を変える。岩盤に掘りこまれた樋流を抜け、源流をつめると県境の登山道に出る。大東岳へはさらに一時間半要する。

6　京渕沢　五―六時間

落差七〇mの大東滝を有して、二口山塊の中では屈指の沢である。本小屋から大東岳裏コースを一時間たどって出合い。沢に入るとナメと河原が交互に現われる。大東滝が近づくと夥しい岩屑で沢は埋まり伏流になる。大東滝は上部で逆層となってそり返っているので、基部から全部は望めない。水流の右手から取付くが直登は慎重に。上流はナメ滝や五―六mの滝を越えて行くと二〇m近い悪相の滝となる。左岸から高巻くと蛇行した溝状が続き、本流を拾って行けばやぶこぎも少なくて頂上一画の湿原に達する。

7 カケス沢 四―五時間

カケス沢に入るとすぐ二分する。山王岳から流下する右俣は下部ゴルジュ帯の遡行がおもしろい。ゴルジュ帯を抜けると珍らしい河食地形「北石橋《きたしやっきょう》」がかかっている。右俣沿いに石橋峠へ抜ける登山道がある。つめは上手にルートとれば山王岳南肩の登山道に出る。小東峠を経て樋ノ沢キャンプ場まで一時間、キャンプ場から本小屋まで一時間半である。

左俣は中流域から長大なナメ滝があり忠実に遡ると糸岳東面のトラバース道に出る。一〇九三mの磐司山を経て二口沢支流の糸滝沢出合いまで二時間の下りである。

二口沢流域

脊梁山脈上の糸岳から最上神室岳の間を源頭に東に流れる二口沢は、磐司岩を貫流する磐司沢をはじめ、興味深い沢が数多い。歴史ある二口道は味気ない車道と化してしまったが、アプローチが便利になったため、地元岳人の人気を集めている。本小屋が基点となる。

〔五万図〕川崎、山形

8 鳴虫沢 四時間

アプローチが近く、滝も豊富なので最も人気ある沢である。二口林道より姉妹滝の上へ降り、本流を渡って出合いに立つ。本小屋から四〇分である。沢は滝が連続していてあきさせない。つめは岩壁帯をさけて左にまわり込んでやぶに入り、そこから直上すれば登山道に出る。家形山を経て姉滝上まで一時間余の下りである。

9 磐司沢 八時間

二口沢左岸に三kmにわたって帯状に屹立する磐司岩は、高い所で一五〇mに達しているが、脆いうえにリスも少ない集塊岩である。一九五三年、仙台一高OBの三原千秋氏らにより、その弱点部がトレースされたが、この壁自体を登攀対象とするのはむずかしい。

磐司沢は磐司山と呼ばれる一〇九三mピークから磐司岩を貫いて二kmにも満たない距離を二口沢に流下している急峻な沢である。この沢を遡るためには滝の直登以外ない。

本小屋から出合いまで五〇分、沢に入って転石の上をたどり、いくつかの小滝を越えてゆくと核心部の入口に達する。両岸は接するばかりに狭く、挟みこまれた岩塊が一五mほどの滝をつくっている。これをショルダーで取付いて水中のホールドを頼りに登る。上には同じような滝が二本連続するが、これもショルダーで抜けることができる。谷は様相を変え、頭上に重なる岩壁に囲まれた一条の滝が望まれる。奥壁にかかる三段の滝の最下段五mを登り、中段二〇mの滝でボルトの使用となる。左岸とのコンタクト部を登ると右に屈曲して、これまで見えなかった奥の滝の滝壺に達する。滝の長さは六〇mを越え、岩壁

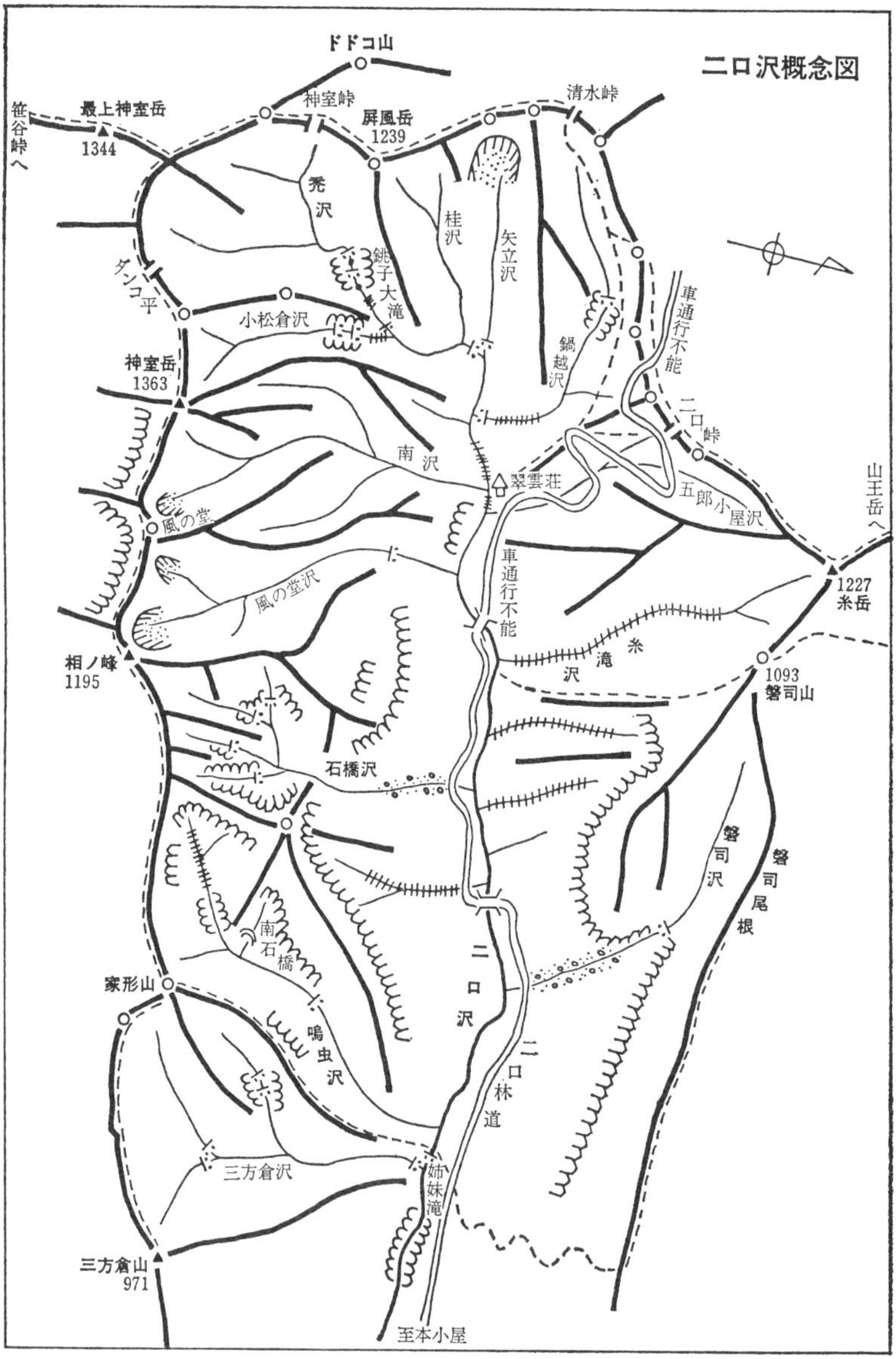
二口沢概念図
ドドコ山
最上神室岳
1344
笹谷峠へ
神室峠
屏風岳
1239
清水峠
禿沢
桂沢
矢立沢
銚子大滝
ダンコ平
小松倉沢
鍋越沢
車通行不能
神室岳
1363
二口峠
南沢
翠雲荘
五郎小屋沢
山王岳へ
風の堂
風の堂沢
車通行不能
1227
糸岳
相ノ峰
1195
糸滝沢
1093
磐司山
石橋沢
磐司沢
磐司尾根
南石橋
二口沢
家形山
鳴虫沢
二口林道
三方倉沢
姉妹滝
三方倉山
971
至本小屋

を円筒形に掘りこんでいったような独特な景観である。連打されたボルトは一冬越せば、雪崩のため大半は使用不能となるので遡行の都度ボルトを埋めこまねばならないが、それが頻繁になってくれば、自然保護観や登山のモラルといった問題に触れてこよう。滝の上でゴルジュは開け放たれるが、見下ろせばケービングでもしているような錯覚にとらわれる。上流は小滝や巨岩帯のあとは平凡な流れで磐司山へ達する。

10　石橋沢　三時間

神室岳東稜より二口沢右岸へ流下してくる沢で、本小屋より出合いまで一時間。転石の中にかかるナメや小滝を越えていくと二俣になる。日陰磐司岩を貫流する左俣がおもしろい。ゴルジュの中のチョックストンの滝を越えると再び沢は二分する。右沢の一〇mの滝の直登は悪く、左沢は急峻なナメのルンゼとなっている。つめは神室岳東稜の登山道に抜ければ、家形山を経て姉滝上まで一時間半で下れる。

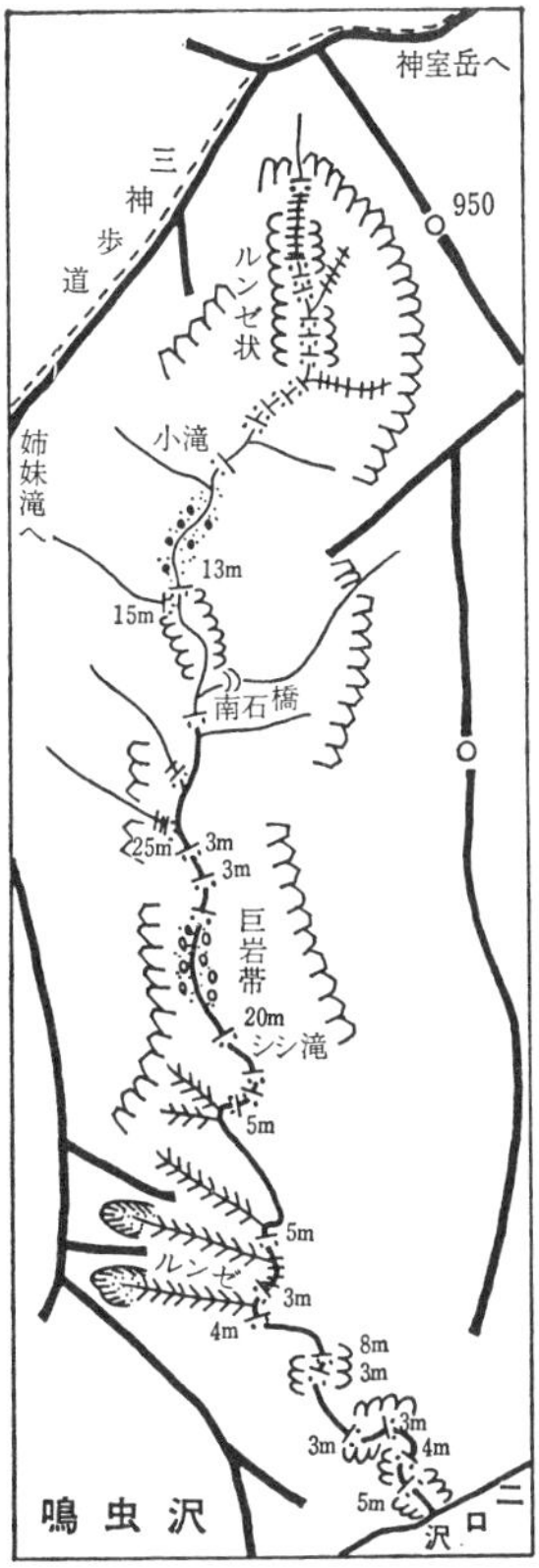

11　糸滝沢　三時間

糸岳に端を発する糸滝沢は、二口沢左岸に五〇mくらいのナメ滝（白糸滝）となって流入している。ナメは滝の上にもほとんど切れ目なく続き、しかも一定の傾斜をもってぐんぐん上がっているので応接に忙しいほどである。やぶこぎは少なく、糸岳より北の県境縦走路にとび出す。

12　禿沢（二口沢本流）　五時間

銚子大滝をはじめ、二〇本を越える滝のほとんどが直登できるなど、原生林に包まれた手応えのある遡行が楽しめる。

本小屋から南沢出合いまでは林道を歩き、翠雲荘（造林小屋）への小径を入る。約一時間半である。小屋の裏から入谷すると、始めはナメと河原に五―六mの数本の滝が点在する。桂沢が一六mの滝で入る地点には、本流にも七mの滝が落ちる。右からの矢立沢、左からの小松倉沢を見送ったあと数本の滝を登ると核心部に入る。一五mの滝は瀑心を直登すると、トヨ状に抉られた滝が弧を描いて落ちてくるのが見える。約三〇mのこの滝は、上段と合わせて銚子大滝と呼ばれている。下部は流水溝を、中段からは濡れた右側を攀る。小ゴルジュや小滝を越える

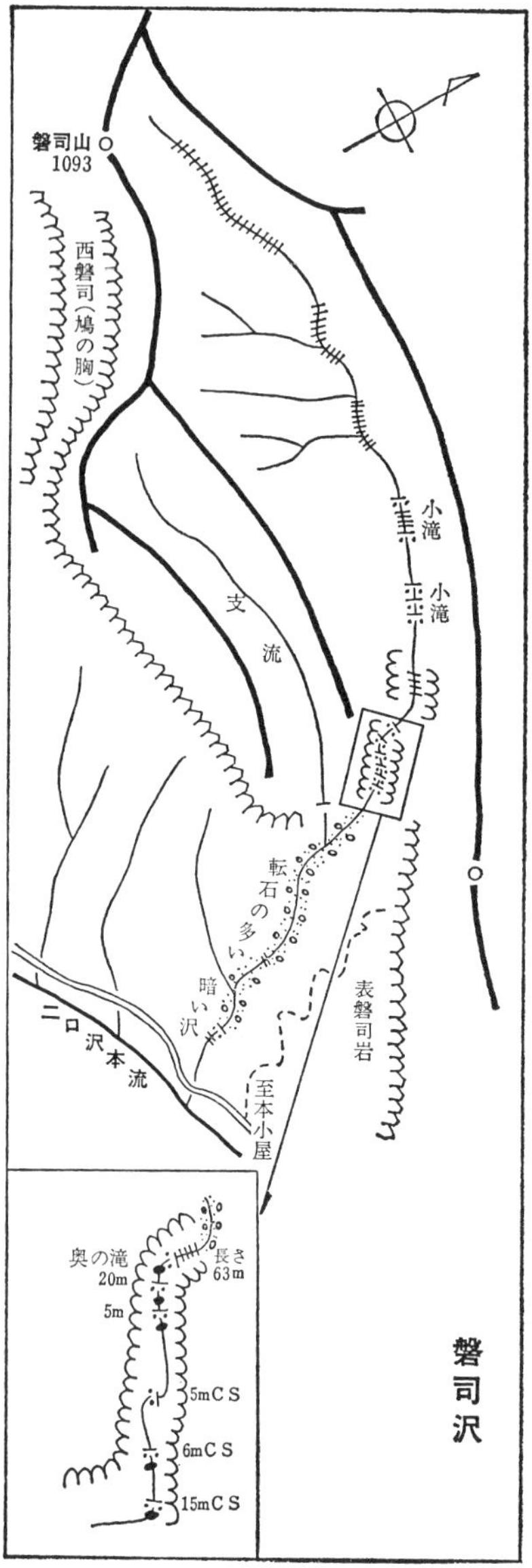

と源流の様相を呈し、最後の二俣となると稜線は近い。翠雲荘へは神室岳を越えて南沢を下降すれば三時間である。

太郎川流域

神室岳東面に発する太郎川は、本流と悪沢、大倉沢の三本が遡行対象となる。車道がかなり奥までのびているが、まだ静かな山を味わえる流域である。仙台から川崎まではバスで一時間。川崎から太郎川沿いの車道はタクシーを利用する。

〔五万図〕　川崎、山形

13　太郎川本流　六時間

下流は平凡だが、神室岳に近づくあたりからナメがあらわれて、急激に高度を上げる。神室岳南壁はブッシュが気になるが、フリークライムが楽しめる壁である。下山は笹谷峠を経て関沢まで四時間半、バスで山形へ出る。

14　悪沢　三―四時間

流程は短いが、上流域に滝で区切られたゴルジュ帯をもっている。下流にも一五mの滝をはじめとして、きれいなナメ滝をいくつかかけて楽しい。ゴルジュ出口の五m滝をシャワーで登ると、そこから五〇分足らずで相ノ峰付近の縦走路に達する。また右岸から流入するルンゼも、短いが小滝が連続しており、上部は集塊岩の壁の基部に達している。相ノ峰から家形山を経て二口沢姉滝上まで一時間四〇分。

15　**大倉沢**　三時間

核心部は太郎川出合いから二俣までで、ゴルジュと滝が連続している。二俣から上流は平凡になり、伐採も入っているようである。家形山付近の登山道に出る。

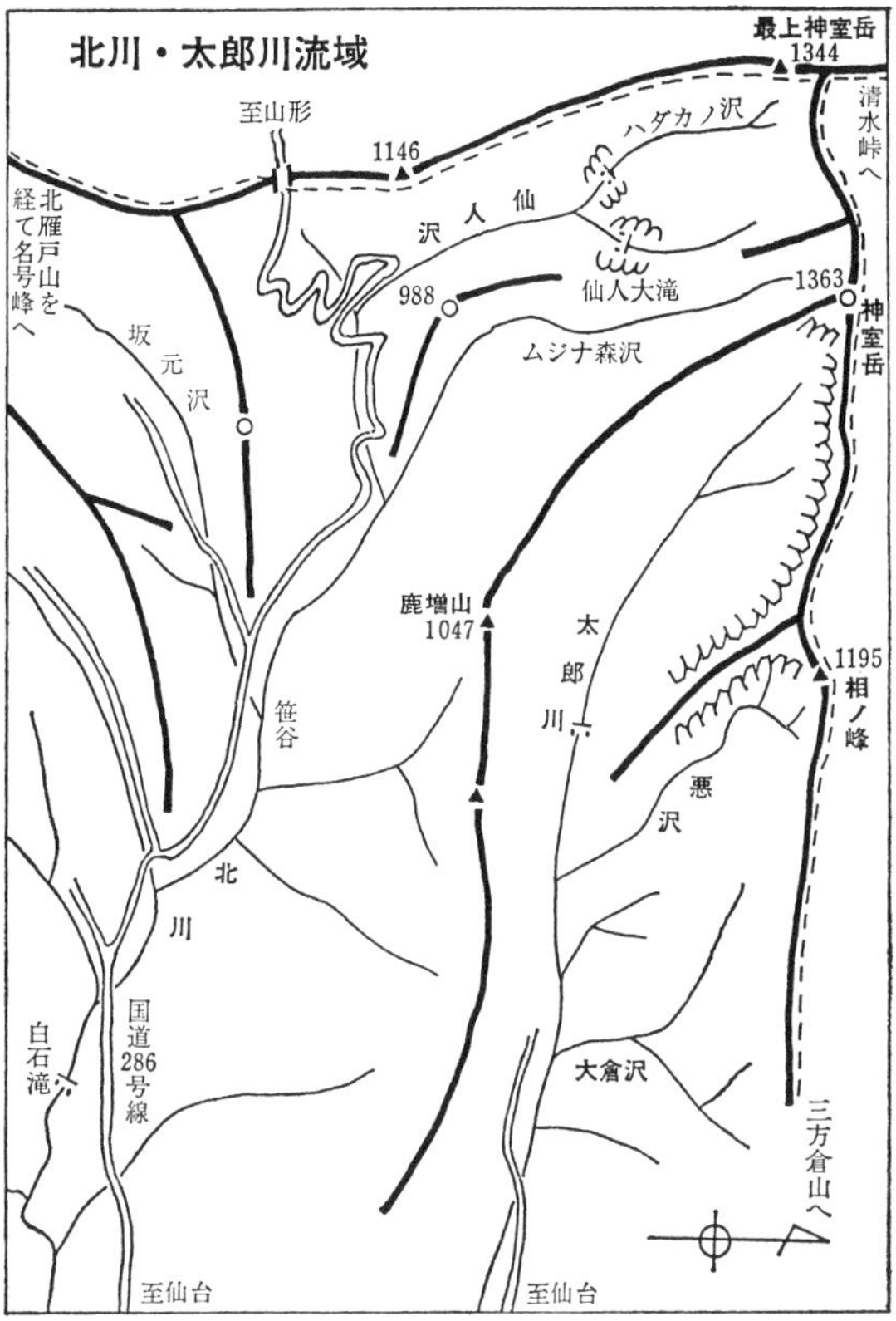

北川流域

仙台と山形を結ぶ国道二八六号線が笹谷峠を越えているので車でのアプローチが便利である。右岸支流は蔵王のエリアに入り、本流と目される仙人沢とムジナ森沢が本稿のエリアである。神室岳から流下するムジナ森沢は意外と平凡である。

〔五万図〕山形

16　**仙人沢**　四時間

二俣まで滝は三本ぐらいで河原が多い。右俣には圧倒的な仙人大滝がある。踏跡が大滝を巻いて神室岳のダンコ平に通じている。左俣（ハダカノ沢）は三〇mの滝を右岸から巻くと上流は小滝の続く明るい沢となり、楽しく遡って最上神室岳付近の縦走路に出る。笹谷峠を経て出合いに戻るか、前記ダンコ平からの踏跡を仙人沢へ下ってもよい。

〔執筆者〕深野稔生

蔵王連峰

仙台YMCA山岳会

蔵王連峰は奥羽脊梁山脈南部に属するいくつかの火山の集合であり、北は雁戸《がんと》山から南は不忘《ふぼう》山まで二五kmの連峰である。基盤となる花崗閃緑岩とその上の第三紀凝灰岩、この二つの岩盤を貫いて噴出した火山は、長い間にわたって噴火、堆積をくり返して、現在の蔵王を造ったものであろう。名号峰だけは全山花崗閃緑岩だけで成っており、火山活動はなかったようだ。

千年以上も前に開かれた蔵王は、西の月山に対して「お東様」とも呼ばれ、女人禁制の信仰の山として栄えてきた。三宝荒神山、熊野岳、名号峰等の名称は、仏教ことに熊野修験道の名残りである。近年、観光道路の横断や観光施設の拡充により、冬は魅力的なスキーゲレンデ、夏は老人や子供でも容易に山頂に立てる観光地として有名となり、登山対象としては価値を失ったかのように思われている。しかし、主峰熊野岳を中心に雄大に広がる連峰は、お釜を始めとする新しい火山地形はもちろん、人跡稀な湿原あり、豊かな森林ありの多彩な山岳地形を有しており、観光目当てではない登山者の訪れを待っている。

火山・蔵王を開析する谷は深々として若い。ひとたび谷に足を踏み入れれば、そこは観光とはまったく無縁の山本来の世界である。蔵王連峰はその位置関係により、北蔵王、中央蔵王、南蔵王と区分すると全体を把握しやすい。北蔵王には笹谷街道と平行して流れる北川・小屋ノ沢、前川がある。北蔵王から中央蔵王北面にかけては八方沢、不動沢、葉ノ木沢が、中央蔵王の西面には蔵王沢と仙人沢が流下しており、中央蔵王東面から南蔵王にかけては、濁川、澄川、秋山川、コガ沢、横川などの水系を挙げることができる。なお、澄川の新滝沢全域と新滝沢出合い下流の澄川は観光汚染、濁川本流と丸山沢は火山の影響で沢水は飲用に適さない。

連峰の南西には番城山を中心とした山塊があり、北面には萱平川、南面には大深沢があるが、ともに蔵王の各沢に比しスケールも小さくなるので、ここではとり上げていない。

冬の蔵王では、尾根縦走が主体となり、アイゼンよりスキーのほうが有効である。ルートとしては不忘山―雁戸山の南北二五kmにわたる主脈縦走が筆頭である。また、東西に派生する支尾根もそれぞれ変化に富んでおもしろい。脊梁山脈であるので気象条件の悪さは当然として、迷向性地形といってもよいほどの地形であることは留意しておく必要があろう。

沢筋は積雪のため多くの滝は埋まってしまい、登攀対象にはならない。氷瀑は不帰ノ滝右岸に発達するものが見事だが、雪崩や氷の崩落の危険性が大きい。なお三段一二〇ｍの三階滝は条件がよいと氷瀑が発達し、地元岳人のよきアイス・ゲレンデになっている。

〔五万図〕 山形、川崎、上山、白石

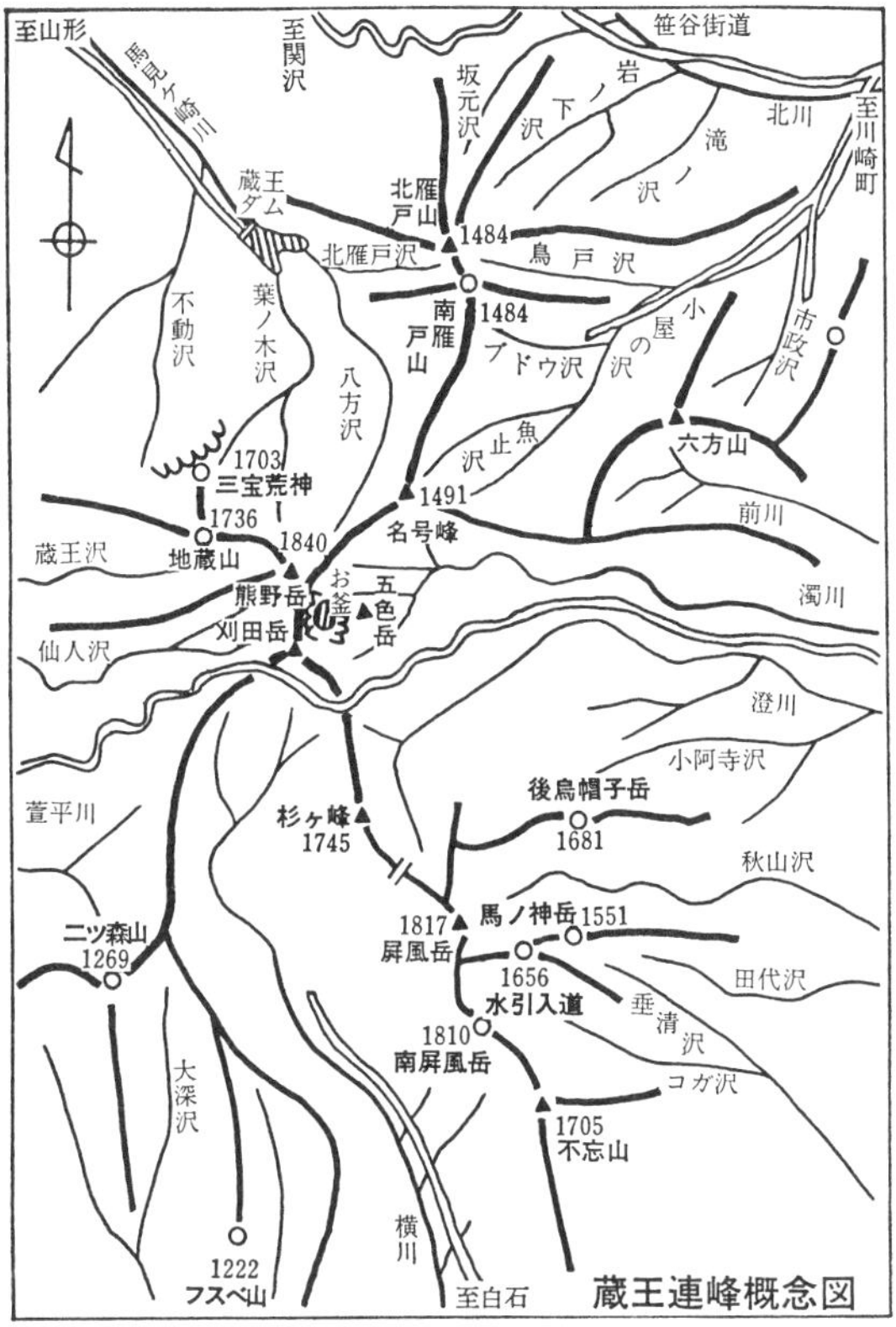

蔵王連峰概念図

北川・小屋ノ沢流域

北川は名乗の上流で大きく二分している。左俣は小屋ノ沢と名を変え、右俣は北川の名称のまま右岸支流が雁戸山東尾根に、左岸支流が神室岳から派生する尾根に突きあげている（左岸支流は前章「大東岳」参照）。右岸支流は上流より北雁戸山に突きあげる坂元沢、岩ノ下沢、滝ノ沢など数本挙げられるが、この流域への執着がなければ、あえて入谷するほどのものではない。ただ滝ノ沢の雄滝、雌滝は一見の価値はある。

小屋ノ沢は名号峰にその源を発して魚止沢と呼ばれ、左俣のガッカラ沢、ブドウ沢、鳥戸《とりどう》沢、市政沢や、小さなものも含めて三〇本余の支沢を合わせて流下している。そのほとんどは地元岳人によりトレースされているが、入谷者の多いのは、本流である魚止沢、南雁戸山に上がるブドウ沢、北雁戸山に上る鳥戸沢ぐらいなものである。地形図には名乗沢と記入があるが、地元でもよく使っている小屋ノ沢に統一し

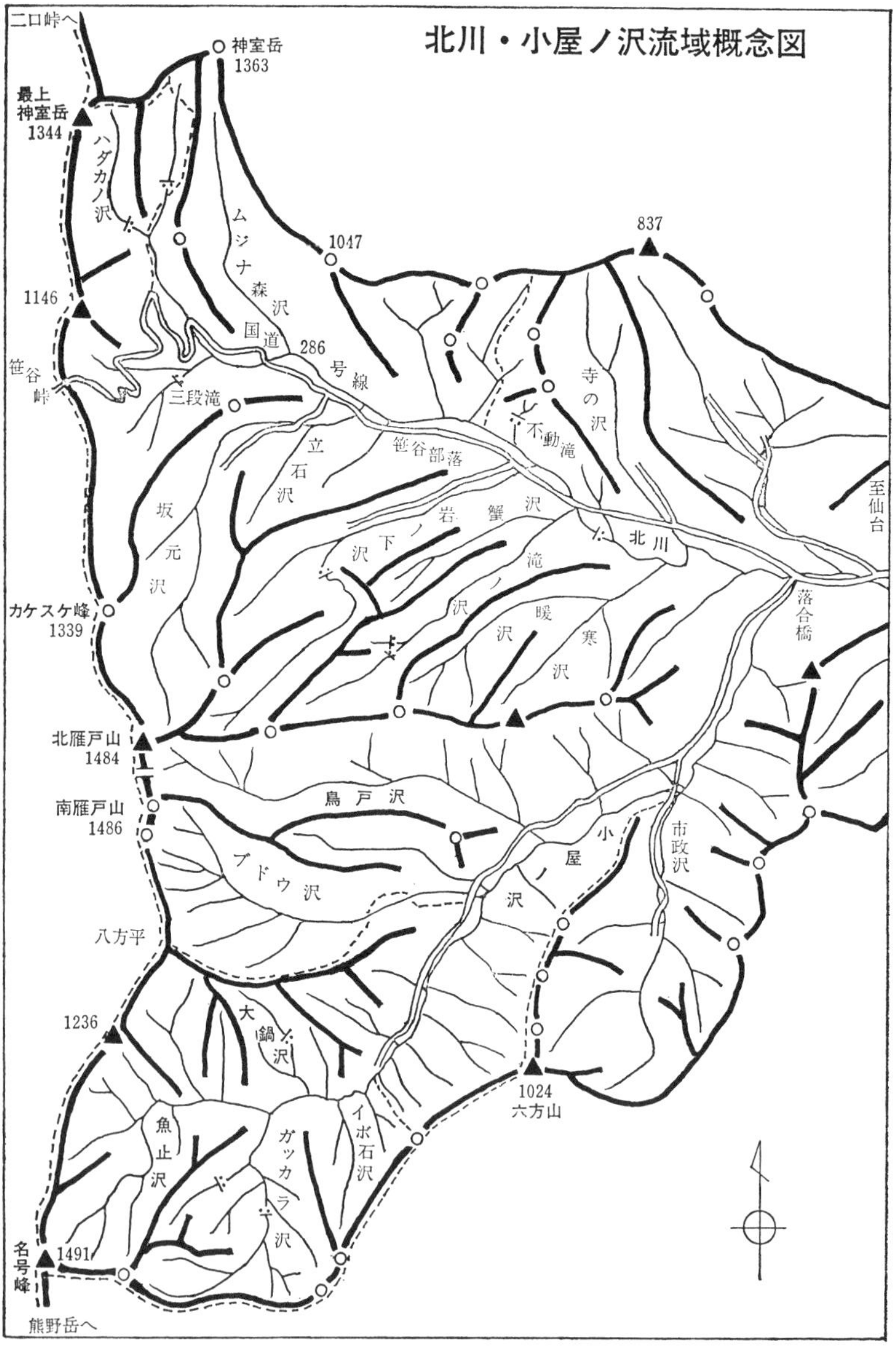

北川・小屋ノ沢流域概念図

ておきたい。

東北本線仙台駅より川崎乗換え笹谷行のバスに乗り、落合橋で下車、小屋ノ沢林道に入る。林道終点まで約八km、二時間の距離である。

〔五万図〕　山形、川崎

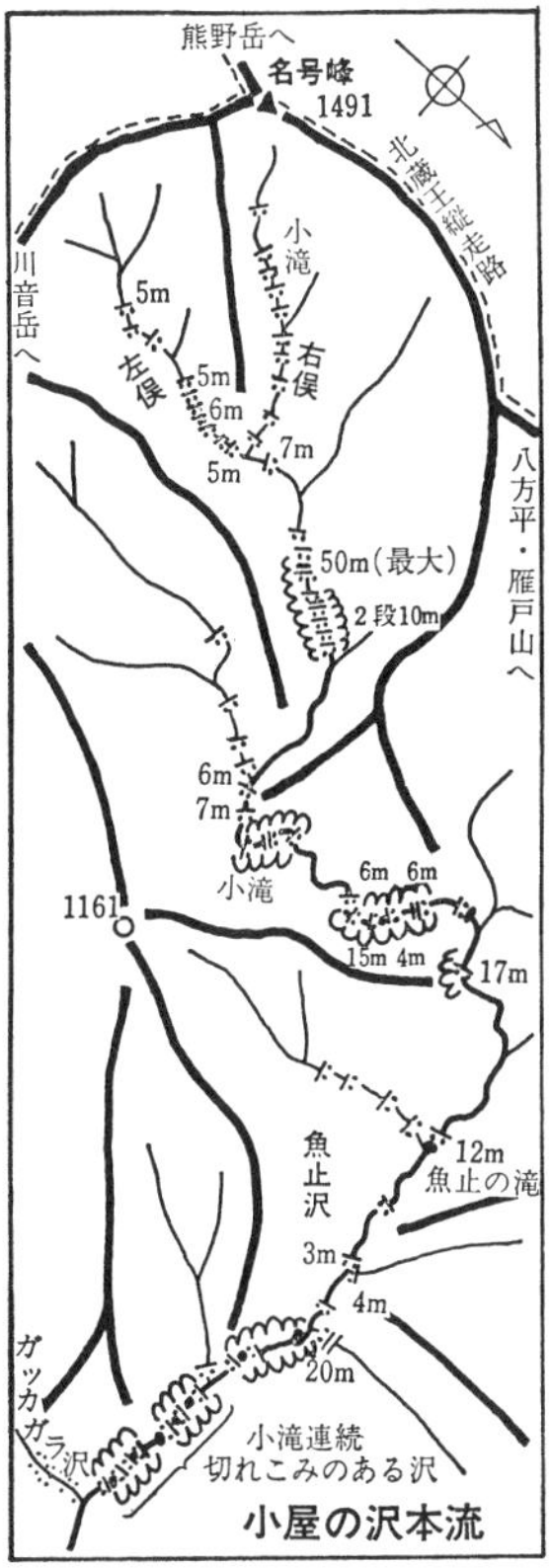

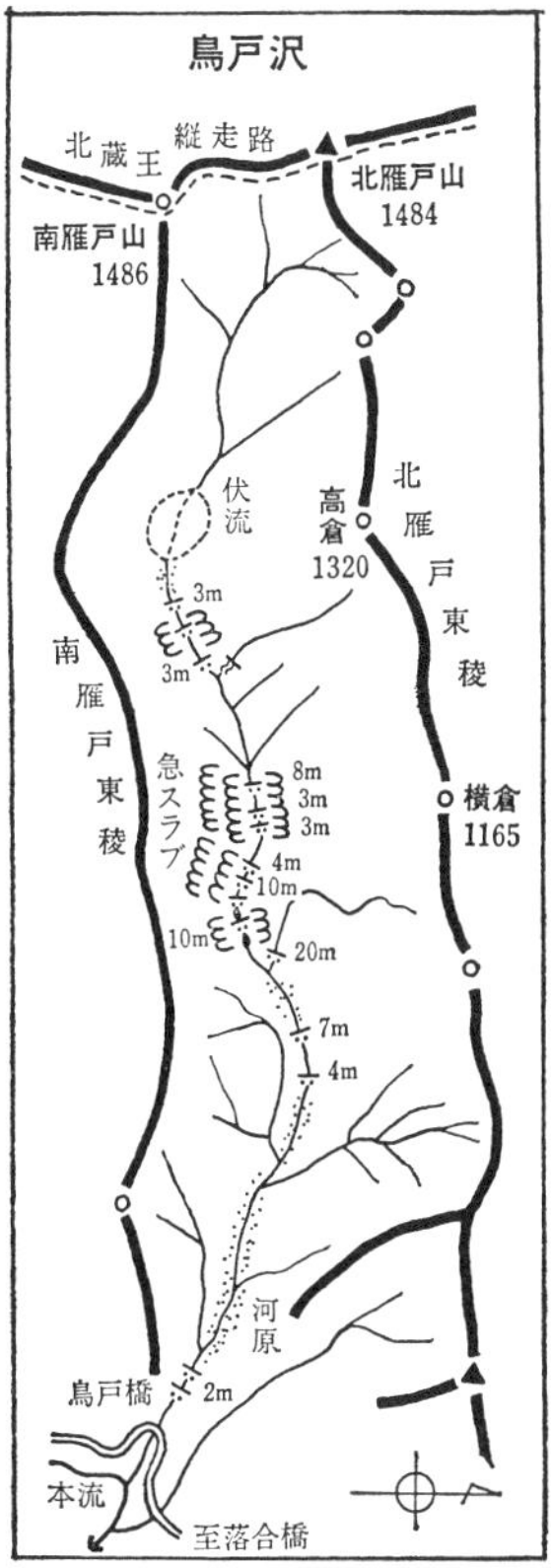

1　小屋の沢本流（魚止沢）　六—七時間

林道終点から三〇分、平瀬をたどると大きな二俣に着く。左がガッカラ沢、右が魚止沢でここから名号峰まで標高差八〇〇mの快適な遡行が始まる。

出合いから大釜を掘り込んだ滝が続き、旺盛な流水につくられた見事な沢筋がしばしば展開する。一時穏やかになったあと、チョックストンによってY字にかかる「魚止の滝」が現われる。河原続きの後、一七mの滝を左岸から巻いて行くと、両岸が迫って中流の核心部に入る。瀞をへつり、六mの滝はシャワーで直上。四mの上は左に曲がって一五mの滝、釜の深い六mのトヨ状滝など、他にもたくさんの滝が連続して応待にいとまがない。二段一〇mの滝を攀ると、上は逃げることもできないまま、四—五本のナメ滝をフリクションで抜けることになる。明るくなって一段落すると、長さ五〇mの滝が出現、これを左岸から越えて行く。この後、上流二俣まで小滝が七—八本。二俣はどちらをとってもまだ一〇本以上の滝を登って名号峰付近の縦走路に出る。

2　鳥戸沢　六—七時間

数本の滝が構成する中流部のゴルジュ帯によって知られ、北蔵王では最もポピュラーな沢である。

下流の河原を過ぎて中流にさしかかる頃、七mの滝から核心部となる。これを右岸から、続く五mの滝も右岸から越える。一〇m二条の滝は左岸から登るが、草付きのためすっきりしない。右岸が高いスラブとなった後、下部が抉れた一〇mの滝が関門のように落ちる。これはショルダーで突破、続く四mの滝を越えると、函が深まって八mのハングした滝が塞がる。滝身は取付けないので、右岸を直上して外傾バンドに達し、滝の落口までトラバースして抜ける。上流には雪崩に磨かれた明るい小廊下があり、あとは平凡な沢が続く。源頭の不明瞭な地形を過ぎると、北・南雁戸の鞍部にとび出す。下山は北雁戸を越えれば笹谷峠へ、南雁戸を越え八方平よりブドウ沢林道経由で小屋の沢林道に出る。

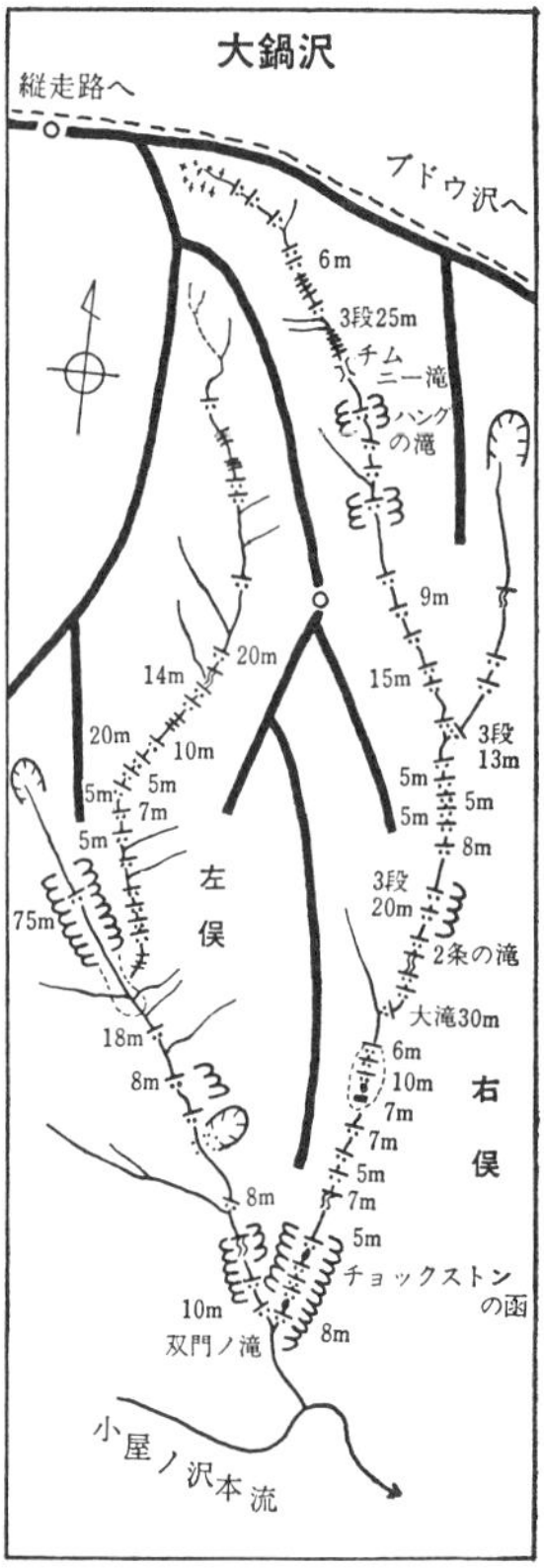

3　大鍋沢右俣　四―五時間

大鍋沢は落差五〇〇mと短いが急勾配の沢で、数多くの滝を連ねた興味深い谷である。

小屋の沢本流から大鍋沢に入ると、奥に双門ノ滝が落ちている。左が支流で一〇m、右が八mの滝で、チョックストンに区切られた小ゴルジュとなっている。上流は小滝も含めて四〇本に及ぶ花崗岩の滝が連続し、それらはほとんど直登可能である。中ほどの大滝は三〇m近くあり、この谷で人工登攀によって越える唯一の滝である。源頭に達してからはブドウ沢林道を下るのも良いが、左俣下降もおもしろい。

濁川流域

濁川は刈田岳から名号峰に続く主稜東面に、五色岳の左をまわりこむ本流、五色岳から流下する五色沢、振子沢、丸山沢、左衛門沢、名号沢と扇状に広がり、中流で三途ノ川、西ノ沢、イボ沢を合して流下し、澄川と合流して松川となる。上流帯に入るまではグリーンタフや花崗閃緑岩を抉って流れるゴーロ帯が続いているが、上流部は荒々しい火山岩質となり、溶岩流の末端部が浸蝕されてできた懸崖は右岸二〇〇mにも達していて見事である。

東北本線「仙台」からエコーライン行のバスに乗れば、二時間余で基点の賽《さい》ノ磧《かわら》に着く。遡行後は蔵王山頂駅まで歩けばバスの便がある。追分から丸山沢に下れば左岸に「かもしか温泉」があり、山小屋らしい雰囲気をもつ貴重な存在として登山者に親しまれている。

〔五万図〕 白石、上山

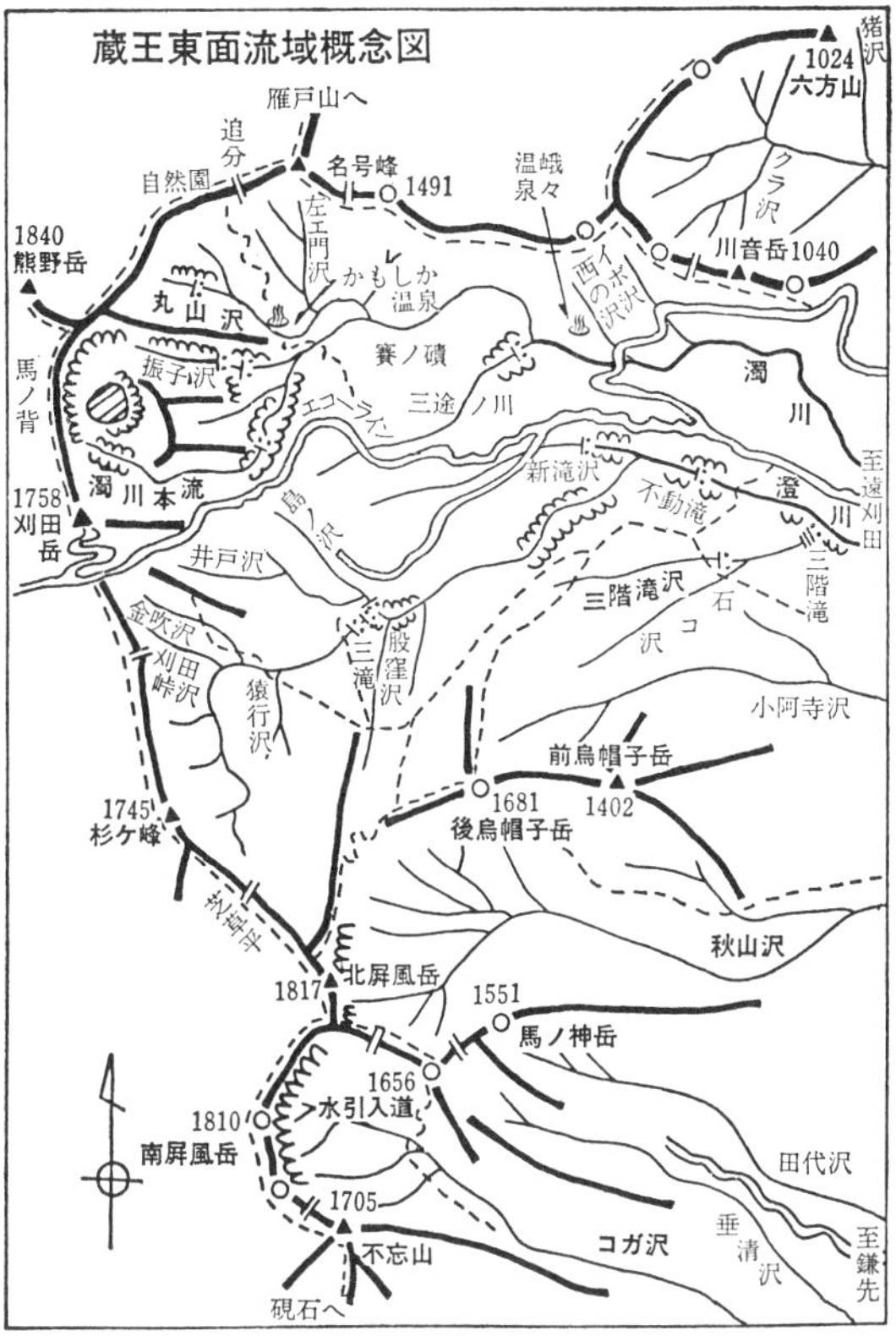

4 濁川本流　五―六時間

賽ノ磧からかもしか温泉への道を行き、ひよどり越を下り切れば濁川である。始めは乱積する火山性の岩屑を縫って、途中七mの滝を越えて行く。右岸からのアレートにかかる二〇mの滝の右岸を絡むと、上流には不帰ノ滝がのしかかってくる。滝は溶岩流末端にかかるもので一〇〇m近い。ここは左岸を大高巻きとなろう。明るく開けた中に六m滝を登った後廊下帯に入り、奥の滝は右手を小さく巻く。沢は火山性の懸崖の間を蛇行し、最上流は火山砕屑帯を抉りこんだゴルジュとなる。左岸から八千仏と呼ばれる大量の湧水が滝となって落ちる。濁川の不断の水源である。ゴルジュが亀裂と言えるほどに狭くなり、奥の脆い滝を登り切れば火口湖お釜は近い。

5 丸山沢　六―七時間

丸山沢は蔵王屈指の沢であり、熊野岳東面を抉って流下し、多くの滝場を有している。下流で二俣に分かれているが、ブッシュのない充実した遡行が期待できるのは左俣である。

右俣と分かれてからゴーロで高度を上げ、まもなく小規模なゴルジュに入る。ここを抜けた所に三〇m近い大滝

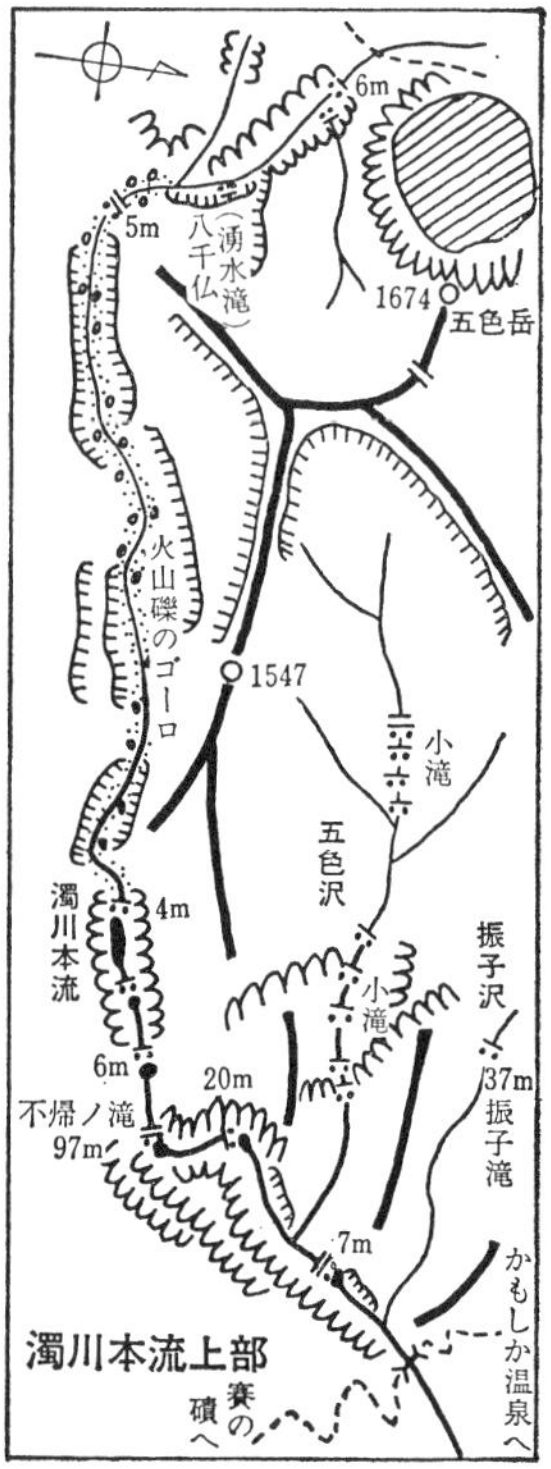

が塞がる。右岸から登られてはいるが、人工登攀となるので普通は右岸のルンゼから巻くことになろう。続く二〇mは両端が吊り上がったスカイラインを見せて威圧的だが、実際は順層で登りやすい。ゴルジュの中の滝をいくつか登り、二段一〇mの滝もシャワーで強引に攀る。一時開けたあと、巨岩を挟みこんだ二〇m滝となるが、これもフリーで越えられよう。トヨ状の小滝の上で激しい地形は一段落し、行く手に壁を掘りこむような滝が連なって望見される。最初は一二mほどのかぶり気味の滝で、ボルトによって直登されているが、脆すぎて一般的ではない。上に重なるような二〇mの滝は左岸を絡み、五m滝の上に続く一五mのゴルジュの滝は左岸からボルト一本で登る。最後の滝を登ると、開けた上流に雪渓が見える。蔵王では最後まで残る雪渓で、丸山沢の水源である。下山はロバの耳を下るか、主稜に出て刈田岳を越えればバスの便がある。

澄川流域

澄川は屏風岳と杉ケ峰間の芝草平を源とする、蔵王東面最大の渓谷である。穏やかな水源から中流に至って発達する谷壁、巨瀑、落下する奔流など、まさに蔵王の渓谷美を集成している。この流域も一〇本近い支流をもつが、本流の流程一〇km、標高差一二〇〇mに及ぶ規模とは比べるべくもない。仙台から二時間、白石からなら四〇分の遠刈田《とおがった》温泉が基点となる。

〔五万図〕　白石、上山

6　澄川本流　一二―一四時間

澄川本流の核心部は不動滝に始まり三滝《みたき》上流で終わる。旧開拓部落上流から入谷する。総落差一二〇mの三階滝を右岸に見ながら遡っていく。不動滝は落差五五mの山中最多水量を誇る滝である。これはあっさり左岸から巻くが、続く深い淵とゴルジュの突破には渇水期でも苦労させられる。ゴルジュを抜け左岸から新滝沢が流入したあとは、雲湧谷と呼ばれる巨岩の乱積した廊下となる。両岸から剝落してきた巨岩帯は、乗越しがやっかいなほど続く。青い大釜を過ぎたあと、壁は井戸沢（六〇mの滝で流入）、股窪沢が合流する地点で高みを増す。本流には三滝（湧水と合わせて三条）がハングしているので、左

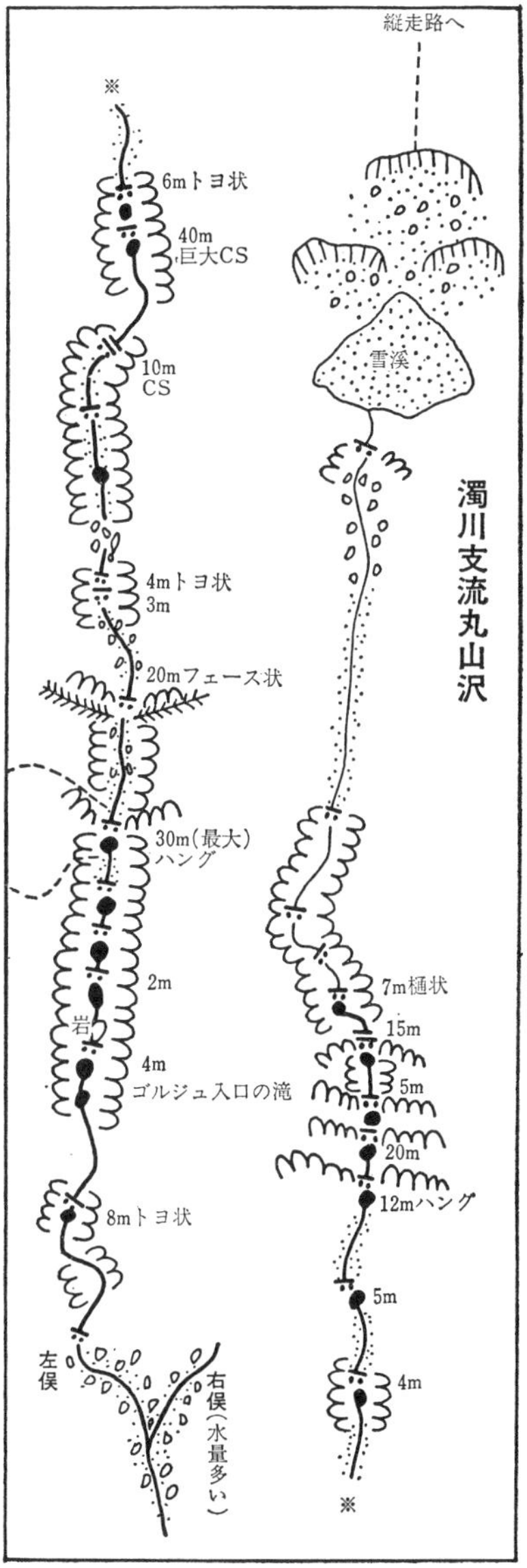

岸を高巻く。降りたところの一五mの滝は左岸を直登、上はナメ床が広がっている。一時間ほどで金吹沢、岳樺沢、峠ノ沢が続けて流入。さらに一時間以上遡ると、両岸が低くなって針葉樹も目立ってくる。源流部では枝分かれと蛇行をくり返し、その中から本流を拾って行けば、池塘の点在する芝草平に通じて縦走路となる。

7　三階滝沢　四―五時間

澄川に数段の滝となって流入している。下部は二段七〇mほどで、右岸から登られているが脆い。上段は左岸を登るが、これも非常に脆い。最後は右のブッシュから巻くと、さらに四m、五m、そして二〇mの滝となり、これらの滝が遠くから見ると三段に見えるので三階滝の名となったのだろう。二俣までは長い切れ目のないナメ床となって続く。右俣には緩い滝が走り、上流は倉石ヒュッテの水場となっている。

8　秋山沢・コガ沢流域の沢　各六―七時間

秋山沢とコガ沢は、不忘山と屛風岳、烏帽子岳を結ぶ山稜の水を集め、それぞれ七日原を東流して白石川に合流する。秋山沢の下流・中流は平坦で見るべきものはない。湧水地帯の小ゴルジュを抜けて上流に入ると、放射状に五―六本の沢が分散して屛風岳の火口壁をはい上がる。しかしこの時点では水量も減じており、よく遠望する東壁の印象とほど遠い急峻なだけの小

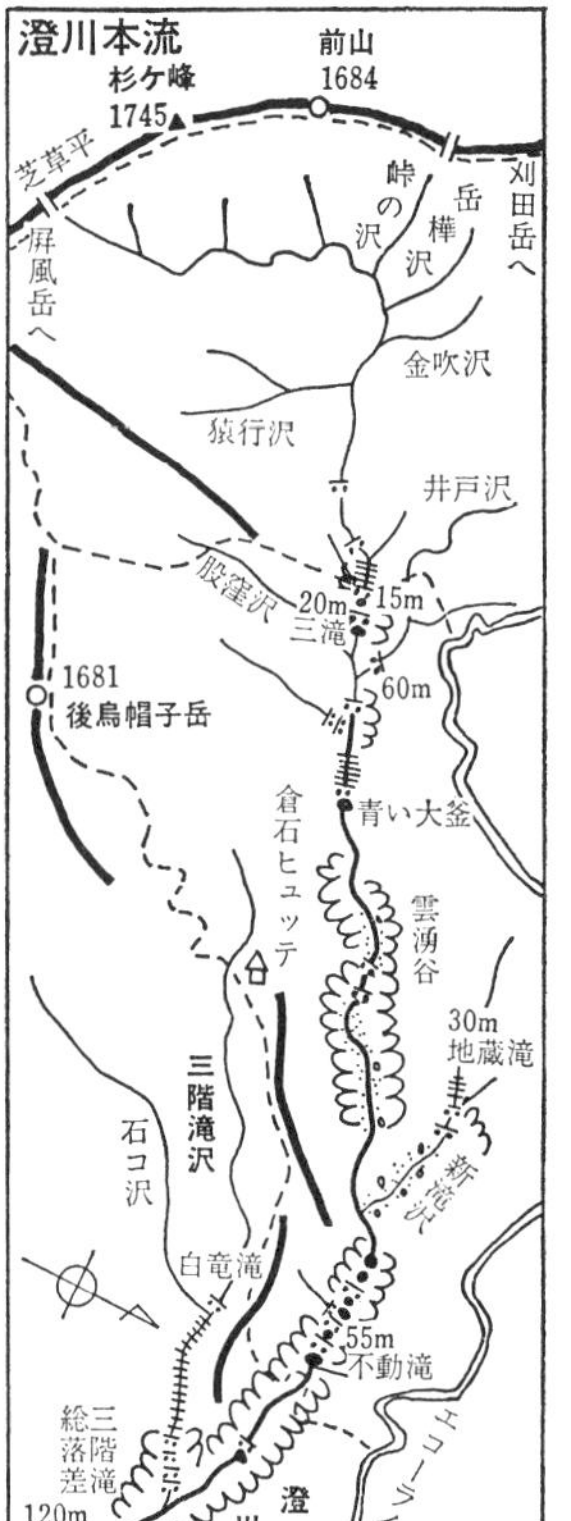

沢となっている。

コガ沢も下流に支流をもたず、上流になって放射状に分散する点は秋山沢と酷似する。遡行的にはこちらのほうが内容に富み、滝沢や権現沢は滝を連続させて興味深い。縦走路に出たあとは、北上すれば杉ケ峰を経て刈田岳へ、南下すれば不忘山を経て登山口の硯石《すずりいし》に下山できる。

横川流域

南蔵王は花崗閃緑岩などを基盤とした山体が火山岩で被われて成り立っている。そのため横川の支流には成層火山特有の涸沢が多く、下流に至って大量の湧水を見ることがある。本流は安定した水量を保ち、原生林にめぐらされて落ち着いた沢相を造っている。また上流難場沢には横川堰と呼ばれる堀割が各沢を繋いで横断しており、山奥の人工物として珍らしい。これは太平洋側に流れる水を堰と堀割で導いて日本海に流すもので、旱魃対策として一五〇年ほど前に起工され、明治になって通水をみたと言われている。その上流には、左俣が右俣との合尾根を浸蝕貫通し、本来の出合いの上にもう一つの出合いを形成したおもしろい地形「貫通丘陵」が見られる。

支流には主なものとして大柳沢、空沢、入天神沢、出ト天神沢、大若沢があり、距離のわりには八〇〇mから一〇〇〇mの落差で流れ落ちているため滝場が豊富である。ここでは触れない入天神沢、出ト天神沢、大若沢なども大柳沢、空沢と似たような沢相で稜線に突きあげている。白石からバス利用で、終点硯石までは四五分ほどである。

〔五万図〕 上山

9 横川本流 六―七時間

本流下部は林道のため遡行不適で、その林道も近年は車の乗り入れができず、アプローチは不便な感じを受ける。

林道を終えて沢に入ると、まもなくナメ滝の広い釜に達する。難場沢（本流）と一枚石沢の出合いまでは、その後、釜の連続した小ゴルジュが一個所だけである。右の難場沢に入ると数個所の明るい滝場のあと横川堰が見られ、さらに一五mの滝

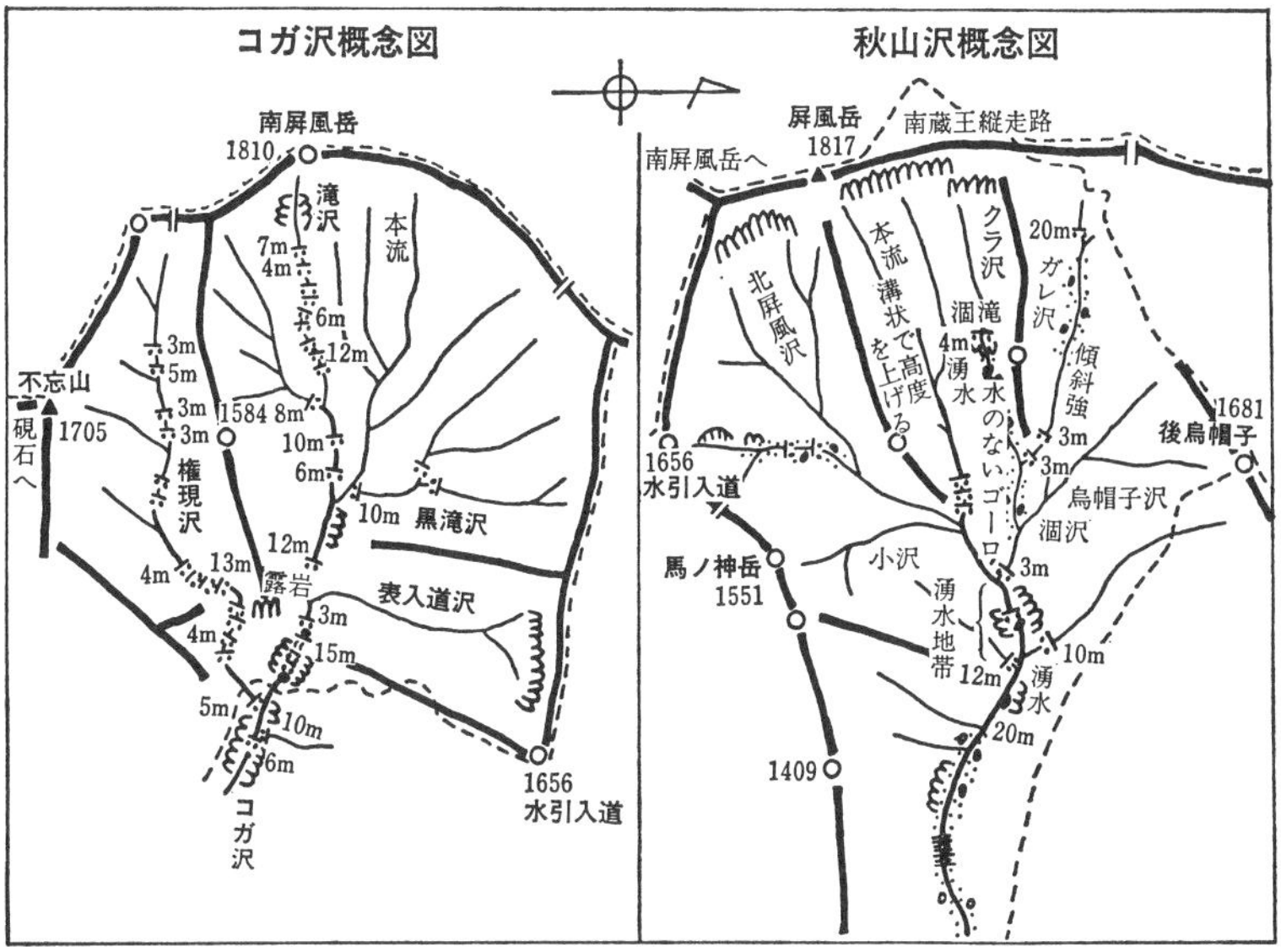

を越えてから「大ほど・小ほど」に達する。これは三本の滝が掘りこんだゴルジュで、釜の深さが印象的である。まもなく出合う二俣には「貫通丘陵」があって興味深い。その後左俣は一〇本以上の滝をかけて刈田岳へ迫り、右俣はあまり変化のないまま旧爆裂火口の中央部を刈田峠に達している。

10　**大柳沢**　四時間

登りやすい滝の豊富さと安定した水量が、成層火山の谷に似合わない潤沢な雰囲気をつくり上げている。上流は池塘をめぐらせた芝草平となり、支流では最も楽しい沢といえよう。

11　**空沢**　四―五時間

林道から遡るとまもなく二五mの滝に出合う。この上流に五〇mの空沢大滝があり、みごとな岩壁である。これは直登されているが、一般的でない。上流部は伏流気味となるうえ、変化のない荒れた沢となる。

馬見ケ崎川流域

北蔵王から中央蔵王の北西面を開析する一大流域で、中でも本流八方沢は高差一二〇〇m、長さ八kmにわたって落走する大沢で、宮城県側の澄川と並んで蔵王を代表する水系である。流域には一〇本ほどの支流が刻まれているが、葉の木沢や雁戸沢を除けばスケールは小さく興味度は小さくなる。山形から宝沢

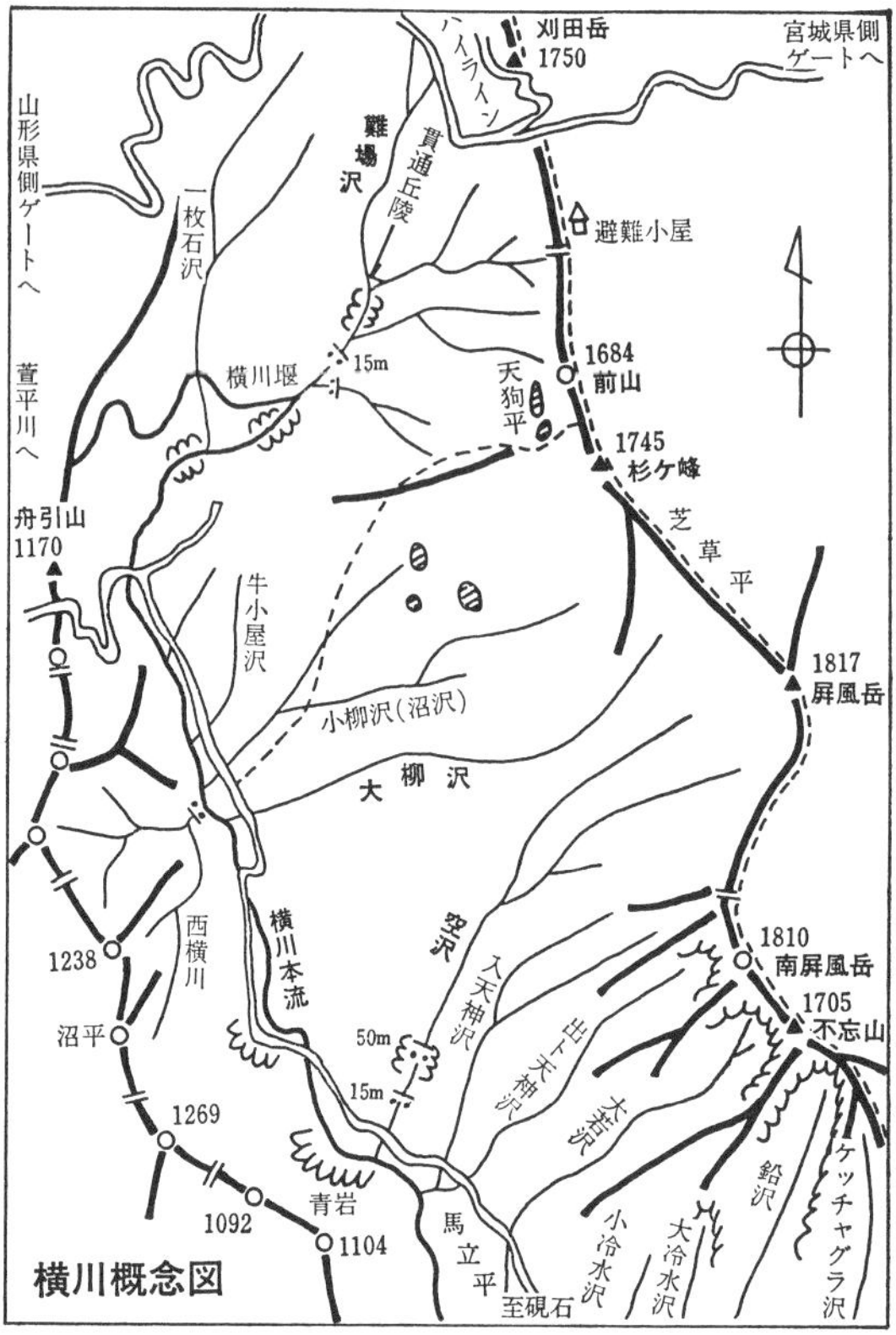

横川概念図

までバス、そこから蔵王ダムまではタクシーを利用する。

〔五万図〕山形

12　**八方沢**　一二—一五時間

遡行開始点はダムを回りこんだ北雁戸沢出合い付近。沢は始めから両岸がそば立って、深い雰囲気をかもしだしている。まもなく左岸から大量の湧水が二本、四〇mほどの滝で流れこむ。最初の滝はゴルジュにかかるもので、高さは低いが大釜のため取付きにくい。水蝕されたゴルジュが開けると、右岸から岩屑を押し出して南雁戸沢が流入、さらに廊下を遡ると釜をもった八mの滝が現われる。これは上の五mの滝とともに左岸を高巻く。廊下状は続き、支流はことごとく懸谷となっている。蔵王の最深部を味わえる所だ。最大の釜をもつ八mの滝は、左から巻き、上の瀞は泳ぐ。沢が蛇行をくり返した後現われる八mの滝の釜は、半身水につかりぶら下がって通過する。名号峰から流下する二本の支沢で現在地を確認。上流は熊野岳の大斜面を四—五本に枝分かれしてはい上がるが、左俣がさらに二俣に分かれる地点には、それまでの花崗岩質とは違った溶岩流の四〇m近い双門の滝が見事に落ちている。源流は針葉樹に被われた溶岩流台地を流れ、その後は火山性の斜面をはう、開けた小流となって熊野岳頂上へと近づいている。

13　**北雁戸沢**　六—七時間

出合いからしばらくは小滝の連続した暗いゴルジュが続く。そこを抜けて、端正なトヨ状の滝を直登すると、以後は二俣まで平凡な沢相となってしまう。右俣は最初のうち伏流、上流に近づくにつれて水が出始め、バットレス状の三〇m近い滝を落とす。左手にハーケン数本が残置されている。大滝の上は二俣に分かれ、それぞれに二〇mほどの滝がかかる。上流ではどちらも小滝で高度を上げ、北雁戸・南雁戸山の間に突きあげている。

14　葉の木沢　八―一〇時間

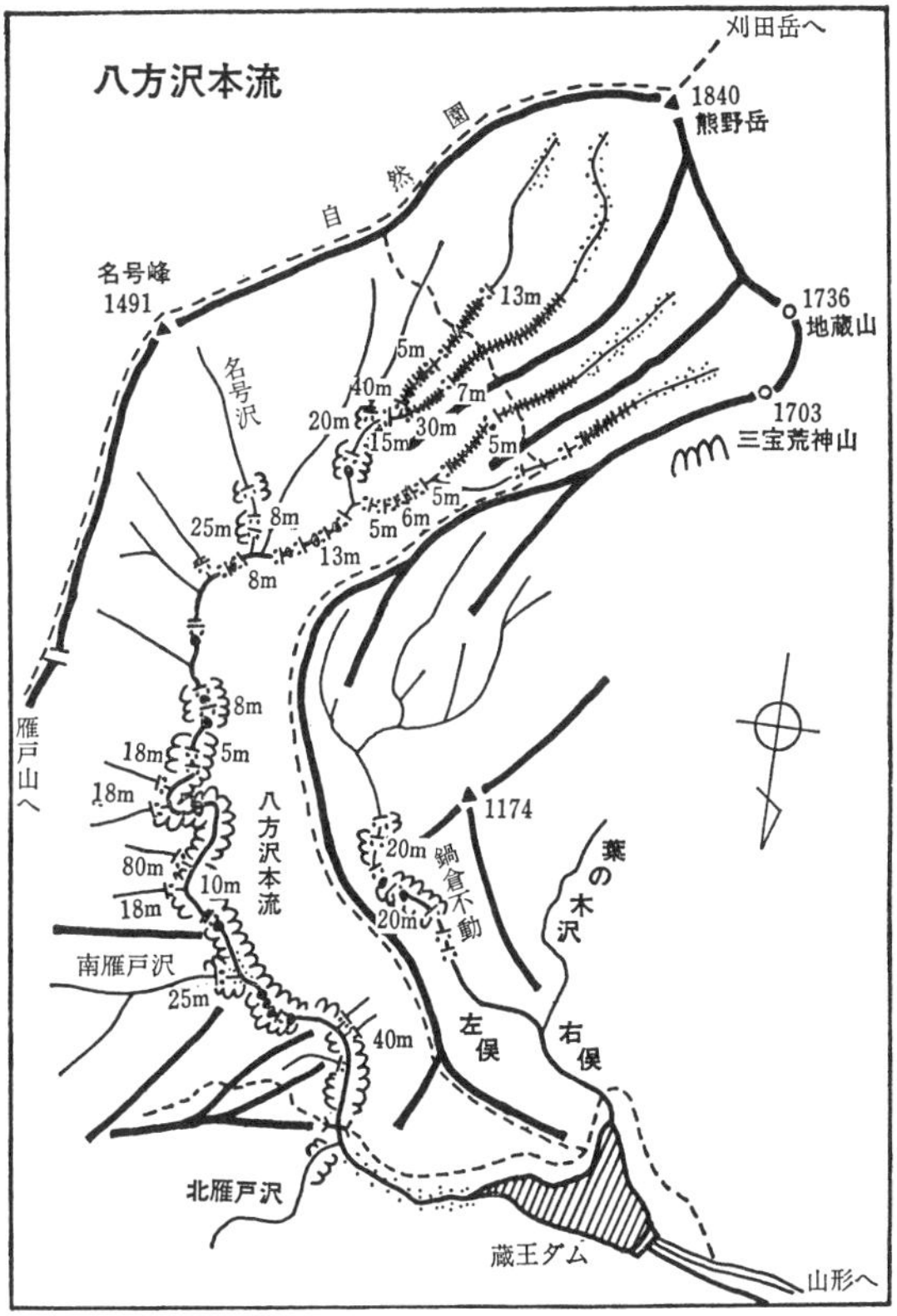

八方沢最大の支流であるこの沢も、右俣の全流程にわたって築堤があり、もはや遡行価値はない。これは源頭部をはじめとする谷壁の崩壊によるものである。これに対して左俣は、中流の鍋倉不動（二段各二〇m）前後が、滝群と小ゴルジュから成る深い谷をつくって興味深い。

蔵王川流域

中央蔵王西面の蔵王川は仙人沢と蔵王沢とに二分し、他に支流らしいものはない。そのせいか、ことに仙人沢は深い切れこみをもち、観光立国・中央蔵王の中で隔離性を保っている。奥羽本線「上ノ山」から坊平《ぼうのだいら》へバスで三〇分、蔵王ラインへ入って、沢にかかる橋から入谷する。下山路も好みに応じて選べる便利な流域だ。

〔五万図〕　上山

15　仙人沢　九―一〇時間

仙人沢は、澄川や八方沢と並んで蔵王を代表する渓谷である。中程で右の刈田俣と左の熊野俣に分かれるが、特に右の刈田俣は充実度の大きい山行を

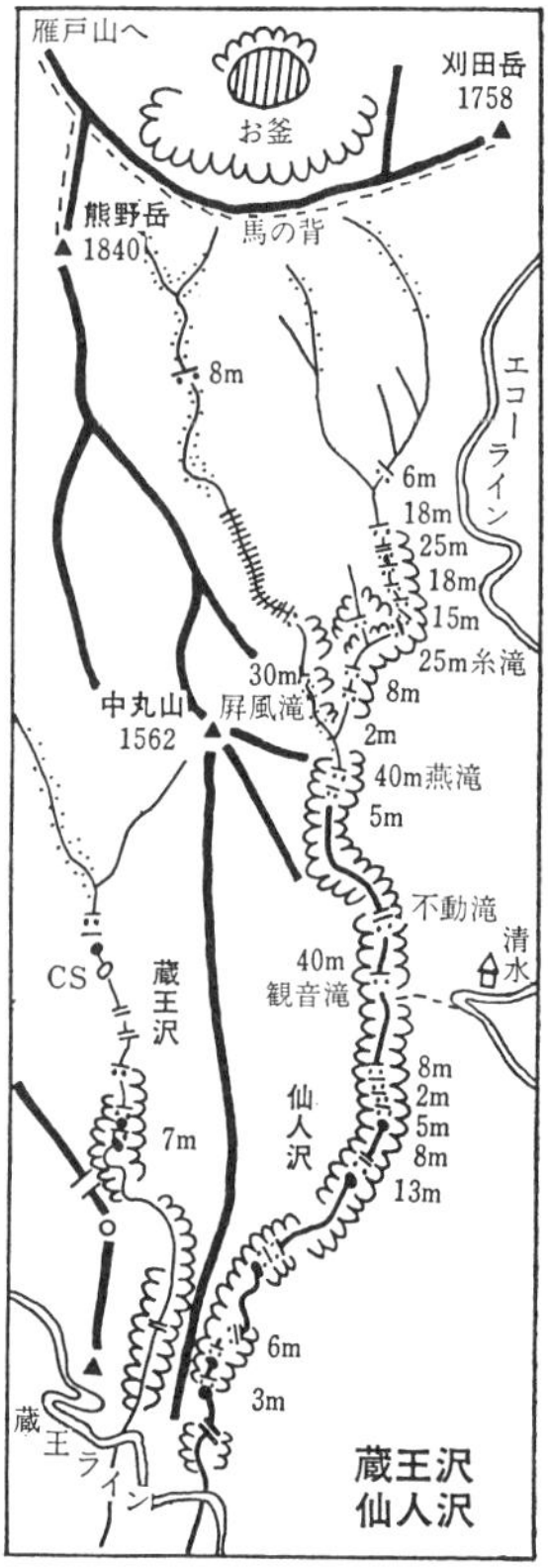

約束してくれる。

沢に入り堰堤を一基越えると、登りにくい滝が二本連続する。巨岩の五m滝の上で沢は一時開けるが、再び迫って一三m、間をおいて八m、五mと水量豊かな滝が落ちる。さらに八m、五mの滝が続き巻いてゆくとしばらくの間平坦になり、下流からの径が沢を渡っている。やがて観音滝が四〇m近いハングの壁に落ちており、ここには清水《おしず》から下ってくる道がある。下流からの道はここで終わっているので、観音滝は右から大きく高巻きとなる。降りた地点の奥にはさらに不動滝が各一五m近い高さで塞がって、これは上の滝が取付けず、再び左岸を巻くことになる。沢は開けて、右岸が火山性の懸崖を連ねてゴーロを押し出している。長さ四〇mの優美な燕滝を右岸のかすかな踏跡から越えるとやがて二俣である。

刈田俣に入ってまもなく会う八m滝は右岸を巻く。糸滝の名をもつ二五mの直線的な滝も火山性の壁で、つながる一五mの滝ともども左岸から高巻かざるを得ない。降りた地点の一八m滝、六m滝を越えたあたりで沢は明るくなり、切れこみも浅くなってくる。二五m二段、一八mと開放的な滝を直登すれば、上流はもはや陽を遮るものもない源流の二俣である。左をとれば、つめは馬の背に出る。

熊野俣は刈田俣とは対照的にあくまで明るく開けた沢である。四〇分ほどで、唯一の大滝屛風滝の下に着く。三〇mほどで直登可能だ。滝の上は浅いゴルジュ状でナメ床が浸蝕されて随所に小滝をつくって美しい。上流は火山性の緩い雨裂となり、馬の背へと伸びている。

16　蔵王沢　七—八時間

蔵王沢は熊野岳と地蔵岳から発する荒れた谷である。これは中央火山帯であり、上流にあった硫黄鉱山のためでもある。沢には堰堤も多く遡行の興味は減殺されているが、下流部の完全なゴルジュ帯は一興である。小粒ながら人工登攀を強いられる七m滝とチョックストンの五m滝がある。また第二のゴルジュ入口には落下してきた巨岩がはさみこまれて止まっており、珍らしい景観を呈している。

〔執筆者〕　深野稔生

吾妻連峰・安達太良山

福島キャノン山の会

東北の山々では最も南に位置するのが、吾妻と安達太良である。この二つは尾根続きではあるが、山の雰囲気、地形から登山内容まで、土湯峠で分断されている。吾妻連峰はそのほとんどが森林に覆われ、湖沼湿原も多く、山麓には多くの温泉が点在している典型的な東北の山である。一方、安達太良山はその山麓に多くの温泉を有しているものの、山は小さくアルペン的で、明るい雰囲気を持つ山である。吾妻連峰には岩場らしいものはないが、渓谷にはおもしろいものがあり、安達太良山にはスケールこそ小さいが、登攀対象となる岩場がいくつかある。いずれにしても、吾妻連峰と安達太良山は、隣り合っていながら、いろいろな面で好対照なのがおもしろい。

〔五万図〕　吾妻山、福島、磐梯山、二本松

吾妻連峰の沢

吾妻連峰とは、西は白布《しらぶ》峠を通るスカイバレー、東はスカイライン、北は奥羽本線、そして南は土湯峠を通る国道一一五号線に囲まれた山々である。人臭いもので区切るのは残念だが分かりやすいだろう。この連峰を切り裂くように走る三つの観光道路は、動植物生態系のみならず地形の変化をもたらし、スカイバレーのヤハズ沢、スカイラインの不動沢、レイクラインの中津川下流等にその影響が顕著に見られる。

那須火山帯に属する連峰のほとんどは休火山であるが、一切経山は現在も噴気活動をしており、近づかないほうがよい。沢の岩質は火山帯であるため一般に脆く、ボルトの効きは甘い。しかし吾妻の沢にはキラキラしたボルトは不似合いで、ナメ滝が多いことを考えると、地下足袋にワラジばきで自然に登るのがいい。装備としてはザイルと三つ道具、若干のシュリンゲがあればいいだろう。

五色温泉がスキー登山基地として開発され、この地の登山史のスタートを切った。沢登りについては、昭和初期に中津川が登られた記録がある。その後、この谷はその美しさが知られ多くの人が訪れるようになった。それ以外の沢は地元の吾妻山の会、こまくさ山岳会等により登られているが、記録として発表されたものは少ない。北面は奥羽本線峠駅と米沢駅、東面は土湯、

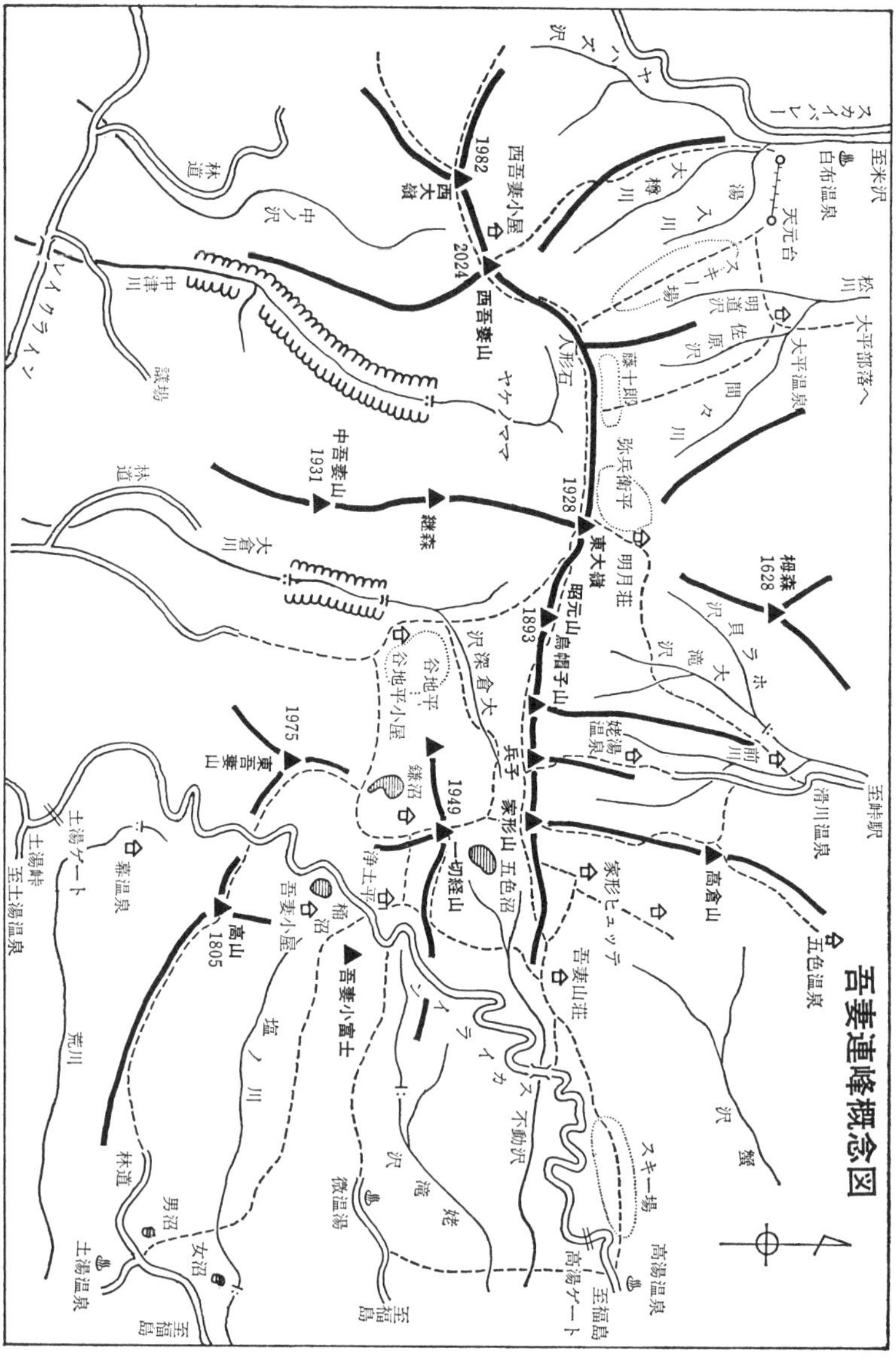
吾妻連峰概念図
至米沢
スカイバレー
ヤハズ沢
白布温泉
天元台
湯ノ入川
大樽川
西吾妻小屋
1982
西大嶺
2024
西吾妻山
中ノ沢
林道
中津川
レイクライン
諸橋
スキー場
明道沢
佐原沢
間々川
松川
大平部落へ
大平温泉
藤十郎
人形石
ヤケノママ
弥兵衛平
中吾妻山
1931
継森
1928
東大嶺
明月荘
林道
大倉川
昭元山
1893
烏帽子山
深倉沢
大倉
谷地平
谷地平小屋
栂森
1628
ホラ貝沢
大滝沢
姥湯温泉
前川
至峠駅
滑川温泉
兵子
家形山
1975
東吾妻山
鎌沼
1949
一切経山
五色沼
浄土平
桶沼
吾妻小屋
吾妻小富士
幕温泉
土湯ゲート
土湯峠
至土湯温泉
高山
1805
家形ヒュッテ
吾妻山荘
高倉山
五色温泉
カイライン
スカイライン
不動沢
塩ノ川
荒川
姥滝沢
微温湯
至福島
男沼
女沼
林道
土湯温泉
至福島
スキー場
蟹ケ沢
高湯温泉
高湯ゲート
至福島

微温湯《ぬるゆ》、高湯の各温泉が基点となり、南面はレイクラインを利用することになる。下降については多すぎるほどの登山道が網の目のように走っているので、問題になるようなことはない。

遡行対象となる十数本の沢は、積雪の少ないことや比較的新しい火山であることもあって浸蝕が浅く、飯豊・朝日連峰等の沢に比べれば、スケール等の点で一歩譲る感はぬぐえない。しかし入谷者が少なく静かなことはなによりの魅力で、源頭部には湖沼湿原があり、多くの高山植物は緊張した心を和ませてくれるだろうし、山麓の温泉と組み合わせると、この地のすばらしい沢登りが味わえるにちがいない。

〔五万図〕　吾妻山、福島、磐梯山

〔参考文献〕「山と仲間」104号

1　中津川　八―一〇時間

吾妻連峰の沢では最も古典的なルート。美しい大きな滝が多い。ルートはよく整備され、巻き道、クサリ、場所によってはペンキの印まであるのはいささか迷惑。時期とよい同行者に恵まれれば、初心者にも入谷可能である。なお滝の名称は、昔から呼ばれているものを記した。

磐越東線猪苗代駅から磐梯高原行バスで三五分、山の家で下車。タクシー利用で出合いまで一〇分。レイクラインの橋から下の林道へ出る。一五分ほどで林道は議場部落に向かい右折するが、ここより左の沢へ降り、遡行開始。なお沢に沿って左岸に軌道跡が登山道として上部まで付いているので、非常の場合

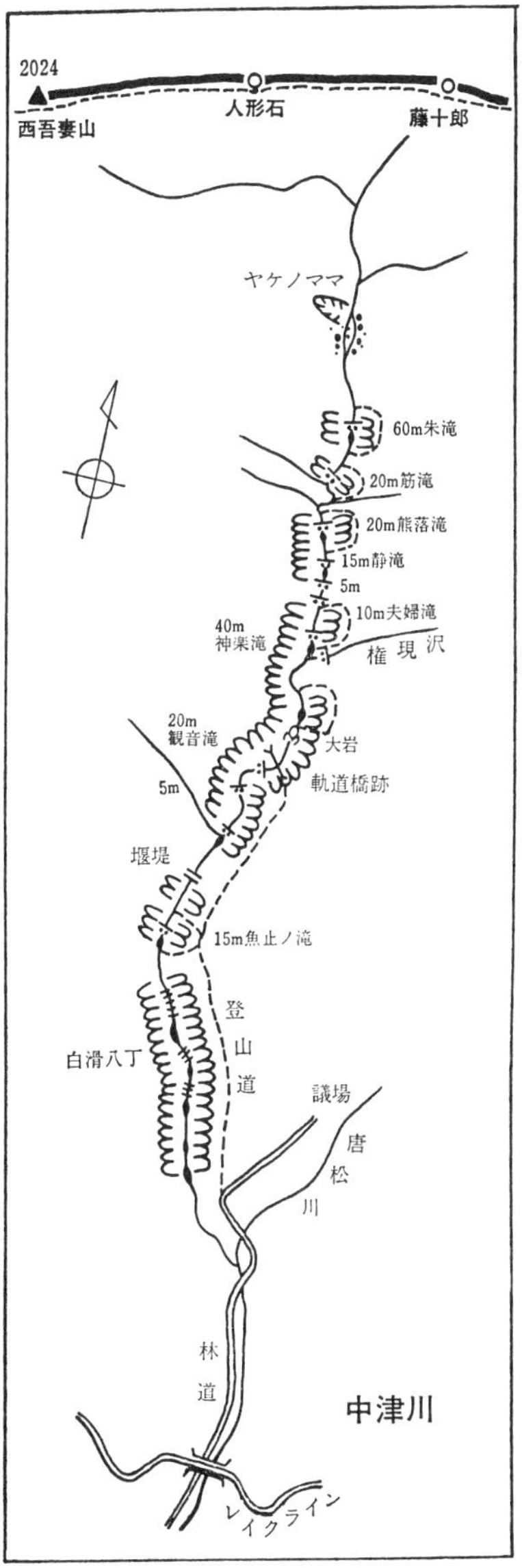

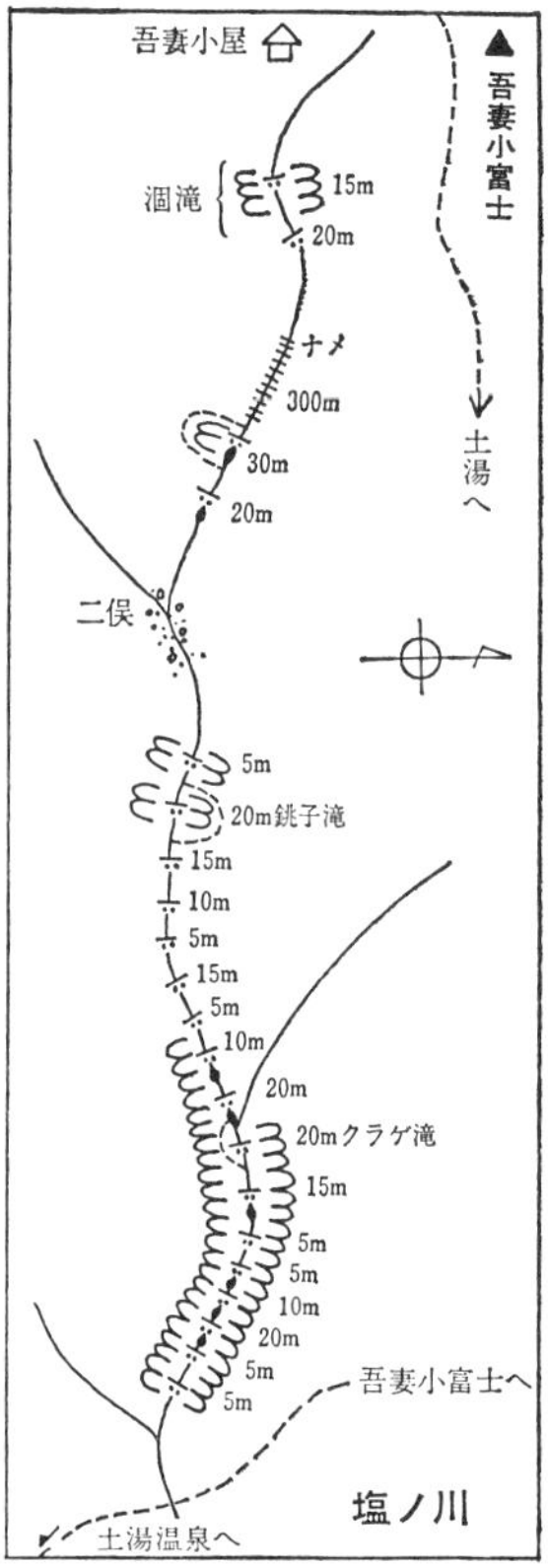

に利用できる。中津川は美しい真っ青な釜を持つナメが連続して始まる。ナメが終わると河原が続き、やがて大きな釜を持つ魚止ノ滝が現われ、左岸を巻く。堰堤を越し、河原歩きに飽きるころ、大きな釜を持つ小さな滝が現われ、右岸を越える。沢はゴルジュ状で恐ろしいほど深い釜が連続する。観音滝をすぎ、朽ちた橋をくぐると、大岩と呼ばれるスラブに出合うが、クサリが付けられている。再び釜にさえぎられ左岸を巻く。さらに沢を進むと岩にペンキで権現滝と記されているが、明らかに間違い。権現滝はさらに上部で右からりっぱな滝をかけている。本流は巨大な神楽滝となる。登攀は不可能で、左岸の整備された大きな巻き道を行く。これより核心部であるが、滝はハングし、ゴルジュは深い釜を持ち、岩は脆く非常に悪い。したがって、そのほとんどは登攀対象にはならない。夫婦滝、静滝を過ぎれば、熊落滝となり、左岸の長い巻き道となる。不忘滝、筋滝も左岸の巻き道を使う。ビバークはこの辺からヤケノママの間となるだろう。沢は広く明るくなるが、やがてこの沢最大で最後の朱滝となる。朱滝の巻き道は二〇〇mほど戻って、左岸に付けられている。朱滝の長い巻き道を終えると沢は単調になり、温泉の湧くヤケノママとなる。一時間ほど進んでやぶに入れば、さらに一時間ほどで藤十郎にとび出す。藤十郎から縦走路を西へ向かえば、人形石を経て天元台へ、東へ向かへば東大嶺を経て滑川温泉へそれぞれ下れる。どちらも二時間ほどである。

2　塩ノ川　六—七時間

東面の沢では最も長く、滝の数も多くおもしろい上級者向きの沢である。東面の沢に共通したことであるが、上部はスカイラインが通っているため、本流の水は飲めない。

土湯温泉から吾妻小富士への登山道を三〇分で塩ノ川の出合いである。ゴルジュ帯に入ると息もつかせぬほど連続する滝は、すべて深い釜を持ち、コバルトブルーが美しい。塩ノ川下部核心である。クラゲ滝と呼ばれる二〇mの滝は、直登不可能で右岸を小さく巻く。続く二〇mの滝は左を越える。さらに連続する滝を越え、二〇mの銚子滝は左岸を大きく高巻く。沢はいったん河原となり、二俣になる。右へ入り、やがてプールのような大釜を持つ滝を過ぎると水は急に涸れてしまう。長く美しいナメを過ぎ、涸滝を快適に越す。やがて吾妻小富士が見えてくると、浄土平は目前だ。下降は、観光道路スカイライン浄土平駅よりバス利用が最も早い。吾妻小富士の裾を横切り、泉水沼、塩ノ川取付きを経て、土湯温泉へ向かえば、約二時間を要する。

3　姥滝沢　二―三時間

沢登りの入門コースとして最適である。

微温湯湯泉より二〇分ほど登山道を行き、沢へ入る。まもなく二俣となり左へ入る。一時間ほどゴーロを行くと、この沢最大の姥滝となる。左岸にはりっぱな巻き道がある。小滝を越すと、一〇mの滝が現われ右岸を登る。その上部は容易な小滝が連続し、すべて楽しく登れる。両岸が開けたら吾妻小富士が目前に見え、沢はここで打ち切る。左の尾根を越して、三〇分ほど行けば、登山道。スカイライン浄土平までは一時間。微温湯温泉へも一時間ほどで下れる。

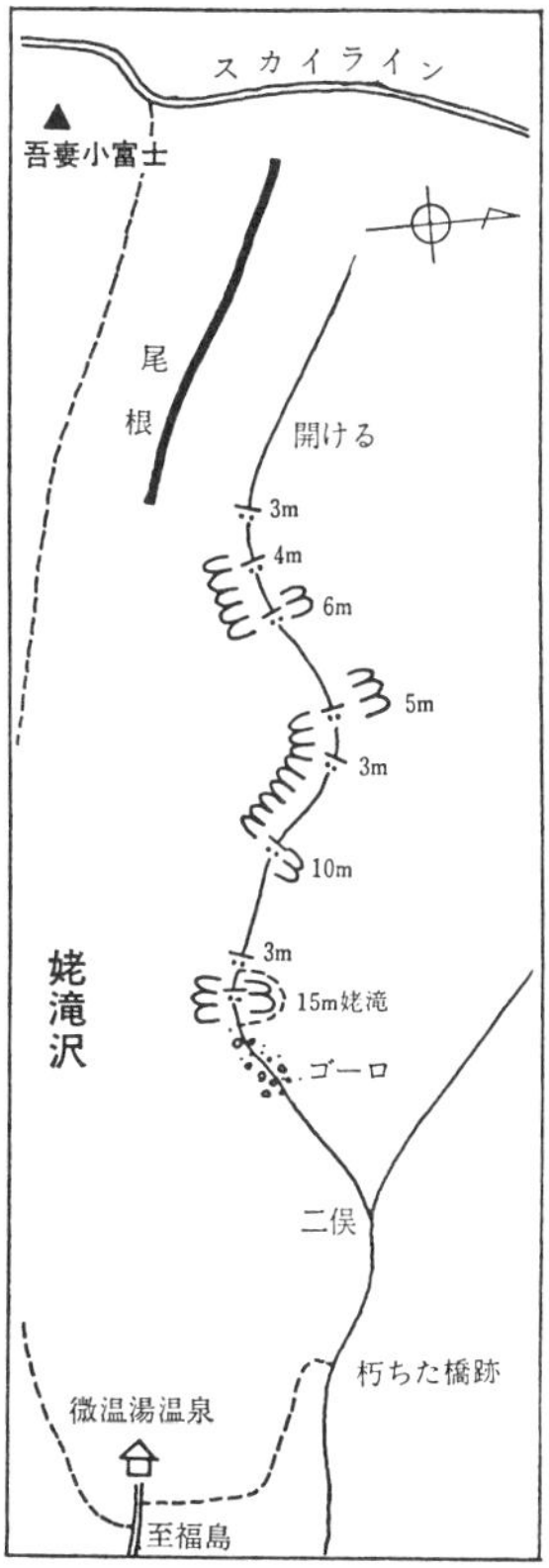

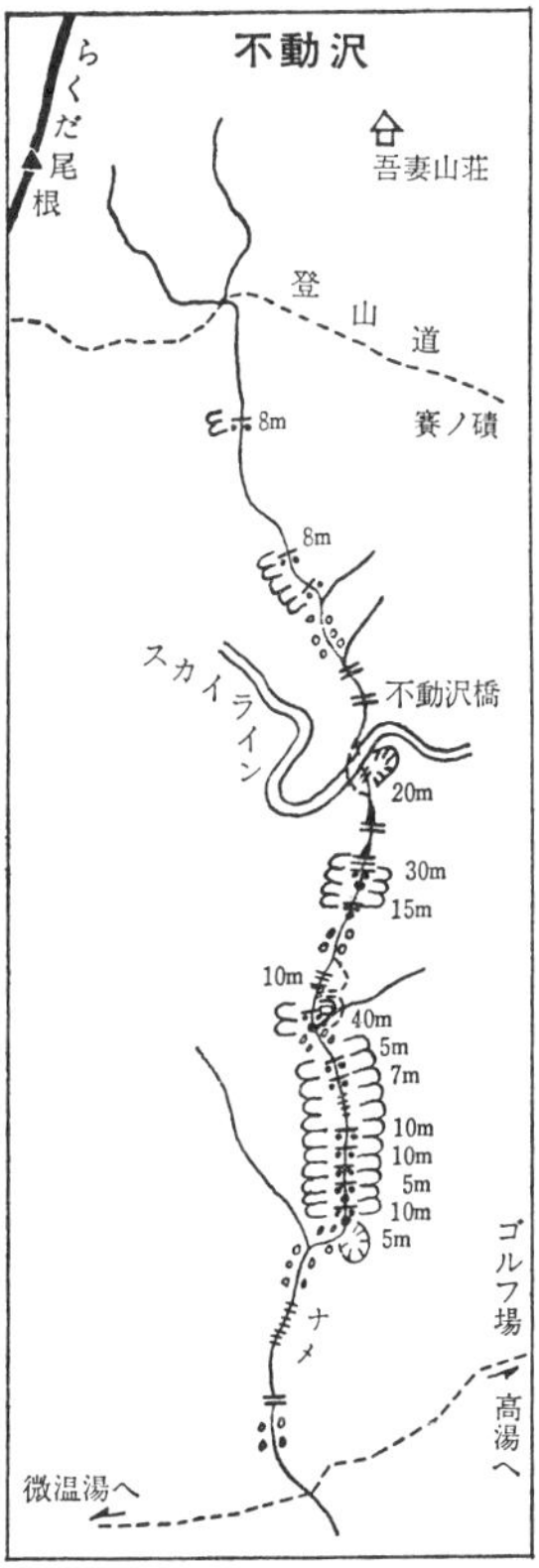

4　不動沢　五―六時間

直登出来る滝が多い反面、堰堤が多い。これは上部にスカイライン不動沢橋があるためである。

高湯温泉ゴルフ場から微温湯温泉へ向かう登山道を三〇分ほど行き、はじめて横切る沢が不動沢である。ゴルジュ帯に入ると小滝、ナメ滝が連続する。この沢最大の不動滝四〇mは左岸を高巻く。しばらく河原歩きの後、大きな釜を持つ滝となるが、右岸をバンド沿いに直登する。その上部は、滝と堰堤が合成された、この沢の象徴的な滝三〇mとなる。左岸に取付き、残置ハーケンを使い、さらに堰堤と滝の間にできたチムニーを登り、堰堤にはい上がる。不動沢橋下にかかる二〇mの

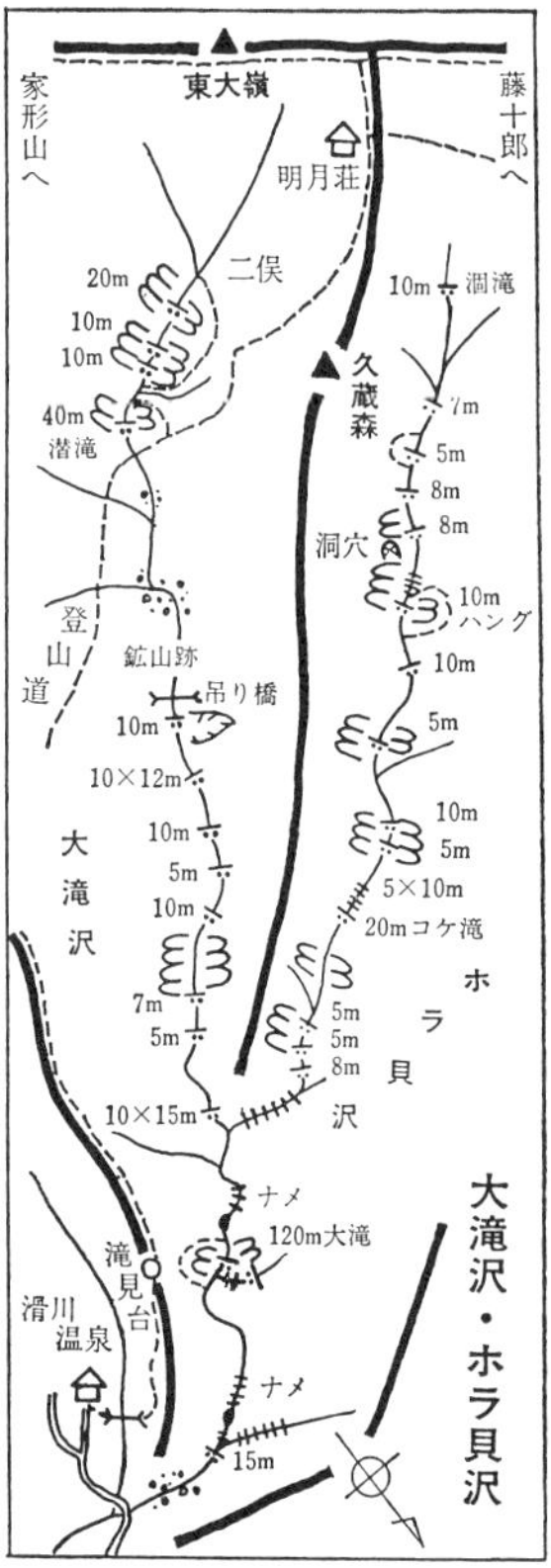

大滝沢・ホラ貝沢

滝は両岸粘土で悪く、右岸のやぶを高巻く。これより上部は、堰堤と簡単な滝がある程度で、やがて賽ノ磧からの登山道に出て遡行を終了する。

5　大滝沢　七—八時間

滑川とも呼ばれるように、ナメが多く、途中一二〇mの大滝を含む美しい沢である。初—上級までいろいろな意味で楽しめる。

滑川温泉手前の橋の右から流れこんでいる。まず河原歩きで始まるが、まもなく一五mの滝に出合う。その上から美しいナメと釜が連続する。やがて現われる大滝は、一見傾斜が緩く登れそうだが、実際はかなり困難であろう。左のルンゼに入り、ブッシュ帯を巻き、落口へ立つ。大滝上部もナメ滝が連続する。やがてホラ貝沢が右より流れこむ。左の大滝沢は変化に富んだ小滝とナメ滝が連続し、すべて快適に登れおもしろい。頭上に吊り橋を見送り、登山道に交叉すると潜滝に出合う。ガレた左岸を巻くが悪い。さらに上部は険悪なゴルジュ帯となり、左岸を巻く。二俣を右へ入ると、水流は少なくなり、やがてやぶとなる。やぶこぎ一時間半で東大嶺の縦走路へとび出す。ここより明月荘を経て滑川温泉へ下るのが最短で一—二時間である。

6　ホラ貝沢　五—六時間

大滝沢に右からそそぐ赤い川床のホラ貝沢はナメ滝と小滝が連続し、さらに小さなゴルジュもあり楽しい沢である。一〇mのハング滝を小さく巻くと、沢は明るく開ける。つめで涸滝が現われ快適に登るとまもなくやぶこぎとなる。猛烈なやぶこぎ一時間半で、弥兵衛平湿原へとび出す。

7　松川（大平川）　八—一〇時間

吾妻連峰では最も困難で最もおもしろいのが松川である。途中に大平温泉があるが、少しも異和感はなく、むしろここに一泊して、上部へ継ぐのも良い。上級者向きの沢である。

大平部落のはずれの、ぬくみ橋を渡り、林道を進み、踏跡より松川へ下降して遡行開始。はじめは小滝とナメが連続し、じつに爽快だ。やがて大きな釜を持つ滝となり左岸を高巻く。すぐに二〇mの滝となり左岸の草付きを巻く。ナメと五—一〇mの滝が続き、息もつかせない。四〇mの大滝は左のバンドを使い抜けられる。ゴーロやナメを越え、三〇m二段の滝は左岸より巻く。続く五〇ｍの滝も右岸を巻く。次の三〇ｍの滝は、右のチムニーより越す。沢は明るくなり、やがて赤い明道沢出合いとなる。沢はゴルジュとなり、大きく左折し、二〇ｍの滝を右岸から高巻くとまもなく大平温泉となる。

　ゴーロを遡ってゆくと、火焔滝と呼ばれる四〇ｍの滝が見えてくる。左岸を直登。すぐ上部の五〇ｍの滝は左岸より高巻く。さらに二〇ｍの滝となる。右岸の壁に取付くも、かなり苦労する。やがて沢は小滝が連続するが、平凡になる。やがて涸沢となり、やぶこぎ後、藤十郎へとび出す。天元台へは二時間、大平温泉へは一時間半の行程である。

8　佐原沢　三—四時間

大平温泉の裏で松川へ流れこんでいるのが佐原沢である。沢へ入り、まもなく傾斜の緩い滝が現われるが、左岸を直登する。その後三—五ｍの小滝が現われるが、すべて登れる。中間部に現われる二五ｍの大滝は、ハング気味で直登は不可能で、右岸のブッシュに取付いて落口に立つ。さらに上部にはこの沢最大の三〇ｍの滝があるが、左岸を小さく巻いて落口に立つ。すぐ階段状の二〇ｍの滝となり快適に登る。佐原沢はこの辺が核心部で、これを過ぎると沢は細りやぶこぎ四〇分で藤十郎へとび出す。

9　その他の沢

大倉川　五—六時間——長い河原歩きの後、大滝二〇ｍとそ

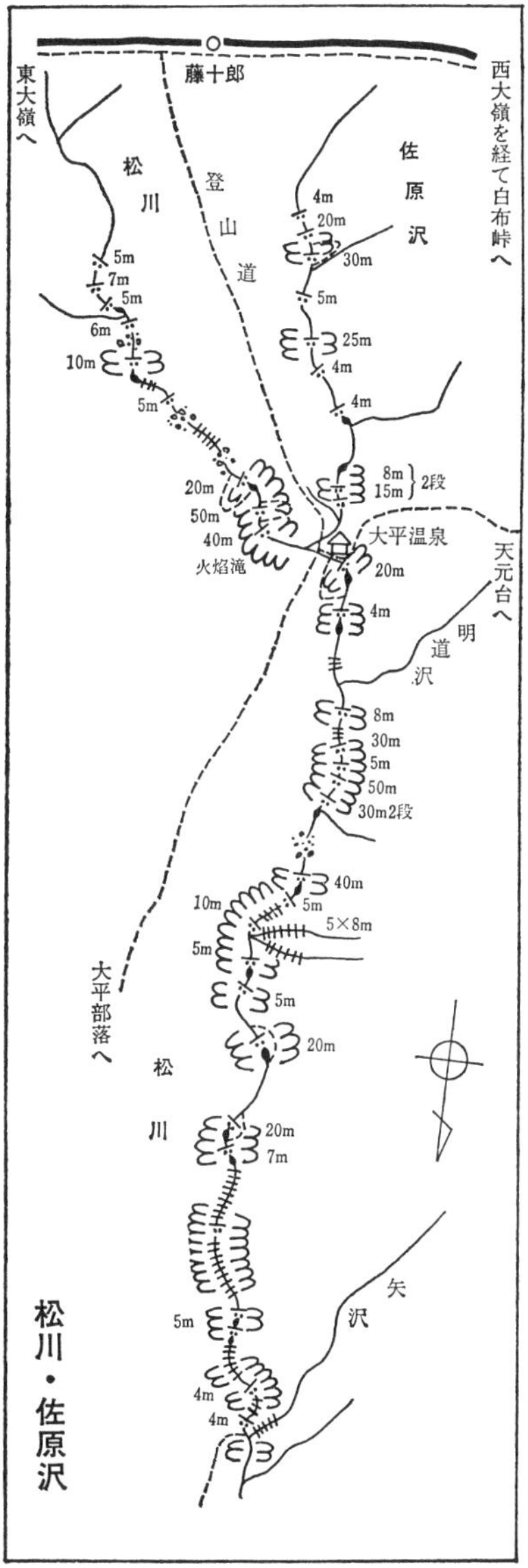

の上部のゴルジュ帯が核心部となり、やがて大滝五〇mを巻いて終了する。

前川右俣 二—三時間——三階滝と呼ばれる三〇mのみが登攀対象。左岸の巻きは非常に悪い。

前川左俣 二—三時間——堰堤に終始、後半に滝が現われる。

大樽川 三—四時間——滝も適当にあり美しい沢。初—中級向き。

ヤハズ沢 六—七時間——スカイバレーに破壊されてしまった沢。土砂に埋まったり、堰堤が現われたり、上部でやっと自然に戻る。

安達太良山の沢と岩場

安達太良山は南北一五km、東西一〇km、北は国道一一五号線、西南は母成グリーンライン、東はスキー場に囲まれた小さな山域である。吾妻連峰同様、那須火山帯に属する新しい火山である。「みちのくの安達太良嶺」と万葉期に詠まれ、高村光太郎の智恵子抄でも有名なこの山は、ハイキングの対象としてはポピュラーであったが、安達太良山をめぐる沢や岩場が、地元の山岳会を中心に登られるようになったのはここ十数年のことである。

沢は浸蝕が小さく、通過困難なゴルジュや巨瀑がないので、明るく初級向きの沢といえる。しかし部分的には困難な滝の登攀もあるので、安易に入谷することは危険であり、経験者の同行が必要なことはいうまでもない。沢登りを終えたら、濡れた身体を、くろがね小屋や麓の温泉で温めるのもこの山域の楽しみの一つである。名称は二万五千分の一地形図に準拠し、地元で一般に呼ばれている名はカッコ内に示した。非常に小さな山域なので、交通関係にトラブルがなければ東京からは前夜発の日帰りが可能である。

岩はほとんどが安山岩で、吾妻連峰に比べればしっかりしているが、部分的には脆いので要注意。岩場は塩沢ロ登山道沿いに二個所、稜線真近に二個所ほどあるが、ここでは後者の鉄山南壁と胎内岩を紹介する。スケールは五〇m—一〇〇mぐらいのもので、ゲレンデの域を出ないが、地元としてはフリクションのよくきく貴重な岩場である。ハーケンの打てるリスに乏しくボルト連打の部分もあるが、ここでは厚手のクサビやナッツを使ってフリークライミングをして欲しい。冬には冬の岩場のトレーニング場として利用できることが、東京近郊のロック・ゲレンデとの相異であろう。

〔五万図〕 二本松、磐梯山

〔参考文献〕 「山と溪谷」436号

10 大滝沢（石筵川） 四—五時間

特に困難な滝もない取付きやすい沢。磐越西線磐梯熱海駅より牧場入口（母成グリーンラインゲートロ）まで福島交通バスで三〇分。車ならその先の駐車場まで入れる。

銚子滝登山口より和尚山への登山道を進めば、四五分で大滝

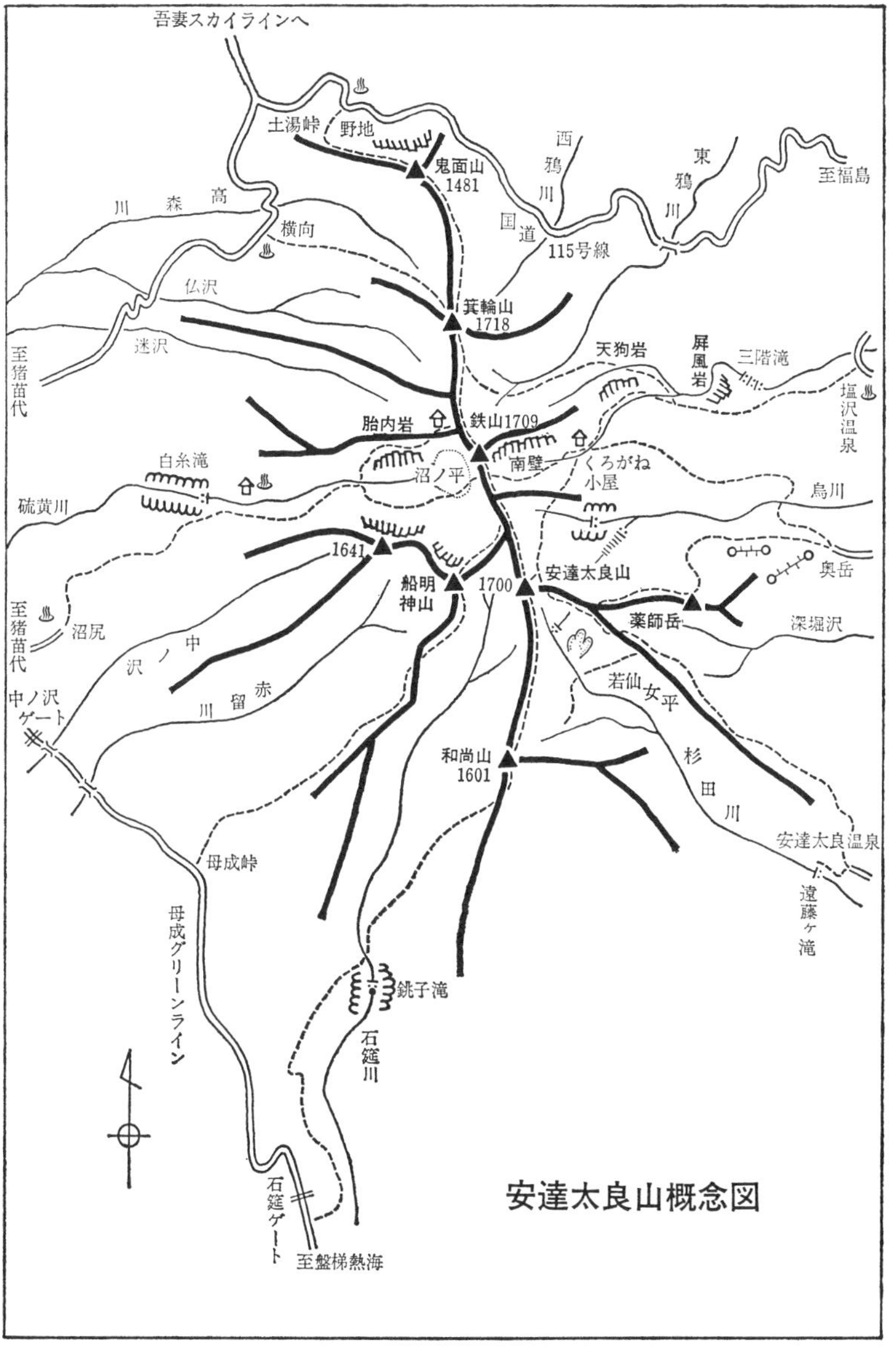
吾妻スカイラインへ
土湯峠
野地
鬼面山
1481
西鴉川
東鴉川
至福島
高森川
横向
国道115号線
仏沢
箕輪山
1718
迷沢
至猪苗代
天狗岩
屏風岩
三階滝
塩沢温泉
胎内岩
鉄山1709
白糸滝
南壁
くろがね小屋
沼ノ平
硫黄川
烏川
1641
船明神山
1700
安達太良山
奥岳
薬師岳
深堀沢
至猪苗代
沼尻
中ノ沢
赤留川
若女平
仙
中ノ沢ゲート
和尚山
1601
杉田川
安達太良温泉
遠藤ヶ滝
母成峠
母成グリーンライン
銚子滝
石筵川
石筵ゲート
至磐梯熱海
安達太良山概念図

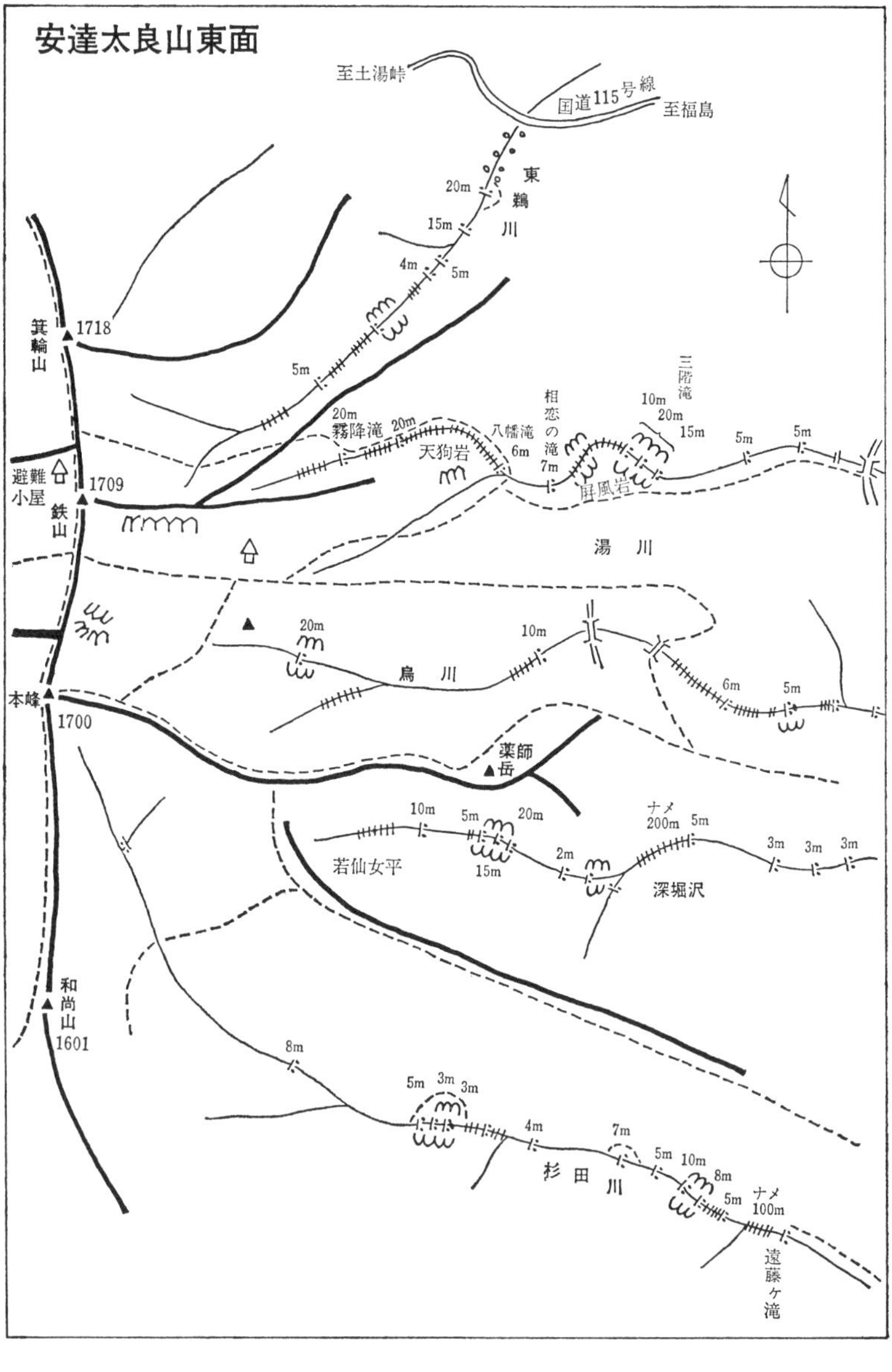
安達太良山東面
至土湯峠
国道115号線
至福島
東鶏川
20m
15m
4m
5m
箕輪山
1718
5m
三階滝
相恋の滝
10m
20m
15m
5m
5m
20m
霧降滝
20m
八幡滝
6m
7m
天狗岩
屏風岩
避難小屋
1709
鉄山
湯川
20m
10m
烏川
6m
5m
本峰
1700
薬師岳
10m
5m
20m
ナメ
200m
5m
若仙女平
15m
2m
3m
3m
3m
深堀沢
和尚山
1601
8m
5m
3m
3m
4m
7m
杉田川
5m
10m
8m
5m
ナメ
100m
遠藤ケ滝

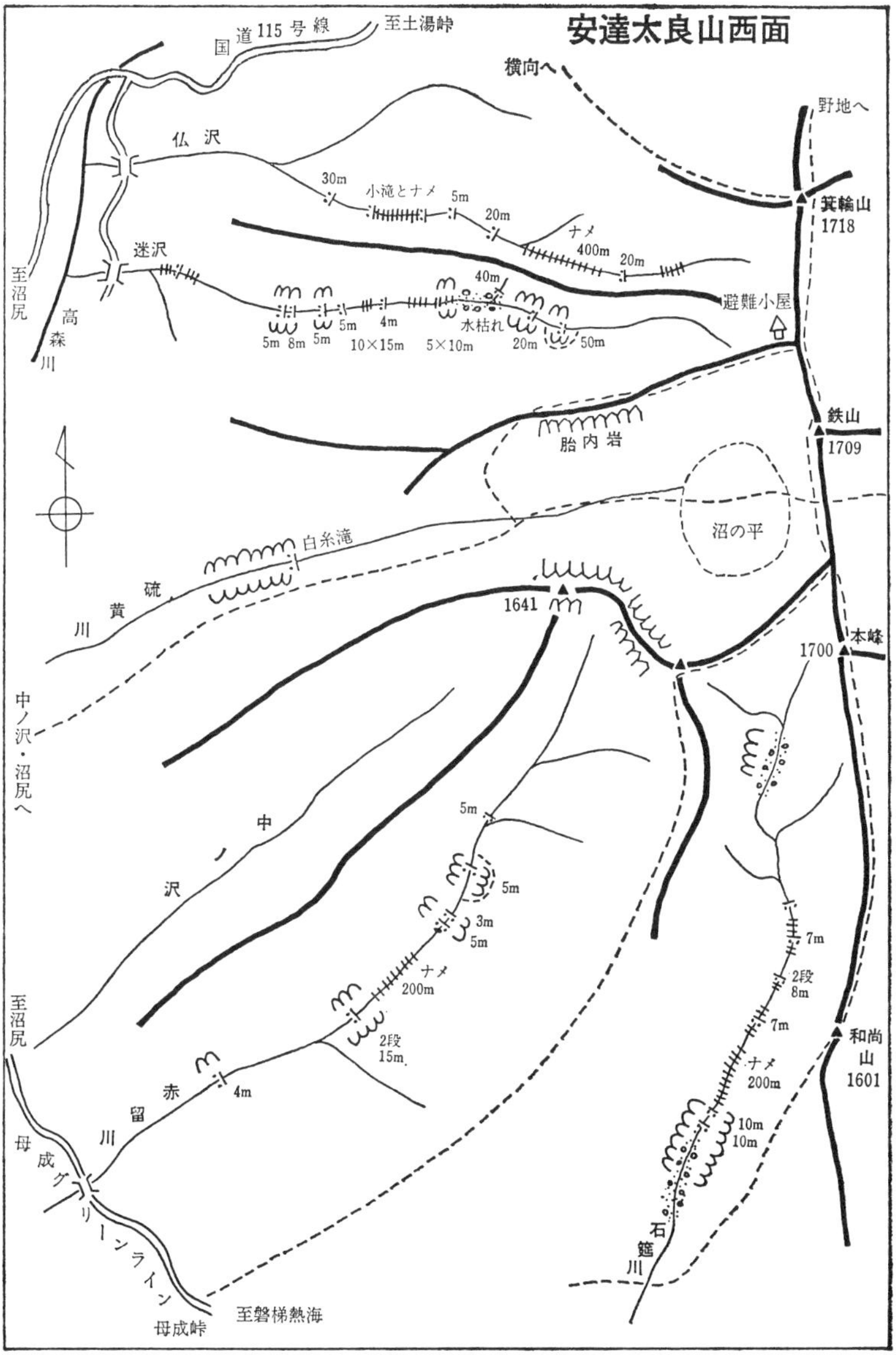
安達太良山西面
国道115号線
至土湯峠
横向へ
野地へ
仏沢
30m
小滝とナメ
5m
20m
ナメ
400m
20m
箕輪山
1718
迷沢
40m
避難小屋
5m 8m 5m 5m 4m
10×15m 5×10m
水枯れ
20m 50m
至沼尻
高森川
鉄山
1709
胎内岩
沼の平
白糸滝
硫黄川
1641
本峰
1700
中ノ沢・沼尻へ
中ノ沢
5m
5m
3m
5m
ナメ
200m
7m
2段
8m
7m
和尚山
1601
ナメ
200m
2段
15m
10m
10m
至沼尻
赤留川
4m
母成グリーンライン
石筵川
至磐梯熱海
母成峠

沢との出合い。河原歩きに飽きるころ、二段二〇mの最初の滝となる。その上はきれいなナメが二〇〇mほど続く。ときおり小滝とナメ滝が現われるが、これといって困難な滝はない。やがて沢は平凡となり、二俣となる。左へ入るが、やぶが目立つ。沢はしだいに開け、安達太良山頂が見えてくる。周囲は荒涼とした風景に変わり、涸沢をつめれば、船明神山へとはい上がる。東京へ帰る最も便利な下降路としては、本峰よりくろがね小屋、または薬師岳より奥岳を経て岳《だけ》温泉のコースがよいだろう。

11　杉田川（不動沢）　五―六時間

長いナメと小滝が続く楽しい沢。東北本線二本松駅から岳温泉まではバス。岳よりタクシー五分ほどで安達太良温泉である。ここより車道を奥の駐車場まで行き、沢沿いの登山道を進む。遠藤ケ滝は御神体となっているので、その上部より取付く。長いナメと小滝が続き楽しい。ゴルジュとなり、八mの滝が現われるが、右岸をへずり正面を直登。続く一〇mの滝は右岸を直登する。この上は小滝が続く。再びゴルジュとなるが、これは左岸を小さく高巻く。この上で沢は二俣となり、右へ入る。赤い滝を越せば、沢は明るくなり、仙女平からの登山道に出合う。沢はこれより平凡となり遡行価値もないので、ここより仙女平へ出たほうがよい。

12　深堀沢　四―五時間

岳温泉より奥岳に向かい、県民の森へ行く道を左折してまもなく深堀沢と出合う。岳より四五分。出合いより二時間ほどは単調な河原歩きである。ようやく美しいナメが二〇〇m連続して沢らしくなる。その上部で二俣となる。左から五mの緩い滝がかかり、水量も多いが、右のほうが谷が開けているので水の少ないほうに入る。沢は小ゴルジュとなる。やがてこの沢最大の三段の滝が現われる。下段の苔の多いナメ滝は左岸を行き、そのまま中段の滝へ取付き、左岸を直登する。さらにその上の小滝もそのまま右を越す。しばらく行くと一〇mの滝が現われ、右岸を巻く。長いナメが続き、水は涸れてくる。やぶこぎ五〇分ほどで、仙女平からの登山道に出る。ここより本峰まで約一時間である。

13　烏川　四―五時間

最も美しいナメ滝の個所に、一kmに渡り遊歩道ができてしまい、興味が薄れてしまった。沢の入門コースとしてはよいだろう。

奥岳登山口の駐車場より右手の林の中を下降すれば烏川出合いとなる。小滝とナメ滝が続くが、すべて容易に越せる。一つ小さな釜を持つ滝のみ左岸を巻く。上部のナメはじつに長く見事である。くろがね小屋への登山道にかかる橋を越し、温泉樋を越えると、一〇mの緩い滝となる。この上で二俣となる。左へ入ればナメと階段状の滝を登り登山道へ出る。右へ入ればこの沢最大の二〇mの滝で、左岸を直登する。困難な個所はこの滝のみで、これを過ぎると沢は平凡となり、峰の辻からの登山道に出る。

14　湯川　四—五時間

登山道が近いのでゲレンデ的要素が強い。三階滝から霧降の滝までの核心部のみ対象としたほうがおもしろいようだ。二本松駅より塩沢温泉まではバスで三〇分。

塩沢温泉上部より取付くが、ときおり滝が現われるものの河原歩きに終始する。いやになるころ、やっと三階滝が現われる。三つの滝すべては快適に直登できる。その上はナメが続く。左に屏風岩を見ると相恋の滝が現われ、左岸を登る。やがて沢は二俣となり、右から八幡滝となる。右へ入ると、美しいナメが連続する。これより登山道と平行して進むことになる。沢の傾斜の緩い二〇mの滝は、左岸を直登。そして二〇mの霧降滝は左岸を直登する。これより沢は平凡になるので、ここで打ち切り、登山道を塩沢温泉まで戻る。

15　東鴉川　三—四時間

特に問題となるような滝もないやさしい沢。東北本線福島駅より土湯峠経由会津若松行のバスに乗り、野地温泉下車。バス道を一時間半ほど戻ることになるので、運転手さんに事前に頼んでおき、東鴉川の表示のある橋のところで降ろしてもらう。

一時間ほど河原歩きののち、小滝を越すと突然二〇mの滝に出る。これは右岸を巻く。次に一五mの階段状の滝となるが、左右どちらも容易に越える。二俣を左へ入ると、小滝が連続するがすぐ平凡な流れとなる。やがて小ゴルジュとなるが、ナメが現われる程度で、ヤブが多い。つめに入るとまもなく笹平への登山道に出る。

16　仏沢　三—四時間

上部の美しく長いナメが魅力、下半は平凡な沢である。バスで横向温泉まで入ってしまうと、出合いまで四〇分ほど歩くことになるので、前項同様、出合いあたりで降ろしてもらえるよう交渉しておく。

沢に入るとしばらくは河原歩きが続き、二俣となる。これは右が本流である。右へ入る階段状の緩い滝だ。さらに小滝とナメ滝が続く。二〇mの滝は右岸を小さく巻くと、その上はじつに長く、美しいナメが展開する。二〇mの滝を最後に沢はつめとなり、笹平か箕輪山へ直接出る。

17　迷沢　五—六時間

取付きは仏沢よりさらに林道を四〇〇mほど南である。しばらくはナメが美しいが、やがていやになるほどやぶの多い沢となる。やっとやぶが切れると階段状の二段の滝で左岸を登る。ゴーロとなり水が涸れると、左から四〇mほどの滝が落ちてくる。これには取付かず、やぶの多い右俣へ入る。すぐにすっきりした二〇mの滝が現われる。右岸を快適に直登する。次の五〇mの滝は左岸を高巻く。ここで沢は急に開けるが、やがて暗い岩の間に入りこむ。チムニーが何個所も現われ、出口がなかなか分からない。ここが迷沢という名のいわれかもしれない。やっととび出すと猛烈なブッシュとなり、はうようにして進む。高山植物帯に出ればシャクナゲの塔へはすぐである。

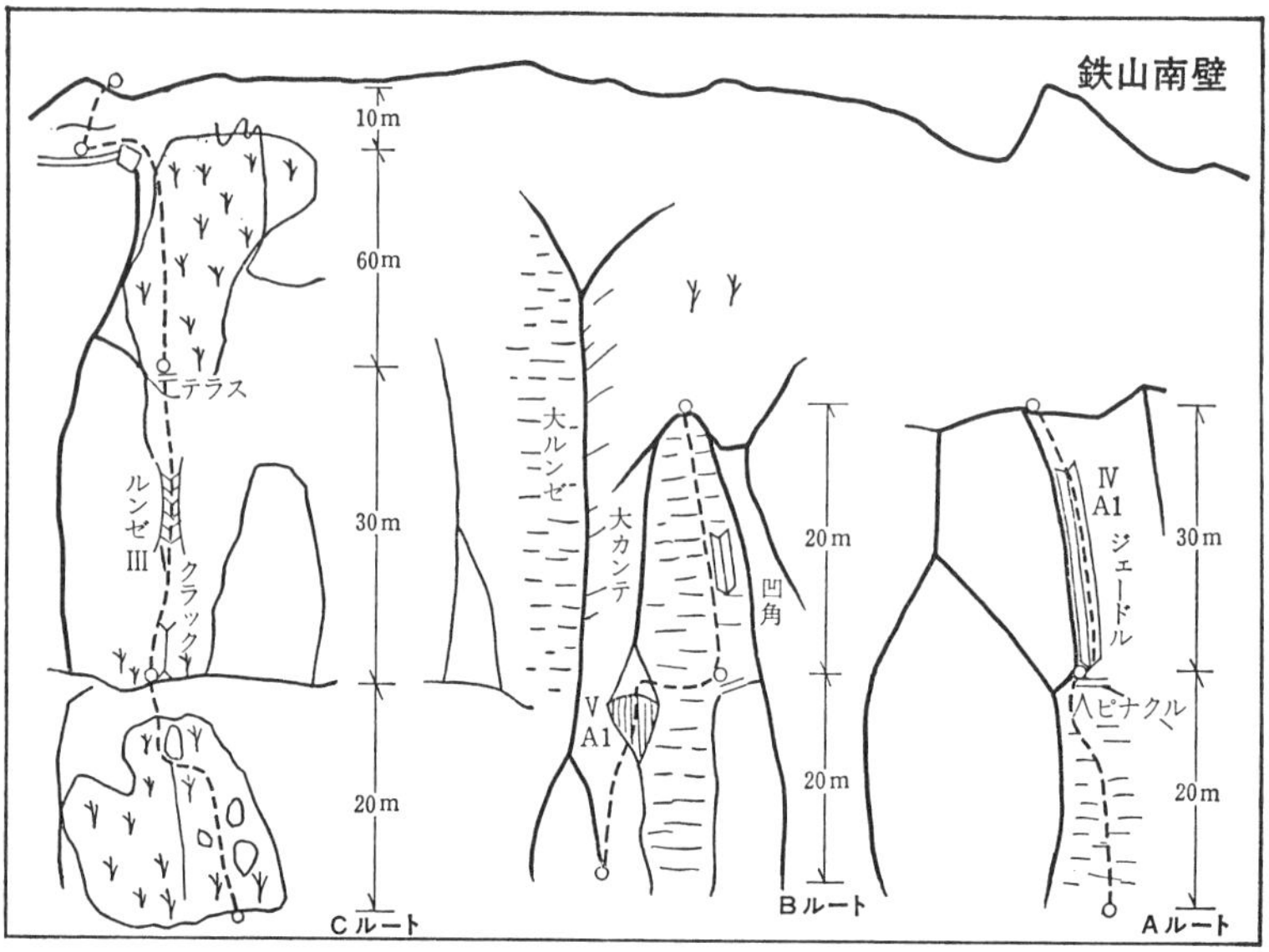

18　赤留川　三―四時間

磐越西線猪苗代駅より中ノ沢温泉までバスで三〇分。出合いまでは歩いて一時間。タクシーを利用できる。母成グリーンライン中ノ沢ゲートを五〇〇ｍ進む。赤留川と表示のある橋が取付きとなる。約一時間はやぶの多い河原歩きとなる。やっと二段の赤いナメ滝に出合う。スラブは見た目よりは悪い。その上部は、ナメ滝が二〇〇ｍほど連続する。そして小ゴルジュとなり滝が現われ、左岸をへつり通過する。さらに上部に五ｍの滝が現われるが、左岸を高巻く。それからは大きな釜を持つ五ｍの滝を直登すれば滝はなく、やがて沢は開け、そのまま船明神へ突きあげる。船明神より本峰へは約一時間である。

19　鉄山南壁・Aルート、Bルート、Cルート

くろがね小屋より鉄山へ向かう登山道を一〇分ほど登り、白いガレ（硫黄が出ている）より北へ向かって登れば基部に着く。岩場は中央に下降路として利用されている土の部分があり、それより東西五〇〇ｍに鉄山南壁の岩場が広がっている。登攀対象となるのは主に東側である。取付きへは基部に沿って踏跡がついておりこれを利用する。

Aルート　Ⅳ・A1　五〇ｍ　一時間

最も東側に寄ったルート。ボルトで導かれ五ｍ直上すると簡単なフリーとなり、小さな岩を抱くと小レッジへ達しピッチを切る。これよりジェードルをフリーと人工のミックスで直上し、テラスへ達する。ここから懸垂下降で下る。

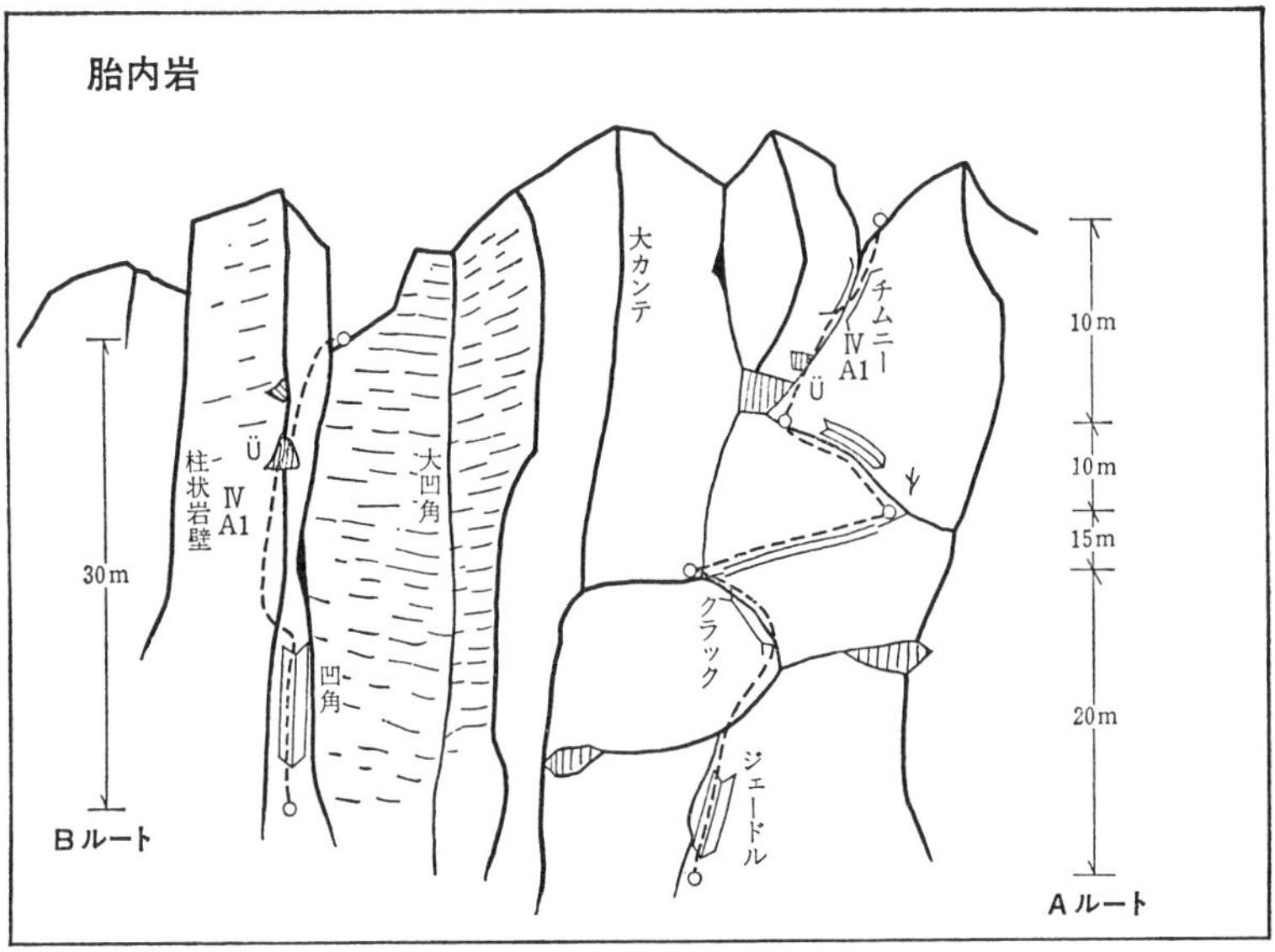

Bルート　Ⅴ・A1　四〇m　一時間

東側の岩場の中央に明瞭な大カンテが見られる。ルートはこの真ん中を突き上げる豪快なルートである。取付きより人工で始まる。ハングの抜け口よりフリーとなるが、ここは悪い。これより右へトラバースするが、これも微妙である。さらに凹角を直上するとレッジに達する。これよりスラブをボルト連打で直上すると小ピークへ達する。ここより懸垂下降で下る。

Cルート　Ⅲ　一二〇m　一時間半

ブッシュが気になるが、階段状の岩場を登り、さらに左上の岩を回りこむとクラックとなる。これを越すとルンゼ状となる。赤土まじりのいやな所だ。ブッシュまじりの小凹角を越せば、ハイマツのテラスに達する。これよりコンティニュアスで登り、明るく開けたやさしいフェースを登ると稜線へとび出す。

20　鉄山胎内岩・Aルート、Bルート

鉄山避難小屋より沼尻への登山道を下降する。いったん登り返し、再び下ると胎内岩となり、左の踏跡沿いに急下降すれば取付きである。高さ五〇m、幅二〇〇mほどの岩場であり、ルートは自由に取れる。南壁同様、木のクサビやナッツが有効である。

Aルート　Ⅳ・A1　五五m　一時間

小さな凹状に取付き、さらにジェードルに入り直上する。ここはナッツを使うと良い。二〇mでテラスに着き、ここより一五mトラバースして直上し、松の木よりジェードルに入りさら

に直上する。出口のハングを越し、ハング気味のチムニーを抜けると終了。

Bルート Ⅳ・A1　三〇m　一時間

このルートは、最も西側にある明瞭な柱状岩壁に拓かれたものである。取付きは柱状岩壁基部の凹角で、左へボルトで導かれ直上する。ボルトはハングを越し、その上で右に逃げて小レッジに達し終了する。

〔執筆者〕　奥田　博

朝日連峰

雪苞沓山の会

山形県の中西部、新潟県北端と県境を接するこの朝日連峰は磐悌朝日国立公園の主要な構成地域で、火山の多い東北にあって南の飯豊連峰とともに、花崗岩を主体とする一大隆起山塊として特異な位置を占めている。

主峰の大朝日岳から北端の以東岳に連なる一五キロに及ぶ主稜の両側には肋骨状に支稜を派生し、山腹の広大なブナの原生林の底には深い谷々を抱えている。標高こそ一八〇〇m前後の中級山岳であるが、日本海から直接吹きつける冬期の季節風と膨大な積雪によって、稜線上はブッシュの発達が少なく高山的で、偏東積雪による雪蝕作用は特に各支稜の東、南面を激しく浸蝕し、東西非対称の山容を形成している。そして各沢は頂稜から滝を連ねて流下し、それらの水流を集めた本谷は支稜の基部を抉って豪快なゴルジュとなっている。

この連峰を源とする水系は、大鳥川、出谷川（八久和川）は北に流れて赤川に、見附川、根子川、朝日川、野川は東に流れて最上川に、荒川は南に流れて荒川本流に、岩井俣川、竹ノ沢は西に流れて三面川に各々合流し、いずれも日本海に注いでいる。谷は壮年期のV字谷で両岸側壁の植生も薄く、沢床も花崗岩のため全体として明るさがあり、源頭も残雪やお花畑あるいは露岩などで、枝沢に入らぬ限りひどいやぶこぎもない。

稜線上には一部の支稜を除いて登山道が整備されており、要所には山小屋もあるため、金玉水、竜門山、狐穴などをベースとして行動するのに便利である。

各谷の遡行の最大のポイントはそのシーズンの残雪の量であり、難易度も所要時間もこれに大きく左右される。多い年はほとんど雪渓登高に終始することがあるし、不安定なブロックが散在している年などは、長時間の緊張する側壁トラバースを強いられたりする。

夏期の稜線上は縦走の登山者で賑わい、谷々の本流にも釣人の姿が目立ち、連峰の主要な谷が一通りトレースされた段階とはいえ、谷底から頂稜へと地形の弱点を縫って登高を試みるパーティはまだきわめて少なく、核心部の無雪期遡行をはじめ、各沢の上部ルンゼ群の開拓など多くの未踏の領域が残されている。

本稿では詳述してないが主脈を北にはずれた障子ケ岳東面のスラブ群、南にはずれた祝瓶山の急峻なルンゼも魅力的な登攀

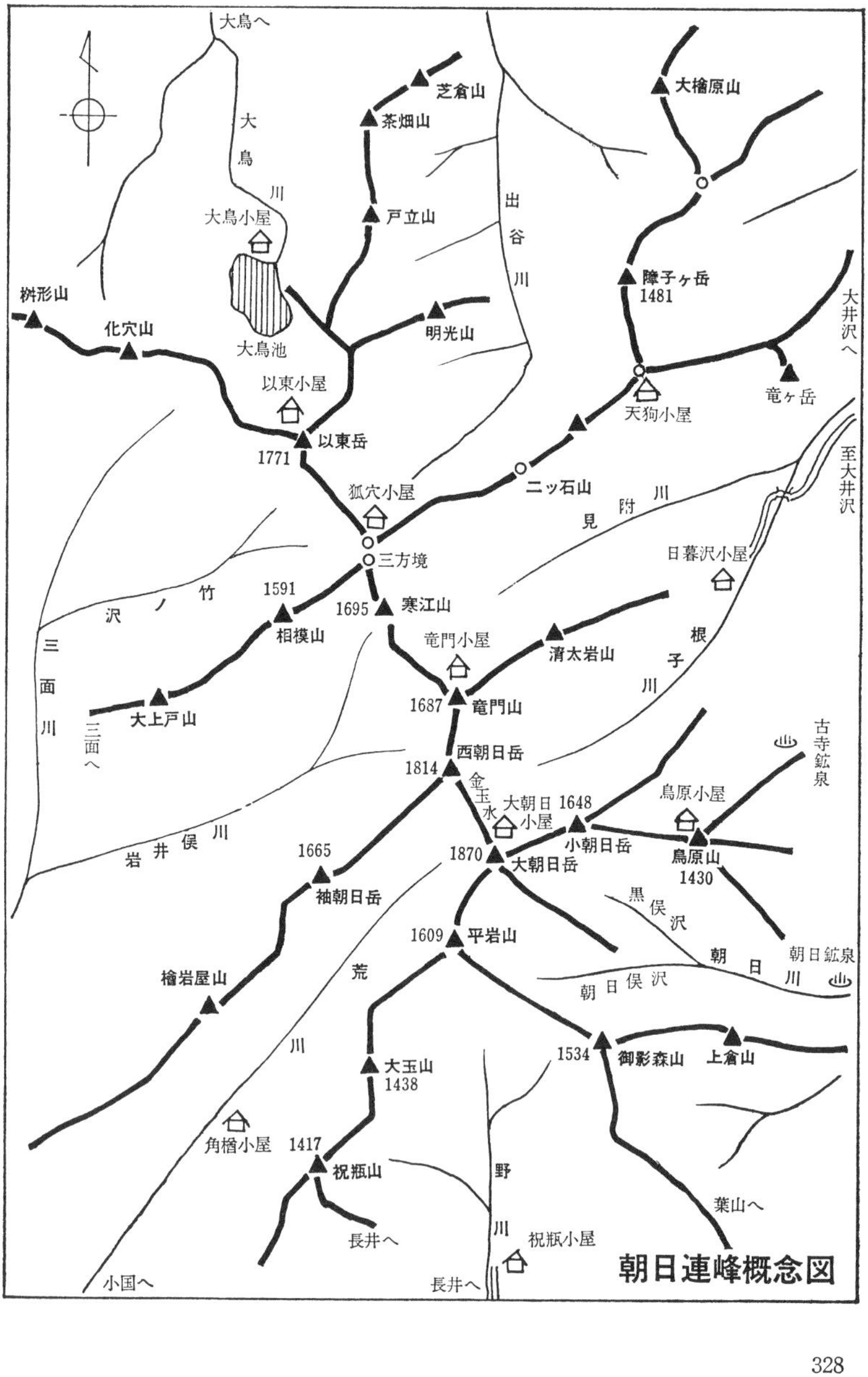
大鳥へ
芝倉山
大檜原山
茶畑山
大鳥川
出谷川
大鳥小屋
戸立山
障子ヶ岳
1481
大井沢へ
桝形山
化穴山
明光山
大鳥池
以東小屋
天狗小屋
竜ヶ岳
以東岳
1771
至大井沢
狐穴小屋
ニッ石山
見附川
日暮沢小屋
三方境
1591
1695
寒江山
竹ノ沢
相模山
竜門小屋
清太岩山
根子川
三面川
大上戸山
1687
竜門山
三面へ
西朝日岳
1814
古寺鉱泉
金玉水
大朝日小屋
1648
鳥原小屋
岩井俣川
1665
1870
小朝日岳
大朝日岳
鳥原山
1430
袖朝日岳
黒俣沢
1609
平岩山
朝日鉱泉
朝日川
荒川
檜岩屋山
朝日俣沢
1534
御影森山
上倉山
大玉山
1438
角楢小屋
1417
祝瓶山
野川
葉山へ
長井へ
祝瓶小屋
小国へ
長井へ
朝日連峰概念図

対象である。
近年、各水系の奥地まで林道が侵入し、山麓一帯のブナの美林が皆伐の憂目にあっており、自然生態系の破壊が問題となっているが、登山者にとって朝日連峰はその美しい自然を守ることとあわせ、アルピニズムの実践舞台としてようやくその大きな扉が開かれた段階といえよう。

朝日連峰においては、一〇月中旬から翌年三月までが本格的降雪期間となる。

この間、西朝日岳から中岳および小朝日岳周辺の、東側または南側に大きな雪庇の発達をみるが、ほとんど危険性はない。(最も危険な雪庇が張り出すのは、天狗小屋から二ツ石山を経て三方境に至る尾根である。)

山小屋は、冬期は無人となるが、鳥原、竜門、狐穴、天狗の各小屋が確実に使用できる。ただし大朝日小屋だけは、その年の降雪量や風向によって、二mほどの雪に埋ってしまうので、使用の可否は五分五分と考えなければならない。十二月から四月上旬にかけては、里ですら一夜に二mの積雪をみることもある。

稜線は、十二月下旬から強風によって相当に締まる。いわゆる「雪山シーズン」として考えるなら、三月から四月いっぱいが最高のコンディションとなる。この間は、夏山におけるコース・タイムの約半分で行動できる。

〔五万図〕　大鳥池、大朝日岳

〔参考文献〕「岩と雪」11号

荒川流域

大朝日岳から西朝日岳への主稜と、これから南に平岩山、祝瓶山、南西に袖朝日岳、檜岩屋山へとのびる二本の支稜に狭まれた細長い水系が荒川源流である。この流域は連峰の中で最も顕著な雪蝕地形を有しており、特に袖朝日岳の支稜東南面は灰褐色の岩肌をみせ本谷に一気に落ちこんでいる。

下流からは米坂線小国から荒川沿いに五味沢、角楢《かくなら》小屋を経て入谷できる。大玉沢出合い付近から登山道を離れ河原歩きとなるが、大帯沢出合い上部から険悪なゴルジュが始まり、曲滝三段六〇m、綾滝二〇m、大滝二段五〇mなどの滝と多くの瀞を擁して中俣沢、東俣沢合流点下まで約三キロにわたって続いているため、そのほとんどが高巻きとなってしまう。

連峰屈指の困難な沢である西俣沢、毛無沢は袖朝日の支稜から、このゴルジュの中に流下しているため、出合いに達するまでが第一の難関となり、また支稜上に登山道がないため、袖朝日から主稜線まで二時間ほどやぶをこがねばならず、金玉水起点でも途中一泊を覚悟しなければならない。

これに比べ中俣沢、東俣沢は高差約一〇〇〇mの豪快な遡行を日帰りで楽しむことができる。出合いへはヒノキモッコ沢が便利で金玉水から約三時間で下降でき、西朝日を頂点とする中俣、西俣各沢の眺望も格別である。今後の課題としては西俣沢、毛無沢の無雪期遡行と各々の上部ルンゼ群登攀があげられ

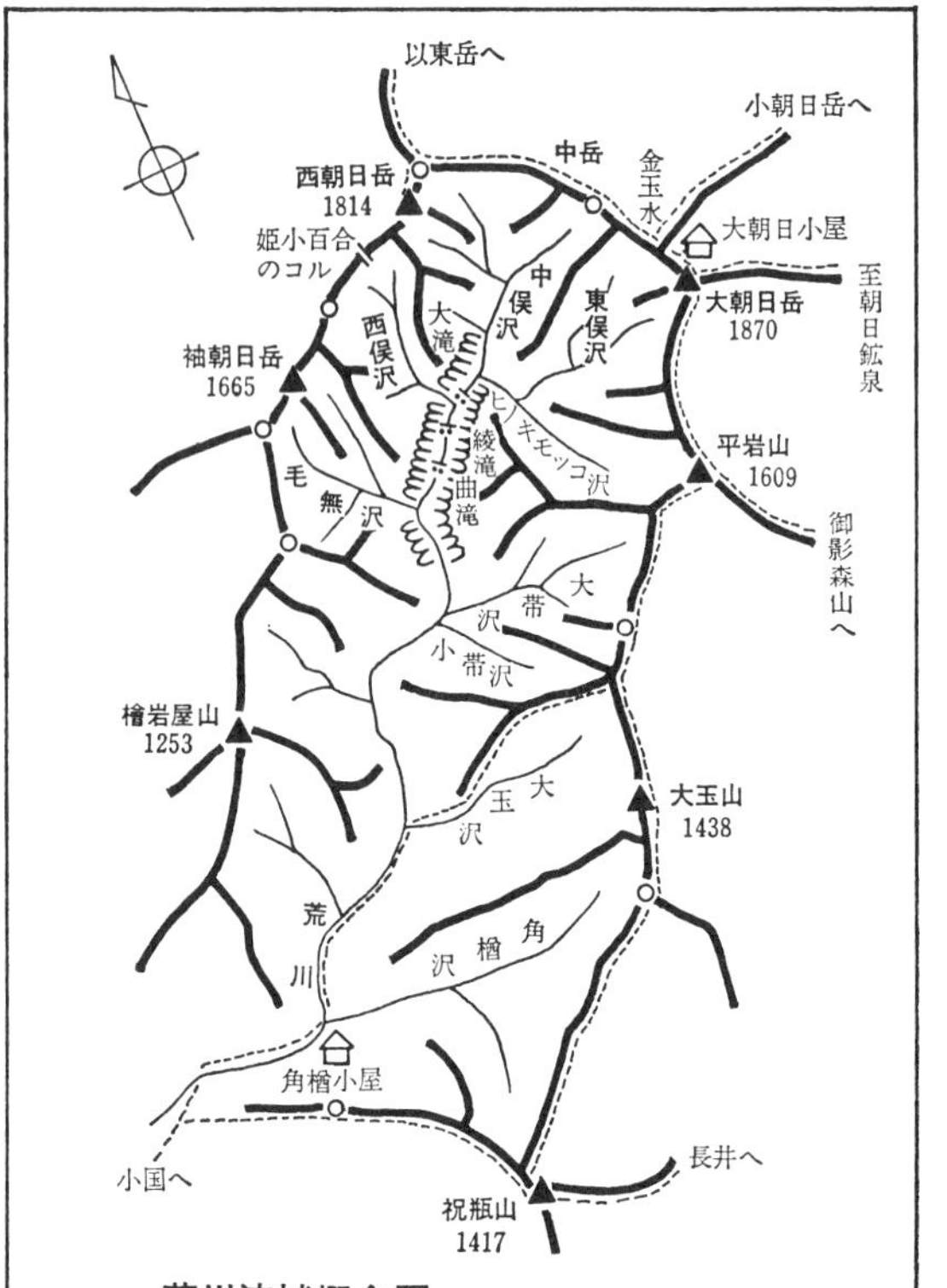

荒川流域概念図

よう。

〔参考文献〕「岳人」343号

1　東俣沢左俣　七時間

この東俣沢は大朝日小屋や金玉水をベースにすると、出発点に戻る形で登れるという便利な位置にあり、しかも、白い花崗岩の滝が続く標高差一〇〇〇mの豪快な遡行が楽しめる。

ヒノキモッコ沢を下ると出合いは河原状で、平岩山への支沢を分けると、まもなく大きな滝のあるゴルジュがはじまり、側壁のトラバースとなる。沢床に戻るとゴーロがまっすぐ右俣に続き、左俣は右岸から一五mのナメ滝で合流している。側壁が圧倒的に切り立ち、三段四〇mは左岸の小尾根を越す。沢筋は明るく開け、さらに滝が続くが、乾いた岩にフリクションを効かせながら軽快に登れる。落口が二条の一五m滝を越えると、ナメ滝が姿をみせはじめ、一〇m前後の滝をいくつか越えていくと、白く大きな岩盤をすべるようにナメ滝が連なり、快適このうえない。最後は、砂礫まじりの草地を登りつめると大朝日小屋の下方に出る。

2　東俣沢右俣　六時間

左俣よりやさしく、中間部の三五m滝の登攀がポイントである。左俣を見送り、ゴーロを進むと七mの滝となり、細かなスタンスを使って通過。左岸から支沢が合流する所で三五mの滝が行く手を阻む。左岸中段のバンドから右岸にわたって四〇mいっぱい直上する。続く一〇m二本はそのままブッシュを使ってトラバースし、難場を終える。沢筋はひらけ、爽快なナメ滝

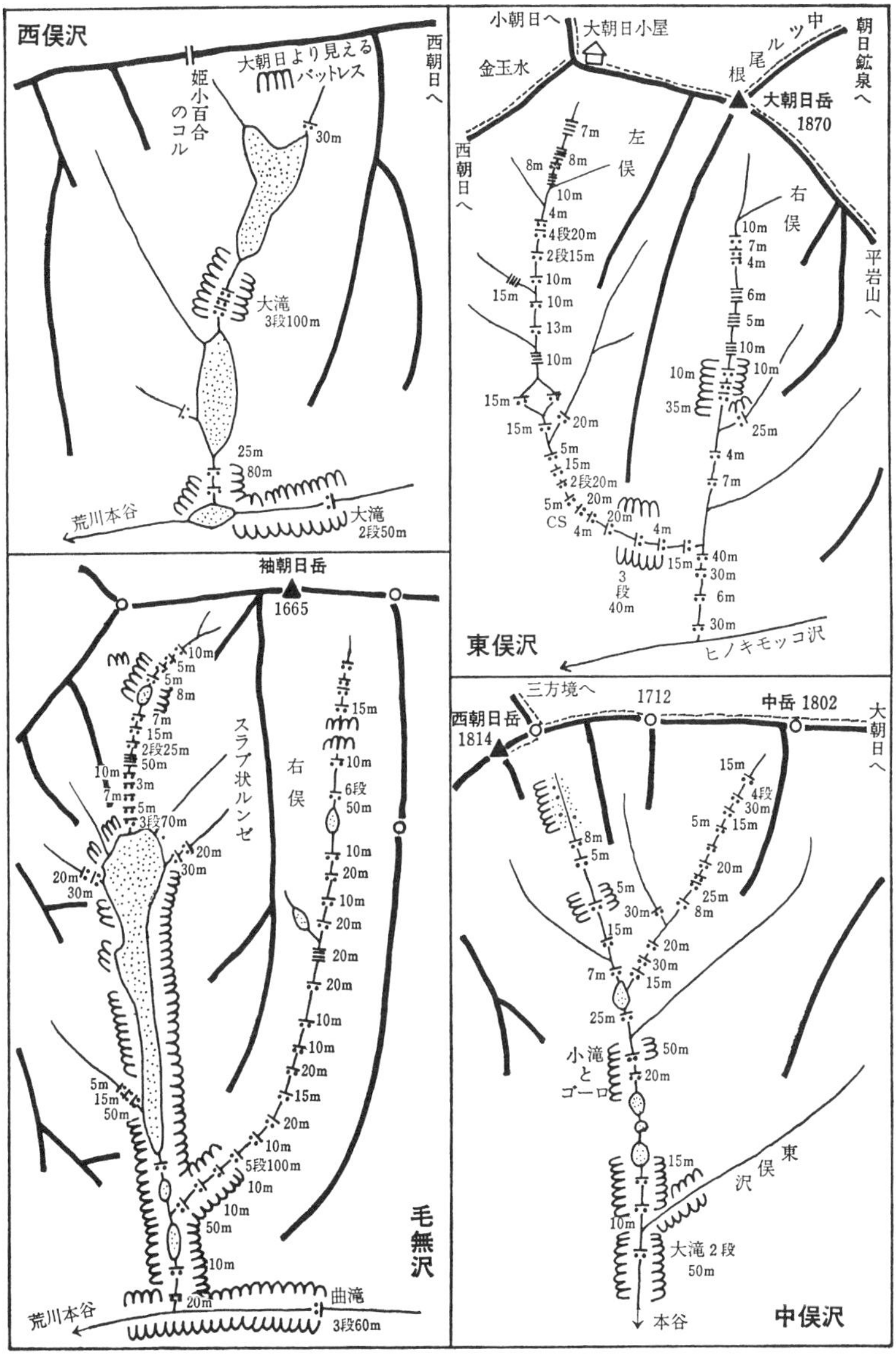
西俣沢
西朝日へ
姫小百合のコル
大朝日より見えるバットレス
30m
大滝
3段100m
25m
80m
荒川本谷
大滝
2段50m
小朝日へ
大朝日小屋
金玉水
中ッル尾根
朝日鉱泉へ
大朝日岳
1870
西朝日へ
左俣
右俣
平岩山へ
7m
8m
8m
10m
4m
4段20m
2段15m
10m
15m
10m
13m
10m
15m
15m
20m
5m
15m
2段20m
20m
5m
CS
4m
20m
4m
15m
3段40m
40m
30m
6m
30m
10m
7m
4m
6m
5m
10m
10m
10m
35m
25m
4m
7m
東俣沢
ヒノキモッコ沢
袖朝日岳
1665
スラブ状ルンゼ
右俣
10m
5m
5m
8m
7m
15m
2段25m
50m
10m
7m
3m
5m
3段70m
20m
30m
20m
30m
15m
10m
6段50m
10m
20m
10m
20m
20m
20m
10m
10m
20m
15m
20m
10m
5段100m
10m
10m
50m
10m
5m
15m
50m
20m
荒川本谷
曲滝
3段60m
毛無沢
三方境へ
1712
中岳 1802
大朝日へ
西朝日岳
1814
15m
4段30m
5m
15m
20m
25m
8m
8m
5m
5m
30m
15m
20m
30m
7m
15m
25m
50m
小滝とゴーロ
20m
15m
10m
大滝2段50m
東俣沢
本谷
中俣沢

が続く。水量が減り、一〇mの滝を過ぎるとゴーロとなる。正面に岩峰が見えはじめ、その基部から沢は二分し、左に進むと大朝日岳直下に出る。

3　**西俣沢**　八時間

残雪の多い年に登られているのみで、詳細記録はない。東俣、中俣の合流点からは、大滝の落口より左岸側壁の厄介なトラバースをし、一時間ほどでこの沢の出合いを対岸に見ることができるが、雪のない時は荒川本谷のゴルジュに向かって大きな滝となっており、登攀も相当むずかしいと思われる。

中間部の一〇〇mほどの滝は、左岸を攀れるが逆層気味の壁で微妙なバランスが要求され、高度感のある登攀となる。上部は姫小百合のコルを中心に袖朝日の支稜から落ちる岩稜とルンゼが右岸に続き、いずれも登高意欲をそそられる。無雪期登攀の記録の欲しい沢である。

4　**中俣沢本谷**　七時間

下部ゴルジュ帯の通過と、五〇m滝の登攀がポイント。雪渓の残り具合によって、通過がかなりむずかしいこともある。中間部から中岳に向かってまっすぐのびる急峻なルンゼが興味をひくが、まだ登られていない。

取付きには多少遠回りになるが、ヒノキモッコ沢から東俣沢へ下る。東俣沢との合流点からしばらく河原が続き、一〇mの滝をしぶきに濡れて越えると、やがてゴルジュになるが沢通しに進み、二〇mの滝を登ると次の五〇m滝が圧倒的に迫る。左岸の乾いた部分を攀ると中岳に突きあげるルンゼが高い側壁から水流を落とす。次の二五mを容易に越えるとゴルジュ帯もようやく終わり、上部一帯が明るく開ける。次に同じ左岸から三段で六〇余mの滝が合流する。西朝日への本谷よりこの支沢のほうが滝も多く登り応えがある。本谷はゴーロと小滝が続き、右岸から急なゴーロの支沢が合うとハング状の滝となるが、その上は再び急なゴーロが続き、最後は急な岩場となって西朝日岳の右肩に出る。

5　**毛無沢本谷**　一一時間

下半は悪相のゴルジュが暗渠のように続くが、夏期は例年雪渓に塞がれている。これとは対照的に上半は灰褐色の大スラブ帯が展開し、各ルンゼは岩盤を躍る滝の連続である。この沢は荒川本谷ゴルジュの中程にあるため、取付くまでのアプローチが難題で、上流からでも下流からでも約半日の高巻きを強いられる。

出合いは曲滝下の河原に二〇mの豪快な滝を落とし、左岸岩稜を登る。上はいったん河原状となるが、すぐに幅三m、深さ二〇mの岩の裂目のようなゴルジュが始まり、左岸の高巻きとなる。このゴルジュは約一キロほどまっすぐに上部スラブ帯の扇の要部まで続くと思われるが、多量の残雪のため無雪期の全容はいまだ明らかにされていない。ゴルジュが始まってまもなく左岸から右俣が滝を連ねて落下し、次に右岸から支沢が三段の滝をみせる。いずれも出合いは雪渓下に滝で合流するが高さは確認できない。雪渓は三〇mほどの幅で白い帯のように続き、やがて右岸にスラブ状ルンゼを二本数えると、雪渓は一段と傾斜を増し、逆S字に屈曲してその頂部で途切れる。右手頭上には圧倒的なスラブ群が広がり、左手奥に水量の目立つ本谷が三段七〇ｍの滝を深いシュルントに落としている。下段の滝の落口左岸に跳び、水際をしぶきに濡れながらザイルピッチをフルに攀る。五〇ｍの急なナメ状の滝はギリギリのフリクションで越え、右岸上方に城塞のように肩を怒らした岩壁が迫ってくると沢筋は右に緩く曲がり、快適な滝が続く。水が涸れるとコンティニュアスで登れる草まじりの岩壁となり、スラブ帯と雪渓が足下に広がってすばらしい高度感である。最後は風化した岩盤のブッシュを頼りに支稜上に登り立つ。右手に一〇〇ｍやぶをこぐと袖朝日岳の草地に出る。主稜線の登山道までやぶの薄い所を選んでも、二時間はかかる。

6　毛無沢右俣　八時間

中間部で右岸から支沢が合流する地点まで、それらしい河原やゴーロ等の緩傾斜部のない、少し誇張するなら本谷ゴルジュに落ちる滝から一〇ｍ以上の滝が十数段も連続するダイナミックな沢である。

本谷ゴルジュが通過できないため、左岸側壁をトラバースし、五段一〇〇ｍの滝下に出る。そのままブッシュを利用して左岸側壁を登るが、ハングに遮られて三段目の落口をしぶきを浴びながら右岸にわたる。濡れた褐色の右岸垂壁を微妙なスタンスを使って二〇ｍほど攀り、上部の急なナメ状部を四〇ｍいっぱいまでのばす。乾いた岩をさらに攀っていくと、沢幅が狭まり、急なトヨ状に岩盤を抉った滝が続くため、右岸のブッシュ帯を高巻く。トヨ状の滝が終わった所で沢身に戻り、さらに続く順層の滝を直登して越えていくと、ようやく傾斜が緩くなってゴーロとなり、右岸から小雪渓を乗せた支沢が合う。まだ滝は続くがいずれも難なく越せ、また雪のある緩傾斜部に出る。六段五〇ｍの滝は主に右岸沿いに攀ると、草地に挟まれたおだやかな沢筋になる。やがて正面にバットレス状の三〇ｍの岩壁が現われるが直登でき、つめは急な岩盤にへばりついたブッシュを使って強引に登り切り、袖朝日岳右手二〇〇ｍほどの草地に出る。

朝日川流域

朝日川流域は主峰大朝日岳を頂点として東に流下する。下流からの入谷は国鉄左沢《あてらざわ》線左沢から白滝、朝日鉱泉を経て、本流沿いの道を吊り橋を渡りかえしながらたどれば二俣に出ることができるが、右の黒俣沢は黒倉沢出合い近くまで瀑流帯が続き高巻きを強いられるし、左の朝日俣沢は上ノ大沢出合い上部まで河原続きで味気ない。

この流域を円形に囲む鳥原山、小朝日岳、大朝日岳、平岩山、御影森山の稜線と、流域を黒俣沢と朝日俣沢に二分する中ツル尾根には登山道があるため、やはり大朝日小屋、金玉水をベースとして行動するほうが便利である。

黒俣沢側では黒倉沢とその支流間ノ沢、黒俣本谷（ガンガラ

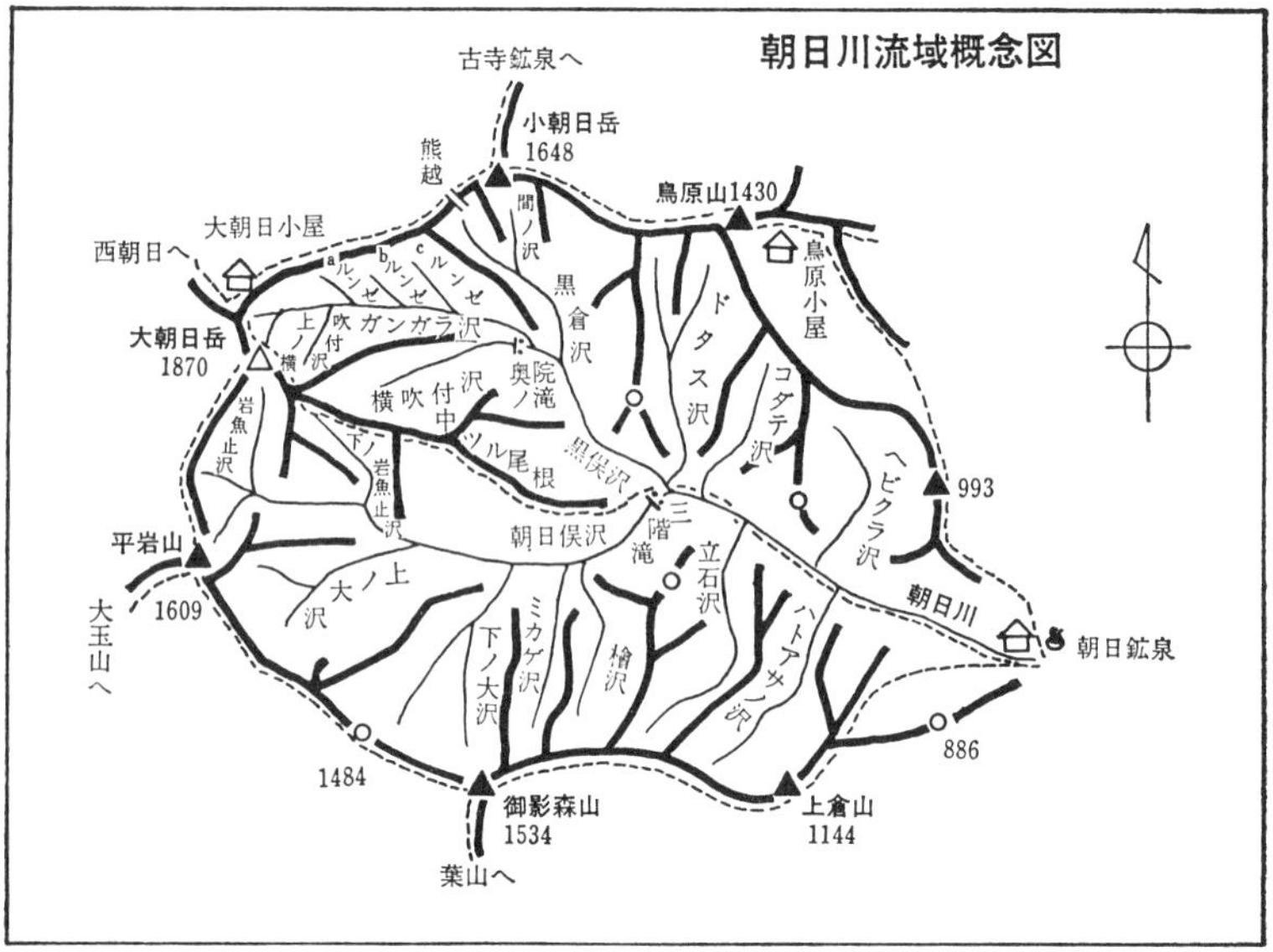

朝日川流域概念図

沢）、横吹付《よこふっつけ》沢、朝日俣沢側では下ノ大沢、上ノ大沢、岩魚止沢などに記録があり、いずれも金玉水基点で日帰りの登下降が可能である。地形的には朝日俣沢に比べ、黒俣沢のほうが切れこみが深く、黒倉沢、黒俣本谷には下部に四、五〇〇mのゴルジュがあり通過に苦労させられる。

夏期の残雪量は黒俣本谷では上部のY字雪渓から下部ゴルジュ近くまで、黒倉沢では熊越直下から間ノ沢出合い下部までいずれも長大な雪渓となっており、稜線上の登山道からすぐ取付けるため、雪上訓練に格好の場所でもある。

〔参考文献〕「岳人」345号

7　岩魚止沢　四時間

主峰大朝日岳に向かって南側からまっすぐ突きあげている。険悪な部分もなく、花崗岩の確かな感触を楽しみながら軽快に遡行できるため、朝日の沢の入門ルートとして、最もふさわしい沢である。

平岩山寄りの鞍部から、お花畑を横切って支沢に入る。滝は四つくらいあり、ブッシュ伝いにも下れるが、懸垂下降の用意はしておきたい。下り切った所は、楕円型の雪渓が扇の要状の合流点を埋めており、三方から滝が落ちている。岩魚止沢の出合いは、奥の五〇mの豪快な滝で、右岸の乾いた順層の部分を攀る。この上は適度の間隔をおいて五～一〇mの滝が連なっているが、水流に沿って続く白い花崗岩を快適に攀っていける。ナメ状の滝を過ぎ、小規模なゴルジュを通過すると、やがて両岸のお花畑の間を縫うように小滝が続く。最後に砂礫帯を突っ切ると、中ツル尾根最上部の登山道に出る。

8 上ノ大沢 六時間

広く明るい沢で、中間部の滝の突破がポイントだが、熟達したリーダーさえいれば、大きな困難もなく登れよう。中ツル尾根中間部、一三六〇mのコブ上から支沢を使って朝日俣本流に下降するのが近い。支沢とはいえ標高差約五〇〇m、懸垂下降を要する滝もいくつかあり、三時間ほどかかる。

本流の河原を少し下ると、七mの滝で上ノ大沢が合流する。出合いからは河原と滝が断続するが、滝はほとんど直登できる。やがて両岸が狭まり、袋小路状となって三本の滝が合流する。最奥の三〇mが平岩山と大沢峰間の最低鞍部に出る左俣、左岸側壁にならぶ二本の内、奥の二五mが支沢、手前の二〇mが右俣である。右俣二〇mの落口近くまでのびる左上バンドを伝うが、最後の二mがスラブ状のためアブミを使って落口に抜ける。次の二俣を左に入り、ナメ滝と小滝を越えて高度をかせぐと、やがて風化した褐色の岩場に出るが傾斜はゆるく、一五〇mほど直上すると平岩山左肩に出る。左俣には記録がないが右俣同様と思われる。

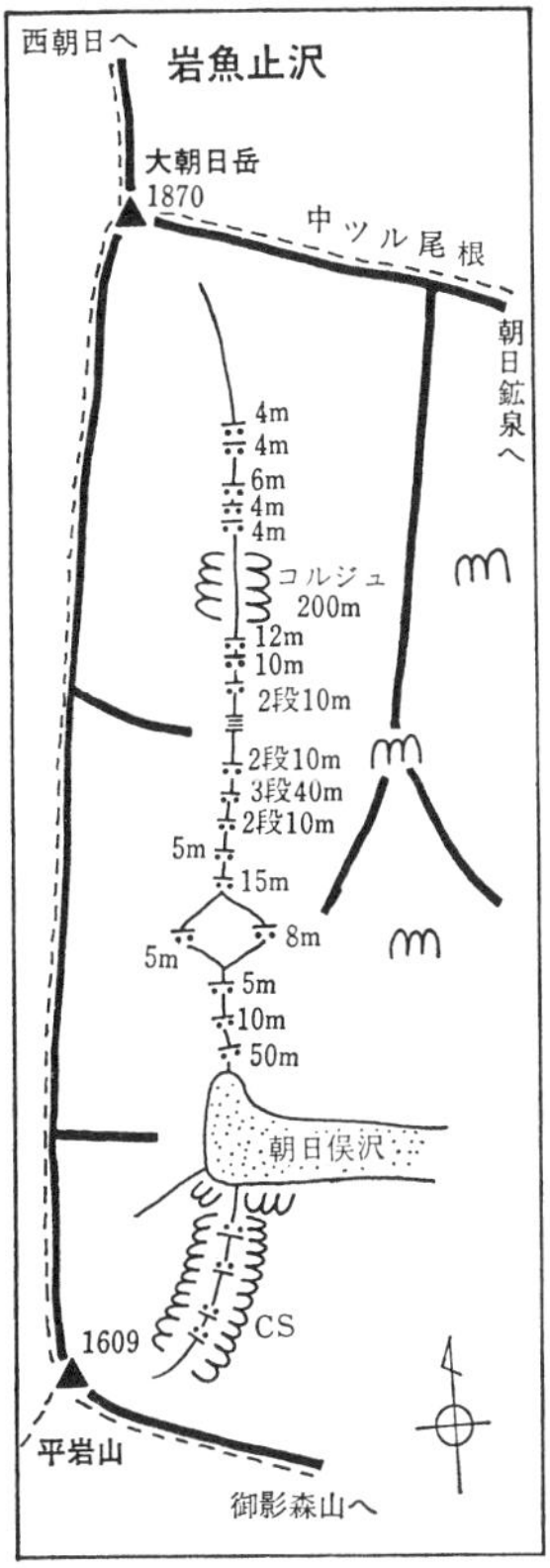

9 下ノ大沢 六時間

下流に位置しているためか、標高差のわりには単調な沢である。前記上ノ大沢への下降ルートより、さらに一本下流の支沢を下る。ここも懸垂下降を含むが、ほとんどブッシュを伝って二時間半ほどで朝日俣本流の河原に下り立つ。少し下って、下ノ大沢に下るとすぐに左に屈曲し、二段一五mの滝になる。右岸を直上するとゴルジュとなり、滝は小さいが深い釜が多く、主に左岸の斜上バンドを利用して登る。上部の釜の深い一〇mの滝は落口に抜け出る部分でデリケートなバランスを要求される。ゴルジュが終わると再び河原状になり、御影森山からの左俣が合流する。沢筋は浅く、小滝があるだけで下部の様相に比べ淡々としている。右俣はやがて二手に分かれるが、右のほうが滝が続きおもしろいと思われる。源頭は草付きから笹まじりのブッシュを少しこぐと登山道に出る。左俣のほうが上部のブッシュは深い。

10 黒俣沢本谷（ガンガラ沢） 八時間

通称「ガンガラ沢」と呼ばれ、上部は大朝日岳の山頂を挟むように、Y字形に雪渓が残ることで知られている。

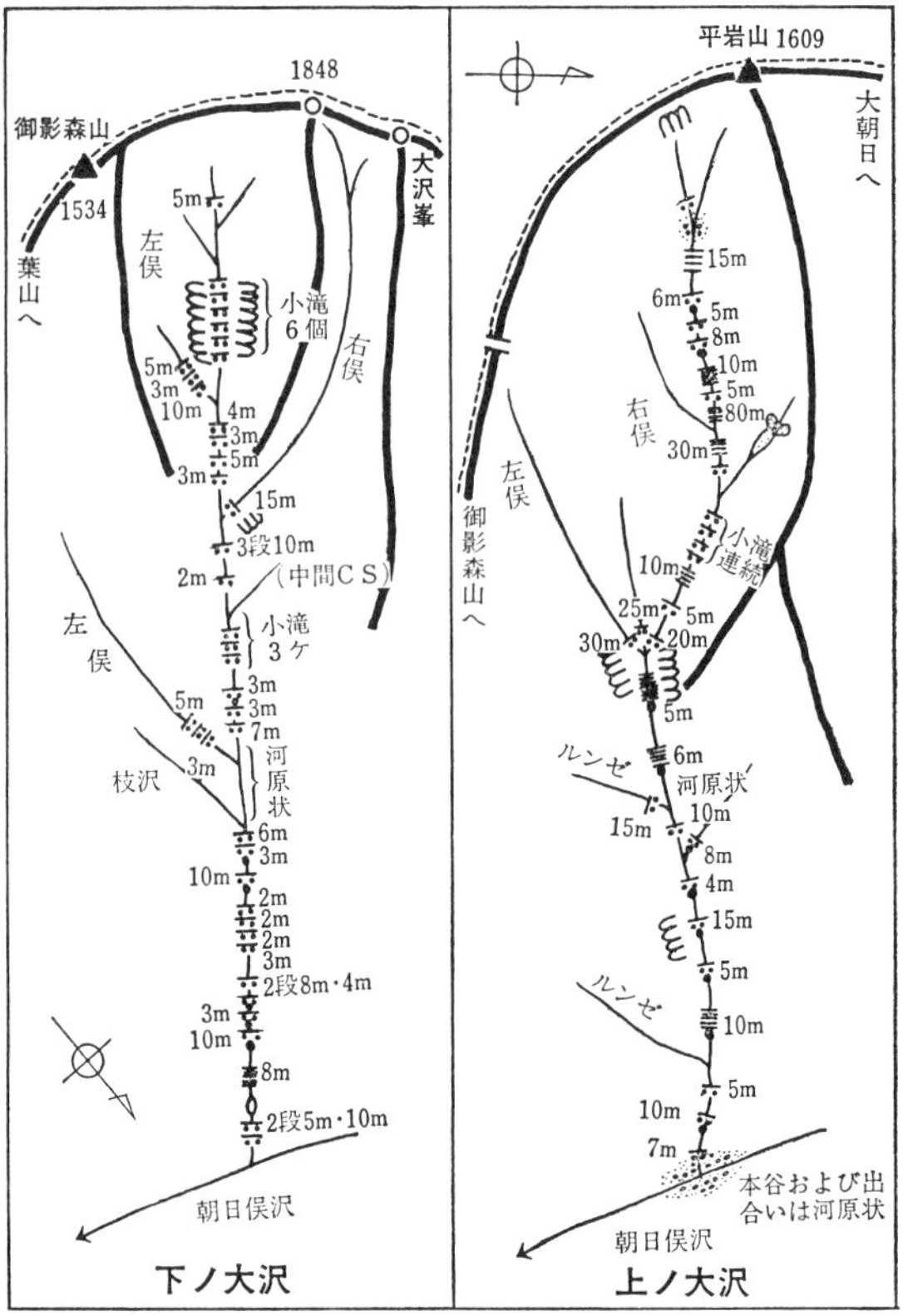

bルンゼの出合い付近を境に、下部は険悪なゴルジュと大きな滝が続くのに対し、上部は明るいゴーロと、長大な雪渓が続き対照的である。稜上の喧騒から離れてこの谷に降り、雪と岩にひとしきり戯れた後、谷を見下す岩棚の上で花々に囲まれながら憩う夏の午後のひとときは格別である。

出合いから遡行するには、熊越のコルから黒倉沢を下ってもよいが、下部ゴルジュ帯で高巻き、懸垂下降のくり返しで思いのほか時間を費やしてしまうため、中ツル尾根中間部から横吹付沢下部に向かって下ったほうが短時間で取付けよう。出合いは廊下状の左岸から一〇mの大きな滝で合流する。この滝の上からすぐ左に曲がって険しいゴルジュが始まり、沢幅四―五m、高さ二〇―三〇mの側壁を連ねて五〇〇mほども続き、沢通しには進めないため、左岸の高巻きとなる。途中、切りこみの深い急峻なルンゼを横切る。熊越上部の稜上に出る標高差六〇〇mのcルンゼは、まだ登られていない。ゴルジュが終わって沢身に戻り、三〇mの滝は左岸を登る。切り立った側壁も消え、ゴーロ状になると左岸からbルンゼが三〇mの滝で合流する。次に銀玉水から流下するaルンゼが合流するが、このルンゼは小滝と急傾斜のゴーロのため、下降ルートとして最適である。本谷はやがて長大なY字雪渓となり、右岸からは上ノ横吹付沢が細い水流を落とす。この雪渓の周囲は小規模ながら岩場が多く、トレーニングにも良い所である。雪渓はY字の分岐から上がかなりの急傾斜になるが、まっすぐ登り切ると大朝日小屋裏手に出る。

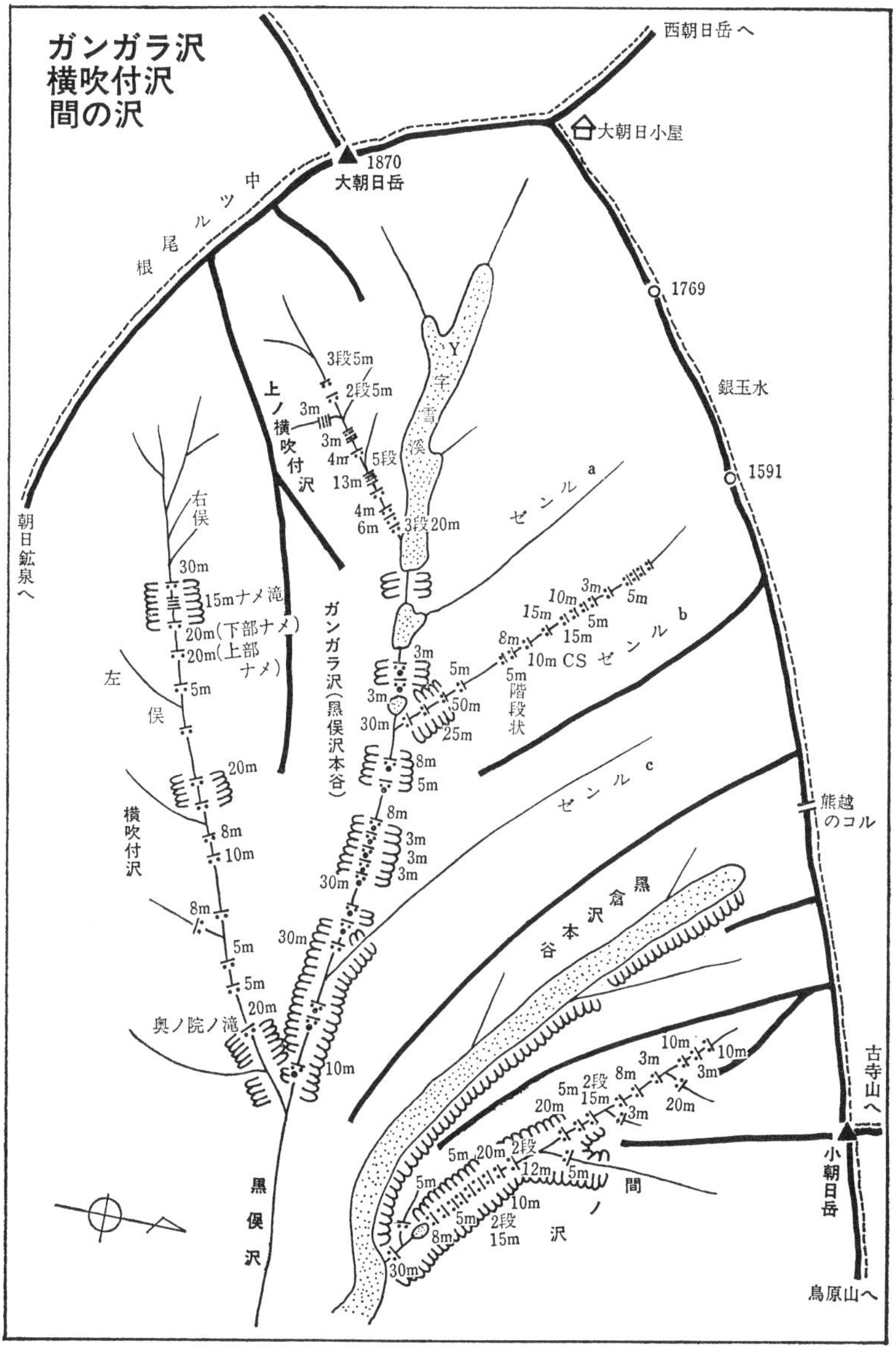
ガンガラ沢
横吹付沢
間の沢
西朝日岳へ
大朝日小屋
1870
大朝日岳
根尾ルッ中
朝日鉱泉へ
1769
銀玉水
1591
Y字雪渓
上ノ横吹付沢
ゼンルa
ゼンルb
ゼンルc
10m CS
5m階段状
ガンガラ沢(黒俣沢本谷)
右俣
左俣
横吹付沢
15mナメ滝
20m(下部ナメ)
20m(上部ナメ)
奥ノ院ノ滝
熊越のコル
黒倉沢本谷
古寺山へ
小朝日岳
黒俣沢
間ノ沢
鳥原山へ

11　bルンゼ　三時間

水の少ない急峻なルンゼで、滝も適度に続き、軽快な岩登りの楽しめるルートである。

銀玉水からaルンゼを下ると容易に取付ける。出合いは雪に埋っていることもある。初めの三〇m、二五mは側壁を抉って迫力があるが、順層で見たほどには厳しくない。次の五〇mはバットレス状の滝で、水流右手の乾いた部分を直上するが、かなり厳しい。中段の緩傾斜部で右岸に移り順層の上半分を攀る。この上はゴーロとなり、再び一〇m前後の滝が断続するが、フリクションも良く効き、順調に高度を稼げる。やがて、草地からブッシュに変わり、まっすぐに突っ切ると、砂礫帯のケルンのある登山道にぬける。

12　横吹付沢　七時間

出合い付近の凄みのある廊下に較べ、ゴーロの多い沢だが、部分的にむずかしい滝があり、時間もかかるため、足の揃ったパーティで入谷したい。

取付きには、熊越から黒倉沢下降、銀玉水からaルンゼ、黒俣本谷下降と二ルートあるが、いずれも下部ゴルジュの通過には慎重を期したい。出合いは黒俣本谷が左岸から合流する廊下が、そのままっすぐ横吹付沢となり、その奥を奥ノ院ノ滝が塞いでいる。直登はむずかしく、右岸小ルンゼを少し登って落口までトラバースする。廊下は終わり、ゴーロと滝が断続する。二段二〇mの滝は右岸バンドを使えるが、落口直前でブッシュ頼りのデリケートなトラバースになる。やがて左俣を分け、右俣に入ると上部ナメ状の二〇mの滝になる。直登は厳しく、無理なら右岸を巻く。まもなく、ナメ状二段とチムニー状三〇mの滝が続く悪相のゴルジュになり、右岸側壁上の大きなバンドを登って越える。あとはゴーロ続きで、右に寄りすぎないよう支沢を選べばわずかなやぶこぎで、中ツル尾根の登山道に出る。

13　間ノ沢　五時間

黒倉沢中間部から小朝日南面の岩場に食いこむ急峻なルンゼで、中間部の一〇―二〇m滝の登攀がポイントである。

熊越のコルから雪渓を下って、約一時間で取付ける。最初の滝は雪渓に隠れていることが多く、シュルントをとんで右岸に取付き、三段三〇m滝から登攀開始となる。この滝は大まかな順層でほとんど水際を攀れる。すぐに両側壁が切り立ち廊下になるが、小滝とゴーロが続きまもなく二段一五mのチムニー状の滝があらわれる。右岸側壁を直上し、落口に続く斜上バンドを登る。続く二〇m滝は左岸の乾いたスラブをデリケートなフリクションで直上する。次の一〇m滝は左手の濡れたクラックを強引にずり上がり、二段一二m滝を攀ると暗い岩溝も終わり、二俣となる。水量もグンと減り、涸滝がいくつか続いて、最後のブッシュを突っ切れば、小朝日岳頂稜に出て終了である。右俣もおそらく同様と思われる。

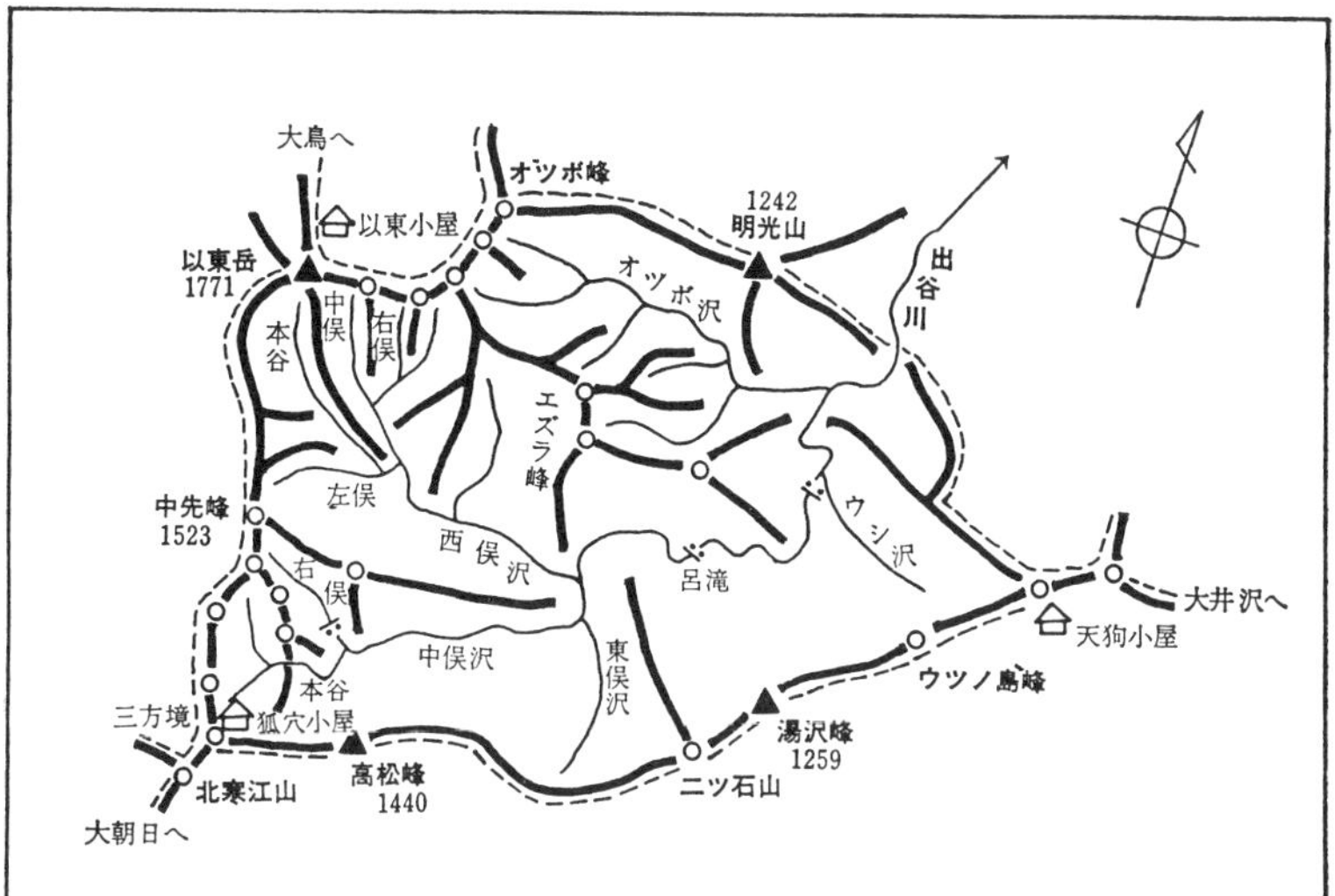

出谷川流域概念図

出谷川流域

この流域へのアプローチは奥羽線山形から間沢を経由し、大井沢の原まではバスが使え、車ではさらに大井沢川林道をバカ平まで入れる。山小屋のある天狗角力取山からは、狐穴への道と分かれ、眼下の出谷川に登山道が降りており、容易に入谷できる。上流域の沢登りは狐穴小屋ベースが便利である。

出谷川流域は朝日連峰の北の主峰、以東岳から寒江山の主稜の東面に広がる流域で、オツボ沢と西俣沢を分かつ、連峰中もっとも露岩の多いエズラ峰を内在させているアルペン的香りの高い流域といえる。もちろん最低限度のビバーク用具を携行してゆくのだが、五kg以内の荷物をサブザックにまとめ、登攀用具に重点をおくことになる。いずれの沢も、がっちりとした花崗岩で形成されているので、ハーケン、ボルトが思うように使用できる点が非常に心強く快適である。

ただし標高差一〇〇〇m以上もある行程なので、何よりもまずスピーディな行動にすべての安全がかかっていると考えねばならない。そこで三ツ道具はおろか、ザイルの使用さえも極力はぶき、完全なバランスによるクライミングを要求されるが、これはまた渓谷登攀の醍醐味でもあるのだ。

グレードの点から考えると、オツボ沢が最も困難だと思うが、西俣沢以外は夏道へエスケープできるので、確実に地形図を読めれば、まず安心である。はじめてこの流域に入る人のためには、コンスタントに登れる点でも、不時のエスケープの点でも中俣沢がいちばんよいと思う。

〔参考文献〕「岳人」301号、349号、399号

14　オツボ沢　一〇時間

出谷川出合いより二〇分ほど右岸ぞいを遡ると、左岸に二〇mの滝となってオツボ沢が落ちこんでいる。この滝は右手から取付き、かなり陰険なゴルジュのなかを左右にとび移りながら一気に強引に登る。やがてゴーロとなり、ぱっと沢が開ける。一三mと一〇mの滝は、深い釜をもつ立派な滝だが、順層なので直登できる。続く七m、五mの滝も順層である。沢筋はさらに開け、エズラ峰二峰に突きあげるルンゼが見えてくる。本谷は平凡なゴーロがつづき、やがて三〇m垂直の滝が現われる。右手の順層の壁から難なく越す。右岸から五〇mの滝が落ちこむ地点から先はまだゴルジュである。フリクションのきく堅い花崗岩で形成された、深い釜をもつ滝の連続だが、よいルートをとることができる。小さな雪渓を越えて、一二mの滝は右手から直登し、六mの滝は壺の縁を這うようにしてトラバースし、左手を登る。ここからは、小さなスタンスしか得られず、微妙なバランスが要求される滝が続く。二段五〇mの滝は、この沢では最も美しい滝である。右岸に張り出した岩をトラバース気味に一ピッチ登り、ここから滝の下をくぐって左岸へゆくこともできるが、直登すれば時間を短縮できる。この上で水量

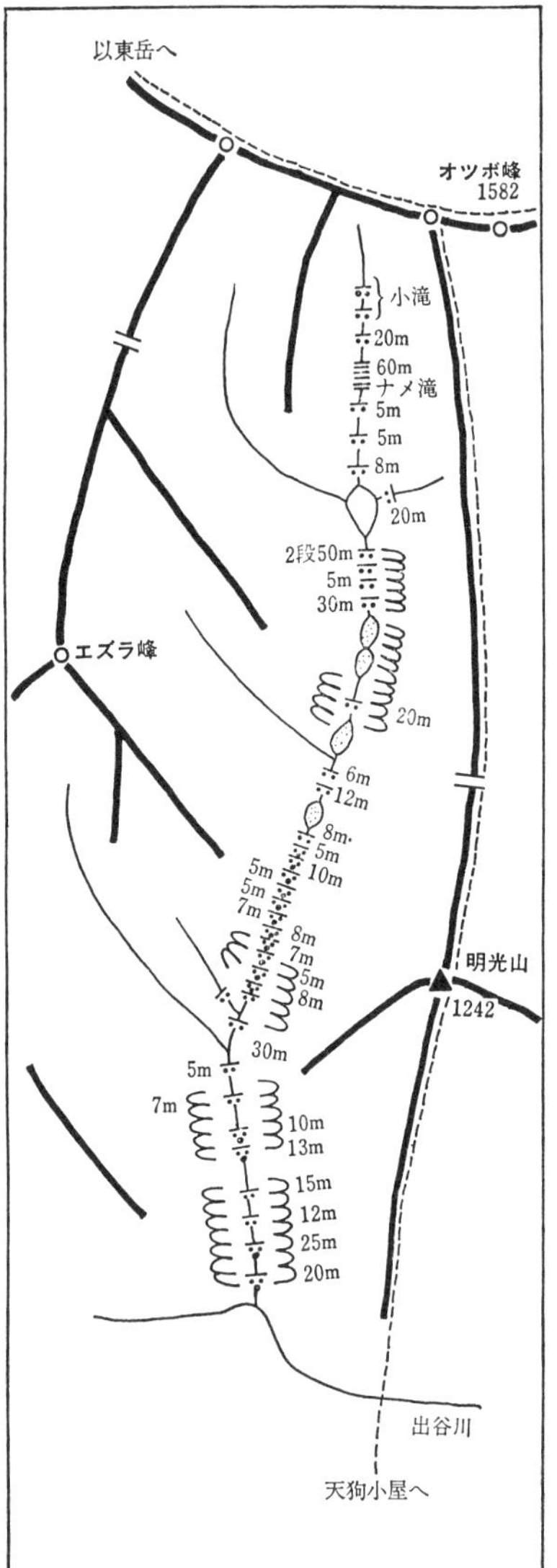

オツボ沢

は急に減少する。小さな雪渓の下が、主稜とオツボ峰とのジャンクションに至るルンゼとの出合いである。このルンゼも魅力的だが、本谷をまっすぐ進んで数本の滝とナメを越えると、お花畑の中へ小滝の連続となる。オツボ峰から夏道をたどり二時間で狐穴小屋に着く。

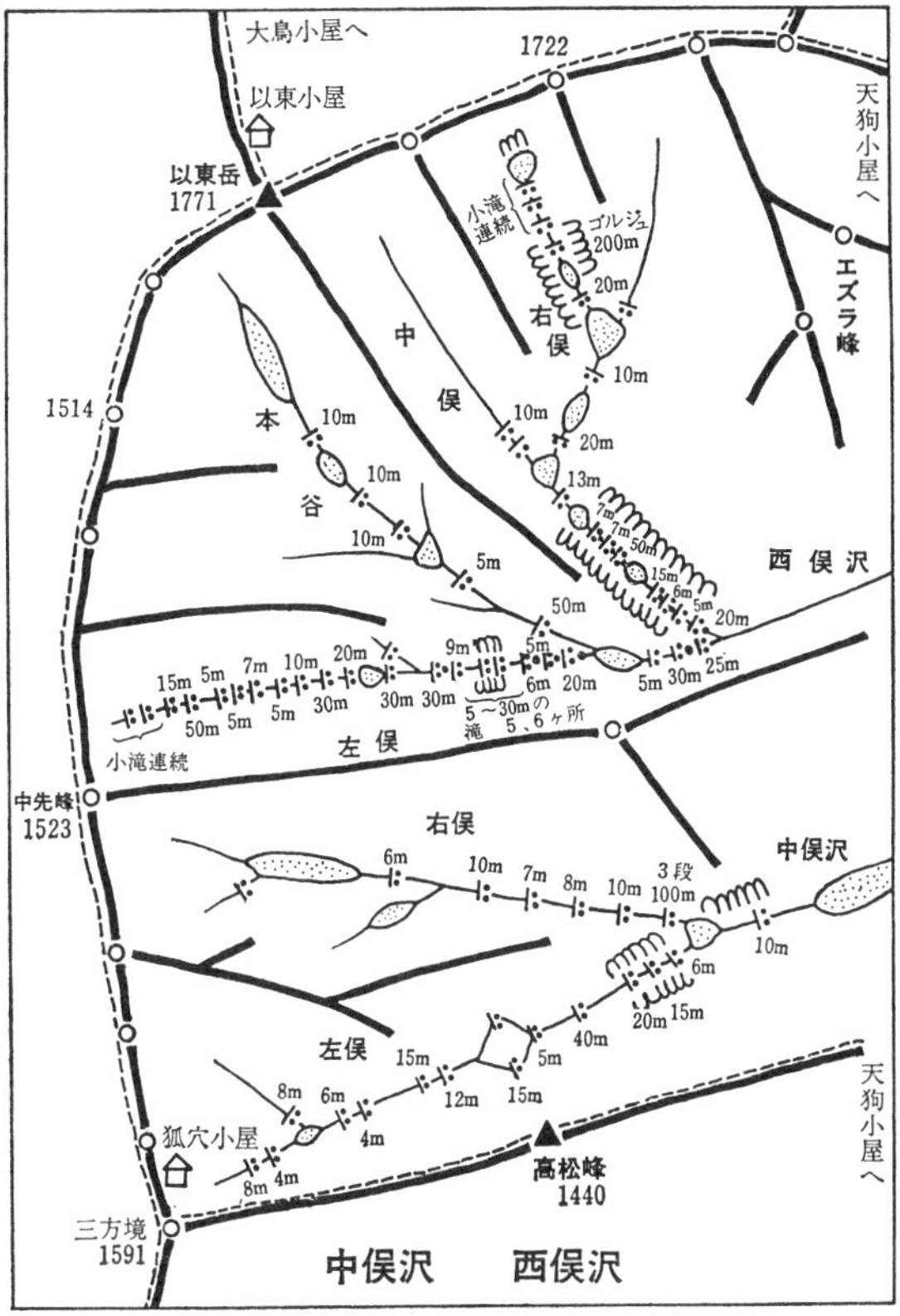

15　西俣沢右俣　七時間

天狗小屋から夏道を三方境に向かうと、以東岳東面にくっきりと三本の雪渓を望むことができる。これが西俣沢の左から本谷、中俣、右俣で、いずれも単調な雪渓に見える。が、中先峰から伸びる尾根と、中俣沢を分かつ大きな尾根にかくれ、核心部は見えない。

右俣の出合いは二〇mの滝となって本谷に落ちこんでいる。右手のデリケートな岩を登ると、釜のある滝が二本続く。やがて、中段で二条に分れる五〇m「人」字形をした立派な滝が現われて、格好の目標となる。右岸はハングした逆層の壁で、やむを得ず三〇m手前から巻く。この壁は順層だが、バットレス状で小さなスタンスしか得られず苦しい。七m、七m、一三mと、白い花崗岩の登りやすい滝が続き雪渓に出る。大きく口を開けた雪渓の下に滝が見える。これを越えると中俣出合いである。出合いからすぐに雪渓は切れ、二〇mの滝を越すと再び雪渓である。一〇mの滝を越えて雪渓に出ると、右手に急なルンゼが主稜線から落ちこむ。右俣はなお雪渓が続き、急激に高度を上げる。二〇mの滝を越し急な雪渓に出ると、ルンゼ状となった急傾斜のゴルジュが、ダイレクトに二〇〇m続く。これを右手から側壁を巻いて、小滝の連続するお花畑に出る。逆三角形の雪渓に出てつめの岩場に着く。この岩場は三〇mあまりの順層でがっちりとした花崗岩である。この岩場を越すと、以東岳山頂の東方約二〇〇m地点の登山道に出る。

16　西俣沢左俣　七時間

右俣出合いをすぎてまもなく、二五m、三〇m、五mと釜のある滝を三本越える。小雪渓を経て、再び釜のある滝が連続する。この上は五―三〇mの滝が連続するゴルジュで、思いのほか手こずる。五〇mの滝は順層で、上部は垂直である。一〇m以内の小滝が連続したあと、中先峰鞍部の登山道に出る。

17　中俣沢左俣　四時間

いくつかの大きな瀞をすぎ、ゆるやかで大きな雪渓をすぎると一〇mの滝である。小雪渓を経て六m、一五m、二〇mと、右岸のすばらしい花崗岩を登り、快適に高度をかせぐ。

四〇mの滝は左岸を直登するが。垂直に近いスラブに細いバンドが左上しており、アンザイレンして登る。この上は一〇m以上の滝が続くが、さして問題はない。右手からルンゼが合流する地点をすぎるとお花畑になり、五〇mをこえるナメがあって楽しい。小滝を二、三越えて狐穴小屋の裏に出る。

18　中俣沢右俣　四時間

右俣は、左俣との出合いに落ちこむ一〇〇mの大滝で、登山道の高松峰手前からもよく見える。がっちりとした花崗岩で形成される壮絶なバットレス状の滝で、霧状に落下する飛瀑は幾条もの虹をかけている。下部はハングしており、右岸を巻く。中段からは大きなスタンスに恵まれる。ここから一〇m前後の滝が続くが問題はない。大きな雪渓を越え、お花畑の中の小滝を数本すぎると中先峰である。

19　八久和川（本流下部）　二〇―二四時間

出谷川の下流部は、左岸を三角峰から高安山、右岸を障子ケ岳から焼休山への、登山道もない山稜にはさまれた長大な渓谷で、八久和川から出谷川上部を遡って朝日連峰主稜線に立つルートは、我が国でも有数の沢登りを経験できるだろう。

羽越本線鶴岡駅から湯殿山行バスで落合下車。ここから八久和ダム奥まではタクシーが入れるので、あらかじめ手配しておく。高安沢の出合いからムカゲ沢出合までは左岸の踏跡をたどる。ここから沢に降り、広い河原を進む。ベンノウ沢出合いより上流右岸台地には不明瞭ながら踏跡があり、途中にカクネ小屋跡がある。長沢出合いを過ぎると、ようやく沢幅も狭まり、徒渉や高巻きを強いられる本格的な沢登りとなる。平七沢、岩屋沢の出合いを過ぎると天狗小屋からオツボ峰への登山道が横切っており、左岸の道端には絶好の幕営地がある。

上部は前述したルートを好みに従って遡り、この長大な遡行を終える。

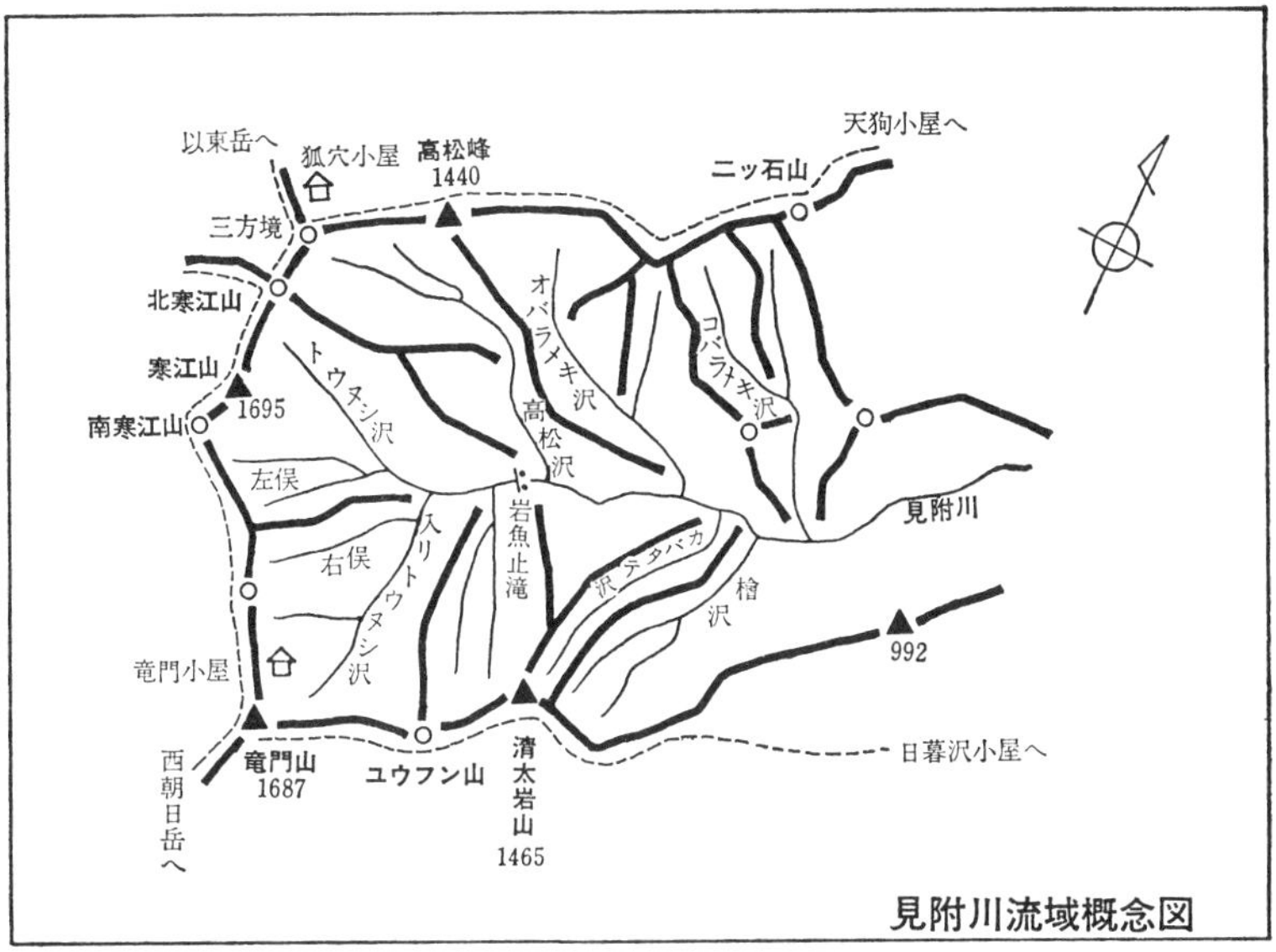

見附川流域概念図

見附川流域

主稜線の標高が幾分低いせいもあってか、谷の規模は小さ目だが、各沢はいずれも急峻で植生も薄く、切れこみが深くないため、明るく開放感のある遡行の楽しめる流域である。

下流からは大井沢見附から根子川方面への道と分かれて入谷できるが、高松沢付近までえんえん続く渓流歩きはいささか単調である。やはり、狐穴、竜門を基点とした日帰りの行動で上流域の沢登りを楽しむのがよい。

トウヌシ沢、入リトウヌシ沢の各支流が登られているが、夏の陽光を浴びながらのシャワークライムのあとは、いずれも主稜のお花畑にぬける爽快なルートである。トウヌシ沢本谷は雪渓とゴーロが多いので、下降に利用できる。高松沢、オバラメキ沢に記録がなく、オバラメキ沢上部岩壁帯登攀など、課題はいまだ残されている。

〔参考文献〕「岳人」354号

20　トウヌシ沢左俣ノ右沢　六時間

バットレス状の岩壁にかかる大きな滝の登攀がポイントである。取付には寒江山と北寒江山のコルから、トウヌシ沢本谷を下るのが最も近い。途中三〇mほどの滝があるが左岸を下れる。やがて本谷は滝を連ね一〇〇mも一気に落ちこみ、その中段に左俣が合流する。右岸をトラバースして左俣に降りると、

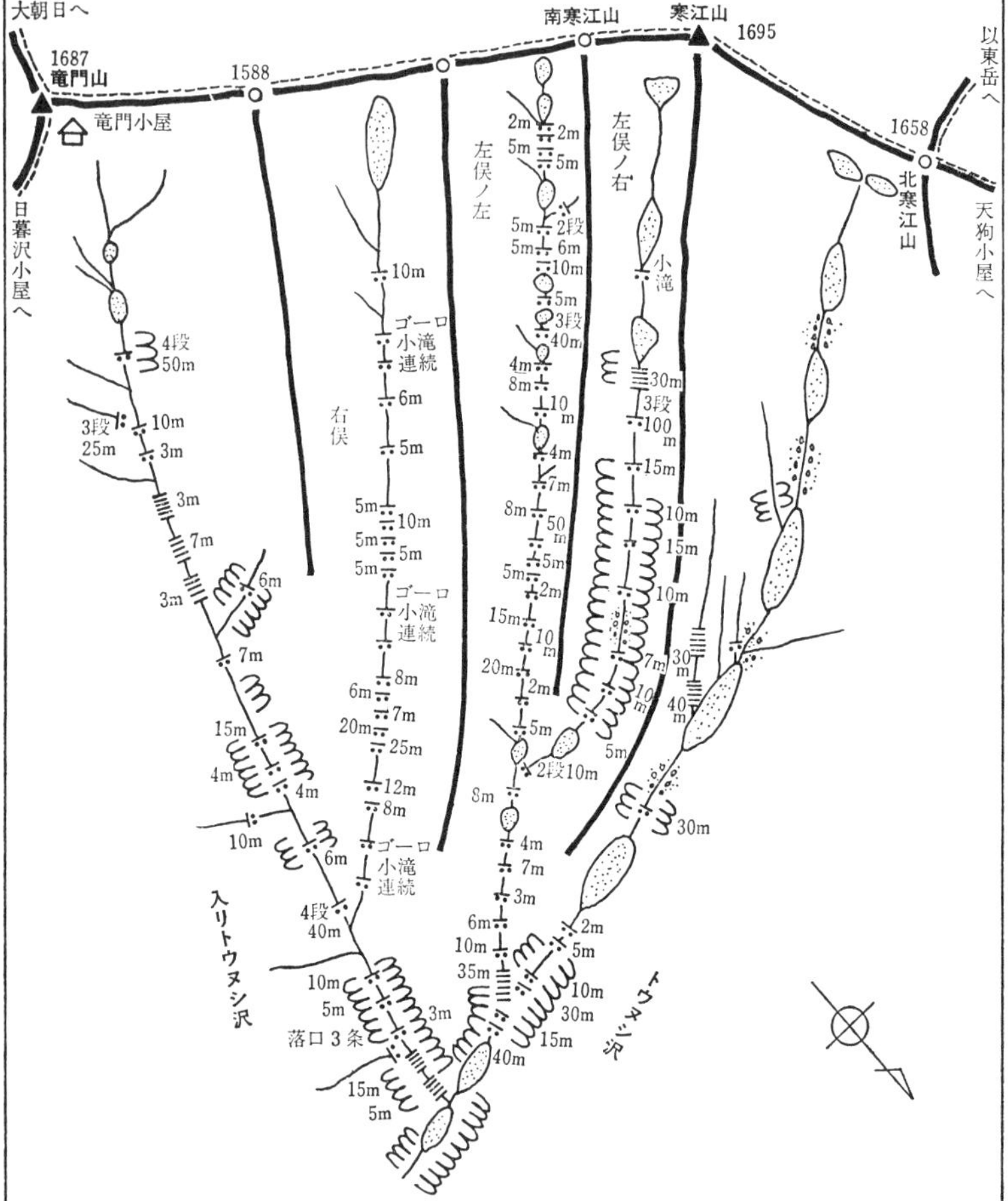

トウヌシ沢　入リトウヌシ沢

左右の分岐まで五m前後の滝が続く。

左俣の右沢は左岸から二段一〇m滝で合流し、沢幅が急に狭くなる。一〇m前後の滝が続くがむずかしくはなく、左岸側壁が圧倒的に高まる。一五mの滝は大きなチョックストンの下から右手奥の隙間をチムニー登りで上にぬける。眼前は岩壁に塞がれ、はるか左上方から細い水流が弧を描いている。右岸から取付き、中段で左岸に移り、水際をフリクションを効かせて攀り一気に高度を稼ぐ。傾斜が緩くなり、お花畑の中の小雪渓をたどると、寒江山と南寒江山のコルに出る。

21　トウヌシ沢左俣の左沢　六時間

ゴーロや瀞がなく、そう大きくはないが滝が連続し、左俣の右沢とともに朝日の沢らしい醍醐味が味わえる沢である。

左沢に入ってからは、二、三の滝を巻く以外はほとんどの滝が直登でき、フリクションのよく効く登攀となる。上部はシャワークライムの滝が続くため、天気さえ良ければ快適な登りとなろう。最後は草付きを少し登れば、南寒江山南側コルの縦走路に容易にぬけ出る。

22　入リトウヌシ沢本谷　四時間

竜門小屋前のキャンプサイトに突きあげており、困難な所もなく、下降にも利用できる便利な沢である。

出合いに達するにはトウヌシ沢本谷を下降することになるが、下部の連続する大きな滝場は左岸を下る。クライムダウンも可能だが、途中から下部雪渓まで懸垂下降したほうがよい。


トウヌシ、入リトウヌシの合流点付近を埋めるこの雪渓は、例年、秋口まで残っている。入リトウヌシ沢出合いから、露出した岩盤上を奔流に沿ってたどると、すぐに右俣が合する。四段四〇mの滝はスラブ状で、左岸を攀り、釜の大きな六m滝を越すと、三つの滝を含んだ小ゴルジュとなり左岸を巻く。しばらくゴーロとナメ状の滝が続き、沢筋は開けて明るい。四段五〇mは脆い左岸の岩を注意して攀る。あとはゴーロと雪渓で、支沢をよく選べば幕営地の草原に出る。

23　入リトウヌシ沢右俣　四時間

標高差もあまりなく、むずかしい部分もないため、初心者を伴ったトレーニング向きの沢である。取付くには入リトウヌシ沢本谷が最も近い。

出合いから小滝を含む急なゴーロが続き、八m、一二mの滝はデリケートな右岸バンドを伝って越える。二五m、二〇mの滝は直登は厳しく、右岸をブッシュ伝いに巻く。急なゴーロの中に五―一〇m位の滝が次々にあらわれるが、いずれも水際のホールドを丹念に読めば直登できる。最後の一〇mの滝は右岸から巻き、急なゴーロをつめれば緩やかな雪渓になり、主稜上の縦走路はすぐ上である。

根子川流域

流域内の各沢はいずれも主稜までの距離が長いため、全体的

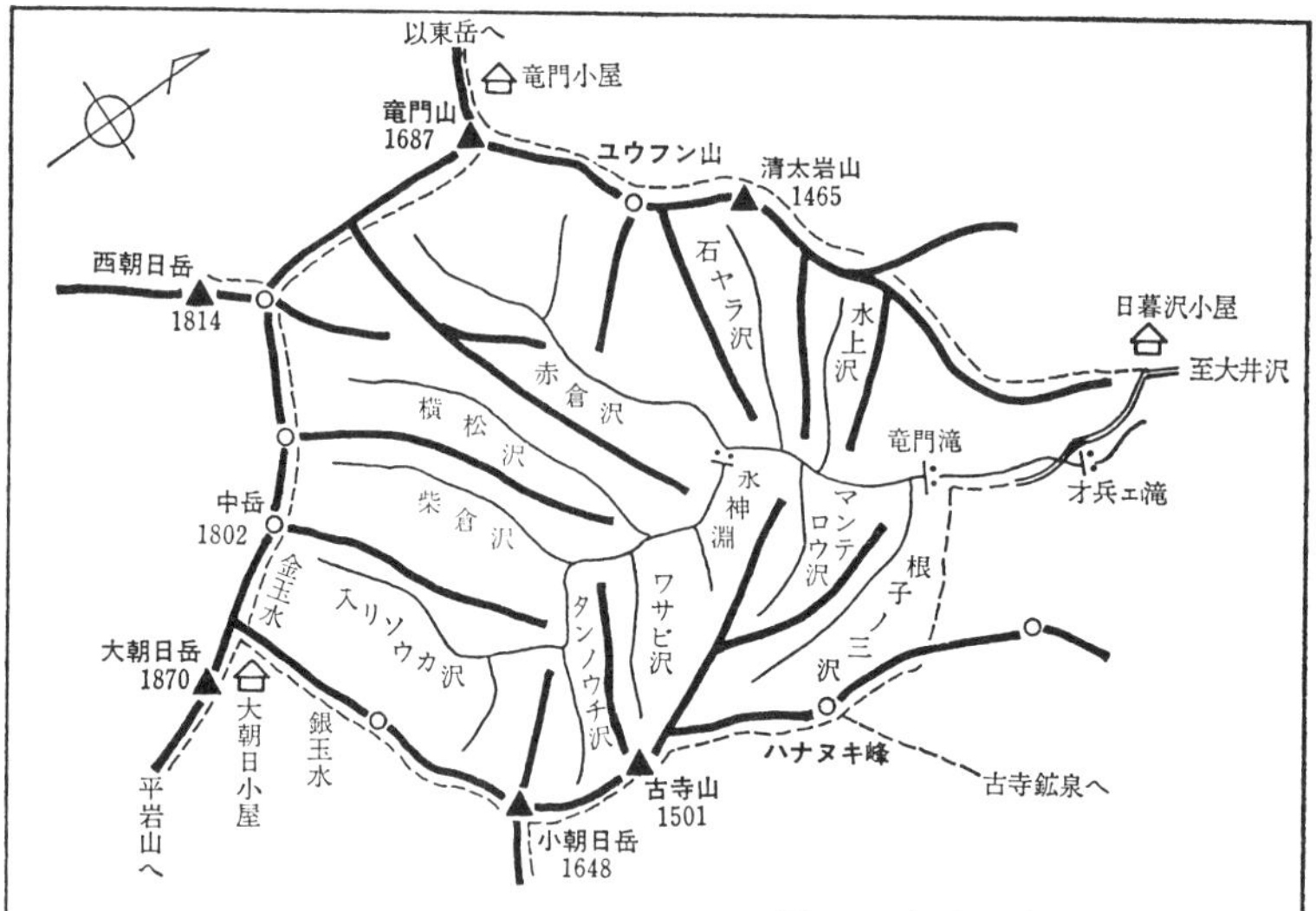

根子川流域概念図

に傾斜が緩く、深い森林に覆われた谷である。この流域へは、大井沢見附までバスの便があり、さらに日暮沢小屋の奥まで開かれている林道が利用できる。

竜門滝から水神淵までは、深い瀞やゴルジュもなく容易に入ることができる。ここから柴倉沢出合い付近までが根子川本谷の核心部でゴルジュと瀞が続くが、左岸の林中に柴倉沢を経て中岳まで踏跡が続いており、核心部を迂回して上流の沢に入るのに利用できよう。この谷では稜上から下降して目ざす沢を遡るよりも、日暮沢小屋を基点に途中一晩谷の中に露営し、翌日主稜に立つという登り方のほうが、他の谷とはまた一味違ったこの谷らしい良さが味わえよう。

〔参考文献〕「山と渓谷」431号

24　**入リソウカ沢**　根子川本谷を経て一八時間

竜門滝上でハナヌキ峰、古寺山を経て小朝日岳に至る登山道と分かれ、谷に下るが、水神淵までは難場はない。水神淵からはゴルジュと滝や瀞が断続し、デリケートなへつりが続く。沢通しに進めない部分で左岸のブッシュに入るとしばしば踏跡に出会う。横松沢出合いは河原だが、露営には柴倉沢出合いの河原まで進んでおきたい。

入リソウカ沢に入ると小滝が続き、見事な三〇m滝は右岸のブッシュを使って越える。タンノウチ沢出合い上部のゴルジュを高巻くと、沢筋が開けている。小朝日岳が背後に望めるようになると、最後の大きな滝となり、この上は傾斜の緩い雪渓が続く。正面に岩場があらわれ、沢は二分するが金玉水に至るに

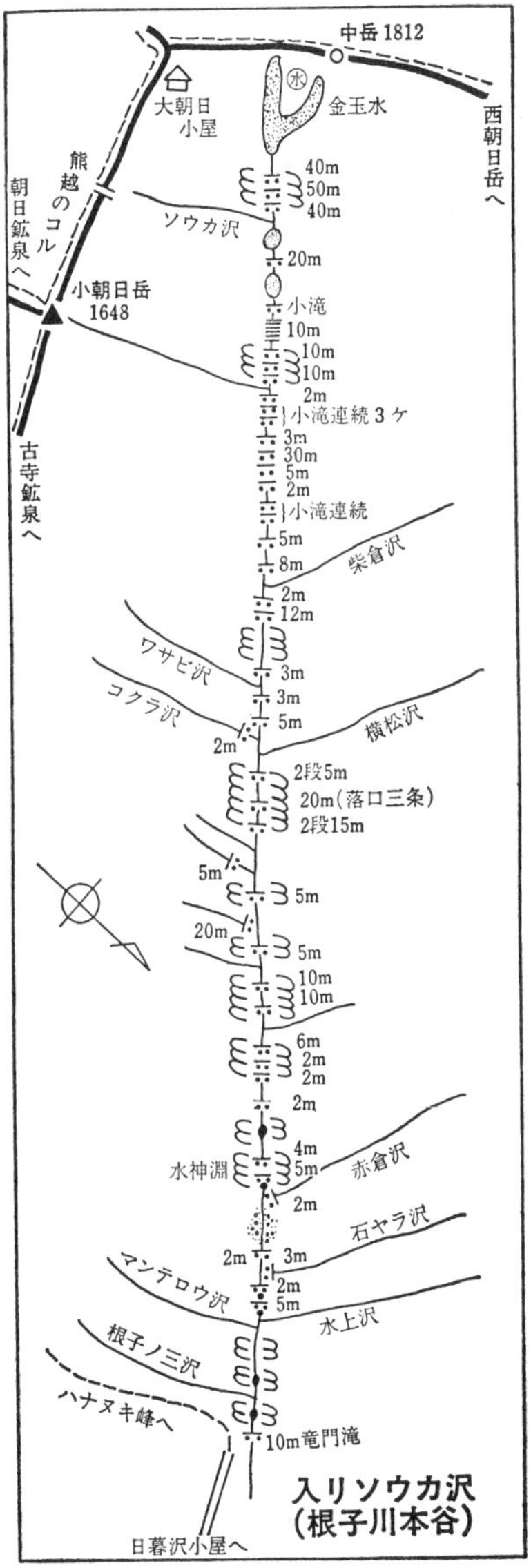

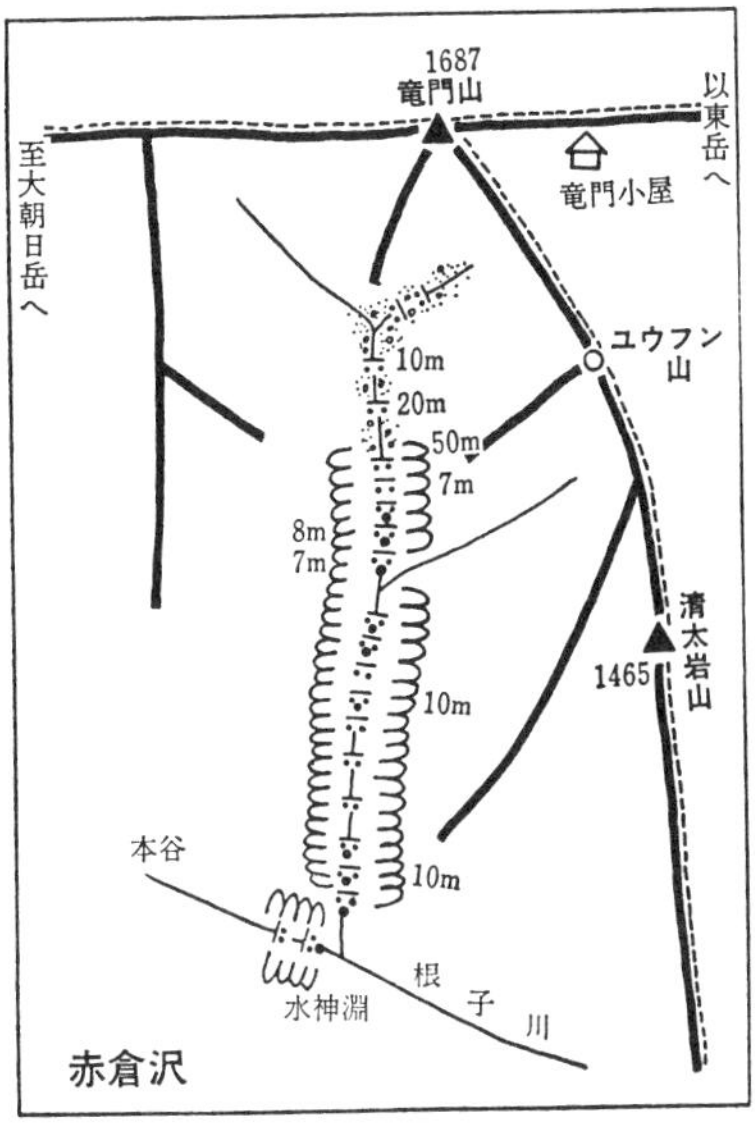

は左を選ぶ。雪渓が途切れていても、お花畑に囲まれた小滝が続いているのみで難はない。

25 赤倉沢　六時間

下部の陰うつなゴルジュに比べ、上部は崩壊によって堆石に埋れ、少し味気ない。

出合いは広い円形のプールになっている水神淵のすぐ下流で、少し進むと逆層の壁に挟まれたゴルジュが始まる。滝もハング気味のものが多く、釜も大きく深いため、登れる滝は少ない。側壁のブッシュを頼りにあらわれる滝を巻いていくのがしばらく続く。ゴルジュが終わるあたりの五〇ｍ滝は右岸、次の二〇ｍは左岸を攀るが、ともに気持の良い登攀ではない。やがて堆石の中に滝が点在するようになり、左右に分かれる。右はガレ場の登高に終始するが、左の本谷のほうは堆石帯も途中で終わり沢らしい登りが期待できよう。

岩井又沢流域

相模山から北寒江山、竜門山、西朝日岳、袖朝日岳と馬蹄型に展開する稜線に囲まれたこの流域は、連峰屈指の深く険しい谷である。

下流からの入谷は、羽越線村上から三面川沿いに三面ダムの渡船を経て、また米坂線小国から蕨峠を越えて末沢川、三面川を渡り、各々最奥の三面部落に入る。昔ながらのたたずまいをみせるこの集落をとりまいていた原生林は、今では皆伐を受け、丸坊主の峰々が痛々しい姿をさらしている。

車道は奥三面ダムから登山道となり、三面小屋を経て相模尾根に続くが、岩井又沢へは三面小屋への途中、平四郎沢手前より三面本流を徒渉し、岩井又沢右岸の踏跡をたどる。やがて踏跡は左岸に移り、タカノス沢付近まで続くがきわめて不明瞭である。ワカバ沢上部のゴルジュは右岸を高巻き、中上戸沢付近に出るとふたたび河原状となるが、大上戸沢手前に釜の大きな五mの滝があり落口の徒渉がデリケートである。やがて畑沢が本谷と同規模で合流し、次のゴルジュは左岸を巻くが夏期にも雪の残っている年もある。滝の連続する西俣沢をすぎると両岸がぐんと狭まり、へつりも困難になってくる。ガッコ沢、中俣沢合流点手前に例年雪渓があるが、少ない時は左岸を高巻きして合流点まで懸垂下降となる。

この流域では相模尾根東南面が特に鋭く切れ落ち、標高差九〇〇m前後の登攀意欲をそそる沢が多いのだが、いずれもまず出合いに達するまでが厄介である。下流から本谷を遡るには、三面部落からガッコ沢出合いまでも早くて二日はかかるため、アプローチとしては長すぎる。下降に困難を伴うにしても、めざす沢に近い沢を下降すれば途中一泊で遡行できるため、稜線上の竜門、狐穴、善六ノ池等を基点とした行動を奨めたい。本谷内には大上戸沢出合い上流右岸、畑沢内には清水沢出合い下流左岸に、各々四、五人規模の岩小屋がある。

今後の課題としては、中上戸沢、マゴ上戸沢、西俣沢下流の二本の無名沢、ガッコ沢左俣などがあげられる。

なお、従来発行されている朝日連峰の案内図等の中に、ヒコ上戸沢以下の沢名が一本ずつずれて記載されているものもあるが、ここでは、最新版の国土地理院発行二万五千分ノ一地形図記載の「大上戸沢」を沢名決定の基礎とした。

26 **ガッコ沢本谷**　二〇時間

連峰の数多い沢の中で最も魅力ある沢にもかかわらず、きわめて困難なことやアプローチの不便さなどから、これまで登山者の入谷を拒んでいた。ゴルジュと瀞、そして大きな滝が続き、側壁は一〇〇―二〇〇mもの岩壁となり、特に相模側へのエスケープは考えられない。夏期でも残雪は多く、スノー・ブリッジの崩壊には注意を要する。

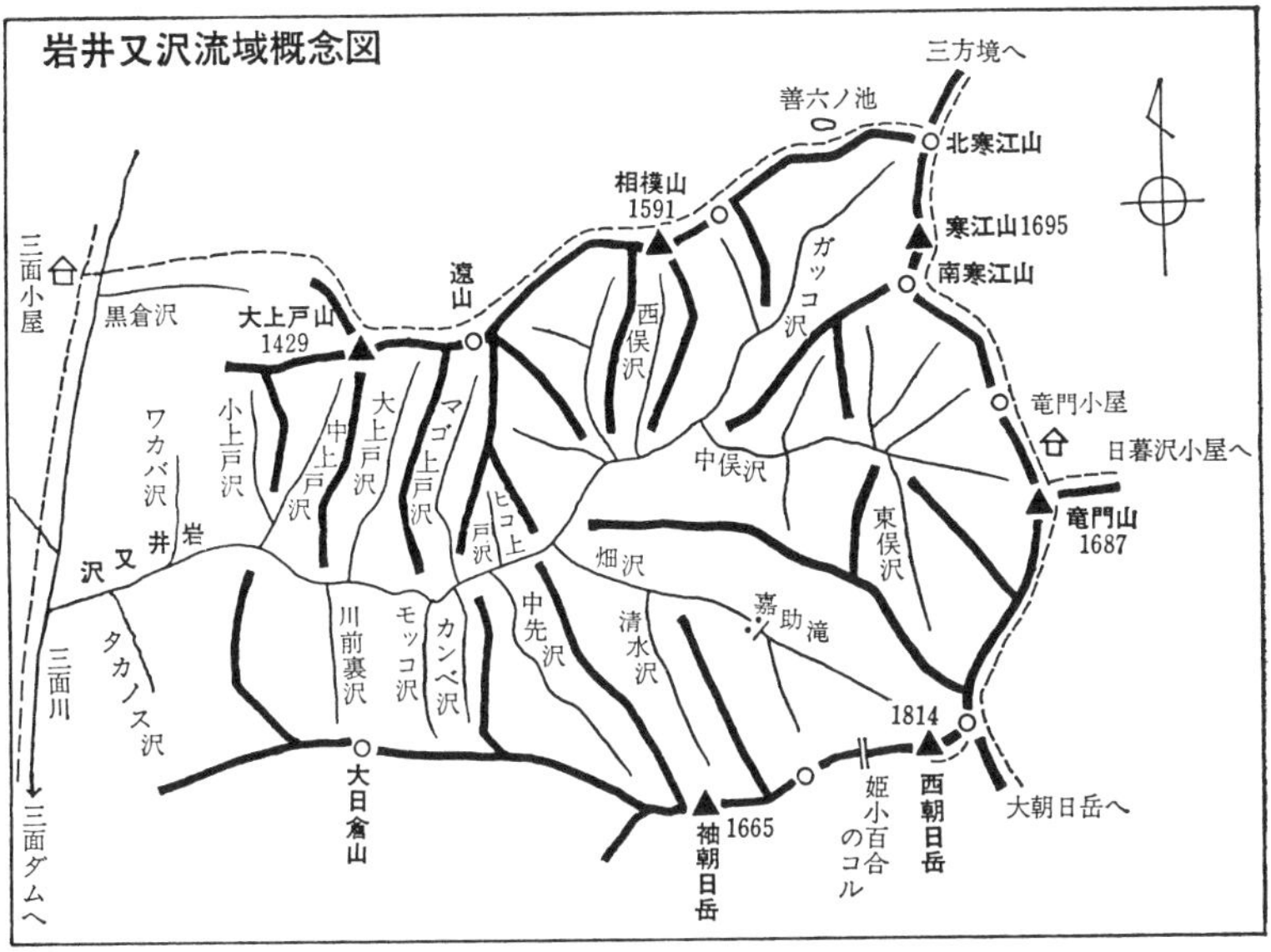

岩井又沢流域概念図

取付きには竜門小屋から中俣沢、相模山頂から西俣沢、あるいは、南寒江山南西尾根を各々下降するルートが考えられるが、いずれもかなり厳しく、ほぼ一日費やしてしまう。また遡行途中でも一泊を余儀なくされるが、左俣出合い上部までゆかないと適当な露営地もない。

出合いは八mの滝で、小さいが釜の深い磨かれた滝が続くため、右岸を巻いて小尾根を越え、懸垂下降で河原状の沢身に降りる。すぐに瀞のある逆S字の廊下になり、左岸スラブを攀り、左にトラバースして廊下真上のテラスに出る。残雪があれば対岸に渡れるが、ない時はさらに左岸を巻いて、廊下の奥にあるハング気味の一五mの滝落口に懸垂下降になる。再び河原状になるが、その先は大チョックストンの三段一五mとなり、しぶきを浴びながらチョックストンの下に潜りこみ、奥の小さな隙間から上にぬける。小滝を越えると両岸がスッパリと切れ落ち、幅二mほどの瀞が続くため、左岸の急な草付きを登って高巻きとなる。途中二本の支沢を渡るが、この支沢の落ちこむ所に六〇mの豪壮な滝が磨かれた白い花崗岩の肌を見せる。さらに細長い瀞と滝が続き、二〇mの滝下で沢床に降りるがスノー・ブリッジが危うく、再び左岸を高巻いて二段四〇m滝の下の雪渓に降りる。左岸の開けたスラブを攀って一段目の落口まで高度感のあるデリケートなトラバースをする。深い釜のある五m、一〇mは右岸の外傾スタンスを右上するが、釜の上にほうり出されそうだ。そのまま岩稜を攀ると左俣出合いの上に出る。

左俣は三mほどの幅で側壁は二〇〇m以上もあろうか、右側

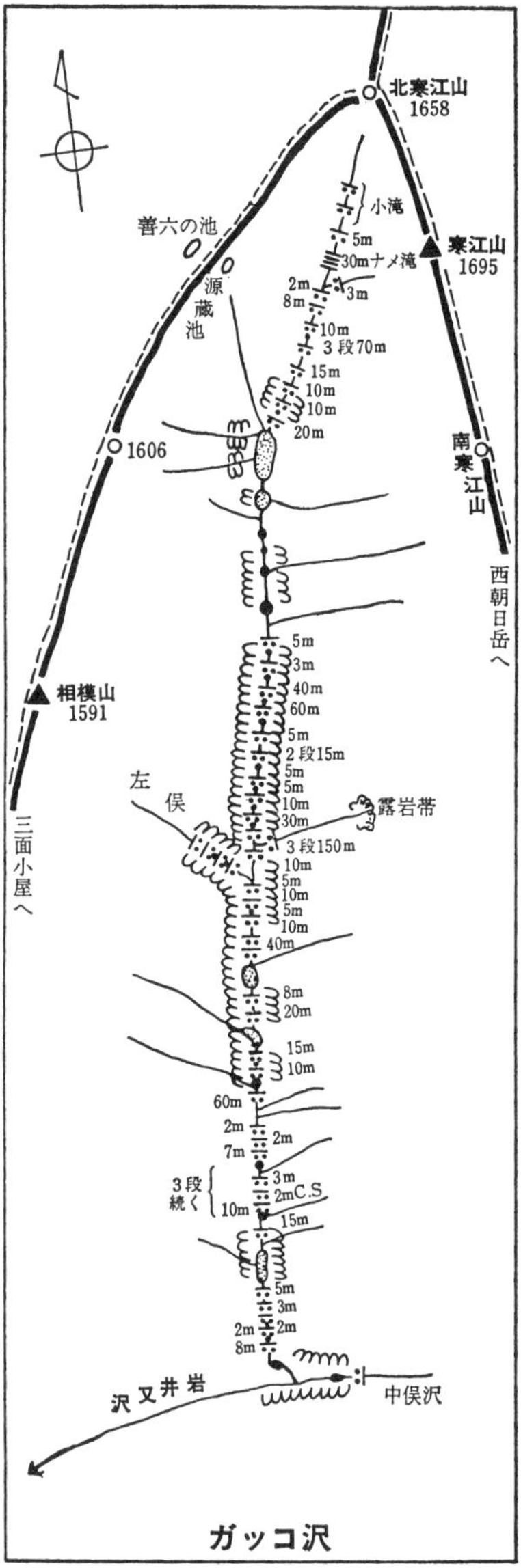

ガッコ沢

にいくぶん傾いた深い溝が底にチョックストンの滝を連ねて続いている。本谷は右に曲がり袋小路となるが、水流は左側壁上から三〇mの滝となって続く。右手の乾いた壁を直登するが、中段のハング部でかなり手こずる。続く滝は皆フリーで越せるが、二段一五mは登れず、左岸の小尾根を越して六〇mの滝下に出る。この滝は右岸、次の四〇mは左岸をいずれも直登でき、高度感も抜群で快適このうえない。沢筋はようやく河原状のまっすぐな廊下となり、相模尾根が望める。中程の瀞で微妙なへつりがあるが、十字形に支沢の合流する地点まで難なく行ける。この十字の出合いは例年秋まで豊富な雪が残る。左のルンゼは相模尾根へ、正面は源蔵池へ突きあげ、本谷は右の滝を連ねた沢で、左岸の草付きを滝を見降しながら登れる。三段七〇mを過ぎると傾斜が緩くなり、支沢が幾本も分岐するようになる。左岸に笹が目立つようになったら、そこをまっすぐ突っ切るとわずかなやぶこぎで北寒江と中寒江の鞍部に出る。

27 西俣沢　八時間

相模山の西肩に一直線に突きあげており、流域が狭いため、ルート・ファインディングは楽だが、傾斜がきつく滝も多い。取付きには下流に隣接する無名沢の下降が最も近いが、かなりの困難を伴い、ほぼ一日費やすことになろう。

出合いは岩井又沢本谷の河原に二〇―三〇mの滝を連ねて落ちており、見るからに悪相である。左岸側壁を強引に登り、樹林帯を高巻く。沢筋は滝が続くが、高さは確認できない。傾斜が緩み、ナメ状の滝の所で沢床に降りると、左岸から支沢が合う。本流は露出した岩盤上を水流が躍り、沢筋の切れこみも深くなく明るい。ナメ状の滝と一〇m前後の滝が断続するが花崗岩のフリクションは抜群で快適に登れ、見通しの良い沢筋のため高度感もある。滝は階段状に続き、やがて二本の滝で沢は二分されるが、本谷は右の二〇mで、これを越すと水量がグンと減り、二〇m位の滝がゴーロのあい間に出てくる。最後は急な草付きを登って少しやぶをこぐと支稜上に出る。

28 中俣沢 一〇時間

南寒江山から西朝日岳まで主稜沿いに最も広い流域をもつ沢で、主稜に至る支流も多いが、下部の険悪なゴルジュでは高巻きを強いられ、中流はほとんどゴーロ状で、上部はブッシュが濃いため、魅力のある沢とはいえない。わずかに、南寒江山に突きあげる沢が急峻で、上部のブッシュも薄く興味をひく程度である。

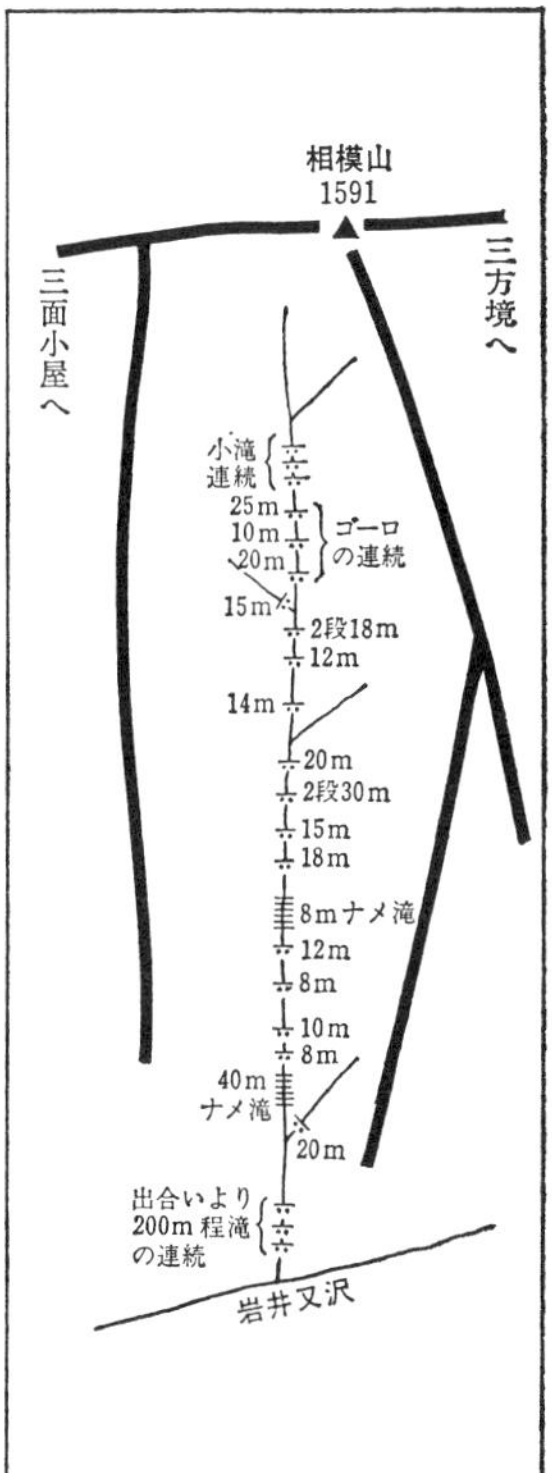

西保沢概念図

29 畑沢 八時間

岩井又沢の大きな支流で、中に清水沢、エビスクラ沢を含む。出合いから二キロ程は河原状で、嘉助滝（三〇m）から始まるゴルジュが核心部で二〇mクラスの滝が数個続く。姫小百合のコルに向かって一直線に突きあげるエビスクラ沢は登り応えがありそうだが、本谷も含め上部はヤブが深い。

30 大上戸沢 一〇時間

六〇mの赤い滝より上は水流通しに登れるが、下部は険悪なゴルジュで遡行はかなりむずかしい。

〔執筆者〕牧恒夫、藤本浩人、斉藤孝雄、鈴木孝、氏家章、早川輝雄、熊谷正巳、佐々木修、野又勝行、菅野利夫、斉藤利晴（以上、雪苞沓山の会）。志田忠儀（朝日山の家主人）

飯豊連峰

わらじの仲間
新潟峡彩山岳会

飯豊連峰は大日岳を最高峰として飯豊本山、駒形山、北股岳、烏帽子岳、御西岳《おにし》、梅花皮岳《かいらぎ》と二〇〇〇m級の山を七座連ね、他に杁差岳《いぶりさし》、鉾立峰、大石山、頼母木山《たもぎ》、地神山、扇の地紙山、門内岳、天狗岳、種蒔山、三国岳、地蔵岳と一五〇〇m以上の峰々があって主稜線を形成し、朝日連峰とともに東北の二大山地として多くの岳人を魅了している。

登山道は山形、新潟、福島三県より発している。かつて飯豊連峰縦走には少なくとも四泊五日以上を要したが、国立公園指定後は最寄駅よりの道路が整備され、難渋した麓のアプローチは林道の延長により車の便も得られ、非常に便利になり、現在では強行すれば二泊三日で主稜線を縦走することも不可能ではなくなった。一般的な特徴として尾根取付き付近の河岸段丘にブナの原生林が広がり、これより一気に急登一〇〇〇mを強いられる。新潟県側では登高差は大きく、二〇〇〇mをもろにかせがねばならず、三〇〇〇m級の山のスケールがあるといえよう。緯度が高いので気象条件は厳しく、残雪も豊富なので、乗鞍岳、白馬岳と並び本州の高山植物三大宝庫として知られている。ゆるやかな主稜の起伏に清楚な花々が池塘に影を映し、雪溶けの草原を飾って揺れる様は飯豊ならではの光景である。水は雪渓より得られ、最近は避難小屋も完備して、四―五時間の行程で小屋に達せられるようになった。

一般コースの詳細はガイドブック等を参考してもらうことにして、飯豊の沢に触れよう。連続する滝が雪溶けの水も豊かに飛沫をあげ、デブリや見上げる高さにスノー・ブリッジをかける核心部はエキスパートの領域であり、まさに秘境である。うっかり高巻けば八〇〇mも追い上げられることもあり、スケール、困難度ともに第一級のルートが譜集している。入山適期はその年の降雪、融雪により判断はむずかしく、新雪は九月下旬に見ることがあり、十月に入れば降雪はまれではない。

冬の飯豊連峰は日本海の水分をたっぷりと含んだ湿雪が、しんしんと降り続いて、一夜に二mに達することがある。重い雪は天幕をつぶし、一日中雪に溺れるようにあがいて歩いても、せいぜい三km、晴れ間に振り返ってみれば声の届く範囲がやっとであるといった事態にもぶつかる。正月登山などはこのため、「行きはよいよい帰りは怖い」となり、沿線の列車はストップ、アプローチは現地の人も通わぬ雪原と化し、山中ルー

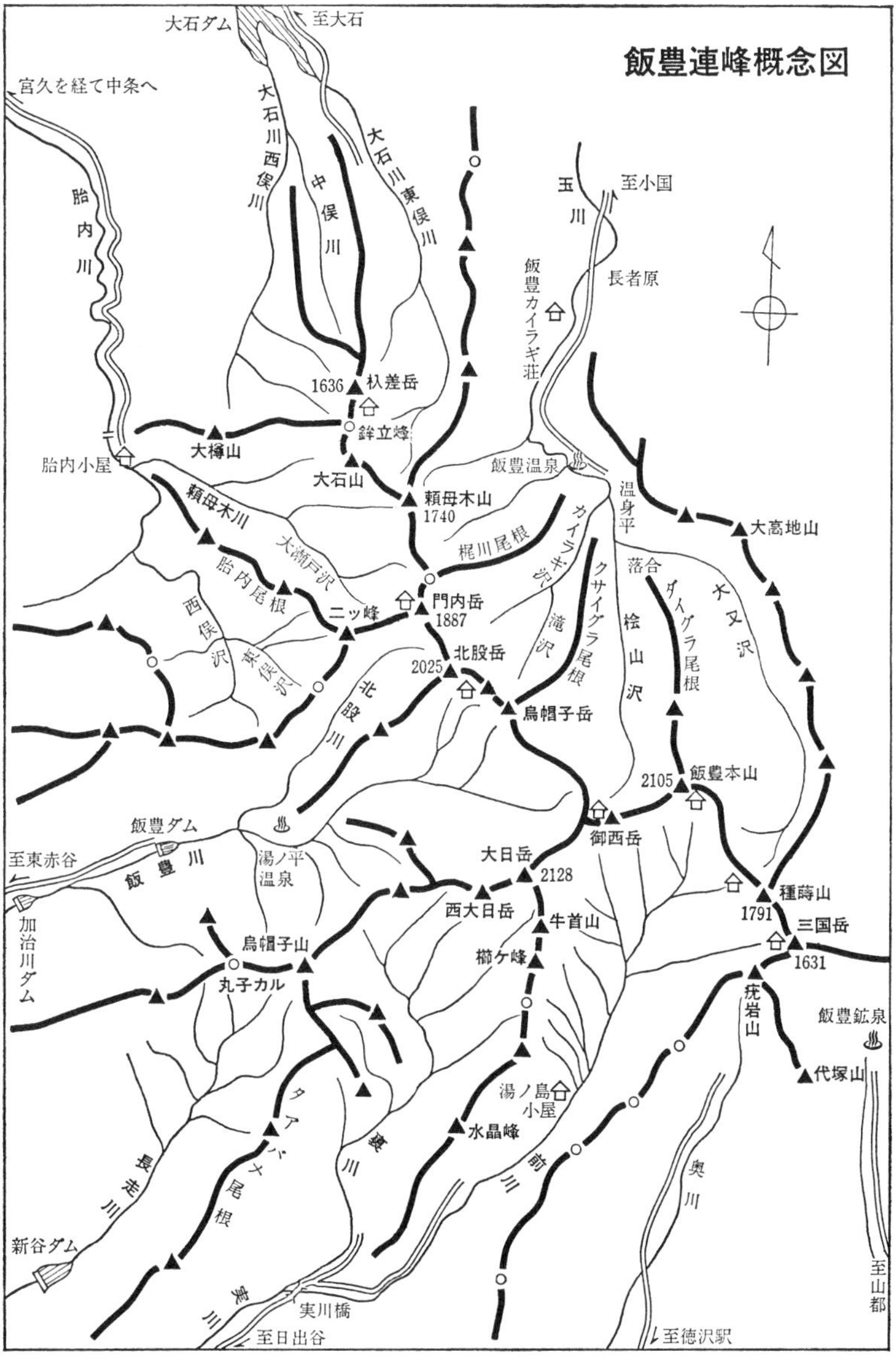
飯豊連峰概念図
大石ダム
至大石
宮久を経て中条へ
大石川西俣川
中俣川
大石川東俣川
胎内川
玉川
至小国
飯豊カイラギ荘
長者原
1636
杁差岳
鉾立峰
大樽山
胎内小屋
大石山
飯豊温泉
頼母木山
1740
頼母木川
温身平
大高地山
梶川尾根
カイラギ沢
大瀬戸沢
胎内尾根
門内岳
1887
ニッ峰
クサイグラ尾根
落合
ダイグラ尾根
大又沢
桧山沢
滝沢
西俣沢
東俣沢
北股岳
2025
北股川
烏帽子岳
2105
飯豊本山
御西岳
飯豊ダム
至東赤谷
飯豊川
湯ノ平温泉
大日岳
2128
西大日岳
種蒔山
1791
三国岳
1631
加治川ダム
烏帽子山
丸子カル
牛首山
櫛ケ峰
疣岩山
飯豊鉱泉
代塚山
湯ノ島小屋
水晶峰
タアバナ尾根
裏川
前川
奥川
長走川
新谷ダム
実川
実川橋
至日出谷
至徳沢駅
至山都

トの標識竹も二mほどのものをもたぬと十分の一程度しか雪面に顔を出さず、下降路の確保、心配は並大抵なものではなくなる。一月の晴れ間など十五日に一回とも言われ、大停滞を余儀なくされる。そして停滞すれば停滞するほど危険度は増すというやっかいな山が厳冬期の飯豊連峰である。それでもなおスポーツ登山の域を超えた重労働の世界、冬の飯豊連峰に入山するならば、自分たちのパーティだけが山とともにあるという実感を満喫できる、充実した世界が広がっているといえよう。

　天候が安定してくる四月になれば、冬期間の大量の積雪は山中いたる所雪洞が堀れ、冬には雪に埋没して使用不能であった門内小屋、御西小屋も常時使用が可能となり、のびやかな主稜縦走ができるようになる。しかし、雪原に深く埋もれる広漠とした尾根は、いったんガスがかかると、やせ尾根と比較できぬ、ルート判断の困難さにぶつかる。広涼とした目標物の少ない雪原こそ、飯豊連峰春山の特徴である。アプローチの車の使用が、無雪期のときのように自由ではなく、ルート選定に研究を要するところではあるが、残雪を上手に利用して豪快な縦走が楽しめるのが春の飯豊連峰である。

　飯豊の魅力、登山の楽しみについて書き始めればきりがないが、以下、本大系の趣旨に沿って、日本でも有数な各ルートについて紹介する。

〔五万図〕　小国、飯豊山、大日岳

〔参考文献〕「山と渓谷」421号、453号、「岳人」253号、288号、「山岳」28年1号、「山岳」31年2号、「山岳」37年1号、『越後の山旅』（上巻）藤島玄著

玉川流域

玉川は、種蒔山から飯豊本山、頼母木山に連なる飯豊連峰主脈の山形県側に流れる水をことごとく集めて北流し、米坂線玉川口駅付近において荒川に合流する連峰屈指の水系である。源流は大別して大又沢、檜山《ひやま》沢、梅花皮《かいらぎ》沢に分けられるが、いずれも上部は、多量の積雪のため盛夏でも長大な雪渓を残している。

　一九二六年七月、旧制二高山岳部の杉原五郎他六名による檜山沢の偵察、一九三一年七月、旧制山形高校山岳部の桜井敏夫他五名による檜山沢（赤岳沢）および大又沢（大岩沢）の遡行、そして一九三六年七月、飯沼潔水他三名による大又沢（御秘所沢）の遡行など初期の記録がある。特に飯沼らによるものは、日本山岳会機関誌「山岳」に発表され、登山界に玉川源流の渓谷の姿をはじめて紹介したものとして特筆すべきものである。

　米坂線小国駅より長者原まで国鉄バスが運行されているが、最近、国民宿舎「梅花皮《かいらぎ》荘」ができたため、ここまでバスが延長されて便利になっている。温身平《ぬくみだいら》までは立派な車道が通じており、事前に長者原で予約をしておけば車も利用でき約二五分で着くが、一般車の通行は「飯豊山荘」までである。歩いても二時間半である。梅花皮沢の合流点、ブナの原生林の残る広い河岸段丘にある温身平は、キャンプ場もあり、手前の天狗平

にある「飯豊山荘」（温泉付）とともに、源流に入谷するさいの絶好のベース地である。

大又沢・檜山沢合流点の落合までは本流左岸沿いにダイグラ（大嵓）尾根登山道が通じており、温身平より三〇分。落合より一直線に飯豊本山に突きあげるダイグラ尾根登山道は、源流の各沢を遡行したあとの下降路として重要であるが、尾根が長く高度差もあるのであまり楽な道ではない。落合より飯豊本山まで登り七―八時間、下り四―五時間である。

梅花皮沢の支流や玉川本流左岸に直接注ぐ支流に入谷する場合、出合いまでは登山道が通じていて容易であり、また下降も石転《ころ》び沢、梶川尾根、丸森尾根と登山道が整っており、主脈から各登山口まで三時間半―四時間半もみればよい。

大　又　沢

種蒔山から流下する大又沢本流は、御秘所沢、本社ノ沢、大岩沢、入リミズキ沢など顕著な支沢を左岸より流入させ、落合で檜山沢と合流している。飯豊連峰をめぐる多くの渓谷の中では、アプローチが短いこと、雪渓が多いこと、側壁の発達が顕著でなく高巻きが比較的容易なことなどで、入谷しやすい流域といえる。右岸支流にはみるべきものはない。

1　大又沢本流　二泊三日

じつに長い沢である。檜山沢にかかる吊り橋を渡って入谷。檜山沢に較べると広く、明るい感じがする。

下流は、沢筋を通ることもできるが、左岸に釣人の利用する踏跡があるので、これをたどる。アシナ沢出合いまでは特別の悪場もない（出合いより四時間）。アシナ沢を過ぎると、両岸とも狭まり大きな淵となる。腰から腹までの徒渉で通過することになるが、右岸を高巻けばこの先の魚止ノ滝まで高巻くことになる。沢は両岸とも切り立ち、右岸より小沢を入れると右岸沿いに一〇mの石柱が立ち、深い瀞となる。沢筋は屈曲して奥は確認できない。右岸の小沢より高巻くが、ブナ林の段丘となり比較的楽な高巻きである。沢は大きなゴルジュを形成しており、その最後に魚止と思われる滝を落としている。一時間ほどの高巻きで、千本峰沢との出合いに降りる。再びゴルジュになる。中に大きな滝はなく、最初の淵を左から小さく巻けば通過できる。高巻きは右岸の急なルンゼから登るが、どちらを選んでも一苦労する。大きな釜を持つ六mの滝は、続くゴルジュも合わせて大きく高巻く。出トミズキ沢出合い付近は、巨石のゴーロと淵とで通過に以外と時間のかかる所である。ダイグラ尾根からも確認のできる大崩れを過ぎると、入リミズキ沢との出合いである。この沢は滝をかけながらダイグラ尾根へ突きあげており、なかなか感じが良い。この上部は大きな瀞となっている。ここは泳いで通過するか、右岸を小さく巻きたい。大きく高巻くと、追い上げられて下降に苦労する。右に大きく蛇行すると、右岸に大又沢最大の河原が現われる。ビバークには最適だ。二段のナメ状の滝から始まる中流域の核心部は、小さな高巻をまじえて、ほぼ沢筋通りに遡行できる。上部が二条となった一五mの滝は右側の岩をショルダーで越す。右岸の岩峰を過ぎて、大きく右へ曲がると、正面に大岩沢が出合う（落合

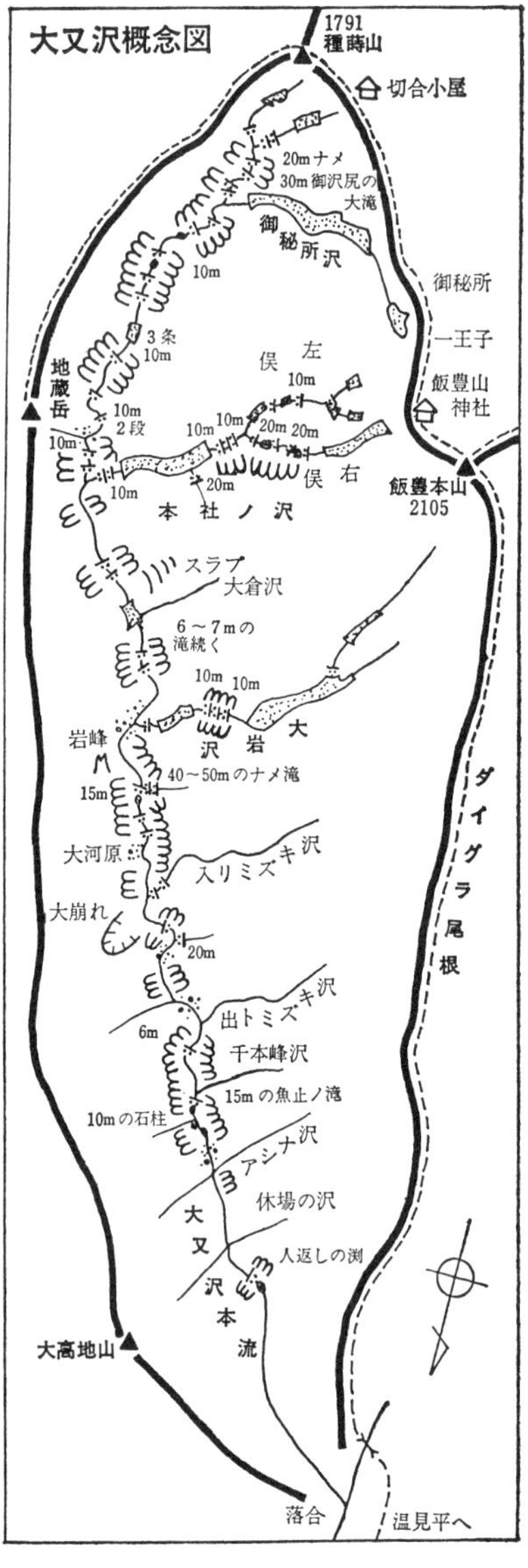

より一七時間）。付近には、荒けずりの大きな岩が散乱し、荒涼としている。ここを過ぎると、六、七ｍの滝が続き快適である。雪渓が残る大倉沢出合い付近をすぎると本社ノ沢までは一時間半ほどだ。本社ノ沢出合いをすぎると、水量は半減し快適な遡行ができる。沢は大きく左へ曲がり雪渓となる。上部はゴルジュとなり、雪渓の状態が悪ければ、右岸より高巻く。御秘所沢の出合いは河原となっている。本社ノ沢出合いから御秘所沢出合いまで十四、五本の滝をかけているが、雪渓の残り具合によっては苦労する。御秘所沢は水量、沢幅ともに左俣より大きい。沢筋はゆるやかな雪渓となり、御秘所の岩峰下で沢が現われるが悪場もなく、一王子付近の稜線へ突きあげている（出合いより三時間）。

さて、左俣は、すぐ右へ曲がりゴルジュとなる。左岸を高巻き、河原を過ぎると小滝が連続し、古い記録に御沢尻ノ大滝とある三〇ｍの滝に出る。右岸を高巻いて上流に降りると、長い大又沢も源頭の趣となり、二〇ｍのナメを越えれば小滝が連続して高度を上げ、上部の二俣を右に行くと切合小屋に出る。

2　**大岩沢**　六—八時間

落合より十七時間。大又沢最大の支流で飯豊本山と宝珠山との間の流水を集めている。中流域の核心部を除いては大部分が雪渓で埋まっている。高度一三〇〇ｍ付近で右岸より入ってくる沢をつめると本山へ出る。

3 本社ノ沢　七時間

大岩沢出合いより四時間。飯豊山神社東面の沢で、水量は本流と大差ない。出合いの滝を越えると長い雪渓で、高度一三〇〇m付近まで続いている。切れた雪渓を高巻くと二俣となる。右俣が本流で、出合いに二〇mの垂直の滝をかける。上部はせり上がる雪渓の中に二〇m以上の滝が連続しており、一気に高度を上げている。登行はかなり困難であろう。左俣は大きく中間尾根を巻いており、雪渓の中に滝を落とすが右俣ほどの威圧感はない。最後はハイマツのやぶこぎとなり、右俣の上部雪田へ出る。

檜山沢

檜山沢は中流部までは大きな支沢がなく、上流部にきて二分し、右俣は本流の赤岳沢流域、左俣は本カゴ沢流域で、飯豊本山から烏帽子岳に連なる連峰の核心部に放射状に突きあげている。本流はあまり大きな滝はなく下流部のゴルジュ帯、中流部不動滝前後のゴルジュ帯、上流部の大雪渓とで構成されている。大又沢同様、連峰をめぐる峻谷の中では中級クラスといえるだろう。

4 檜山沢本流（赤岳沢）　三日

落合からしばらくは左岸の段丘上の踏跡を使えるが、沢身通しも行ける。平《ひら》滝、カモヤ滝と名のある小滝を小さく巻き、へつり、徒渉をくり返すとゴルジュ。左岸を高巻き懸垂で降りると、沢は雪渓に埋まり、まもなく左岸より十文字沢が入る。本谷は雪渓の切れ目に十文字滝がかかるが、傾斜の強い滝で続く八m滝とともに左岸より小さく巻く。続く小ゴルジュは快適に通過すると、さらに悪いゴルジュとなる。入口にかかる二段二〇m滝は左岸のリッジより登れるが、続く滝は取付けず、そのまま高巻きとなる。マミ沢を越した所で沢身に戻る。沈ミ松沢出合いを過ぎると大釜のある見事な六m滝となり、右岸より登るが悪い。次の五m滝は取付けず、右岸の泥の窪より高巻き、懸垂下降で戻る。続くゴルジュも左岸を高巻き、雪渓に埋まった沢身に戻る。この雪渓は左岸に烏帽子沢がV字谷で入るまで続く。本谷にかかる烏帽子滝は左岸より登るが、雪渓で埋まっている時もある。ここから本流は大岩の河原に一変する。広河原からゴルジュ帯へ入るが、だいたい雪渓で埋まっており、その状態が悪い場合には右岸の大高巻きを強いられる。雪渓上を歩けば、まもなくカゴノ沢の出合いになる。本流はこの先雪渓の切れ目に不動滝をかけ、最後の悪場を成している。直登は右岸が可能であるが悪く、通常カゴノ沢に少し入り中間尾根を登り、不動滝の上のゴルジュ帯も一緒に大高巻きしてしまう。これより本流は一変して広々と開けた大雪渓となり行程もはかどる。本カゴ沢を右岸に分け、雪渓の切れ目にかかる一〇mの傾斜の緩い滝を越すと単調な雪渓歩きが続く。右岸に大曲り沢、御庭ノ沢、左岸に無名ノ沢を二本分け、最後の二俣で左俣の御《み》手洗《たらし》沢を分けると、源頭の草付き帯となって主脈縦走路に突きあがる。

5 カゴノ沢　七時間

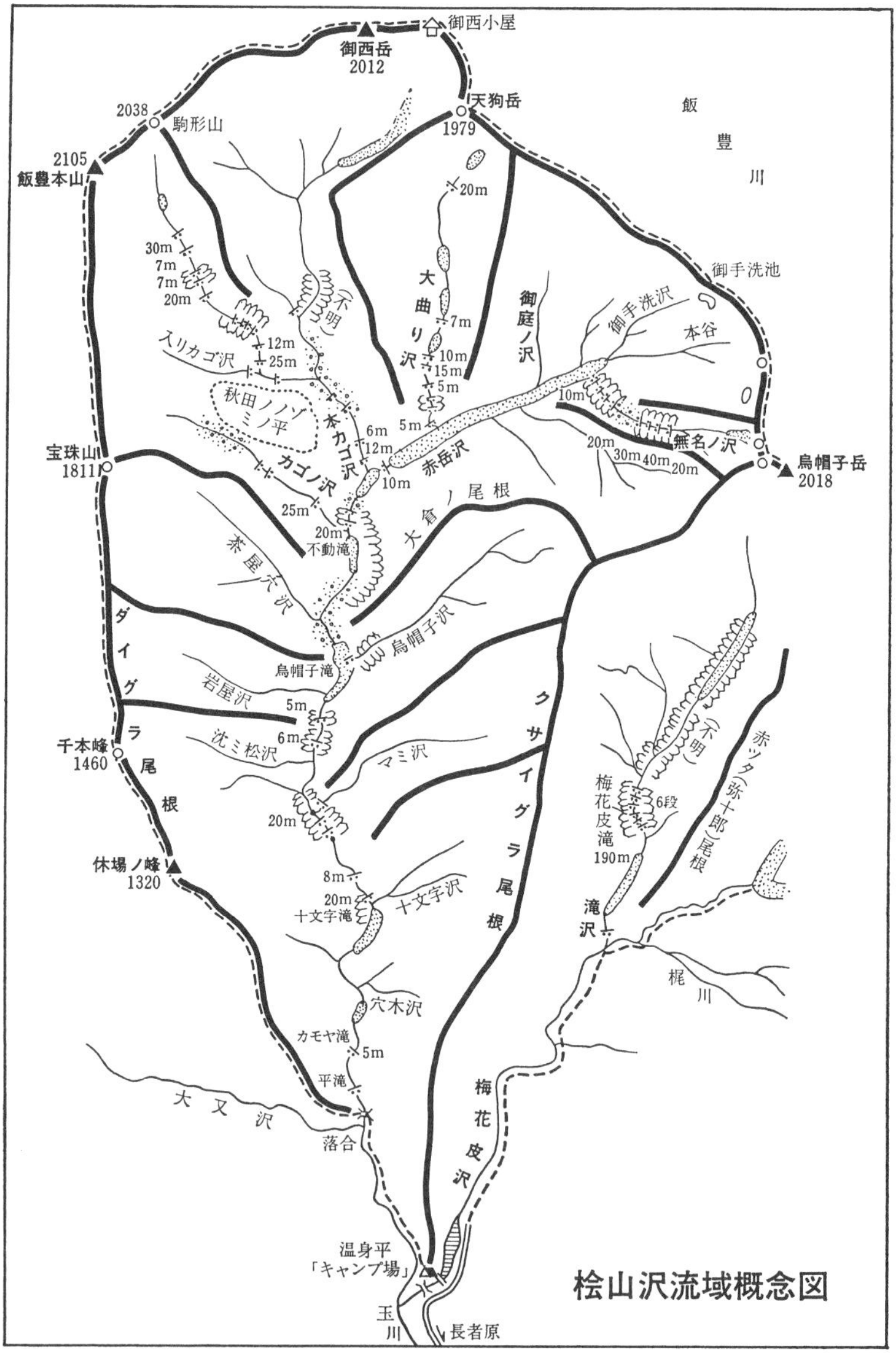
御西小屋
御西岳
2012
天狗岳
1979
飯
豊
川
2038
駒形山
2105
飯豊本山
20m
30m
7m
7m
20m
(不明)
大
曲
り
沢
7m
御
庭
ノ
沢
御手洗池
御手洗沢
本谷
12m
25m
入リカゴ沢
10m
15m
5m
秋田ノノゾミノ平
本
カ
ゴ
沢
6m
12m
5m
10m
赤岳沢
10m
無名ノ沢
20m
30m
40m
20m
烏帽子岳
2018
宝珠山
1811
カゴノ沢
10m
25m
大倉ノ尾根
20m
不動滝
茶屋穴沢
ダ
イ
グ
ラ
尾
根
烏帽子沢
烏帽子滝
岩屋沢
5m
6m
沈ミ松沢
千本峰
1460
ク
サ
イ
グ
ラ
尾
根
マミ沢
(不明)
赤ツタ(弥十郎)尾根
梅
花
皮
滝
6段
190m
20m
休場ノ峰
1320
8m
20m
十文字滝
十文字沢
滝
沢
梶
川
穴木沢
カモヤ滝
5m
平滝
大又沢
落合
梅
花
皮
沢
温身平
「キャンプ場」
玉
川
長者原

桧山沢流域概念図

不動滝の下で入る沢である。落合より一四—一六時間。最初はゴーロ。大滝二五mを手始めに連瀑帯となる。だいたいは直登できる。これが終わると沢は伏流となり、垂直の涸滝を左岸から高巻くとゴーロで、小滝をいくつか越すと源頭やぶこぎ三〇分でダイグラ尾根の宝珠山より上部のピークに突きあげる。

6 本カゴ沢　六時間

赤岳沢に匹敵する規模をもつ沢だが、出合いは狭く沢床も高い。カゴノ沢から二時間。出合いにかかる滝は雪渓の下に隠れている。二俣までは五—一〇m滝数個と巨岩、雪塊の散乱する荒涼とした谷である。古い文献では右俣本谷を本カゴ沢と呼び、左俣を駒形沢と呼んでいる。右俣は沢幅が広く水量も多いが出合い付近は平凡なゴーロである。二万五千分の一地形図で大きく逆S字状に屈曲しているあたりはゴルジュがあり、滝の数も多くておもしろい沢である。上部は扇状に開けて右岸に何本も支沢を分けながら本流は御西小屋のある縦走路北側の氷場に突きあげている。

左俣は最初平凡であるが、正面に入りカゴ沢を分ける地点よりナメ滝二五mをはじめ滝が連続し、さらに両岸の狭まったゴルジュ帯となり中に四本の悪い滝をかける。右岸の側壁は約八〇mある。直登に自信のない場合、右岸のブッシュ帯の高巻きとなるが、ルート・ファインディングには注意したい。さらにトヨ状二〇m滝をはじめ小滝が続くが問題はなく、傾斜の緩い五段三〇m滝を越すと両岸が開けて平凡となり、雪渓も現われる。ほどなく駒形山直下の縦走路に出る。

7 大曲り沢　五時間

本カゴ沢出合いより三〇分足らずである。出合い付近より「く」の字状に大きく屈曲する。小滝が続き快適であるが、一五mの垂直の滝、一〇mナメ滝、二〇m滝は高巻く。つめは天狗岳の肩の縦走路である。

8 無名ノ沢（仮称）八時間

赤岳沢左岸の支流で、本カゴ沢出合いより約一時間である。縦走路からも眺められる滝の連続した急峻な沢で、檜山沢流域では最も登攀的要素の強い困難な沢である。

出合いより連瀑帯となり、二〇mの吹き出し気味の滝は直登困難なため、右岸の脆い岩場から草付きを高巻く。ゴーロとなるが、再び連瀑帯となる。核心部は三〇mの水煙を上げた滝、垂直の大滝四〇m、ネジレノ滝二〇mと続くが、直登困難なため通常左岸のブッシュ帯より大高巻きとなる。上部二俣を左俣に入るとまもなく烏帽子岳直下の縦走路に出る。

梅花皮沢

梅花皮《かいらぎ》沢本谷ともいえる石転《ころ》び沢の大雪渓により有名であり、長さ三〇〇〇m、高度差一〇〇〇mの規模は北アルプスの大雪渓にも匹敵する。連峰主脈への一般登路として貴重なものだが、対称的に連峰屈指の悪沢「滝沢」を有している。

9 滝沢　二—三日

玉川源流だけでなく連峰随一の大滝「梅花皮滝」を有する急峻なV字谷で、登攀的要素の強い困難な沢である。記録も見当たらない。

温身平より梅花皮沢左岸の登山道出合い付近まで進み、本流を徒渉して入る。温身平より一時間半。核心部の梅花皮滝の通過がキーポイント。梶川尾根の「滝見場」からよく眺められるこの滝は、四五m、三〇m、一五m、四〇m、一〇m、五〇mの六段一九〇mの大滝で、名実ともに飯豊の沢を代表する滝である。六段目にはハーケンやボルトも残されており、先蹤者に敬意を表するところだ。滝上からも発達したゴルジュ帯が数百m続き、雪渓状態が悪いと左岸の赤ツタ（弥十郎）尾根に追い上げられる。大滝下より同尾根を大高巻きするにせよ、一日がかりとなり、余程の好条件に恵まれないと滝沢を遡って烏帽子岳に立つことはむずかしいだろう。

滝沢の他に入り門内沢があるが、夏期でも長大な雪渓が残り、門内岳への登路として有効である（四時間）。

大石川流域

岩船郡関川村地内で荒川に流入している大石川は、その上流約四㎞の所で東俣川と西俣川に二分している。昭和五十三年、ここに大石ダムができ、東俣川の魚止ノ滝は湛水したダムのため水線下になってしまった。

米坂線越後下関駅から基点となる大石へはバスで二五分である。ダム湖右岸沿いの道をたどれば東俣川で、途中までは車道である。道はカモス沢出合い上手より東俣尾根に取付き、カモス峰を経て杁差岳《いぶりさし》へと登っている。大石よりカモス沢出合いまで二時間半、カモス沢出合いより杁差岳まで登り五時間半、下り四時間である。東俣川流域では本流である千代吉沢、杁差岳より下る大沢が主なものであろう。

ダム湖左岸沿いの道をたどれば、二時間半ほどで中ノ俣川を分け、西俣川沿いにさらに二時間半で大熊小屋に至る。道は大熊尾根に拓かれていて四時間で杁差岳へ登れる。下りは大熊小屋まで二時間四〇分、大石まで四時間である。この流域では鉾立沢、大熊沢、中ノ俣川が主なものである。

10　**東俣川本流（千代吉沢）**　二泊三日

カモス沢出合いの吊り橋を渡らず右岸をやぶこぎしながらたどり、フッコシ滝の上で本流に下るとまもなく左岸から大沢が合流する。ゴルジュが多く、長者原でヤビツと呼んでいる暗い沢を巻いたりへつったりして遡ってゆくと、一〇mの滝が二本続き、これを高巻いて流れに戻ると広河原になる。小滝を二、三越えると再びゴルジュが連続する。南ノ大沢から北ノ大沢間のゴルジュは本ルートの圧巻で、右岸を獣道利用で大きく高巻くしかない。北ノ大沢出合いから上部は沢も明るく開け、右手の主稜線も近づき、楽しく遡ってゆけばやがて頼母木山に到達する。

11　**大沢**　カモス沢より一二時間

カモス沢出合いより約二時間、大沢に入って一〇〇mぐらいの所にある二又ノ滝上の右岸にいいビバーク地がある。中流部にある一二m、一五m、一五mの三段滝は快適な登攀を楽しめるが、上部はかぶり気味でむずかしい。上流の二俣は右に入れば杁差岳と前杁差岳の鞍部付近、左に入れば杁差岳北東の肩付近に出る。

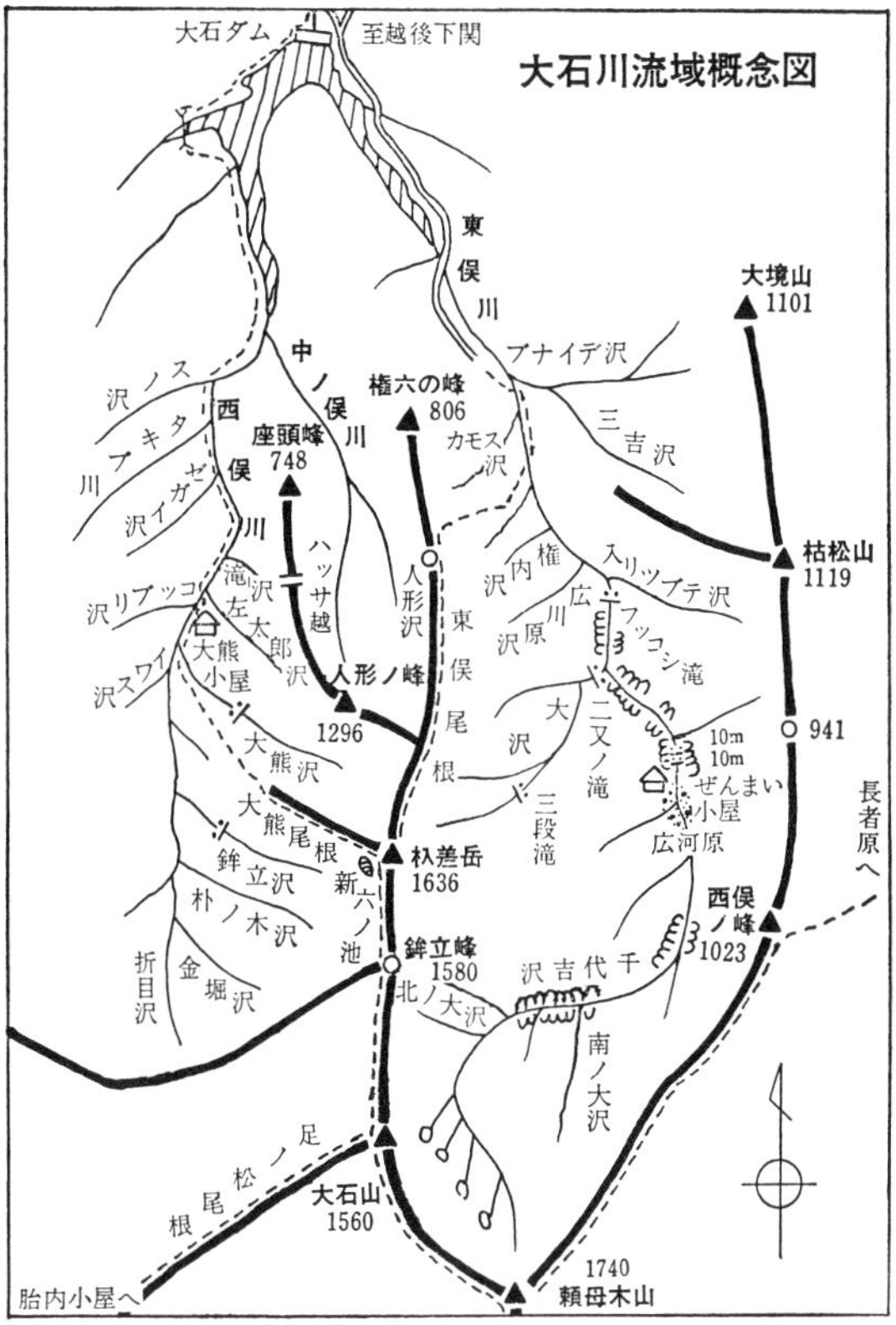

12　中ノ俣川　一四時間

中流以下は平凡な流れであるが、上流ではとりたてて述べるほどの悪場もないが、飯豊の沢ならではの苦労は強いられる。

13　大熊沢　七時間

左岸の大熊尾根に登山道もあり、初心者同伴でも入谷できる。明るく快適な沢登りで杁差岳へとび出す。

胎内川流域

胎内口登山道は越後側では一番最後に拓かれたものだが、電源開発にともなって、昭和三十五年七月に車道が開通している。羽越本線中条駅からバスに乗るかタクシー利用になるが、バスは宮久まで。ここで車をチャーターするには事前の連絡がいる。車を降りれば基地となる胎内小屋がある。かつて胎内の山沢を縦横に走りまわっていた地元ガイドは、今は年老いて小屋にはいない。

胎内川の流域には遡行興味のある沢が多く、本流々域で数本、頼母木川流域で三本を数える。本稿で紹介するも

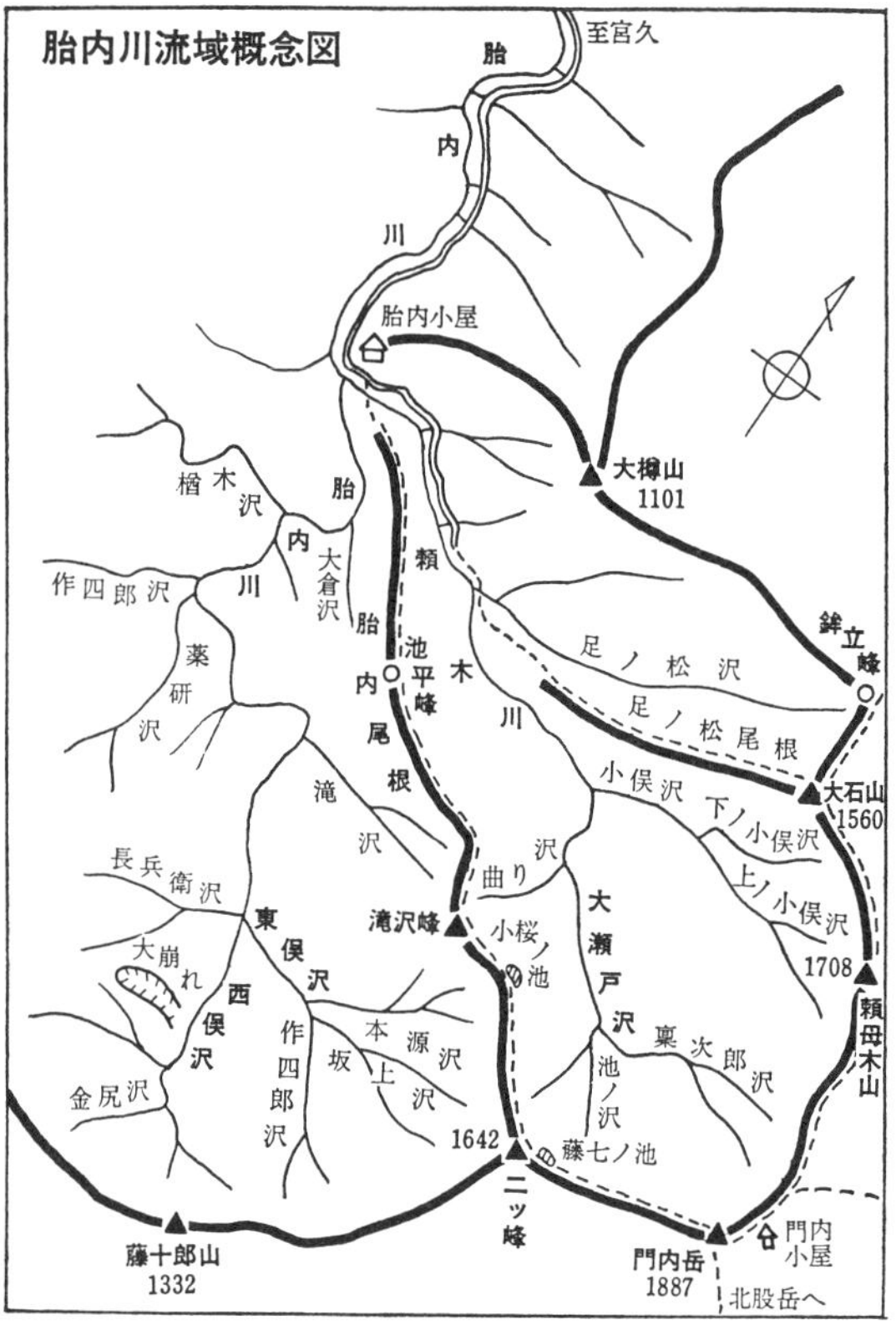

胎内川流域概念図

ののほか、記録未見の沢もあり、今後の開拓が期待される。飯豊川、北股川、前川、裏川等の悪絶さに比較すれば、流水華麗でブナの美林も多く、遡るに楽しい胎内川の流域であり、飯豊ならではの沢旅を心ゆくまで味わえる。とはいうものの、入谷時期、天候、残雪の多寡、水量等によって困難度に相当の違いが生じてくるので、入谷に際しては細心の注意を払ってほしい。夕べがきたらタキ火、そしてゴロ寝のマタギスタイルが、飯豊の山沢の最高の登り方である。

14　胎内川本流（東俣沢坂上沢）　二泊三日

本流は入口より廊下状で、大倉沢出合い前後と、楢ノ木沢出合い下流が狭く水量も多いので通過困難である。左岸のアゲマイノカッチを越えて楢ノ木沢出合いに下るか、胎内尾根を池平峰まで登り、団子の河原に下るエスケープルートを利用するほうが早い。

楢ノ木沢出合いより作四郎沢出合いまでも淵が続き、左岸段丘の釣師の踏跡を利用する。作四郎沢出合いより左折すると薬研沢出合いとなり、浦島の廊下が始まる。幅三m、長さ一〇〇mのまっすぐな見事な廊下である。常水時ならば股下程度で通過できるが、増水時は大変な悪場となる。さらに廊下が断続し、やがて河原が現われるとS字状の団子の河原となる。さらに本流は狭まり、滝沢の出合いとなる。再び河原が続く。河原が尽きると、長兵衛沢が左岸より合流し、すぐ左岸より西俣沢も出合い、本流は複雑な三沢の出合いとなっている。この先には良い泊り場はなく、この付近で一泊すると楽だ。

本流は東俣沢と名を変え、右折したのち、狭く暗い廊下の奥に一〇mの魚止ノ滝を落としている。この付近は遅くまで雪が残る。八mの滝は右岸を高巻いて、本源沢出合い近くに降りるが悪い。沢はクランク状に折れ曲がり、再び廊下となり、滝を連ねて悪く、右岸を巻いて滝の上に懸垂で降りるか、中間尾根まで上がって大きく高巻くか、いずれかになる。やがてゴーロの谷となり、坂上沢左俣が滝となって出合う。本流は一〇mから四m前後の滝の連続となる。登れないほどではないが、雪の残り方によって状況は大きく変わる。五〇mの大滝は四段の幅のある滝で直登できる。大滝の上は小滝が続き楽しい遡行となる。やがて沢は扇状に開いて、最後は涸沢となる。ジャンクションピークまでやぶをこげば、二ツ峰へは一投足である。下降は胎内小屋へ六時間。

15　檜ノ木沢　一〇—一二時間

御堂の滝までは雪渓がちょっと悪いが、比較的楽に行ける。中流にゴルジュ帯があり、この中の二〇mの滝が見事だ。上流はナメ滝、小滝の連続で楽しい。

16　下の作四郎沢　一八—二〇時間

下流は廊下が続くが、中流より滝が連続し、二つ目の連瀑帯は左岸尾根を大高巻きする。つめは悪くない。残雪の多い沢なので九月頃に入谷するとよいだろう。

17　西俣沢　一二時間

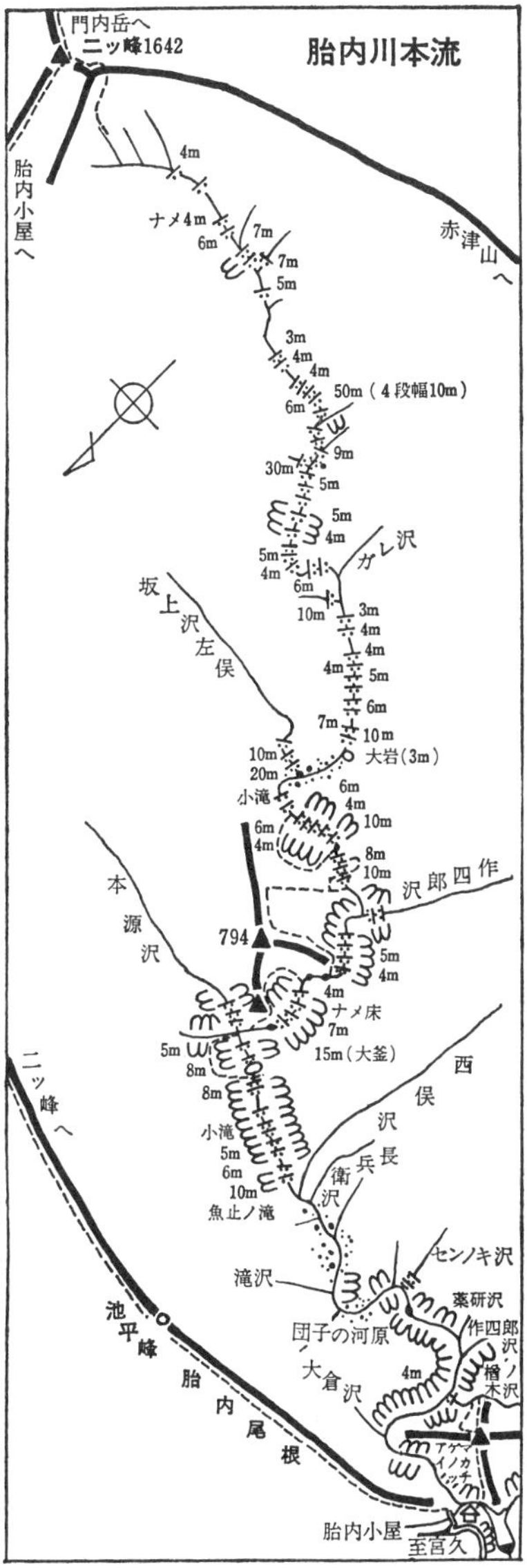

胎内川源流では最大の支流であるが、滝は多くない。金尻沢の二〇m滝を巻くぐらいで、特に悪場はない。下降は稜線を赤津山から西ノ峰へ至り、鉈目を頼りに飯豊川の林道へ下る。

18 **頼母木川・大瀬戸沢** 二〇時間

頼母木《たもぎ》川は胎内川の支流であるが、地神山、門内岳と主稜線を源頭にもち、高度差は本流よりも大きく、一流の渓谷美と沢登りの醍醐味を満喫できよう。

胎内小屋よりブナ林の中を一時間で足ノ松尾根への道を分け、右岸のよく踏まれた道を進むが、途中で鉈目となり、小俣沢出合いより上流で頼母木川本流に降り立つ。近い将来、頼母木川上流に巨大な砂防ダムを作る計画があると聞く。右に曲り沢を分けると、本流は大瀬戸沢と名を変える。明るい河原が終わると、再び廊下となる。ところどころ雪塊が目につく。三〇mほどのゴーロ帯を抜けると核心部に入る。右岸は垂直に近く、ルートは左岸に求める。八m、五m、五mと連続する三つの滝を越えると支沢が左から入る。次の滝を右岸から巻き、本流に降りると前方からどうどうたる音が聞こえてくる。魚止の滝である。巨岩が本流を堰止め、左に細く、右に太く水流を落し、それが凄い音を立てている。左岸に這いつくようにして、ようやく滝上に出る。左岸から一五mの滝となって池ノ沢が合流すると、本流はまた悪い滝の連続するゴルジュとなる。右岸から巻いて上流に降りるとよいビバーク地がある。

転石を飛び、高巻きをくり返しながら遡ってゆくと、沢は左に折れ、稟次郎沢出合いとなる。本流は右に曲がって一〇〇mほど伏流となる。水流が現われると三段二〇mの滝は右岸から、次の二五m滝は左岸から高巻く。岩石累々たる本流をぐんぐん高度をかせぐ。三mのナメ滝、三mの滝と越えれば稜線は近く、門内小屋の人影が認められ、稜線に出る。

19 **同・小俣沢上ノ小俣沢** 一四時間

出合いは二〇mの滝で、幾段にもなって細く暗く頼母木川に流れこんでいる。二mから一〇mほどの滝が次々と現われるが快適に登れる。狭いが明るいゴルジュが続き、大きな釜を持つ一〇mの滝を左岸から巻くとゴルジュは終わる。やがて転石の河原となり、下ノ小俣沢出合いとなる。八mほどの滝を三つほど巻き、一〇mほどの滝を二つ越えると、再び河原である。二〇mの滝を左岸から巻くと、頼母木山からの沢と出合う。沢は狭くなり、小滝が連続しぐんぐん高度を上げる。つめのやぶを抜け、広々としたお花畑に出ると地神山までは一投足である。

20 **同・足ノ松沢** 七―八時間

この沢は、飯豊連峰の主稜線に上がる沢の中では最も小さい沢の一つであるが、滝も多く、エスケープルートとして足ノ松尾根があり、飯豊の沢の入門ルートとして楽しめる。

胎内小屋から一時間で出合い。透き通るような流れを進み、一二mの滝を右岸から巻く。中流部のゴルジュは淵を泳ぎ、滝の直登、高巻きと忙しい。下段一五m、上段五mの滝は難なく越せる。不安定な雪渓を乗越し、右岸よりナメ滝二〇mで水量の多い沢が合流する。本流は右へ大きくカーブし、大きな雪渓

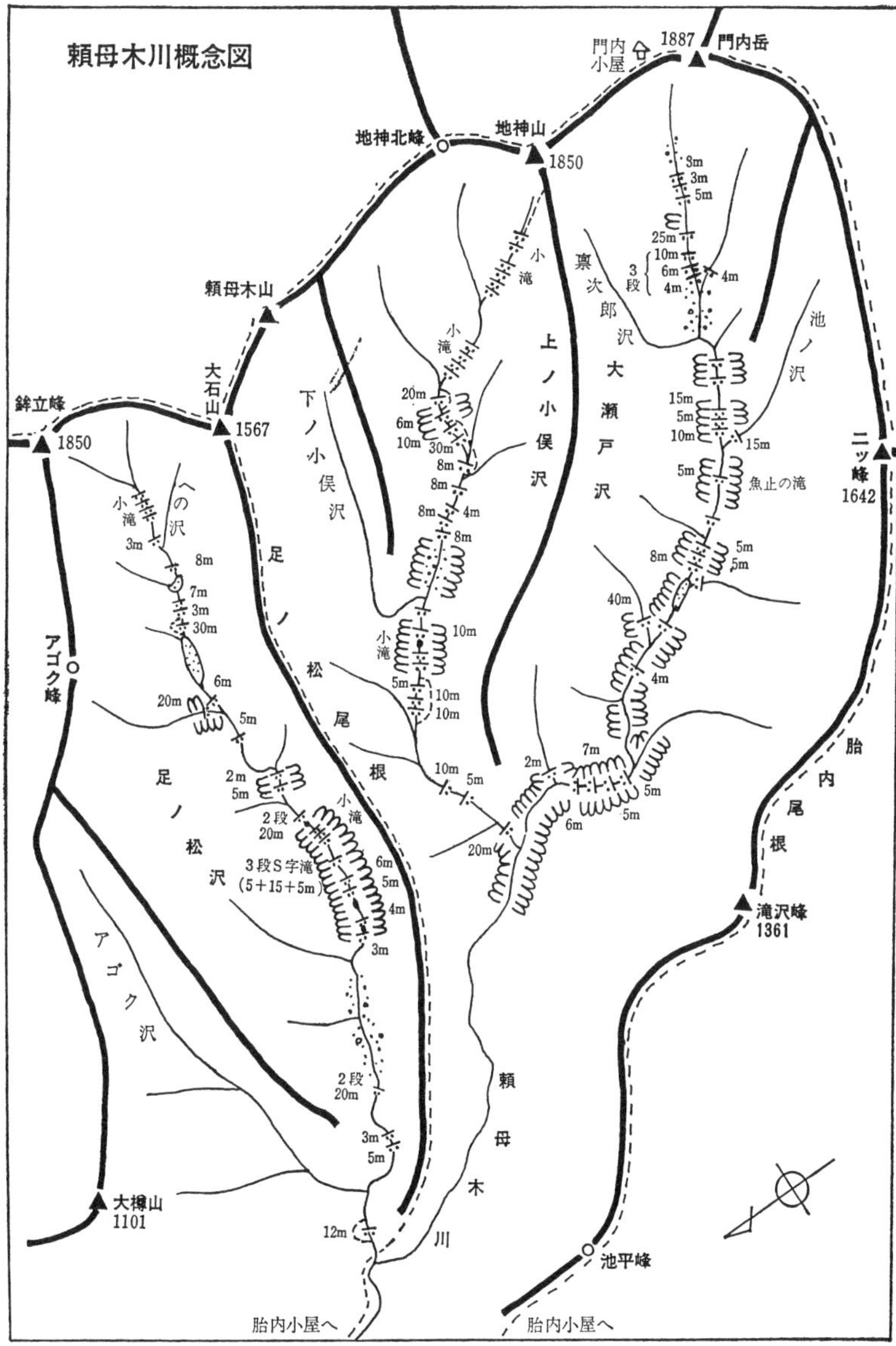

頼母木川概念図
門内岳
1887
門内小屋
地神山
1850
地神北峰
頼母木山
大石山
1567
鉾立峰
1850
ニツ峰
1642
アゴク峰
大样山
1101
滝沢峰
1361
池平峰
上ノ小俣沢
下ノ小俣沢
大瀬戸沢
稟次郎沢
池ノ沢
魚止の滝
足ノ松尾根
足ノ松沢
への沢
アゴク沢
胎内尾根
頼母木川
3段S字滝
(5+15+5m)
胎内小屋へ
胎内小屋へ

となる。雪渓の終わりの黒滝三〇ｍを強引に越え、大石山への沢を見送ると、沢床は傾斜を増し、小滝を連ねて高度をかせげる。水が切れ、お花畑の中をしばらく登ると大石山と鋒立山との最低鞍部に出る。

飯豊川

飯豊川は飯豊連峰の主稜御西岳に水源を発し、オオインの尾根をはさんで、一大支流である北股川をあわせて西流し、東赤谷駅と出合うあたりで北西に流れを変え、さらに内ノ倉川をあわせ阿賀野川に流入するという飯豊連峰最大の峡谷である。上部ゴルジュ帯は残雪により埋まっていることも多いので、遡行の興味は下部ゴルジュ帯の通過や一〇本以上の支流の遡行にあると言える。

本流の夏期初遡行は、一九三六年七月、旧制二高山岳部によるものと思われる。本流から天狗沢を経て御西岳に達したものである。しかし本流はじめ各支流の状態が明確にされるようになったのは一九五七年夏、新潟峡彩山岳会による大日沢初遡行以来で、同会ではこれを契機に流域の各支流を集中的に遡行した。

北股川本流の夏期初遡行は一九五〇年八月、地元の下越山岳会によるものと思われる。それ以前にも探訪が続けられていたが、詳細が明らかにはされていなかった。

入山は赤谷線の東赤谷駅であるが、駅周辺には交通機関がまったくないので、湯ノ平山荘まで車を確保する必要がある。徒歩だと五時間半は必要である。車なら右岸沿いの林道を掛留沢手前まで一時間、さらに湯ノ平山荘まで徒歩で四〇分位である。タクシーだと新発田駅から入らなければならないので、車の確保を新発田市観光課に問い合わせておくとよい。市営の湯ノ平山荘は飯豊川源流への根拠地として最適である。山荘前にはキャンプ場もある。

オオインの尾根下降は梅花皮小屋から湯ノ平山荘まで四時間である。飯豊川下流の左岸の沢は隣接する沢の下降かオーサンカイ尾根の下降がよい。同尾根は一九七四年新潟峡彩山岳会により拓かれたもので、蓬沢支流ホウジョウ沢上部より鉈目に沿って下るもので、烏帽子山より約七時間で飯豊川本流へ降りることができる。

21　**飯豊川本流**（**文平沢**）　三泊四日

本流は湯ノ平山荘から不動ノ滝までの下部ゴルジュ帯、赤渋沢までの河原、赤渋沢から天狗沢までの上部ゴルジュ帯、文平沢とで構成される。下部ゴルジュ帯はオオインの尾根を中峰まで登り、孫左衛門沢を下降することでエスケープできる。大石《おおいん》沢も下降できるが、大滝三〇ｍがあるので懸垂下降の必要がある。このルートをとれば初日で赤渋沢出合いまで達することができるので、本流の遡行は二泊三日で可能である。下部ゴルジュ帯を遡行する場合は、泳ぎ、へつり、徒渉の連続となり、一泊余分にみておく必要がある。

山荘から魚留ノ滝五ｍまでは腰位の徒渉で進む。瀞を泳いで

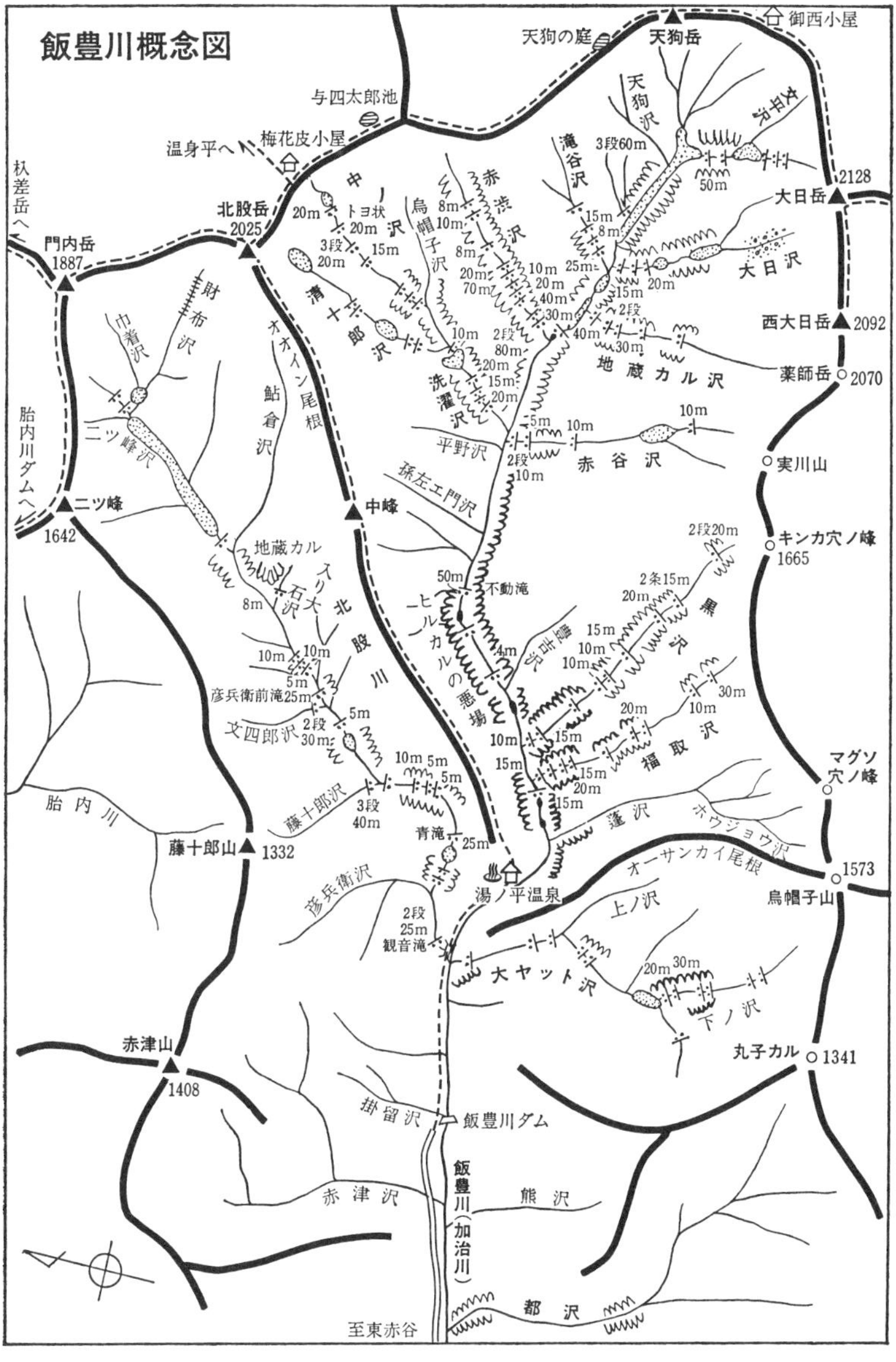
飯豊川概念図
天狗岳
天狗の庭
御西小屋
与四太郎池
梅花皮小屋
温身平へ
杁差岳へ
北股岳
2025
門内岳
1887
大日岳
2128
西大日岳
2092
薬師岳
2070
実川山
キンカ穴ノ峰
1665
マグソ穴ノ峰
1573
烏帽子山
丸子カル
1341
二ツ峰
1642
中峰
藤十郎山
1332
赤津山
1408
胎内川ダムへ
財布沢
巾着沢
二ツ峰沢
鮎倉沢
オーイン尾根
地蔵カル
入り大石沢
北股川
彦兵衛前滝
文四郎沢
藤十郎沢
胎内川
青滝
彦兵衛沢
湯ノ平温泉
観音滝
中ノ沢
トヨ状
清十郎沢
烏帽子沢
赤渋沢
洗濯沢
滝谷沢
天狗沢
文平沢
大日沢
地蔵カル沢
平野沢
赤谷沢
孫左エ門沢
不動滝
ヒルカルの悪場
黒沢
福取沢
蓬沢
ホウジョウ沢
オーサンカイ尾根
上ノ沢
大ヤット沢
下ノ沢
掛留沢
飯豊川ダム
赤津沢
熊沢
飯豊川(加治川)
都沢
至東赤谷

通過すると左岸から蓬沢が入り、両岸は切り立った深いゴルジュとなる。チョックストン滝を持つゴルジュは、右岸の側壁から悪い草付きを登ると踏跡に出、黒沢出合いまで高巻く。豊吉沢が左岸から入ると再びゴルジュとなり、やがてヒルカルの悪場となる。泳ぎ、滝のショルダーアップ、胸までの徒渉などでヒルカルの悪場を通過するとスノー・ブリッジをかけた不動ノ滝五〇mが現われる。右岸の脆いリッジから高巻くと一変して開けた河原となる。なお山荘からヒルカルの悪場までは意外としっかりした巻き道がついている。以前はヒルカルにも右岸に巻き道がついていたが、現在では発見するのは困難であり、右岸よりの巻きは、ブッシュを摑んでのトラバースとなるので悪い。赤谷沢出合いを過ぎるとすぐ洗濯沢出合いの広い河原となり、やがて大滝をかけた赤渋沢となる。快適なビバークサイトがある。本流は大釜を持つ四m滝に阻まれ通過不能。手前右岸の小沢より高巻く。大釜を持つ六m二条の滝を越えると雪渓となる。地蔵カル沢から滝谷沢までは問題ない。右岸より三段六〇mの滝で出合う悪相の支沢を過ぎると本流は左右に大きく屈曲し、左岸のスラブは数百mせり上がり、飯豊川の核心部にふさわしい光景である。通常天狗沢出合いまで雪渓が埋めつくして遡行の困難はないが、状態が悪いと問題であろう。天狗沢を過ぎると広い二俣となる。左俣は御西岳付近に突きあげ雪渓で埋まっている。右俣が本流の文平沢で、すぐに大滝五〇mとなる。半分はシュルントに隠されている。右岸のブッシュまじりの草付きを登るが、浮石が多いので注意。小滝を越えると広い二俣となり、右俣に入ると五m—一〇mの快適な連瀑帯が続き高度をかせぐ。源頭のお花畑とブッシュ帯を三〇分たどれば大日岳近くの稜線にとび出る。

22 北股川　二泊三日

車道終点より三〇分位、湯ノ平山荘のやや下流で北股川が合流する。V字状に発達したスラブで構成され、観音滝、青滝、彦兵衛前滝等多くの巨瀑を秘めて、飯豊川本流とともに連峰屈指の悪渓である。右岸の支流はいずれも出合いに三〇m以上のスラブ滝をかけているが、記録も見られず詳細は不明である。降雨直後の鉄砲水は要注意である。

出合いからすぐ観音滝二段二五m。深い釜があり左の窪から巻く。彦兵衛沢出合いをすぎるとゴルジュ帯となり、スノー・ブリッジがある。青滝二五mは左の側壁一ピッチでブッシュ帯に入り落口に抜ける。本流は直角に左折し、五m、五m、一〇mと滝が続く。三段四〇mの滝で合流する藤十郎沢出合いを過ぎると、再び両岸は狭まり、へつり、徒渉、高巻きの連続となる。文四郎沢出合いの先は広いゴーロとなる。正面には二〇〇m近い地蔵カルの大岩壁が立ちはだかり圧迫感を覚える。両岸のスラブが顕著となり、入リ大石沢出合いあたりから深いゴルジュとなり、大きな釜を持つ彦兵衛前滝二五m、五m、一〇mと滝が連続する核心部である。入リ大石沢の八m滝上から草付きを一ピッチ登りブッシュ帯をトラバースする。さらに左岸の一〇〇mを越える大スラブの中段の草付きバンドをトラバースし三〇mの懸垂下降で沢床に降りる。このバンドは見落とされやすいが、問題なく通過できる。巨岩が散乱している沢筋を抜けるとゴルジュとなり、雪渓上を行くと鮎倉沢が左岸より合流する。これより長い雪渓となり二ツ峰沢出合いまで続いている。巾着沢を分け、財布沢に入ると快適なナメが連続する。水源の小さなガレからお花畑に入るとすぐ北股岳の山頂である。

23　赤渋沢　九時間

飯豊川の支流で最も困難な沢であり、両岸とも発達したスラブに囲まれた中に数多くの滝をかけている。出合いにかかる大滝二段八〇mは右岸の階段状を二〇m登り、ハング帯を左よりまわりこむように越え、上段は右岸の傾斜の落ちたスラブを登り落口の垂壁は左よりトラバースぎみに登る。小滝が続き三〇m滝は右カンテより登るとゴルジュ帯となる。四〇m滝は右岸より高巻くと大きな釜を持つ小滝が連続する。左岸は大きなスラブとなり、一〇m滝二本を越えると大滝七〇mが現われる。水流の右より取付き、傾斜の落ちたスラブを登り落口は再び水流に沿って登る。続く二〇m滝を右岸より高巻くと釜を持つ小滝がしばらく続き、ブロックの崩壊した広い河原となる。右より支沢が入ると小滝が連続するゴルジュとなる。一〇m、八mと滝が続くと左岸はスラブとなり、右より支沢二本を入れると沢幅は広がりゴーロとなる。チムニー滝を越えるとゴーロが続き、しばらくやぶをこいで縦走路に出る。

24　飯豊川のその他の沢

都沢（六時間）――加治川ダムの下流で流入する沢で悪場はない。長走川を遡行した時の下降に使うとよい。

大ヤット沢（七時間）――上部に大滝三〇mをもつ連瀑帯がある。下降は烏帽子山よりホウジョウ沢、オオサンカイ尾根を下る。

福取沢（七時間）――地図上で想像するより深く長い。出合いより一〇―二〇mの滝が連続する。下降は大ヤット沢と同じ。

洗濯沢・清十郎沢（八時間）――五―一五mの滝が連続し快適である。やぶこぎもなく北股岳直下の縦走路に出る。

洗濯沢・中ノ沢（一二時間）――五―二〇mの滝が連続して快適な沢。やぶこぎもなく梅花皮小屋の水場に出る。

赤谷沢（七時間）――水量のわりには平凡な沢。ゴーロと滝が交互に現われ、やぶこぎ一時間で実川山と薬師岳の間へ。

地蔵カル沢（八時間）――出合いの豪快な大滝四〇mは右岸より簡単に巻ける。六m滝上のチムニー状の滝三〇mは取付けず、左のクラックより高巻く。ゴーロの中に一〇m前後の滝が現われ、やがて小滝が連続し、西大日岳と大日岳のコルに突きあげる。

滝谷沢（四時間）――出合いより二五m、一五mと滝が続くが、以後は明るいV字谷にゴーロが連続する。

大日沢（八時間）――主峰大日岳に突きあげる沢で、下流に七m―二〇mの悪い滝をかける。二俣は左、左へと進む。最後は強烈なやぶこぎ四〇分で大日岳直下の縦走路へ出る。

長走川流域概念図

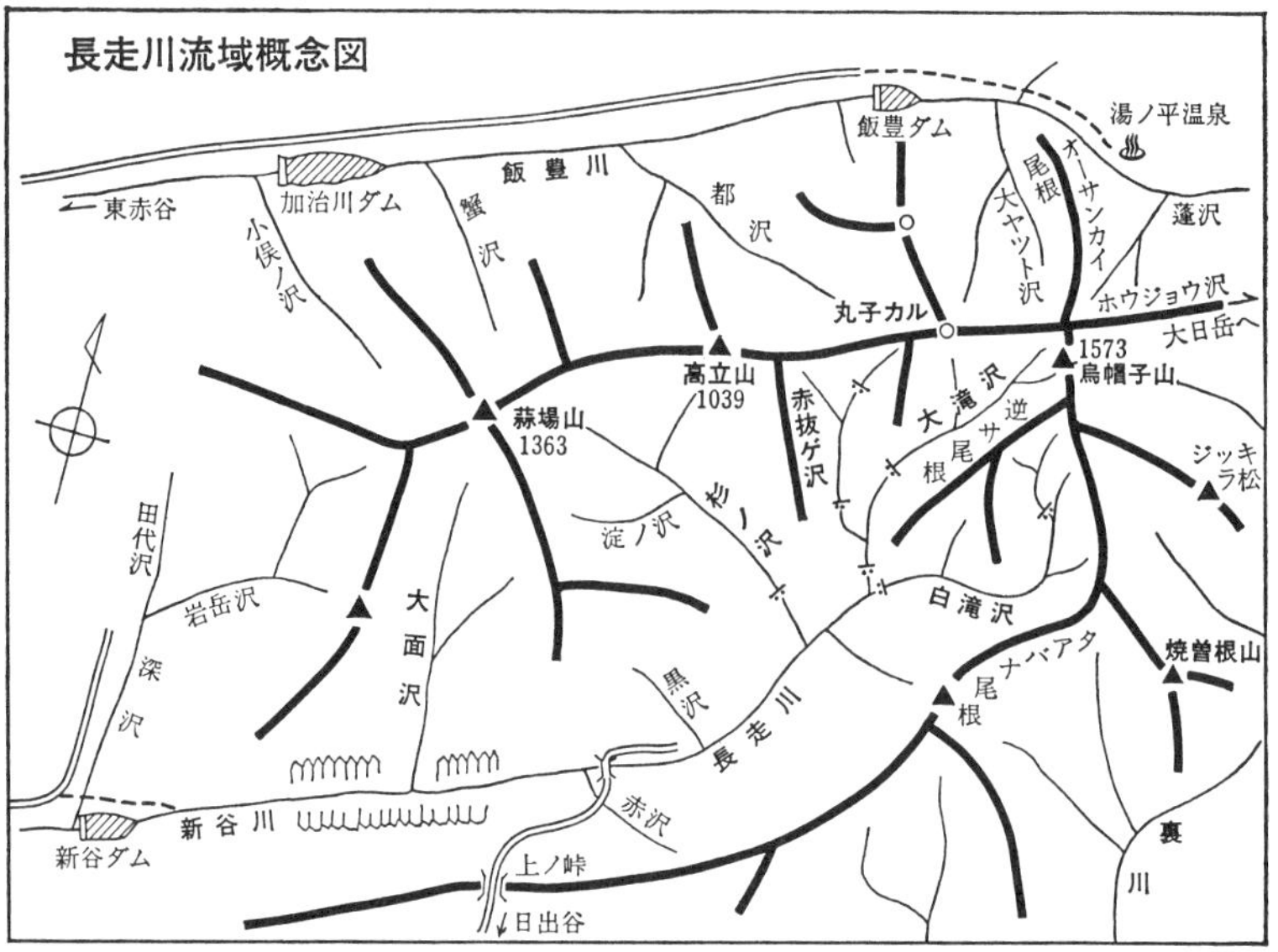

長走川流域

長走川は、大日岳より西に派生する稜線上の岩峰烏帽子山に源を発する。流域は、烏帽子山、高立山、蒜場山へと続く一〇〇〇―一五〇〇mの山々と、裏川との境界をなすタアバナ尾根に囲まれた地域で、飯豊の主稜線を水源とした他の渓谷に比べ、流域は比較的狭い。本流は「十三滝」で知られた大滝沢で、赤抜ゲ沢、白滝沢、杉ノ沢を合わせ長走川として西流し、さらに、蒜場山に水源をもつ大面沢、深沢などの水を集め新谷川と名称を変え、新谷ダム、新谷部落を経て、磐越西線白崎駅付近で阿賀野川に流入している。

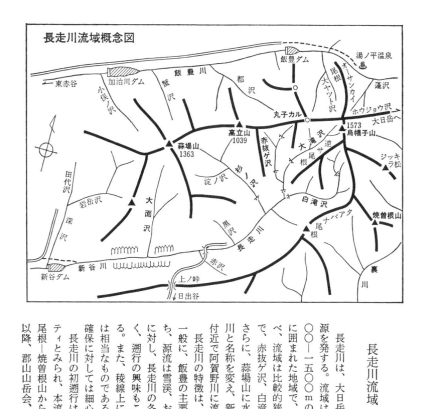

長走川の特徴は、上部に連続した瀑流帯をもつことである。一般に、飯豊の主要渓谷は中、下流域に深いゴルジュと瀞をもち、源流は雪渓、お花畑によって稜線まで導かれる沢が多いのに対し、長走川の各沢は上部ほど滝とゴルジュの発達が著しく、遡行の興味もこれらの瀑流帯の処理にポイントがおかれる。また、稜線上には夏道がなくシャクナゲや陣竹のやぶこぎは相当なものである。つめあげてからも位置の確認、下降路の確保に対しては細心の注意が要求される。

長走川の初遡行は、一九四九年八月の東蒲原山岳会のパーティとみられ、本流（大滝沢）から烏帽子山に至り、タアバナ尾根―焼曽根山から裏川へと下降した記録を残している。それ以降、郡山山岳会、新潟峡彩山岳会など地元の山岳会によって

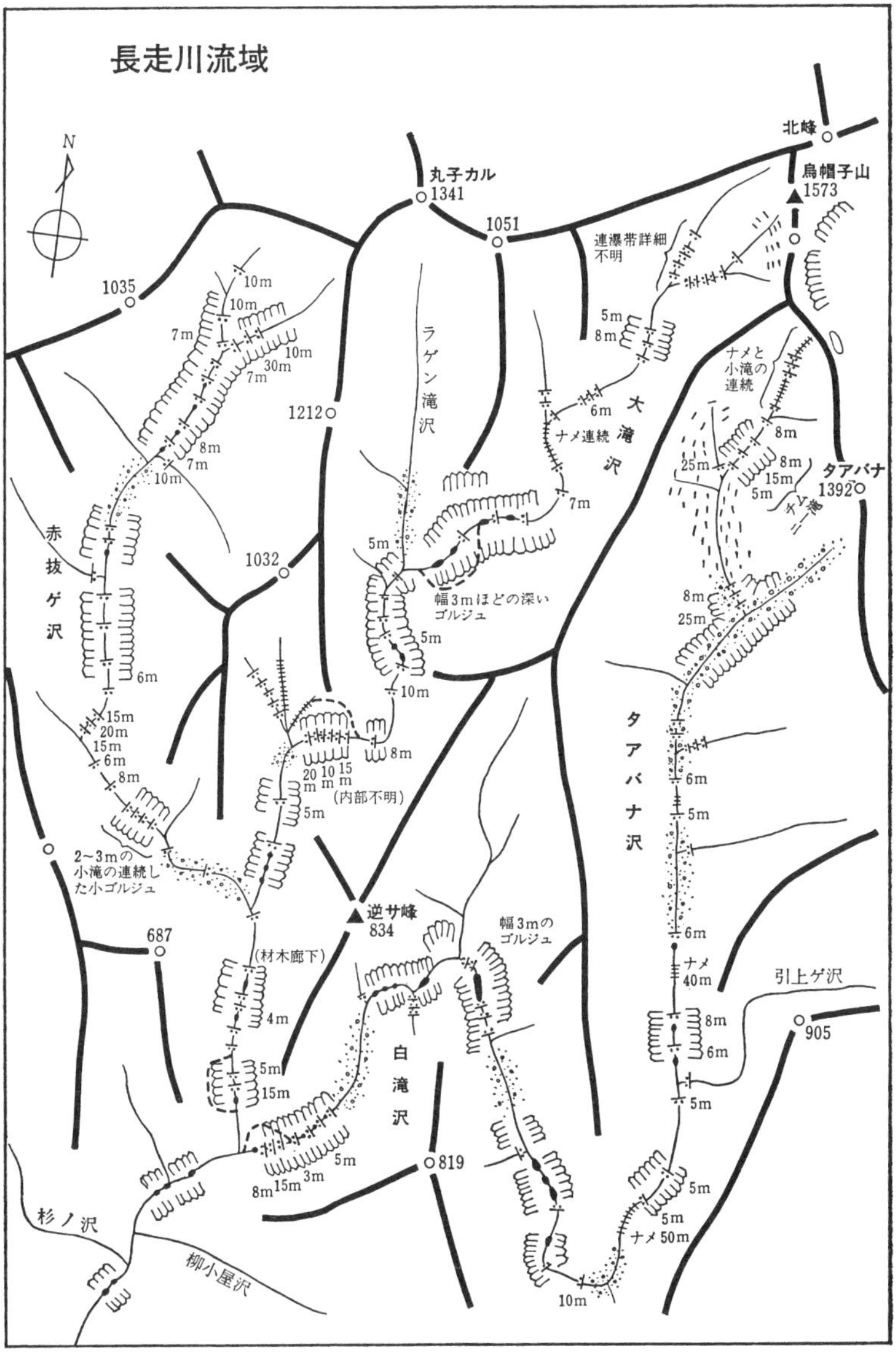
長走川流域
N
北峰
烏帽子山
1573
丸子カル
1341
1051
1035
連瀑帯詳細
不明
ラゲン滝沢
大滝沢
ナメと
小滝の
連続
ナメ連続
1212
タアバナ
1392
ニノ滝
赤抜ゲ沢
1032
幅3mほどの深い
ゴルジュ
タアバナ沢
(内部不明)
2~3mの
小滝の連続した小ゴルジュ
逆サ峰
834
687
(材木廊下)
幅3mの
ゴルジュ
ナメ
40m
引上ゲ沢
905
白滝沢
819
ナメ50m
杉ノ沢
柳小屋沢

探訪が続けられているが、飯豊の主稜線からはずれた前衛山塊であること、アプローチの不便さ、稜線上に夏道がなく下降も困難であることなどの理由から遡行者の数は少なく、現在でも源流域はブナ林の原生林におおわれた秘境地帯の趣きを強く残している。

入山は磐越西線日出谷《ひでや》駅から水沢部落、上ノ峠を経て、長走川の黒沢出合い付近まで開かれた林道が用いられる。日出谷から車で一時間ほどであるが、大雨の後などは上ノ峠手前で通行不能となる場合がある。日出谷から歩くと四時間は要する。また、遡行の対象もこの林道から上部の各沢で、下流は釣師の領域となっている。

下降路は、尾根のやぶをこぐか、沢の下降である。烏帽子山の稜線、タアバナ尾根はいずれもかなりのやぶこぎを強いられる。そのため、今までの記録においても下降ルートは一定ではなく、（1）初遡行時の下降ルート、（2）大滝沢と白滝沢を分ける逆サ尾根から二俣へ戻るルート、（3）飯豊川方面のオーサンカイ尾根、または飯豊川左岸の沢を下降し湯ノ平温泉への道に出る、等のルートが採用されている。

なお、ここで紹介する各沢の遡行には、入山から稜線まで二日、下降に一日の最低三日は必要である。

25 大滝沢（本流）　二日

「十三滝」をはじめとする巨瀑を秘めた長走川の本流である。白滝沢を分けてから稜線まで、深く切れこんだ渓谷には滝が連続する。特に、出合い近くの一五m滝とそれに続く材木廊下、中流域の深いゴルジュと連瀑、それに上流域の連瀑帯がポイントとなる。

日出谷からの林道は黒沢出合いの少し手前で切れる。広い河原を進みS字状の小ゴルジュを過ぎ、再び小ゴルジュとなるが、白滝沢の出合いまでは問題はない。白滝沢を分けると、まもなく一五m滝となり、右岸のルンゼより高巻く。続く材木廊下と呼ばれる柱状節理の狭いゴルジュは、入口の四m滝に泳いで取付けば、あとは両足のつっぱりと泳ぎで通過できる。赤抜ゲ沢を分け、本流が直角に右折する地点で二〇mの滝を入口にもつ連瀑帯となる。飯豊連峰の集成図等には赤抜ゲ沢出合いの下に十三滝の名が印されているが、むしろこの滝場が十三滝と呼ばれるにふさわしい迫力とスケールをもっている。ルートは右岸のナメ床のルンゼからの大高巻きである。ゴルジュ内には二〇m、一〇m、一五mの滝が連なっているが、未確認の滝も相当残されており、高度を一気に一〇〇m近くあげる。ゴルジュ帯の上は平凡な河原であるが、ラゲン滝沢出合いの少し手前から再び顕著なゴルジュ帯となる。泳ぎや高巻きなどで強引に通過すると、ナメ滝帯に入る。両岸に草付きが現われると、源流の様相が強くなる。時期によっては雪渓が残ることもある。最後の二俣からは連瀑帯となり、右俣は烏帽子本峰直下のスラブ帯へ、左俣は北峰とのコルに突きあげるが、いずれも一〇mクラスの滝を連ねる。今までの記録は二俣手前で支尾根へ追いあげられており、詳細は不明である。

26 赤抜ゲ沢　一日―二日

出合いから稜線まで高度差五〇〇m強であるが、ゴルジュと連続した滝で構成されており地図上で想像するよりスケールの大きな沢である。

大滝沢との出合いは小滝をかけるが、しばらくはブナ林の中にゴーロ、倒木の沢が続く。二、三mの小滝の連続した快適な小ゴルジュを過ぎると、沢筋はしだいにV字状となる。高立山方面への技沢を分けると、本流は直角に右へ折れ、一五m、二〇m、一五mの連瀑となり、左岸より高巻く。沢はゴーロ状となるが沢筋は狭い。左岸より一〇mの滝をみせて合流する支流を分け、七m、八mの滝を越えると両岸は急な草付きとなる。次々と現われる小滝もいやらしい釜をもち難渋させられる。最後の二俣は、どちらも七mの滝をかける。本流は右俣で、右より高巻くが、その上にも垂直の三〇m、一〇mの滝を落とし、右より大高巻きを強いられる。左俣は七m滝の上に一〇mの滝が二本ほどで、丸子カルの西のコルへ突きあげる。稜線上はブナ林とそれに続く灌木帯で、烏帽子山へは一日近くのやぶこぎとなる。下降路は、杉ノ沢、あるいは飯豊川支流の都沢としたほうが早いと思われる。

27 白滝沢（タアバナ沢） 二日

白滝沢は、逆サ尾根の裾を大きく蛇行しながら、タアバナ尾根と逆サ尾根の接合部へ突きあげる。下部は小ゴルジュ帯、上部は発達したスラブと滝の連続になるが、高巻きは少なく前記の二沢よりも遡行は容易である。

大滝沢との出合にある八m、一五m、三mの連瀑は左より小さく巻きゴルジュ内へ降りる。引上ゲ沢出合いまでは、ほとんど高度を上げず小ゴルジュの連続となる。しかし、いずれも小さなもので、泳ぎ、へつり等で通過できる。引上ゲ沢をすぎると、しばらくは平凡な渓相が続くが、しだいにゴルジュ状となり、沢筋には巨岩が滝状に重なるようになる。すると、突然右岸より二五mの白糸のような滝が落ちてくる。正面はガレがタアバナ尾根へと続いており、本流はこの滝である。左の側壁より直登し、続く三m、八mを左より巻くと渓相は一転し、沢筋は顕著なV字状となる。両岸は急な草付きスラブで、逆サ尾根側には大スラブが広がる。これ以降は、一五mのチムニー滝をはじめとする小滝とナメ滝の連続となり、一気に高度を上げる。稜線上は足が地につかないようなやぶこぎで、烏帽子山までは一時間三〇分ほどである。

実川流域

飯豊本山、御西岳、大日岳などに発して南西に流れ、磐越西線日出谷付近で阿賀野川に合流する実《さね》川は、飯豊南面を構成する一大水系で、非常に広い流域面積をもっている。大日岳より櫛ケ峰を経て南走する水晶尾根を隔てて、東側に「前川」、西側に「裏川」が並行して流れるが、その名のとおり、同一水系にありながら対称的な性格をもつ。

飯豊西面特有の深く刻まれた険悪なゴルジュと滝場で構成された裏川が幽幻とも言える趣きを呈しているのに対し、本流と

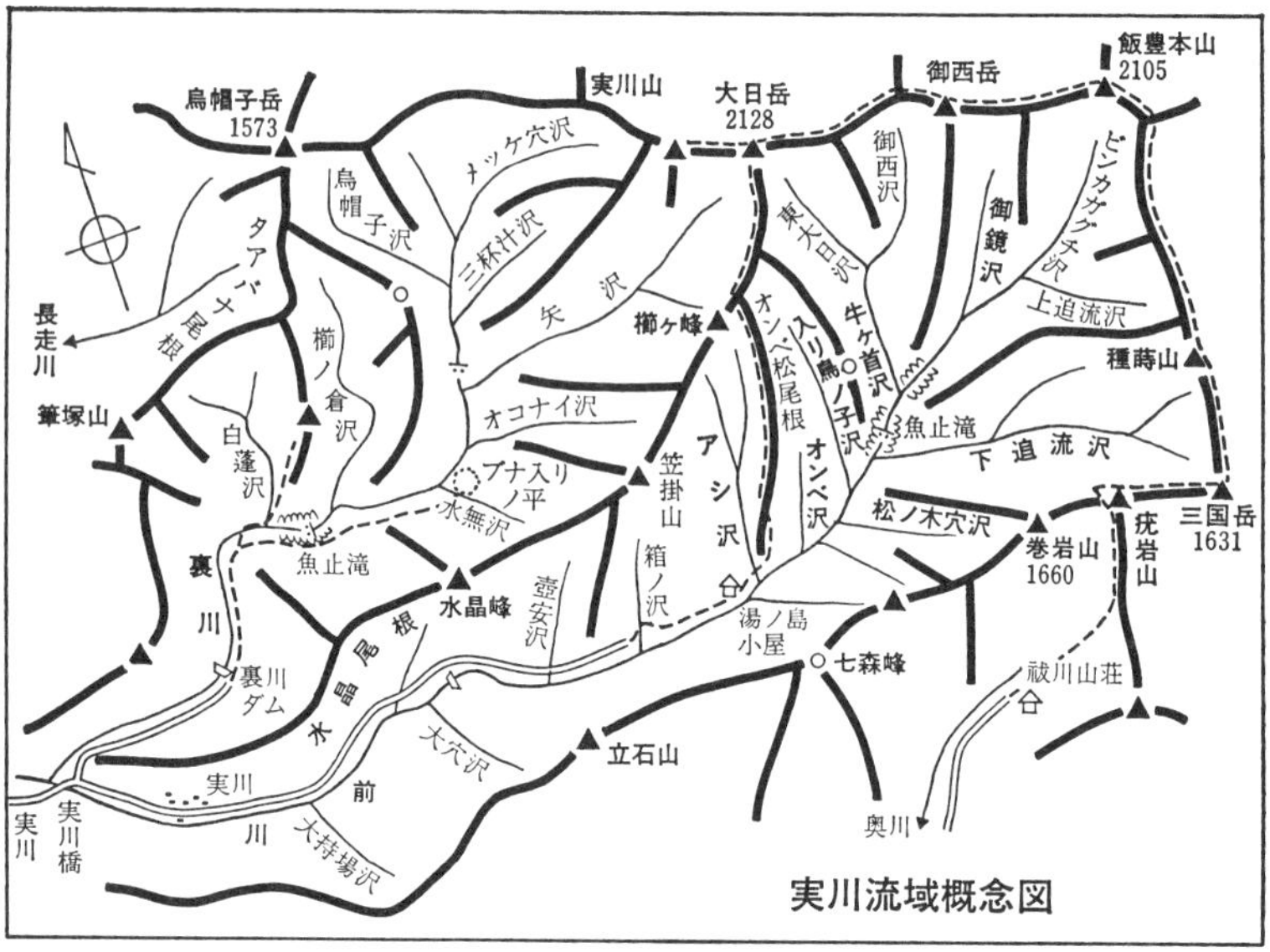

実川流域概念図

される前川は、全体として花崗岩質のためか白く明るい岩肌と、偏東積雪風の影響で遅くまで残る雪渓の豊富な雪融け水によって豪放な谷歩きの領域である。

七森峰周辺に冠せられた地名の幾つかからも予想されるように、地元民は残雪期の熊狩り等で広くこの流域を歩いていたと思われるが、いわゆる登山としての遡行は昭和六年八月の旧制二高山岳部の田名部繁らによる前川の牛ケ首沢遡行が最初であろう。前川本流（ビンカガグチ沢）初遡行は昭和三〇年八月新潟峡彩山岳会によってであり、支沢の一応のトレースはなされたもの、詳細な記録も不明なものが多く、現今なお遡行者の少ない静寂境である。

前川

入山の起点は磐越西線日出谷駅である。実川島で阿賀野川と分かれ、実川部落を経て約二〇km上流の箱ノ沢出合いまで林道が通じている。林道の通行状況にもよるが、頼めばタクシーが入ってくれる（四〇分）。箱ノ沢出合いからはさらに徒歩一時間で湯ノ島小屋に着く。小屋はブナ林中にある約三〇名収容の無人小屋で、近くには広い幕営地と水場があり環境良好である。通常、湯ノ島小屋上流が前川の遡行対象であり、大日岳からオンベ松尾根登山道を下って湯ノ島小屋まで四時間であるから、ベース・キャンプ地としても最適である。

前川の支流は、飯豊山脈の非対称地形と、偏東積雪の二つの要因によって、右岸と左岸とで沢の様相がまったく異なる。左岸の支流が緩やかな河原状をなし、倒木帯とナメ滝が交互する

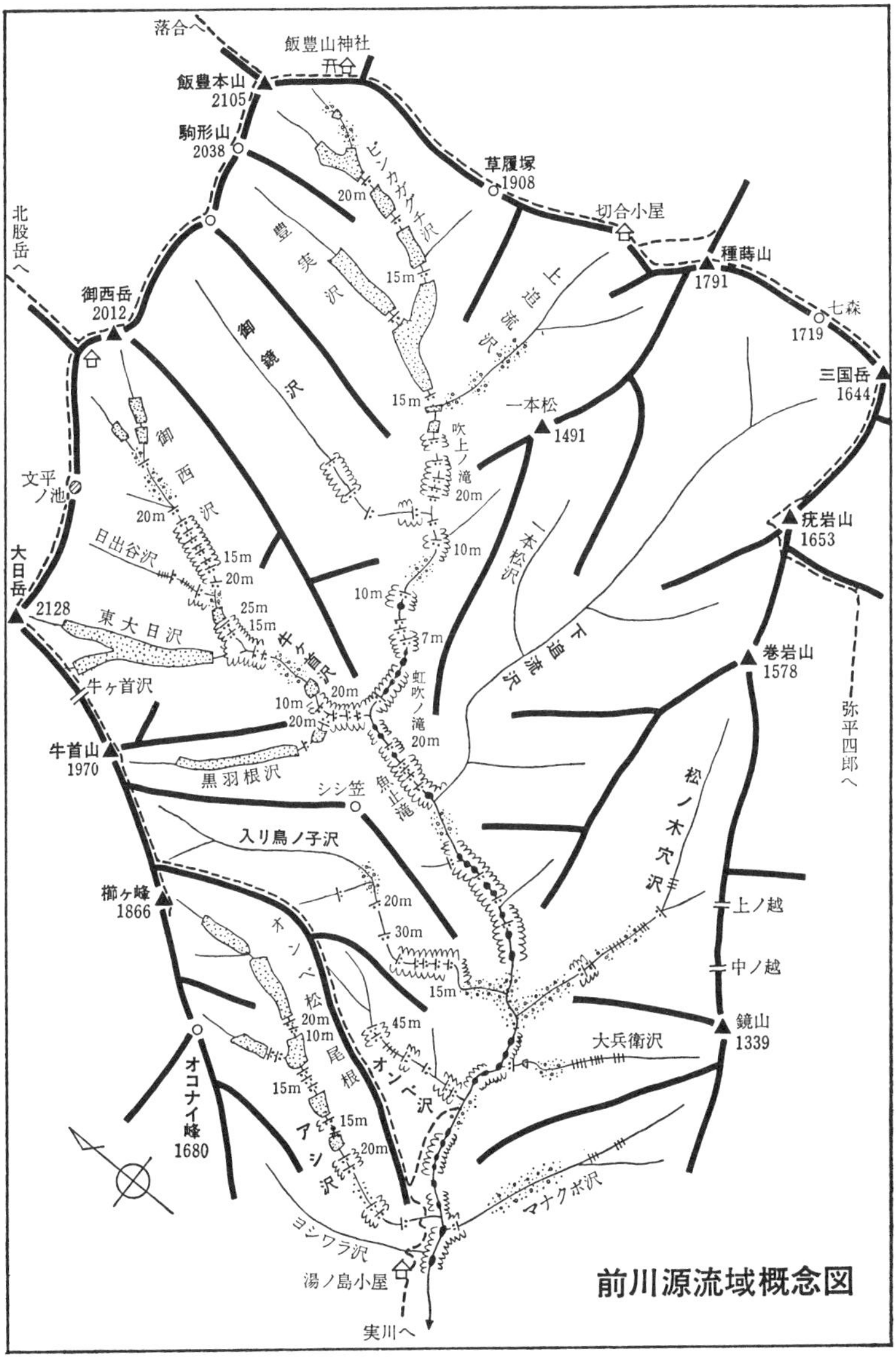
落合へ
飯豊山神社
飯豊本山
2105
駒形山
2038
草履塚
1908
切合小屋
種蒔山
1791
七森
1719
三国岳
1644
北股岳へ
御西岳
2012
文平ノ池
大日岳
2128
日出谷沢
東大日沢
牛ヶ首沢
牛首山
1970
黒羽根沢
シシ笠
入り鳥ノ子沢
櫛ヶ峰
1866
オコナイ峰
1680
ヒンカガケチ沢
豊実沢
御鏡沢
御西沢
牛ヶ首沢
上追流沢
一本松
1491
一本松沢
下追流沢
吹上ノ滝
虹吹ノ滝
魚止滝
疣岩山
1653
巻岩山
1578
弥平四郎へ
松ノ木穴沢
上ノ越
中ノ越
鏡山
1339
大兵衛沢
オンベ松尾根
オンベ沢
アシ沢
マナクボ沢
ヨシワラ沢
湯ノ島小屋
実川へ
前川源流域概念図

のに対して、右岸の支流は主稜までの距離は短いものの急峻で、中流域もV字状に切れこみ直登困難な滝をもつ。また残雪も豊富であり、その年の積雪量にもよるが、八月中旬までは雪渓歩きに終始することが多い。

28　**前川本流（ビンカガグチ沢）**　二泊三日

魚止ノ滝上流で牛ケ首沢を分けて虹吹沢と名を変え、さらに上追流沢より上流はビンカガグチ沢と呼ばれて飯豊本山に突きあげる前川本流は、目につく巨瀑こそないが、流水の浸食作用により発達したゴルジュが連続し、中流域の魚止ノ滝から虹吹ノ滝にかけての核心部は、強い水勢により困難な徒渉と、高巻きには適格なルート・ファインディングを要求される第一級の渓谷といえる。

アシ沢出合いより本流通しに進むよりはオンベ松尾根をしばらく登り、右岸の河岸段丘上の踏跡を進み、オンベ沢出合い付近で本流に下るのが得策である。入リ鳥ノ子沢までは比較的容易であるが、それより上流は険悪なゴルジュとなり沢通しは非常に困難である。ブッシュが比較的下まで生えているので高巻きは苦労ではなく、沢幅が広がって河原状となれば下追流沢も近く、一日目の泊場となる。下追流沢より本流はゴルジュ一杯の深い淵となって通過できず、右岸のブッシュ帯を五〇m登り、ヤブ沢伝いに本流に戻ると第一の難関魚止ノ滝となる。四段に分かれ、各落口に大きな釜をもつ。左岸の壁裾をへつり気味に越え、最上段は左を巻く。御西沢出合いあたりから早い時期ならスノー・ブリッジが現われる。水量は半減するものの、虹吹ノ滝（二〇m）が飛瀑となって落ち、豪音が狭い沢筋に反響している。滝手前の左岸の枝沢より登り、滝上の対岸に手が届くほどのゴルジュ帯も合わせて巻く。河原と登れない滝とが交互に現われ、御鏡沢出合い付近が二日めの泊場になる。

ようやく水量の減じた沢筋は快適である。途中吹上ノ滝と呼ばれる二〇mのヒョングリ滝は左側より越える。上追流沢を分けると本流は蛇行した長い雪渓となる。豊実沢の雪渓を過ぎると雪渓の切れ目に滝がかかり、しばらく小滝が続き、再び雪渓歩きというパターンをくり返す。やがてゴーロとなり、お花畑の中を登りつめるとやぶこぎなしで稜線に出る。突きあげ地点は飯豊山神社の境内である。

29　**アシ沢**　一〇時間

湯ノ島小屋よりオンベ松尾根に取付く直前ハシゴを降りて渡る沢である。出合いの貧弱さに似合わず、広い集水面積をもち、上部で上ノアシ沢、下ノアシ沢に分かれ、水晶尾根に直接突きあげている。

最初のゴルジュ帯を抜けると河原となるが、三段二〇m滝、深い釜をもつ一五m滝が現われ退屈しない。広い河原を行くと雪渓が現われ、上ノアシ沢、下ノアシ沢の二俣となる。出合いは滝となっており、雪渓状態も非常に不安定であるので注意を要する。上部の雪渓に乗れば稜線まで急峻に突きあげている。

30　**入リ鳥ノ子沢**　一二—一五時間

ゴーロ状の出合いからは想像もつかないが、対岸の松ノ木穴沢からも認められるように、城門に似たゴルジュ帯の中には連続して滝がかかり登攀的雰囲気の味わえる沢である。

出合いからゴーロを一時間も行くと、屈曲部の部分から極度に狭まったゴルジュとなり、一五m、チョックストンをもつ五m滝、チムニー状一〇m、三m、三mと連瀑が続く。その最奥部に三段三〇mの大滝がかかる。左の側壁を登って巻くが非常に悪い。上部は河原となって二俣となる。筆者らは時間切れで左俣をオンベ松尾根に逃げているが、右俣遡行を続けるとすれば二日は要する。

31 牛ケ首沢（御西沢） 五―一〇時間

牛ケ首沢は古い文献では牛ケ沢とも呼ばれ、前川支流の中では滝の多いスケールの大きな沢であるが、全貌を現わすのは余程の寡雪の年か、夏も終わり頃であり、したがって雪渓の残り具合によって遡行時間も大きく異なる。

出合いよりゴルジュとなり淵と大きな釜をもつ滝が連続する。黒羽根沢出合い付近までの屈曲部が核心部で狭いゴルジュの中に一〇m、二〇m滝と続いて、左岸の悪い草付きを巻くしかない。東大日沢出合いまでは平凡。再びゴルジュとなり蛇行しつつ連瀑となって一気に高度を上げる。雪渓が断続し、左より急峻なスラブ状の日出谷沢を合すると、本流の左折点には二〇m、一五mと続いて滝がかかるが直登可能である。上流は小滝群が息つく間もなく続き、最後の二〇m、七m滝を巻くと二俣となる。右が本流で、急傾斜のゴーロを上がり、平凡なガレ沢をつめて御西小屋付近へ出る。

支流の東大日沢は出合いよりほぼ一直線に標高差一〇〇〇mを大日岳へ突きあげている。雪渓登りに終始して所要時間五時間。雪渓の傾斜は相当なもので、沢身にはかなりの滝が隠されているようである。黒羽根沢も下流域の屈曲部には雪渓を割って悪い滝が現われるが、雪渓登り五時間ほどで牛首山に突きあげた記録がある。

32 前川のその他の沢

オンベ沢（六時間）――地図には水流記号もない沢だが、出合いよりV字谷で滝が連続する。四五m大滝は落口付近がハングしてむずかしい。左俣に入って月心清水の水場に出る。
松ノ木穴沢（四時間）――途中、ゴルジュの中に小滝がかかるが、平凡な沢で荒れている。
御鏡沢（九時間）――出合いは暗く貧相だが、二〇―一〇m、三段五〇mの滝をもち、高巻きに苦労する。上流はゆるやかで御西岳と駒形山の中間の「御鏡雪」と称する雪田に出る。
上追流沢（五時間）――いくつかのナメ状の小滝があるだけで平凡な沢。エスケープルートとして用意できる。

裏川

飯豊連峰の最高峰大日岳付近に端を発する裏川は、連峰随一の雄大さと未開性を有している。大日岳より櫛ケ峰を経て南下する尾根と、烏帽子山から筆塚山へと至る長走川との分水界とにはさまれた渓谷は、豪壮なゴルジュや滝を蔵していて、近代的登攀技術などあざわらうが如くである。一方、尾根も、主稜線大日岳付近を除き、いずれも越後特有の濃いやぶに守られていて、下降路の確保も困難である。

アプローチは前川流域同様、磐越西線日出谷駅より、車を利用して裏川ダムまで入る。ここより左岸伝いの踏跡をたどれば、水無沢出合いまでは比較的容易に達することができる。踏跡を利用せず白蓬沢付近より入谷すると、水無沢出合いまで丸丸二日は費やされる。前川流域とは異なり、よきベース・キャンプ地にも恵まれず、遡行後の下降路も不確定で、非常に困難度の大きい流域といえる。

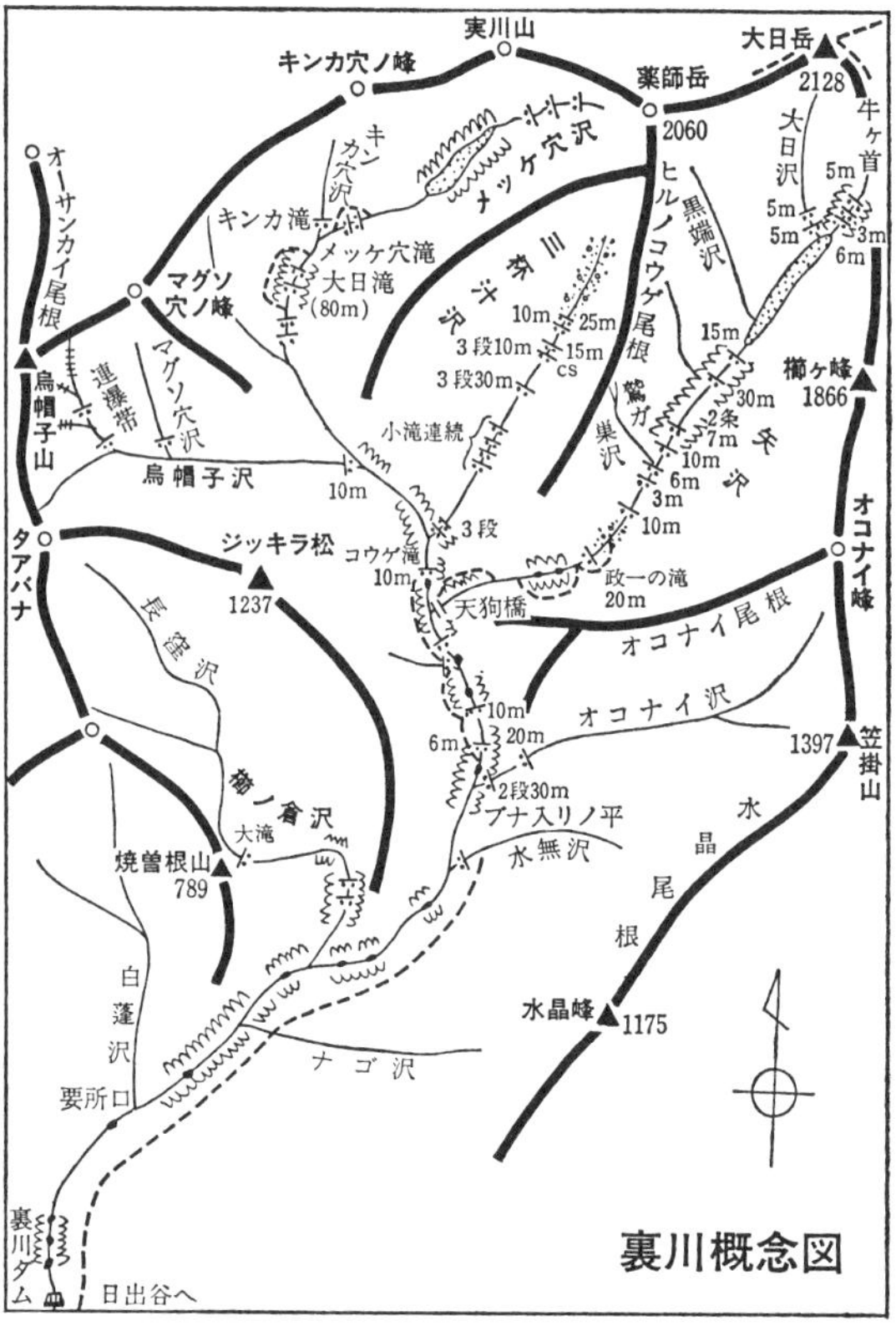

裏川概念図

33　裏川本流（メッケ穴沢）　三泊四日

水無沢出合いよりも本流はゴルジュが続くので、左岸の段丘をさらにたどり、オコナイ沢出合いに降りる。滝の連続するゴルジュの遡行は困難で、強引に突破するか、思いきりよく大高巻きを敢行するかだ。高巻くなら傾斜のゆるい右岸のほうが有利であろう。矢沢出合い手前のゴルジュは、右岸より流入する滝をかけた枝沢より高巻く。すぐに現われる露岩の下を通るナタ目のはいったバンドを容易に見出すことができよう。この下が矢沢の出合いである。矢沢にかかる天狗橋と呼ばれる天然の石橋の奇観もさることながら、いずれが本流とも断じかねるトンネル状にえぐられた両沢が合流する様は圧倒的な迫力である。トンネル状ゴルジュはコウゲ滝下まで続くので、そのまま右岸をたどり一〇mのコウゲ滝を越える。暗いゴルジュの中に、三杯汁沢が滝となって合流する。さらにへつりを続けると、烏帽子沢の出合いとなる。登れない小滝を右左に高巻いて進むと二段八〇mの大日滝となり、右岸からの大高巻きを強いられる。ゴーロと雪渓歩きで高度をかせぐと、薬師岳の頂稜に至る。大日岳へはひと頑張りである。

34 **櫛ノ倉沢**　一泊二日

ジッキラ松と焼曽根山の尾根に挟まされた沢で、タアバナに突きあげる。狭いゴルジュの中に滝の連続する悪沢で、すぐに現われるゴルジュと屈曲点の大滝は圧観である。遡行後は烏帽子沢と同様、オーサンカイ尾根を下ることになる。烏帽子山まではやぶこぎ。なお、要所ロから焼曽根山につけられている道は刈り払いされており、多少やぶはあるが利用できる。

35 **矢沢**　一二―一五時間

出合いに天狗橋をもつこの沢は、メッケ穴沢と裏川を二分する一大支流である。合流点は険悪なゴルジュのため下降することができないので、コウゲ滝下で本流を横切り中尾根を乗越し、そのまま出合い付近のゴルジュを高巻いて入谷する。

入谷したあたりは河原状だが、すぐ狭いゴルジュとなる。左岸のスラブ帯より高巻くと、小滝をまじえた河原だが、水量が多く苦労する。政一ノ滝二〇mは左岸より巻く。鷲ガ巣沢周辺はスラブに囲まれた瀑流帯となり左岸どおりに進むが、登れる滝もある。黒端沢あたりで現われる雪渓をつめ、大日沢を合し、最後のゴルジュとなる。左岸どおしにネマガリダケのトラバースをし、源流の小滝を越えて水晶尾根の牛ケ首付近に出る。

36 **裏川のその他の沢**

オコナイ沢（一泊二日）――出合いにオコナイ滝をかけ、すぐ上に二〇m滝を落としている。オコナイ峰に直接突きあげる興味深い沢である。オコナイ峰から櫛ケ峰までのやぶこぎが問題である。

三杯汁沢（八―一〇時間）――水流の少ない比較的平凡な沢である。出合いの三段の滝は右から巻く。連続する小滝を越え、大石のゴーロで高度をかせぐと、やぶこぎもなく薬師岳に出る。

烏帽子沢（一五時間）――アルペン的風貌をもつ烏帽子山を源頭とするこの沢は裏川では比較的平凡である。出合いの一〇m滝を右岸のルンゼより越えると両側の切り立った河原となる。マグソ穴沢を過ぎ二俣となると、チョックストン状の滝が連続する。沢は雪渓の寸断された急なルンゼとなり、スラブの奥壁へ突きあげる。この辺は風化したぼろぼろの砂岩で登攀は危険である。途中から右岸の尾根に逃げ、烏帽子山までやぶをこぐ。

〔執筆者〕「大石川流域」「胎内川流域」山田勲、坂井厚、込山孝、丸山祐一郎（新潟峡彩山岳会）。「玉川流域」「飯豊川流域」「長走川流域」「実川流域」高和陽吉、橋本道夫、若林岩雄、宮内幸雄、中野陽一、和井田一雄（わらじの仲間）

収録ルート一覧

この表には本文で番号を
付したルートのみを収めた。

北海道の山

利尻山

1 南稜
2 南稜大槍リッジ
3 ヤムナイ沢中央稜
4 東壁中央リッジ
5 東壁左リッジ
6 仙法志第一稜
7 仙法志第二稜
8 仙法志ローソク岩
9 沓形第三稜
10 西壁左リッジ
11 西壁Ａフェース
12 西壁Ｂフェースローソク岩正面
13 西壁ローソク岩第一リッジ
14 西壁中央リッジ
15 西壁南峰リッジ
16 西壁本峰リッジ
17 西壁青い岩壁（青壁リッジ）
18 西壁右股奥壁
19 西壁Ｐ２リッジ
20 東大空沢直登ルート
21 東北稜

北見・天塩山地

1 天塩岳・渚滑川本流一ノ沢
2 チトカニウシ山・オシラネップ川
3 チトカニウシ山・留辺志部川直登沢
4 チトカニウシ山・湧別川直登沢（熊ノ沢）
5 ウェンシリ岳・藻興部川直登沢（氷のトンネル沢）
6 ウェンシリ岳・藻興部川右股沢
7 ウェンシリ岳・エダマサクルー川直登沢
8 岩内川から手塩岳（冬期）
9 チトカニウシ山・南西尾根ルート（冬期）
10 ピッシリ山・蕗之台ルート（冬期）

知床半島の山

1 知西別川
2 サシルイ川
3 オッカバケ川
4 モセカルベツ川
5 ショウジ川
6 イダシュベツ川
7 ルシャ川
8 コタキ川
9 羅臼川，ケンネベツ川
10 岩尾別川，カムイワッカ川，硫黄川，ポンプタ川
11 アカイワ川，メオトタキ川，ペキン川，モイレウシ川，ウナキベツ川，ルサ川
12 ポトピラベツ川，知床川，チャラセナ

日高山脈

増毛山塊・樺戸山塊

東北の山

和賀山塊

太平山

早池峰山

焼石岳

栗駒・虎毛・神室

栗駒山の沢

虎毛山の沢

13　大滝沢
14　春川本谷
15　ダイレクト・クーロアール
16　万滝沢
17　赤倉沢
18　三滝沢
19　ワルイ沢
20　湯ノ又沢右俣
21　西ノ股沢
22　ミテノ沢
23　猪ノ倉沢
24　杉ノ森沢

禿岳の沢

25　中ノ沢
26　水上沢
27　火ノ沢
28　不動ノ沢
29　小倉ノ沢

神室連峰の沢

30　根ノ先沢
31　丈ノ沢本谷
32　釜ノ沢
33　赤岩沢
34　スガサイ沢
35　大横川
36　小荒沢左俣
37　荒倉沢

鳥海山

1　鳥越川ルート
2　稲倉岳東面・東稜ルート
3　新山北面ルート
4　七高山第二尾根

船形連峰

1　大倉川本流（鬼口沢)
2　赤倉沢
3　笹木沢
4　戸立沢
5　矢尽沢
6　横川本流（矢櫃沢)
7　丹生川本流（屛風滝沢)
8　五郎沢
9　柳木沢・治郎作沢
10　長谷沢・釜ノ倉沢

黒伏山南壁

1　南西稜
2　左方ルンゼ
3　雪苞沓山の会ルート
4　中央ルンゼルート
5　正面壁三原ルート
6　D左フェース蒼山会ルート
7　D右フェース凹角ルート
8　本峰正面ルンゼルート

大東岳

1　金剛沢
2　西岩象沢
3　穴堂沢本流
4　鹿打沢
5　大行沢本流
6　京淵沢
7　カケス沢
8　鳴虫沢
9　磐司沢
10　石橋沢
11　糸滝沢
12　禿沢（二口沢本流)
13　太郎川本流
14　悪沢
15　大倉沢
16　仙人沢

蔵王連峰

1　小屋ノ沢本流（魚止沢)
2　鳥戸沢
3　大鍋沢右俣
4　濁川本流
5　丸山沢

吾妻連峰・安達太良山

吾妻連峰の沢

安達太良山の沢と岩場

朝日連峰

荒川流域

朝日川流域

出谷川

見附川流域

根子川流域

岩井又沢流域

飯豊連峰

玉川流域

1　大又沢本流
2　大岩沢
3　本社ノ沢
4　檜山沢本流
5　カゴノ沢
6　本カゴ沢
7　大曲り沢
8　無名の沢
9　梅花皮沢・滝沢

大石川流域

10　東俣川本流（千代吉沢）
11　大沢
12　中ノ俣沢
13　大熊沢

胎内川流域

14　胎内川本流（東俣沢坂上沢）
15　楢ノ木沢
16　下ノ作四郎沢
17　西俣沢
18　頼母木川・大瀬戸沢
19　同・小俣沢上ノ小俣沢
20　同・足ノ松沢

飯豊川

21　飯豊川本流
22　北股川
23　赤渋沢
24　都沢，大ヤット沢，福取沢，洗濯沢，赤谷沢，地蔵カル沢，滝谷沢，大日沢

長走川流域

25　大滝沢（本流）
26　赤抜ゲ沢
27　白滝沢（タアバナ沢）

実川流域

28　前川本流（ビンカガグチ沢）
29　アシ沢
30　入リ鳥ノ子沢
31　牛ヶ首沢（御西沢）
32　オンベ沢，松ノ木穴沢，御鏡沢，上追流沢
33　裏川本流（メッケ穴沢）
34　櫛ノ倉沢
35　矢沢
36　三杯汁沢，烏帽子沢

登山にはさまざまな危険が伴います。読者が本書を利用して万が一事故を起こされても、編者、執筆者、発行元は責任を負いかねますのでご留意ください。

この作品は、一九八〇年に初版が、一九九七年に新装版がそれぞれ白水社より刊行されました。初版当時の紙型を元に印刷しているため、まれに文字が欠けていたり、かすれていることがあります。

日本登山大系《にほんとざんたいけい》［普及版《ふきゅうばん》］（全10巻）

1　北海道《ほっかいどう》・東北《とうほく》の山《やま》

二〇一五年一一月二〇日　第一刷発行
二〇一六年　六　月　五　日　第二刷発行

編　者©柏瀬《かしわせ》　祐之《ゆうじ》
　　　　岩崎《いわさき》　元郎《もとお》
　　　　小泉《こいずみ》　弘《ひろし》

発行者　及川直志

発行所　株式会社白水社
〒一〇一-〇〇五二
東京都千代田区神田小川町三-二四
電話　〇三-三二九一-七八一一（営業部）
　　　〇三-三二九一-七八二一（編集部）
振替　〇〇一九〇-五-三三二二八
http://www.hakusuisha.co.jp
乱丁・落丁本は、送料小社負担にてお取り替えいたします。

装　幀　小泉　弘
印刷所　株式会社理想社
製本所　誠製本株式会社

Printed in Japan
ISBN978-4-560-09315-3